D1754275

Maike Jarsetz

Lightroom Classic
Schritt für Schritt zu perfekten Fotos

Rheinwerk
Fotografie

Liebe Leserin, lieber Leser,

Sie haben sich für den Einsatz von Lightroom entschieden, scheuen jetzt aber vor den vielen Werkzeuge und Möglichkeiten zurück? Das ist verständlich, denn schon die Oberfläche der Software kann abschreckend wirken. Allerdings stecken viele gute Funktionen in Lightroom, die es zu entdecken lohnt!

Maike Jarsetz ist gelernte Fotografin und langjährige Photoshop- und Lightroom-Trainerin. Sie weiß aus Erfahrung, wie man Anfängern und Umsteigern den Einsatz von Lightroom am besten nahebringt. Sie zeigt Ihnen anhand gut nachvollziehbarer Anleitungen und immer mit dem passenden Bildmaterial, wie Sie die Software in den Griff bekommen und (wieder) Spaß an der Organisation und Entwicklung Ihrer Fotos finden. Im ersten Kapitel können Sie mit einem Crashkurs direkt in die Arbeit einsteigen! Sinnvoll ist allerdings, vorher die Einführung zum Workflow mit Lightroom zu lesen und sich damit ein Grundverständnis über die Funktionsweise der etwas anderen Software anzueignen.

Es folgen circa 100 Workshops, die auf den Punkt gebracht alle wichtigen Werkzeuge im Praxiseinsatz zeigen – und da das komplette Beispielmaterial auf der Website zum Buch unter www.rheinwerk-verlag.de/5446 zum kostenlosen Download zur Verfügung steht (unter »Materialien«), ist es für Sie ein Leichtes, die Anleitungen auf Ihrem Rechner nachzuvollziehen. So kommen Sie als Neuling schnell voran; als Fortgeschrittener können Sie die gesuchte Funktion über den logischen Aufbau des Buchs und den ausführlichen Index schnell nachschlagen und sich im Praxiszusammenhang erklären lassen. Der klare Schreibstil der Autorin und die attraktive Bildauswahl tun ein Übriges.

Sollten Sie Hinweise, Anregungen, Kritik oder Lob an uns weitergeben wollen, so freue ich mich über Ihre E-Mail.

Ihre Ariane Podacker
Lektorat Rheinwerk Fotografie

ariane.podacker@rheinwerk-verlag.de
www.rheinwerk-verlag.de

Rheinwerk Verlag • Rheinwerkallee 4 • 53227 Bonn

Inhalt

Vorwort 3

Kapitel 1: Die Route festlegen

Der Workflow mit Lightroom 18
Digitale Bilderfluten bewältigen

EINFÜHRUNG: Mit Lightroom auf Du und Du 26
Meine Tipps vor dem ersten Bildimport in Lightroom Classic

AUF EINEN BLICK: Allgemeine Bedienelemente 28
Der erste Überblick über die Lightroom-Oberfläche

Mit Lightroom Classic starten 30
Fotografischer Workflow Schritt für Schritt

Die Voreinstellungen 38
Ein Blick hinter die Kulissen von Lightroom Classic

Den Beispielkatalog nutzen 42
So starten Sie Ihre Übungen mit den Online-Beispieldaten

GRUNDLAGENEXKURS: Nicht-destruktive Bildentwicklung 44
Mit Lightroom sind Ihre Originalfotos immer geschützt

Kapitel 2: Richtig importieren

EINFÜHRUNG: Tipps zum Importieren 48
Mit dem richtigen Import Stress und Fehler vermeiden

AUF EINEN BLICK: Das Importfenster 50
Ihre Optionen während des Bildimports

Ein neuer Katalog 52
Bereiten Sie Ihre Bildorganisation vor

Fotos importieren 54
Der Import von der Kamerakarte

Fotos vom Rechner importieren 58
Importieren Sie Ihr bestehendes Bildarchiv samt Sortierung

Smart-Vorschauen nutzen 62
Bildbearbeitung ohne Originale

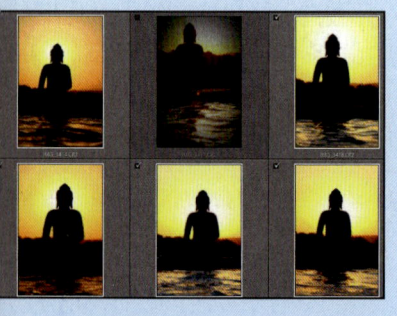

Import-Standards definieren **64**
Wichtige Metadaten und Importeinstellungen in Presets sichern

Importieren und entwickeln **68**
Entwicklungseinstellungen während des Imports anwenden

Import-Workflow im Studio **70**
Tether-Aufnahme und Layoutüberlagerung

Kataloge verknüpfen **74**
Bilder aus bestehenden Katalogen importieren

GRUNDLAGENEXKURS: Der Lightroom-Katalog **78**
Wie Sie den Lightroom-Katalog für sich nutzen

Kapitel 3: Bibliothek und Metadaten

EINFÜHRUNG: Erste Schritte in der Bibliothek **84**
Gut organisiert in Lightroom Classic

AUF EINEN BLICK: Das Bibliothek-Modul **88**
Die wichtigsten Funktionen im Überblick

GRUNDLAGENEXKURS: Metadaten und Bildinformationen **90**
Das Metadaten-Bedienfeld: Hintergründe und Details

Bilder richtig organisieren **96**
Die Ordnerorganisation von Lightroom Classic

Die nächste Sortierung **98**
Aufnahmeserien gruppieren und im Stapel umbenennen

Bildauswahl leicht gemacht **102**
Bilder beurteilen, vergleichen, markieren und bewerten

Bildinformationen einblenden **106**
Raster- und Lupenansicht konfigurieren

Videoclips organisieren **108**
Videodateien trimmen und Vorschaubild festlegen

Clever verschlagworten **110**
Fotos mit Stichwörtern und Stichwortsätzen verschlagworten

Gesichter erkennen **114**
Automatische Zuweisung von Personenstichwörtern

Gesichtserkennung verfeinern **118**
Die Arbeit mit dem Gesichtsbereich-Zeichner

Suche mit dem Bibliotheksfilter **120**
Funktionsweise und Möglichkeiten des Bibliotheksfilters

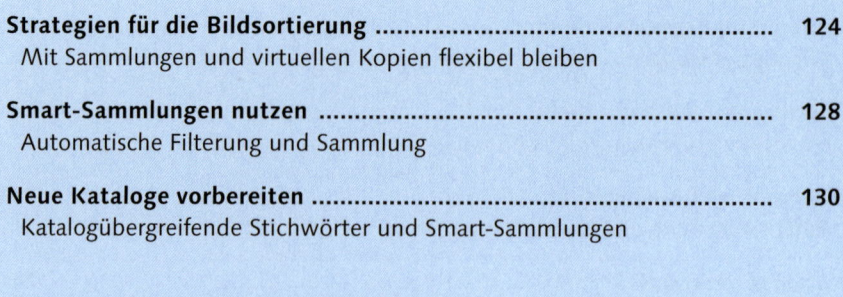

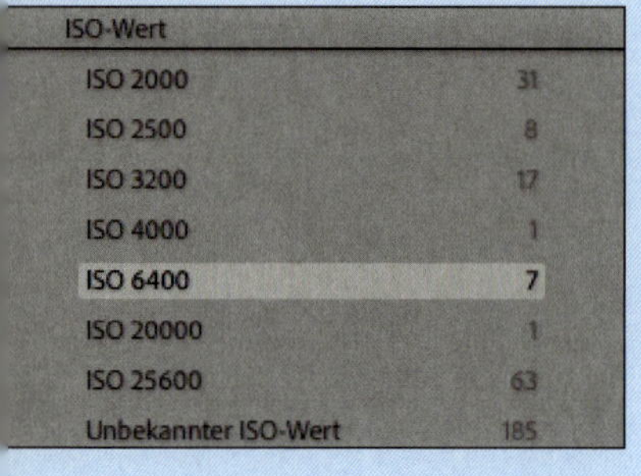

Strategien für die Bildsortierung **124**
Mit Sammlungen und virtuellen Kopien flexibel bleiben

Smart-Sammlungen nutzen **128**
Automatische Filterung und Sammlung

Neue Kataloge vorbereiten **130**
Katalogübergreifende Stichwörter und Smart-Sammlungen

Kapitel 4 Die Basisentwicklung

EINFÜHRUNG: Richtig entwickeln **134**
Wie Ihre Entwicklung immer gelingt

AUF EINEN BLICK: Das Entwickeln-Modul **136**
Ein erster Überblick

Ad-hoc-Entwicklung **138**
Die schnelle Vorentwicklung in der Bibliothek

Das Raw-Profil als Grundlage **142**
Verändern Sie die Grundentwicklung Ihrer Raw-Daten

Erste Tonwertkorrektur **144**
Eine passende Korrekturreihenfolge für fast alle Bilder

Farbstich entfernen **148**
Weißabgleich, Farbtemperatur und Tonung

Bildrauschen reduzieren **150**
Farb- und Luminanzrauschen reduzieren

Blitzaugen korrigieren **154**
Die Blitzkorrektur für Tieraugen

Individueller Bildkontrast **156**
Global- und Detailkontrast auf den Punkt gesteuert

Licht- und Schattenkontrast **160**
Kritische Tonwerte in den Griff bekommen

Flaue Bilder korrigieren **164**
Wie der Dunst-entfernen-Regler helfen kann

Bildausschnitt festlegen **166**
Stellen Sie das Bild in ein neues Format frei

Horizont ausrichten **168**
Fotos mit dem Gerade-ausrichten-Werkzeug begradigen

Auf den Punkt schärfen **170**
Scharfzeichnung für Originale und Exportformate

GRUNDLAGENEXKURS: Was das Histogramm verrät 174
  ... und wie Sie es für die Bildentwicklung nutzen

Kapitel 5 Entwicklungsworkflow

EINFÜHRUNG: Bildserien entwickeln 178
  Finessen des Entwickeln-Moduls von Lightroom Classic

AUF EINEN BLICK: Entwicklungsstrategien 180
  Clevere Konzepte für Bildvergleich und -varianten

Einstellungen kopieren 184
  Entwicklungseinstellungen schnell übertragen

Synchron entwickeln 186
  Aufnahmeserien synchronisieren und gleichzeitig entwickeln

Individueller Raw-Standard 190
  Mit dem Raw-Standard die Basisentwicklung steuern

Kamera-Standard definieren 192
  Raw-Standard für bestimmte Kameras global überschreiben

Bildvarianten ausarbeiten 194
  Virtuelle Kopien vermeiden das unnötige Duplizieren

Bildvarianten vergleichen 198
  Protokoll, Schnappschuss und Referenz- und Vergleichsansicht

Softproof begutachten 200
  Eine Vorschau auf die Ausgabe

Kapitel 6: Motivgerecht entwickeln

EINFÜHRUNG: Bildgerecht korrigieren 206
  Die optimale Behandlung für jedes Motiv

AUF EINEN BLICK: Die Entwicklung-Bedienfelder 208
  Alle Detailsteuerungen im Entwickeln-Modul

Die Bereichsreparatur 214
  Schnelles Ausflecken und intelligente Retusche

Farbfehler korrigieren 218
  Chromatische Aberration und Farbsäume entfernen

Schnelle Perspektivkorrektur 220
  Objektivkorrektur und Upright-Automatik

Perspektive gerade biegen 222
  Mit dem Transformieren-Werkzeug in die Perspektive eingreifen

Bildfarben natürlich steigern **224**
Die Dynamik ist die »echte« Sättigungskorrektur

Motivfarben betonen **226**
Die HSL-Korrekturen steuern die motivwichtigen Farbtöne

Korrekturen in den Kanälen **230**
Nutzen Sie die Gradationskurve zur Farbkorrektur

Panoramen erstellen **234**
Einzelbilder zum Panoramamotiv zusammenfügen

HDR-Bilder zusammenfügen **238**
Belichtungsreihen für einen größeren Dynamikumfang nutzen

Kapitel 7: Lokale Korrekturen

EINFÜHRUNG: Lokale Korrekturen **244**
Auswahltechniken für lokale Korrekturen

AUF EINEN BLICK Das Masken-Bedienfeld **246**
Die Optionen im Masken-Bedienfeld

Bildteile nachbearbeiten **248**
Korrekturen mit Verläufen anlegen

Motiv betonen **252**
Intelligente Motivauswahl und -korrektur

Himmel dramatisieren **254**
Himmel automatisch auswählen und bearbeiten

Farbige Eyecatcher **258**
Farbbereichsauswahl als Grundlage für die Bearbeitung

Intelligente Auswahlen kombinieren **260**
Die Optionen der Maskenkorrektur nutzen

Porträtretusche im Raw-Format **264**
So reizen Sie die Retuschemöglichkeiten von Lightroom aus

Raw und DNG **268**
Digitale Negative und ihre Potenziale

Kapitel 8: Presets und Looks

EINFÜHRUNG: Den eigenen Bildstil entwickeln **272**
Presets richtig anlegen und eigene Looks entwickeln

AUF EINEN BLICK: Lightroom-Presets beherrschen **274**
Alle Details für die Preset-Erstellung und -Anwendung

Standard-Preset Landschaft 276
Typische Optimierungen für Landschaftsmotive in einem Preset

Hauttonkorrektur standardisieren 278
Typische Basiskorrekturen für Hauttöne erstellen

Schneller HDR-Look 280
Die wichtigsten HDR-Korrekturen in einem Preset gespeichert

Inspiration Color-LookUp 282
Entwickeln Sie aus einem Color-LookUp-Profil einen Look

Businesslook 284
Kühle und selbstbewusste Porträts kreieren

Vergilbter Fehlfarbenlook 286
Mit dem Color-Grading zum individuellen Farblook

Crossentwicklung 290
Farbverfälschung über die Gradationskurven erstellen

Vom Preset zum eigenen Bildstil 294
Presets ergründen und sinnvoll anpassen

Königsklasse Schwarzweiß 298
Presets und Standardbearbeitungen für perfekte Schwarzweißbilder

Klassische Tonung 302
Color-Grading mit Lichter-Schatten-Abgleich

Video-Presets erstellen 304
Entwicklung von Videos mit kleinen Umwegen

Presets austauschen 308
Wie Sie den Überblick über Presets behalten

Kapitel 9: Mobile Katalogorganisation

EINFÜHRUNG: Mit Lightroom Classic unterwegs 312
Wie Sie Ihre Arbeit on location am besten vorbereiten

Stichwortbibliothek vorbereiten 314
Leere Kataloge schnell mit Stichwörtern füllen

Presets übernehmen 316
Profitieren Sie von Ihren Presets in der heimischen Bildorganisation

Cleverer Import und Sortierung 318
Ein effektiver Workflow nicht nur für unterwegs

Etappenweise Entwicklungsarbeit 320
Mit Stapeln, Belichtungsabgleich und Presets schnell zum Bildergebnis

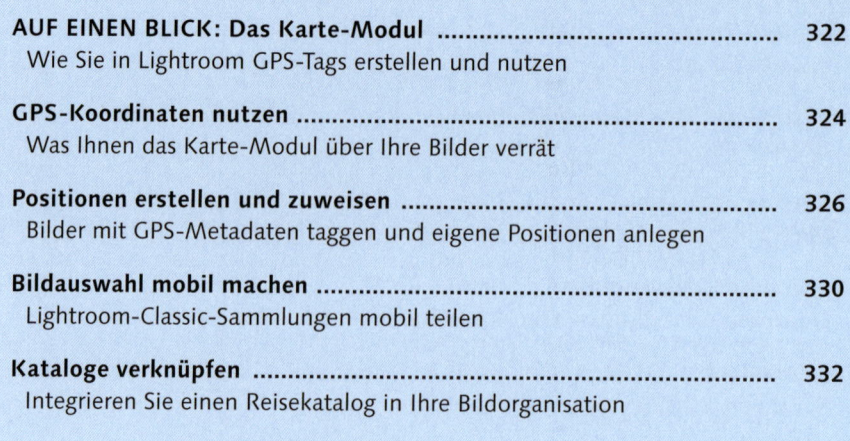

AUF EINEN BLICK: Das Karte-Modul **322**
Wie Sie in Lightroom GPS-Tags erstellen und nutzen

GPS-Koordinaten nutzen **324**
Was Ihnen das Karte-Modul über Ihre Bilder verrät

Positionen erstellen und zuweisen **326**
Bilder mit GPS-Metadaten taggen und eigene Positionen anlegen

Bildauswahl mobil machen **330**
Lightroom-Classic-Sammlungen mobil teilen

Kataloge verknüpfen **332**
Integrieren Sie einen Reisekatalog in Ihre Bildorganisation

Kapitel 10: Unterwegs mit der mobilen Lightroom-App

EINFÜHRUNG: Mobile Fotoalben **336**
Grundgedanken zum cloudbasierten Lightroom

AUF EINEN BLICK: Die Lightroom-App **338**
Bilder auf mobilen Geräten organisieren

AUF EINEN BLICK: Mobile Bildbearbeitung **340**
Ein Überblick über die Entwicklungsmöglichkeiten in der App

Das mobile Lightroom einrichten **346**
Die ersten Schritte mit der Lightroom-App

Raw-Bilder von mobilen Geräten **348**
In-App-Fotografie mit Lightroom

Mobiler Import **350**
Fotos zu Lightroom hinzufügen und in Alben organisieren

Bilder organisieren in der Cloud **352**
Metadaten, Sortierungen, Bewertungen, Filterungen und Suchen

Mobile Presets nutzen **356**
Mehr als Entwicklungseinstellungen

Bearbeitungsworkflow in der App **358**
Tipps und Tricks für die mobile Bildbearbeitung

Bilder speichern und weitergeben **362**
Raus aus der App – hin zu physikalischen Bildern

Wege aus der Cloud **364**
Die Übergabe an Lightroom Classic

Kapitel 11: Fotobücher erstellen

EINFÜHRUNG: Das besondere Fotobuch **368**
Wie Sie im Buch-Modul flexibel bleiben

AUF EINEN BLICK: Das Buch-Modul **370**
Die Layoutmöglichkeiten im Überblick

Erste Schritte zum Fotobuch **376**
Bucheinstellungen und erste Layoutschritte

Auto-Layouts erstellen **378**
Layoutmuster und ihre automatische Zuweisung

Seitenlayout bearbeiten **380**
Layout und Bildrahmen individuell anpassen

Foto- und Seitentexte bearbeiten **382**
Beschriftungen und Typografie

Seitenhintergründe gestalten **386**
Grafische Hintergründe und Fotohintergründe einsetzen

Eigene Fotolayouts **388**
Benutzerdefinierte Seitenlayouts speichern und verwenden

Fotobuch produzieren **390**
Die Ausgabe über Blurb, als PDF oder JPEG

Kapitel 12: Diashow-Präsentation

EINFÜHRUNG: Eigene Diashows gestalten **394**
Der schnelle Start für die Bildpräsentation

AUF EINEN BLICK: Das Diashow-Modul **396**
Alle Steuerungsmöglichkeiten auf einen Blick

Erkennungstafel und Wasserzeichen **400**
Die Visitenkarte für Ihre Bildpräsentation

Diashows in wenigen Schritten **404**
Mit Vorgaben eigene Diashows erstellen

Bildauswahl präsentieren **408**
Vorarbeit und Auswahl der Bilder für die Diashow

Automatische Diabeschriftung **410**
Nutzen Sie Titel und Bildunterschriften aus den Metadaten

Portfolio präsentieren **412**
Diashow als PDF-Präsentation ausgeben

Diashow in Lightroom **414**
Audio, Übergänge, Start- und Endbildschirm einsetzen

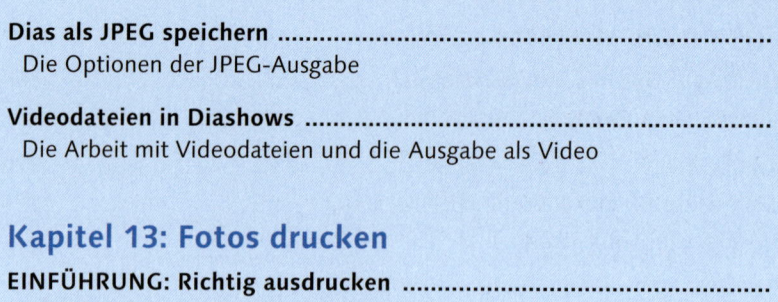

Dias als JPEG speichern **418**
Die Optionen der JPEG-Ausgabe

Videodateien in Diashows **420**
Die Arbeit mit Videodateien und die Ausgabe als Video

Kapitel 13: Fotos drucken

EINFÜHRUNG: Richtig ausdrucken **426**
Das Wichtigste im Drucken-Modul

AUF EINEN BLICK: Das Drucken-Modul **428**
So steuern Sie die Details Ihrer Ausdrucke

Fine-Art-Prints drucken **432**
Die wichtigsten Einstellungen für Fotoausdrucke

Kontaktbögen ausdrucken **436**
Bildübersichten mit Zusatzinformationen ausdrucken

Druckseite als JPEG speichern **440**
Drucklayout als Datei ausgeben

Bildpakete drucken **442**
Verschiedene Bildformate platzsparend ausdrucken

Druckauftrag speichern **446**
Benutzerdefiniertes Bildpaket inklusive Bildauswahl sichern

GRUNDLAGENEXKURS: Farbmanagement mit Raw-Daten **448**
Farbkonsistent von der Kamera bis zum Druck

Farbprofile erstellen und einsetzen **451**
Von der Monitorkalibrierung bis zur profilierten Ausgabe

Kapitel 14: Fotos online präsentieren

EINFÜHRUNG: Bilder öffentlich machen **456**
Verschiedenste Ansätze für die Online-Präsentation Ihrer Fotos

AUF EINEN BLICK: Das Web-Modul **458**
Die Erstellung klassischer Webseiten in Lightroom Classic

Der schnelle Weg zur Webgalerie **462**
Bilder in einer Classic-Galerie präsentieren

Vorlagen für mobile Webseiten **466**
Mobile Webseitenlayouts mit wenigen Klicks

Bilder auf Adobe Stock publizieren **468**
Wie Sie Ihre Bilder über Lightroom Classic verkaufen

Eine Sammlung als Webgalerie 470
Synchronisierte Sammlungen teilen

Schnell zum Web-Portfolio 472
Adobe Portfolio bietet Bildpräsentationen auf einen Klick

AUF EINEN BLICK: Der Veröffentlichungsmanager 474
Die direkte Veröffentlichung auf Festplatte oder auf Adobe Stock

Kapitel 15: Bilder austauschen und exportieren

EINFÜHRUNG: Exportieren oder austauschen? 478
Die Möglichkeiten der Weitergabe für entwickelte Bilder

AUF EINEN BLICK: Fotos richtig exportieren 480
Die Exporteinstellungen im Überblick

Vorbereitung für den Austausch 484
Die externe Bearbeitung mit Photoshop und Co.

Photoshop und Smart-Objekte 488
Wie Lightroom und Photoshop am besten zusammenarbeiten

Raw-Bilder austauschen 492
So bleiben Ihre Bilder auch außerhalb von Lightroom aktuell

Bildformate richtig vorbereiten 494
Ausgabeformate über virtuelle Kopien verwalten

Export-Presets anlegen 498
Einstellungen für wiederkehrende Aufgaben

Veröffentlichungsdienste nutzen 500
So bleiben Ihre Exporte immer auf dem aktuellen Stand

Fotos schnell versenden 504
Export von E-Mail-Versionen

DNG – das Archivierungsformat 506
Raw-Bilder mit Entwicklungseinstellungen archivieren

Als Katalog exportieren 508
Bildauswahl zusammen mit der Lightroom-Arbeit speichern

GRUNDLAGENEXKURS: Fotos und Metadaten 510
Die Rolle der XMP-Daten beim Austausch entwickelter Bilder

Index 514

Bildnachweis

Der Großteil der Bilddaten in diesem Buch stammt aus meinem eigenen Archiv. Gerne nutze ich aber auch Material befreundeter Fotografen, für deren Unterstützung ich mich hier bedanken möchte.

Hilla Südhaus *www.hilla-suedhaus.de*
Nach ihrer klassischen Ausbildung zur Fotografin entwickelte Hilla Südhaus in 12 Jahren als angestellte Fotografin ihren individuellen Stil. Seit 2002 arbeitet sie als freiberufliche Fotografin – ihre Philosophie lautet: Menschen authentisch lebendig. Authentizität ist die oberste Maxime ihrer Arbeit.

Oana Szekely *www.oanaszekely.com*
Oana Szekely beendete ihre fotografische Ausbildung im Jahr 2005 in Augsburg mit der besten Gesellenprüfung im Land Bayern und ist eine passionierte People- und Lifestyle-Fotografin, die vielfach ausgezeichnet wurde.

Peter Wattendorff *www.wattendorff.de*
Seit 1998 besteht das Fotostudio Wattendorff in Münster mit Schwerpunkt People-, Image- und Werbekampagnen. Peter Wattendorff arbeitet mit seinem Fototeam national und international. Er war Gründungsmitglied des Atelier 4+, Büro für Gestaltung, und ist BFF-Mitglied.

Dank

Ein solches Buch ist niemals die Arbeit einer Einzelnen.
Deshalb gilt mein Dank für diese Auflage besonders **Ariane Podacker**, die das Projekt mit großer Ruhe lektoriert hat, **Katharina Sutter**, die mit mir in die Aktualisierung gestartet ist, sowie **Denis Schaal**, der Satz und Herstellung mit großer Professionalität betreut haben.

Vorwort

Mit Lightroom Classic erhalten Sie in einem Programm alles, was Sie nach der Aufnahme zur Organisation, Auswahl und Entwicklung Ihrer fotografischen Ausbeute benötigen.

Dieses Buch geht mittlerweile in die siebte Auflage und folgt dabei einer Programmentwicklung, die die Möglichkeiten der Raw-Daten-Bearbeitung ständig erweitert und dabei deren ursprüngliche Grenzen überwunden hat. Mittlerweile können Sie auch lokale Korrekturen bis ins feinste Detail durchführen, mit Hilfe intelligenter Auswahltechniken den Motivmittelpunkt oder einen Himmel isoliert herausarbeiten und selbst fehlende Bildteile von Panoramen ersetzen – um nur einige zu nennen. Schon beim Import haben wir Möglichkeiten, den Workflow zu verfeinern und mit Presets selbst kameraspezifische Raw-Standards zu definieren.

Und natürlich wird der fotografische Workflow auch von äußeren Entwicklungen beeinflusst. Die Präsentation unserer Bilder findet immer mehr online, in sozialen Netzwerken und durch direktes Teilen mit anderen statt. Deshalb sollen die Bilder auch schnell und überall verfügbar sein. Dabei hilft die Lightroom-App, die Cloudbasierte Variante, die sich einfach mit Lightroom Classic synchronisieren lässt, so dass Bildsammlungen direkt und überall geteilt werden können. Dieser App und der mobilen Bildorganisation ist in diesem Lightroom-Classic-Buch ein zusätzliches Kapitel gewidmet.

Und die Entwicklung hört sicher nicht auf. Deshalb möchte ich Sie einladen, sich zunächst auf die vielen Workshops dieses Buches zu stürzen, die Sie spielerisch in den großen Funktionsumfang von Lightroom Classic einführen. Mit dem Beispielkatalog können Sie Schritt für Schritt die Workshopschritte nacharbeiten.

Aber auch danach möchte ich sie weiter informieren. Auf meinem YouTube-Kanal finden Sie Beiträge über interessante neue Funktionen und Änderungen genauso wie Tutorials zu speziellen Themen. Außerdem führe ich regelmäßig Workshops und Online-Seminare durch, bei denen Sie sich auch mit eigenen Fragen einbringen können. Werfen Sie doch mal einen Blick auf *jarsetz.com* oder folgen Sie mir auf Facebook, LinkedIn oder Instagram. Dort erfahren Sie immer neue Ansätze für Ihre persönlichen Bildbearbeitungsaufgaben.

Doch zunächst wünsche ich Ihnen viel Spaß mit diesem Buch und viel Erfolg mit Ihren Bildern!

Maike Jarsetz
www.jarsetz.com

Die Route festlegen

Der Einstieg in Lightroom Classic erscheint vielen Anwenderinnen und Anwendern etwas mühselig und verschlungen. Deshalb soll dieses Kapitel Ihnen eine klare Route aufzeigen, um das Katalogprinzip, die Lightroom-Bildorganisation und die nicht-destruktive Bildentwicklung zu verinnerlichen. Sie erfahren dafür alle wichtigen Grundlagen und Voreinstellungen, bevor Sie gleich in die Praxis eintauchen. Schon mit dem ersten Workshops werden Sie Schritt für Schritt Bilder von der Speicherkarte importieren und so die Ordnerstruktur von Lightroom Classic erfassen. Weitere typische Aufgaben der Bildorganisation, wie Verschlagwortung, Bewertung, Auswahl und Filterung, werden Sie in diesem Kapitel ebenso kennenlernen wie die ersten Entwicklungsschritte und die Ausgabe der entwickelten Bildversionen. Also starten wir!

Der Workflow mit Lightroom
Digitale Bilderfluten bewältigen 18

EINFÜHRUNG: Mit Lightroom auf Du und Du
Meine Tipps vor dem ersten Bildimport in Lightroom Classic 26

AUF EINEN BLICK: Allgemeine Bedienelemente
Der erste Überblick über die Lightroom-Oberfläche 28

Mit Lightroom Classic starten
Fotografischer Workflow Schritt für Schritt 30

Die Voreinstellungen
Ein Blick hinter die Kulissen von Lightroom Classic 38

Den Beispielkatalog nutzen
So starten Sie Ihre Übungen mit den Online-Beispieldaten 42

GRUNDLAGENEXKURS: Nicht-destruktive Bildentwicklung
Mit Lightroom sind Ihre Originalfotos immer geschützt 44

Foto: Maike Jarsetz

Der Workflow mit Lightroom

Digitale Bilderfluten bewältigen

Lightroom ist 2006 das erste Mal als Beta-Version veröffentlicht worden und seit Anfang 2007 auf dem Markt. Seitdem hat es sich als Standard für den fotografischen Workflow etabliert. Für Fotografie-Profis ist der frühere »Platzhirsch« Photoshop längst in die zweite Reihe getreten und wird nach der Lightroom-Bildentwicklung nur noch für Spezialaufgaben herangezogen. Ambitionierte Amateurinnen und Amateure ziehen immer öfter Lightroom der Amateur-Variante Photoshop Elements vor. Worin liegt also die Stärke von Lightroom?

Die Antwort erschließt sich ganz automatisch, wenn man seine ersten Schritte mit Lightroom Classic gemacht hat. Denn dieses Programm bildet den ganzen Fotografie-Arbeitsablauf ab, den Sie heute zur Bewältigung Ihrer »**Bilderfluten**« benötigen. Ein solches Bildaufkommen wie heute hat es noch nicht gegeben, als derzeit Photoshop und seine Geschwisterprogramme Elements, Bridge und Camera Raw entwickelt wurden.

Die Geschichte der Bildbearbeitung

Im klassischen, analogen fotografischen Workflow wurden Bilder meist auf Dia-Material fotografiert. Alle Aufnahmen wurden entwickelt, die besten wurden ausgewählt und erst dann digitalisiert. Die Aufgabe des Bildbearbeitungsprogrammes war es nun, diese einzelnen Bilder zu optimieren, für den Druck vorzubereiten, abzuspeichern und dem weiteren Bearbeitungsprozess, wie dem Layout, zuzuführen.

Mit der Verbreitung der digitalen Fotografie verlagerte sich auch die Bildauswahl in den digitalen Bereich. Die Bridge von Photoshop oder der Organizer von Elements waren die Werkzeuge der Wahl, um den immer größer werdenden Bildbestand zu sichten und zu ordnen. Es waren also immer mehr Bilder zu bearbeiten, dennoch blieben Photoshop und Photoshop Elements Programme zur Einzelbildbearbeitung. Die steigende Zahl von zu bearbeitenden Bildern konnte man nur mit Stapelverarbeitungen, Aktionen und Skripten oder sehr viel Zeit bewältigen. Trotzdem blieben die Ergebnisse Einzelbilder, die man – noch zusätzlich zu den Originalen – zu organisieren hatte.

▼ Digitale Einzelbilder sind selten, digitale Bilderfluten die Regel.

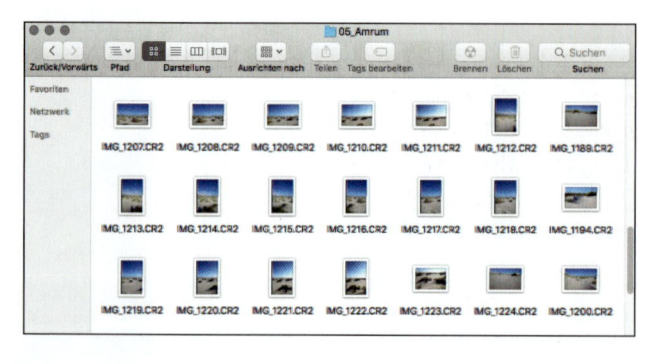

2005 fügte dann **Adobe Camera Raw** (ACR) dem Workflow eine weitere Komponente hinzu. Mit dem Raw-Format, dem digitalen Negativ, besaß der Fotograf ein Juwel, das er im Raw-Konverter zum (fast) perfekten Bild entwickeln konnte. Und hier änderten sich noch zwei weitere entscheidende Dinge: Die Aufgaben eines Bildbearbeitungsprogrammes wie Photoshop wurden reduziert auf letzte Retuscheaufgaben, Finetuning oder aufwendige Freistellungs-, Montage- und letzte Druckvorbereitungsaufgaben. Außerdem gab es mit der Raw-Datei noch eine zusätzliche Bildvariante. Fotografinnen und Fotografen haben nun zumeist drei bis vier **Bildversionen** auf dem Rechner zu organisieren: die Original-Raw-Datei, die entwickelte Version, die Photoshop-Arbeitsdatei und eine fertige JPEG- oder TIFF-Variante. Gleichzeitig wurden die Aufnahmen immer zahlreicher und wuchsen in ihrer Dateigröße an.

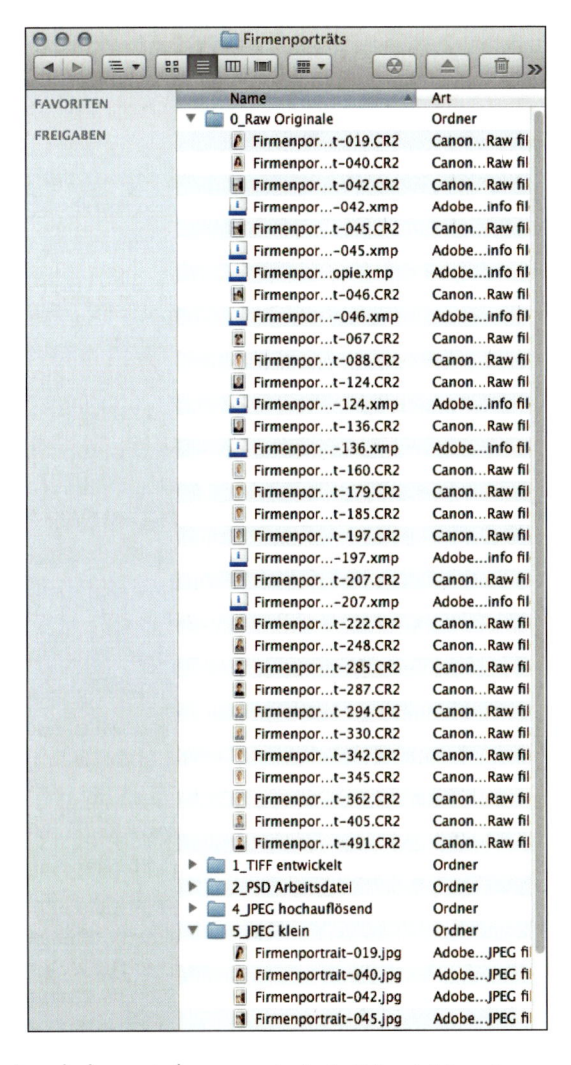

Von der Aufnahme zur digitalen Bilderflut

Vielleicht haben Sie bereits Erfahrung mit Bildbearbeitungssoftware wie Photoshop oder Photoshop Elements. Nach der Raw-Entwicklung arbeiten beide nach dem Prinzip der Einzelbildbearbeitung: Ein Bild wird also entwickelt, gespeichert, geöffnet, bearbeitet, gesichert und wieder geschlossen.

Für mehrere Varianten eines Fotos gibt es dann auch mehrere **Dateiversionen**. Diese Dateiversionen verwalten Sie über den Finder (Mac) oder Explorer (Windows), den Organizer von Elements oder die Bridge. Wollen Sie Bilder ausdrucken, präsentieren oder in andere Größen oder Dateiformate ausgeben, müssen Sie sie erst wieder zusammenstellen, einzeln öffnen und bearbeiten, gegebenenfalls auch noch in anderen Programmen. Und was ist, wenn Sie nach all diesen Dateiversionen beim ersten Ausdruck feststellen, dass die Farben des Bildes doch noch eine grundsätzliche Korrektur gebrauchen können? Dann fangen Sie wieder von vorne an. Oder Sie geben sich mit dem faulen Kompromiss zufrieden und bearbeiten das fertige JPEG oder TIFF – und schon bekommt der Arbeitsablauf Risse. Welche Dateiversion archivieren Sie dann? Das qualitativ bessere Raw-Bild mit dem Farbstich? Oder das fertige JPEG, das durch weitere Bearbeitungen immer mehr an Qualität verliert?

▲ Auch ein kleiner Job kann im konventionellen Workflow schnell auf das Mehrfache der Datenmenge anwachsen.

Foto-Workflow statt Einzelbildbearbeitung

Mit Lightroom Classic gehören solche Probleme der Vergangenheit an, denn es arbeitet anders: Es bildet den **kompletten fotografischen Workflow** ab, den es in logische Module für Bildorganisation, Bildentwicklung und Bildausgabe unterteilt und dauerhaft miteinander verknüpft. Die Übergänge dieser Arbeitsschritte sind fließend, und die Reihenfolge ist nicht zwingend. Dafür benötigt Lightroom nur **eine Dateiversion**, nämlich das Originalbild. Lightroom Classic hält dauerhaft die Verbindung zu den Bildern auf Ihrer Festplatte und den darin vorgenommenen Arbeitsschritten. So können Sie auch kurz vor dem Präsentieren einer Aufnahmeserie noch Entwicklungskorrekturen vornehmen, ohne dass

Kapitel 1 | Die Route festlegen 19

Sie unnötig Dateiversionen ersetzen müssen. Die Arbeit mit Lightroom ist so viel schneller, flexibler, sicherer und deutlich weniger speicherintensiv. Und Spaß macht es auch noch!

Die Lightroom-Familie

Jeder Nutzer eines Adobe-Foto-Abos könnte sich wundern, warum es zwei Lightroom-Versionen gibt. Die bewährte Lightroom-Desktop-Version heißt inzwischen **Lightroom Classic** und die Variante für den mobilen Fotoworkflow nennt sich schlicht **Lightroom** – die Benennung ist nicht das Einzige, was Sie vielleicht verwirrend finden. Warum gibt es zwei Lightroom-Versionen?

Mit Lightroom Classic liefert Adobe uns eine bewährte Lightroom-Version für den Rechner. Das mobile Lightroom ist eine eigenständige App, die sowohl auf dem Desktop als auch auf mobilen Geräten und auch als Web-Applikation jeweils eine sehr ähnliche Oberfläche und nahezu identische Bearbeitungsmöglichkeiten bietet. Mit der Lightroom-App abonnieren Sie – abhängig vom Abomodell – bis zu 1 Terabyte Cloudspeicher-Volumen, das auch noch erweiterbar ist. Die App richtet sich damit an einen Anwenderkreis, der unkompliziert seine Bilder – auch mit mobilen Geräten – aufnehmen, organisieren, bearbeiten und jederzeit ohne weiteren Speicher- und Transferaufwand im Zugriff haben möchte. Während Sie also mit Lightroom Classic nach wie vor die volle Kontrolle über die Speicherung und Dateistruktur Ihrer Bilddaten auf dem Rechner haben, übernimmt beim cloudbasierten Lightroom der Cloudspeicher die Organisation Ihrer Bilder. Das ist beileibe nicht für jeden Anwendungszweck geeignet, für den professionellen Einsatz wohl eher selten, und vielen ist es auch nicht recht. Ein solches Konzept spricht aber wahrscheinlich viele aus dem Amateurbereich an, denen die Bildorganisation mit dem klassischen Lightroom bisher zu aufwendig war oder die jetzt erst anfangen, ihre Bilder zu organisieren und nichts gegen eine Speicherung der Bilder in der Cloud haben.

▲ Lightroom zeigt sich in bewährter Umgebung, aber mit neuem Namen: Die bekannte Desktop-Anwendung heißt jetzt Lightroom Classic.

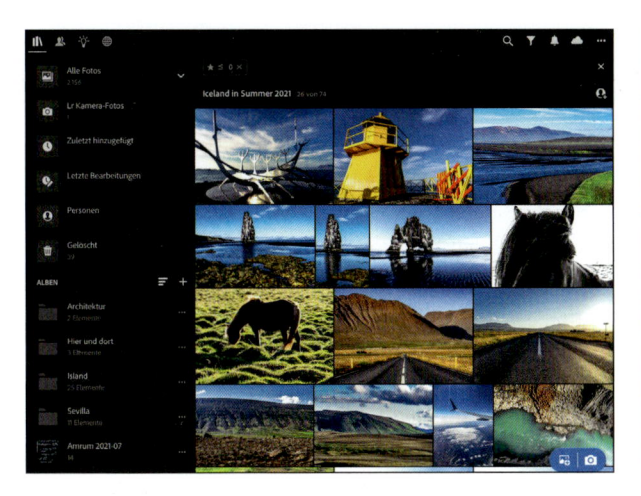

◀ Die mobile Lightroom-App steht für iOS, Android, als Web-App und als Desktop-App zur Verfügung und vereint auf allen Oberflächen den gleichen Look und gleiche Funktionalitäten.

Lightroom oder Lightroom Classic?

Welche Version von Lightroom ist nun für Sie die richtige? Ich möchte das noch einmal zusammenfassen: Lightroom Classic umfasst den kompletten fotografischen Workflow und verteilt diesen auf mittlerweile sieben Module – Import und Export nicht mitgezählt: BIBLIOTHEK, ENTWICKELN, KARTE, BUCH, DIASHOW, DRUCKEN und WEB. Das cloudbasierte Lightroom konzentriert sich vorerst auf die zwei Hauptaufgaben Bildorganisation und Bildbearbeitung und natürlich das schnelle Teilen von Bildern, das wir von mobilen Geräten erwarten.

Mit Lightroom Classic bestimmen Sie beim Import den Speicherplatz der Bilder auf Ihrer Festplatte. Die Lightroom-App hingegen speichert die importierten Bilder konsequent und zunächst alternativlos in der Cloud.

Lightroom Classic ist eine reine Desktop-Anwendung, die Lightroom-App wiederum gibt es auf dem Smartphone und Tablet für iOS und Android, als Desktop-Anwendung und als Web-Applikation.

Während des Imports in die Lightroom-App geben Sie keinen neuen Speicherplatz für die Bilder an – diese werden direkt in Ihren Cloudspeicherplatz kopiert. Sie arbeiten also im cloudbasierten Lightroom immer und ausschließlich mit den Vorschaubildern. Für die Bildorganisation ist das auch voll ausreichend – für die Bildbearbeitung wird bei Bedarf eine Smart-Vorschau, also eine 2 540 Pixel lange DNG-Version des Bildes heruntergeladen. So ist auch eine Raw-Entwicklung möglich, obwohl die Bilder in der Cloud sind.

Aber welche Wege aus der Cloud stehen dann zur Verfügung? Zunächst der wichtigste: Auch wenn es nicht zum Konzept passt, können Sie natürlich Ihre Bilder nach der Lightroom-Arbeit auch lokal speichern. Sie haben dabei die Wahl zwischen einer entwickelten Kopie im JPEG- oder TIFF-Format oder einer Raw-Datei im DNG-Format oder im Original mit den separat in XMP gespeicherten Entwicklungseinstellungen. Trotzdem synchronisiert Lightroom die weitere Entwicklungsarbeit nicht mit den lokal gespeicherten Bildern, sondern mit den immer noch vorhandenen Originalen in der Cloud.

▲ Die Lightroom-App speichert die Bilder konsequent in der Cloud. Die Größe des Cloud-Speichers wird vom Abo-Modell definiert und ist erweiterbar.

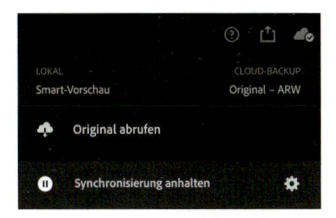

▲ Für die Bearbeitung der Bilder wird lokal eine Smart-Vorschau gespeichert.

Kapitel 1 | Die Route festlegen

| Bibliothek | **Entwickeln** | Karte | Buch | Diashow | Drucken | Web |

▲ Mit seinen sieben Modulen bildet Lightroom Classic einen kompletten fotografischen Workflow ab.

Natürlich können Sie Ihre mobile Lightroom-Bibliothek auch mit Lightroom Classic synchronisieren und so beide Bildorganisationen verbinden. Lesen Sie dazu Kapitel 10 »Unterwegs mit der mobilen Lightroom-App« ab Seite 334, in dem ich Ihnen den mobilen Workflow mit Lightroom vorstelle.

Nach wie vor bleibt aber Lightroom Classic das »große« Mutterprogramm, das ungleich mehr für den fotografischen Workflow bietet: Neben den Möglichkeiten der direkten Ausgabe in ein Fotobuch, in eine Diashow, in eine komplette Website oder in größere Druckaufträge ist auch die Organisation der Bilddaten ungleich flexibler, offener, lokal und daher von Ihnen individueller und lückenlos zu kontrollieren.

Der Schwerpunkt dieses Buches liegt deshalb auch in der Darstellung des kompletten Workflows von Lightroom Classic – mit allen Raffinessen. Die Lightroom-App hat ebenso ihren berechtigten Platz und ein eigenes Kapitel.

Bildverwaltung mit Lightroom Classic

Die erste Berührung mit Lightroom Classic ist oft mit Fragen, manchmal mit Missverständnissen verbunden. Die meisten drehen sich um den **Kataloggedanken** von Lightroom; »**Wo sind meine Bilder?**« ist nur eine dieser Fragen, aber eine typische. In diesem Buch werde ich ausführlich und im Detail auf diese Fragen eingehen und Sie Schritt für Schritt an die Arbeitsweise von Lightroom heranführen. An dieser Stelle möchte ich Ihnen schon eine erste Vorstellung von dem Gesamtkonzept von Lightroom geben – dazu gehören das Katalogprinzip und die nicht-destruktive Bildbearbeitung.

Die auf den vorangegangenen Seiten beschriebene Flexibilität von Lightroom Classic wird ermöglicht durch den sogenannten **Lightroom-Katalog**. Dieser beinhaltet nicht – wie oft irrtümlich angenommen wird – die in Lightroom importierten Bilder, sondern nur alle Informationen zu diesen Bildern: den Speicherort, die Metadaten, Stichwörter, die Vorschaubilder, Entwicklungseinstellungen und Informationen zur weiteren Verwendung für Diashows, Fotobücher etc.

Lightroom Classic verfügt mit der Katalogdatei also über eine **Datenbank**, die alle wichtigen Informationen zu den Bildern zentral verwaltet – und zwar selbst dann, wenn die Bilddateien aktuell gar nicht zur Verfügung stehen!

Auch für Fotos, die Sie auf externen Festplatten gespeichert haben, kann Lightroom Classic die Informationen jederzeit abrufen. So können Sie Ihren ganzen lokalen Bildbestand verwalten, bisherige Arbeitsschritte einsehen und sogar in die Vorschaubilder einzoomen, **ohne dass diese Bilder tatsächlich verfügbar sein müssen**. Denn auch die Vorschaubilder werden in einer eigenen Datei mit dem Katalog, unabhängig von den Originaldaten, abgespeichert.

Darüber hinaus gibt es das Konzept der **Smart-Vorschauen** – diese ermöglichen Ihnen, die Bilder sogar dann zu entwickeln, wenn die Originaldaten gerade nicht greifbar sind – ein Prinzip, das auch die mobile Schwesterapplikation

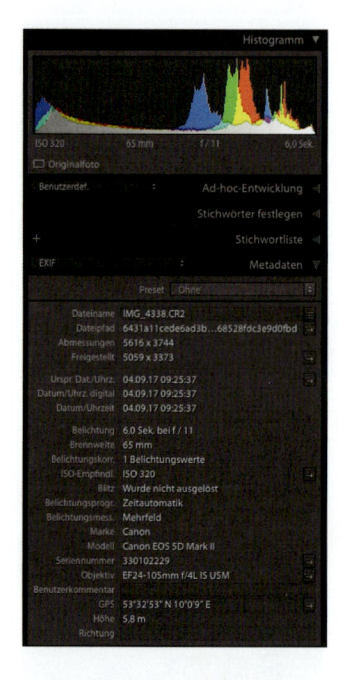

▲ Lightroom verwaltet alle wichtigen Bildinformationen.

Lightroom nutzt. Insbesondere bei großen Bildbeständen, die auf mehreren verschiedenen Datenträgern gespeichert sind, haben Sie so einen enormen Vorteil gegenüber einer Einzelbildbearbeitung, bei der die Bilder immer im direkten Zugriff sein müssen.

Schauen Sie sich diese Dateien einfach einmal an: Öffnen Sie die Katalogeinstellungen – auf dem Mac unter dem Menü Lightroom Classic, auf dem PC unter Bearbeiten –, und klicken Sie dort auf die Schaltfläche Anzeigen. Die gespeicherten Dateien, hier rechts oben zu sehen, sind der Dreh- und Angelpunkt Ihrer Bildorganisation im Lightroom-Katalog und Ihrer Bildentwicklung.

Noch mal, um es ganz klar zu machen: Der Begriff »Katalog« bedeutet nicht, dass Ihre Bilddaten in diesem »weggeschlossen« werden. Ihre Bilder liegen nach dem Import in Lightroom Classic genau dort, wo Sie sie haben wollen – frei verfügbar, auch für andere Programme, auf der Festplatte. Den genauen **Speicherort** bestimmen Sie gleich beim Import der Bilder von der Speicherkarte.

Aber auch nachträglich können Sie in Lightroom Classic Ihre Bilddateien an andere Orte der Festplatte – oder auf andere von Lightroom verwaltete Festplatten – **verschieben**. Deshalb ist auch der Begriff »importieren« meiner Meinung nach irreführend. Besser trifft es der Ausdruck »aufpassen« oder »verwalten«: Beim Bildimport sorgen Sie nur dafür, dass Lightroom Classic von jetzt an auf Ihre Bilder und alle relevanten dazugehörigen Informationen »aufpasst« und diese Informationen in der Katalogdatei speichert und stetig aktualisiert. Die Bilder bleiben dabei nach wie vor frei auf dem gewünschten Speichermedium.

▲ Diese Dateien sind der Dreh- und Angelpunkt Ihrer Lightroom-Arbeit: Die Lightroom-Datenbank wird komplett in der Katalogdatei »[…].lrcat« gespeichert. Für die unabhängige Bildanzeige und Entwicklung sorgen die Previews.

Vorteil bei großen Aufnahmeserien

Dieses Prinzip zeigt besonders bei einem großen Bildaufkommen seine Stärken. Wenn Sie nach einem Shooting oder einer Fotoreise **Tausende von Bilddaten** organisieren und bearbeiten wollen, können Sie in Lightroom mit wenigen Klicks die Bilder an die gewünschten Speicherorte kopieren, Stichwörter und

▼ Auch wenn die Bilddateien komplett auf einer externen Festplatte oder auf Servervolumes ausgelagert sind, ermöglicht der Lightroom-Katalog einen beständigen Zugriff darauf.

Kapitel 1 | Die Route festlegen 23

Copyright-Verweise vergeben, erste Bildanpassungen für ganze Aufnahmeserien durchführen und die favorisierten Bilder schon für eine spätere Weiterverarbeitung markieren.

Für routinierte Lightroom-Anwenderinnen und -Anwender – und dazu sollten Sie nach der Lektüre dieses Buches samt praktischer Vertiefung auch gehören – ist der Zeitaufwand dafür in Minuten zu messen und nicht mehr, wie bei der Einzelbildbeurteilung und -bearbeitung, in Stunden.

Dafür ist auch die Lightroom-Datenbank verantwortlich, denn alle Arbeitsschritte und Bildinformationen werden in die Katalogdatei geschrieben und nicht direkt in die Bilddateien. So findet kein gleichzeitiger Festplattenzugriff auf 30, 300 oder 3 000 Dateien statt, sondern nur auf eine – die »[…].lrcat«-Katalogdatei. Das beschleunigt die Verarbeitung der Arbeitsschritte immens und damit auch Ihre Bildorganisation und -bearbeitung.

Nicht-destruktive Bildbearbeitung

Das »Prinzip Lightroom« ist unmittelbar mit dem **nicht-destruktiven Prinzip** der Raw-Daten-Verarbeitung verknüpft. Lightroom ist als Programm eine logische Weiterentwicklung von Adobe Camera Raw, das bereits Bestandteil von Photoshop ist. Denn der **Raw-Daten-Konverter** ist der eigentliche Entwicklungsprozessor, der im Entwickeln-Modul von Lightroom schon integriert ist. Und die Bildentwicklung ist natürlich das Kernstück des Foto-Workflows.

Um gleich eine weitere häufige Frage vorweg zu beantworten: Natürlich können Sie nicht nur Raw-, sondern auch TIFF-, JPEG-, PNG-, Photoshop- und Video-Dateien in Lightroom entwickeln und verarbeiten. Dabei werden selbst transparente Anteile in PSD- und TIFF-Dateien übernommen.

Das Prinzip der Raw-Daten-Entwicklung ist aber der Kern von Lightroom: Raw-Dateien sind nicht standardisiert – jede Kamera erzeugt andere »rohe« Bildinformationen. Deshalb können diese Daten auch von einem Standardprogramm nicht verändert werden, sondern die vorgenommenen Entwicklungseinstellungen müssen anders gespeichert werden.

In der Einzelbildverarbeitung mit dem Raw-Konverter von Photoshop oder Elements werden dafür sogenannte **Filialdateien** im XMP-Format neben den Originalbildern gespeichert. Die Originaldatei wird nie angefasst, verändert oder überspeichert – sie bleibt als »digitales Negativ« immer vorhanden. Und das ist der wesentliche, nicht zu unterschätzende Vorteil des »Prinzips Raw«.

▲ Durch das nicht-destruktive Bearbeitungsprinzip sind Bildvarianten von nur einer einzigen Originaldatei möglich.

Ein kompletter fotografischer Workflow

Lightroom kann mit seinem Datenbankkonzept diesen Vorteil noch weiter ausbauen. Denn nicht nur die Entwicklungseinstellungen, sondern jeder einzelne Bearbeitungsschritt wird in der Lightroom-Datenbank, der Katalogdatei, gespeichert – so haben Sie zu jedem Zeitpunkt Zugriff auf jeden Entwicklungsschritt, können jederzeit zurück zum Original oder alternative Entwicklungen ausprobieren, ohne die Datei duplizieren zu müssen.

Das gilt nicht nur für Entwicklungseinstellungen – auch alle anderen Bearbeitungsschritte sind jederzeit abrufbar: Metadaten wie Stichwörter oder Bewertungen, die Auswahl von Bildern für eine Sammlung, die Verwendung in Präsentationen wie Diashow oder Webgalerie, verwendete Druckeinstellungen, erstellte Fotobücher, bereits veröffentlichte Bilder und auch die GPS-Positionen im KARTE-Modul.

Das ist noch längst nicht alles

Denn dieses nicht-destruktive Prinzip und die intelligente Katalogdatei ermöglichen zahlreiche Optionen, die in der Einzelbildbearbeitung nur mit vergleichsweise großem Aufwand möglich sind:

- **Smart-Vorschauen** ermöglichen die Entwicklungsarbeit an Bildern, die physisch nicht verfügbar sind. Mit ihrer Hilfe kann die Lightroom-App Bilder, die in der Cloud gespeichert sind, auch unterwegs bearbeiten.
- Mit dem **Bibliotheksfilter** erfassen Sie praktisch jede Form von Bildinformation und können danach Ihren Bildbestand filtern – auch an Speicherorten, die aktuell nicht verfügbar sind, etwa externen Festplatten.
- **Intelligente Bildanalysen,** wie die Gesichtserkennung oder die Analyse der Lightroom-Bildinhalte in der Cloud (Sensei), überprüfen und indizieren Ihre Fotos im Hintergrund und beschleunigen so eine ganz spezielle Form der Stichwortverwaltung, die mit jedem Arbeitsschritt intelligenter wird.
- Mit **virtuellen Kopien** erstellen Sie einfach eine weitere Entwicklungseinstellung für ein Bild, ohne dieses duplizieren zu müssen.
- **Sammlungen** – oder Alben, wie sie in der mobilen Lightroom-Version heißen, verknüpfen Bilder aus verschiedenen Quellen für ein gemeinsames Verarbeitungsziel, ohne dass diese dupliziert oder verschoben werden müssen.
- Mit **Presets** können Sie in jedem Modul gemeinsame Arbeitsschritte speichern und schon beim Import anwenden. Die Vorgaben aus Lightroom Classic stehen übrigens auch in der Lightroom-App zur Verfügung.
- Und selbst wenn das Ende der Lightroom-Fahnenstange erreicht ist und Sie für komplexe Bearbeitungen zu **Photoshop** wechseln wollen, werden diese Dateien im Lightroom-Katalog weiterverwaltet.
- **HDR-Bilder** und **Panoramen** können direkt in Lightroom Classic als DNG-Dateien mit 16 Bit Farbtiefe erstellt werden.
- Komplexe **Masken** kombinieren automatische, von künstlicher Intelligenz gestützte Auswahlen von Motiv- oder Himmelsbereichen mit lokalen Korrekturen per Verlauf, Pinsel, Farb- oder Luminanzauswahl.

Einführung

Mit Lightroom auf Du und Du
Meine Tipps vor dem ersten Bildimport in Lightroom Classic

Die Übersicht über die Bedienoberfläche auf der nächsten Doppelseite macht Sie mit Lightroom Classic vertraut, und die anschließenden Workshops werden Sie beim ersten Bildimport, bei Bildauswahl und Entwicklung begleiten. Vorweg möchte ich Ihnen aber ein paar persönliche Tipps an die Hand geben, mit denen der Einstieg noch besser gelingt.

1. Organisieren Sie, wie es Ihnen gefällt.

Sie müssen für Lightroom Classic Ihre vertraute Bildorganisation nicht ändern. Sie können Bilder entweder direkt von der Kamerakarte importieren – und dabei deren Speicherort bestimmen – oder die Bilder zuerst auf den Rechner kopieren und dann mit Lightroom verwalten.

Während des Imports wählen Sie dann aus, ob Sie bestehende Fotos auf Ihrer Festplatte HINZUFÜGEN ❶ oder die Fotos Ihrer Speicherkarte als KOPIE ❷ an ein neues Speicherziel kopieren wollen. Im letzten Fall müssen Sie natürlich dieses ZIEL ❸ beim Import auch angeben.

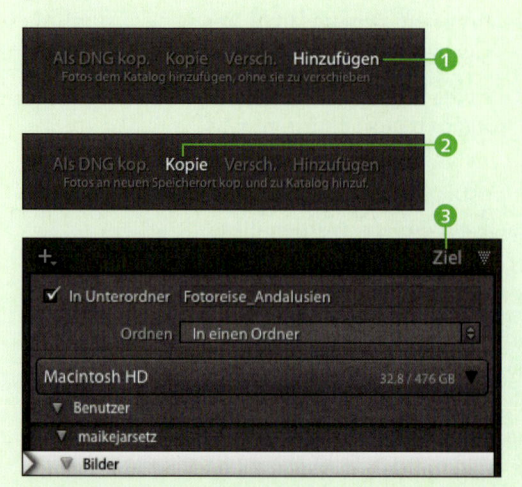

2. Lassen Sie sich vom Katalogprinzip nicht verwirren.

Mit dem ersten Öffnen von Lightroom Classic erstellen Sie einen Standardkatalog. Dieser ist keine geschlossene Bildersammlung, sondern nur eine fleißige Datei auf der Festplatte, die alle nützlichen Informationen zu Ihren Fotos im Laufe der Lightroom-Arbeit speichert. Die Fotos werden unabhängig davon am gewünschten Ort auf der Festplatte gespeichert.

Das können Sie für Ihre ersten Lightroom-Schritte erst einmal so hinnehmen – es funktioniert problemlos. Für jeden neuen Katalog können Sie später den Speicherort der Katalogdatei neu wählen. Wenn Sie die Katalogdatei näher interessiert, lesen Sie das Kapitel »Richtig importieren« ab Seite 46.

3. Behalten Sie den Überblick.

Zugegeben: Anfangs ist die Vielfalt der Module und Bedienfelder nicht nur verlockend, sondern kann auch unübersichtlich wirken. So behalten Sie den Überblick über die vielen Bedienfelder:

Aktivieren Sie den SOLOMODUS durch einen rechten Mausklick auf eine Bedienfeldzeile. So schließen sich die anderen Bedienfelder, wenn Sie ein neues öffnen.

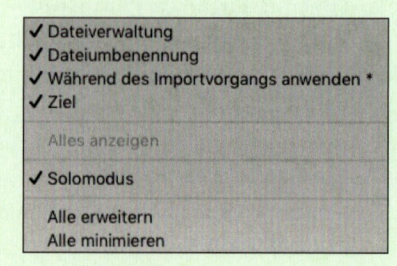

26 Kapitel 1 | Die Route festlegen

Einführung

Mit der rechten Maustaste können Sie auch einzelne Bedienfelder oder Module über ein Häkchen aus- und einblenden. Beides würde ich Ihnen am Anfang aber nicht empfehlen. (Glauben Sie mir – ein paar Tage später suchen Sie nach genau diesen Fenstern.) In jedem Fall ist die rechte Maustaste immer ein nützlicher Tippgeber.

4. Einmal Lightroom – immer Lightroom.

Ganz so dogmatisch ist dieses Programm nicht, aber es empfiehlt sich, die Bildorganisation konsequent in Lightroom fortzuführen.

Der reale Speicherort Ihrer Bilder wird nach dem Import im ORDNER-Bedienfeld der Bibliothek angezeigt. Die Information über den Speicherort ist immer in der Katalogdatei gespeichert. Warum? Zum Beispiel, damit Sie auch Bilder verwalten können, die auf externen Festplatten nicht immer verfügbar sind.

Damit Lightroom diese Verbindung nicht verliert, ist es zwingend erforderlich, dass jedes Kopieren, Verschieben oder Umbenennen in Lightroom erfolgt. Das geht ganz einfach per Drag & Drop oder mit rechter Maustaste. Und auf der Festplatte findet es natürlich parallel und ganz automatisch statt.

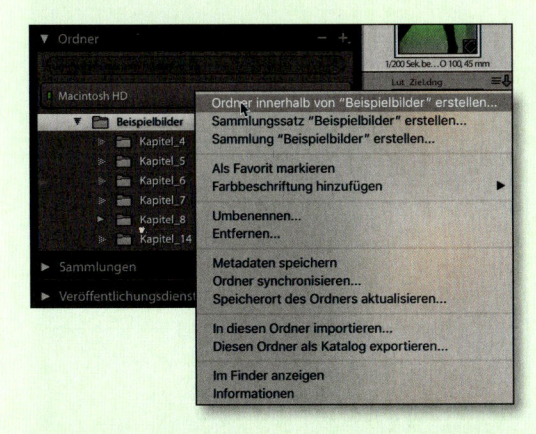

Alternative Tastaturkürzel für Mac-Tastaturen

⌘ = cmd
⌥ = alt = option

Erste hilfreiche Tastaturkürzel für den schnellen Einstieg

Module

Bibliothek-Modul	Strg/cmd + Alt + 1
Entwickeln-Modul	Strg/cmd + Alt + 2 oder D
Karte-Modul	Strg/cmd + Alt + 3
Buch-Modul	Strg/cmd + Alt + 4
Diashow-Modul	Strg/cmd + Alt + 5
Drucken-Modul	Strg/cmd + Alt + 6
Web-Modul	Strg/cmd + Alt + 7

Ansichten/Bedienfelder

Vollbildansicht ein/aus	Strg/cmd + ⇧ + F
Zweites Fenster ein/aus	⇧ + E
Präsentationsmodus	F
Bedienfelder ein-/ausblenden	⇥
Bedienfelder und Filmstreifen ein-/ausblenden	⇧ + ⇥
Werkzeugleiste ein-/ausblenden	T
Modulleiste ein-/ausblenden	F5
Filmstreifen ein-/ausblenden	F6
Rechte Bedienfelder öffnen/schließen	Strg + 0–9 / cmd + 0–9
Linke Bedienfelder öffnen/schließen	Strg + ⇧ + 0–4 / cmd + ctrl + 0–4

Navigation/Zoom

Vorheriges/nächstes Bild	← / →
Wechsel Raster-/Lupenansicht	G / E oder Doppelklick
Wechsel Vollbild/Zoom	Leertaste oder Mausklick
Schrittweise ein-/auszoomen	Strg/cmd + + / -
Zoom in 100%-Ansicht	Strg/cmd + Alt + 0
Bildausschnitt zoomen	Rahmen aufziehen mit Strg/cmd
Stufenlos zoomen	⇧ + links/rechts ziehen
Letzte Zoomstufen wechseln	Z

Auswahl/Bearbeiten

Alle auswählen	Strg/cmd + A
Auswahl deaktivieren	Strg/cmd + ⇧ + A
Schritt rückgängig	Strg/cmd + Z
Schritt wiederholen	Strg/cmd + ⇧ + Z

Kapitel 1 | Die Route festlegen

Auf einen Blick

Allgemeine Bedienelemente
Der erste Überblick über die Lightroom-Oberfläche

❶ **Aktivitätscenter:** Über die Erkennungstafel öffnen Sie das Aktivitätscenter. In diesem starten und stoppen Sie Gesichtserkennung und die GPS-Adressensuche.

❷ **Navigator:** Der Navigator im BIBLIOTHEK- und ENTWICKELN-Modul zeigt den Bildausschnitt in der Lupenansicht an. Wählen Sie hier aus verschiedenen Zoom-Stufen oder nutzen Sie die Shortcuts von Seite 27.

❸ **Das Vorschaufenster:** Hier werden die Bilder beurteilt und bearbeitet.

❹ **Bedienfelder:** Über einen Klick auf den kleinen Pfeil können Sie Bedienfelder, Filmstreifen und die obere Bedienleiste aus- und auch wieder einblenden. Zur temporären Einblendung genügt es, den Mauszeiger an den entsprechenden Bildrand zu ziehen.

❺ **Plus-Zeichen:** Es fügt dem Bedienfeld – je nach Funktion – zum Beispiel Presets, Ordner oder Sammlungen hinzu.

❻ **Bedienfelder-Ansichten:** Klicken Sie mit der rechten Maustaste auf eine der

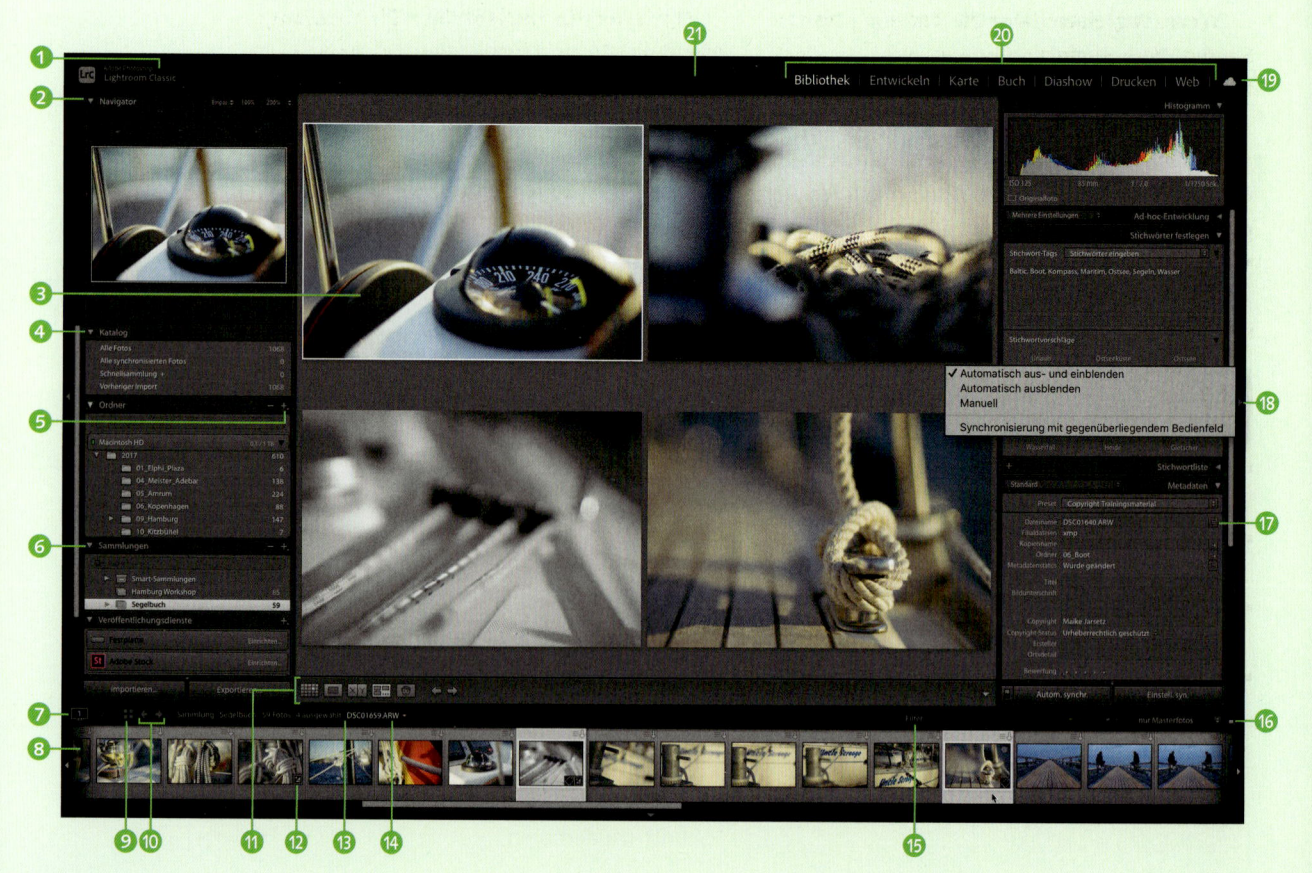

28 Kapitel 1 | Die Route festlegen

Bedienfeldzeilen, um Bedienfelder oder den Solomodus zu aktivieren.

❼ Zweiten Monitor nutzen: Mit einem Klick auf das Monitor-Symbol ⟨2⟩ öffnen und schließen Sie ein Fenster auf einem zweiten Monitor. Mit einem Rechtsklick auf die Monitor-Symbole bestimmen Sie dessen Ansichtsmodus.

❽ Filmstreifen: Der Filmstreifen zeigt in jedem Modul die aktuelle Bildquelle.

❾ Rasteransicht: Über das Raster-Symbol oder die Taste ⟨G⟩ gelangen Sie zurück in die Rasteransicht in Lightroom.

❿ Navigationspfeile: Durch Klick auf diese Pfeile navigieren Sie wie in einem Browser zu zuletzt ausgewählten Ordnern oder Modulen.

⓫ Werkzeugleiste: Über die Taste ⟨T⟩ blenden Sie die Werkzeugleiste ein und aus. Über den Pfeil ganz rechts passen Sie deren Inhalt an.

⓬ Filmstreifen-Icons: Sie kennzeichnen bereits vorgenommene Bearbeitungen und öffnen per Klick das entsprechende Modul.
- Über dieses Icon ersetzen Sie eingebettete Vorschauen durch hochauflösende.
- signalisiert vorhandene Stichwörter in den Metadaten des Bildes.
- Fotos mit diesem Symbol besitzen GPS-Koordinaten.
- kennzeichnet Bilder, die in eine Sammlung aufgenommen wurden.
- erscheint bei Bildern, die auf einen neuen Bildausschnitt freigestellt wurden.
- ist sichtbar, wenn bereits Entwicklungseinstellungen vorgenommen wurden.
- Virtuelle Kopien: Sie werden über das Ecken-Symbol angezeigt. Mit ihnen können Sie einen weiteren Entwicklungssatz anwenden, ohne das Bild zu kopieren. Erstellt werden sie mit der rechten Maustaste.

⓭ Informationszeile: Sie zeigt Details über die aktuelle Bildauswahl.

⓮ Besuchte Quellen und Favoriten: Über den Pfeil werden besuchte Bildquellen und Favoriten angezeigt und ausgewählt.

⓯ Filter: Der Filmstreifen filtert modulübergreifend Ihre Bildauswahl.

⓰ Filter aus: Über den kleinen Schalter bestimmen Sie, ob die aktive Filtervorgabe angewendet werden soll oder nicht.

⓱ Nützliche Schaltflächen: Über kleine Schaltflächen können Sie naheliegende Funktionen wie Stichwortfilterung, Stapelumbenennung oder Metadaten mit einem Klick erledigen.

⓲ Optionen für Bedienfelder-Einblendung: Mit einem Rechtsklick auf den Fensterrand steuern Sie die automatische Einblendung von Bedienfeldern.

⓳ Lightroom synchronisieren: Über das Wolkensymbol können Sie den aktuellen Lightroom-Classic-Katalog mit der mobilen Lightroom-App und den in der Cloud gespeicherten Motiven synchronisieren.

⓴ Lightroom-Module: Zwischen den sieben Lightroom-Modulen wechseln Sie über einen Klick auf die obere Leiste. Diese können Sie mit der rechten Maustaste auch beliebig ein- und ausblenden und so Ihre Arbeitsumgebung anpassen.

㉑ Vollbild- und Präsentationsmodus: Mit der ⟨⇧⟩+⟨F⟩-Taste wechseln Sie in den Vollbildmodus, mit der ⟨F⟩-Taste in den Präsentationsmodus.

Mit Lightroom Classic starten

Fotografischer Workflow Schritt für Schritt

Nach dem ersten Starten von Lightroom Classic öffnet sich ein leerer Katalog. Auf Ihrer Speicherkarte sind noch Bilder, die nur darauf warten, von Ihnen bearbeitet zu werden? Dann lassen Sie uns damit die ersten Schritte machen. In einer Art Crashkurs lernen Sie hier die wichtigsten Stationen kennen – vom Bildimport über die Auswahl und eine schnelle Entwicklung bis zur Ausgabe der fertig entwickelten Bilder.

1 Bilder von der Karte kopieren

Legen Sie eine Speicherkarte ein. Der Importdialog sollte sich automatisch öffnen, alternativ klicken Sie einfach auf die Schaltfläche IMPORTIEREN im BIBLIOTHEK-Modul. Im oberen Bereich des folgenden Importdialogs ist hier gleich die richtige Option angewählt: Von der Speicherkarte sollten Sie Ihre Bilder auf jeden Fall kopieren ❶.

Andere Importmöglichkeiten finden Sie im nächsten Kapitel ab Seite 46.

2 Bilder auswählen

Sie müssen nicht zwingend alle Bilder der Speicherkarte beim Import mit einschließen. Über die Häkchen ❷ an den Miniaturansichten bestimmen Sie, welche Bilder in den Import aufgenommen werden. Sehr schnell können Sie eine Reihe von Bildern mit gedrückter ⇧-Taste oder einzeln mit gedrückter Strg/cmd-Taste auswählen und so mit einem Klick mit einem Haken aktivieren oder deaktivieren.

Über zwei Schaltflächen ❸ können Sie auch im Voraus ALLE MARK.(ieren) oder die AUSWAHL AUFH.(eben).

3 Speicherziel bestimmen

Dieser Schritt ist der wichtigste beim ganzen Importvorgang. Bestimmen Sie, wohin Ihre Bilder kopiert werden sollen. Öffnen Sie in der rechten Spalte den Bereich ZIEL per Klick auf das Dreieck ❹, und navigieren Sie in der erscheinenden Dateistruktur zum gewünschten Speicherort.

Aktivieren Sie die Option IN UNTERORDNER ❺, und geben Sie einen Namen für den neuen Ordner ein. Dieser wird über ein kleines Plus-Zeichen und in kursiver Schrift in der Dateistruktur erkennbar ❻.

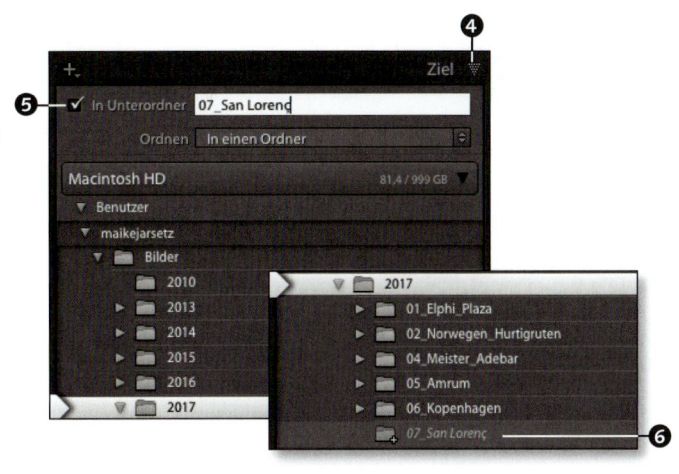

4 Ordner- oder Datumssortierung

Wenn sich auf Ihrer Speicherkarte Aufnahmen mehrerer Tage befinden, können Sie diese noch zusätzlich im Zielordner sortieren. Wählen Sie dafür im Popup-Menü die Sortierung NACH DATUM ❼. Im darunterliegenden Popup-Menü können Sie noch ein zusätzliches DATUMSFORMAT auswählen.

Auch diese entstehenden Datumsordner werden Ihnen schon in der Liste grau und kursiv angezeigt ❽.

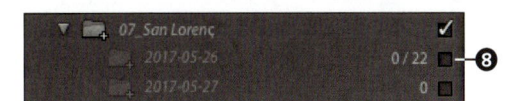

5 Mit Stichwörtern importieren

Schon beim Import können Sie die wichtigsten Stichwörter vergeben. Öffnen Sie per Klick auf das kleine Dreieck den Bereich WÄHREND DES IMPORTVORGANGS ANWENDEN ❾, und geben Sie in das Feld mit Komma getrennt die Stichwörter ein, die für alle zu importierenden Bilder gelten.

Jetzt sind die wesentlichen Einstellungen erledigt, und Sie können den Import starten. Klicken Sie auf die IMPORTIEREN-Schaltfläche rechts unten im Fenster. In der Bibliothek erscheinen jetzt die Bilder.

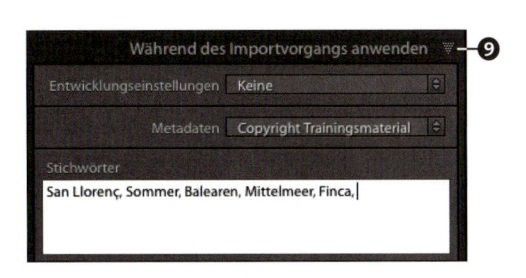

Kapitel 1 | Die Route festlegen 31

6 Ansichten im Vorschaufenster

In der Bibliothek stehen Ihnen vier verschiedene Ansichten zur Verfügung, die Sie über kleine Icons in der Werkzeugleiste wechseln können. Für die erste Bildbeurteilung ist, neben der Rasteransicht ❶, die Lupenansicht ❷ sehr nützlich. Ein Doppelklick auf das ausgewählte Bild, das Drücken der Taste [E] oder ein Klick auf die entsprechende Schaltfläche wechselt in diese Ansicht. Ein weiterer Klick auf das Bild zoomt in die 100%-Ansicht, in der Sie die Schärfe überprüfen. Weitere Ansichten finden Sie im NAVIGATOR.

7 Auswahl treffen

Eine Sternebewertung ❹ oder Flaggenmarkierung ❸ für bevorzugte oder abzulehnende Bilder können sowohl in der Werkzeugleiste als auch in der Rasteransicht per Klick auf die entsprechenden Icons vorgenommen werden. Alternativ nutzen Sie Shortcuts für vorher ausgewählte Bilder, wie die Zifferntasten [0]–[5] für die Bewertung oder die Taste [P] für eine geflaggte, also ausgewählte Markierung bzw. [X] für eine abgelehnte Markierung.

8 Bildauswahl filtern

Sinn von Markierungen und Bewertungen ist, dass Sie so sehr schnell Ihre besten Bilder herausfiltern können. Das geht ganz einfach über die Filterleiste, die sich am oberen Rand des Vorschaufensters befindet und in jedem Modul verfügbar ist. Stellen Sie bei BIBLIOTHEKSFILTER zunächst ATTRIBUT ein ❺. Klicken Sie auf das Flaggen-Symbol ❻, um die eben markierten Bilder herauszufiltern. Ein weiterer Klick auf das Symbol deaktiviert die Filterung wieder. Alternativ können Sie auch nach Sternebewertungen ❼ oder Farbbeschriftungen filtern.

9 Sammlung erstellen

In einer Sammlung werden die Bilder in einer Art virtuellem Ordner sortiert und so mit den Originalbildern verknüpft.

Wählen Sie alle Bilder der aktuellen Filterauswahl über [Strg]/[cmd]+[A] aus, klicken Sie auf das Plus-Zeichen neben Sammlungen ❽, und wählen Sie Sammlung erstellen. Bestimmen Sie einen Namen für die Sammlung, und aktivieren Sie gleich die Option Ausgewählte Fotos einschliessen ❾.

Die neue Sammlung erscheint gleich in der Sammlungsliste, direkt unter den Ordnern.

10 Ad-hoc-Entwicklung

Sie können in der Bibliothek schon Bildanpassungen über die Ad-hoc-Entwicklung vornehmen. Öffnen Sie die Ad-hoc-Entwicklung über einen Klick auf das Dreieck ❿.

Durch einen Klick auf den einfachen Pfeil ⓫ erhöhen oder verringern Sie die Belichtung um ⅓ Blende, mit [⇧] verfeinern Sie dies noch auf ⅙ Blende. Der Doppelpfeil ⓬ arbeitet in ganzen Blendenschritten.

Per Klick auf die kleinen weißen Dreiecke öffnen Sie weitere Einstellungen wie zum Beispiel die Lichter und Tiefen.

11 Weitere Korrekturen

Klicken Sie in der Modulleiste auf Entwickeln ⓭, oder drücken Sie die Taste [D]. In den Grundeinstellungen ⓮ können Sie für die eben vorgenommene Korrektur die realen Werte nachvollziehen und auch anpassen. Auch feinere Anpassungen, wie die Aufhellung der Tiefen ⓯, werden in diesem Modul vorgenommen.

Die Bildentwicklung wird in Kapitel 4 bis Kapitel 7 Schritt für Schritt gezeigt.

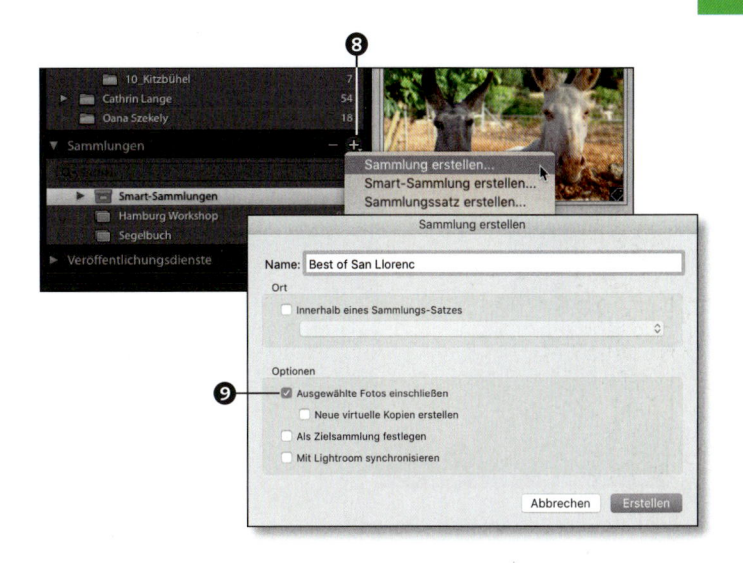

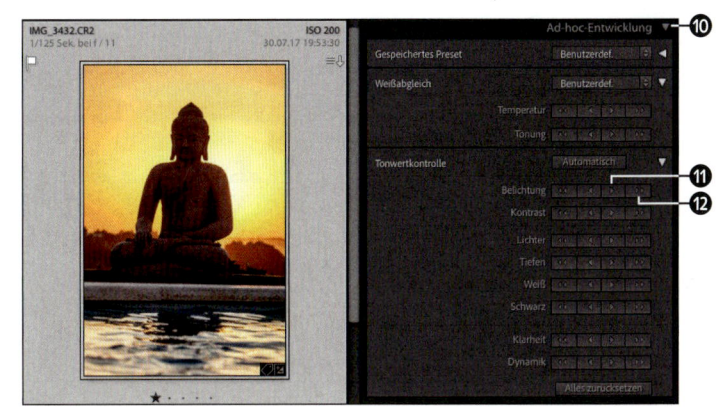

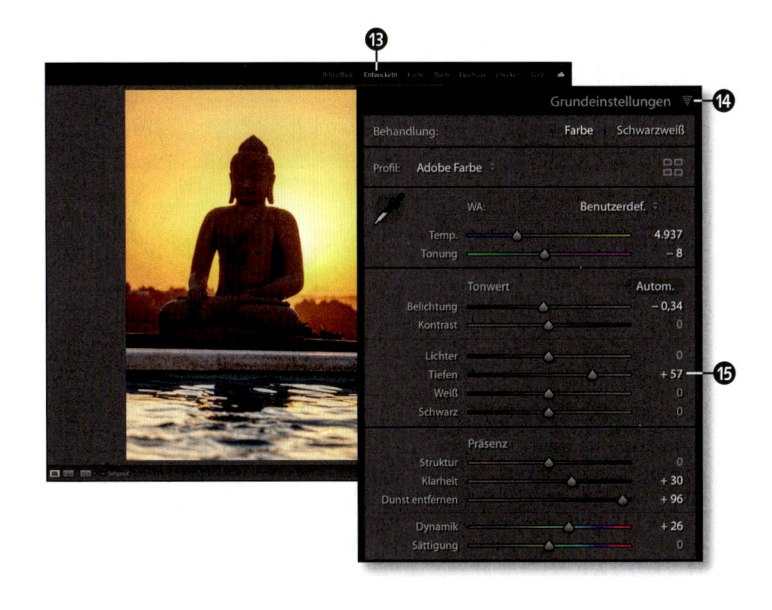

Kapitel 1 | Die Route festlegen   **33**

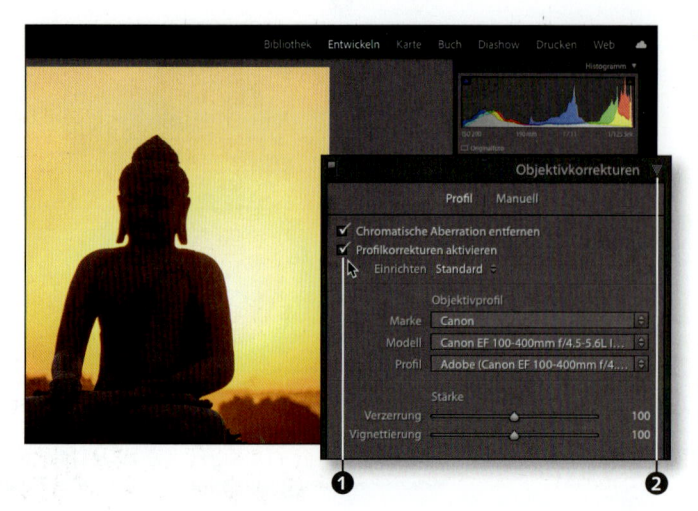

12 Objektivkorrekturen

Fast jedes Objektiv weist Verzeichnungen auf, und besonders kurze Brennweiten haben am Rand diese typischen tonnenförmigen Verzerrungen. Diese können Sie pauschal in den OBJEKTIVKORREKTUREN ❷ im ENTWICKELN-Modul korrigieren. Wenn Sie im Bereich GRUNDEINSTELLUNGEN • PROFIL auf PROFILKORREKTUREN AKTIVIEREN ❶ klicken, erfolgen auf Basis der Objektivinformationen in den EXIF-Daten Verzeichnungs- und Vignettierungskorrekturen. Wie Sie Perspektivfehler per Klick korrigieren, lesen Sie ab Seite 220.

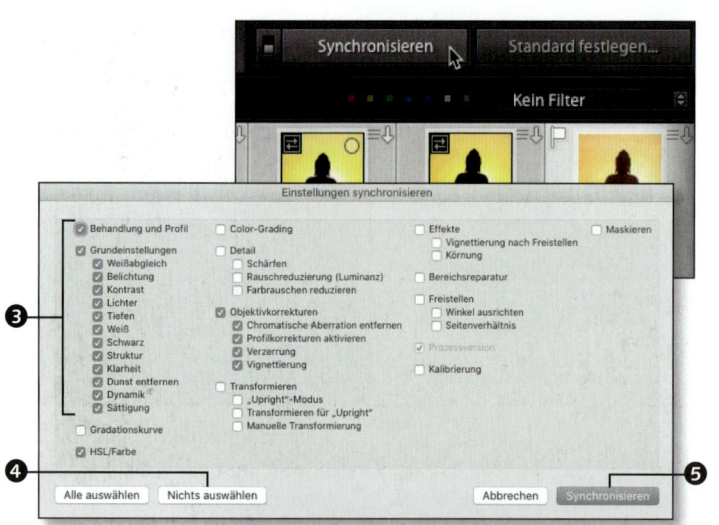

13 Entwicklung synchronisieren

Wenn diese Entwicklungsschritte auch für andere Bilder der Aufnahmeserie sinnvoll sind, können Sie sie übertragen: Aktivieren Sie die anderen Bilder im Filmstreifen im ENTWICKELN-Modul mit gedrückter [Strg]/[cmd]-Taste. Die SYNCHRONISIEREN-Schaltfläche wird sichtbar. Ein Klick darauf öffnet das SYNCHRONISIEREN-Fenster, in dem Sie auswählen, welche Einstellungen übertragen werden sollen. Starten Sie mit NICHTS AUSWÄHLEN ❹, aktivieren Sie Ihre bisherigen Einstellungen ❸, und klicken Sie auf SYNCHRONISIEREN ❺.

14 Automatisch synchronisieren

Die Entwicklungseinstellungen des ersten Bildes wurden jetzt auf die anderen Bilder der Aufnahmeserie übertragen.

Wenn Sie noch weitere gemeinsame Korrekturen vornehmen wollen, klicken Sie auf den kleinen Kippschalter ❻, und aktivieren Sie die Funktion AUTOM.(atisch) SYNCHR.(onisieren).

Das ENTWICKELN-Modul im Überblick finden Sie ab Seite 136. Alle Entwicklungseinstellungen finden Sie ab Seite 180.

34 Kapitel 1 | Die Route festlegen

15 Die Würze für fast jedes Bild

Die Würze sind KLARHEIT ❽ und DYNAMIK unter PRÄSENZ in den GRUNDEINSTELLUNGEN ❼. Erhöhen Sie beide Werte leicht, und sofort wirkt das Bild brillanter und knackiger. Durch die automatische Synchronisation wird nicht nur Ihr aktuelles Bild angepasst, sondern alle im Filmstreifen aktivierten Fotos. ==Und das ist für solch pauschale Korrekturen wie die KLARHEIT oder DYNAMIK auch durchaus angebracht.== Um die Korrektur an den einzelnen Bildern zu beurteilen, ==wählen Sie das jeweilige Bild im Filmstreifen aus.==

16 Einzelbildentwicklung

Nach der ersten synchronisierten Grobentwicklung deaktivieren Sie das automatische Synchronisieren, indem Sie den Kippschalter ❾ per Klick wieder auf SYNCHRONISIEREN umstellen. Sie können die Bilder auch nur einzeln im Filmstreifen auswählen – dann wechselt die Schaltfläche auf VORHERIGE.

Überprüfen Sie dann die Ergebnisse. Sollten einige Korrekturen noch nicht optimal sein, können Sie diese noch individuell anpassen.

17 Motivfarben herausarbeiten

Die Betonung der Bildfarben ist mit der HSL-Korrektur schnell gemacht und dabei sehr wirkungsvoll. Öffnen Sie die HSL-Steuerungen ❿. Dort können Sie den FARBTON (Hue), die SÄTTIGUNG (Saturation) und die LUMINANZ (Luminance) für einzelne Farbbereiche individuell steuern.

Die Sonnenuntergang-Farben in diesem Motiv gewinnen durch eine Verschiebung des Gelb- und Orange-Farbtons in die rötliche Richtung und eine leicht erhöhte Sättigung.

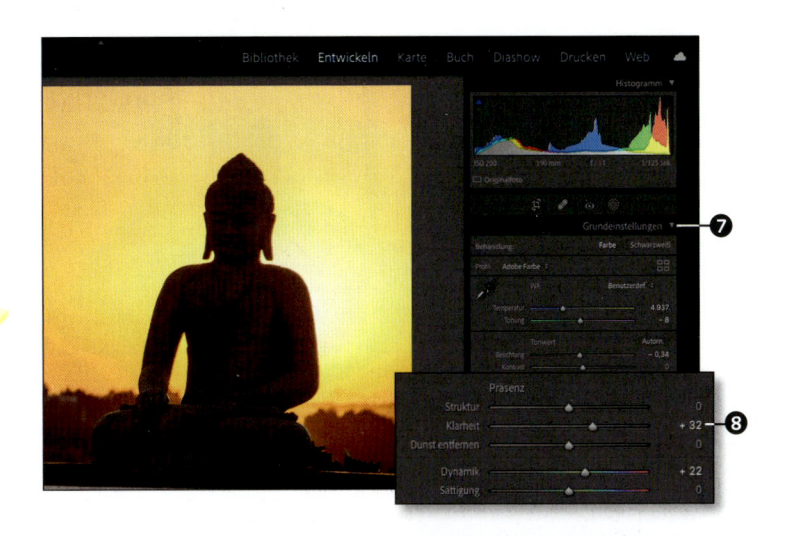

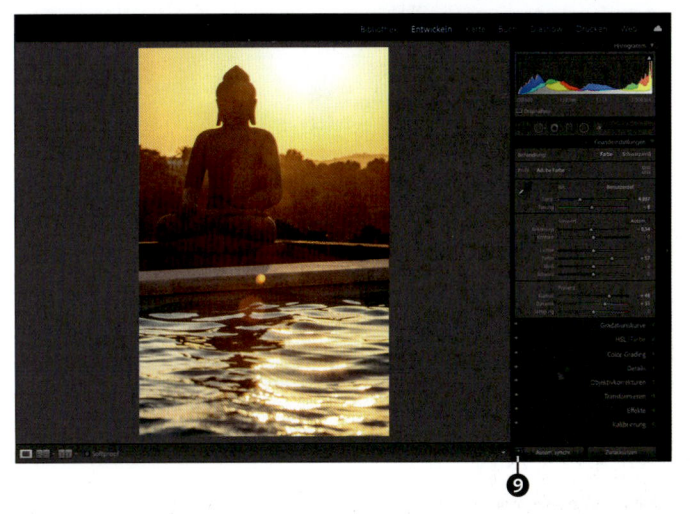

Kapitel 1 | Die Route festlegen 35

18 Die Vergleichsansicht

Jetzt ist es an der Zeit, einen Vergleich anzustellen, und dazu bietet Ihnen Lightroom den Vorher-Nachher-Vergleich. Klicken Sie in der Werkzeugleiste auf das Vorher-Nachher-Symbol ❷. So teilt sich das Vorschaubild in zwei Ansichten. Sie können auch über die Taste ⸢Y⸥ in die Vorher-Nachher-Ansicht und wieder zurück wechseln. Mit der ⸢⇧⸥+⸢Y⸥-Taste wechseln Sie alternativ in eine geteilte Vergleichsansicht. Die verschiedenen Ansichten können Sie über den kleinen Pfeil ❶ aufrufen.

19 Auswahl für den Export

Exportieren können Sie von jedem Modul aus. Am besten geht es aber aus der Bibliothek, weil Sie dort die Bilder für den Export prüfen und auswählen können. Wechseln Sie direkt mit der Taste ⸢G⸥ in die Rasteransicht der Bibliothek und gegebenenfalls in eine vorbereitete Sammlung. Wählen Sie dann mit gedrückter ⸢Strg⸥/⸢cmd⸥-Taste die Fotos aus, die Sie exportieren wollen.

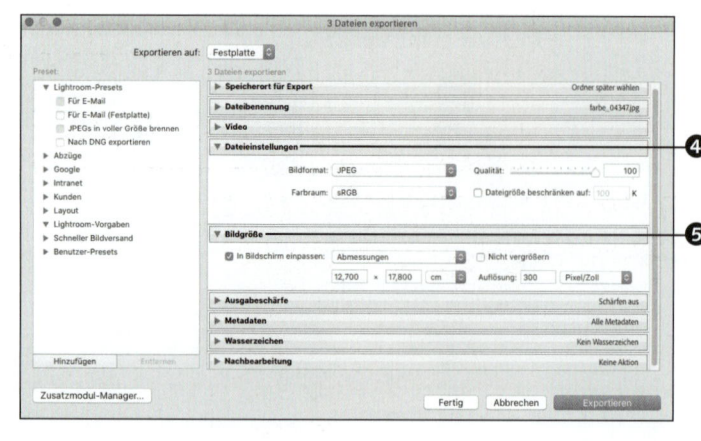

20 Bildauswahl exportieren

Der einfachste Weg in das Exportieren-Fenster ist ein Klick auf die Schaltfläche Exportieren ❸. Alternativ wählen Sie ⸢Strg⸥/⸢cmd⸥+⸢⇧⸥+⸢E⸥ oder den Befehl Exportieren aus dem Datei-Menü – übrigens auch aus allen anderen Modulen.

Das Exportieren-Fenster bietet Ihnen detaillierte Einstellungen für den Export – die wichtigsten für die Speicherung von Fotoabzügen sind die Dateieinstellungen ❹ und die Bildgrösse ❺.

36 Kapitel 1 | Die Route festlegen

21 Starten Sie mit einer Vorgabe

In den Vorgaben sind die Exporteinstellungen für exemplarische Aufgaben schon vordefiniert und können für jeden Zweck angepasst werden.

Wählen Sie aus den Vorgaben JPEGs in voller Grösse brennen ❻ – so haben Sie auf jeden Fall schon einmal das richtige Dateiformat für den Online-Versand festgelegt. Da Sie die Dateien nicht brennen wollen, ändern Sie über das Popup-Menü noch den Speicherort auf Festplatte.

22 Dateieinstellungen

In den Dateieinstellungen ist schon der für Online-Labore passende Farbraum sRGB ❼ eingestellt. Für einen schnellen Upload sollten Sie die Qualität auf einen Wert von 80–85 % einstellen und damit die Dateigröße reduzieren.

Wechseln Sie die Bildgrösse im Popup-Menü auf Abmessungen ❽, und geben Sie dort das gewünschte Fotoformat an, so werden Hoch- und Querformate gleichmäßig eingepasst. Stellen Sie mit 300 Pixel/Zoll ❾ eine hochqualitative Auflösung ein.

23 Bilder exportieren

Jetzt müssen Sie nur noch den Speicherort bestimmen. Öffnen Sie den Speicherort für Export per Klick auf das kleine Dreieck ❿. Wählen Sie die Option Ordner später wählen (nützlich bei Presets) ⓫ aus dem Popup-Menü.

Danach müssen Sie nur noch auf Exportieren klicken. Jetzt können Sie zu jedem beliebigen Speicherort auf Ihrer Festplatte navigieren und Ihre entwickelten Bilder dort im neuen Dateiformat speichern.

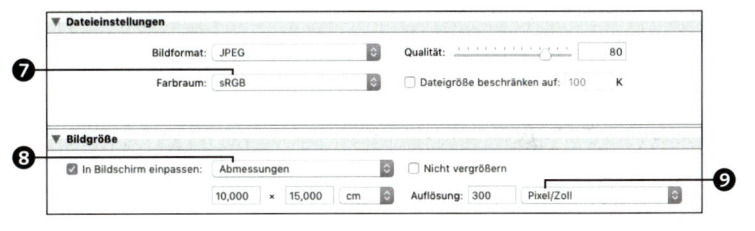

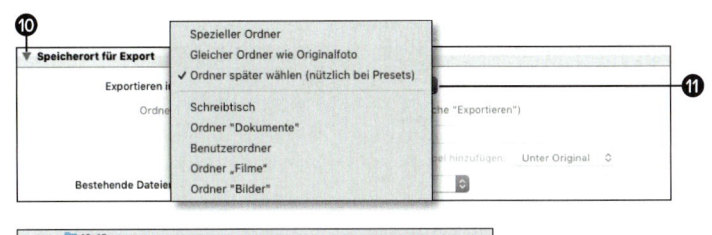

Kapitel 1 | Die Route festlegen   **37**

Die Voreinstellungen

Ein Blick hinter die Kulissen von Lightroom Classic

Mit den Voreinstellungen müssen Sie sich nicht lange aufhalten. Sie sind schon so eingerichtet, dass Sie ohne Weiteres loslegen können. Ein Ausflug in die Voreinstellungen lohnt sich aber für den Blick auf Funktionen und Optionen, die das Arbeiten praktikabler gestalten.

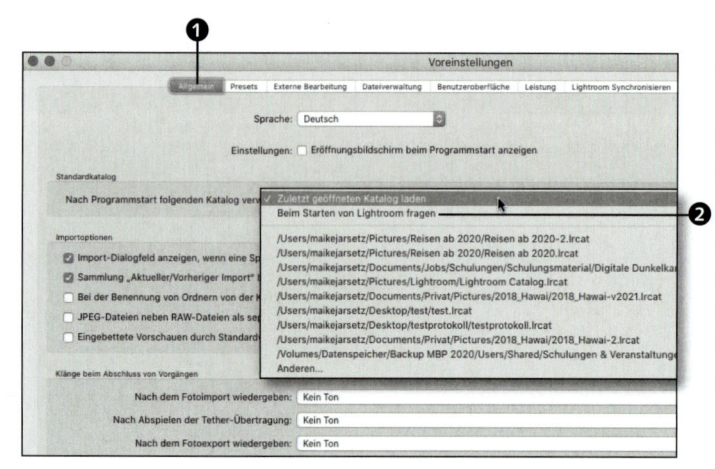

1 Startkatalog wählen

Wenn Sie mit mehreren Katalogen arbeiten, öffnet Lightroom automatisch den zuletzt benutzten Katalog. Das können Sie über eine Voreinstellung ändern. Wählen Sie aus dem Menü LIGHTROOM CLASSIC (Mac) bzw. BEARBEITEN (Windows) die VOREINSTELLUNGEN, und wählen Sie im Reiter ALLGEMEIN ❶ aus dem Popup-Menü BEIM STARTEN VON LIGHTROOM FRAGEN ❷, falls Sie Ihre Kataloge öfter wechseln.

Tipp: Alternativ können Sie beim Starten auch die Alt-Taste gedrückt halten.

2 Importordner bestimmen

Im Bereich ALLGEMEIN der Voreinstellungen finden Sie wichtige Optionen für den Import: Mit der ersten Option können Sie das IMPORT-DIALOGFELD ANZEIGEN, WENN EINE SPEICHERKARTE ERKANNT WURDE ❸. Durch Deaktivieren der Option SAMMLUNG „AKTUELLER/VORHERIGER IMPORT" BEIM IMPORTIEREN AUSWÄHLEN darunter verbleiben Sie beim Import im vorher benutzten Ordner. Die Option EINGEBETTETE VORSCHAUEN DURCH STANDARDVORSCHAUEN IN LEERLAUFZEITEN ERSETZEN ❹ erspart Ihnen, eingebettete Vorschauen im Nachhinein manuell zu aktualisieren.

3 JPEGs separat bearbeiten

Wenn Sie JPEG und Raw gleichzeitig fotografieren, werden diese Datei-»Paare« von Lightroom wie ein einziges Bild behandelt, und die Raw-Datei ist immer die maßgebliche Datei für die Entwicklung.

Wenn Sie die JPEG-Dateien neben RAW-Dateien als separate Fotos behandeln wollen, um sie unterschiedlich zu entwickeln, aktivieren Sie die entsprechende Importoption ❺ im Reiter Allgemein. Über eine neue Sortierungsoption können Sie diese im Import auch getrennt voneinander auswählen.

4 Raw-Standard festlegen

Im Reiter Presets bestimmen Sie mit dem »Raw-Standard« ❻ eine Grundentwicklung, die schon beim Bildimport durchgeführt wird. Sie können dafür aus allen gespeicherten Entwicklungs-Presets wählen. Trotzdem können Sie diese Einstellungen für bestimmte Kameras global überschreiben ❼ und so unterschiedliche Presets beim Import nutzen.

Wie Sie einen neuen Raw-Standard festlegen, lesen Sie auf Seite 190.

5 Vorgabenmanagement

Nicht alle Presets sind mit allen Bildformaten kompatibel. Über eine Option ❽ entscheiden Sie, ob diese angezeigt werden. Über zwei Schaltflächen ❿ können Sie sich die jeweiligen Ordner der Entwicklungsvorgaben und der weiteren Vorgaben anzeigen lassen. Um Presets auf einen Katalog zu beschränken, können Sie über eine Option die Presets mit diesem Katalog speichern ❾ und sie so zusammen archivieren. Über weitere Schaltflächen ⓫ setzen Sie die Vorgaben auf den Standard zurück.

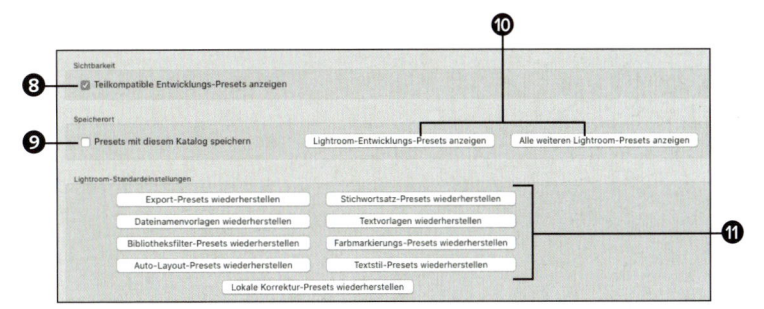

Kapitel 1 | Die Route festlegen

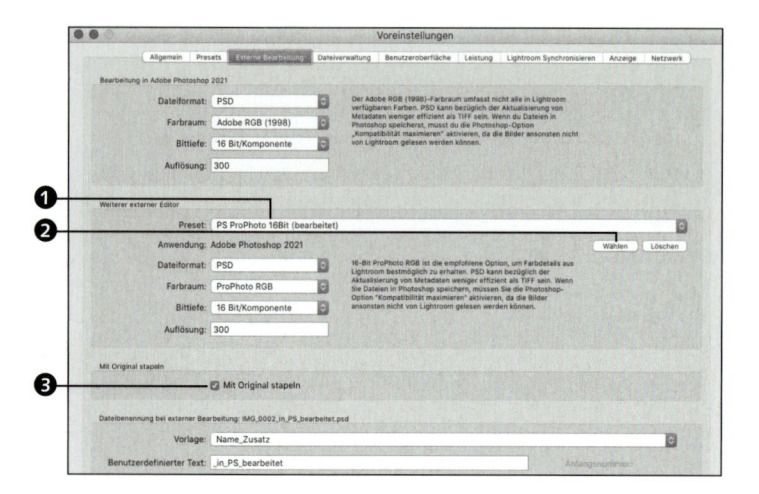

6 Externe Bearbeitung

Hier definieren Sie, wie Bilder an Bearbeitungsprogramme übergeben werden sollen. Im oberen Bereich ist Photoshop als Standard-Editor schon vorgesehen. Weitere externe Programme fügen Sie über WÄHLEN ❷ hinzu. Für jedes Programm können Sie Farbraum, Farbtiefe und Dateiformat vordefinieren und über das Popup-Menü ❶ AKTUELLE EINSTELLUNGEN ALS NEUES PRESET SPEICHERN. Aktivieren Sie die Option MIT ORIGINAL STAPELN ❸, um die resultierenden Daten im Lightroom-Katalog schnell aufzufinden.

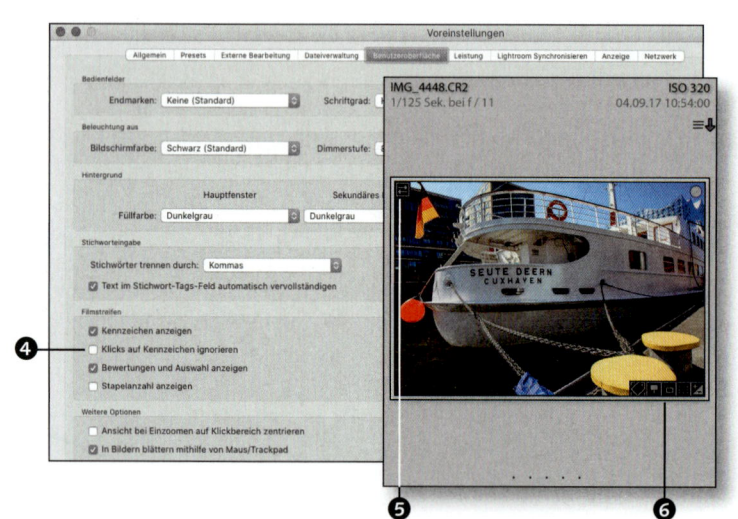

7 Benutzeroberfläche

In der Rasteransicht und im Filmstreifen finden sich viele hilfreiche Icons ❺ und ❻, die signalisieren, ob Bilder mit Stichwörtern oder GPS-Daten versehen sind, nur eine eingebettete Vorschau enthalten und ob sie entwickelt, beschnitten oder Bestandteil einer Sammlung sind. Ein Klick auf dieses Kennzeichen führt Sie direkt in den Bearbeitungsbereich. Wenn Sie dies im Filmstreifen unterdrücken wollen, aktivieren Sie die entsprechende Option ❹. In der Rasteransicht bleiben die Kennzeichen weiterhin klickbar.

8 Lightroom synchronisieren

Unter dem Reiter LIGHTROOM SYNCHRONISIEREN finden Sie Ihre Kontoinformationen. Über diese Adobe-ID ❼ müssen Sie sich auch auf einem mobilen Gerät mit Lightroom anmelden, um dieses mit Ihrem Lightroom-Classic-Katalog zu synchronisieren. Lightroom speichert trotz der Cloudauslagerung Ihrer Smart-Vorschauen für die Offline-Bearbeitung auf Ihrer Festplatte. Für die optionale lokale Speicherung Ihrer Cloud-Originale geben Sie mit der entsprechenden Option einen Speicherort an ❽, indem Sie einen Ordner über die danebenstehende Schaltfläche wählen.

9 Leistung

Optimieren Sie die Performance, indem Sie einen aktuellen GRAFIKPROZESSOR VERWENDEN ❾, und entscheiden Sie, ob dieser nur die Anzeige oder auch die Bildbearbeitung beschleunigen soll. Wenn Sie FÜR BILDBEARBEITUNG ANSTELLE DER ORIGINALE SMART-VORSCHAU VERWENDEN ❿, entwickelt auch Lightroom Classic nur auf Basis von Vorschaudaten. Für genaue Entwicklungen, wie z. B. die Scharfzeichnung, ist das aber nicht empfehlenswert.

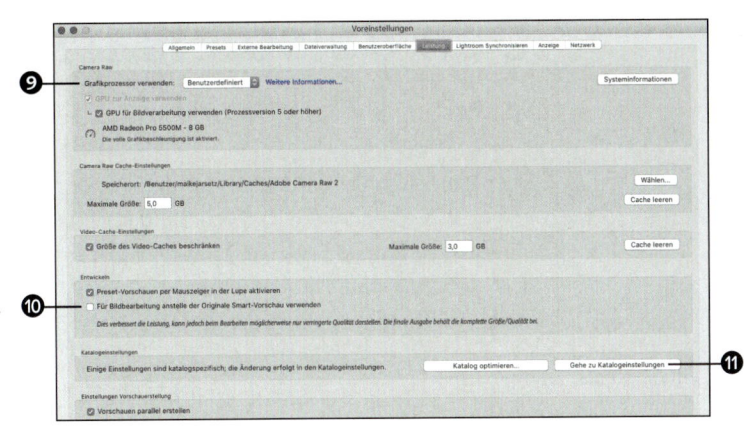

10 Katalogeinstellungen

In den Katalogeinstellungen ⓫ definieren Sie im Bereich ALLGEMEIN, wie oft Sie ein Backup der Katalogdatei machen wollen ⓬. Mit der automatischen STANDARDVORSCHAUGRÖSSE ⓭ im Bereich DATEIHANDHABUNG passen Sie diese an die Monitorauflösung an. Die 1:1-Vorschauen der Bilder ermöglichen Lightroom ein schnelles Reinzoomen in die Bilder. Im Popup-Menü bestimmen Sie, wie oft die 1:1-Vorschauen gelöscht werden ⓮. Smart-Vorschauen löschen Sie in der BIBLIOTHEK • VORSCHAUEN • SMART-VORSCHAUEN VERWERFEN.

11 Metadaten kontrollieren

Eine entwickelte Raw-Datei aus Lightroom Classic wird in der Bridge und in Camera Raw unentwickelt dargestellt, weil die Entwicklungseinstellungen vorerst nur in der Lightroom-Katalogdatei gespeichert werden. Im Reiter METADATEN können Sie die ÄNDERUNGEN AUTOMATISCH IN XMP SPEICHERN ⓯ und damit an die Datei binden.

Außerdem können Sie in diesem Bereich der Voreinstellungen die Adressensuche ⓰ und Gesichtserkennung ⓱ aktivieren. Direkter geht das jedoch über das Aktivitätscenter – wie, das lesen Sie auf Seite 116.

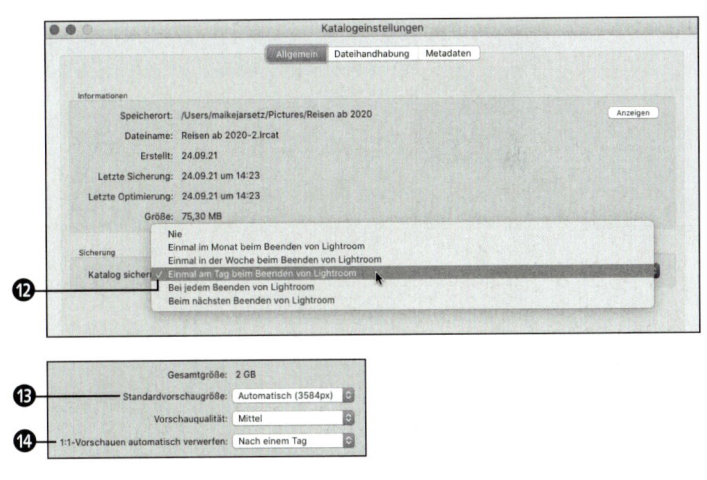

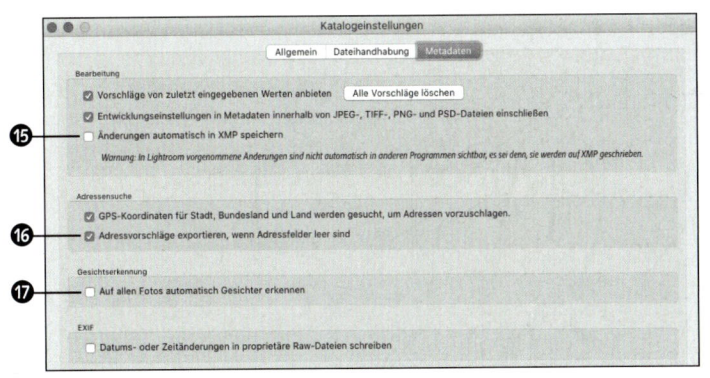

Kapitel 1 | Die Route festlegen **41**

Den Beispielkatalog nutzen

So starten Sie Ihre Übungen mit den Online-Beispieldaten

Die ersten Schritte mit Lightroom haben Sie mit den vorangegangenen Workshops schon gemacht. Das Schöne ist: Wenn Sie die Workshops mit Ihren eigenen Bildern nacharbeiten, perfektionieren Sie Schritt für Schritt auch Ihr Bildarchiv. Manche Entwicklungsbeispiele auf den noch folgenden Seiten sind aber besser nachzuvollziehen, wenn Sie das Bildmaterial aus unserem Beispielkatalog nutzen. Hier sehen Sie, wie Sie damit starten können.

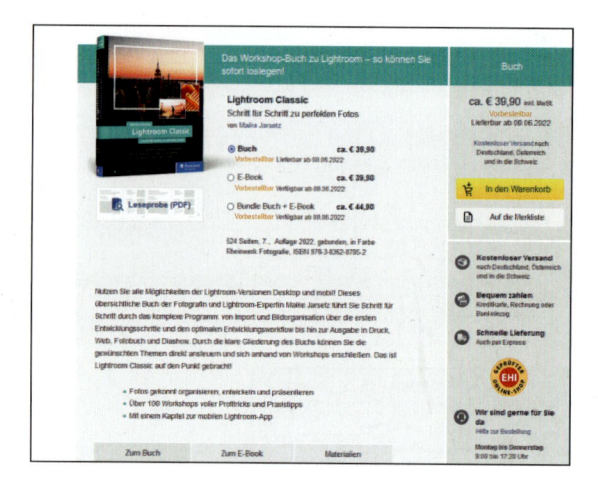

1 Der Downloadlink

Navigieren Sie in Ihrem Internet-Browser auf die Website zum Buch unter *www.rheinwerk-verlag.de/5446*.

Dort können Sie den Reiter MATERIALIEN anklicken und nach Beantwortung einer Sicherheitsabfrage den Ordner mit der Bezeichnung »8785_Beispielkatalog« downloaden. Laden Sie alle Ordner komplett auf Ihre Festplatte, wenn Sie mit den Original-Beispielbildern arbeiten wollen.

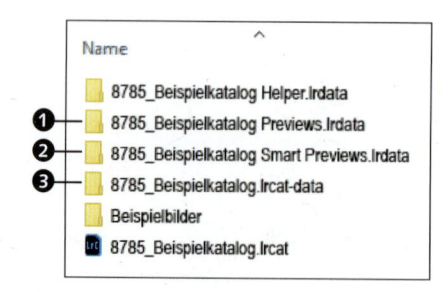

2 Katalog und Preview-Dateien

Im Ordner »8785_Beispielkatalog« befinden sich zusätzlich zum Ordner mit den Beispieldaten drei Dateien: Die Smart-Previews ❷ ermöglichen es Ihnen, die Entwicklungsschritte durchzuführen, auch wenn Sie die Beispieldaten nicht auf Ihren Rechner kopieren wollen. Die Preview-Datei ❶ sorgt für den schnelleren Bildaufbau der Fotos. Die eigentliche Katalogdatei ❸ mit der Bezeichnung »8785_Beispielkatalog.lrcat« können Sie einfach per Doppelklick öffnen.

42 Kapitel 1 | Die Route festlegen

3 Beispielkatalog öffnen

Falls Sie aktuell schon einen Katalog in Lightroom geöffnet haben, werden Sie gefragt, ob Sie diesen schließen wollen. Lightroom kann nur einen Katalog zur selben Zeit öffnen. Bestätigen Sie diese Meldung mit Neu starten ❹.

Wenn Sie später zu Ihrem ursprünglichen Lightroom-Katalog zurückkehren wollen, öffnen Sie diesen am schnellsten über das Menü Datei • Letzte Dateien öffnen.

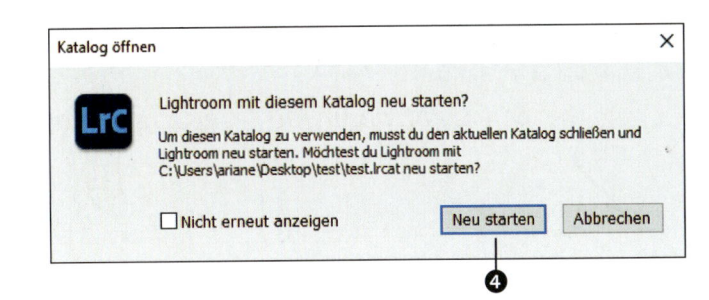

4 Der Katalog

Mit diesem Klick liegt der komplette Arbeitskatalog vor Ihnen, und es wird die Verlinkung zu den Beispielbildern hergestellt. Auch wenn Sie diese nicht geladen haben, können Sie die Entwicklungsbeispiele auf Basis der Smart-Vorschauen durchführen. Sie erkennen dies an dem kleinen Icon im Histogramm ❺.

Die Beispieldaten zum Nacharbeiten werden übrigens zu Beginn jedes Workshops in farbigen Klammern genannt: [Beispielbild].

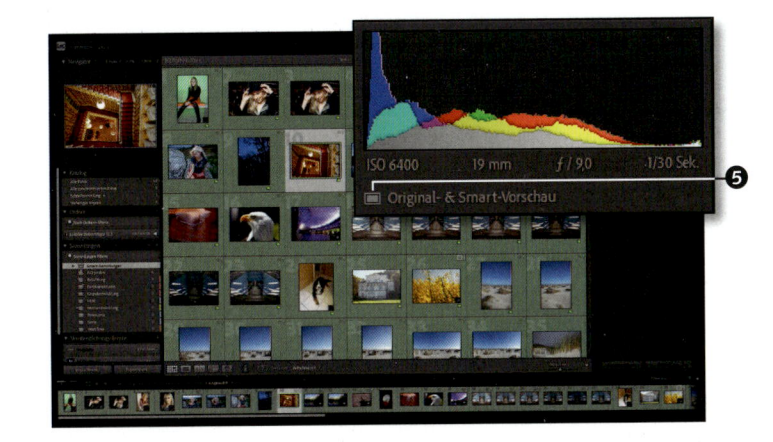

5 Die Beispielordner

Die Beispielbilder habe ich für Sie schon in Ordner passend zu den Kapiteln sortiert. Öffnen Sie im Bibliothek-Modul auf der linken Seite das Ordner-Bedienfeld, und klicken Sie auf den entsprechenden Kapitelordner ❻. So bekommen Sie eine überschaubare Anzahl von Bildern angezeigt, mit denen Sie dann zum Arbeiten in das Entwickeln-Modul wechseln können.

Grundlagenexkurs

Nicht-destruktive Bildentwicklung

Mit Lightroom sind Ihre Originalfotos immer geschützt

Was bedeutet nicht-destruktiv?
Eine nicht-destruktive Bildbearbeitung verändert niemals die Originaldaten. An jedem Punkt Ihrer Bildentwicklung können Sie auf die ursprüngliche Bilddatei aus der Kamera zurückgreifen – Ihnen bleibt also immer so etwas wie eine Negativdatei erhalten.

Das ist das Prinzip der Raw-Daten-Entwicklung, denn eine Raw-Datei aus der Kamera entspricht keinem standardisierten Bildformat, bei dem die Veränderungen der Bildentwicklung direkt in der Datei gespeichert werden könnten.

Die Entwicklungseinstellungen werden stattdessen in sogenannten *Metadaten* gespeichert. Diese können sowohl als Filialdateien – also zusätzliche Dateien neben der Bilddatei – als auch, wie im Fall von Lightroom Classic, in einer Katalogdatei auf dem Rechner gesammelt werden. Der Vorteil dieser Zusatzinformationen ist, dass diese jederzeit von der Datei wieder getrennt werden können.

So können Sie nicht nur zur Originalversion eines Bildes zurückkehren, sondern haben auch Zugriff auf jeden einzelnen Entwicklungsschritt. Dafür muss nicht einmal die Originaldatei vorliegen, sondern es kann sogar eine 2540 Pixel große DNG-Kopie, die als sogenannte *Smart-Vorschau* die Entwicklungseinstellungen anzeigt, ausreichen. Die mobile Lightroom-App arbeitet ausschließlich auf den Smart-Vorschauen, während die Originale in der Cloud liegen.

Entwicklungseinstellungen können Sie kopieren und ganz oder teilweise auf andere Bilder übertragen. Und vor allem: Durch sogenannte *virtuelle Kopien* können Sie mehrere solcher Entwicklungseinstellungen anlegen, ohne das Originalbild zu kopieren.

Lesen Sie folgende Grundlagenexkurse:
»Der Lightroom-Katalog« ab Seite 74, »Metadaten und Bildinformation« ab Seite 90, »Raw und DNG« ab Seite 268 und das Kapitel »Unterwegs mit der mobilen Lightroom-App« ab Seite 334.

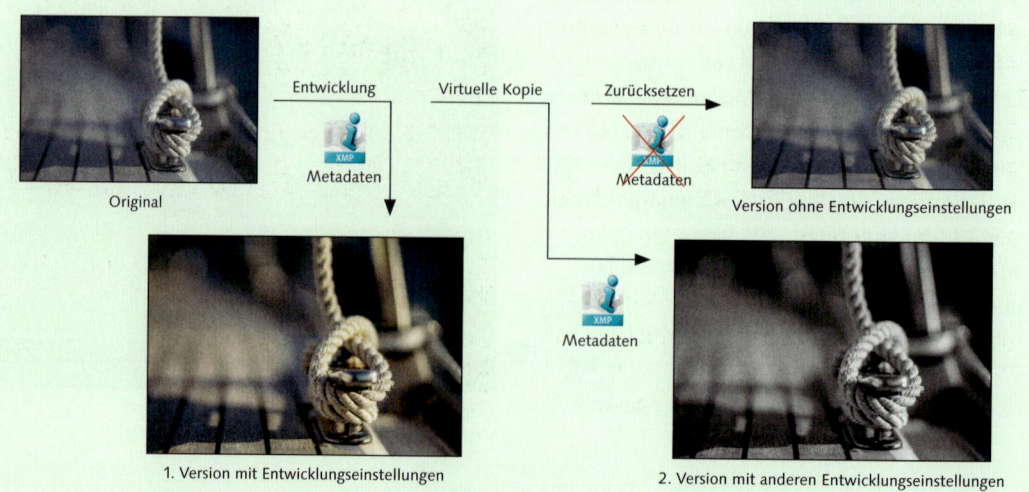

Original → Entwicklung (Metadaten) → 1. Version mit Entwicklungseinstellungen → Virtuelle Kopie (Metadaten) → 2. Version mit anderen Entwicklungseinstellungen → Zurücksetzen (Metadaten) → Version ohne Entwicklungseinstellungen

Grundlagenexkurs

Damit haben Sie Ihre Entwicklung im Griff

Vergleich | Durch einen Klick auf das Vergleich-Symbol ❶ im ENTWICKELN-Modul können Sie den Entwicklungsstatus mit der Ursprungsversion vergleichen.

Protokoll | Im PROTOKOLL ist jeder Entwicklungsschritt aufgeführt. Durch Klick auf die einzelnen Schritte ❸ bestimmen Sie den aktuellen Dokumentstatus. Mit einem Klick auf das x-Symbol ❷ löschen Sie das Protokoll.

Schnappschüsse | Im Bedienfeld SCHNAPPSCHÜSSE des ENTWICKELN-Moduls können Sie durch einen Klick auf das Plus-Zeichen ❹ verschiedene Bearbeitungsphasen speichern und später jederzeit wieder aufrufen.

Virtuelle Kopien | Über die rechte Maustaste oder über das MENÜ FOTO können Sie virtuelle Kopien – und damit eine weitere Entwicklungseinstellung – erstellen. Im Filmstreifen und in der Rasteransicht der Bibliothek sind diese durch ein Symbol ❺ erkennbar.

Smart-Vorschauen | Auch in Lightroom Classic können Sie ohne Originaldatei entwickeln. Ein kleines Symbol an der Miniatur ❻ und im Histogramm ❼ zeigt an, ob Sie auf einer Smart-Vorschau arbeiten, die Sie beim Import anlegen. Die Entwicklungseinstellungen werden auf das Original angewendet, wenn dieses wieder verfügbar ist.

Zurück auf Los | Um alle Entwicklungseinstellungen zu löschen, klicken Sie auf den Button ZURÜCKSETZEN oder wählen den Befehl mit der rechten Maustaste aus.

Symbole im Filmstreifen | In der Bibliothek und im Filmstreifen ist sofort sichtbar, ob ein Bild Entwicklungseinstellungen ❾ oder weitere Metadaten ❽ wie Stichwörter besitzt.

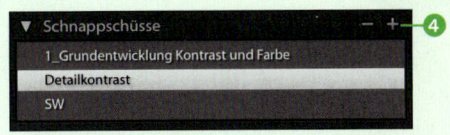

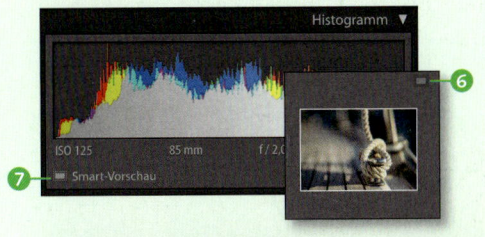

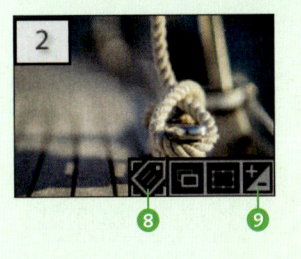

Kapitel 1 | Die Route festlegen 45

Richtig importieren

Dieses Kapitel zeigt Ihnen, wie Sie Ihre Bilder strukturiert und ohne Umwege mit Lightroom verwalten und den Überblick über die importierten Bilder behalten. Das größte Missverständnis beim Import mit Lightroom Classic ist die Vorstellung, dass Lightroom Classic die Bilder in einem Katalog »verpackt«. Der Lightroom-Katalog ist hingegen nur eine Datenbank, in der alle Informationen gespeichert werden, die die schnelle Bildorganisation und Entwicklungsarbeit mit Lightroom ermöglichen. Ihre Bilder bleiben dabei völlig autark und liegen frei auf einem von Ihnen bestimmten Speicherort der Festplatte. Anders als bei dem cloudbasierten Foto-Workflow der Lightroom-App bestimmen Sie hier also ganz flexibel, wo Ihre Bilder gespeichert werden.

EINFÜHRUNG: Tipps zum Importieren
Mit dem richtigen Import Stress und Fehler vermeiden 48

AUF EINEN BLICK: Das Importfenster
Ihre Optionen während des Bildimports 50

Ein neuer Katalog
Bereiten Sie Ihre Bildorganisation vor 52

Fotos importieren
Der Import von der Kamerakarte 54

Fotos vom Rechner importieren
Importieren Sie Ihr bestehendes Bildarchiv samt Sortierung 58

Smart-Vorschauen nutzen
Bildbearbeitung ohne Originale 62

Import-Standards definieren
Wichtige Metadaten und Importeinstellungen in Presets sichern 64

Importieren und entwickeln
Entwicklungseinstellungen während des Imports anwenden 68

Import-Workflow im Studio
Tether-Aufnahme und Layoutüberlagerung 70

Kataloge verknüpfen
Bilder aus bestehenden Katalogen importieren 74

GRUNDLAGENEXKURS: Der Lightroom-Katalog
Wie Sie den Lightroom-Katalog für sich nutzen 78

Foto: Maike Jarsetz

Tipps zum Importieren

Mit dem richtigen Import Stress und Fehler vermeiden

Bevor wir über den Import reden, möchte ich den Begriff relativieren. Viele Anwenderinnen und Anwender verbinden mit dem Begriff »Import« die Vorstellung, dass die Bilder in eine Art geschlossenen Katalog importiert und dort aufbewahrt werden. Das ist bei Lightroom aber nicht der Fall. Eine bessere Bezeichnung für den Befehl IMPORTIEREN wäre sicherlich »Aufpassen« oder »Verwalten«. Denn beim Import wird nur eine Verknüpfung zu den Bildern hergestellt, die sich völlig autonom auf der Festplatte befinden.

1. Was passiert beim Import?

Zwei wesentliche Sachen führen Sie mit dem Importbefehl durch: Im Falle eines direkten Importes von der Speicherkarte bestimmen Sie den Speicherort, an den Sie die Bilder kopieren – und zwar über das Arbeitsfenster ZIEL. Bilder, die schon auf der Festplatte gespeichert sind, werden einfach nur »hinzugefügt«. In beiden Fällen stellt die Katalogdatei eine Verknüpfung zu den Bildern her und sammelt von nun an alle Informationen – Metadaten – zu den Bildern, dazu gehört der Speicherort, die Verschlagwortung, Entwicklungseinstellungen und sämtliche Attribute, die während der Lightroom-Arbeit hinzukommen.

2. Wichtige Schritte beim Import

Beim Import können Sie schon eine Menge Aufgaben erledigen, die zwar später in der Bibliothek auch noch möglich sind, aber gern vergessen werden. Dazu gehörten das Copyright ❷ Ihrer Bilder und die wesentlichen Stichwörter ❸. Eine Dateiumbenennung ❶ ist ebenfalls während des Imports von der Kamerakarte möglich.

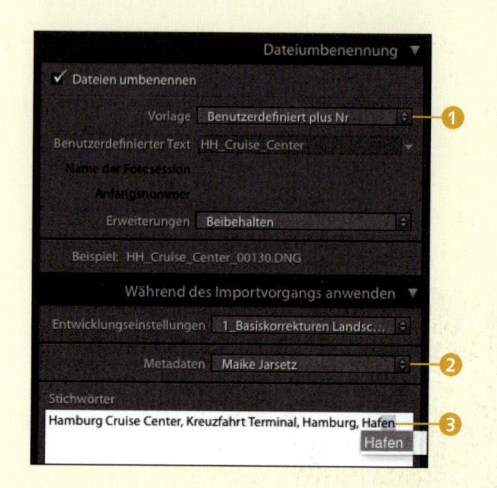

3. Wo sind die importierten Bilder?

Nach dem Import zeigen sich die importierten Bilder im Vorschaufenster der Bibliothek. Es ist aber nicht immer unmittelbar erkennbar, wo die Bilder gespeichert wurden, denn Lightroom blendet zunächst nur den vorherigen Import ❹ ein. Klicken Sie einfach mit rechter Maustaste auf eines der Bilder, und wählen Sie GEHE ZU ORDNER IN BIBLIOTHEK ❺. Damit blendet sich der Ordner ein, in dem die Bilder auf der Festplatte gespeichert sind. Ein weiterer Rechtsklick lässt Sie den Ordner samt Bildern im Finder bzw. Explorer anzeigen.

Einführung

4. Die Sache mit den Vorschaubildern

Im Bereich DATEIVERWALTUNG ❻ können Sie bestimmen, welche Qualität die Vorschau Ihrer Bilder haben soll ❽. Die Standardvorschaugröße ❾ kann in den Voreinstellungen von Lightroom automatisch nach der Bildschirmauflösung eingestellt werden. Mit Smart-Vorschauen ❼ haben Sie die Möglichkeit, Bilder zu entwickeln, auch wenn die Originaldaten nicht zur Verfügung stehen. EINGEBETTETE UND FILIALDATEIEN nutzen bestehende Vorschauen und sind damit schnell erstellt. Sie können nachträglich in Standardvorschauen umgewandelt werden ⓫.

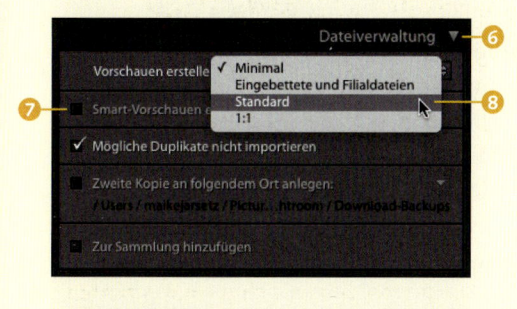

5. Wozu als DNG kopieren?

Mit dem DNG-Format speichern Sie eine Raw-Datei zusätzlich mit Ihren Entwicklungseinstellungen. Das ist für die Archivierung und Bearbeitung von Raw-Daten – unabhängig von Lightroom – sehr sinnvoll. Für diesen Zweck können Sie schon beim Import Ihre Raw-Dateien ALS DNG KOP.(ieren).

6. JPEG oder Raw

In den Voreinstellungen von Lightroom können Sie wählen, ob Sie die JPEG-DATEIEN NEBEN RAW-DATEIEN ALS SEPARATE FOTOS BEHANDELN wollen. Die Sortierungsoption DATEITYP ❿ im Importfenster erleichtert Ihnen die schnelle Selektierung.

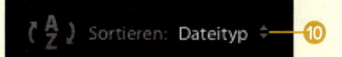

Schneller Import mit Tastaturkürzeln

Bibliothek

Importfenster öffnen	Strg/cmd + ⇧ + I
Aus Katalog importieren	Alt + IMPORTIEREN

Importfenster

Wechsel kompaktes/erweitertes Fenster	⇆
Vorheriges/nächstes Bild	← / →
Wechsel Raster-/Lupenansicht	G / E oder Doppelklick
Zoom/1:1-Ansicht	Leertaste oder Klick
Ein-/Auszoomen	Strg/cmd + # / -
Alle auswählen	Strg/cmd + A

Tether-Aufnahme

Kamera auslösen	F12
Steuerung verkleinern/vergrößern	Alt + Klick auf das x-Symbol
Steuerung ausblenden	Strg/cmd + Q

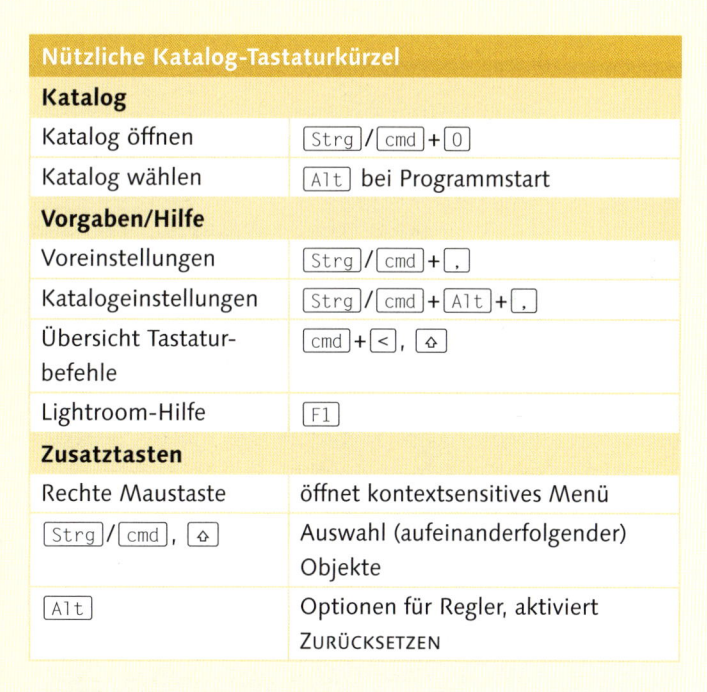

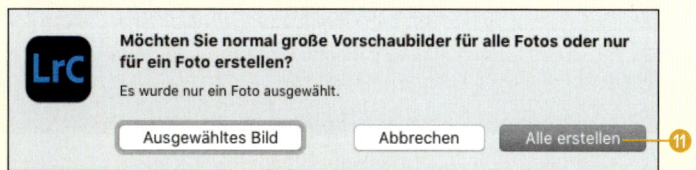

Nützliche Katalog-Tastaturkürzel

Katalog

Katalog öffnen	Strg/cmd + O
Katalog wählen	Alt bei Programmstart

Vorgaben/Hilfe

Voreinstellungen	Strg/cmd + ,
Katalogeinstellungen	Strg/cmd + Alt + ,
Übersicht Tastaturbefehle	cmd + < , ⇧
Lightroom-Hilfe	F1

Zusatztasten

Rechte Maustaste	öffnet kontextsensitives Menü
Strg/cmd, ⇧	Auswahl (aufeinanderfolgender) Objekte
Alt	Optionen für Regler, aktiviert ZURÜCKSETZEN

Kapitel 2 | Richtig importieren

Auf einen Blick

Das Importfenster

Ihre Optionen während des Bildimports

❶ **Importquelle:** Über dieses Popup-Menü können Sie auf die zuletzt gewählten Importquellen zugreifen. Wählen Sie ANDERE QUELLE, um durch Ihre Ordnerstruktur zu navigieren.

❷ **Fotos als DNG kopieren:** Schon beim Import können Fotos in das DNG-Format konvertiert werden. Die Optionen für den DNG-Import legen Sie in den VOREINSTELLUNGEN unter DATEIVERWALTUNG fest.

❸ **Fotos kopieren:** Kopieren Sie Fotos von der Speicherkarte auf die Festplatte.

❹ **Fotos verschieben:** Diese Option ist nützlich, wenn Sie Fotos auf andere Festplatten verschieben wollen.

❺ **Fotos hinzufügen:** Verwalten Sie Ihr bestehendes Bildarchiv mit Lightroom, ohne die Bilder zu kopieren oder zu verschieben.

❻ **Vorschaufenster:** Welche Bilder wollen Sie im Vorschaufenster sehen: alle Fotos des Quellordners, nur die neuen – noch nicht im Katalog enthaltenen – Fotos oder die aktuell für den Import bestimmten Bilder?

➐ Zielpfad: Hier können Sie das Importziel unter dem Pfeil auswählen.

➑ Vorschauen erstellen: Definieren Sie die Qualität und Größe der Erstvorschauen, um Import und Bildbeurteilung zu beschleunigen.

➒ Smart-Vorschauen erstellen: Smart-Vorschauen sind DNG-Kopien der Bilder mit 2 540 Pixeln Kantenlänge. Diese ermöglichen Ihnen, Bilder zu entwickeln, auch wenn die Originale – zum Beispiel auf einer externen Festplatte – aktuell nicht verfügbar sind.

➓ Mögliche Duplikate nicht importieren: Hier schließen Sie die schon im Katalog enthaltenen Dateien vom Import aus.

⓫ Zweite Kopie an folgenden Ort anlegen: Für eine weitere Sicherheitskopie der Originaldaten wählen Sie hier den Speicherort.

⓬ Zur Sammlung hinzufügen: Über diese Option können Sie Ihre Bilder jetzt schon in Sammlungen organisieren oder neue anlegen.

⓭ Dateiumbenennung: Mit Text- und Metadatenbausteinen können Sie Dateien individuell umbenennen.

⓮ Entwicklungseinstellungen: Im Entwicklungsmodus gespeicherte Vorgaben können Sie gleich beim Import auf die Bilder anwenden.

⓯ Metadatenvorgaben: In diesen speichern Sie IPTC-Informationen, wie Copyright-Hinweise, und können sie während des Imports anwenden.

⓰ Stichwörter: Geben Sie beim Bildimport bereits die wichtigsten Stichwörter ein.

⓱ Ordner oder Datum: Bestimmen Sie die zusätzliche Sortierung Ihrer importierten Fotos.

⓲ Importziel: Definieren Sie beim Import unbedingt den Speicherort Ihrer Bilder. Alle neu angelegten Ordner werden in Grau, mit kursiver Schrift und einem Plus-Zeichen angezeigt.

⓳ Importieren: Hier starten Sie den Import.

⓴ Miniaturgröße: Bestimmen Sie die Größe der Vorschaubilder in der Rasteransicht.

㉑ Sortierreihenfolge: Sortieren Sie Ihre Bilder – nach Bedarf auch nach Dateityp.

㉒ Importvorgaben: Alle Einstellungen im Importdialog können als Vorgabe gesichert und bei weiteren Imports wieder aus dem Popup-Menü ausgewählt werden.

㉓ Importfotos auswählen: Über die Häkchen wählen Sie die Fotos für den Import aus. Über zwei Schaltflächen im unteren Bereich des Vorschaufensters können Sie ALLE MARK.(ieren) oder die AUSWAHL AUFH.(eben). Mit gedrückter Alt-Taste können Sie nur VIDEOS AUSWÄHLEN.

㉔ Lupen- und Rasteransicht: Über diese Symbole können Sie zwischen Raster- und Lupenansicht wechseln. Oder Sie nutzen die Tasten E und G oder einen Doppelklick.

㉕ Importvolumen: Dieses zeigt Ihnen Anzahl und Größe der ausgewählten Bilder an.

㉖ Kompaktmodus: Über den Pfeil in der linken unteren Ecke wechseln Sie zwischen dem erweiterten und dem Kompaktmodus.

㉗ Unterordner einbeziehen: Bestimmen Sie, ob auch Fotos aus Unterordnern im Vorschaufenster angezeigt werden sollen.

㉘ Laufwerke und Verzeichnisse: Navigieren Sie hier zu den verschiedenen Importquellen.

Ein neuer Katalog

Bereiten Sie Ihre Bildorganisation vor

Nach dem ersten Start von Lightroom Classic ist bereits ein erster Katalog geöffnet, den Sie auch ohne Weiteres für den Aufbau Ihres Bildarchives nutzen können. Dieser Katalog befindet sich standardmäßig im Bilderordner des Benutzerverzeichnisses. Sie können aber auch einen eigenen Katalog an einem von Ihnen gewählten Speicherort anlegen. Die ersten Schritte zum Anlegen eines eigenen Kataloges zeigt Ihnen dieser Workshop.

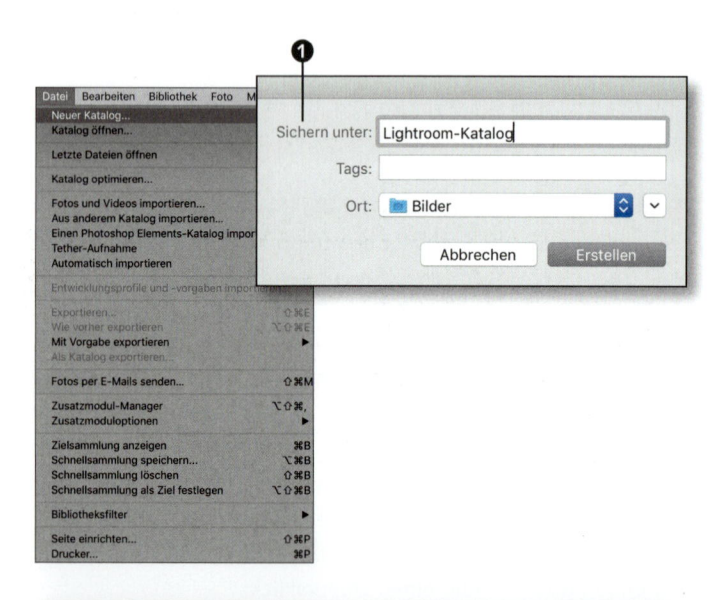

1 Neuen Katalog anlegen

Wählen Sie aus dem Datei-Menü die Option Neuer Katalog, und wählen Sie den gewünschten Speicherort – zum Beispiel den Ordner, in dem sich auch Ihre Bilddaten befinden.

Sie müssen keinen eigenen Ordner für die Lightroom-Dateien anlegen. Dieser wird automatisch angelegt – und zwar mit dem Namen, den Sie im Feld Sichern unter ❶ (Mac) bzw. Dateiname (Windows) eingeben. Ich habe meinen Katalog Lightroom-Katalog genannt. Klicken Sie dann auf Erstellen.

2 Zurück auf Los

Der alte Katalog wird geschlossen, und Lightroom fragt gegebenenfalls noch nach einer Sicherheitskopie der Katalogdatei. Danach wird Ihr neuer Katalog mit dem gewählten Namen erstellt.

Vor Ihnen liegt jetzt ein leerer Katalog, in dem Sie Bilder von beliebigen Orten hinzufügen und über die eben angelegte Katalogdatei verwalten können.

3 Katalogeinstellungen öffnen

Werfen Sie noch einen Blick auf Ihre Katalogeinstellungen, die Sie auf dem Mac aus dem Lightroom-Menü und unter Windows aus dem Bearbeiten-Menü heraus auswählen können.

Im Reiter Allgemein können Sie jederzeit den Speicherort Ihres Katalogs lokalisieren ❷ und sich diesen auch über eine Schaltfläche ❸ direkt auf der Festplatte Anzeigen lassen.

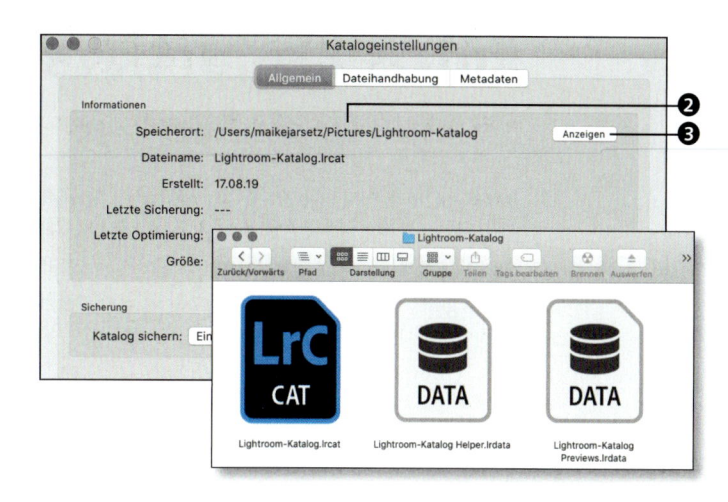

4 Dateihandhabung festlegen

Im Reiter Dateihandhabung können Sie die Standardvorschaugrösse ❹ und die Vorschauqualität ❺ für die Bilder angeben. Stellen Sie die Standardvorschaugrösse am besten auf Automatisch – so wird diese Ihrer Bildschirmauflösung angepasst.

Bestimmen Sie außerdem, wann die Preview-Dateien der 1:1-Vorschauen wieder gelöscht werden ❻. Diese beanspruchen gegebenenfalls viel Platz auf Ihrer Festplatte.

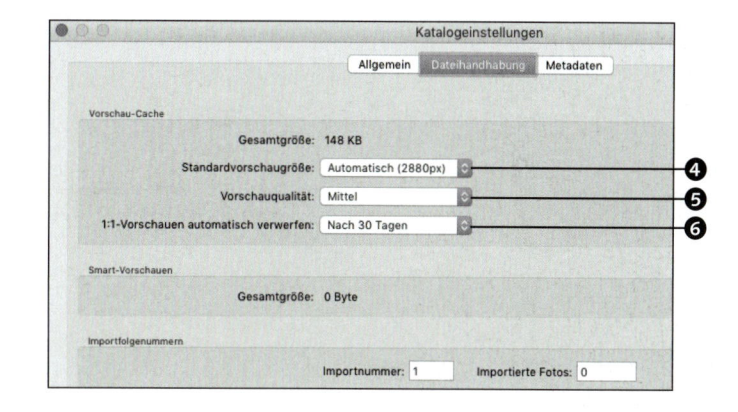

5 Metadaten-Einstellungen prüfen

Die Metadaten-Einstellungen sollten Sie nur ändern, wenn Sie permanent mit anderen Programmen wie der Bridge und Camera Raw auf die entwickelten Bilder zugreifen wollen.

Die Option Änderungen automatisch in XMP speichern ❼ speichert die Entwicklungseinstellungen zu den Raw-Daten in einer XMP-Filialdatei. Dies bedeutet einen ständigen Zugriff auf die Festplatte und empfiehlt sich nur in ausgewählten Fällen.

Lesen Sie dazu den Workshop »Raw-Bilder austauschen« ab Seite 492.

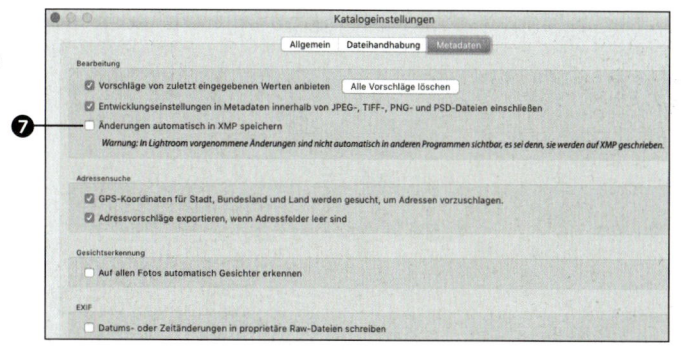

Fotos importieren

Der Import von der Kamerakarte

Beim Import Ihrer frischen Aufnahmen in Lightroom Classic schlagen Sie zwei Fliegen mit einer Klappe: Sie kopieren die Bilder auf die Festplatte an den gewünschten Speicherort. Gleichzeitig sorgen Sie dafür, dass Lightroom diese Bilder verwaltet. Die ersten Schritte zur perfekten Bildorganisation sind mit ein paar Klicks getan.

1 Fotos von der Kamera importieren

Schließen Sie Ihren Kartenleser oder direkt die Kamera an den Rechner an. Der Importdialog sollte sich automatisch öffnen. Sonst können Sie das Importfenster auch über die entsprechende Schaltfläche IMPORTIEREN ❷ öffnen.

Der Inhalt der Speicherkarte wird direkt im Vorschaufenster ❸ angezeigt. Gleichzeitig werden Sie oberhalb des Vorschaufensters ❶ schon darauf hingewiesen, dass die Bilder gleich von der Karte auf die Festplatte kopiert werden.

2 Das Importfenster

Machen Sie sich einmal mit dem Aufbau des Importfensters vertraut. Wie in allen anderen Lightroom-Modulen ist das Vorschaufenster umrahmt von zwei Bedienfeldern. Auf der linken Seite finden Sie die Importquelle ❹ – in unserem Fall wurde schon automatisch die Speicherkarte ausgewählt. Rechts bestimmen Sie das Importziel ❺, und das ist tatsächlich der allerwichtigste Schritt beim Import: Hier legen Sie fest, wo Ihre Fotos gespeichert werden – und wo Sie sie wiederfinden.

3 Speicherort für Ihre Bilder

Legen Sie als Erstes fest, wo Sie Ihre Bilder auf der Festplatte speichern wollen. Öffnen Sie dazu in der rechten Spalte das Bedienfeld ZIEL per Klick auf das Dreieck ❻. So zeigt sich die Dateistruktur Ihres Rechners. Hier können Sie, genau wie im Explorer/Finder, zu Ihrem gewünschten Speicherort navigieren – beispielsweise dem vorhandenen Bildordner.

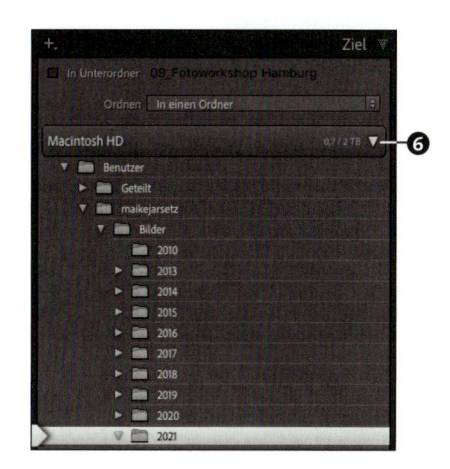

4 Eigenen Bildordner erstellen

Sie müssen Lightroom nicht verlassen, um einen neuen Ordner in Ihrer Dateistruktur anzulegen. Klicken Sie auf das Feld IN UNTERORDNER ❼, und aktivieren Sie die Option mit einem Haken. Direkt dahinter geben Sie dann gleich den Namen für den neuen Ordner ein.

Der neue Ordner ist sofort in der Dateistruktur sichtbar. Allerdings in kursiver Schrift und mit einem Plus-Zeichen am Ordnersymbol ❽. Dieses signalisiert, dass der Ordner gleich noch erstellt wird.

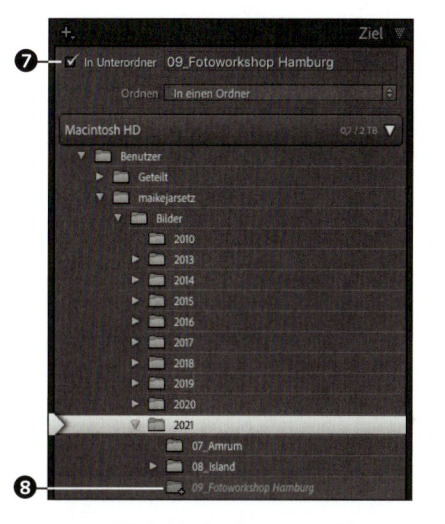

5 Bildauswahl für den Import

Wählen Sie jetzt die Bilder aus, die Sie importieren wollen. Eine sinnvolle Sortierung beschleunigt Ihre Auswahl: Über die Haken ❾ an den Miniaturansichten bestimmen Sie, welche Bilder in den Import aufgenommen und auf die Festplatte kopiert werden.

Über die Schaltflächen ❿ können Sie ALLE MARK.(ieren) oder die AUSWAHL AUFH.(eben). Eine Reihe von Bildern markieren Sie mit gedrückter ⇧-Taste oder einzeln mit gedrückter cmd/⇧-Taste. Mit einem Klick auf die Checkbox ❾ aktivieren oder deaktivieren Sie diese Bilder gleichzeitig mit einem Haken.

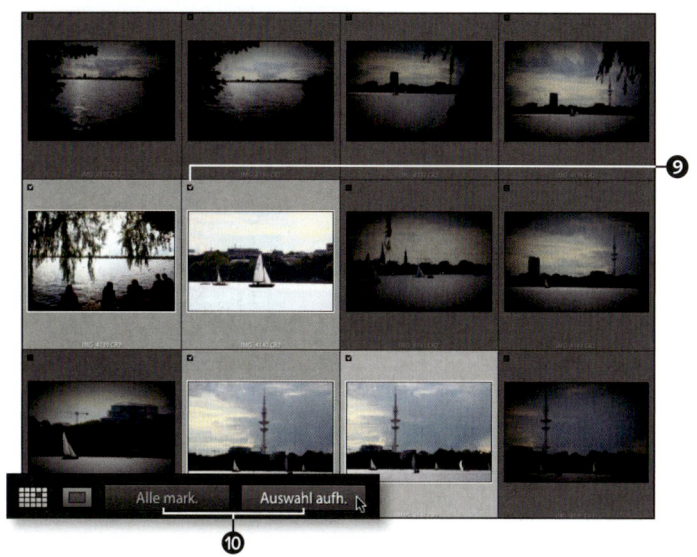

Kapitel 2 | Richtig importieren 55

6 Doppelten Import vermeiden

Oberhalb des Vorschaufensters bestimmen Sie, welche Bilder darin eingeblendet werden: Alle Fotos ❶ der Karte, nur Neue Fotos ❷ auf der Karte oder die, die sich gleich nach dem Import im Zielordner ❸ befinden werden.

Falls sich Bilder auf der Karte befinden, die Sie bereits in Ihren Lightroom-Katalog importiert haben, werden diese ausgegraut. Denn durch Mögliche Duplikate nicht importieren ❹ in der Dateiverwaltung vermeiden Sie einen doppelten Import von Fotos.

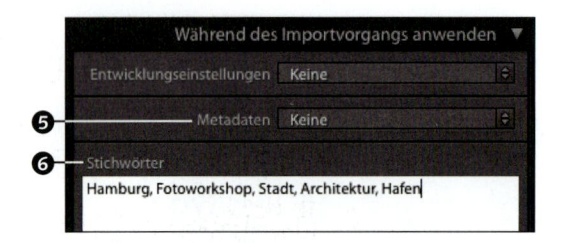

7 Stichwörter nutzen

Stichwörter sind beim Import schnell erstellt. Öffnen Sie das Bedienfeld Während des Importvorgangs anwenden aus der rechten Spalte, und klicken Sie auf das Feld Stichwörter ❻.

Dort können Sie ganz einfach, jeweils durch ein Komma getrennt, die Stichwörter eingeben, die für Ihren aktuellen Import gelten.

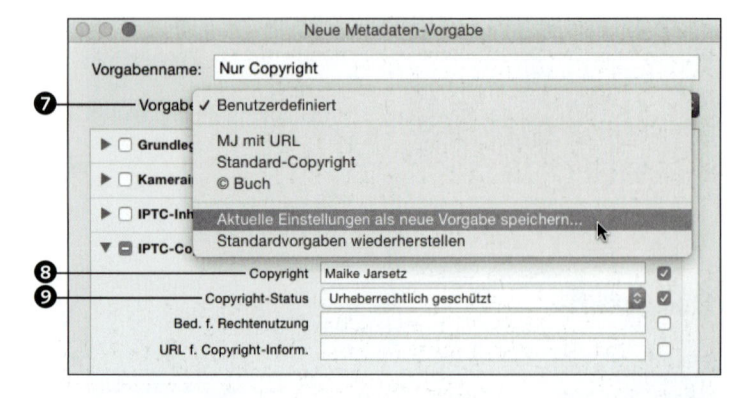

8 Copyright nicht vergessen

Sie sind der Urheber Ihrer Bilder, und das sollten Sie möglichst früh auch kennzeichnen. Wählen Sie aus dem Popup-Menü Metadaten ❺ Neu, geben Sie im folgenden Fenster Ihr Copyright ❽ ein, und wählen Sie aus dem Popup-Menü Copyright-Status ❾ Urheberrechtlich geschützt. Das reicht für eine erste Copyright-Information.

Im oberen Popup-Menü Vorgabe ❼ können Sie jetzt diese aktuellen Einstellungen als neue Vorgabe speichern, benennen und zweimal durch Klick auf Erstellen bestätigen.

56 Kapitel 2 | Richtig importieren

9 Fotos importieren

Durch Klick auf die IMPORTIEREN-Schaltfläche rechts unten werden die Fotos an den von Ihnen vorgesehenen Speicherort kopiert und sind im Vorschaufenster der Bibliothek sichtbar.

Auf der linken Seite ist die übergreifende Sammlung VORHERIGER IMPORT ❿ eingeblendet. Wenn Sie das darunterliegende Ordnerfenster öffnen, entdecken Sie auch den neu angelegten Speicherordner ⓫ Ihrer Bilder.

10 Ordnerstruktur anzeigen

Zunächst wird Ihnen nur der eigentliche Bildordner im ORDNER-Bedienfeld angezeigt.

Falls Sie einen größeren Überblick über Ihre Ordnerstruktur haben wollen, können Sie auch den ÜBERGEORDNETEN ORDNER ANZEIGEN ⓬. Dazu klicken Sie einfach mit rechter Maustaste auf Ihren Bildordner und wählen den Befehl aus dem Kontextmenü.

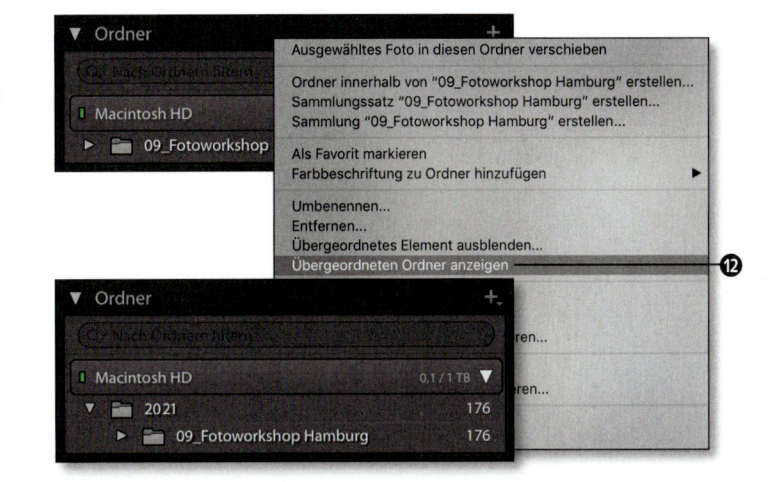

11 Speicherpfad anzeigen

Sie müssen nicht unzählige übergeordnete Ordner anzeigen lassen, um den kompletten Speicherpfad zu sehen. Der Pfad wird Ihnen angezeigt, wenn Sie die Maus über das Ordner-Symbol bewegen ⓭.

Sie können sich auch dauerhaft den gesamten Speicherpfad anzeigen lassen. Dazu klicken Sie einfach auf das Plus-Symbol im ORDNER-Bedienfeld und wählen die Option PFAD AB LAUFWERK. Bei sehr verzweigten Speicherorten kann das ⓮ aber auch schnell unübersichtlich werden.

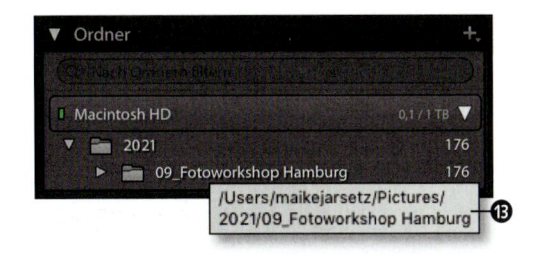

Kapitel 2 | Richtig importieren 57

Fotos vom Rechner importieren

Importieren Sie Ihr bestehendes Bildarchiv samt Sortierung

Nun haben Sie schon neue Fotos von Ihrer Speicherkarte importiert. Aber natürlich können Sie auch ein schon bestehendes Bildarchiv mit Lightroom Classic verwalten — ein einfacher Importbefehl genügt. Die Bilder werden dem Lightroom-Katalog hinzugefügt, verbleiben so am bisherigen Speicherort, und die bestehende Sortierung wird in Lightroom übernommen.

1 Bilder importieren

Klicken Sie auf die IMPORTIEREN-Schaltfläche im BIBLIOTHEK-Modul, um Ihr bestehendes Bildarchiv im neuen Katalog zu verwalten.

Sie können auch aus dem DATEI-Menü die Option FOTOS UND VIDEOS IMPORTIEREN wählen oder die Funktion mit [Strg]/[cmd]+[⇧]+[I] aufrufen.

2 Das Importfenster

Wählen Sie zuerst in der linken Leiste den gewünschten übergeordneten Bildordner auf Ihrer Festplatte ❷. Ihnen werden die Bilder aller Unterordner angezeigt, so dass Sie diese einzeln oder in Gruppen auswählen können. Sollte dies nicht so sein, klicken Sie auf die angezeigte Schaltfläche oder mit der rechten Maustaste auf den Quellordner, und wählen Sie UNTERORDNER EINBEZIEHEN ❶.

Im Standard-Importfenster können Sie die Bilder auswählen und begutachten. Sie müssen nicht alle Bilder importieren, sondern können später auch eine Auswahl vornehmen.

3 Kompaktes Importfenster

Vielleicht öffnet sich das Importfenster bei Ihnen zuerst im Kompaktmodus. Hier können Sie bereits die Quelle auswählen ❸. Öffnen Sie das Popup-Menü, und wählen Sie Andere Quelle. Navigieren Sie dann bis zum übergeordneten Ordner Ihres Bildarchivs, und klicken Sie auf Auswählen.

Wechseln Sie dann aber über den Pfeil ❹ in das erweiterte Importfenster, in dem Sie die Bildauswahl besser vornehmen können.

4 Importbilder auswählen

Nutzen Sie die Schaltflächen Alle mark.(ieren) oder Auswahl aufh.(eben) ❻, um alle Bilder zu aktivieren oder zu deaktivieren.

Wenn Sie einzelne Bilder oder Bilderreihen für den Import aus- oder abwählen wollen, müssen Sie diese einzeln mit gedrückter `Strg`/`cmd`-Taste oder in Reihe mit gedrückter `⇧`-Taste markieren und dann über einen Klick auf das Häkchen ❺ aktivieren oder deaktivieren. Natürlich bleiben auch die nicht ausgewählten Bilder auf Ihrer Festplatte.

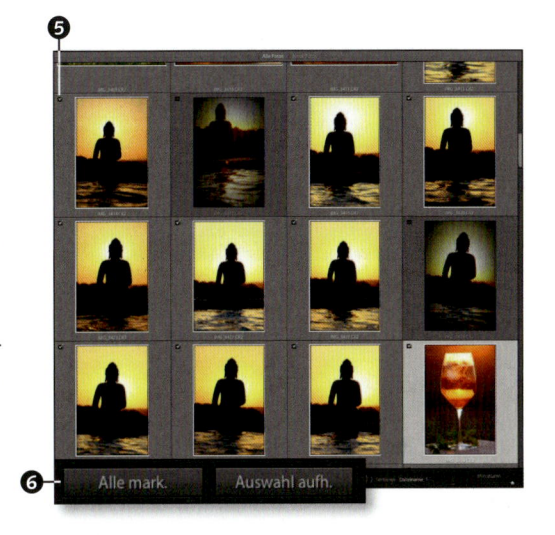

5 Fotos vorab prüfen

Schon beim Import können Sie einige der Ansichtsoptionen nutzen, die Sie auch in der Bibliothek wiederfinden.

Über die beiden Symbole links unten ❼ wechseln Sie zwischen der Raster- und der Lupenansicht. Auch hier im Importdialog können Sie über einen Doppelklick oder die Taste `E` in die Lupenansicht wechseln. Die Taste `G` führt Sie zurück in die Rasteransicht. Über den Schieberegler ❽ können Sie in beiden Ansichten die Abbildungsgröße fließend steuern.

Kapitel 2 | Richtig importieren 59

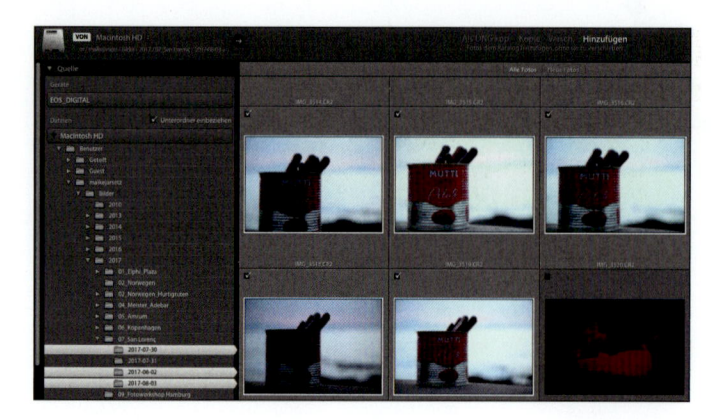

6 Bildordner selektieren
Falls Sie nur einige der Unterordner Ihres Quellordners importieren wollen, können Sie diese mit gedrückter ⌈Strg⌉/⌈cmd⌉-Taste in der linken Spalte auswählen.

Die darin befindlichen Bilder werden gemeinsam im Vorschaufenster angezeigt.

Auch hier können Sie jetzt natürlich noch eine weitere Selektion der Einzelbilder vornehmen.

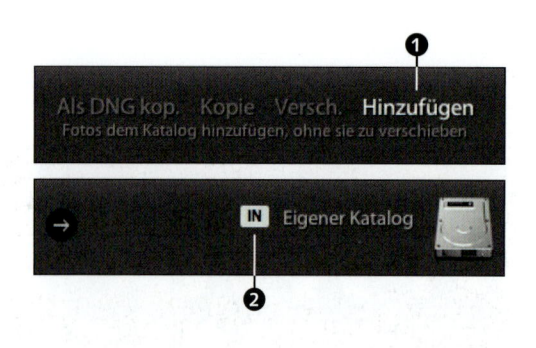

7 Bilder ohne Kopie hinzufügen
Definieren Sie jetzt, wie die ausgewählten Bilder dem Lightroom-Katalog hinzugefügt werden sollen. Da Ihr Bildarchiv schon besteht und die Daten weder an einen anderen Ort verschoben noch kopiert werden sollen, aktivieren Sie in der oberen Zeile die Option HINZUFÜGEN ❶. Als Zielordner ❷ wird ganz rechts EIGENER KATALOG – also der bestehende Speicherort – angegeben.

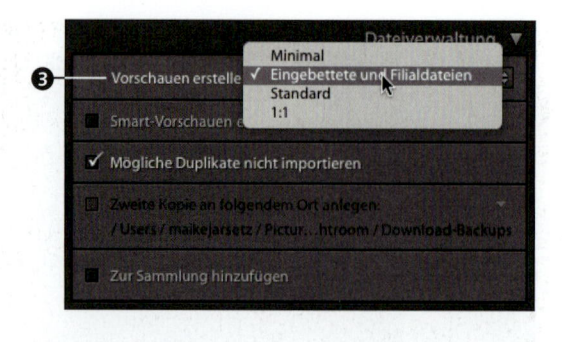

8 Eingebettete Vorschauen
Definieren Sie unter DATEIVERWALTUNG im Popup-Menü VORSCHAUEN ERSTELLEN ❸ die Qualität der Vorschaubilder. Durch die Einstellung EINGEBETTETE UND FILIALDATEIEN nutzen Sie bestehende Vorschaubilder aus einem anderen Lightroom-Katalog oder aus der Bridge und beschleunigen so den Import.

Sie können nachträglich die hochauflösenden Vorschauen in der Bibliothek für ausgewählte Bilder generieren. Spätestens beim Wechseln in das ENTWICKELN-Modul passiert das automatisch.

9 Den Bildimport starten

Klicken Sie dann rechts unten im Arbeitsfenster auf IMPORTIEREN. Lightroom wechselt so zur Bibliotheksansicht und fügt die Bilder dem Katalog hinzu, ohne deren Speicherort zu verändern. In der Bibliothek werden die Bilder zuerst im Bereich KATALOG unter VORHERIGER IMPORT ❹ angezeigt.

Tipp: Wenn Sie lieber den aktuellen Arbeitsordner weiterhin angezeigt haben möchten, ändern Sie dies in den allgemeinen Voreinstellungen von Lightroom.

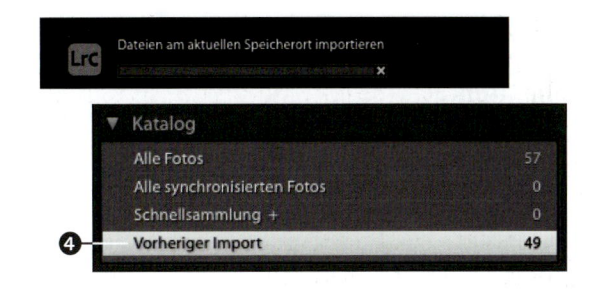

10 Bilder in der Bibliothek

Sehr schnell werden die Bilder in der Bibliothek angezeigt. Und schon bevor die ersten Vorschauen für die Bilder abgerufen werden, können Sie im ORDNER-Bedienfeld ❺ die importierten – also die jetzt durch Lightroom verwalteten – Ordner sehen.

Während Lightroom noch arbeitet, können Sie aber schon durch die Bilder scrollen, die Miniaturgrößen verändern ❽, die Bilder im Filmstreifen ❼ auswählen oder auf die Vollbildansicht wechseln ❻.

11 Ordnerstruktur anzeigen

Lightroom zeigt im ORDNER-Bedienfeld den jeweils importierten Bildordner und auch Unterordner an. Falls Sie nur einzelne Ordner für den Import ausgewählt haben, kann es sein, dass Ihnen für den Überblick ein übergeordneter Ordner fehlt.

Klicken Sie in diesem Fall mit der rechten Maustaste auf einen Ordner, und wählen Sie ÜBERGEORDNETEN ORDNER ANZEIGEN. Wenn Sie von vornherein den übergeordneten Ordner importieren, ist dies natürlich unnötig.

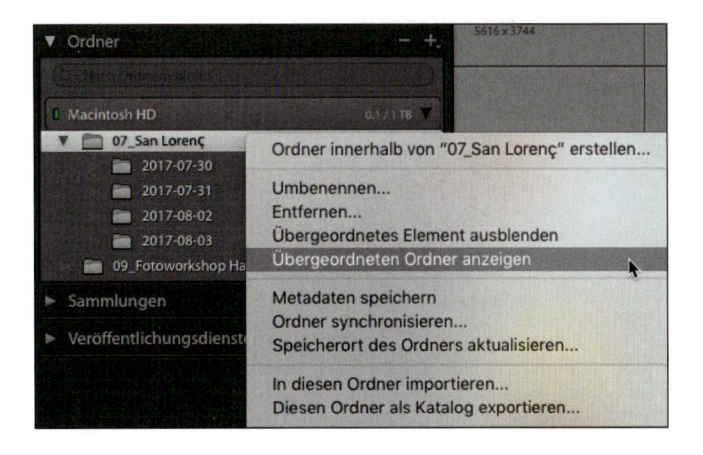

Kapitel 2 | Richtig importieren 61

Smart-Vorschauen nutzen

Bildbearbeitung ohne Originale

Die Smart-Vorschauen bieten große Möglichkeiten für das Arbeiten mit ausgelagerten Bilddaten. So können Sie mit ihrer Hilfe auch Bilder von externen Festplatten entwickeln, die dafür nicht angeschlossen sein müssen. Wie Sie Smart-Vorschauen erstellen und sie nutzen, lernen Sie in den nächsten Schritten.

1 Smarter Bildimport
Bei den Smart-Vorschauen handelt es sich um komprimierte DNG-Dateien geringerer Auflösung – genau gesagt, mit 2 540 Pixeln Kantenlänge.

Importieren Sie einen Bildordner von einer externen Festplatte oder einem Server, dessen Bilddaten auch weiterhin an diesem Ort verbleiben sollen. Wählen Sie HINZUFÜGEN ❷, um ein Verschieben oder Kopieren der Bilddaten auszuschließen. Aktivieren Sie SMART-VORSCHAUEN ERSTELLEN ❶ unter DATEIVERWALTUNG, bevor Sie den Import starten.

2 Smart-Vorschauen erstellen
Nach dem Importvorgang werden die Standardvorschauen und die Smart-Vorschauen erstellt. Lightroom meldet, wenn alle Smart-Vorschauen erstellt sind. Gleichzeitig zeigt Ihnen ein Icon ❸ unter dem Histogramm an, dass zusätzlich zum Original Smart-Vorschauen vorhanden sind.

Tipp: Sie können das Erstellen von Smart-Vorschauen auch über das BIBLIOTHEK-Menü nachholen.

3 Fehlende Originaldateien

Werfen Sie probehalber die externe Festplatte aus, oder trennen Sie die Netzwerkverbindung zum Server. Der fehlende Ordner wird über ein Fragezeichen gekennzeichnet ❻, und auch im Filmstreifen und in der Rasteransicht hat sich etwas getan. Aber statt des befürchteten Frage- oder Ausrufezeichens signalisiert Lightroom über ein Icon ❺, dass Ihnen zur Bearbeitung noch die Smart-Vorschau bleibt. Auch die Anzeige im Histogramm hat sich entsprechend geändert ❹.

4 Entwicklung mit Platzhaltern

Ohne Smart-Vorschauen wäre eine Entwicklung jetzt unmöglich gewesen. So aber werden Sie im ENTWICKELN-Modul keinen Unterschied zum Arbeiten mit Originaldateien bemerken. Der einzige Hinweis sind die Icons im Filmstreifen ❽ und im Histogramm ❼. Sobald die Originale wieder verfügbar sind, werden die Entwicklungseinstellungen auch auf das hochauflösende Bild angewendet.

5 Pro und Contra

Ohne Zweifel sind die Smart-Vorschauen ein großartiges Konzept, das den Kataloggedanken von Lightroom noch flexibler macht.

Benutzen Sie sie dennoch nur, wenn Sie sie auch benötigen, denn eine komprimierte 2 540 Pixel große DNG-Datei braucht Speicherplatz. Wie viel genau ❿, erkennen Sie in den KATALOGEINSTELLUNGEN im Bereich DATEIHANDHABUNG ❾.

Bedenken Sie bei der Scharfzeichnung und Rauschreduzierung, dass sich die 1:1-Größe der Smart-Vorschau vom Original unterscheidet.

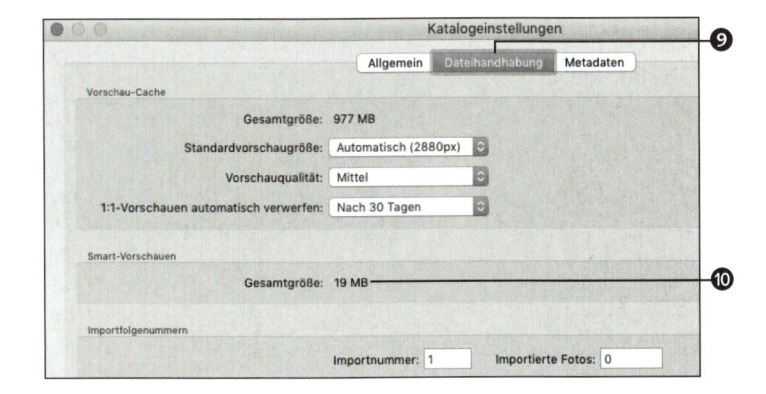

Kapitel 2 | Richtig importieren **63**

Import-Standards definieren

Wichtige Metadaten und Importeinstellungen in Presets sichern

Beim Import werden häufig wichtige Copyright-Vermerke und Stichwörter vergessen. Diese können zwar auch nachträglich in der Bibliothek hinzugefügt werden, sind aber beim Import über Metadaten-Presets schnell vorzubereiten und mit einem Mausklick anzuwenden. Zusätzliche wichtige Import-Einstellungen können Sie in einem Import-Preset zusammenfassen.

1 Im Importfenster starten

Wählen Sie aus dem DATEI-Menü die Option FOTOS UND VIDEOS IMPORTIEREN, oder drücken Sie Strg/cmd+⇧+I, um im Importfenster zu starten.

Wenn sich das Importfenster im Kompaktmodus öffnet, wählen Sie gleich die erweiterte Ansicht über einen Klick auf den Pfeil in der linken unteren Ecke ❶.

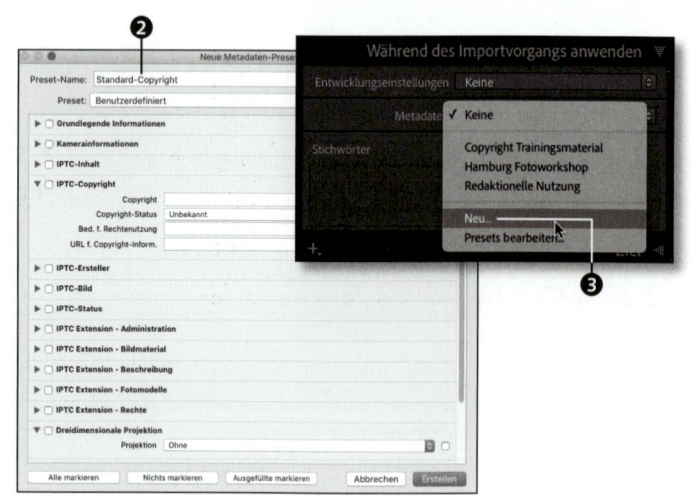

2 Neues Metadaten-Preset

In der rechten Spalte öffnen Sie den Bereich WÄHREND DES IMPORTVORGANGS ANWENDEN. Dort befindet sich in der zweiten Zeile das Popup-Menü für die Metadaten-Presets. Wählen Sie daraus die Option NEU ❸.

Im folgenden Arbeitsfenster geben Sie als Erstes einen Presetnamen ❷ ein, hier »Standard-Copyright«. Darunter sehen Sie verschiedene Felder, die Sie alle für das Metadaten-Preset mit den sogenannten *IPTC-Informationen* bestücken könnten.

3 Metadaten auswählen

Speichern Sie in einem Metadaten-Preset immer nur die Informationen, die Sie für eine große Auswahl der Bilder nutzen können, wie etwa einen Copyright-Hinweis. Geben Sie diesen einfach nur in das entsprechende Feld ein ❹.

Ein weiteres wichtiges Feld ist der COPYRIGHT-STATUS ❺. Ändern Sie diesen über das Popup-Menü auf URHEBERRECHTLICH GESCHÜTZT, und geben Sie gegebenenfalls noch weitere Bedingungen für die Rechtenutzung ein.

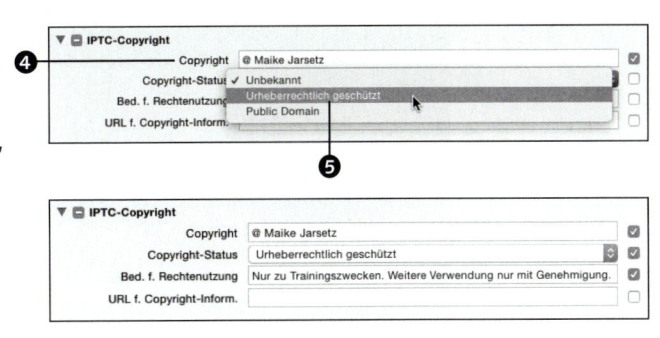

4 Vorgabenfelder markieren

Wechseln Sie dann in das Feld IPTC-ERSTELLER, und geben Sie Ihre Basisinformationen ein. Achten Sie auf die Häkchen ❻ in den Kästen rechts neben der Eingabefläche.

Sobald Sie einen Bereich bearbeiten, wird dieser standardmäßig über ein Häkchen aktiviert. Prüfen Sie am Ende, ob nur die für Sie wichtigen Informationen mit einem Häkchen markiert sind. Oder reduzieren Sie die Anzahl der Felder gegebenenfalls durch einen Klick auf die Schaltfläche AUSGEFÜLLTE MARKIEREN.

5 Metadaten-Preset anwenden

Bestätigen Sie die Eingaben für das neue Metadaten-Preset durch einen Klick auf ERSTELLEN. Im gleichen Popup-Menü, in dem Sie mit der Erstellung des Metadaten-Presets begonnen haben, erscheint jetzt Ihr gespeichertes Preset in der Liste ❼. So wird es während des Imports auch angewendet.

Mit dem Metadaten-Preset sind Sie jetzt fertig. Als Nächstes sehen Sie, wie Sie darauf aufbauend ein Import-Preset anlegen.

Kapitel 2 | Richtig importieren 65

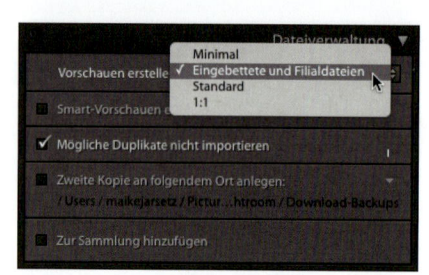

6 Unterordner und Datum

Auch für den Speicherort können Sie ein Muster vordefinieren. Für dieses Beispiel möchte ich die Daten auf einer externen Festplatte speichern ❸. Aktivieren Sie auch schon die Option IN UNTERORDNER ❶. Den Namen des Unterordners können Sie bei späteren Importen auch noch ändern. Oder wählen Sie die automatische Ordnererstellung NACH DATUM. Geben Sie dann aus dem Popup-Menü das DATUMSFORMAT ❷ vor.

In der darunterliegenden Ordnerstruktur werden diese Ordner schon in Grau angezeigt.

7 Vorschaubilder erstellen

Das direkte Erstellen der Vorschaubilder dient der zügigen Bearbeitung Ihre Bilder nach dem Import. Für den Import aus einem bestehenden Bildarchiv können Sie mit EINGEBETTETE UND FILIALDATEIEN von schon bestehenden Vorschauen profitieren. Beim Import neuer Bilder können Sie zwischen der Standardgröße, die Sie in den KATALOGEINSTELLUNGEN auch als automatisch festlegen können, und der hochauflösenden 1:1-Vorschau wählen.

8 Smart-Vorschauen erstellen

Wenn Sie eine Importvorgabe für die Arbeit auf Location oder auf Reisen erstellen wollen, bietet es sich an, Smart-Vorschauen zu nutzen, um die Bilder auch unabhängig von den Originaldaten auf der Festplatte bearbeiten zu können. Aktivieren Sie dazu die Option SMART-VORSCHAUEN ERSTELLEN ❹.

Wie Sie Smart-Vorschauen nutzen, lesen Sie im Workshop ab Seite 62.

9 Sammlung wählen

Sie können schon beim Import bestimmen, ob die Bilder Bestandteil einer Sammlung werden sollen, um sie von dort aus weiter zu organisieren. Aktivieren Sie dazu die Option ZUR SAMMLUNG HINZUFÜGEN, und wählen Sie aus der Liste die gewünschte Sammlung aus.

Mehr zu Sammlungen erfahren Sie auf Seite 128.

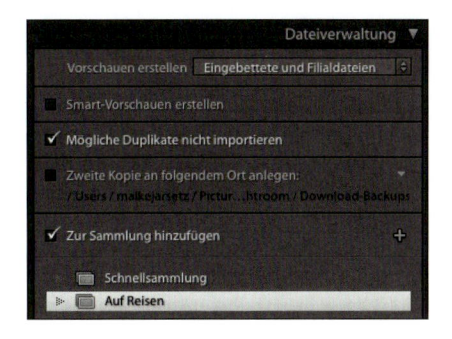

10 Import-Preset erstellen

Nun haben Sie eine Menge Parameter definiert, die bei vielen Importvorgängen so oder ähnlich beachtet werden sollen. Daher wollen wir ein Import-Preset dafür erstellen. Das vorweg erstellte Metadaten-Preset sollte natürlich auch Bestandteil unseres Standardimports sein. Wählen Sie es also aus dem Popup-Menü aus ❺. Klicken Sie dann im unteren Bereich des Importfensters auf das Popup-Menü OHNE ❻, und wählen Sie AKTUELLE EINSTELLUNGEN ALS NEUES PRESET SPEICHERN.

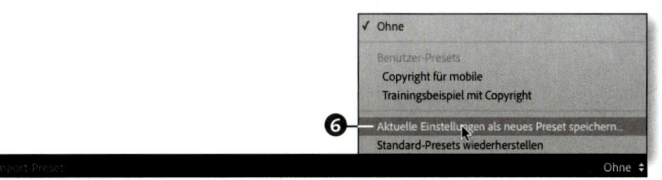

11 Importvorgaben nutzen

Wählen Sie einen passenden Namen für die Vorgabe. Bei jedem folgenden Importvorgang können Sie jetzt aus dem gleichen Popup-Menü Ihre erstellten Importvorgaben auswählen.

Das funktioniert auch im Kompaktmodus, den Sie über den kleinen Pfeil links unten im Importfenster aktivieren. Einige Einstellungen können nachträglich aber nur noch im erweiterten Importfenster angepasst werden.

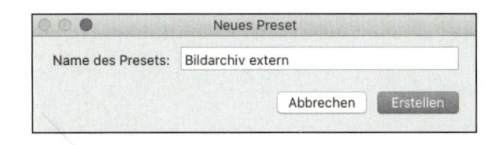

Importieren und entwickeln

Entwicklungseinstellungen während des Imports anwenden

In Lightroom können Sie Presets speichern, mit denen Sie kombinierte Entwicklungseinstellungen per Klick anwenden können. Neben eigenen Presets, die Sie auch noch kennenlernen werden, gibt es auch eine umfangreiche vordefinierte Preset-Sammlung, die Sie für die schnelle Korrektur oder einen ersten »Look« nutzen können.

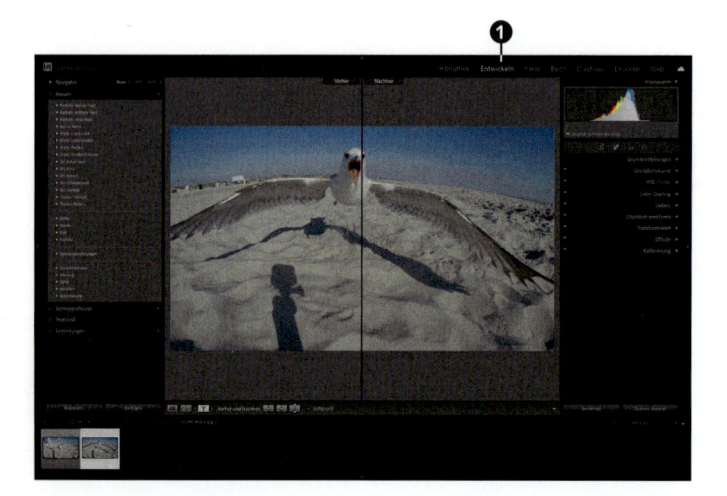

1 Die Presets

Im Folgenden machen wir zunächst mit einem Beispielbild einen kleinen Ausflug in das ENTWICKELN-Modul.

Wählen Sie im Idealfall ein Bild mit einer für viele Bilder typischen Belichtungssituation aus der Bibliothek – zum Beispiel aus einer Aufnahmeserie.

Wechseln Sie mit einem Klick in der Modulleiste auf ENTWICKELN ❶.

2 Lightroom-Presets

Öffnen Sie in der linken Spalte über einen Klick auf die Dreiecke ❷ die PRESETS, in denen mittlerweile in einer umfangreichen Liste unterschiedlichste Entwicklungseinstellungen gesammelt sind. Hier befinden sich sowohl thematisch sortierte Looks als auch typische Korrektureinstellungen.

Wählen Sie per Klick ein Preset aus. Die Vorgabe HOHER KONTRAST/DETAILS aus der Kategorie FARBE ist für dieses noch etwas zu flaue Motiv gerade richtig.

3 Aufnahmeserie importieren

Wechseln Sie jetzt direkt in den Importdialog über das Menü DATEI • FOTOS UND VIDEOS IMPORTIEREN oder über den Shortcut [Strg]/[cmd]+[⇧]+[I].

Navigieren Sie zu noch nicht importierten Bildern, die Sie mit der gleichen Vorgabe entwickeln wollen.

Wählen Sie daraus nur die Fotos aus, die für diese Vorgabe geeignet scheinen, indem Sie die anderen Bilder durch einen Klick auf die Checkbox ❸ deaktivieren.

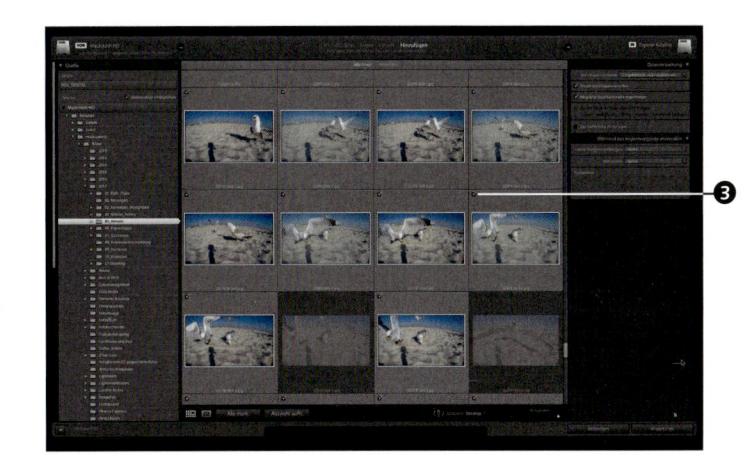

4 Einstellungen anwenden

Im rechten Bereich des erweiterten Importfensters finden Sie das Bedienfeld WÄHREND DES IMPORTVORGANGS ANWENDEN.

Das Popup-Menü ENTWICKLUNGSEINSTELLUNGEN ist säuberlich in Ordner sortiert, so dass Sie das gewünschte Entwicklungs-Preset leicht auswählen können. Danach starten Sie den Import durch einen Klick auf IMPORTIEREN.

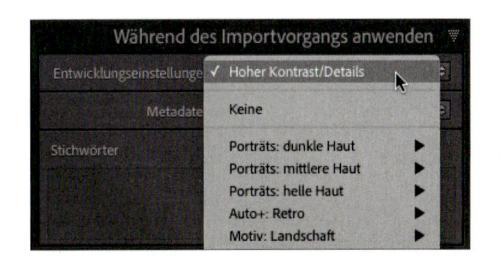

5 Importiert und entwickelt

Während des Imports werden die Entwicklungseinstellungen gleich angewendet. Natürlich können Sie diese für einzelne Bilder wieder zurücksetzen oder Details anpassen. Schon in der Bibliothek sehen Sie, welche Vorgabe angewendet wurde. Öffnen Sie die AD-HOC-ENTWICKLUNG; dort wird oben ❹ ein GESPEICHERTES PRESET angezeigt und kann auch dort wieder auf den STANDARD zurückgesetzt werden.

Mehr zu Entwicklungseinstellungen lesen Sie ab Seite 136.

Import-Workflow im Studio

Tether-Aufnahme und Layoutüberlagerung

Sie können auch direkt aus Ihrer Kamera in Lightroom Classic fotografieren. Für viele Studioaufnahmen ist das ein Segen, denn den Import können Sie mit Entwicklungseinstellungen und Metadaten-Presets vordefinieren und so beschleunigen. Wenn Sie zudem eine Raster- oder Layoutüberlagerung nutzen, können Sie gleich beim Shooting den Bildaufbau perfektionieren.

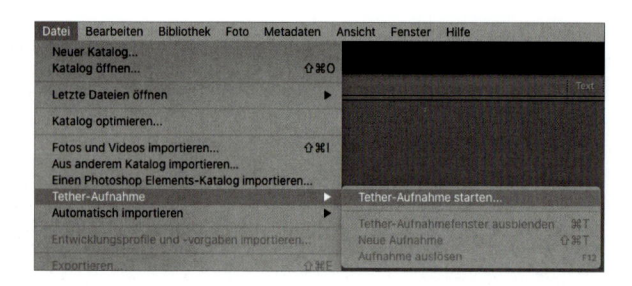

1 Tether-Aufnahme starten

Wählen Sie aus dem Menü DATEI • TETHER-AUFNAHME • TETHER-AUFNAHME STARTEN. So stellen Sie die Verbindung zu Ihrer Kamera her, die natürlich mit dem Computer verbunden und eingeschaltet sein muss.

Eine aktuelle Liste der unterstützten Kameras finden Sie unter: *https://helpx.adobe.com/de/lightroom/kb/tethered-camera-support.html*

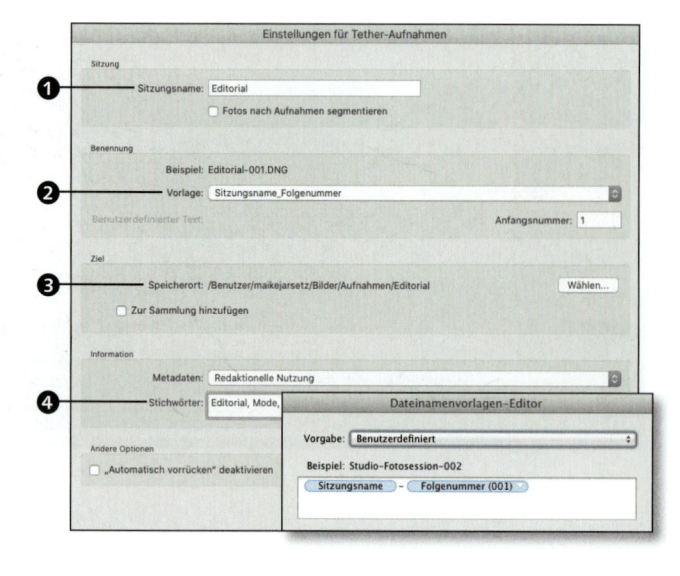

2 Aufnahmeeinstellungen

Im Dialogfeld geben Sie den Zielort und die Importeinstellungen für die folgenden Aufnahmen vor.

Vergeben Sie zuerst einen übergreifenden SITZUNGSNAMEN ❶, und bestimmen Sie über das Popup-Menü ❷ und den DATEINAMEN-VORLAGEN-EDITOR die automatische Dateibenennung, beispielsweise den Sitzungsnamen plus Sequenz oder Folgenummer. Wählen Sie den Speicherort ❸, die begleitenden Metadaten sowie die Stichwörter ❹.

3 Die Tether-Steuerung

In der Bibliothek sind jetzt zwei Dinge sichtbar: Der Importordner ❺ wurde angelegt und wird auch gleich angezeigt. Das Bibliotheksfenster wird außerdem von der Aufnahmesteuerung ❻ überlagert.

In der Aufnahmesteuerung sind die aktuellen Kameraeinstellungen angezeigt. Über das klitzekleine Kreis-Symbol ❼ gelangen Sie übrigens zurück in die Aufnahmeeinstellungen und können dort auch während eines Shootings Änderungen vornehmen.

4 Kamera auslösen

Sie können jetzt direkt an der Kamera auslösen oder über den großen Knopf ❾ an der Tether-Steuerung. Die Steuerung kann per Alt + Mausklick auf das x-Symbol rechts oben in der Ecke ❽ auf den Auslöseknopf reduziert werden. Sie können die Kamera außerdem über den Shortcut F12 auslösen.

Das aufgenommene Bild wird sofort im Vorschaufenster der Bibliothek angezeigt – unabhängig davon, ob Sie sich in der Raster- oder der Lupenansicht befinden.

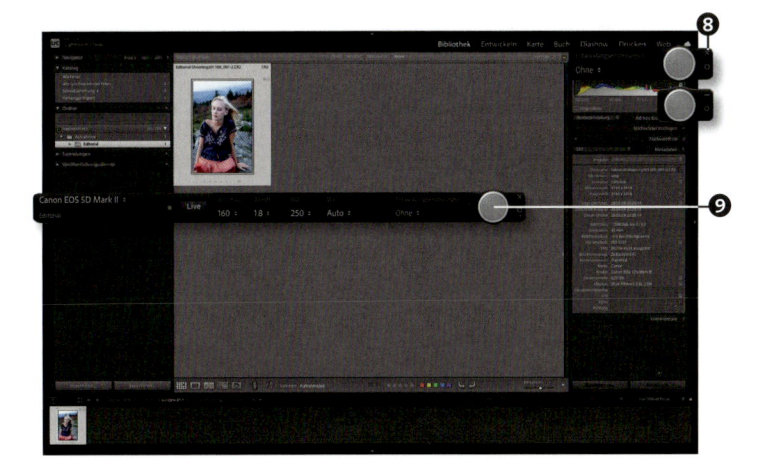

5 Beispielbild entwickeln

Sie sollten jetzt im Entwickeln-Modul schon eine Grundentwicklung durchführen, denn diese kann bei den weiteren Aufnahmen gleich über eine Vorgabe angewendet werden.

Führen Sie die ersten Bildanpassungen in Belichtung, Kontrast und Farbe durch, die sich auch auf Folgebilder übertragen lassen.

Alles zu Entwicklung und Bildoptimierung finden Sie in den Kapiteln »Die Basisentwicklung« und »Motivgerecht entwickeln« ab Seite 132 beziehungsweise ab Seite 204.

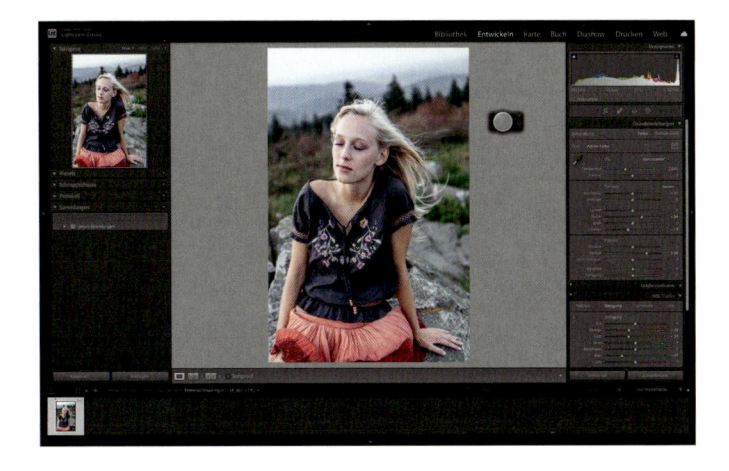

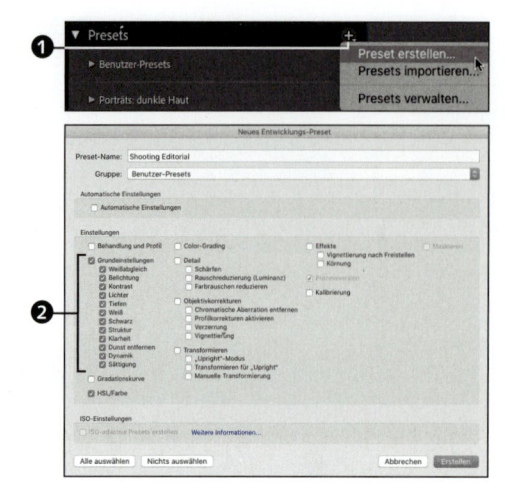

6 Entwicklungs-Preset speichern

Die aktuellen Einstellungen speichern Sie jetzt als Entwicklungsvorgabe.

Klicken Sie auf der linken Seite des Entwicklungsfensters auf das Plus-Zeichen ❶ des Preset-Bedienfelds. Aktivieren Sie im folgenden Fenster nur die Einstellungen, die Sie wirklich zur Korrektur vorgenommen haben ❷, und benennen Sie das Preset. Klicken Sie dann auf Erstellen. Dieses Preset werden Sie gleich in der Tether-Steuerung wieder abrufen.

7 Live-Ansicht nutzen

Die Live-Ansicht ist zum aktuellen Zeitpunkt nur für einige Kameramodelle verfügbar. Sie starten sie durch Klick auf die Live-Schaltfläche ❹ in der Tether-Leiste.

Bei Spiegelreflexkameras klappt der Spiegel zurück, spiegellose Kameras können direkt das Live-Bild übertragen, und Sie können auf dem Rechner Ausschnitt und Bildinhalt und -komposition überprüfen.

Sie schließen das Fenster über die entsprechende Schaltfläche ❸ im Fensterrahmen.

8 Preset für Import wählen

Vor den nächsten Aufnahmen wählen Sie die Entwicklungsvorgabe in der Tether-Steuerung. Vergrößern Sie zunächst wieder die Steuerungsleiste, indem Sie mit gedrückter Alt -Taste auf die rechte obere Ecke ❻ klicken.

Öffnen Sie über den Doppelpfeil ❺ die Entwicklungseinstellungen, und wählen Sie aus dem Popup-Menü Ihr gespeichertes Preset aus.

9 Serie aufnehmen
Alle Folgeaufnahmen werden jetzt gleich mit den im Preset gespeicherten Einstellungen entwickeln. Das gilt nicht nur für die Aufnahmen, die vom Rechner aus aufgenommen werden, sondern auch, wenn Sie frei fotografieren und direkt an der Kamera auslösen.

Wenn die Aufnahmen abgeschlossen sind, schließen Sie die Tether-Steuerung über das kleine x-Symbol oben rechts ❼.

10 Layout einspiegeln
Wenn Ihre Motive in ein Layout eingebunden werden sollen, können Sie dieses als Überlagerung einblenden.

Über das Menü Ansicht • Lupenüberlagerung können Sie ein Layoutbild auswählen. Navigieren Sie zur gewünschten Layoutdatei – Voraussetzung ist eine Bilddatei im PNG-Format. Diese wird halbtransparent über das aktuelle Vorschaubild gelegt.

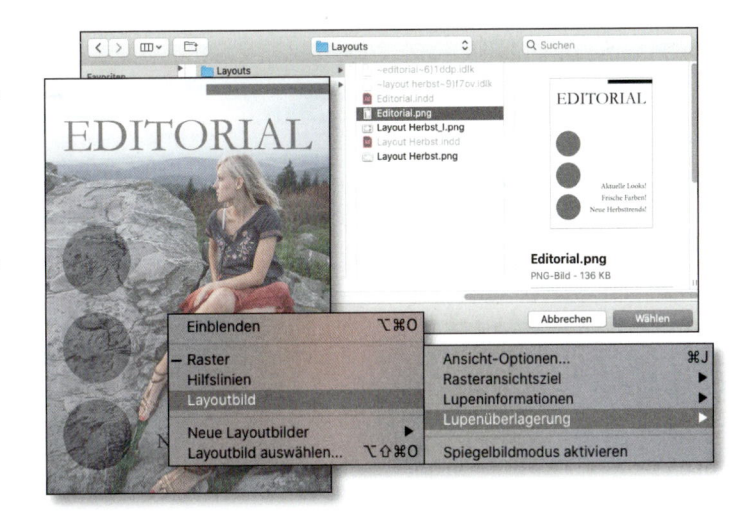

11 Überlagerung anpassen
Die Layoutüberlagerung können Sie auch noch verschieben und skalieren.

Wenn die Überlagerung in der Deckkraft geändert werden soll, halten Sie einfach die Strg/cmd-Taste gedrückt und ziehen mit der Maus über die Deckkraft-Einstellungen ❽.

Über eine Veränderung des Hintergrund-Wertes auf die gleiche Weise können Sie die Umgebung abdunkeln und so das Bild im Layout besser beurteilen.

Kapitel 2 | Richtig importieren

Kataloge verknüpfen

Bilder aus bestehenden Katalogen importieren

Wenn Sie die Bilder aus einem Job inklusive der Vorarbeit in einem anderen Katalog mit verwalten oder weiterbearbeiten wollen, geht das mit dem Katalogmanagement von Lightroom ganz einfach: Sie erstellen einen neuen Katalog aus einem Lightroom-Ordner und starten mit diesem, oder Sie überführen ihn in einen anderen Katalog.

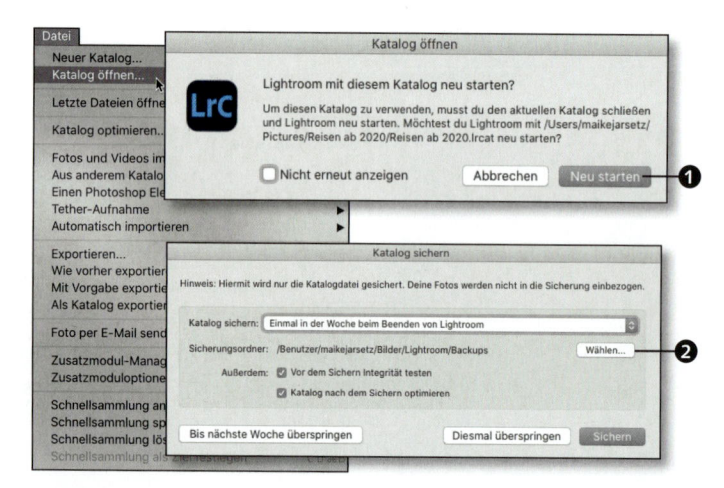

1 Quellkatalog öffnen

Öffnen Sie über das DATEI-Menü den Katalog, aus dem Sie die Vorarbeit in Ihren aktuellen Katalog integrieren wollen. Bestätigen Sie die Nachfrage KATALOG ÖFFNEN mit NEU STARTEN ❶. Falls dieser Katalog einen aktuellen Synchronisierungsvorgang mit der Lightroom-App durchführt, müssen Sie diesen abwarten oder ABSCHALTEN. Beim Schließen haben Sie noch die Möglichkeit, ein Backup der Katalogdatei in einem beliebigen Ordner zu erstellen ❷. Öffnen Sie danach die gewünschte Katalogdatei.

2 Bilder und Einstellungen

Der Quellkatalog beinhaltet meistens nicht nur Bilder, sondern auch Vorsortierungen mit Sammlungen, Entwicklungseinstellungen, gespeicherten Diashows, Webgalerien, Druckvorgaben oder ganzen Fotobüchern.

All diese Informationen liegen in Metadaten in der Katalogdatei vor und können zusammen mit allen Bildern oder Teilen davon aus dem Katalog exportiert werden.

3 Beispiel: Bildauswahl exportieren

Sie können zum Beispiel eine detaillierte Bildauswahl als Katalog exportieren. So werden nicht nur die einzelnen Bilder, sondern auch deren Katalogvorarbeiten exportiert.

Wählen Sie entweder Datei • Als Katalog exportieren, oder drücken Sie die Alt-Taste – so wird aus Exportieren die Schaltfläche Katalog exportieren ❸. Im folgenden Menü vergeben Sie dann einen Namen für den neuen Katalog und aktivieren die Option Nur ausgewählte Fotos exportieren ❹.

4 Beispiel: Ordner exportieren

Auch einen kompletten Bildordner können Sie als Katalog exportieren. Aktivieren Sie dazu den Ordner in der Ordnerleiste ❺ mit gedrückter rechter Maustaste. Im erscheinenden Menü steht Ihnen dann der Befehl Diesen Ordner als Katalog exportieren zur Verfügung. Hierbei wird immer der gesamte Ordner und keine Bildauswahl exportiert.

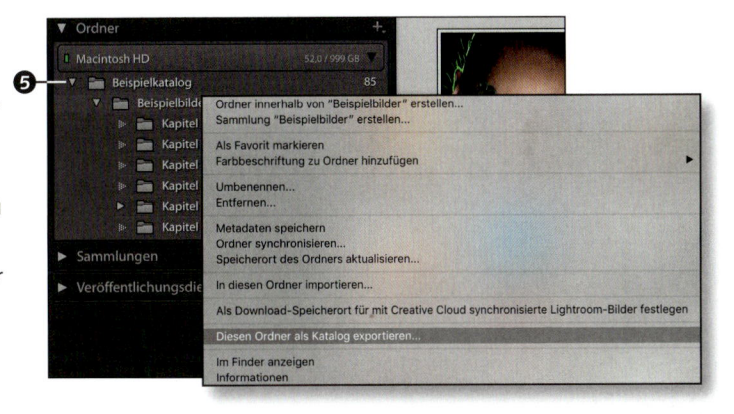

5 Beispiel: Sammlung exportieren

Genauso funktioniert es mit Sammlungen. Auch diese können Sie mit einem rechten Mausklick als Katalog exportieren.

Auch in diesem Fall wird der gesamte Katalog exportiert. Eine Option, um nur ausgewählte Bilder einer Sammlung zu exportieren, steht nicht zur Verfügung. Dafür aber weitere Optionen, die die Weiterverarbeitung mit den Katalogdaten beschleunigen.

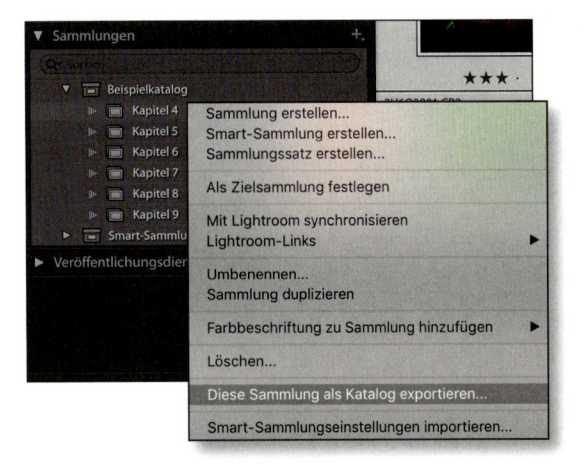

Kapitel 2 | Richtig importieren

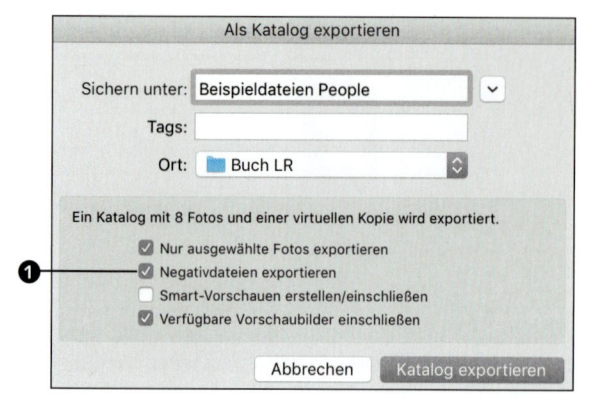

6 Negativdateien exportieren

Im Fenster ALS KATALOG EXPORTIEREN stehen Ihnen weitere wichtige Optionen zur Verfügung: Sie können mit dem Katalog die NEGATIVDATEIEN EXPORTIEREN ❶. Damit wird eine Kopie der Originaldateien in den gleichen Exportordner geschrieben wie die Katalogdatei – und zwar in genau der gleichen Sortierung und Ordnerhierarchie, wie diese original auch vorgelegen haben. Diese Option benötigen Sie, wenn Sie Kataloge und Bilddaten von verschiedenen Rechnern zusammenführen wollen.

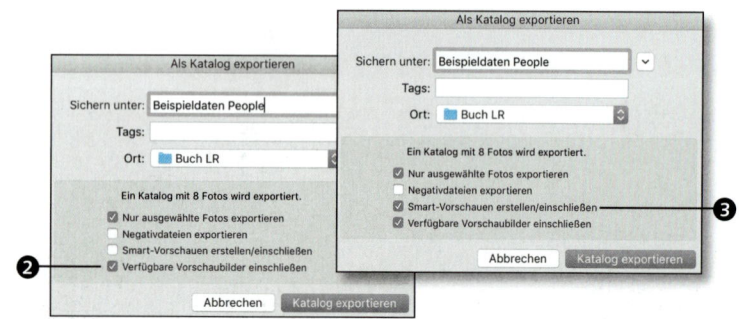

7 Vorschau und Smart-Vorschauen

Mit der Option VERFÜGBARE VORSCHAUBILDER EINSCHLIESSEN ❷ muss dieses beim Import in den neuen Katalog nicht geschehen, und der Bildaufbau wird so beschleunigt. Mit einer weiteren Option können Sie für die betreffenden Bilder die SMART-VORSCHAUEN ERSTELLEN oder, falls Sie diese beim Import in der Bibliothek schon erstellt haben, EINSCHLIESSEN ❸.

So bleiben Sie jederzeit flexibel, auch wenn Sie die Originaldaten mal auf externe Festplatten auslagern müssen.

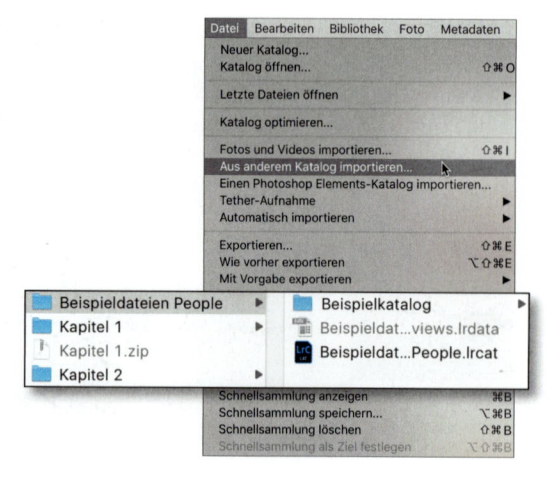

8 Kataloge zusammenführen

Wenn Sie Kataloge innerhalb verschiedener Rechner austauschen, schließen Sie die Festplatte an, auf der Sie die eben exportierten Daten gespeichert haben.

Öffnen Sie dann den Katalog, in den Sie Ihre Vorarbeit integrieren wollen. Aus diesem Katalog heraus wählen Sie jetzt DATEI • AUS ANDEREM KATALOG IMPORTIEREN.

Navigieren Sie zu dem gespeicherten Katalog auf der internen oder externen Festplatte. Für den Katalog wurde automatisch ein Ordner mit allen gespeicherten Daten angelegt.

9 Vorschau anzeigen

Im Importdialog können Sie einzelne Bildordner per Klick auf das Häkchen ❺ deaktivieren oder einzelne Bilder abwählen ❹.

Wenn sich Katalog und Originaldaten bereits auf Ihrem Rechner befinden, wählen Sie aus dem Popup-Menü für die DATEIVERWALTUNG ❻ die Option NEUE FOTOS OHNE VERSCHIEBEN DEM KATALOG HINZUFÜGEN. Wollen Sie die Originalbilder von einer externen Festplatte kopieren, wählen Sie FOTOS IN EINEN NEUEN ORDNER KOPIEREN UND IMPORTIEREN.

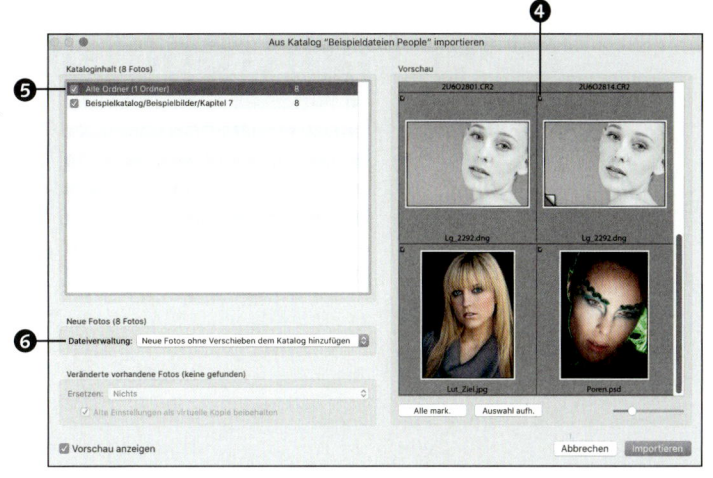

10 Verknüpfte Kataloginhalte

In Ihrem Hauptkatalog sind die Bilder aus dem importierten Katalog integriert. Der Katalog arbeitet mit den gleichen Bildordnern ❼ wie der ursprüngliche Katalog und kann auf alle Entwicklungseinstellungen und Metadaten wie Stichwörter etc. zurückgreifen. Auch andere Vorarbeiten aus dem ursprünglichen Katalog sind übernommen worden. Sie können auf alle Sammlungen und gespeicherten Fotobücher, Webgalerien, Diashows und Drucklayouts zugreifen.

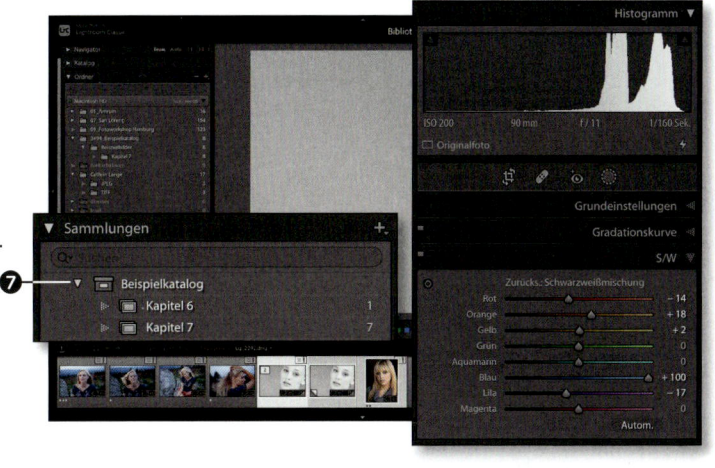

11 Original oder Smart-Objekt

Je nach Ihren gewählten Export- und Importoptionen sind im Katalog auch die Smart-Vorschauen der neuen Bilder verfügbar. Sie erkennen das an einem Icon in der Rasteransicht und im Histogramm ❽. Auch wenn die neu importierten Bilder ausgelagert sind, können Sie sie so in jeder Form bearbeiten.

Kapitel 2 | Richtig importieren

Grundlagenexkurs

Der Lightroom-Katalog

Wie Sie den Lightroom-Katalog für sich nutzen

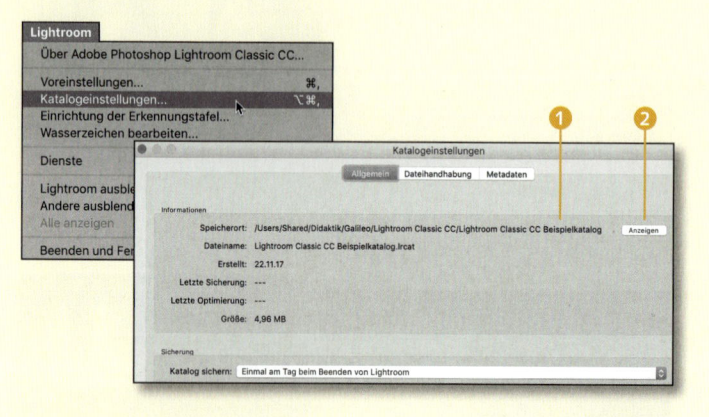

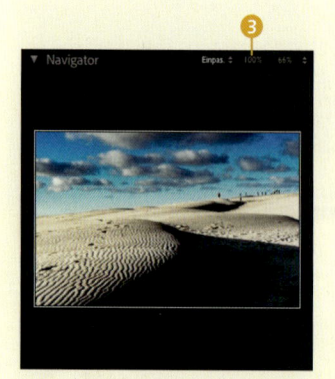

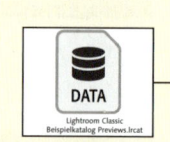

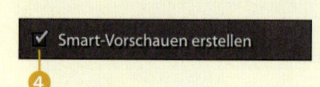

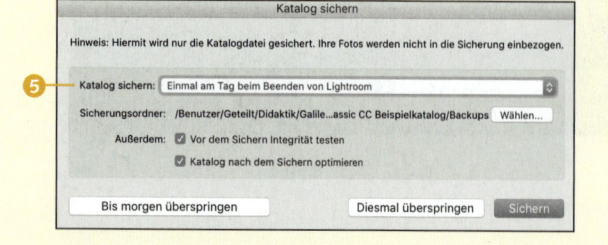

Was gehört alles zum Lightroom-Katalog?
Diese Frage können Sie ganz einfach beantworten: Wählen Sie am Mac aus dem LIGHTROOM-Menü beziehungsweise am PC aus dem BEARBEITEN-Menü die KATALOGEINSTELLUNGEN aus. Im erscheinenden Fenster sehen Sie unter dem Reiter ALLGEMEIN den Speicherort Ihres Katalogs ❶. Der erste Standardkatalog von Lightroom wird immer im aktuellen Benutzerordner und dort im Ordner BILDER • LIGHTROOM angelegt. Über einen Klick auf ANZEIGEN ❷ werden alle dazugehörigen Daten auf der Festplatte angezeigt:

Die Katalogdatei | Diese ist die eigentliche Programmdatei, die von Lightroom geöffnet wird und alle Komponenten zusammenführt. In ihr werden alle Metadaten wie Entwicklungseinstellungen oder Stichwörter gespeichert.

Die Previews | Hier werden die Vorschauen der Bilder gespeichert, die ermöglichen, dass Sie im Katalog immer wieder schnell in die Vollbildansichten ❸ zoomen können.

Die Smart-Previews | Diese Datei existiert erst, wenn Sie beim Import, in der Bibliothek oder über einen Katalogexport Smart-Vorschauen ❹ angelegt haben.

Die Backups | Ihre KATALOGEINSTELLUNGEN unter KATALOG SICHERN ❺ bestimmen die Häufigkeit des Backups – beim Beenden von Lightroom können Sie noch einen individuellen Backup-Ordner wählen. Die Backup-Datei wird zwar mittlerweile gezippt, ältere Backups sollten Sie dennoch von Zeit zu Zeit löschen.

Was genau beinhaltet die Katalogdatei?

Die Katalogdatei von Lightroom speichert alle relevanten Metadaten, die zur bisherigen und weiteren Bearbeitung Ihrer Bilder benötigt werden, dazu gehören:
- allgemeine Dateiinformationen
- Speicherort der Bilddateien
- EXIF- und IPTC-Metadaten
- Stichwörter, Bewertungen und Beschriftungen
- Entwicklungseinstellungen und virtuelle Kopien
- GPS-Informationen und -Positionen
- Informationen über Sammlungen und Smart-Sammlungen
- Vorgaben für Entwicklung, Diashow, Webgalerien, Buch- und Drucklayouts und Export
- gespeicherte Filter, Diashows, Buchlayouts, Druckjobs und Webgalerien

Dadurch hat Lightroom jederzeit einen zentralen Zugriff auf die Informationen, die ein schnelles Arbeiten mit Lightroom gewährleisten.

Wie speichere ich eine neue Katalogdatei?

Wählen Sie DATEI • NEUER KATALOG. Dort wählen Sie den Speicherort für die Katalogdatei ❽. Sie können die Katalogdatei auch jederzeit auf der Finder- beziehungsweise der Desktop-Ebene verschieben.

Müssen die Bilder zusammen mit der Katalogdatei gespeichert werden?

Nein. Beim Import in den aktuellen Katalog bestimmen Sie, wohin Ihre Bilddaten kopiert oder verschoben werden sollen ❾ oder ob diese auf einer externen Festplatte verwaltet werden sollen. Danach gilt: Alle Änderungen am Speicherort, die in Lightroom durch Verschieben vorgenommen werden, werden auch auf der Festplatte durchgeführt.

Davon unabhängige Änderungen auf der Festplatte führen dazu, dass Lightroom die Originaldaten nicht mehr findet und dieses durch ein Ausrufezeichen symbolisiert ❻. Durch einen einfachen Klick auf dieses Ausrufezeichen können Sie das Bild neu zuweisen.

Wenn Sie beim Import Smart-Vorschauen erstellt haben, zeigt Lightroom an ❼, dass die Änderungen jetzt auf Basis der Smart-Vorschau erstellt werden.

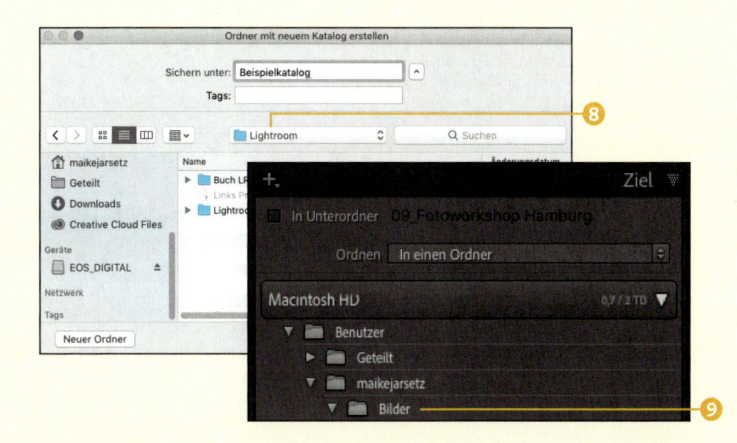

Grundlagenexkurs

Wie arbeite ich mit mehreren Katalogen?

Es gibt viele Gründe für die Arbeit mit mehreren Katalogen – die drei häufigsten sind wohl:

1. Ihr Bildarchiv ist schlicht und einfach so groß, dass entweder Sie oder Lightroom damit überfordert sind. (Eine offizielle Beschränkung der Bilddaten seitens Adobe gibt es übrigens nicht, nur Richtwerte, die ständig anwachsen – je nach Lightroom-Version und Leistungsfähigkeit des Rechners.)
2. Ihre Kunden oder fotografischen Betätigungsfelder sind so unterschiedlich, dass eine gemeinsame Organisation nicht sinnvoll ist. Und die Kataloge sollen mit den jeweiligen Bilddaten zusammen gespeichert oder archiviert werden.
3. Sie fotografieren auf Reisen und wollen dort schon Ihre Bilder mit Lightroom, aber nicht in der Cloud, organisieren und diese vielleicht später in einen gemeinsamen Katalog integrieren.

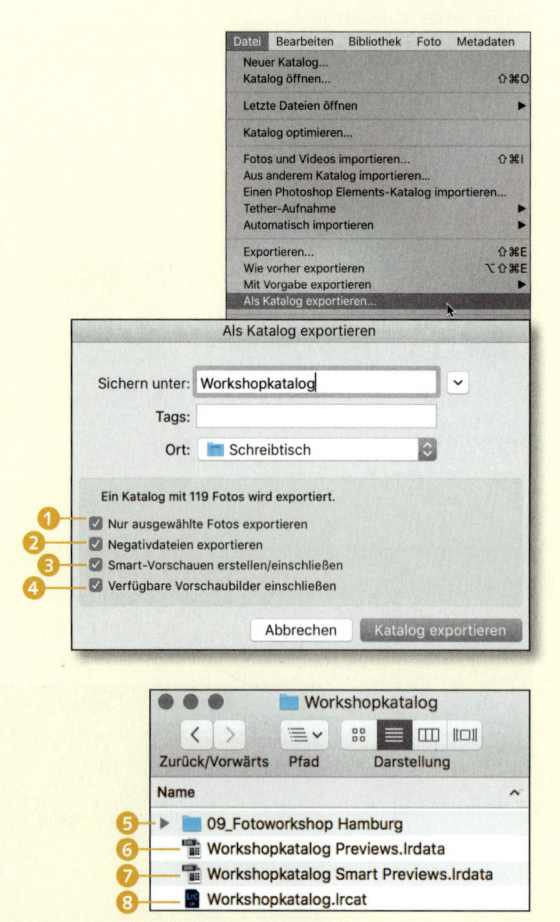

In der Bibliothek von Lightroom Classic können Sie ohne Weiteres Kataloge oder Sammlungen inklusive aller Metadaten exportieren, wieder importieren und so einen Austausch von Kataloginhalten vornehmen. Obwohl Sie nicht in mehreren Katalogen gleichzeitig oder mit mehreren Benutzern gleichzeitig in einem Lightroom-Katalog arbeiten können, gibt es trotzdem Möglichkeiten, Ihre Vorarbeit wie Stichworthierarchien oder Smart-Sammlungsvorgaben auszutauschen.

Kataloge exportieren | Sie können Teile oder Ihren gesamten Katalog inklusive Metadaten und aller Lightroom-Informationen einfach exportieren. Die notwendigen Informationen beispielsweise über Entwicklungseinstellungen, Sammlungen und virtuelle Kopien werden in der exportierten Katalogdatei ❽ zusammengefasst.

Rufen Sie DATEI • ALS KATALOG EXPORTIEREN auf, wählen Sie den Speicherort, und benennen Sie den neuen Katalog. Über eine Schaltfläche haben Sie die Option, nur ausgewählte Fotos ❶ in den neuen Katalog aufzunehmen.

Beim Austausch zwischen verschiedenen Rechnern empfiehlt es sich, die Option NEGATIVDATEIEN EXPORTIEREN ❷ zu aktivieren. Dadurch werden alle Fotos des Katalogs in den Katalogordner kopiert ❺. Nützlich ist es auch, VERFÜGBARE VORSCHAUBILDER EINSCHLIESSEN ❹ zu wählen, um mit den dann gespeicherten Vorschauen ❻ und ❼ den Bildaufbau des neuen Katalogs zu beschleunigen. Ebenso können Sie an dieser Stelle noch die SMART-VORSCHAUEN ERSTELLEN/EINSCHLIESSEN ❸.

Grundlagenexkurs

Sammlungen exportieren | Wenn Sie nur Bilder aus bestimmten Sammlungen oder Ordner auf andere Rechner übertragen wollen, klicken Sie mit der rechten Maustaste auf die Sammlung oder den Ordner und wählen Diese Sammlung als Katalog exportieren.

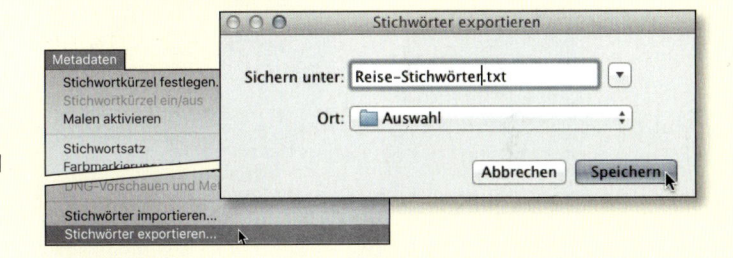

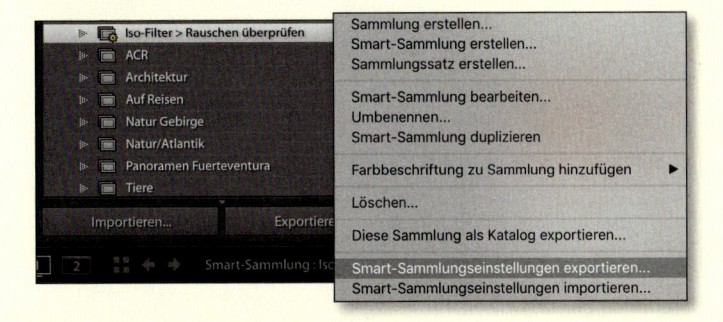

Kataloge importieren | Über das Datei-Menü können Sie dann die Daten in Ihren aktuellen Arbeitskatalog wieder Aus anderem Katalog importieren. Wählen Sie beim Import die Option Neue Fotos ohne Verschieben dem Katalog hinzufügen ❾, um keine Kopien der Bilder auf der Festplatte zu erzeugen. Mit dem Import aus der Katalogdatei übernehmen Sie auch alle Vorarbeiten wie etwa die Sammlungen.

Kataloge archivieren | Auf die beschriebene Weise können Sie auch einen Katalog, dessen Bilder in verschiedenen Ordnern liegen, an einem gemeinsamen Ort archivieren.

Tipp: Mit gedrückter Alt-Taste wird Exportieren zur Schaltfläche Katalog exportieren.

Stichworthierarchien austauschen | Falls Sie nur Ihre wertvoll erarbeiteten Stichwörter zwischen Katalogen austauschen wollen, geht das ganz einfach über das Metadaten-Menü und die Befehle Stichwörter exportieren und Stichwörter importieren.

Smart-Sammlungseinstellung exportieren | Die Vorgaben Ihrer Smart-Sammlungen können Sie auch ohne den gesamten Katalog austauschen: Klicken Sie mit der rechten Maustaste auf die Smart-Sammlung, und wählen Sie Smart-Sammlungseinstellungen exportieren bzw. im anderen Katalog … importieren.

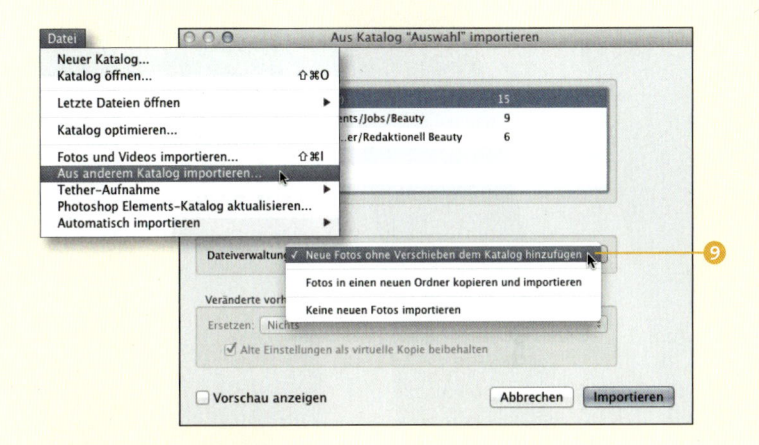

Kapitel 2 | Richtig importieren 81

Bibliothek und Metadaten

Eine Bibliothek lebt von der guten Ordnung. Das Bibliothek-Modul von Lightroom Classic lässt Sie Ihre Bildorganisation von Anfang an gut durchstrukturieren. Sortieren Sie Ihre Motive – unabhängig vom physikalischen Speicherort – in thematischen Sammlungen und filtern Sie Ihren Bildbestand mit Hilfe umfangreicher Metadaten, deren Anzeige Sie individuell definieren können. Ansichtsoptionen, Bewertungen, Markierungen und Stichwörter helfen Ihnen, den Überblick über Ihre Bildbibliothek zu behalten.

EINFÜHRUNG: Erste Schritte in der Bibliothek
Gut organisiert in Lightroom Classic 84

AUF EINEN BLICK: Das Bibliothek-Modul
Die wichtigsten Funktionen im Überblick 88

GRUNDLAGENEXKURS: Metadaten und Bildinformationen
Das Metadaten-Bedienfeld: Hintergründe und Details 90

Bilder richtig organisieren
Die Ordnerorganisation von Lightroom Classic 96

Die nächste Sortierung
Aufnahmeserien gruppieren und im Stapel umbenennen 98

Bildauswahl leicht gemacht
Bilder beurteilen, vergleichen, markieren und bewerten 102

Bildinformationen einblenden
Raster- und Lupenansicht konfigurieren 106

Videoclips organisieren
Videodateien trimmen und Vorschaubild festlegen 108

Clever verschlagworten
Fotos mit Stichwörtern und Stichwortsätzen verschlagworten 110

Gesichter erkennen
Automatische Zuweisung von Personenstichwörtern 114

Gesichtserkennung verfeinern
Die Arbeit mit dem Gesichtsbereich-Zeichner 118

Suche mit dem Bibliotheksfilter
Funktionsweise und Möglichkeiten des Bibliotheksfilters 120

Strategien für die Bildsortierung
Mit Sammlungen und virtuellen Kopien flexibel bleiben 124

Smart-Sammlungen nutzen
Automatische Filterung und Sammlung 128

Neue Kataloge vorbereiten
Katalogübergreifende Stichwörter und Smart-Sammlungen 130

Foto: Maike Jarsetz

Einführung

Erste Schritte in der Bibliothek

Gut organisiert in Lightroom Classic

Die Bibliothek ist mehr als eine kurze Zwischenstation auf dem Weg zur Bildentwicklung. Hier ordnen Sie nicht nur Ihren gesamten Bildbestand, sondern bereiten ihn so vor, dass Sie jederzeit schnellen Zugriff auf Ihre besten Bilder haben.

Die Bildorganisation in der Bibliothek hat drei Ebenen, und diese finden sich im linken Bedienfeld direkt untereinander:

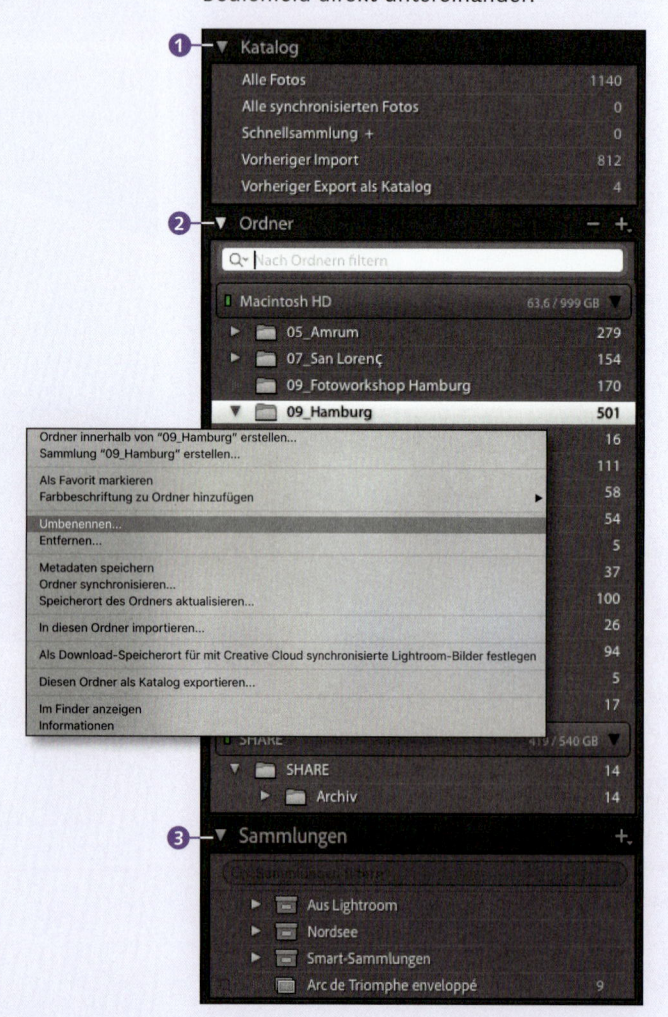

1. Der Katalog

Im Bereich KATALOG ❶ finden sich übergreifende Sortierungen – die auch als Sammlungen bezeichnet werden. Hier haben Sie schnell Zugriff auf ALLE FOTOS oder den VORHERIGEN IMPORT. Außerdem finden Sie hier die SCHNELLSAMMLUNG – einen ersten Vorgeschmack auf das Prinzip der Sammlungsorganisation. Sammlungen – oder Alben, wie sie dort heißen – sind das Organisationsprinzip der mobilen Lightroom-App und können mit Lightroom Classic synchronisiert werden. Die Anzahl der synchronisierten Fotos wird Ihnen hier auf einen Blick angezeigt.

2. Die Ordner

Direkt darunter finden Sie die Ordnerstruktur ❷. Diese zeigt Ihnen Ihre reelle Ordnerorganisation auf der Festplatte, die Sie eigentlich schon beim Import bestimmt haben. Wenn Sie Änderungen an dieser Ordnerstruktur vornehmen wollen, wie Ordnerumbenennungen oder Umsortierungen von Fotos, nehmen Sie diese bitte tunlichst in Lightroom vor, denn Eingriffe außerhalb von Lightroom führen unweigerlich dazu, dass Lightroom die Bilddaten nicht mehr findet. Die Filterzeile erleichtert das Auffinden von Ordnern.

Bemühen Sie einfach die rechte Maustaste in Lightroom, darunter finden Sie alle wesentlichen Befehle zur Ordnerorganisation, die einen Wechsel zum Explorer oder Finder überflüssig machen.

3. Die Sammlungen

Statt viele Unterordner anzulegen, sollten Sie allerdings besser auf das Prinzip der Sammlungen ❸ zurückgreifen. Denn diese gibt es nur in der Lightroom-Organisation. Es sind virtuelle Ordner, die Ihre Festplatte nicht weiter belasten. Das birgt den weiteren Vorteil, dass ein Bild auch Bestandteil mehrerer Sammlungen sein kann, ohne dass Sie es dafür duplizieren müssen. In der Lightroom-App heißen Sammlungen Alben, folgen aber dem gleichen Prinzip und sind dort die einzige Form, Bilder individuell zu organisieren ❹. Die sychronisierten Alben finden Sie in dem Sammlungssatz Aus Lightroom. Wie Sie Sammlungen clever anlegen, lesen Sie in den Workshops auf Seite 124 und Seite 128. Einblick in die Albenorganisation der Lightroom-App haben Sie in Kapitel 10.

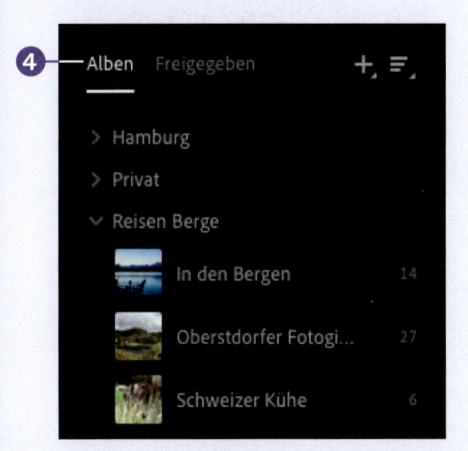

Viele Ansichten für die Bildauswahl

Aber in der Bibliothek geht es nicht nur um die Ordnung der Bilder, sondern vor allem auch um die komfortable und genaue Bildauswahl. Und die ermöglicht Ihnen Lightroom in mittlerweile fünf verschiedenen Vorschau-Ansichten, die Sie über die kleinen, unscheinbaren Symbole in der Werkzeugleiste – und natürlich auch über Shortcuts – wechseln können. Diese und andere Shortcuts finden Sie in der Übersicht auf Seite 87.

Übrigens, falls Sie die Werkzeugleiste nicht finden – diese blenden Sie über die Taste T ein und aus.

❺ **Die Rasteransicht:** Ist perfekt für eine erste Übersicht und zeigt in drei verschiedenen Rasteransichten mehr oder weniger Informationen zu den Bildern.

❻ **Die Lupenansicht:** Ist eigentlich eine Vollbildansicht, in der Sie das Bild formatfüllend sehen und per Klick in die 1:1-Ansicht hineinzoomen.

❼ **Die Vergleichsansicht:** Ist beliebt bei Studiofotografen, denn hier stellen Sie einem Referenzbild die – oftmals sehr ähnlichen – Alternativen gegenüber, können den gleichen Bildausschnitt in der Lupenansicht auf Schärfe überprüfen und so schnell das beste Bild der Serie lokalisieren.

❽ **Die Übersicht:** Ist die beste Ansicht für eine erste Bildauswahl. Hier werden alle im Filmstreifen ausgewählten Bilder größtmöglich im Vorschaufenster angezeigt und können dort per schnellen Klick auf eine Bildauswahl reduziert werden.

❾ **Personen:** Diese Ansicht nimmt eine Sonderstellung ein, denn sie ist eng mit der Gesichtserkennung verknüpft. Hier arbeiten Sie mit Lightroom Hand in Hand und verlagern erkannte, aber unbenannte Personen in den Bereich der benannten Personen.

Attribute und Stichwörter

Die Bibliothek kümmert sich nicht nur um die bunten Pixel Ihrer Fotos, sondern auch um jede Menge zusätzlicher Informationen. Dazu gehören Attribute wie Bewertungen ⓬ oder Markierungen ❿, aber auch Stichwörter, die mit Lightroom über verschiedenste Systeme vergeben werden können, oder Metadaten wie Kamera- oder GPS-Informationen ⓫.

Einführung

All dies dient dem schnelleren Auffinden Ihrer Bilder und Bildauswahlen. So können Sie also die verschiedenen Ansichten von Lightroom dazu nutzen, Ihre Bilder genau unter die Lupe zu nehmen und sie dann durch Sternebewertungen, Flaggenmarkierungen oder Farbbeschriftungen zu klassifizieren.

Aber auch die Verschlagwortung ist ein wichtiger Faktor in der Bildorganisation. In Lightroom können Sie diese an vielen Stellen, auch schon beim Import, vornehmen.

Hierbei sind Sie nicht auf die Eingabe einzelner Stichwörter beschränkt, sondern haben mit Stichwortvorschlägen ⑬, die von Lightroom aufgrund ähnlich verwendeter Stichwortkombinationen generiert werden, und eigens angelegten Stichwortsätzen ⑭ die Möglichkeit, die Verschlagwortung sehr effektiv durchzuführen.

Eine Sonderrolle nehmen dabei die Personenstichwörter ein. Diese entstehen automatisch bei der Benennung von Personen in der Personenansicht. Sie können aber auch bestehende Stichwörter in Personenstichwörter umwandeln. Diese Personenstichwörter nutzt dann die Gesichtserkennung von Lightroom für ihre Namensvorschläge.

Der Bibliotheksfilter: der Alleswisser

Wenn Sie Ihre Arbeit dann so weit vorbereitet haben, ist es ein Leichtes, anhand der vielen Zusatzinformationen, auch Metadaten genannt, die Bilder jederzeit nach den verschiedensten Kriterien zu filtern. Und hier kommt jetzt der Bibliotheksfilter zum Einsatz. Dieser schlummert als bescheidene Filterleiste ⑮ oben in der Rasteransicht, wächst sich dann aber zu wahrer Größe aus, wenn Sie nach verschiedensten Metadaten ⑯ filtern wollen. Ein einfacher Klick auf eine oder mehrere Kategorien filtert Ihren gesamten Katalog in Windeseile, und Sie können mit der Bildauswahl direkt weiterarbeiten oder diese zur Weiterverarbeitung in Sammlungen speichern.

86 Kapitel 3 | Bibliothek und Metadaten

Einführung

Metadaten schnell organisiert	
Bibliotheksfilter	
Bibliotheksfilter ein-/ausblenden	`<`
Bibliotheksfilter (de-)aktivieren	`Strg`/`cmd`+`L`
Stichwörter	
Bedienfeld STICHWÖRTER FESTLEGEN öffnen und Eingabefeld aktivieren	`Strg`/`cmd`+`K`
Bedienfeld STICHWÖRTER FESTLEGEN öffnen und Stichwort-Tags-Fenster aktivieren	`Strg`/`cmd`+`⇧`+`K`
Stichwort-Kürzel festlegen	`Strg`/`cmd`+`⇧`+`K`
Stichwort-Kürzel anwenden	`⇧`+`K`
Stichwort-Kürzel entfernen	`⇧`+`K`
Nächster Stichwortsatz	`Alt`+`0`
Vorheriger Stichwortsatz	`Alt`+`⇧`+`0`
Shortcuts in Stichwortsatz anzeigen	`Alt`
Stichwortsatz-Stichwörter zuweisen	`Alt`+`1`–`9`
Steuerzeichen im Stichwort-Tags-Fenster	
Trennzeichen	`,`
Nächstes Stichwort übergeordnet	`<`
Nächstes Stichwort untergeordnet	`>` (`Alt`+`7`)
Metadaten allgemein	
Metadaten kopieren	`Strg`/`cmd`+`Alt`+`⇧`+`C`
Metadaten einfügen	`Strg`/`cmd`+`Alt`+`⇧`+`V`
Metadaten Auto-Sync	`Strg`/`cmd`+`Alt`+`⇧`+`A`
Metadaten in Datei speichern	`Strg`/`cmd`+`S`

Die wichtigsten Tastaturkürzel für die Bildorganisation	
Ansichten	
Rasteransicht	`G`
Rasteransichten wechseln	`J`
Rasterinfos ein-/ausblenden	`Strg`/`cmd`+`⇧`+`X`
Rastersymbole ein-/ausblenden	`Strg`/`cmd`+`Alt`+`⇧`+`H`
Lupenansicht (Vollbild)	`E`, `Strg`/`cmd`+`#` oder Doppelklick
Lupeninformationen anzeigen	`I`
Vergleichsansicht	`C`
Kandidaten durchlaufen	`←`/`→`
Kandidaten auswählen	`↑`
Auswahl/Kandidat tauschen	`↓`
Übersicht	`N`
Personenansicht	`O`
Aus Personen in Lupenansicht mit Gesichtsbereichzeichner-Werkzeug	`Strg`/`cmd`+`#` oder Doppelklick
Textfeld aktivieren	`⇧`+`0` oder Klick
Namensvorschlag bestätigen	`⇧`+`↵`
Auswahl und Markierung	
Bewertung 0–5 Sterne	`0`–`5`
Farbbeschriftungen	`6`–`9`
Als ausgewählt markieren	`P`
Als abgelehnt festlegen	`X`
Markierung entfernen	`U`
Foto aus Katalog entfernen	`Alt`+`Entf`/`←`
Foto löschen	`Entf`/`←`
In Zielsammlung aufnehmen	`B`
Zielsammlung anzeigen	`Strg`/`cmd`+`B`
Bearbeitung	
Alle anderen Bedienfelder öffnen/schließen	`Alt`-Klick auf Dreieck vor Ordner
In Explorer/Finder anzeigen	`Strg`/`cmd`+`R`
Fotos umbenennen	`F2`
In Stapel gruppieren	`Strg`/`cmd`+`G`
Stapelgruppierung aufheben	`Strg`/`cmd`+`⇧`+`G`
Stapel ein-/ausblenden	`S`
Foto als Titelbild festlegen	`⇧`+`S`

Kapitel 3 | Bibliothek und Metadaten

Auf einen Blick

Das Bibliothek-Modul
Die wichtigsten Funktionen im Überblick

❶ **Katalogübersicht:** Unter Katalog haben Sie Zugriff auf Alle Fotos und auf Alle synchronisierten Fotos. Die Schnellsammlung ist eine temporäre Vorauswahl. In Vorheriger Import finden Sie den letzten Import.

❷ **Ordner:** Hier sehen Sie die Speicherorte der Bilder. Über das Plus-Zeichen können Sie weitere Ordner und Unterordner hinzufügen.

❸ **Ordner filtern:** Wenn die Ordnerliste zu umfangeich ist, können Sie im Suchfeld nach bestimmten Ordnernamen suchen.

❹ **Ordner markieren:** Nutzen Sie Farbbeschriftungen, um Ordner schneller zu finden.

❺ **Synchronisierte Quellen:** Bei Synchronisierung mit der mobilen Lightroom-App werden die Quellen der Bilder hier aufgelistet.

❻ **Sammlungen:** Mit einer Sammlung erstellen Sie einen virtuellen Ordner, der auch als Schnellsammlung definiert werden kann.

❼ **Veröffentlichungsdienste:** Über die Veröffentlichungsdienste können Sie Ihre Fotos mit

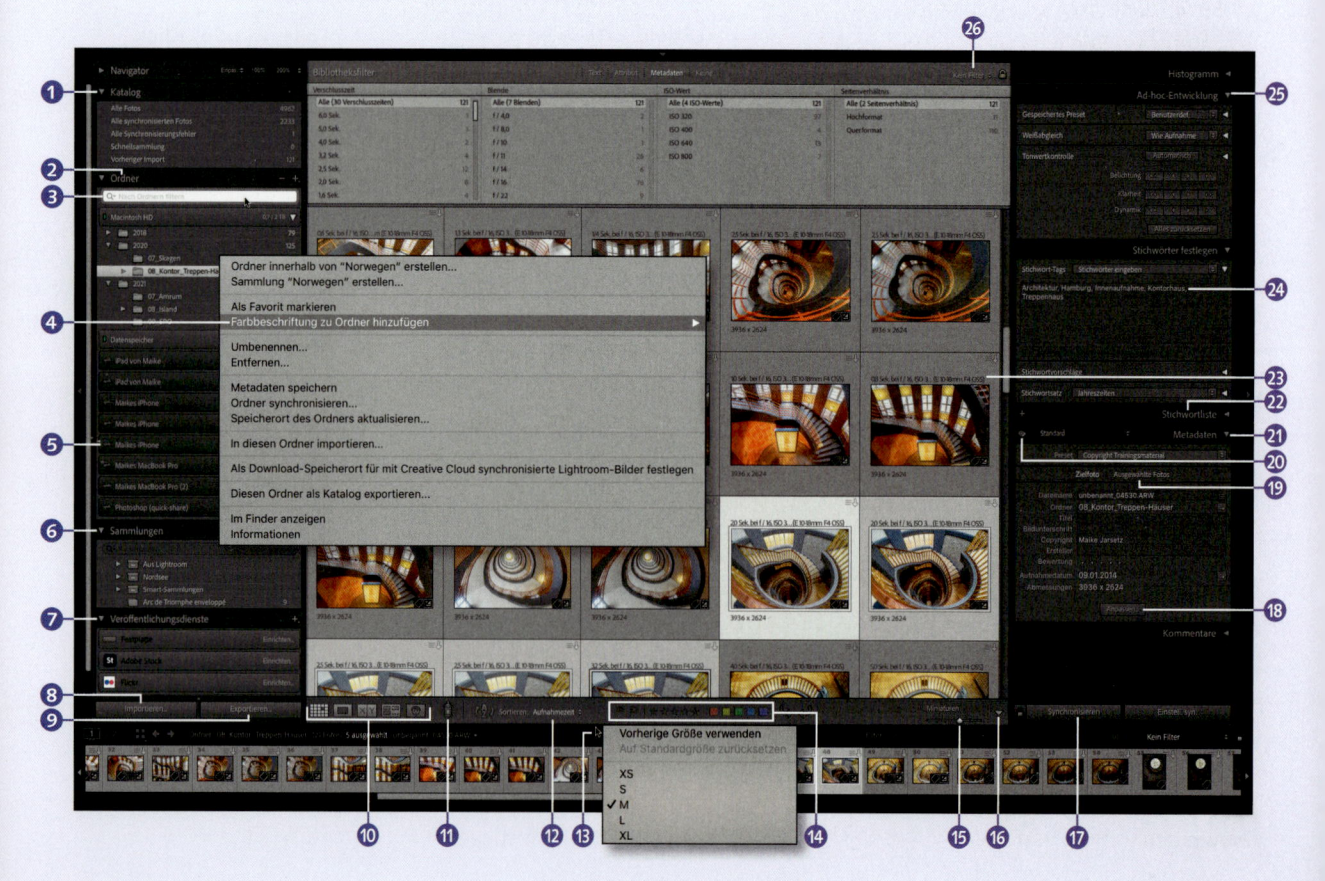

88 Kapitel 3 | Bibliothek und Metadaten

festen Vorgaben ausgeben, posten oder über Adobe Stock publizieren.

❽ **Importieren:** Hier fügen Sie neue Bilder dem Katalog hinzu. Mit der ⌜Alt⌝-Taste können Sie direkt AUS KATALOG IMPORTIEREN.

❾ **Exportieren:** Sie können Ihre Motive in verschiedenen Dateiformaten, Bildgrößen und Farbräumen exportieren. MIt der ⌜Alt⌝-Taste können Sie einen separaten KATALOG EXPORTIEREN.

❿ **Ansichtsmodi:** Wechseln Sie zwischen Lupen- oder Vollbildansicht ⌜E⌝, Rasteransicht ⌜G⌝, Vergleichsansicht ⌜C⌝, Übersicht ⌜N⌝ und Personenansicht ⌜O⌝. Ein Doppelklick führt aus der Rasteransicht in die Vollbildansicht, ein weiterer Klick in die Lupenansicht.

⓫ **Sprühdose:** Mit der Sprühdose »malen« Sie Attribute wie Stichwörter oder Bildeinstellungen über eine Bildauswahl.

⓬ **Fotos sortieren:** Aus dem Popup-Menü SORTIEREN wählen Sie die Sortierreihenfolge.

⓭ **Filmstreifengröße:** Klicken Sie mit der rechten Maustaste auf die Begrenzung oberhalb des Filmstreifens, um aus unterschiedlichen Darstellungsgrößen zu wählen.

⓮ **Attribute:** Mit Markierungen, Sternen und Farbbeschriftungen können Sie Ihre Bilder bewerten und kategorisieren.

⓯ **Miniaturgröße:** Über den Schieberegler verändern Sie die Größe der Miniaturen.

⓰ **Werkzeugleiste konfigurieren:** Durch einen Klick auf den Pfeil können Sie die Werkzeuge in der Werkzeugleiste filtern.

⓱ **Fotos synchronisieren:** Markieren Sie eine Auswahl von Bildern mit gedrückter ⌜⇧⌝-Taste beziehungsweise ⌜Strg⌝/⌜cmd⌝-Taste, um deren Metadaten oder Entwicklungseinstellungen zu synchronisieren.

⓲ **Metadaten-Standardpanel anpassen:** Wählen Sie über diese Schaltfläche die Metadaten-Informationen aus, die Sie im Standardpanel sehen und bearbeiten wollen.

⓳ **Zielfoto/Ausgewählte Fotos:** Wechseln Sie über diese Schaltflächen zwischen den Metadateninformationen für alle AUSGEWÄHLTEN FOTOS oder ein markiertes ZIELFOTO.

⓴ **Anzeige- und Bearbeitungsmodus:** Per Klick auf das Augensymbol blenden Sie nur die editierbaren Metadatenfelder ein.

㉑ **Metadaten:** In diesem Bedienfeld haben Sie Zugriff auf alle Dateiinformationen und können diese editieren und filtern.

㉒ **Stichwortliste:** Die Stichwortliste speichert alle im Katalog benutzten Stichwörter.

㉓ **Rasteransichtsoptionen:** Welche Informationen Ihnen hier angezeigt werden, bestimmen Sie über die Ansichtsoptionen. Die Rasteransichten wechseln Sie mit der Taste ⌜J⌝.

㉔ **Stichwörter festlegen:** Hier geben Sie individuell Stichwörter ein, wählen aus naheliegenden STICHWORTVORSCHLÄGEN oder nutzen gespeicherte STICHWORTSÄTZE.

㉕ **Ad-hoc-Entwicklung:** In der Bibliothek steht Ihnen eine erste Schnellentwicklung zur Verfügung. Auch Entwicklungs- und Freistellungsvorgaben können Sie hier anwenden.

㉖ **Bibliotheksfilter:** In der Rasteransicht filtern Sie den Bildordner nach Metadaten, Stichwörtern und Attributen. Das Schloss-Symbol speichert die Filtereinstellungen.

Grundlagenexkurs

Metadaten und Bildinformationen

Das Metadaten-Bedienfeld: Hintergründe und Details

Was sind eigentlich Metadaten?

Grob gesagt, enthalten die Metadaten alle Informationen, die ein Bild trägt, außer den reinen Pixelinformationen. Dazu gehören:
- die Dateiinformationen, also das Dateiformat, der Dateiname und die Dateigröße
- die EXIF-Daten, also die Kamerainformationen und -einstellungen des Bildes
- eventuell bei der Aufnahme schon hinzugefügte GPS-Koordinaten

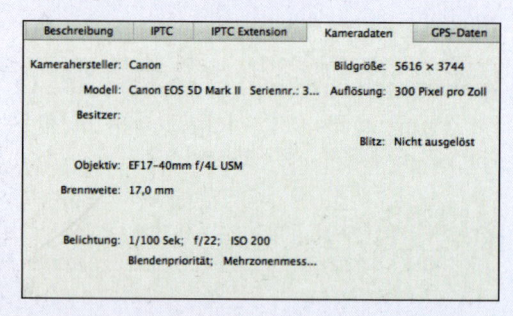

Weitere Metadaten können dem Bild auf unterschiedliche Weise hinzugefügt werden:
- die IPTC-Daten, die nach einem redaktionellen Standard Informationen über Copyright, Urheber, Stichwörter und Bildbeschreibung sammeln können. IPTC-Daten können aus Redaktionssystemen automatisch ausgelesen werden.
- Entwicklungseinstellungen für Raw-Bilder, da diese nicht in der Original-Raw-Datei gespeichert werden
- Attribute wie zum Beispiel Bewertungen

Diese Metadaten können auf drei Arten gespeichert und weitergegeben werden:
1. Innerhalb der Bilddatei – das gilt allerdings nur für Standardformate wie JPEG, TIFF, PSD oder DNG, nicht aber für Raw-Daten.
2. In sogenannten *Filialdateien*, also zusätzlichen Dateien, die neben der Original-Raw-Datei auf der Festplatte gespeichert werden. Diese standardisierten XMP-Daten müssen dann immer mit der Originaldatei verschoben oder kopiert werden, um die Metadaten nicht zu verlieren. Eine Umbenennung der Originaldatei schadet übrigens nicht, da die XMP-Datei weiterhin dem ursprünglichen Dateinamen zugeordnet werden kann. 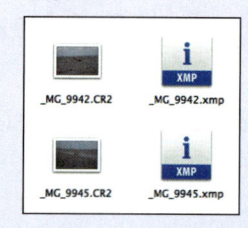
3. In einer gemeinsamen Datenbank, wie es in Lightroom mit der Katalogdatei der Fall ist. Dies gewährleistet den schnellsten und zentralen Zugriff auf die Metadateninformation. Allerdings sind so die Informationen für externe Programme – wie etwa die Bridge – erst nach der zusätzlichen Speicherung in Filialdateien zugänglich.

Solange Sie also in Lightroom arbeiten, sind Ihre Metadaten sicher in der Katalogdatei aufgehoben. Erst wenn es darum geht, Ihre Bilddaten mit den Metadaten auch anderen Programmen zugänglich zu machen, müssen Sie den Weg über den Export – am besten als DNG-Datei – wählen.

Grundlagenexkurs

Wo sind die Metadaten in Lightroom?

Alle verfügbaren Metadaten sind im METADATEN-Bedienfeld von Lightroom aufgeführt. Hier können Sie Metadaten einsehen, filtern und weitere Metadaten hinzufügen. Da die Metadateninformationen sehr vielfältig und umfangreich sind, bietet es sich an, über das Popup-Menü ❶ des Bedienfelds immer nur die benötigten Informationen einzublenden.

Standard | Die Standard-Ansicht zeigt eine gängige Kombination von Metadaten und ist über die Schaltfläche ANPASSEN beliebig erweiterbar.

Ad-hoc-Beschreibung | Diese kombiniert die wichtigsten Informationen wie Dateiname, Ordner und die wichtigsten EXIF- und IPTC-Metadaten wie etwa das Copyright.

Alle Zusatzmodul-Metadaten | Dieses Feld kann die Informationen anzeigen, die von anderen Programmen hinzugefügt wurden.

DNG | Diese Option blendet sämtliche DNG-relevanten Informationen wie die Kompatibilität und die Komprimierung ein.

Dreidimensionale Projektion | Zeigt 3D-Daten zu Kugelpanoramen und 360°-Bildern.

EXIF | Dies blendet alle Kameradaten sowie den Dateinamen und Speicherort ein.

EXIF und IPTC | Diese Option zeigt alle EXIF- und IPTC-Metadaten an sowie die wichtigsten Dateiinformationen.

Große Bildunterschrift | Diese Option lässt Sie den verfügbaren Platz für eine umfangreichere Beschreibung plus Copyright nutzen.

IPTC | Zeigt die Standard-IPTC-Metadaten, den Dateinamen und den Metadatenstatus.

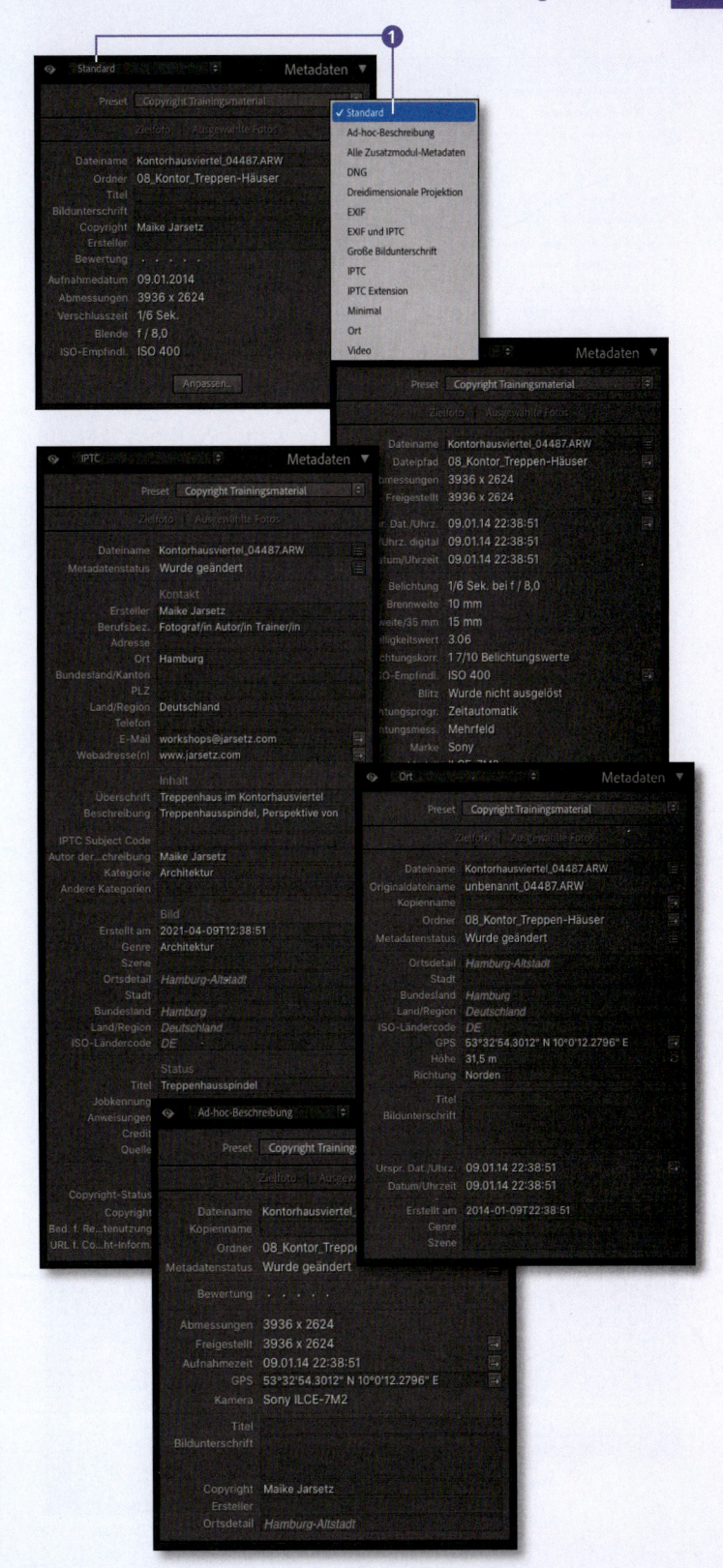

Kapitel 3 | Bibliothek und Metadaten **91**

Grundlagenexkurs

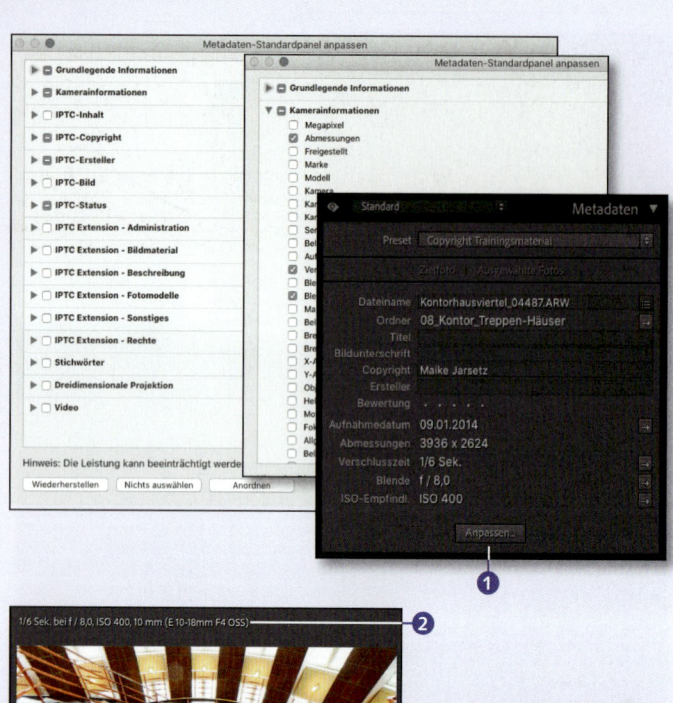

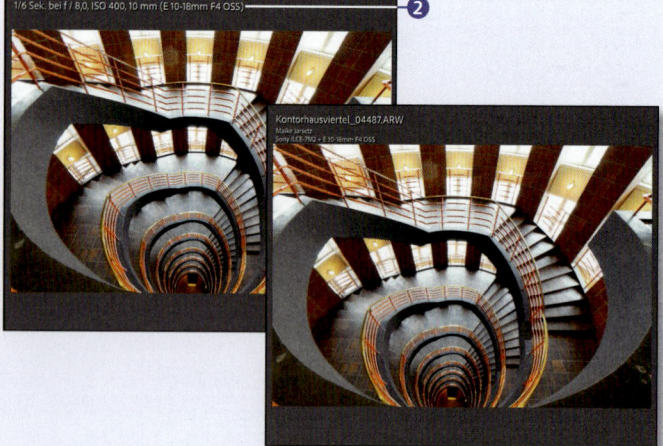

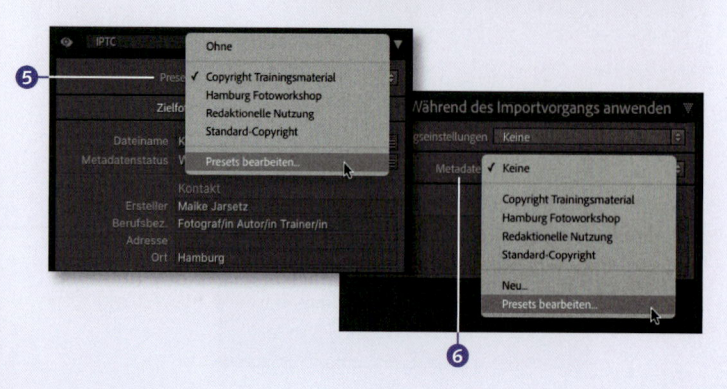

IPTC Extension | Diese Option zeigt weitere IPTC-Metadaten wie Model Releases an.

Minimal | Dies blendet Dateinamen, Copyright, Bewertung und Bildbeschreibung ein.

Ort | Dies zeigt alle Informationen aus den GPS-Koordinaten an, durch umgekehrtes Geocoding werden die Ortsnamen angefügt.

Video | Zusätzlich zu den Parametern wie Dauer, Framerate oder Größe können Sie hier Informationen zum Video eintragen.

Metadaten anpassen

Die STANDARD-Informationen im METADATEN-Bedienfeld können Sie beliebig konfigurieren. Klicken Sie dazu auf die Schaltfläche ANPASSEN ❶.

Sie können Metadateninformationen auch in der Lupenansicht einblenden lassen. Wählen Sie im BIBLIOTHEK- oder ENTWICKELN-Modul aus dem ANSICHT-Menü die ANSICHT-OPTIONEN. Hier können Sie zwei alternative, jeweils dreizeilige Lupeninformationen vordefinieren ❷. In der Lupenansicht oder im ENTWICKELN-Modul können Sie diese Infos über die Taste I einblenden und zwischen ihnen wechseln.

Metadaten hinzufügen

Sie können praktisch in jedem Feld außer den EXIF-Daten durch einen einfachen Klick und Texteingabe Informationen hinzufügen.

Klicken Sie auf das Augensymbol ❸, um nur editierbare Metadatenfelder einzublenden. Wenn Sie mehrere Bilder aktiviert haben, können Sie wählen, ob Sie die Metadaten für AUSGEWÄHLTE FOTOS ❹ oder nur das markierte ZIELFOTO bearbeiten wollen.

Metadaten-Preset erstellen

Einen ganzen Satz von Metadaten können Sie über ein Metadaten-Preset hinzufügen. Diese können Sie auf vielerlei Arten anlegen:

92 Kapitel 3 | Bibliothek und Metadaten

Grundlagenexkurs

1. Wählen Sie aus dem Metadaten-Menü Metadaten-Presets bearbeiten.
2. Wählen Sie aus dem Popup-Menü Preset ❺ im Metadaten-Bedienfeld die Option Presets bearbeiten.
3. Wählen Sie schon beim Import im Bedienfeld Während des Importvorgangs anwenden aus dem Popup-Menü Metadaten ❻ die Option Presets bearbeiten.

Benennen Sie die Metadaten-Presets, und definieren Sie die Informationen für das Preset. Entfernen Sie die Markierung ❽ an den Feldern, die nicht übernommen werden sollen.

Beim Bildimport können Sie dann aus den vordefinierten Metadaten-Presets wählen – und zwar sowohl im erweiterten als auch im kompakten Importdialog-Fenster ❼.

Natürlich können Sie die Metadatenvorlagen auch noch im Metadaten-Bedienfeld der Bibliothek zuweisen.

Metadaten für die Organisation nutzen

Das Metadaten-Bedienfeld birgt noch weitere Funktionen, die über Menübefehle oder Icons am Rand des Bedienfelds erreichbar sind.

Metadaten synchronisieren | Klicken Sie im Bedienfeld auf Metadaten syn.(chronisieren) ❿, um die Metadaten des aktuellen Bildes auf alle anderen ausgewählten Fotos zu übertragen. Im folgenden Dialogfenster können Sie über die Markierung durch das Häkchen ❾ bestimmen, welche Metadaten übertragen werden sollen.

Automatisch synchronisieren | Auch in der Lupenansicht können Sie die Metadaten der Bilder synchronisieren. Nach Aktivieren des kleinen Schalters ⓫ haben Sie die Möglichkeit, auch automatisch zu synchronisieren: Neue Metadaten werden so synchron auf alle ausgewählten Bilder angewendet, auch wenn sie nicht sichtbar sind.

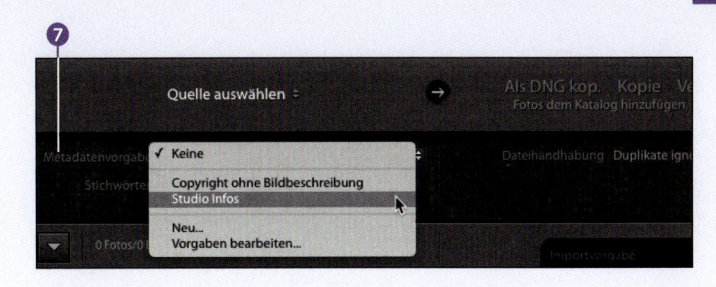

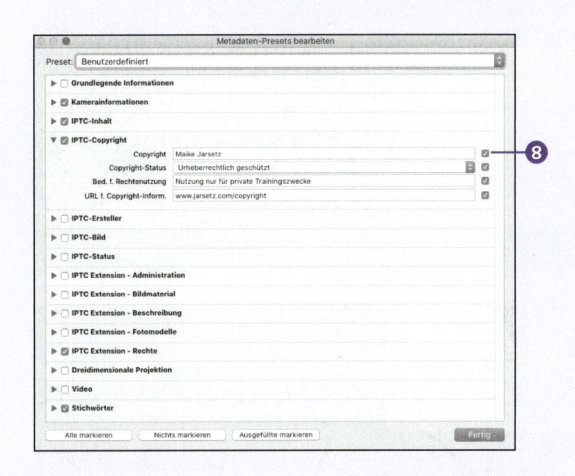

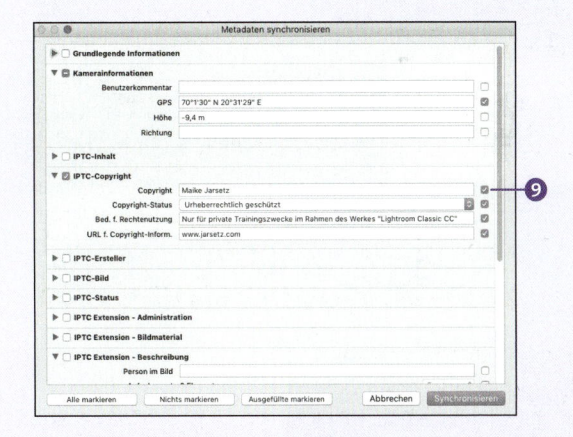

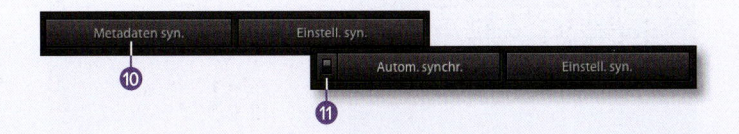

Kapitel 3 | Bibliothek und Metadaten

Grundlagenexkurs

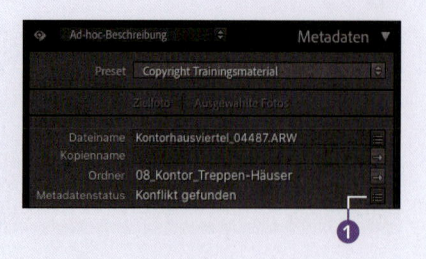

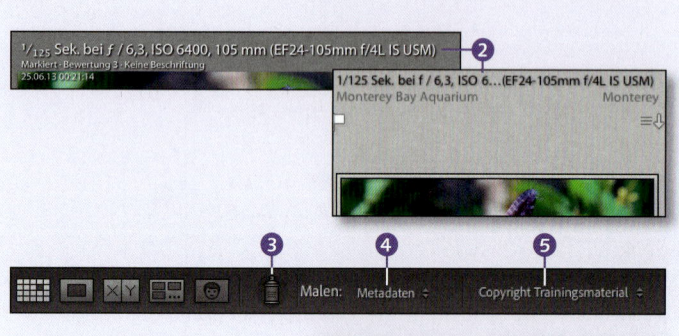

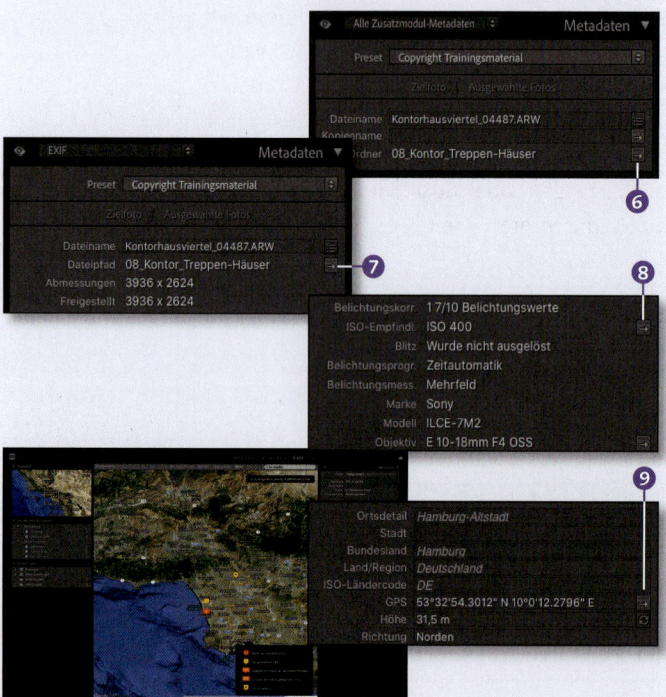

Metadatenstatus | Werden an einem von Lightroom verwalteten Bild auch extern die Metadaten bearbeitet, wird in den Metadaten ein Konflikt gefunden. Über einen Klick auf das Symbol ❶ können Sie die Einstellungen vom Datenträger importieren oder mit den aktuellen Einstellungen überschreiben.

Metadateninformationen anzeigen | Auch in der Rasteransicht können Sie Metadateninformationen über die Taste J bzw. I einblenden ❷. Mit Strg/cmd+J öffnen Sie die Ansicht-Optionen, in denen Sie die Überlagerung auch für die Lupenansicht festlegen.

Metadaten-Preset mit der Sprühdose übertragen | Die Sprühdose aktivieren Sie durch einen Klick auf das Symbol ❸. Wählen Sie aus dem Popup-Menü Malen die Option Metadaten ❹ und das Metadaten-Preset ❺. Mit gedrückter Maustaste übertragen Sie die Metadaten auf die Bilder.

Ordner und Dateipfad anzeigen | Ein Klick auf das Symbol ❻ neben der Ordner-Angabe zeigt den Ordner in der Bibliothek an, in dem sich das Bild befindet. In den EXIF-Informationen führt Sie der Dateipfad-Pfeil ❼ zur Originaldatei auf der Festplatte.

Nach EXIF-Daten filtern | Steht neben einer Kamerainformation ein kleiner Pfeil ❽, können Sie durch einen Klick alle Bilder im Ordner filtern, die diese EXIF-Information teilen.

GPS-Daten lokalisieren | Ein Klick auf den Pfeil ❾ neben den eingetragenen GPS-Koordinaten wechselt direkt zu dem entsprechenden Kartenausschnitt im Karte-Modul.

Fotos umbenennen | Über das Symbol ⓫ neben dem Dateinamen öffnen Sie die Stapelumbenennung für die Ausgewählten Fotos ❿, die Sie vorab auswählen müssen.

94 Kapitel 3 | Bibliothek und Metadaten

Grundlagenexkurs

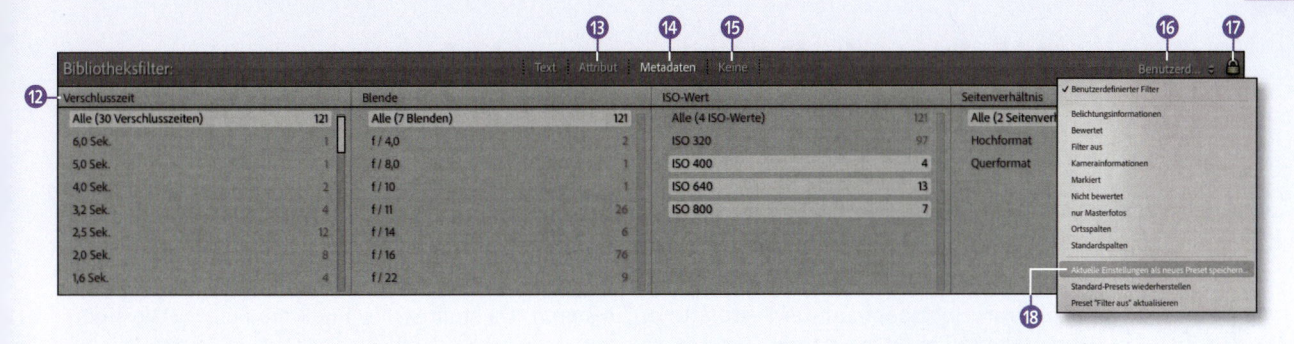

Nach Metadaten filtern

Nicht nur das METADATEN-Bedienfeld ermöglicht es, nach Fotos mit gleichen Informationen zu filtern. Deutlich mehr Optionen haben Sie im Bibliotheksfilter. Der Bibliotheksfilter ist nur in der Rasteransicht der Bibliothek verfügbar und kann über das Menü ANSICHT • FILTERLEISTE ANZEIGEN oder über die Taste \ ein- und ausgeblendet werden.

In der oberen Zeile des Filters ⓭ entscheiden Sie durch einen Klick auf TEXT, ATTRIBUT oder METADATEN, wonach Sie filtern wollen. Natürlich können Sie die drei Filter mit mehreren Klicks auch kombinieren: Klicken Sie auf die Spaltenüberschriften ⓬, um das Kriterium zu wählen. In der Spalte stehen danach alle Metadaten der im aktiven Ordner befindlichen Bilder zur Auswahl. Innerhalb einer Spalte können Sie mit gedrückter Strg/cmd-Taste mehrere Informationen ⓮ addieren.

Ein Klick auf das Schloss-Symbol ⓱ speichert die Filterattribute für nächste Ordner oder Sammlungen, um dort die gleiche Filterabfrage durchzuführen. Lassen Sie das Schloss geöffnet, wenn der Filter beim Ordnerwechsel deaktiviert werden soll.

Durch einen Klick auf das obere Popup-Menü ⓰ können Sie AKTUELLE EINSTELLUNGEN ALS NEUES PRESET SPEICHERN ⓲ und diese bei der nächsten Filterabfrage schnell auswählen. Diese Vorgaben können Sie auch in anderen Modulen aus dem Filmstreifen ⓳ auswählen.

Klicken Sie auf KEINE ⓯, um den Filter zurückzusetzen, oder deaktivieren Sie ihn temporär durch die Tasten Strg/cmd+L.

Kapitel 3 | Bibliothek und Metadaten

Bilder richtig organisieren

Die Ordnerorganisation von Lightroom Classic

Mit Lightroom Classic haben Sie volle Kontrolle über die Organisation Ihrer Bilddaten, aber gleichzeitig auch die Verantwortung dafür. Einer der Kardinalfehler bei der ersten Arbeit mit Lightroom tritt auf, wenn Sie Bildordner, die bereits von Lightroom verwaltet werden, außerhalb von Lightroom auf der Festplatte organisieren. Da stellt sich schnell die Frage: »Wo sind meine Bilder?« Hier sehen Sie, wie Sie Ihre Bilder richtig organisieren.

1 Was Sie nicht tun sollten

Kommen Sie bitte nicht auf die Idee, bereits importierte Bildordner außerhalb von Lightroom Classic zu organisieren!

Ob Sie jetzt Ordner oder Bilder umbenennen, verschieben oder Unterordner erstellen: Von alldem bekommt Lightroom nichts mit, und es führt unweigerlich dazu, dass Lightroom Ihre Fotos nicht mehr an dem vermuteten Platz findet. Die Folge sind Fragezeichen an Ordnern ❷ oder Ausrufezeichen an den Bildern ❶ – Hinweise darauf, dass Lightroom keinen Zugriff mehr auf die Bilder hat.

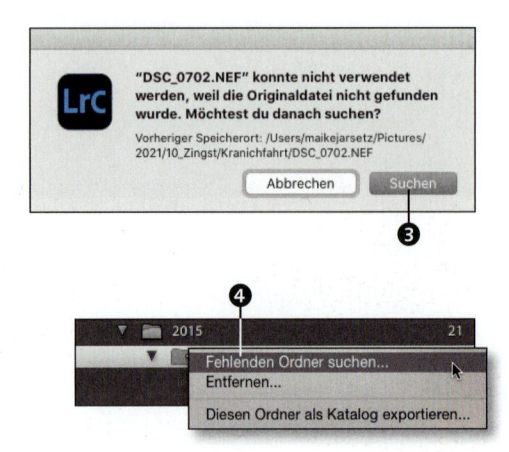

2 Schnelle Hilfe

Wenn Sie den Fauxpas rechtzeitig bemerkt haben, gibt es noch Hoffnung: Klicken Sie auf das Ausrufezeichen an den fehlenden Bildern ❶, und weisen Sie über die Schaltfläche SUCHEN ❸ die Bilder neu zu. Alternativ klicken Sie mit rechter Maustaste auf den fehlenden Ordner in der Ordnerstruktur und wählen FEHLENDEN ORDNER SUCHEN ❹.

Damit es aber gar nicht so weit kommt, organisieren Sie Ihre Bilder so, wie in den nachfolgenden Schritten beschrieben.

3 Ordner richtig benennen

Öffnen Sie das ORDNER-Bedienfeld über das kleine Dreieck. Dort erscheinen die Importordner, in denen die Bilder gespeichert sind.

Nicht immer ist die Datumsbenennung zum Wiederfinden der Bilder hilfreich. Aber natürlich können Sie die Ordner noch umbenennen. Machen Sie dies nur in Lightroom, die gleichzeitige Umbenennung der Ordner auf Ihrer Festplatte erfolgt ganz automatisch.

Klicken Sie mit rechter Maustaste auf einen Bildordner, um diesen umzubenennen ❺.

4 Speicherpfad anzeigen

Vielleicht ist Ihnen aufgefallen, dass nur der eigentliche Bildordner im ORDNER-Bedienfeld ersichtlich ist. Der komplette Pfad ❻ wird Ihnen angezeigt, wenn Sie die Option PFAD AB LAUFWERK aus dem Kontextmenü unter dem Plus-Symbol auswählen. Falls Sie stattdessen nur den ÜBERGEORDNETEN ORDNER ANZEIGEN wollen ❼, ist das ganz einfach: Den Befehl finden Sie über einen rechten Mausklick auf einen der importierten Ordner.

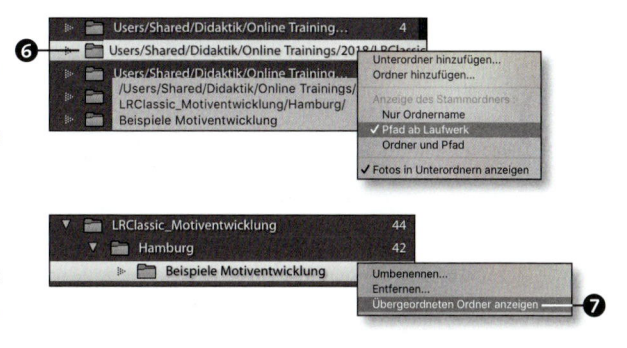

5 Ordner neu organisieren

Wählen Sie mit gedrückter [Strg]/[cmd]-Taste thematisch zusammengehörige Bilder aus, und wählen Sie unter dem Plus-Symbol den Befehl UNTERORDNER HINZUFÜGEN ❾. Aktivieren Sie dann die Option AUSGEWÄHLTE FOTOS EINSCHLIESSEN ❽.

Sie können Bilder auch manuell zwischen bestehenden Ordnern verschieben. Ziehen Sie diese per Drag & Drop auf den gewünschten Zielordner in der Liste. Lightroom meldet Ihnen dann, dass dies auch auf der Festplatte stattfindet. Aber genau das ist hier ja das Ziel.

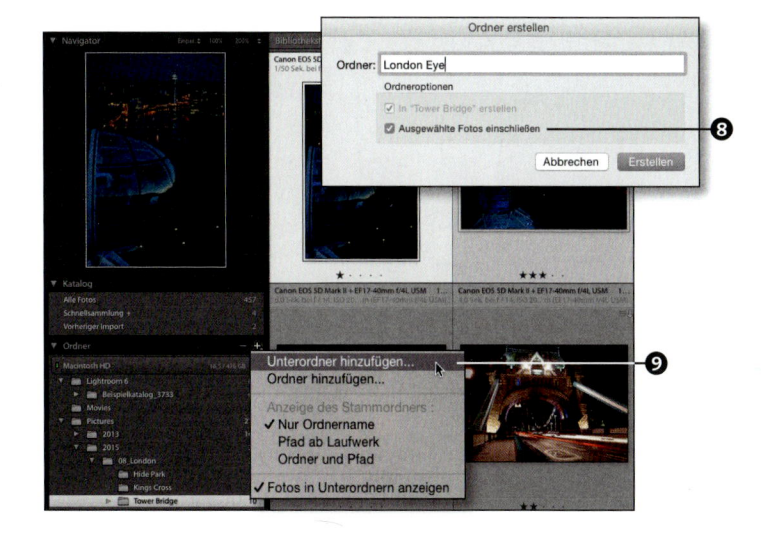

Kapitel 3 | Bibliothek und Metadaten 97

Die nächste Sortierung

Aufnahmeserien gruppieren und im Stapel umbenennen

Die Kapazität der Speicherkarten wächst immer mehr an. So werden auch die Bildmengen größer, die letztendlich in Ihrem Lightroom-Katalog landen. Neben der eigentlichen Ordnerorganisation, die Sie bereits kennengelernt haben, bietet Lightroom weitere Möglichkeiten für die Sortierung. Die intuitive Stapelgruppierung ersetzt dabei so manchen Unterordner.

1 Überblick in der Rasteransicht
Starten Sie durch einen Klick auf das Symbol in der Werkzeugleiste ❶ oder die Taste G die Rasteransicht. Hier erhalten Sie schnell eine Übersicht über Ihre Motive. Stellen Sie die Größe der Rasterminiaturen über den Schieberegler ❷ ein.

Größere Aufnahmeserien sollten Sie aus Gründen der Übersichtlichkeit thematisch zusammenfassen – statt Unterordnern bietet Ihnen Lightroom dafür die Stapelgruppierung.

2 Manuelle Stapel
Wählen Sie Serien von Bildern mit der ⇧-Taste oder ganz individuell zusammenhängende Bilder mit der Strg/cmd-Taste aus. Mit dem Shortcut Strg/cmd+G gruppieren Sie sie schnell zu einem Stapel. Alternativ klicken Sie mit der rechten Maustaste auf ein Bild und wählen aus dem kontextsensitiven Menü IN STAPEL GRUPPIEREN.

Die Bilder müssen nicht in einem gemeinsamen Bildordner sein. Sie können auch Bilder innerhalb einer Sammlung stapeln.

3 Nach Aufnahmezeit stapeln

Markieren Sie alternativ alle Bilder über die [Strg]/[cmd]+[A]-Taste, und klicken Sie mit der rechten Maustaste auf eines der Bilder. Wählen Sie aus dem Menü STAPELN • AUTOMATISCH NACH AUFNAHMEZEIT STAPELN.

Im folgenden Fenster können Sie jetzt über einen Schieberegler die Aufnahmezeit ❸ bestimmen, die maximal zwischen den Aufnahmen liegen sollte. Daraus resultiert die Stapelanzahl und eine Anzahl ungestapelter Bilder ❹. Die Bildanzahl der zukünftigen Stapel wird im Vorschaufenster angezeigt ❺.

4 Stapelhandhabung

Nachdem Sie die Stapel – manuell oder nach Aufnahmezeit – erstellt haben, können Sie in der Rasteransicht jederzeit die Stapel aus- und einblenden und damit die jeweiligen Einzelbilder der Stapel anzeigen oder verbergen. Klicken Sie dazu auf das kleine Zahlen-Symbol ❻ an der Stapelminiatur.

Um alle Stapelinhalte gleichzeitig anzuzeigen oder zu verbergen, klicken Sie mit der rechten Maustaste darauf und wählen ALLE STAPEL AUS-/EINBLENDEN.

5 Sortierung verändern

Die Stapelgruppierung nach Aufnahmezeit trifft natürlich nicht immer auf den Punkt. Markieren Sie »falsche« Stapel, und lösen Sie sie über den Shortcut [Strg]/[cmd]+[⇧]+[G] wieder auf. Dann können Sie manuelle Stapel wie in Schritt 2 erstellen.

Sie können auch Bilder innerhalb von Stapeln verschieben: Ziehen Sie per Drag & Drop Einzelbilder in bestehende Stapel ❼, um diese dort zu integrieren.

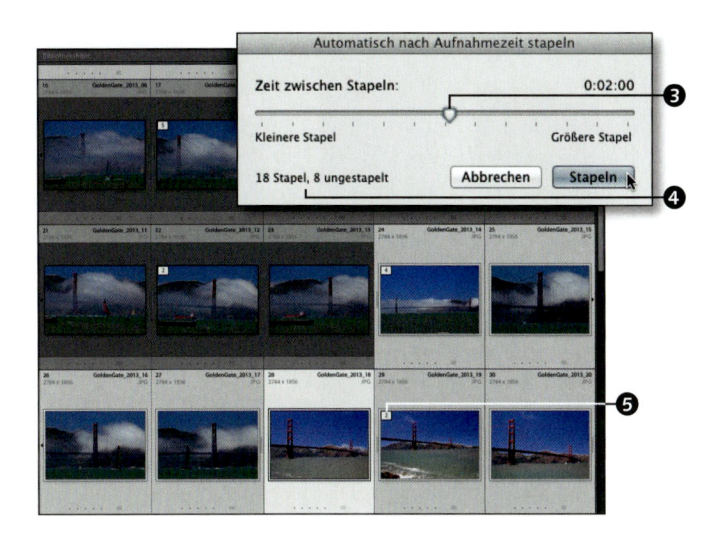

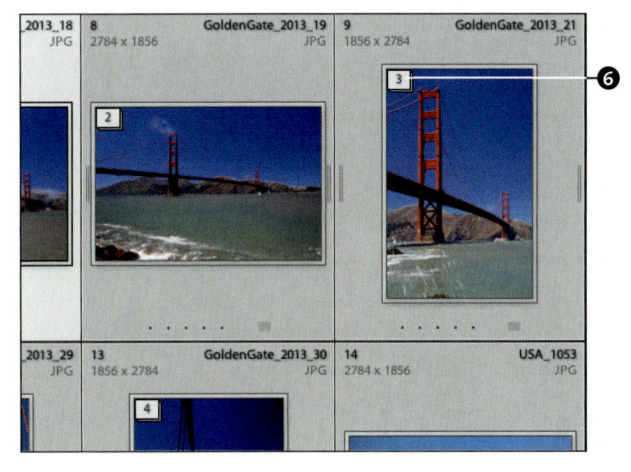

Kapitel 3 | Bibliothek und Metadaten **99**

6 Titelbild festlegen

Sie können jedes Bild aus dem Stapel zum Titelbild des Stapels machen. Öffnen Sie dazu zunächst den Stapel, indem Sie einfach auf das kleine Anzahl-Symbol ❶ klicken oder die Taste S drücken.

Wählen Sie das gewünschte Motiv aus, und ziehen Sie es einfach auf das Anzahl-Symbol des Stapels ❷.

So verschieben Sie es an die erste Stelle des Bilderstapels und machen es gleichzeitig zum Titelbild.

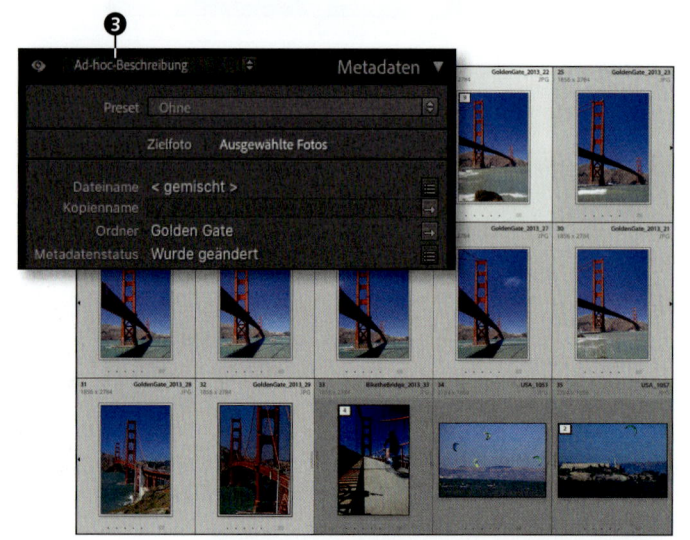

7 Motivgruppen auswählen

Ergänzen Sie diese Sortierung mit einer individuellen Benennung Ihrer Motivgruppen. Klicken Sie auf die Stapelnummerierung, um die enthaltenen Bilder anzuzeigen, und markieren Sie die Reihe von Bildern per Klick mit der ⇧-Taste auf das erste und letzte Bild.

Öffnen Sie dann auf der rechten Seite des Bibliotheksfensters das METADATEN-Bedienfeld, und wählen Sie aus dem Popup-Menü ❸ für die Metadatenangaben z. B. die STANDARD- oder AD-HOC-BESCHREIBUNG.

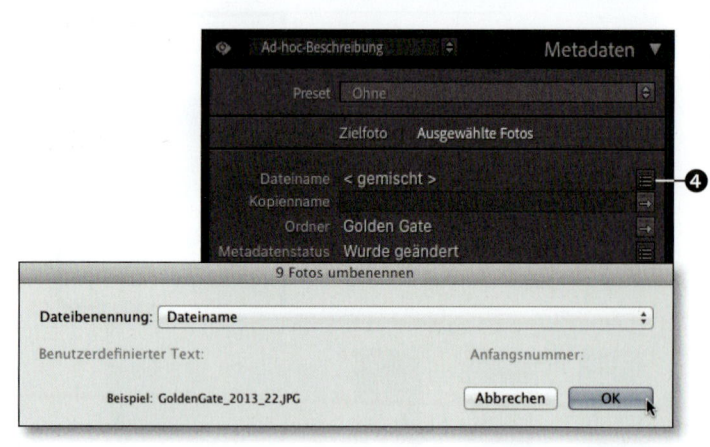

8 Im Stapel umbenennen

Ganz oben in der Auflistung finden Sie den aktuellen Dateinamen. Klicken Sie auf das kleine Symbol rechts daneben ❹, um die Stapelumbenennung zu starten.

Alternativ wählen Sie aus dem Menü BIBLIOTHEK • FOTOS UMBENENNEN oder drücken die Taste F2.

100 Kapitel 3 | Bibliothek und Metadaten

9 Standard-Dateibenennung

Für die Dateiumbenennung sind unter DATEIBENENNUNG ❺ schon Standard-Benennungsmuster vorgegeben. Diese kombinieren z. B. einen neuen, benutzerdefinierten Namen mit einer zusätzlichen Durchnummerierung ❻. Den Text für den benutzerdefinierten Namen geben Sie in das Textfeld ein. Als Nummerierung kann die Originaldateinummer oder eine Sequenznummer verwendet werden.

Der untere Bereich des Fensters zeigt Ihnen ein Beispiel für den neuen Dateinamen ❼.

10 Fotos sortieren

Wenn Sie mit der Dateiumbenennung eine neue Sortierreihenfolge erreichen wollen, geht das auch. Dazu müssen Sie vor der Umbenennung in der Rasteransicht die gewünschte Sortierung vornehmen. Sie können die Bilder per Drag & Drop an die gewünschte Stelle verschieben oder in der Werkzeugleiste eine neue Sortierreihenfolge wählen. Für eine neue Sortierung im Bildordner klicken Sie auf den Doppelpfeil ❽ und wählen Ihre Sortierpriorität aus dem Popup-Menü.

11 Eigene Dateinamen

Öffnen Sie dann erneut über die Taste F2 die Stapelumbenennung. Dort wählen Sie aus dem Popup-Menü die Option BEARBEITEN ❾. Hier können Sie verschiedene Metadatenfelder miteinander kombinieren.

Löschen Sie einfach die Standardfelder aus dem oberen Beispielfeld, und wählen Sie eigene Benennungsbausteine, die Sie dann per Klick EINFÜGEN ❿. Kombinieren Sie z. B. den BENUTZERDEFINIERTEN TEXT mit der FOLGENUMMER. So werden die Bilder in der vorliegenden Reihenfolge durchnummeriert.

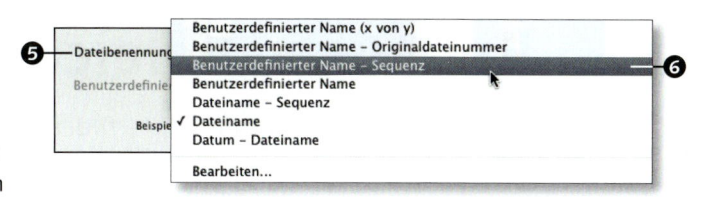

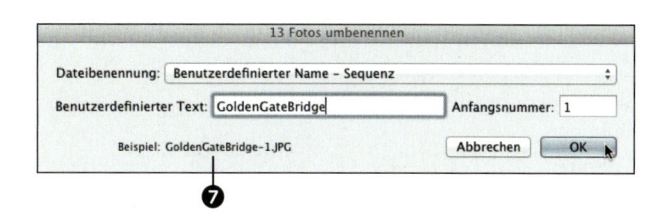

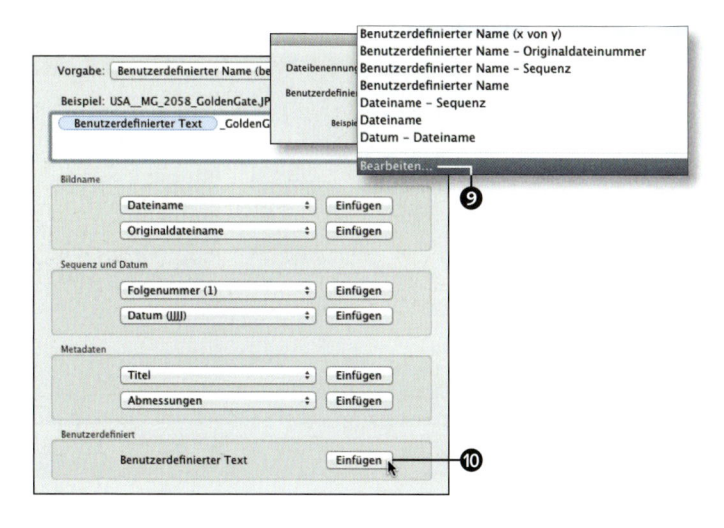

Kapitel 3 | Bibliothek und Metadaten **101**

Bildauswahl leicht gemacht

Bilder beurteilen, vergleichen, markieren und bewerten

Bei der Bildauswahl helfen Ihnen die verschiedenen Ansichten der Lightroom-Bibliothek. In diesen können Sie die Bilder schnell, aber mit einem Blick auf das Detail beurteilen. Für die Auswahl können Sie Markierungen und Bewertungen per Shortcut vornehmen. Diese helfen Ihnen später dabei, jederzeit Ihre Auswahl über eine Filterung wieder anzuzeigen.

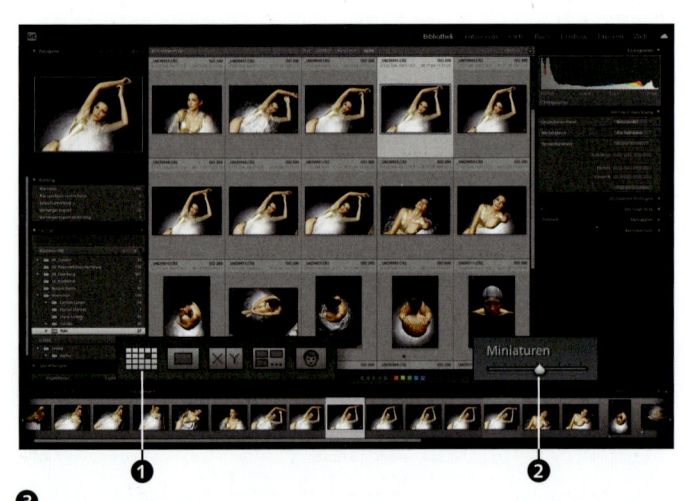

1 Die Rasteransicht

Die Standardrasteransicht in Lightroom eignet sich sehr gut, um einen Überblick über die Bildserie zu bekommen und eine erste Bewertung vorzunehmen.

In die Rasteransicht gelangen Sie über das Menü ANSICHT • RASTER, über die Taste G oder über einen Klick auf das Rastersymbol ❶ in der Werkzeugleiste. Ebenfalls in der Werkzeugleiste finden Sie den Schieberegler ❷, mit dem Sie die Miniaturgröße einstellen können.

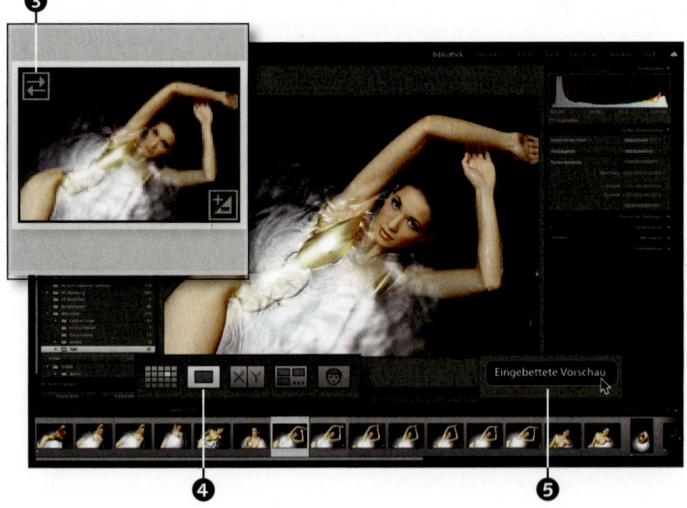

2 Vollbild in der Lupenansicht

Um Bilder im Detail beurteilen zu können, wechseln Sie über einen Doppelklick oder über das entsprechende Symbol ❹ in die Vollbildansicht, die offiziell schon vielversprechend Lupenansicht heißt.

Falls Sie die Bilder mit eingebetteten Vorschauen ❸ importiert haben, sollten Sie sie spätestens jetzt durch Klick auf die Schaltfläche ❺ in hochauflösende Standardvorschauen ändern.

3 Lupenansicht und Navigator

Ein einfacher Druck auf die Leertaste zoomt in die 100%-Ansicht des Bildes – hier beurteilen Sie am besten die Schärfe.

Die genaue Vergrößerung der Lupenansicht können Sie im Navigator durch einen Klick oder die Auswahl eines anderen Vergrößerungsfaktors ❼ aus dem Popup-Menü unter dem Doppelpfeil bestimmen. Auch den vergrößerten Ausschnitt können Sie hier verschieben ❻. Ein weiteres Drücken der Leertaste führt Sie wieder zurück in das Vollbild.

4 Die Vergleichsansicht

Mit der Vergleichsansicht filtern Sie sehr einfach und schnell das beste Bild der Serie: Markieren Sie alle zur Wahl stehenden Bilder, und wechseln Sie über das Symbol ❽ oder die Taste C in die Vergleichsansicht. Das zuerst ausgewählte Bild wird links abgebildet.

Mit den Pfeiltasten auf der Tastatur und in der Werkzeugleiste ⓫ können Sie jetzt die übrigen Bilder als Kandidaten gegenüberstellen. Über die X/Y-Symbole tauschen Sie Auswahl und Kandidat ❾ oder machen den aktuellen Kandidaten zur neuen Auswahl ❿.

5 Die Übersicht

Um eine Auswahl von Bildern gleichzeitig miteinander vergleichen zu können, wechseln Sie am besten mit der Taste N in die ÜBERSICHT. Alle ausgewählten Bilder werden im Vorschaufenster so angeordnet, dass sie in größtmöglicher Vergrößerung angezeigt werden. Blenden Sie über die ⇥-Taste die seitlichen Bedienfelder aus, um mehr Raum zu gewinnen.

Soll ein Bild aus dieser Vorauswahl entfernt werden, klicken Sie auf das x-Symbol ⓬.

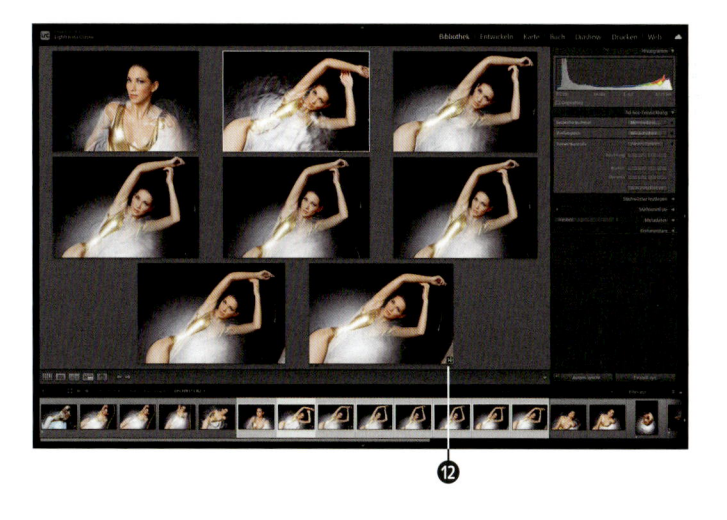

Kapitel 3 | Bibliothek und Metadaten

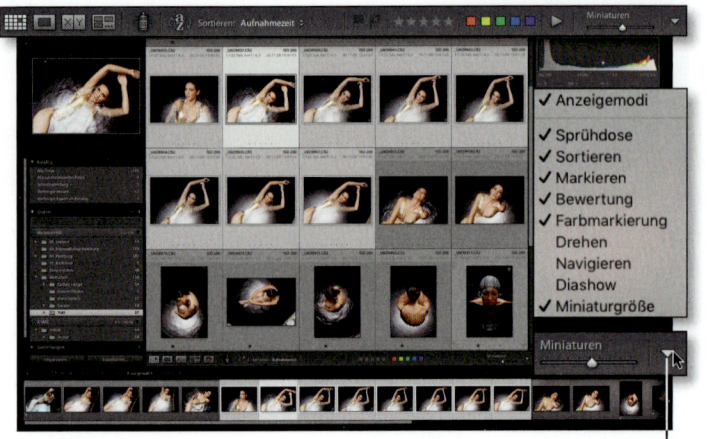

6 Werkzeugleiste konfigurieren

Jetzt kennen Sie genug Ansichtsmöglichkeiten, um Ihre Bilder genau beurteilen und bewerten zu können. Blenden Sie über den Pfeil ❶ in der Werkzeugleiste sowohl die Optionen BEWERTUNG als auch FARBMARKIERUNG und MARKIEREN ein. Wechseln Sie über die Taste G in die Rasteransicht und über das ANSICHT-Menü in ERWEITERTE ZELLEN als RASTERANSICHTSZIEL.

Tipp: Die Werkzeugleiste blenden Sie über die Taste T ein und aus.

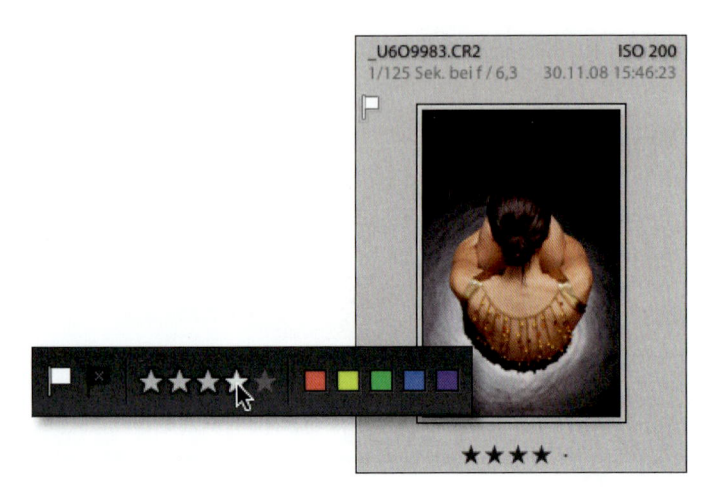

7 Bilder bewerten

Eine Bewertung lässt sich auf unterschiedlichen Wegen vergeben: Klicken Sie in der Werkzeugleiste auf die entsprechende Anzahl von Sternen oder in der Rasterzelle auf die Bewertungsfußzeile.

Alternativ benutzen Sie einfach die entsprechende Zifferntaste: Mit der Taste 4 vergeben Sie vier Sterne, und ein Druck auf 0 löscht die Bewertung wieder.

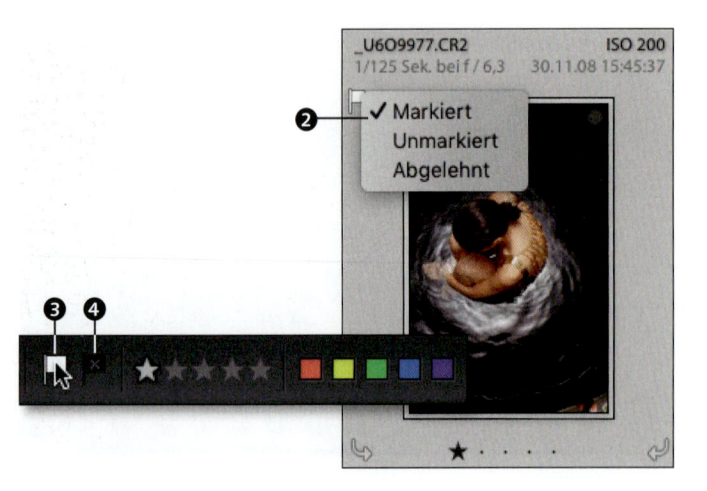

8 Als ausgewählt markieren

Eine alternative und zusätzliche Möglichkeit zu den Bewertungen sind die Markierungen. Damit wählen Sie die besten Bilder aus ❸ oder markieren andere als abgelehnt ❹. Die Markierung weisen Sie über einen Klick auf das Flaggen-Symbol in der Werkzeugleiste oder der Rasterzelle zu. Mit der rechten Maustaste können Sie dort auch die Markierung aus dem Popup-Menü ❷ wählen. Das Tastaturkürzel für eine Markierung ist das P, für eine Ablehnung wählen Sie das X und für eine Aufhebung das U.

104 Kapitel 3 | Bibliothek und Metadaten

9 Farbig beschriften

Mit Farbbeschriftungen können Sie Ihre Bilder noch in zusätzliche Kategorien unterteilen, etwa in unterschiedliche Themenbereiche wie Natur- und Porträtfotografie.

Auch die Farbbeschriftungen können Sie sowohl in der Werkzeugleiste als auch in der Rasterzelle mit einem Klick zuweisen. Als Shortcuts nutzen Sie die Ziffern 6 – 9. Über Ansicht-Optionen können Sie wählen, ob Sie zusätzlich Farbige Rasterzellen mit Beschriftungsfarben anzeigen lassen wollen ❺ und deren Rasterwert ❻ bestimmen.

10 Attribute der Metadaten

Alle vergebenen Attribute werden in den Metadaten gespeichert. Wählen Sie im Popup-Menü des Metadaten-Bedienfelds Standard ❼, um sich die Bewertungen und Beschriftungen anzeigen zu lassen oder sie zu bearbeiten.

Über die Schaltfläche Anpassen ❽ bestimmen Sie, welche Metadateninformationen hier angezeigt werden sollen.

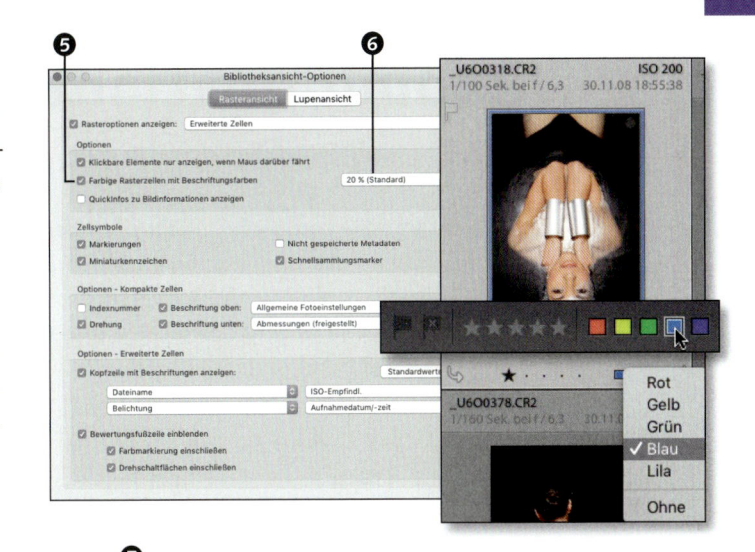

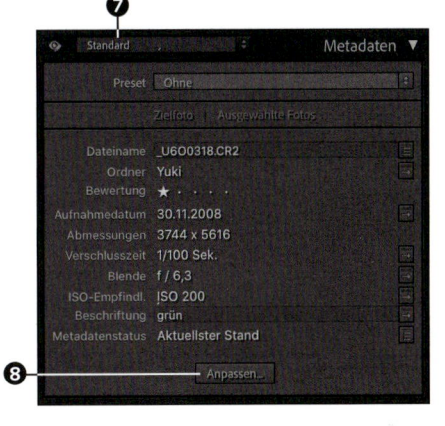

11 Nach Attributen sortieren

Sie können Ihre Bildauswahl nach den vergebenen Attributen sortieren.

Klicken Sie dazu in der Werkzeugleiste auf den Doppelpfeil ❾ neben Sortieren, um das Popup-Menü zu öffnen. Wählen Sie daraus die Kategorie, nach der Sie sortieren wollen.

Im Workshop »Suche mit dem Bibliotheksfilter« ab Seite 120 machen Sie sich mit den Möglichkeiten des Bibliotheksfilters vertraut.

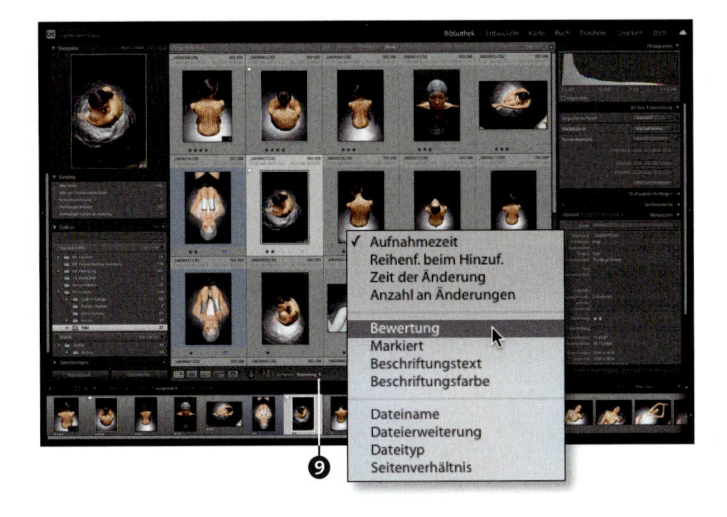

Kapitel 3 | Bibliothek und Metadaten

Bildinformationen einblenden

Raster- und Lupenansicht konfigurieren

Vielleicht sind Sie schon eher zufällig darüber gestolpert: Sowohl in der Raster- als auch in der Lupenansicht können Informationen zu den Bildern eingeblendet werden. Was Sie dort sehen, können Sie über die Ansichtsoptionen anpassen – und zwar in zwei Varianten für jede Ansicht. Hier sehen Sie, wie es geht und wie Sie diese Ansichten wechseln.

1 Ansichten durchlaufen

Am schnellsten wechseln Sie die Ansichten über Tastaturkürzel. Starten Sie in der Rasteransicht, indem Sie die Taste [G] drücken. Durch mehrfaches Drücken der Taste [J] durchlaufen Sie drei verschiedene Rasteransichten – und damit Menge und Inhalt der zusätzlichen Informationen ❶.

Wechseln Sie per Doppelklick auf eines der Bilder oder über die Taste [E] in die Lupenansicht. Dort können Sie über die Taste [I] verschiedene Informationen ❷ einblenden.

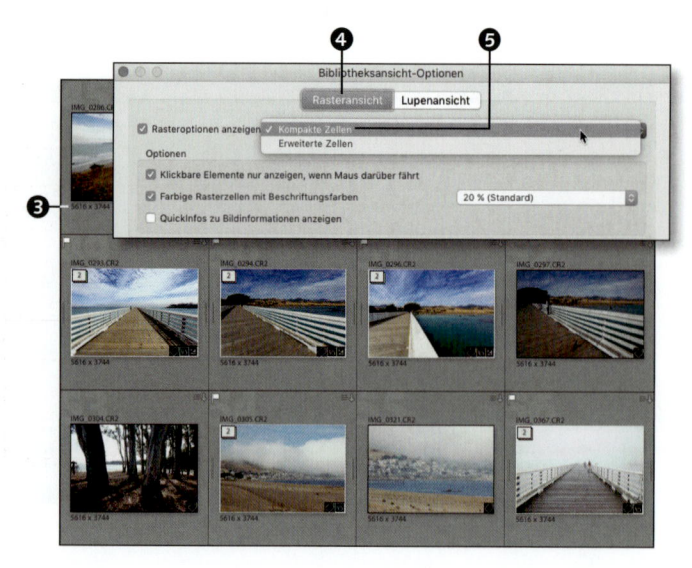

2 Ansichtsoptionen konfigurieren

Wählen Sie aus dem Menü Ansicht die Ansicht-Optionen. In diesem Fenster können Sie zwischen der Raster- und Lupenansicht sowie deren verschiedenen Anzeigen wählen und für jede eine eigene Ansichtsoption festlegen.

Starten Sie mit der Rasteransicht ❹, und stellen Sie diese zunächst auf Kompakte Zellen ❺ – das Vorschaufenster ❸ im Hintergrund passt sich entsprechend an.

3 Optionen und Zellsymbole

In den ANSICHT-OPTIONEN können Sie weitere Attribute für die Rasteransicht festlegen. Dazu gehören die sogenannten *Quick-Infos* ❻, die angezeigt werden, wenn der Mauszeiger sich über einem Bild befindet.

Zusätzlich können Sie auswählen, welche ZELLSYMBOLE ❼ für Sie nützlich sind: MARKIERUNGEN ❽, der Hinweis auf NICHT GESPEICHERTE METADATEN ❾, MINIATURKENNZEICHEN ⓫ für Sammlungen, GPS-Daten etc. und der runde SCHNELLSAMMLUNGSMARKER ❿.

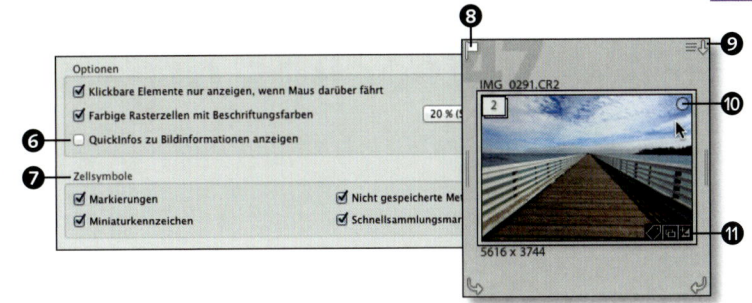

4 Rasteransichten

Zusätzlich können Sie in den RASTEROPTIONEN unter OPTIONEN – KOMPAKTE ZELLEN ⓭ Miniatursymbole und Beschriftungen oben und unten einstellen, die Sie frei aus dem Popup-Menü wählen.

Blenden Sie dann die Vorschau für ERWEITERTE ZELLEN über die Auswahl bei RASTEROPTIONEN ANZEIGEN ⓬ ein. Die OPTIONEN – ERWEITERTE ZELLEN ⓮ bieten sogar vier frei definierbare Zusatzinformationen und eine zusätzliche Fußzeile ⓯ für Bewertungen und Farbmarkierungen.

5 Lupenansichten

Wechseln Sie nun in den ANSICHT-OPTIONEN auf die LUPENANSICHT ⓰. Auch hier können Sie zwei verschiedene Lupeninformationen ⓱ vordefinieren. Pro Lupenansicht können Sie dann drei Informationszeilen über die Popup-Menüs ⓲ und ⓳ vordefinieren.

Wenn Sie alle Ansichten konfiguriert haben, schließen Sie einfach das Fenster, dann können Sie die Ansicht nochmals mit den aus Schritt 1 bekannten Tastaturkürzeln durchlaufen und Ihre Änderungen ausprobieren.

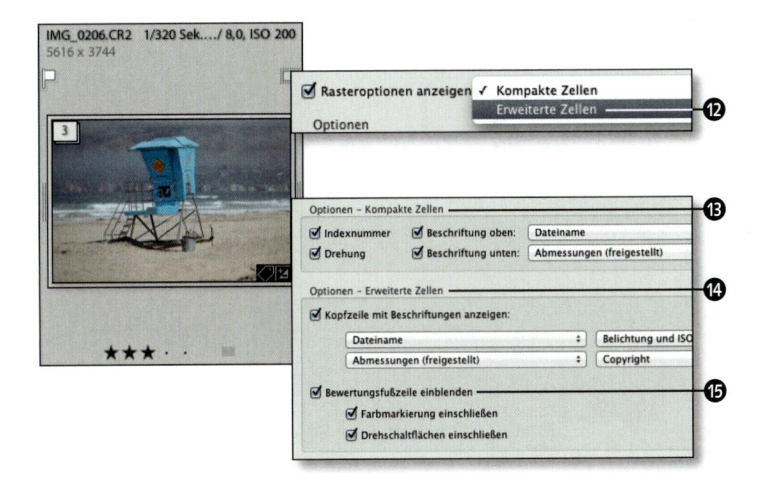

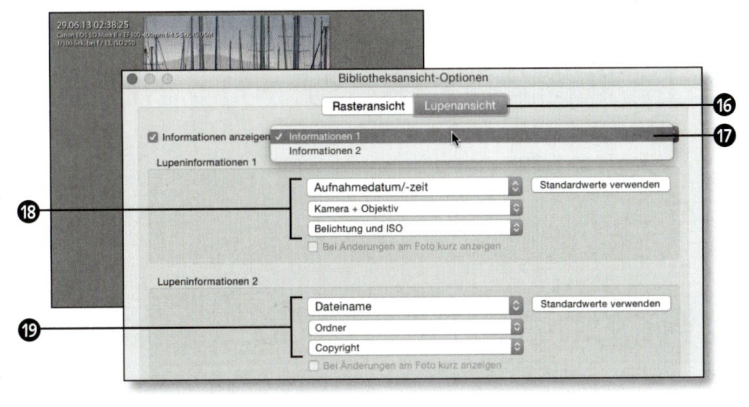

Kapitel 3 | Bibliothek und Metadaten

Videoclips organisieren

Videodateien trimmen und Vorschaubild festlegen

Videodateien sind aufgrund des Katalogprinzips von Lightroom Classic kein Ballast für die Bibliothek. Die Lupenansicht wird hier zum Video-Editor, in dem Sie die Videos in der Länge trimmen und mit einem neuen Vorschaubild versehen können.

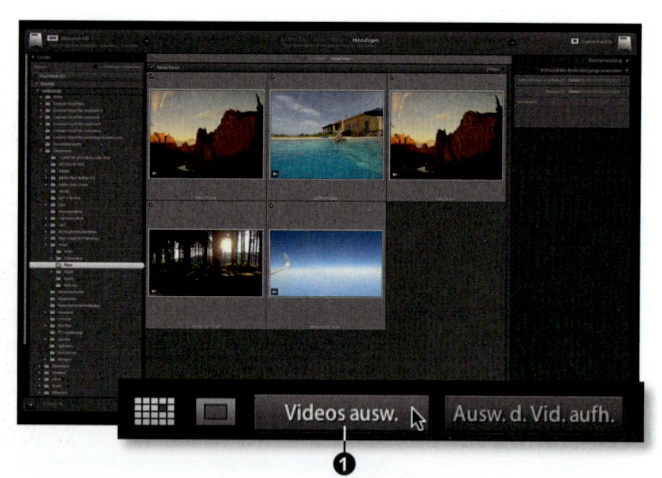

1 Videos schnell importieren

Sie können Ihre Videodateien natürlich zusammen mit den Bilddaten in Ihren Lightroom-Katalog importieren.

Wenn Sie diese beim Import jedoch selektieren wollen, geht das über einen ganz einfachen Trick: Drücken Sie im Importdialog die Alt-Taste, so können Sie über die Auswahl-Schaltflächen ❶ nur die VIDEOS AUSW.(ählen). Mit der Sortierungsoption nach Dateityp können Sie die Videos auch gut unabhängig von den Bilddaten auswählen.

2 Lupenansicht und Zeitleiste

Ein einfacher Doppelklick öffnet auch ein Video in der Lupenansicht. Dies können Sie über den Play-Button ❷ abspielen.

Über das Zahnrad-Symbol ❸ rechts können Sie darüber hinaus einen Filmstreifen mit sichtbaren Einzelbildern öffnen. Diesen ziehen Sie am rechten und linken Rand ❹ mit gedrückter Maustaste in die Breite und können so mehr Einzelbilder anzeigen.

Blenden Sie per ⇥-Taste beide seitlichen Bedienfelder aus, um die gesamte Bildschirmbreite für die Zeitleiste nutzen zu können.

3 Vorschaubild neu festlegen

Das Vorschaubild einer Videodatei ist normalerweise das erste Bild des Videos. Aber dieses Vorschaubild können Sie ändern.

Klicken Sie an die gewünschte Stelle in der Zeitleiste, oder ziehen Sie den Zeitleistenmarker ❻ dorthin.

Unter dem kleinen Rahmen-Symbol ❺ verbirgt sich ein Popup-Menü. Dort wählen Sie Posterbild festlegen. Im Filmstreifen ist dieses als neues Vorschaubild erkennbar.

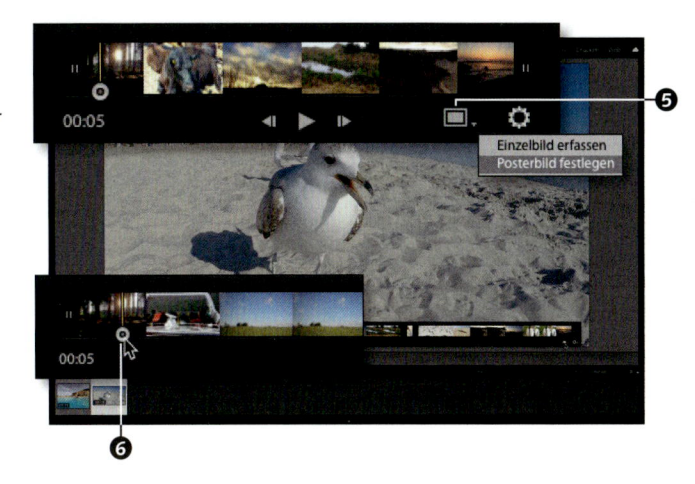

4 Start- und Endpunkt festlegen

Durch das sogenannte *Trimmen* schneiden Sie das Video auf einen neuen Start- und Endpunkt zu. Und das geht so:

Setzen Sie den Zeitleistenmarker ❽ auf die entsprechende Anfangsstelle, und ziehen Sie die innere Zeitleistenbegrenzung ❼ bis zur Markierung. Alternativ drücken Sie einfach die Tasten ⇧+I (für »in«). Genauso können Sie auch den Endpunkt zuschneiden, hier aber mit dem Shortcut ⇧+O (für »out«).

5 Das Video in der Rasteransicht

Mit diesen wenigen Schritten haben Sie Ihr Video neu zugeschnitten und ein neues Vorschaubild erstellt. Das erkennen Sie auch in der Rasteransicht, in die Sie kurz mit der Taste G wechseln können.

Auch in der Rasteransicht können Sie das Video abspielen. Bewegen Sie einfach den Mauszeiger von links nach rechts über die Miniaturansicht ❾, so »scrubben« Sie über den neu zugeschnittenen Bereich.

Clever verschlagworten

Fotos mit Stichwörtern und Stichwortsätzen verschlagworten

Große Bildmengen können Sie ohne Stichwörter kaum sinnvoll verwalten. In Lightroom können Sie an unterschiedlichsten Stellen nach Stichwörtern filtern und vorhandene Tags in den Bildern für Stichwortvorschläge nutzen. Auch eigene Stichwortsätze bringen schnell Struktur in die Verschlagwortung.

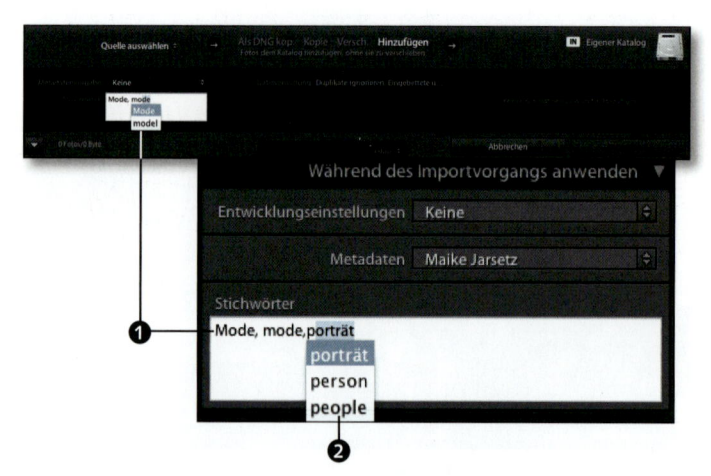

1 Stichwörter hinzufügen

Schon beim Import haben Sie Gelegenheit, Ihre Fotos mit allgemeinen Stichwörtern zu versehen. Am besten erledigen Sie hier schon die Basisverschlagwortung, die Sie so später nicht mehr vergessen können.

Sowohl im kompakten als auch im erweiterten Importfenster können Sie Stichwörter in das entsprechende Fenster ❶ eingeben. Passend zu Ihren eingetippten Buchstaben werden Ihnen Vorschläge aus bestehenden Katalogstichwörtern ❷ gemacht.

2 Stichwörter in der Übersicht

Wählen Sie in der Bibliothek einmal über die Strg/cmd+A-Taste alle Fotos in einem Ordner aus, und öffnen Sie dann rechts per Klick auf die Kopfzeile oder mit der Strg/cmd+K-Taste das Bedienfeld STICHWÖRTER FESTLEGEN ❹.

Hier werden die in der Bildauswahl verwendeten Stichwörter angezeigt – ein Stern ❸ hinter dem Stichwort bedeutet, dass dieses nur auf einzelne oder einige, nicht aber auf alle ausgewählten Bilder angewendet ist.

3 Stichwörter festlegen

Nachdem Sie beim Import allgemeine Stichwörter für die gesamte Aufnahmeserie eingegeben haben, können Sie jetzt noch individuelle Stichwörter vergeben.

Markieren Sie einzelne Bilder in der Rasteransicht oder im Filmstreifen, und klicken Sie in das Eingabefeld ❺ unterhalb der bestehenden Stichwörter. Dieses können Sie auch über ⌈Strg⌉/⌈cmd⌉+⌈K⌉ aktivieren. Geben Sie ein neues Stichwort ein, und bestätigen Sie es mit der ⌈↵⌉-Taste, damit es in die Stichwörterliste aufgenommen wird.

4 Stichwortvorschläge

Unterhalb der Stichwörter-Übersicht finden Sie die STICHWORTVORSCHLÄGE. Lightroom schlägt Ihnen hier Stichwörter vor, die innerhalb der gleichen Aufnahmeserie vorkommen oder bereits im Zusammenhang mit den vorhandenen Stichwörtern benutzt wurden. Ein einfacher Klick wendet einen Stichwortvorschlag auf das oder die ausgewählten Bilder an.

5 Stichwortsätze

Wenn Sie öfter auf gleiche Stichwörter zurückgreifen, können Sie diese in Stichwortsätzen gruppieren. Einen STICHWORTSATZ wählen Sie aus dem so benannten Popup-Menü. Sie können die Stichwörter daraus mit einem Klick zuweisen – genauso wie in den Stichwortvorschlägen.

Sie können ebenfalls einen bestehenden SATZ BEARBEITEN und dann die AKTUELLEN EINSTELLUNGEN ALS NEUES PRESET SPEICHERN.

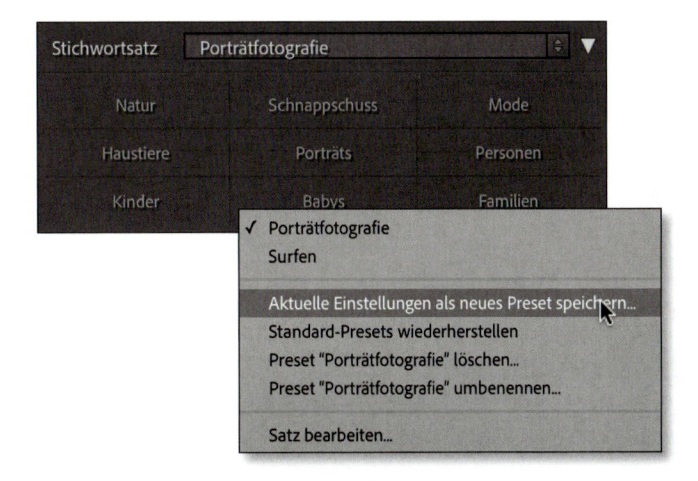

Kapitel 3 | Bibliothek und Metadaten 111

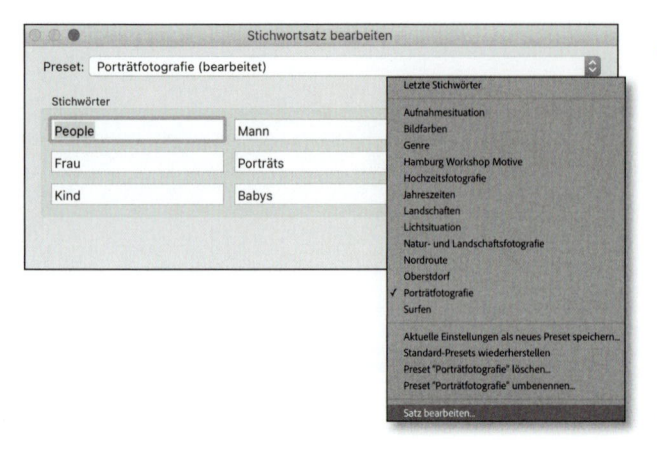

6 Eigenen Stichwortsatz anlegen

Um einen eigenen Stichwortsatz anzulegen, müssen Sie nur die Stichwörter dafür eingeben.

Wählen Sie aus dem Popup-Menü Stichwortsatz die Option Satz bearbeiten. Daraufhin öffnet sich ein Fenster mit neun Feldern, die die zuletzt aktuellen Stichwörter beinhalten. Klicken Sie in die Eingabefelder, um sie mit neuen individuellen Stichwörtern zu füllen. Der Name der Vorgabe wird durch ein (bearbeitet) ergänzt.

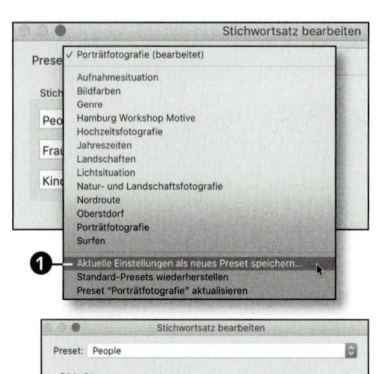

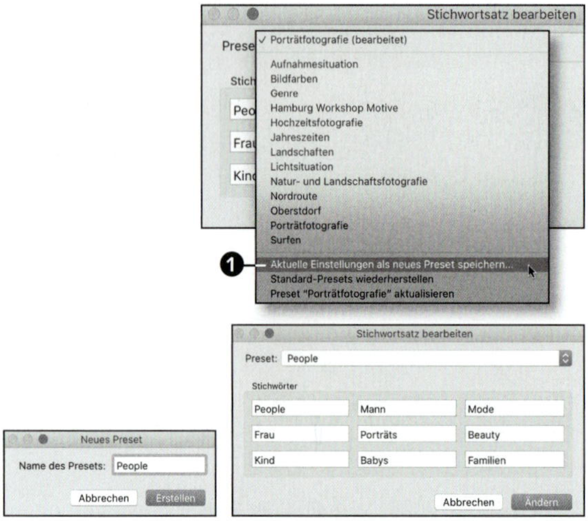

7 Neue Vorgabe speichern

Bisher haben Sie nur einen aktuellen Satz geändert. Um daraus einen neuen Satz zu machen, wählen Sie aus dem Popup-Menü Vorgabe ❶ die Option Aktuelle Einstellungen als neue Vorgabe speichern.

Geben Sie einen passenden Namen für den Stichwortsatz ein. Nach Klick auf Erstellen erscheint dieser im Popup-Menü. Von dort aus können Sie die Stichwörter wieder per Klick zuweisen.

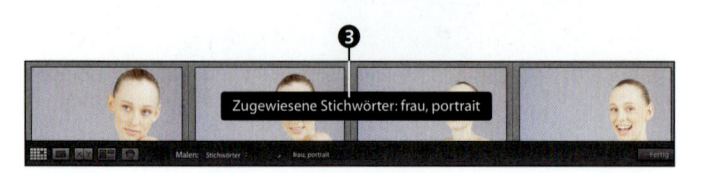

8 Die Sprühdose nutzen

Es gibt noch einen effektiven Weg, die Stichwortsätze zu nutzen. Aktivieren Sie die Sprühpistole ❷ in der Werkzeugleiste.

Wenn Sie beim Aktivieren der Sprühpistole die ⇧-Taste gedrückt halten, werden Ihnen über dem Mauszeiger die vorhandenen Stichwortsätze ❸ eingeblendet, aus denen Sie auswählen können. Per Klick wählen Sie dann die gewünschten Stichwörter aus, die Sie einfach per Klick oder mit gedrückter Maustaste auf eine ganze Reihe von Bildern anwenden können.

112 Kapitel 3 | Bibliothek und Metadaten

9 Stichwortliste aufbauen

Im Bedienfeld STICHWORTLISTE legen Sie Stichwörter an, weisen diese zu und filtern sie. Klicken Sie auf das Plus-Zeichen ❹, um dem Katalog ein Stichwort hinzuzufügen. Geben Sie den Stichwortnamen an und gegebenenfalls auch Synonyme ❺, die bei einer Stichwortsuche berücksichtigt werden sollen. Die STICHWORT-TAG-OPTIONEN ❻ bestimmen, inwieweit die Stichwörter bei einem Export berücksichtigt werden sollen. Aktivieren Sie die Checkbox ❽, um das Stichwort gleich den ausgewählten Bildern zuzuordnen.

10 Stichworthierarchie anlegen

In der Stichwortliste lassen sich gut Stichworthierarchien mit untergeordneten Stichwörtern erstellen. Klicken Sie dazu auf das Stichwort, das den Oberbegriff bilden soll ❾, und erst danach auf das Plus-Zeichen. Sie können es dann direkt im übergeordneten Stichwort erstellen ❼. Sie können es aber auch nachträglich in eine bestehende Stichwortgruppe ziehen ⓫. Auch im Eingabefeld können Sie untergeordnete Stichwörter festlegen ❿. Nutzen Sie das >-Zeichen, um die Hierarchie festzulegen.

11 Schnelle Stichwörterfilter

Die Stichwortliste bietet jede Menge Funktionen: Durch einen Klick in das Kästchen ⓮ vor dem Stichwort weisen Sie es den ausgewählten Fotos zu. Wenn Sie in einer umfangreichen Stichwortliste ein Stichwort suchen, geben Sie dieses einfach in das Suchfeld ⓬ ein. Meistens reichen dabei schon die Anfangsbuchstaben. Über die Filterleiste ⓭ können Sie von vornherein PERSONEN-Stichwörter von ANDEREN filtern.

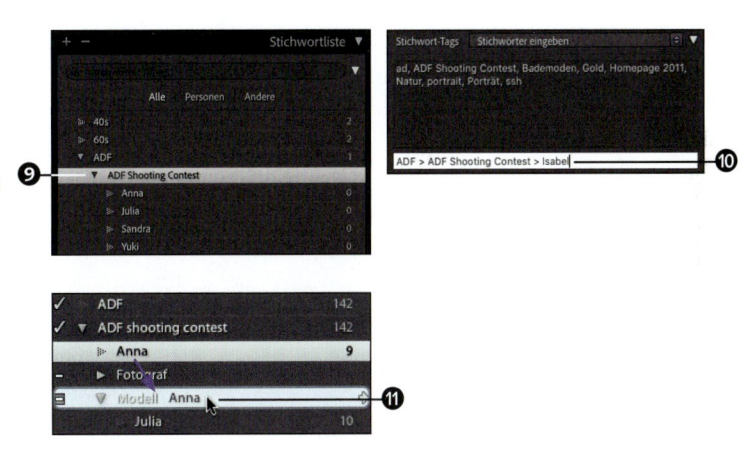

Kapitel 3 | Bibliothek und Metadaten 113

Gesichter erkennen

Automatische Zuweisung von Personenstichwörtern

Zu der Gesichtserkennung von Lightroom Classic gehören zwei wesentliche Phasen: Wenn Sie die Gesichtserkennung starten, werden Ihre Bilder nach Gesichtern durchsucht und alle so indizierten Bilder in die Personenansicht übernommen. Durch Benennung dieser Gesichter entstehen Personenstichwörter, die mit fortschreitender Gesichtserkennung immer umfangreicher werden und besser zugewiesen werden können.

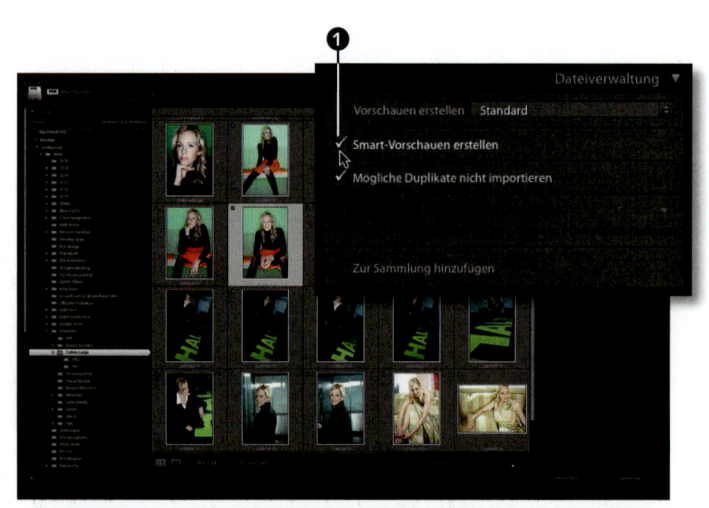

1 Personen importieren

Ein kleiner Tipp zum Anfang: Wenn Sie Bilder importieren und wissen, dass diese später mit der Gesichtserkennung bearbeitet werden sollen, erstellen Sie über das Bedienfeld DATEIVERWALTUNG gleich beim Import die Smart-Vorschauen ❶. Diese Bildqualität benötigt die Gesichtserkennung mindestens für die Analyse – ohne Smart-Vorschau muss die 1:1-Vorschau des Bildes analysiert werden, und das dauert im Zweifelsfall sehr lang.

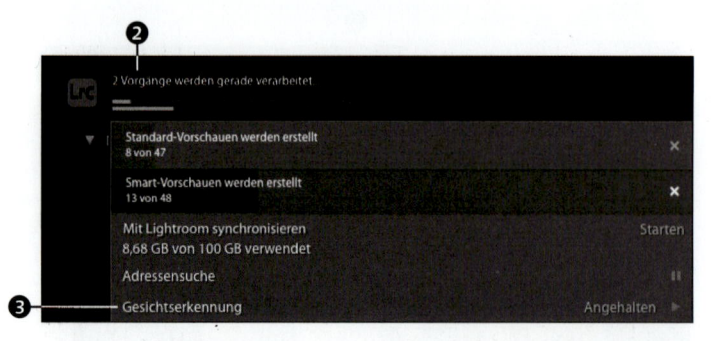

2 Smart-Vorschauen helfen

Nachdem Sie den Importieren-Vorgang gestartet haben, laufen die Bilder Stück für Stück in das Vorschaufenster der Bibliothek ein. Klicken Sie doch mal auf die Erkennungstafel ❷ neben dem Lightroom-Logo. So öffnet sich das Aktivitätscenter, auf dem Sie genau erkennen können, wie erst die Standardvorschauen, dann die Smart-Vorschauen erstellt werden.

Über dieses Aktivitätscenter können Sie auch die GESICHTSERKENNUNG starten ❸.

3 In die Personenansicht wechseln

Die Gesichtserkennung starten Sie also entweder über das eben erwähnte Aktivitätscenter oder über die Personenansicht. Diese öffnen Sie über das – schwer zu verwechselnde – Icon in der Werkzeugleiste ❹, oder Sie nutzen den Shortcut [O].

Wenn Sie das erste Mal in die Personenansicht wechseln, bietet Lightroom Ihnen zwei Alternativen für die Gesichtserkennung an.

4 Gesichtserkennung starten

Mit den zwei Schaltflächen können Sie wählen, ob Sie die Gesichter im gesamten Katalog ❻ suchen wollen – dazu werden alle Bilder des Katalogs überprüft, und das kann im Zweifelsfall auch lang dauern – oder ob Sie NUR NACH BESTIMMTEN GESICHTERN SUCHEN ❼. In dem Fall untersucht die Gesichtserkennung nur die Bilder in dem aktuell ausgewählten Bildordner.

Im Aktivitätscenter erkennen Sie, dass die Gesichtserkennung gestartet ist, und können deren Fortschritt verfolgen ❺.

5 Unbenannte Personen

Wenn die Gesichtserkennung abgeschlossen ist, hat Lightroom alle Bilder mit erkannten Gesichtern – oder das, was es dafür hält – in der Personenansicht unter UNBENANNTE PERSONEN eingeordnet. Sind bereits mit Personenstichwörtern verschlagwortete Fotos importiert worden, landen diese gleich unter den BENANNTEN PERSONEN ❽.

Der automatische Teil der Gesichtserkennung ist damit vorerst abgeschlossen. Jetzt sind Sie dran.

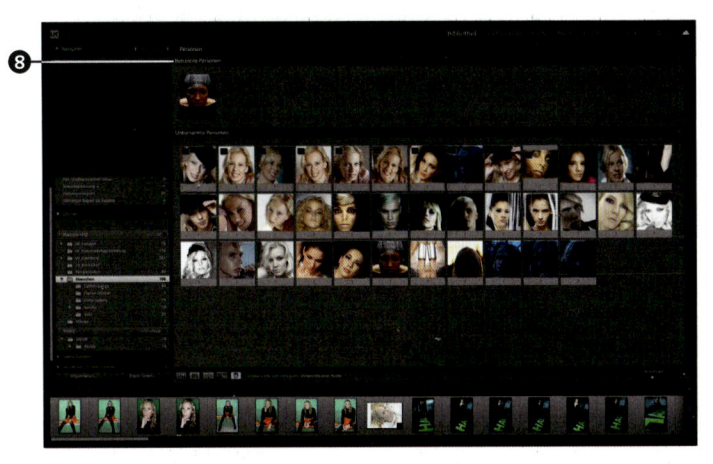

Kapitel 3 | Bibliothek und Metadaten 115

6 Namen eingeben

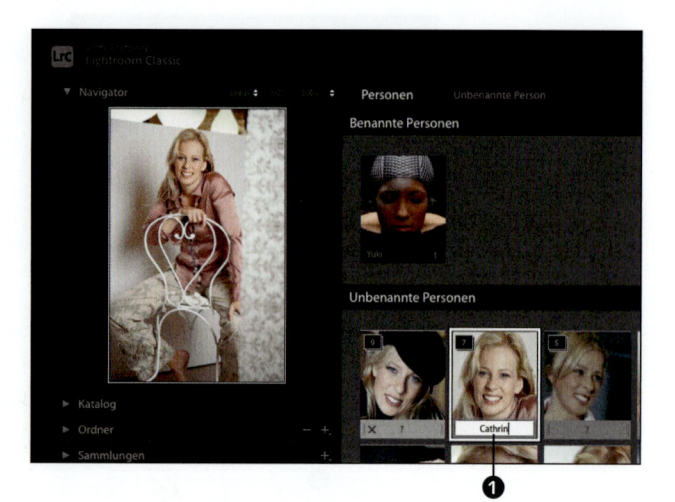

Sie erkennen, dass die Gesichtserkennung schon ähnliche Gesichter zu einem Stapel gruppiert hat. Allerdings fehlt noch ein entscheidender Faktor, nämlich der Name zu dem Gesicht. Und dafür sind zunächst Sie verantwortlich. Klicken Sie einfach auf das – noch mit einem Fragezeichen versehene – Namensfeld unterhalb des angezeigten Gesichts ❶, und geben Sie dort einen Namen ein. Mit ⏎ bestätigen Sie die Eingabe.

7 Benannte Personen

Die so benannten Personen wandern ein Fenster nach oben in den Bereich der benannten Personen. Jetzt folgt die Fleißarbeit: Benennen Sie immer mehr Personen, die damit den Status von unbenannten zu benannten Personen wechseln. So arbeiten Sie mit Lightroom Hand in Hand. Denn je mehr Informationen die Gesichtserkennung bekommt, desto intelligenter wird sie. Und das zeigt sich schon nach kurzer Zeit.

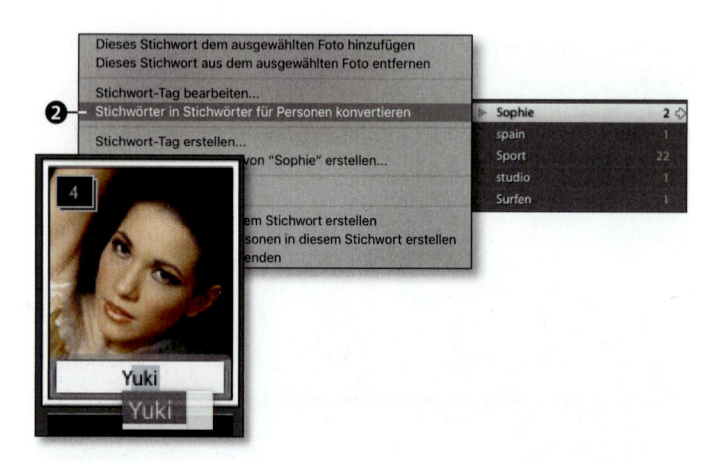

8 Stichwortvorschläge

Jeder zugewiesene Name wird zu einem Personenstichwort. Diese nehmen eine besondere Rolle unter den Stichwörtern ein, denn nur sie werden Ihnen bei der Eingabe weiterer Namen vorgeschlagen.

Wenn Ihre Stichwortliste aus Ihrer vorangegangenen Bildorganisation schon eine Menge Namen aufweist, können Sie diese mit einem einfachen Rechtsklick in Stichwörter für Personen konvertieren ❷. So werden auch diese für die Stichwortvorschläge benutzt.

116 Kapitel 3 | Bibliothek und Metadaten

9 Personenvorschläge

Nach wenigen Eingaben werden Sie feststellen, dass die unbenannten Personen nicht mehr ausschließlich mit Fragezeichen bezeichnet sind, sondern dass einige schon Namensvorschläge beinhalten ❸.

Die Gesichtserkennung ist permanent aktiv und lernt vor allem dazu. Je mehr Bilder einem Personenstichwort zugewiesen sind, desto besser passt die von Lightroom vorgeschlagene Zuordnung. Zur Bestätigung müssen Sie einfach nur auf den Haken klicken.

10 Fotos zuweisen

Aber neben den Stichwortvorschlägen bei der Eingabe und den automatisierten Personenvorschlägen gibt es auch noch eine andere, sehr effektive Art und Weise, die Fotos den richtigen Personen zuzuordnen.

Aktivieren Sie einfach mit gedrückter `Strg`/`cmd`-Taste alle Bilder im Bereich UNBENANNTE PERSONEN, die ein und dieselbe Person abbilden, und ziehen Sie diese Bilder gemeinsam auf die passende der bereits benannten Personen ❹. So funktioniert die Zuweisung auch im Stapel.

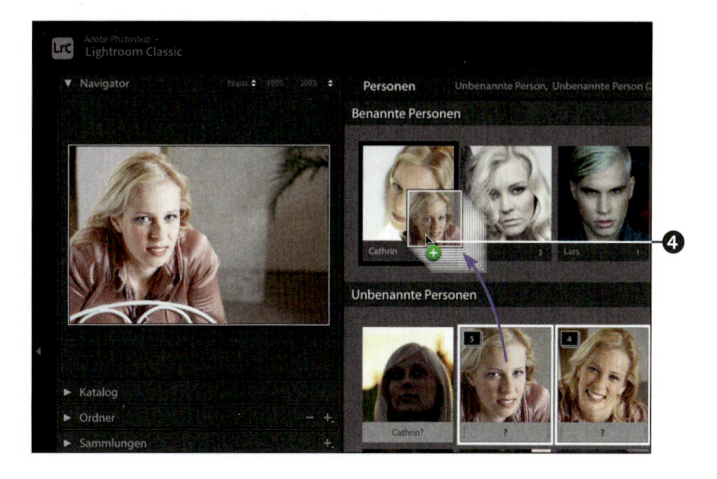

11 Einzelpersonenansicht

Wenn Sie die Gesichtserkennung von Lightroom noch ein bisschen herausfordern wollen oder wenn die Liste der unbenannten Personen schier unübersichtlich erscheint, wechseln Sie doch mal in die Einzelpersonenansicht.

Dazu machen Sie einfach einen Doppelklick auf eine benannte Person oder klicken auf deren Namen in der Pfadleiste ❺. So werden Ihnen oben die bereits zugewiesenen Bilder nur dieser Person angezeigt und im unteren Bereich nur die Bilder, die Lightroom dieser Person zuordnen würde.

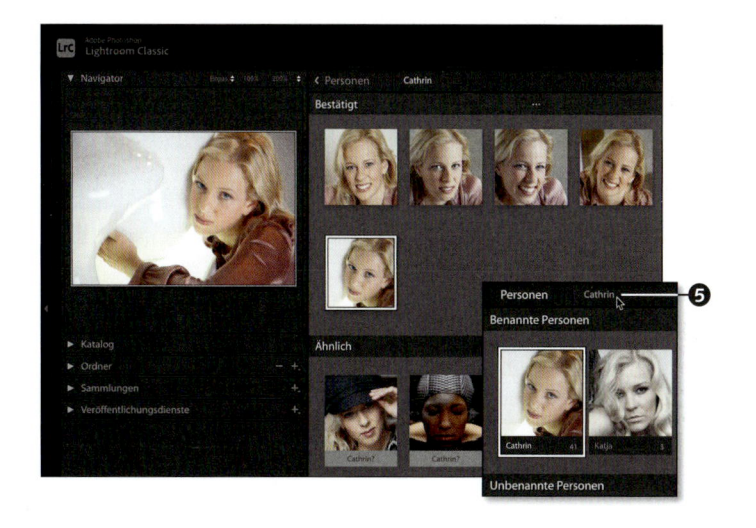

Kapitel 3 | Bibliothek und Metadaten 117

Gesichtserkennung verfeinern

Die Arbeit mit dem Gesichtsbereich-Zeichner

Bei Ihren ersten Versuchen mit der Gesichtserkennung werden Sie feststellen, dass diese anfangs eine Menge manuelle Unterstützung benötigt, dann aber immer besser die Gesichter in Ihren Bildern zuordnen kann. Manchmal geht es aber dennoch daneben und bedarf manueller Nacharbeit.

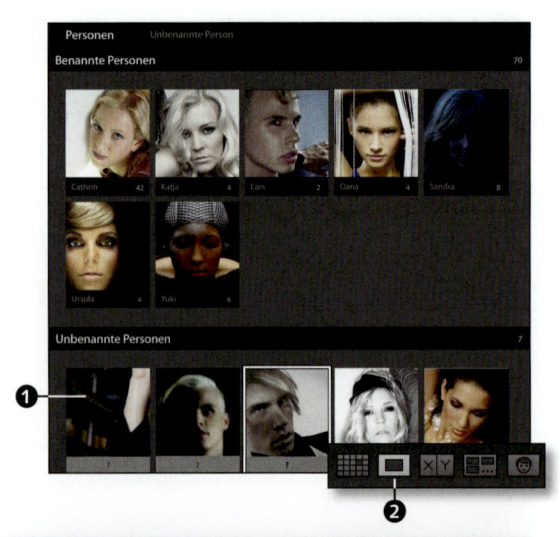

1 Unbenannte Personen

Auch nach fleißiger Vorarbeit verbleiben noch Bilder im Bereich der unbenannten Personen. Bei den meisten ist offensichtlich, warum das so ist, denn oft werden auch Bildanteile als Gesichter erkannt, die keine sind ❶. Andere Bilder sind aufgrund der Bildqualität oder der Gesichtsposition nicht genau zuzuordnen. Hier lohnt sich aber eine Überprüfung – und das machen Sie am besten in der Lupenansicht ❷, die Sie auch per Doppelklick auf das Bild öffnen.

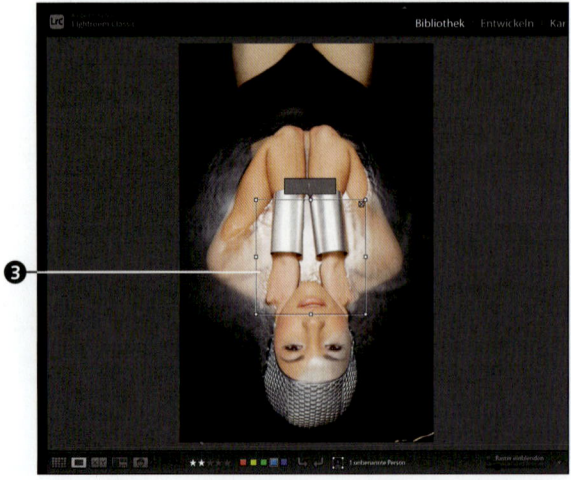

2 Gesichtsbereiche überprüfen

Wenn Sie aus der Personenansicht in die Lupenansicht wechseln, ist im Bild der Bereich umrahmt, den Lightroom bis jetzt als Gesicht erkannt hat, aber nicht zuordnen konnte ❸.

Wenn ein Gesicht aufgrund der Position schwer zuzuordnen ist, passieren auch mal Fehler. In diesem Beispiel wurde der Mund in der gedrehten Aufnahmesituation erkannt, aber nicht das restliche Gesicht. Hier können Sie jetzt nacharbeiten.

3 Gesichtsbereich anpassen

Klicken Sie einfach auf den verunglückten Gesichtsbereich, um den Rahmen zu aktivieren, verschieben Sie ihn anschließend auf das Gesicht, und passen Sie gegebenenfalls die Größe an ❺.

Oberhalb des Rahmens ist das Feld für den Namen noch mit einem Fragezeichen ausgefüllt ❹. Hier tragen Sie einfach den passenden Namen ein und bestätigen ihn mit ⏎.

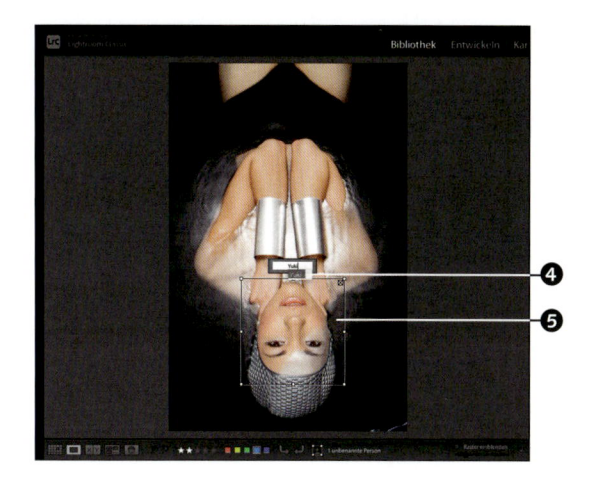

4 Gesichtsbereiche löschen

Es gibt auch Motive, bei denen man sich schon wundert, was Lightroom hier als zusätzliches Gesicht erkennt. Theoretisch könnten Sie diese Bereiche als unbenannte Gesichter im Katalog belassen – sie wirken sich nicht weiter auf die Zuordnung der weiteren Bilder aus. Um nicht irgendwann eine unüberschaubare Anzahl von unbenannten Gesichtsbereichen zu haben, sollten Sie diese einfach löschen. Das geht einfach über die Entfernen- bzw. Rückschritt-Taste oder per Klick auf das kleine x-Symbol ❻.

5 Gesichtsbereiche zeichnen

Beim Wechseln von der Personen- in die Lupenansicht haben Sie bestimmt schon in der Werkzeugleiste das Werkzeug zum Zeichnen der Gesichtsbereiche ❽ entdeckt.

Dieses benötigen Sie, wenn gar keine oder nicht alle Gesichter im Bild erkannt wurden.

Aktivieren Sie das Werkzeug, und ziehen Sie einfach mit gedrückter Maustaste einen entsprechend großen Rahmen um das Gesicht. Auch hier können Sie gleichzeitig den Namen eingeben ❼.

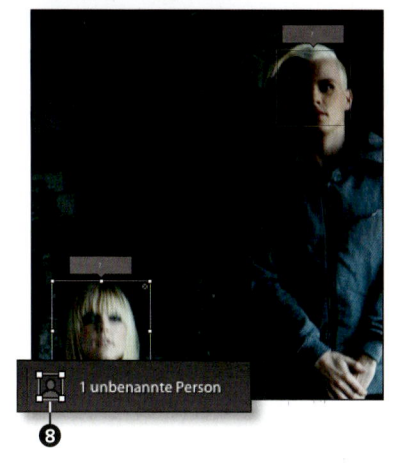

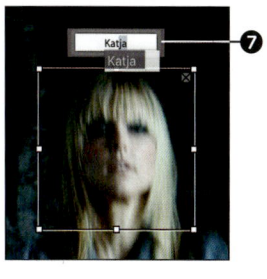

Kapitel 3 | Bibliothek und Metadaten **119**

Suche mit dem Bibliotheksfilter

Funktionsweise und Möglichkeiten des Bibliotheksfilters

Mit dem Bibliotheksfilter können Sie auf alle erdenklichen Metadateninformationen zurückgreifen und diese für eine Bildsuche miteinander kombinieren. Dazu gehören neben nützlichen Aufnahmeinformationen und selbst vergebenen Metadaten auch besondere Attribute wie der Smart-Vorschau- oder Schnappschuss-Status. Dieser Workshop zeigt Ihnen, wie Sie die Bausteine für Ihre Bildersuche kombinieren.

1 Wo wollen Sie suchen?

Legen Sie als Erstes die Quelle für Ihre Filterabfrage fest. Um Bilder katalogübergreifend suchen zu können, klicken Sie unter dem Reiter KATALOG auf ALLE FOTOS ❶.

Wählen Sie über die Taste ⌈G⌉ oder über das entsprechende Symbol in der Werkzeugleiste die Rasteransicht, und stellen Sie die Miniaturgrößen so ein, dass Ihnen eine angemessene Bildanzahl angezeigt wird.

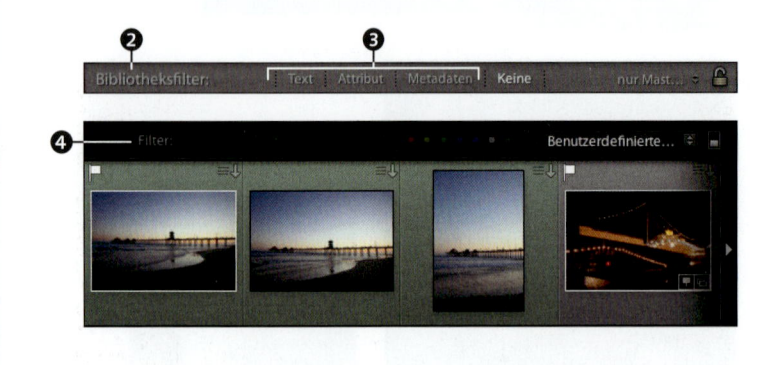

2 Erste Auswahl

Der Bibliotheksfilter wird in der Rasteransicht automatisch eingeblendet ❷. Sie können ihn aber auch über das Menü ANSICHT und den Befehl FILTERLEISTE ANZEIGEN oder über die Taste ⌈<⌉ ein- und ausblenden.

In der oberen Zeile wählen Sie, welche der drei Filtergruppen – TEXT, ATTRIBUT oder METADATEN – Sie anwenden wollen ❸. Klicken Sie zunächst auf ATTRIBUT.

Mit der Filterleiste im Filmstreifen ❹ können Sie die wichtigsten Attribute-Filterungen auch in den anderen Modulen durchführen.

3 Auswahlkriterien filtern

Im Bereich ATTRIBUT profitieren Sie von Ihrer Vorarbeit, die Sie über Bewertungen, Farbbeschriftungen oder Flaggenmarkierungen vorgenommen haben. Klicken Sie zum Beispiel auf das Flaggen-Symbol ❺, um alle markierten Bilder des Katalogs einzublenden. Die Auswahl im Vorschaufenster ändert sich sofort, und im Filmstreifen wird Ihnen die Anzahl der gefilterten Fotos angegeben.

4 Metadaten filtern

Klicken Sie in der oberen Zeile auf METADATEN ❻, um einen weiteren Filter hinzuzufügen. Wenn Sie die Metadaten unabhängig von den Attributen filtern wollen, klicken Sie nochmals auf ATTRIBUT, um diesen Filter zu deaktivieren.

Dieses Filterfenster ist deutlich komplexer: Sie können bis zu vier beliebige Metadateninformationen zur Filterung kombinieren. In der Spalte werden jeweils die Metadateneinträge aufgeführt, die in der aktuellen Bildauswahl enthalten sind.

5 Filterkriterien bestimmen

Klicken Sie auf die Überschrift der ersten Spalte ❼, um die erste Metadatenkategorie festzulegen, nach der Sie filtern wollen.

Aus dem erscheinenden Popup-Menü wählen Sie eine Kategorie, wie zum Beispiel den ISO-WERT, um Bilder aus kritischen Belichtungssituationen zu filtern, oder die BRENNWEITE, um Aufnahmen kurzer Brennweite für die Objektivkorrektur auszuwählen. Mit gedrückter ⌃Strg/⌘cmd-Taste wählen Sie mehrere Werte aus.

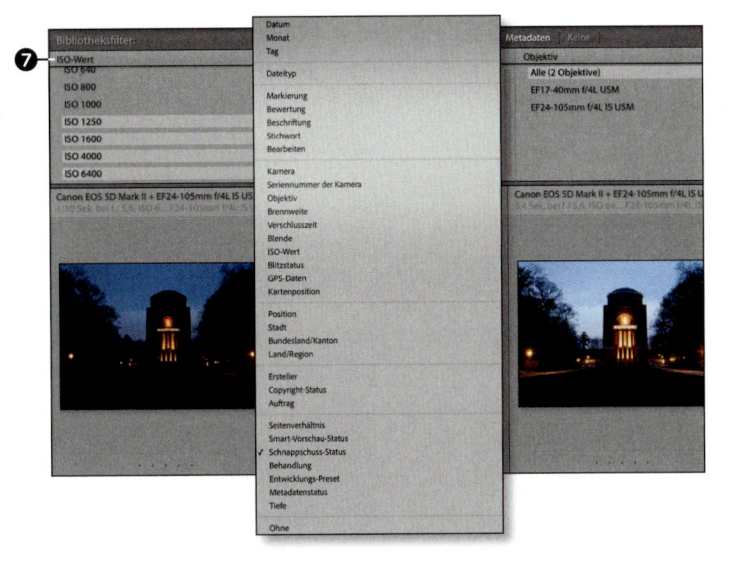

Kapitel 3 | Bibliothek und Metadaten **121**

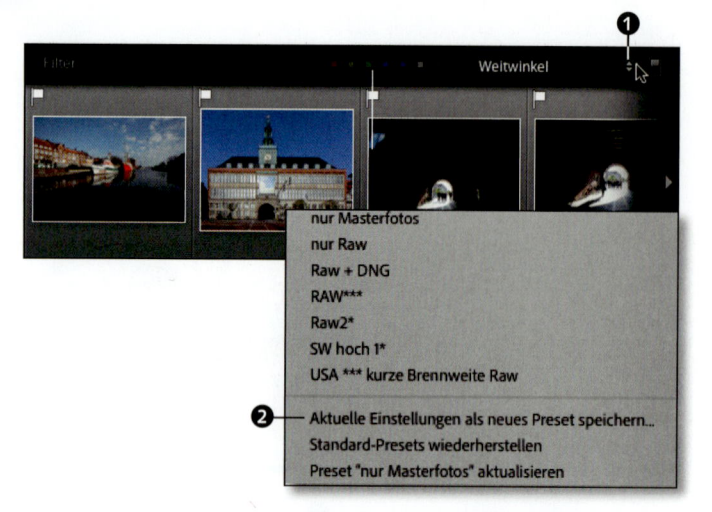

6 Neue Vorgabe speichern

Im Vorschaufenster werden jetzt alle Bilder angezeigt, die in kritischen Belichtungssituationen oder mit kurzen Brennweiten fotografiert wurden.

Speichern Sie diese Filterung als Vorgabe, um sie jederzeit in allen Modulen anwenden zu können. Klicken Sie auf den Doppelpfeil ❶ neben Benutzerdefinierter Filter, um das Popup-Menü aufzurufen, und wählen Sie Aktuelle Einstellungen als neues Preset speichern ❷. Die gespeicherte Vorgabe können Sie dann auch im Filmstreifen aufrufen.

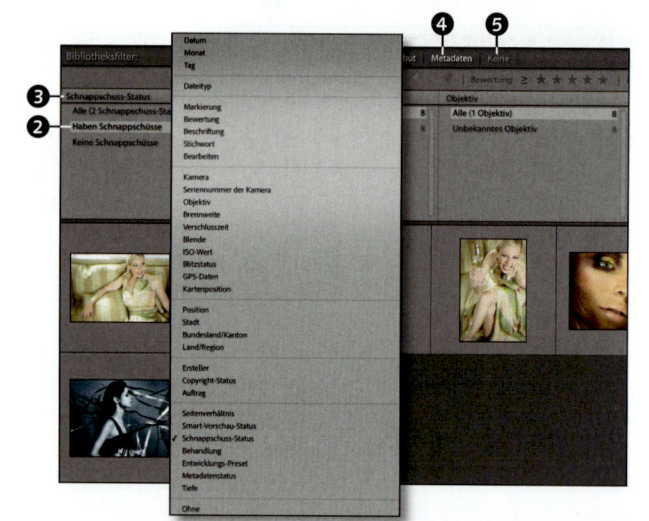

7 Weitere Kriterien filtern

Auch Entwicklungsphasen und Presets können gefiltert werden. Klicken Sie zunächst auf Keine ❺, um die aktuelle Filterung zu deaktivieren, und dann wieder auf Metadaten ❹. Klicken Sie auf einen Spaltenkopf ❸, und wählen Sie zum Beispiel Entwicklungs-Preset oder Schnappschuss-Status. In der Spalte werden die entsprechenden Optionen angezeigt ❷ – und die entsprechende Anzahl der Fotos, die Sie auch hier einfach per Klick filtern können.

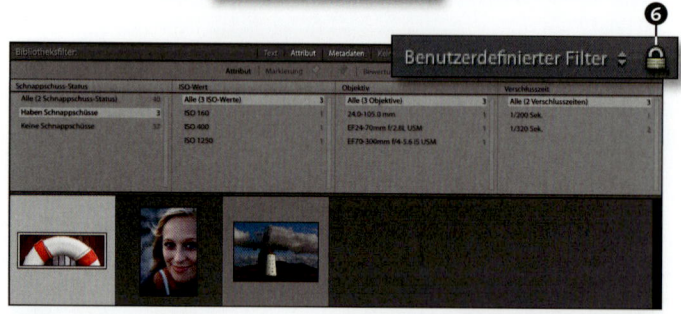

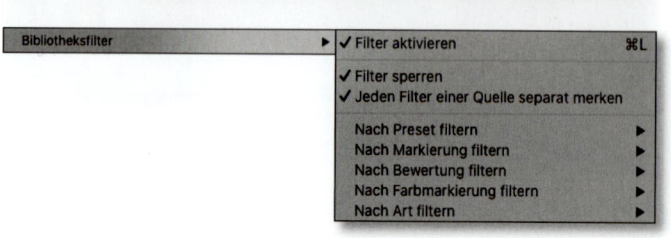

8 Filter sperren

Wenn Sie mit der gleichen Filterung auch andere Ordner durchsuchen wollen, müssen Sie den Filter sperren. Klicken Sie dafür auf das Schloss-Symbol ❻ oben rechts in der Filterleiste. Wechseln Sie dann per Klick in das Ordner-Bedienfeld auf einen anderen Bildordner – dort wird der Filter automatisch ausgeführt.

Tipp: Über das Menü Datei • Bibliotheksfilter definieren Sie, ob sich Lightroom Classic jeden Filter einer Quelle separat merken soll, um Filterabfragen für die Ordner individuell zu sperren.

9 Deaktivieren und ausblenden

Wenn Sie eine Filterung kurzzeitig deaktivieren wollen, wählen Sie aus dem Menü Bibliothek die Option Filter aktivieren ab, oder drücken Sie [Strg]/[cmd]+[L].

Im Filmstreifen deaktivieren Sie den Filter über das kleine Kippschalter-Symbol ❼. Sie können die Filtereinstellungen ganz löschen, indem Sie in der Filterleiste auf Keine klicken.

Tipp: Wenn Sie den Filter aktiviert lassen, aber die Filterleiste ausblenden wollen, drücken Sie einfach die [<]-Taste.

10 Metadaten-Filterung

Auch im Metadaten-Fenster können Sie filtern – diese Filterung ist unmittelbar mit dem Bibliotheksfilter verknüpft.

Öffnen Sie auf der rechten Seite des Bibliotheksfensters das Metadaten-Bedienfeld. Sie können nach allen Metadateneinträgen filtern, die einen kleinen Pfeil ❾ am Ende anzeigen. Klicken Sie einfach nur auf diesen Pfeil. Automatisch führt dann der Bibliotheksfilter die entsprechende Filterabfrage ❽, hier nach dem Objektiv, durch.

11 Textinformationen filtern

Über den Bibliotheksfilter können Sie außerdem nach beliebigem Text suchen. Klicken Sie dazu auf die erste Kategorie ❿ in der Filterleiste.

Dieser Textfilter ist umfangreicher als eine reine Stichwortsuche, denn Sie können Alle durchsuchbaren Felder durchsuchen.

So finden Sie auch Details in Bildbeschreibungen oder Kamerainformationen, Angaben in den Metadaten oder beibehaltene Dateinamen.

Kapitel 3 | Bibliothek und Metadaten 123

Strategien für die Bildsortierung

Mit Sammlungen und virtuellen Kopien flexibel bleiben

Statt Bilder in neue Ordner zu kopieren oder zu verschieben, bietet Ihnen Lightroom mit Sammlungen eine Art virtuelle Ordner, in denen die ausgewählten Bilder nur mit der Originaldatei verlinkt werden. So können Bilder auch in mehreren Sammlungen gleichzeitig vorhanden sein. Das Anlegen von Zielsammlungen ermöglicht außerdem die schnelle Bildauswahl.

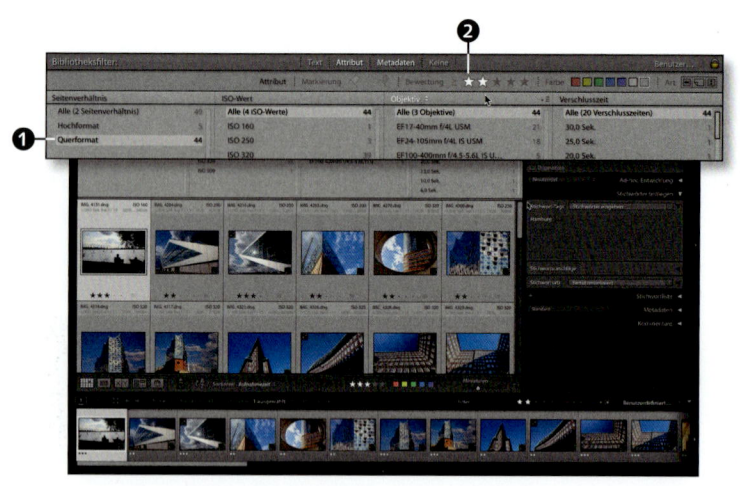

1 Bildauswahl filtern

Beginnen Sie in der Rasteransicht mit einer Filterung, um über den Bibliotheksfilter eine Bildauswahl für eine gemeinsame spätere Bearbeitung wie ENTWICKLUNG oder DIASHOW zu sammeln. In diesem Beispiel habe ich in einem Ordner mit Hamburger Motiven nach Bildern im Querformat ❶ mit einer Bewertung von mindestens zwei Sternen ❷ gesucht.

Alles zum Bibliotheksfilter im Workshop »Suche mit dem Bibliotheksfilter« ab Seite 120.

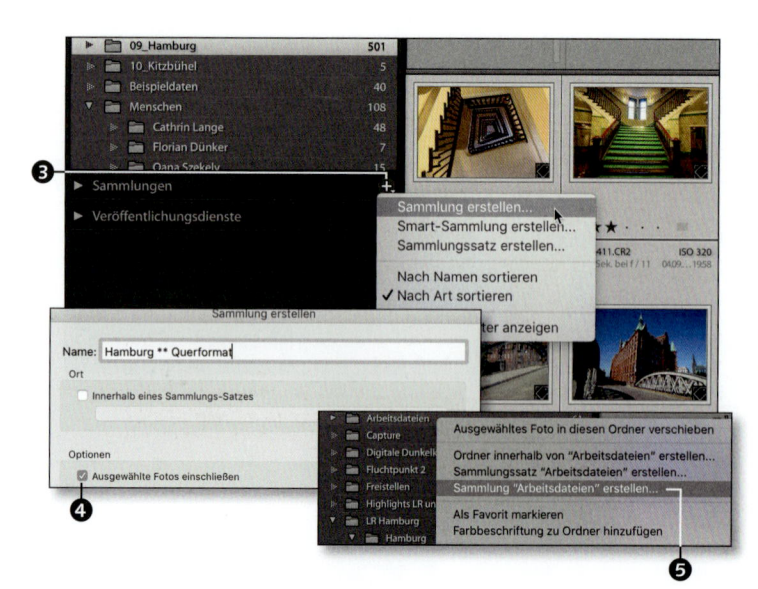

2 Sammlung erstellen

Markieren Sie alle Bilder über [Strg]/[cmd]+[A], oder wählen Sie einzelne Bilder mit der [Strg]/[cmd]-Taste aus.

Klicken Sie dann im Fenster SAMMLUNGEN, das Sie im linken Bereich finden, auf das Plus-Zeichen ❸, und wählen Sie SAMMLUNG ERSTELLEN. Wählen Sie einen Namen für die neue Sammlung, und aktivieren Sie die Option AUSGEWÄHLTE FOTOS EINSCHLIESSEN ❹.

Tipp: Wenn Sie einen ganzen Ordner auch als Sammlung speichern wollen, geht das einfach über einen Rechtsklick ❺ auf den Ordner.

3 Als Zielsammlung festlegen

Sie können über eine Option diese Sammlung gleich ALS ZIELSAMMLUNG FESTLEGEN ❻. Klicken Sie danach auf ERSTELLEN. Ein kleines Plus-Symbol markiert Ihre Sammlung als aktuelle Zielsammlung. Mit einem Rechtsklick auf den Sammlungsnamen können Sie eine Sammlung auch nachträglich zur Zielsammlung machen ❽ oder zusätzlich mit einer Farbbeschriftung kennzeichnen ❾.

Tipp: Sie können auch jetzt schon entscheiden, ob Sie eine Sammlung mit der mobilen Lightroom-App synchronisieren wollen ❼.

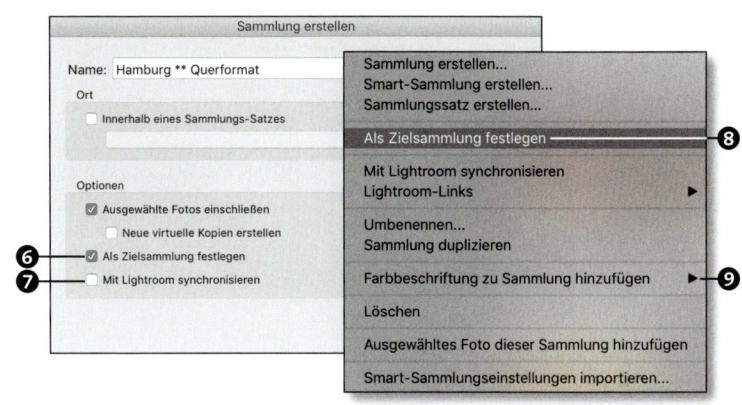

4 Bilder der Sammlung hinzufügen

Wenn Sie danach Ihr Bildarchiv durchsuchen, können Sie einzelne Bilder durch einen Klick auf das Kreis-Symbol ❿ in der Bildminiatur oder über die Taste [B] zur Zielsammlung hinzufügen. Auf dem gleichen Weg entfernen Sie Bilder auch wieder aus der Zielsammlung.

Natürlich können Sie die gewünschten Bilder auch einfach per Drag & Drop jeder beliebigen Sammlung hinzufügen.

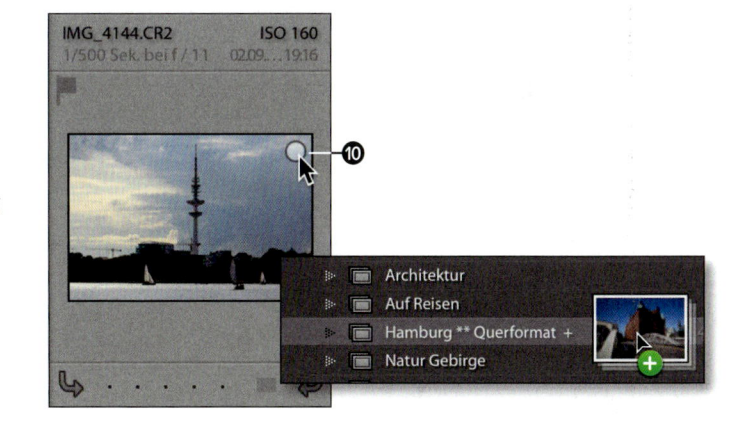

5 Das Sammlungskonzept

Auf diese Art und Weise können Sie beliebig viele Bildsammlungen erstellen.

Die Sammlung stellt immer nur eine Verknüpfung zu den Originaldaten her. Die Bilder sind *keine* Kopien. Ein Bild kann Bestandteil mehrerer Sammlungen sein, ohne dass dadurch das Datenvolumen vergrößert wird.

Ein kleines Icon ⓫ in der Miniatur kennzeichnet im Originalordner die Zugehörigkeit zu einer Sammlung. Wenn Sie nun auf dieses Icon klicken, können Sie zu der Sammlung navigieren, die das Bild enthält.

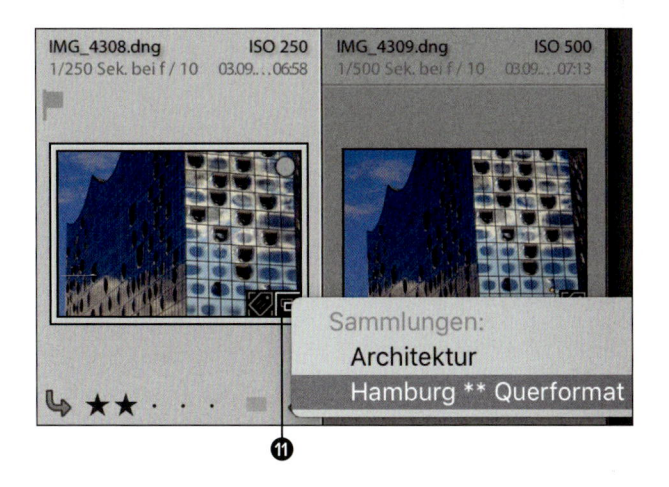

Kapitel 3 | Bibliothek und Metadaten 125

6 Virtuelle Kopien

Wenn Sie Sammlungen erstellen, um alternative Entwicklungen durchzuführen, und auch wenn Bilder Bestandteil verschiedener Sammlungen sind, empfiehlt es sich, mit virtuellen Kopien zu arbeiten. So wird für die Bilder ein weiterer Metadatensatz angelegt, der andere Entwicklungseinstellungen enthalten kann.

In der Bibliothek erkennen Sie eine virtuelle Kopie an dem kleinen Ecken-Symbol ❶.

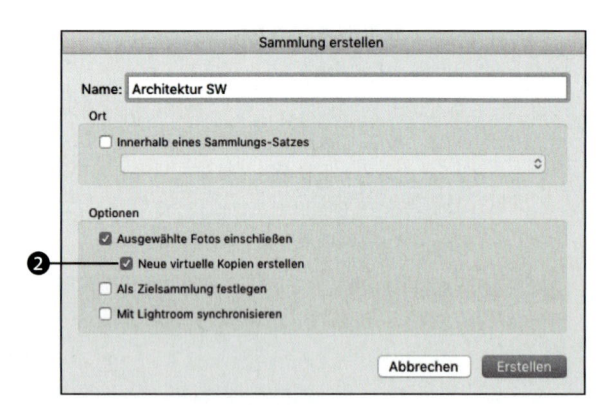

7 Virtuelle Kopien erstellen

Aktivieren Sie bei der Erstellung der Sammlung dazu die Option Neue virtuelle Kopien erstellen ❷.

Sie können virtuelle Kopien auch anders erstellen: Klicken Sie mit der rechten Maustaste auf ein ausgewähltes Bild, oder wählen Sie aus dem Menü Foto • Virtuelle Kopie anlegen. Über den Shortcut ⌃Strg/⌘cmd+T geht es natürlich am schnellsten.

8 Nach virtuellen Kopien filtern

Sie können die virtuellen Kopien jederzeit ausfindig machen. Nutzen Sie dazu wieder den Bibliotheksfilter: Klicken Sie in der oberen Zeile auf Attribut ❸ und dann auf das mittlere ❹ der rechten Symbole.

So werden Ihnen nur die virtuellen Kopien der aktuellen Bildauswahl angezeigt.

9 Sammlungen filtern

Wenn Sie Sammlungen intensiv nutzen, kann die Liste ganz schön lang werden. Zwar kann man diese in Sammlungssätzen sortieren, aber auch dadurch findet man sie nicht auf Anhieb. Über die Filterleiste im SAMMLUNGEN-Bedienfeld ❺ geben Sie Teile Ihres Sammlungsnamens ein, und sofort wird die Sammlungsliste reduziert. Sie können über das Popup-Menü unter dem Lupensymbol auch nach synchronisierten oder farbbeschrifteten Sammlungen filtern. Ein Klick auf × ❻ löscht den Filter wieder.

10 Originalordner lokalisieren

Auch wenn Sammlungen unabhängig von den Originalordnern gespeichert sind, können Sie die Verbindung nicht verlieren: Klicken Sie mit der rechten Maustaste auf das betreffende Bild in der Sammlung, und wählen Sie aus dem Popup-Menü GEHE ZU ORDNER IN BIBLIOTHEK. Das Bild wird dann im Originalordner und dieser in der Ordnerliste angezeigt.

Übrigens: Die gleiche Filterleiste wie für die Sammlung finden Sie auch im ORDNER-Bedienfeld ❼.

11 Sammlung beim Import

Schon beim Import können Sie Bilder einer Sammlung hinzufügen und sogar zu diesem Zeitpunkt neue Sammlungen erstellen.

Öffnen Sie dazu im Importfenster den Bereich DATEIVERWALTUNG, und aktivieren Sie die Option ZUR SAMMLUNG HINZUFÜGEN ❽. Danach können Sie aus bestehenden Sammlungen auswählen oder erstellen über das Plus-Symbol eine neue Sammlung.

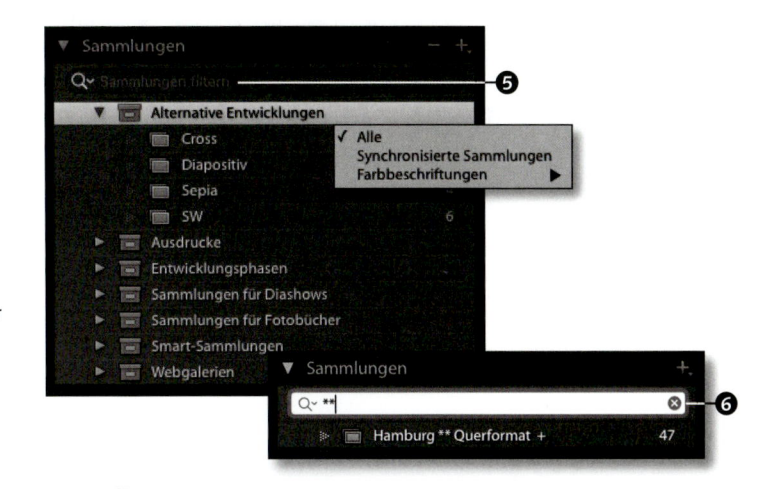

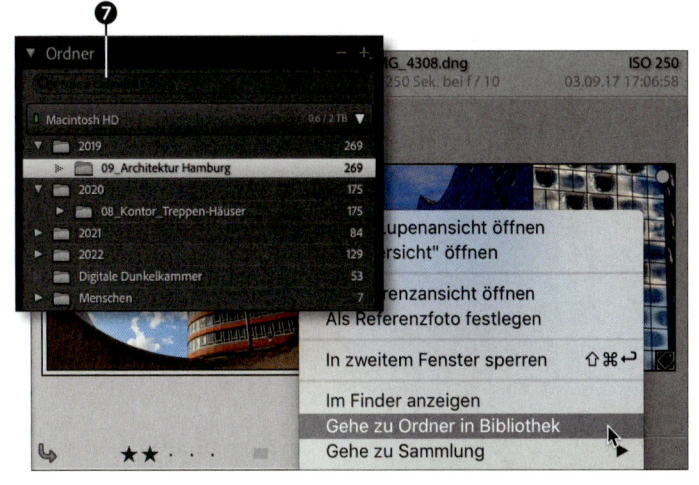

Kapitel 3 | Bibliothek und Metadaten 127

Smart-Sammlungen nutzen

Automatische Filterung und Sammlung

Eine Smart-Sammlung kombiniert die Möglichkeiten des Bibliotheksfilters mit dem Nutzen einer Sammlung. Die Smart-Sammlung wählt über Filterkriterien selbsttätig die Bilder aus und aktualisiert diese auch, wenn neue Fotos den Kriterien entsprechen.

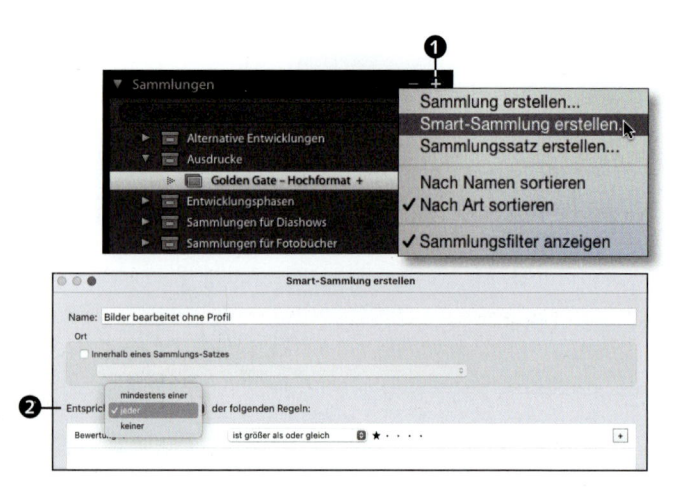

1 Smart-Sammlung erstellen

Starten Sie im SAMMLUNGEN-Bedienfeld, und klicken Sie auf das Plus-Zeichen ❶. Wählen Sie aus dem Popup-Menü SMART-SAMMLUNG ERSTELLEN.

In diesem Fenster vergeben Sie zunächst einen Namen für die Smart-Sammlung. Danach legen Sie Filterregeln fest. Bestimmen Sie aber vorher, ob der Filter JEDER der folgenden Regeln oder nur MINDESTENS EINER entsprechen soll ❷. Vielleicht kennen Sie diese Unterscheidung als Und/Oder-Regel.

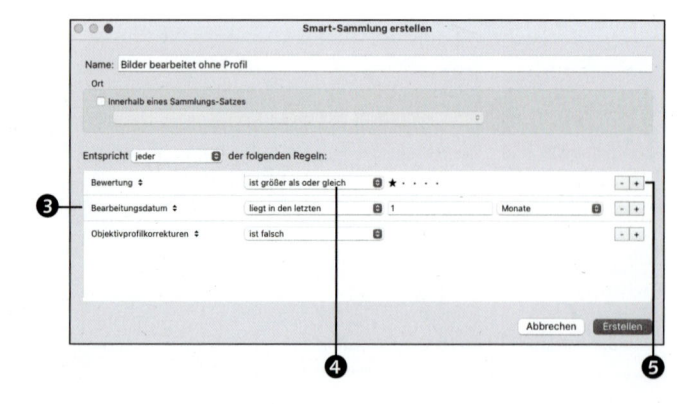

2 Filterregeln definieren

Im Popup-Menü können Sie jetzt verschiedene Filterregeln kombinieren. Wählen Sie zunächst die Filterkategorie links ❸. Für jede Kategorie können Sie über das nächste Popup-Menü eine Regel anlegen ❹. Mit dem Plus-Zeichen ❺ fügen Sie die nächste Filterkategorie hinzu. So können Sie – wie in diesem Beispiel – Bilder filtern, die im letzten Monat bearbeitet wurden, mindestens eine Ein-Stern-Bewertung erhalten haben, aber bei denen noch kein Objektivkorrekturprofil zur Korrektur von Verzerrungen angewendet wurde.

3 Dynamische Bildsammlung

Nach dem Speichern der Regeln ist die Smart-Sammlung automatisch erstellt, und die Bilder werden nach den Regeln aus dem Katalog gesammelt und immer aktualisiert. Die Anzahl der enthaltenen Bilder wird neben dem Namen angezeigt ❻. Jedes Bild des Katalogs, das zukünftig die Bedingungen erfüllt, wird automatisch in die Smart-Sammlung aufgenommen. Kategorien wie die vorgenommene Zeitraumangabe orientieren sich natürlich immer am aktuellen Datum.

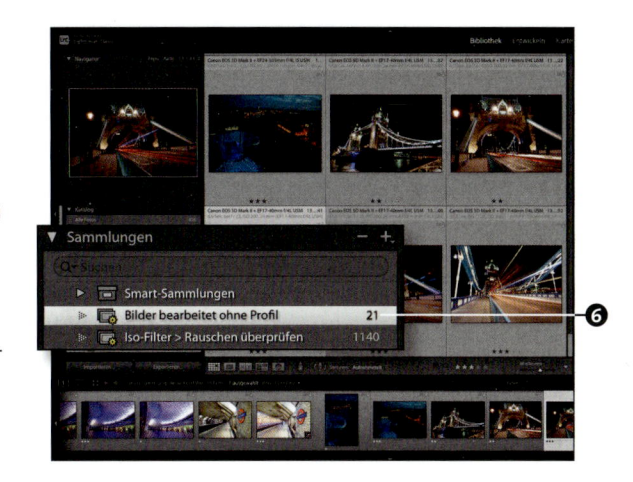

4 Sammlungsregeln ändern

Ändern Sie die Regeln für die Smart-Sammlung einfach über einen Doppelklick auf den Smart-Sammlungsnamen. Alternativ klicken Sie mit der rechten Maustaste auf den Namen der Smart-Sammlung, und wählen Sie SMART-SAMMLUNG BEARBEITEN.

Sie entfernen eine Regel aus der Smart-Sammlung, indem Sie einfach auf das Minus-Zeichen dahinter ❼ klicken. Entfernen Sie zum Beispiel die Bewertungsregel, um alle bearbeiteten Bilder des letzten Monats ohne Objektivkorrektur anzuzeigen.

5 Einstellungen exportieren

Smart-Sammlungen sind nicht an einen Katalog gebunden. Sie können Ihre vordefinierten Smart-Sammlungseinstellungen auch für andere Kataloge exportieren und dort wieder importieren. Beides funktioniert ganz einfach, indem Sie mit rechter Maustaste auf die Smart-Sammlung klicken und den entsprechenden Befehl auswählen.

Lesen Sie im nächsten Workshop die genauen Schritte für den Ex- und Import von Smart-Sammlungen.

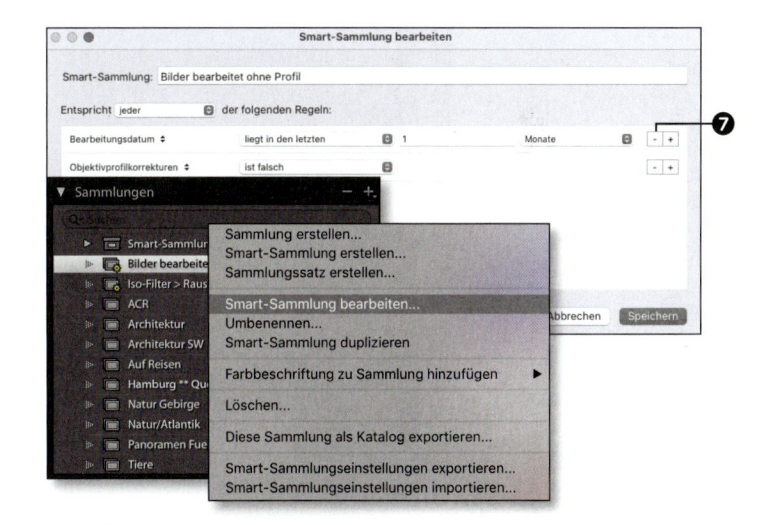

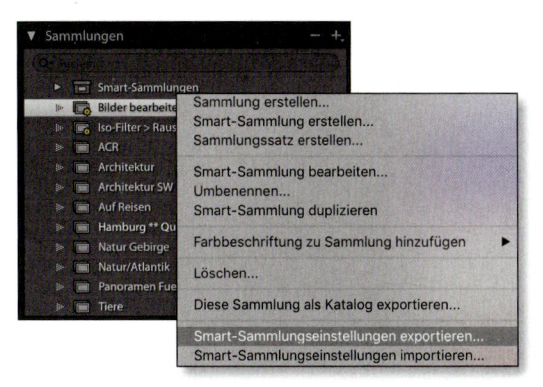

Kapitel 3 | Bibliothek und Metadaten **129**

Neue Kataloge vorbereiten

Katalogübergreifende Stichwörter und Smart-Sammlungen

Damit Sie bei einem neuen Katalog oder einem Reisekatalog von Ihren Vorarbeiten wie fertigen Stichwörterverzeichnissen und Smart-Sammlungen profitieren, können Sie diese einfach exportieren und in einen anderen Katalog wieder importieren.

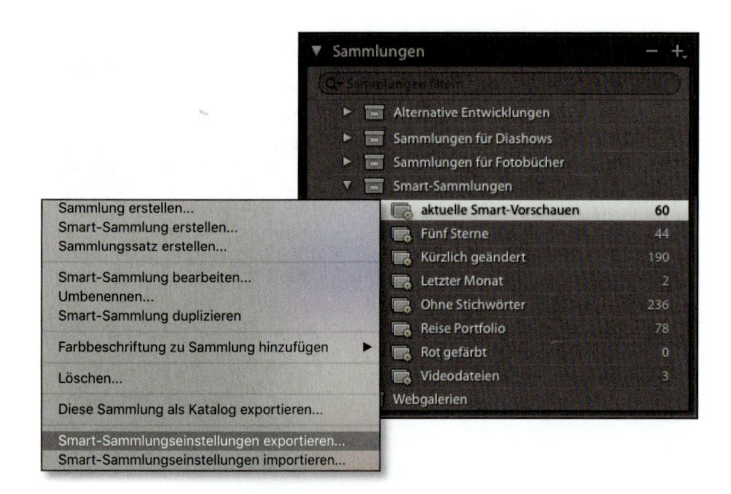

1 Smart-Sammlungen exportieren
Vordefinierte Regeln für eine Smart-Sammlung exportieren Sie, indem Sie mit der rechten Maustaste auf den betreffenden Smart-Sammlungsnamen in der Liste klicken.

Wählen Sie aus dem erscheinenden Popup-Menü Smart-Sammlungseinstellungen exportieren. Speichern Sie diese Einstellungen unter einer sinnvollen Bezeichnung ab.

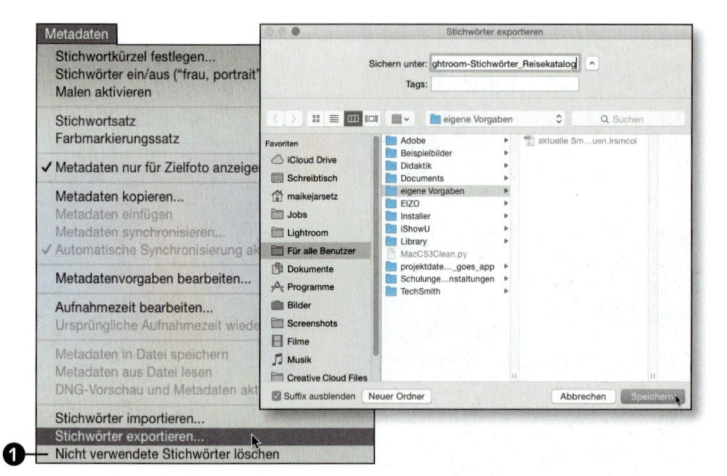

2 Katalogstichwörter exportieren
Wählen Sie in dem bestehenden Katalog, dessen Stichwörter Sie übernehmen wollen, aus dem Menü Metadaten • Stichwörter exportieren. Wollen Sie nur verwendete Stichwörter exportieren, wählen Sie vorher die Option Nicht verwendete Stichwörter löschen ❶.

Wählen Sie einen Speicherort und einen Namen für die Stichwortliste, die als Textdatei gespeichert wird.

3 Neuen Katalog anlegen

Legen Sie am besten einen neuen Katalog an, um die Vorgehensweise nachzuvollziehen. Wählen Sie aus dem Menü DATEI • NEUER KATALOG. Vergeben Sie den Katalognamen, bevor Sie auf ERSTELLEN klicken. Es öffnet sich ein ganz leerer Katalog, der weder Stichwörter noch benutzerdefinierte Smart-Sammlungseinstellungen beinhaltet.

Mehr zum Katalogmanagement ab Seite 46.

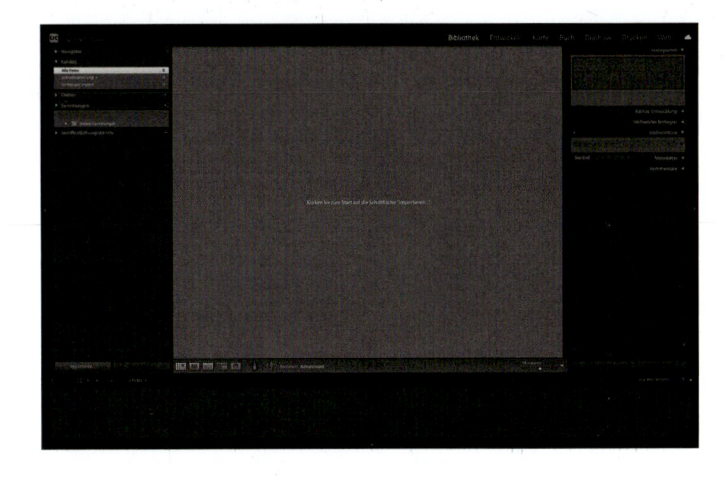

4 Sammlungseinstellungen

Klicken Sie jetzt mit der rechten Maustaste auf den Smart-Sammlungsordner ❷, und wählen Sie SMART-SAMMLUNGSEINSTELLUNGEN IMPORTIEREN. Navigieren Sie zu den eben gespeicherten Einstellungen, und wählen Sie IMPORTIEREN. Klicken Sie auf das Dreieck ❸ vor SMART-SAMMLUNGEN. Innerhalb des Smart-Sammlungssatzes ist die gespeicherte Smart-Sammlung erstellt worden.

Natürlich beinhaltet die Smart-Sammlung erst dann Bilder, wenn im Katalog Fotos enthalten sind, die die Bedingungen erfüllen.

5 Stichwörter importieren

Stichwörter importieren Sie über das gleiche Menü, über das Sie sie auch exportieren. Wählen Sie aus dem Menü METADATEN • STICHWÖRTER IMPORTIEREN, und bestimmen Sie die gespeicherte Stichwörter-Textdatei für den Import. Unmittelbar danach werden alle Stichwörter in der ursprünglichen Hierarchie in der Stichwortliste gelistet.

Sie können Stichwortlisten auch unabhängig von Lightroom vorbereiten. Lesen Sie dazu den Workshop »Stichwortbibliothek vorbereiten« ab Seite 314.

Kapitel 3 | Bibliothek und Metadaten

Die Basisentwicklung

Bei den ersten Entwicklungsschritten geht es fast immer darum, Widrigkeiten der Aufnahme, wie schlechtes Wetter, nicht optimales Licht oder Farbstiche, in den Griff zu bekommen. Dieses Kapitel zeigt Ihnen die wichtigsten ersten Korrekturschritte und gibt Ihnen vor allem auch Korrekturreihenfolgen an die Hand, die jedes Bild zum guten Ergebnis führen. Neben Belichtungs-, Kontrast- und Farbkorrekturen gehören zur Basisentwicklung auch Horizontausrichtung, Rauschreduzierung oder Scharfzeichnung.

EINFÜHRUNG: Richtig entwickeln
Wie Ihre Entwicklung immer gelingt 134

AUF EINEN BLICK: Das Entwickeln-Modul
Ein erster Überblick 136

Ad-hoc-Entwicklung
Die schnelle Vorentwicklung in der Bibliothek 138

Das Raw-Profil als Grundlage
Verändern Sie die Grundentwicklung Ihrer Raw-Daten 142

Erste Tonwertkorrektur
Eine passende Korrekturreihenfolge für fast alle Bilder 144

Farbstich entfernen
Weißabgleich, Farbtemperatur und Tonung 148

Bildrauschen reduzieren
Farb- und Luminanzrauschen reduzieren 150

Blitzaugen korrigieren
Die Blitzkorrektur für Tieraugen 154

Individueller Bildkontrast
Global- und Detailkontrast auf den Punkt gesteuert 156

Licht- und Schattenkontrast
Kritische Tonwerte in den Griff bekommen 160

Flaue Bilder korrigieren
Wie der Dunst-entfernen-Regler helfen kann 164

Bildausschnitt festlegen
Stellen Sie das Bild in ein neues Format frei 166

Horizont ausrichten
Fotos mit dem Gerade-ausrichten-Werkzeug begradigen 168

Auf den Punkt schärfen
Scharfzeichnung für Originale und Exportformate 170

GRUNDLAGENEXKURS: Was das Histogramm verrät ...
... und wie Sie es für die Bildentwicklung nutzen 174

Foto: Maike Jarsetz

Einführung

Richtig entwickeln
Wie Ihre Entwicklung immer gelingt

In den Entwicklungseinstellungen zeigt sich das Herzstück von Lightroom – die Steuerungsmöglichkeiten sind schier endlos. Mit der richtigen Strategie entwickeln Sie jedes Motiv ohne Umwege zum besten Ergebnis.

Die richtige Korrekturreihenfolge

Vor der eigentlichen Basisentwicklung in den Grundeinstellungen gibt es zwei Schritte, die Sie vorwegnehmen können: Aktivieren Sie auf jeden Fall die **Profilkorrekturen** in den Objektivkorrekturen, die objektivbedingte Abbildungsfehler korrigieren, und werfen Sie einen Blick in den Bereich Grundeinstellungen und schauen Sie, wie die im **Profilbrowser** zur Verfügung stehenden Profile die Grundentwicklung Ihrer Raw-Daten beeinflussen.

Dann starten Sie die Korrekturen. Und das können Sie motivunabhängig tatsächlich in einem identischen Ablauf vornehmen: Starten Sie dabei mit dem Festsetzen des **Weiß- und Schwarzpunktes** im Bild. Die gedrückte Alt-Taste hilft Ihnen dabei, diese Punkte genau zu finden.

Erst dann geht es an die **Mitteltöne**, die Sie über den Belichtungs-, Lichter- und Tiefenregler genau ausjustieren können. Die genaue Vorgehensweise lesen Sie im Workshop »Erste Tonwertkorrektur« auf Seite 144.

Strategien für den Bildkontrast

Vergessen Sie den Kontrast-Regler! Dieser kann mit seiner pauschalen Kontrastkorrektur in den Mitteltönen den verschiedenen Anforderungen Ihrer Motive einfach nicht gerecht werden. Die bessere Wahl sind die **Gradationskurven**, die Sie ganz detailliert auf die wichtigen Tonwerte im Bild einstellen können. Auf der anderen Seite bieten der **Klarheit**-, **Struktur**- und der **Dunstentfernen-Regler** schnelle und gleichzeitig eindrucksvolle Bildverbesserungen. Zwar sind auch dies pauschale Regler, sie wirken sich aber entweder auf den Mikrokontrast, also die Details, oder im größeren Radiusbereich auf die Mitteltöne aus und haben damit einen klar abgegrenzten Einsatzbereich.

Natürliche Farben statt bunter Bilder

Nach der Steuerung der Tonwerte geht es um die Farben. Hier sollten Sie mit dem **Weißabgleich** starten, um einen Farbstich zu entfernen. Meistens reicht dazu ein einfacher Klick oder eine leichte Justierung des Farbtemperatur-Reglers. Schnelle Methoden für den Weißabgleich finden Sie auf Seite 148.

Gleich danach können Sie die **Sättigung** des Bildes steuern. Benutzen Sie dazu nicht den Sättigung-Regler! Dieser führt schnell zu einer Übersättigung im Bild. Der bessere Weg zu natürlichen Farben ist der Dynamik-Regler, der die Farben bei der Intensivierung in ihren natürlichen Proportionen belässt.

Erst nach dem Weißabgleich und der Steuerung der Farbdynamik sollten Sie sich auf bestimmte **Motivfarben** konzentrieren. Der ideale Arbeitsbereich hierfür sind die HSL-Einstellungen, die jeden Farbbereich separat steuern können. Schauen Sie dazu in das Kapitel 6, »Motivgerecht entwickeln«.

Ein paar Tipps für schnelle Korrekturen

Natürlich gibt es im Entwickeln-Modul von Lightroom auch eine Auto-Schaltfläche, die sich direkt über den Tonwertsteuerungen befindet.

Einführung

Obwohl diese inzwischen deutlich sensibler arbeitet – mit der Adobe-Sensei-Technologie werden Bildinhalte analysiert und motivtypische Korrekturen durchgeführt –, würde ich eine solche Autokorrektur niemals empfehlen.

Mit der richtigen Herangehensweise und den richtigen Shortcuts sind Sie ebenso schnell. Auf der rechten Seite und in den noch folgenden Kapiteln zur Entwicklung habe ich alle wichtigen Tastaturkürzel aufgelistet. Ein paar sehr praktische Kürzel möchte ich Ihnen in der Tabelle jedoch jetzt schon verraten.

Auch für die einzelnen Regler gibt es eine automatische Analyse – dazu gehören alle Tonwertsteuerungen, aber auch der Weißabgleich oder auch die GERADE-AUSRICHTEN-Option. Diese Automatik können Sie in allen Reglern aktivieren, indem Sie mit gedrückter ⇧-Taste doppelt auf den Regler klicken.

Ebenso praktisch ist ein einfacher Doppelklick auf den Regler, denn dieser setzt ihn wieder auf den Standardwert zurück.

Wenn Sie ganze Gruppen von Einstellungen zurücksetzen wollen, halten Sie einfach die Alt-Taste gedrückt, und klicken Sie auf die entsprechenden Schaltflächen.

Noch mehr Tipps finden Sie im folgenden Kapitel zum »Entwicklungsworkflow«.

Werkzeuge	
Weißabgleich-Pipette	W
Freistellungsüberlagerung	R
Ausrichtung wechseln	X
Bereichsreparatur	Q
Maske mit linearem Verlauf	M
Maske mit Radialverlauf	⇧+M
Maske mit Pinsel	K
Maske mit Farbbereich	⇧+J
Maske mit Luminanzbereich	⇧+Q

Erste Tastaturkürzel für das Entwickeln-Modul	
Bedienfelder	
Histogramm ein-/ausblenden	Strg/cmd+0
Tiefen-/Lichterbeschneidung ein/aus	J
Temporäre Tiefen-/Lichterbeschneidung	Alt + Tonwertregler
Grundeinstellungen ein-/ausblenden	Strg/cmd
Gradationskurven ein-/ausblenden	Strg/cmd+2
Zielkorrektur-Werkzeug	Strg/cmd+Alt+⇧+T
HSL/Farbe ein-/ausblenden	Strg/cmd+3
Zielkorrektur Farbton	Strg/cmd+Alt+⇧+H
Zielkorrektur Sättigung	Strg/cmd+Alt+⇧+S
Zielkorrektur Luminanz	Strg/cmd+Alt+⇧+L
Zielkorrektur S/W	Strg/cmd+Alt+⇧+G
Wechsel HSL und S/W	V
Teiltonung ein-/ausblenden	Strg/cmd+4
Details ein-/ausblenden	Strg/cmd+5
Objektivkorrekturen ein-/ausblenden	Strg/cmd+6
Transformieren ein-/ausblenden	Strg/cmd+7
Effekte ein-/ausblenden	Strg/cmd+8
Kamerakalibrierung ein-/ausblenden	Strg/cmd+9
Bedienung	
↑/↓-Taste	– erhöht/verringert BELICHTUNG in 1/10-Blenden – erhöht/verringert FARBTEMPERATUR um 50 Kelvin – erhöht/verringert DREHEN-Wert um 0,1 – erhöht/verringert übrige Einstellungen um 5 %
⇧+↑/↓-Taste	– erhöht/verringert BELICHTUNG in 1/3-Blenden – erhöht/verringert FARBTEMPERATUR um 200 K – erhöht/verringert DREHEN-Wert um 0,5 – erhöht/verringert übrige Einstellungen um 20 %
Doppelklick setzt Regler zurück auf Standardwert.	

Kapitel 4 | Die Basisentwicklung

Auf einen Blick

Das Entwickeln-Modul

Ein erster Überblick

❶ **Presets:** Über einen Klick auf das Plus-Zeichen speichern Sie die aktuellen Entwicklungseinstellungen als eigenes Preset.

❷ **Schnappschüsse:** Über das Plus-Zeichen wird die aktuelle Arbeitsphase als dauerhafter Schnappschuss gespeichert.

❸ **Protokoll:** Im PROTOKOLL wird jeder einzelne Entwicklungsschritt gespeichert. Mit einem Rechtsklick können Sie den VERLAUF ÜBER DIESEM SCHRITT löschen. Ein Klick auf das x-Symbol löscht das gesamte Protokoll.

❹ **Entwicklungseinstellungen kopieren und einfügen:** Kopieren Sie alle Einstellungen über diese Schaltfläche. So können Sie diese in andere Bilder einfügen. Mit der Alt -Taste überspringen Sie das Kopieren-Dialogfeld.

❺ **Referenzansicht:** Öffnen Sie per Klick auf das Symbol die Referenzansicht. In dieser können Sie auf der linken Hälfte ein Bild als Referenz platzieren und die Entwicklung anderer Motive darauf abstimmen.

❻ **Vergleichsansicht:** Über die Taste Y oder das Icon gelangen Sie in die Vergleichsansicht. Ein Klick auf das Vollbild-Symbol oder die Taste Y beendet die Vergleichsansicht. Per Rechtsklick können Sie Protokollschritte oder Schnappschüsse in das VORHER-Fenster der Vergleichsansicht kopieren.

Auf einen Blick

❼ Softproof: Die Softproof-Option ist auch für CMYK-Farbräume verfügbar. Im Histogramm stellen Sie das Ausgabeprofil ein und können Bildfarben markieren, die außerhalb des Zielfarbraums liegen.

❽ Histogramm: Im Histogramm des ENTWICKELN-Moduls können Sie auch direkt die Tonwerte verschieben. Zwei dreieckige Symbole zeigen während der Korrektur beschnittene Tiefen und Lichter an. Mit rechter Maustaste ändern Sie die Anzeigeoptionen.

❾ Original und Smart-Vorschau: Diese Zeile zeigt, ob für das Bild eine Smart-Vorschau erstellt wurde bzw. das Original verfügbar ist.

❿ Werkzeuge: Mit diesen Werkzeugen können Sie Ausschnitte bestimmen, retuschieren und reparieren, ausgeblitzte Augen korrigieren und über das Maskenbedienfeld lokale Korrekturen durchführen.

⓫ Grundeinstellungen: Hier steuern Sie Tonwertkorrekturen, Weißabgleich, Global- und Detailkontrast sowie Sättigung. Außerdem finden Sie hier den PROFILBROWSER, in dem Sie das DNG-PROFIL für die Basiskonvertierung Ihrer Raw-Dateien wählen können.

⓬ Behandlung: Entscheiden Sie hier, ob Sie in Farbe oder Schwarzweiß entwickeln.

⓭ Profil: Das Profil bestimmt die Grundentwicklung Ihrer Raw-Daten. Über das Popup-Menü wählen Sie ein passendes Profil aus den Favoriten oder öffnen den Profilbrowser für weitere Auswahlmöglichkeiten.

⓮ Gradationskurve: Lightroom bietet Ihnen eine PARAMETRISCHE GRADATIONSKURVE oder eine PUNKTKURVE, in der Sie auch einzelne Kanäle steuern können.

⓯ HSL/Farbe: Hier ist die Korrektur von FARBTON, SÄTTIGUNG und LUMINANZ für acht getrennte Farbbereiche möglich. Wenn Sie die Behandlung eines Fotos auf Schwarzweiß stellen, können Sie an dieser Stelle die Schwarzweißmischung bearbeiten.

⓰ Color-Grading: Fügen Sie dem Bild eine Farbtonung hinzu, die Sie differenziert in den Schatten, Lichtern und Mitteltönen ausarbeiten können.

⓱ Details: Hier steuern Sie die Scharfzeichnung und die Rauschreduzierung.

⓲ Objektivkorrekturen: Korrigieren Sie Objektivverzeichnungen, chromatische Aberrationen und Farbsäume in diesem Bereich.

⓳ Transformieren: In diesem Bedienfeld befinden sich automatische Korrekturen, intelligente Werkzeuge und manuelle Einstellungen für die Perspektivkorrektur.

⓴ Effekte: Hierzu gehören analoge Bildeffekte wie Vignette oder künstliche Körnung.

㉑ Kalibrierung: Die Kalibrierung wird selten für die Feinjustierung der Farben genutzt. Außerdem können Sie bereits entwickelte Motive auf die aktuelle PROZESS-Version ändern.

㉒ Bestätigen-Schaltflächen: Die Funktionen in diesem Bereich ändern sich je nach Auswahl im Filmstreifen:
- VORHERIGE und ZURÜCKSETZEN: Hiermit können Sie die zuletzt angewendeten Einstellungen auf ein neues Bild anwenden oder sämtliche Einstellungen löschen.
- FOTOS SYNCHRONISIEREN: Für mehrere Bilder erscheint die SYNCHRONISIEREN-Schaltfläche. Über den Kippschalter aktivieren Sie die AUTOMATISCHE SYNCHRONISIERUNG.

Ad-hoc-Entwicklung

Die schnelle Vorentwicklung in der Bibliothek

Auch vor der Bildorganisation ist oft schon eine Bildanpassung sinnvoll. Umso besser können Sie die Bilder beurteilen. In der Ad-hoc-Entwicklung führen Sie erste Entwicklungsschritte wie Belichtungsanpassungen, Farb- und Kontraststeuerungen durch, die Sie auch später im Entwickeln-Modul noch nachvollziehen können.

Bearbeitungsschritte

- Belichtungen angleichen
- Weißabgleich korrigieren
- Motivfarben und -kontrast verbessern
- Schatten aufhellen

Ausgangsbilder

- Unterschiedliche Belichtungen
- Schatten unterbelichtet
- Helle Lichter
- Sensible Farben

[Dateien: Ad-Hoc_01, Ad-Hoc_02, Ad-Hoc_03]

Fotos: Maike Jarsetz

1 Fotos in der Bibliothek anpassen

Beginnen Sie im BIBLIOTHEK-Modul, und drücken Sie die Taste `G`, um in die Rasteransicht zu wechseln. Wählen Sie dann mit gedrückter ⇧- beziehungsweise `Strg`/`cmd`-Taste eine Reihe von Aufnahmen aus, die unter gleichen Lichtbedingungen aufgenommen wurden, deren Belichtungen aber schwanken ❶. Diese werden gleich auf das optimal belichtete Bild angeglichen.

2 Gesamtbelichtung angleichen

Wählen Sie zuletzt – ohne weitere Zusatztaste – das Referenzbild ❷, dessen Belichtung optimal ist und deshalb auf die anderen Bilder übertragen werden soll.

Über das Menü FOTO • ENTWICKLUNGSEINSTELLUNGEN können Sie nachträglich die GESAMTBELICHTUNGEN ABGLEICHEN.

Im ENTWICKELN-Modul steht diese Funktion auch als BELICHTUNGEN ANGLEICHEN im EINSTELLUNGEN-Menü zur Verfügung.

3 Ad-hoc-Entwicklung

Wenn die Bilder noch weitere globale Anpassungen benötigen, können Sie auch diese in der Bibliothek durchführen. Öffnen Sie dafür unbedingt im rechten Bedienfeld das HISTOGRAMM ❸, um die Bilder zusätzlich beurteilen zu können.

Die Anpassungen nehmen Sie in der AD-HOC-ENTWICKLUNG ❹ vor. Öffnen Sie dort gleich alle Einstellungen über die entsprechenden Dreieck-Symbole ❺.

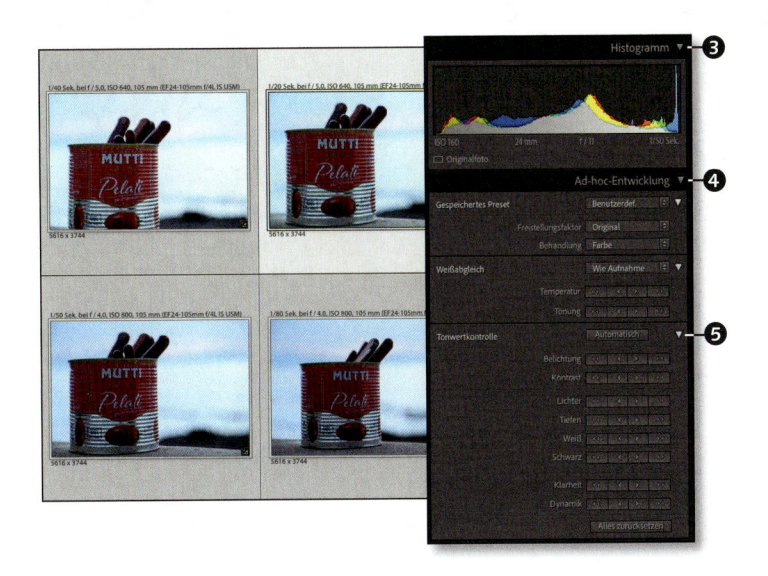

Kapitel 4 | Die Basisentwicklung 139

4 Synchron entwickeln

Wechseln Sie dann per Doppelklick oder über die Taste E in die Vollbildansicht. Damit die folgenden Korrekturen auch in dieser Ansicht auf alle Bilder angewendet werden, aktivieren Sie die automatische Synchronisation über den kleinen Kippschalter ❶ der Synchronisieren-Schaltfläche. Er springt auf Autom.(atisch) Synchr.(onisieren).

In der Rasteransicht ist das übrigens überflüssig, dort werden immer alle ausgewählten Bilder gleichzeitig bearbeitet.

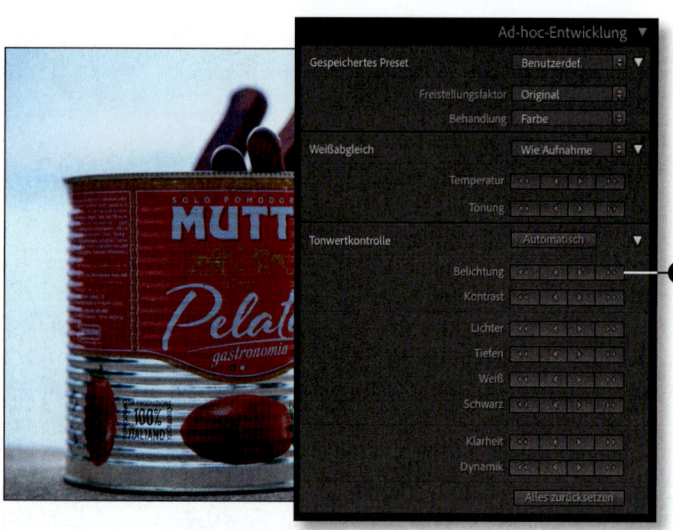

5 Feine Belichtungskorrektur

Unter der Tonwertkontrolle steuern Sie die Belichtung ❷ über die Pfeiltasten. Dabei ändert ein Klick auf die Einzelpfeile die Belichtung um eine Drittelblende, der Doppelpfeil korrigiert sie um eine ganze Blende. Mit gedrückter ⇧-Taste verfeinern Sie auf ⅙-Blendenschritte. Dabei werden diese Korrekturen auf die eben vorgenommenen Belichtungsangleichungen addiert. Eine solche »relative« Belichtungskorrektur funktioniert nur in der Ad-hoc-Entwicklung.

6 Farbstimmung ändern

Sie können über das Weissabgleich-Popup-Menü ❸ einen Standardweißabgleich, wie zum Beispiel Tageslicht, Schatten oder bewölkt, nachholen.

Genauer korrigieren Sie die (Farb-)Temperatur über die Pfeiltasten ❹ – und zwar steuern Sie nach links in die kältere und nach rechts in die wärmere Richtung. Auch hier können Sie die Schritte kleiner oder größer wählen. Dabei werden die Werte nicht absolut, wie bei der Belichtung, sondern relativ zur vorhandenen Farbtemperatur vorgenommen.

140 Kapitel 4 | Die Basisentwicklung

7 Lichter und Schatten

Wenn das Bild auch nach der Belichtungskorrektur noch etwas zu schwer ist, können Sie die TIEFEN ❺ unter der TONWERTKONTROLLE explizit aufhellen. Klicken Sie auf den Pfeil des Reglers, um den Schatten um einen Korrekturwert von +5 aufzuhellen.

Nutzen Sie den Doppelpfeil für größere Schritte. Auf die gleiche Art und Weise können Sie die Belichtung und Lichter etwas nach unten korrigieren, um das feine Farbenspiel im Himmel zu verdeutlichen.

8 Detailkontrast

Benutzen Sie zunächst den KLARHEIT-Regler ❽, um den Detailkontrast zu verstärken. Dabei wird der bestehende Kontrast zwischen den hellsten und den dunkelsten Details angehoben. Zusätzlich können Sie über den WEISS- und SCHWARZ-Regler ❼ die Spitzlichter bzw. die Tiefendetails verstärken. Behalten Sie dabei das Histogramm ❻ im Auge, und korrigieren Sie nur so weit, bis die Tonwerte links und rechts die Breite des Histogramms ausfüllen.

Mehr zum Histogramm ab Seite 174.

9 Bildfarben verbessern

Auch der DYNAMIK-Regler ❾ ist für eine schnelle Bildaufbesserung geeignet. Mit diesem führen Sie eine natürliche Sättigungskorrektur durch, ohne eine Übersättigung und ausreißende Farben zu riskieren.

Alle Korrekturen, die Sie in der Bibliothek durchführen, sind zwar optische Geschmackskorrekturen, können aber im ENTWICKELN-Modul nachträglich in den Werten ❿ korrigiert und auch über das Protokoll ⓫ nachkontrolliert werden.

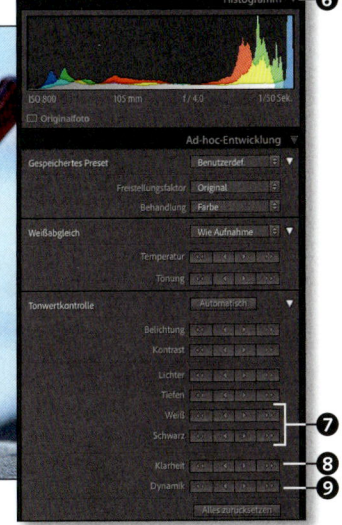

Kapitel 4 | Die Basisentwicklung 141

Das Raw-Profil als Grundlage

Verändern Sie die Grundentwicklung Ihrer Raw-Daten

In den Grundeinstellungen wählen Sie auch das Kameraprofil, das einen entscheidenden ersten Einfluss auf die Grundentwicklung der Raw-Daten hat. Im Profilbrowser wählen Sie die beste Ausgangsbasis für die weitere Entwicklung Ihrer Motive.

Bearbeitungsschritte
- Raw-Profil im Profilbrowser wählen

Foto: Maike Jarsetz

Ausgangsbild
- Unentwickelte Raw-Datei
- Flaue Standardentwicklung

[Datei: Profil]

142 Kapitel 4 | Die Basisentwicklung

1 Der Profilbrowser

Im Popup-Menü PROFIL ❶ der Grundeinstellungen erkennen Sie das Raw-Profil ADOBE FARBE, mit dem die Grundentwicklung Ihrer Motive vorgenommen wird. Per Klick auf das Rastersymbol ❷ öffnen Sie dann den PROFILBROWSER. Hier finden Sie Adobe-eigene ❸ und vom Kamerahersteller entwickelte ❹ Profile, die eine veränderte Ausgangsbasis für Ihre Bilder schaffen. Außerdem können Sie hier eigene DNG-PROFILE ❺ (siehe Grundlagenexkurs auf Seite 450) sowie Looks ❻ auswählen.

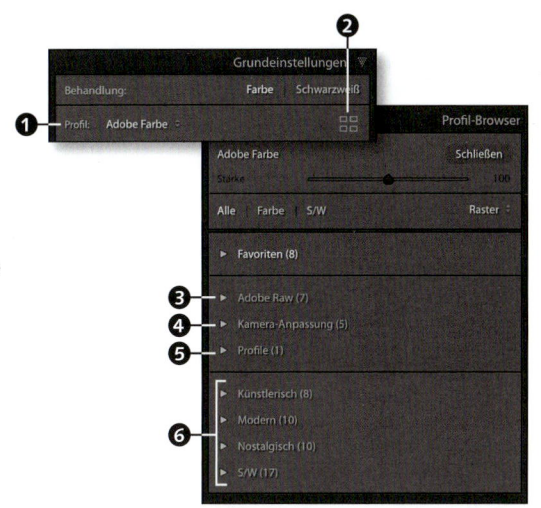

2 Motivgerechte Profile

Öffnen Sie die Profilgruppen per Klick und testen Sie für Landschafts- und Architektur-Motive das Profil ADOBE KRÄFTIG ❽ oder LANDSCHAFT ❼. ADOBE KRÄFTIG erhöht den Kontrast und die Brillanz in der Grundentwicklung, und LANDSCHAFT sorgt insbesondere in den Blau- und Grüntönen für deutlich gesättigtere Töne. Die kleinen Miniaturansichten geben schon einen Voreindruck davon, wie sich das Profil auf Ihr Motiv auswirken wird. Die Auswahl unter den KAMERA-ANPASSUNGEN ❾ hängt von Ihrem Kamerahersteller ab.

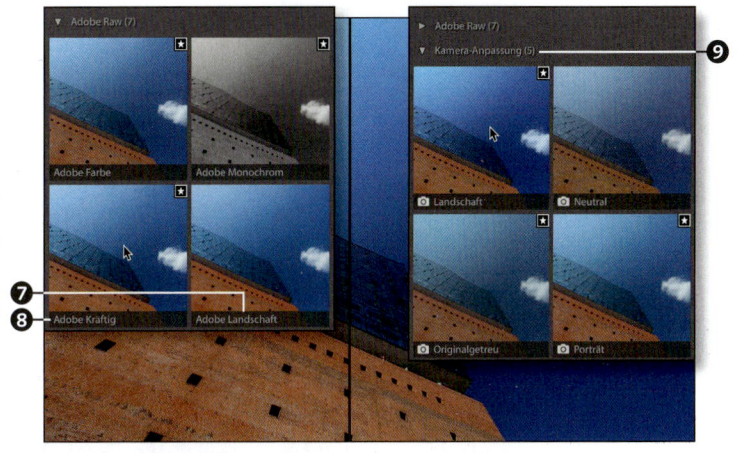

3 Standard und Favoriten

Übrigens: Das KAMERA-STANDARD-Profil ❿ simuliert die Standard-JPEG-Umsetzung Ihrer Kamera und ist oft ein guter Ausgangspunkt für weitere Korrekturen. Wenn Sie dieses Profil öfter verwenden wollen, definieren Sie es per Klick auf das Stern-Symbol ⓫ als Favorit. So wird es im Profil-Menü gelistet ⓭. Den Profilbrowser schließen Sie über die gleichnamige Schaltfläche ⓬.

Wie Sie ein Raw-Profil als Raw-Standard-Entwicklung festlegen, lesen Sie ab Seite 180.

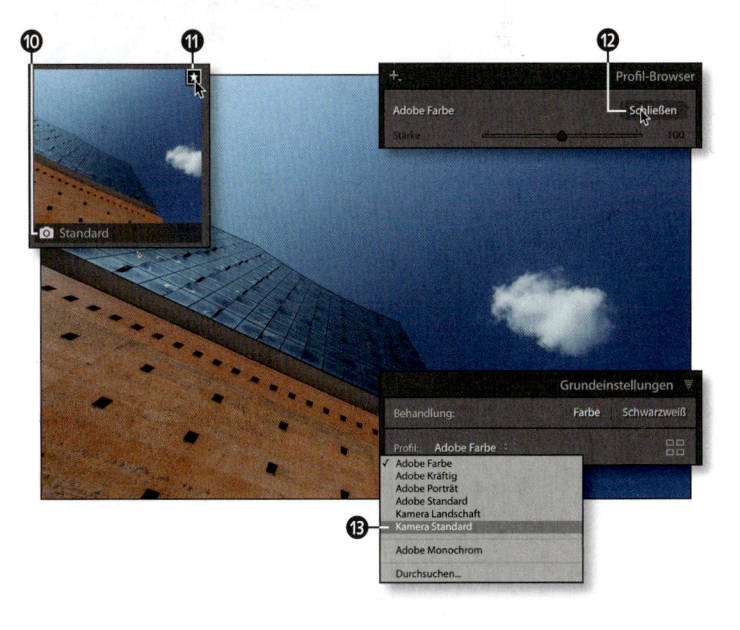

Kapitel 4 | Die Basisentwicklung

Erste Tonwertkorrektur

Eine passende Korrekturreihenfolge für fast alle Bilder

In den Grundeinstellungen nehmen Sie erste Belichtungskorrekturen und Steuerungen der Tonwerte vor. Insgesamt fünf Regler haben dort mit unterschiedlicher Gewichtung Einfluss auf die Tonwerte.

Bearbeitungsschritte
- Weiß und Schwarz anpassen
- Belichtung korrigieren
- Tiefen und Lichter öffnen

Foto: Maike Jarsetz

Ausgangsbild
- Fehlendes Weiß und Schwarz
- Leichte Unterbelichtung
- Tiefe Schatten

[Datei: Tonwerte]

1 Hilfe vom Histogramm

Das Histogramm ❷ unterstützt Sie bei der Beurteilung und Steuerung der Tonwerte, denn Korrekturen, die zu kritischen Nebeneffekten wie zulaufenden Schatten oder ausfressenden Lichtern führen würden, werden Ihnen hier über die kleinen Warndreiecke ❶ signalisiert. Klicken Sie auf diese, um die Lichter- und Tiefenwarnung zu aktivieren, die kritische Bereiche zusätzlich im Bild farbig markiert.

Was das Histogramm sonst noch verrät, lesen Sie ab Seite 176.

2 Die Korrekturreihenfolge

Für die ersten Tonwertkorrekturen starten Sie in den GRUNDEINSTELLUNGEN ❸. Haben Sie sich schon bei der Menge der Regler gefragt, wo man da bloß anfangen soll?

Natürlich ist jedes Motiv anders – trotzdem habe ich mir eine Korrekturreihenfolge angewöhnt, die für fast jedes Motiv eine vernünftige Grundentwicklung erstellt. Dabei legen Sie erst die Grenzwerte fest, loten dann die Mitteltöne aus und kümmern sich am Schluss um die Feinheiten. Aber sehen Sie selbst …

3 Schwarzwert festlegen

Nicht der BELICHTUNG-Regler steht am Anfang, sondern die SCHWARZ- und WEISS-Regler, mit denen Sie die äußersten Tonwertgrenzen festlegen.

Sorgen Sie erst für ein richtiges Schwarz im Bild: Bewegen Sie den SCHWARZ-Regler ❺, und halten Sie beim Bewegen des Reglers die Alt-Taste gedrückt, so wird Ihnen im Bild durch schwarze Pixel angezeigt ❹, wann Sie richtiges Schwarz erreicht haben. Vermeiden Sie schwarze Flächen, denn diese würden später im Bild keine Zeichnung mehr zeigen.

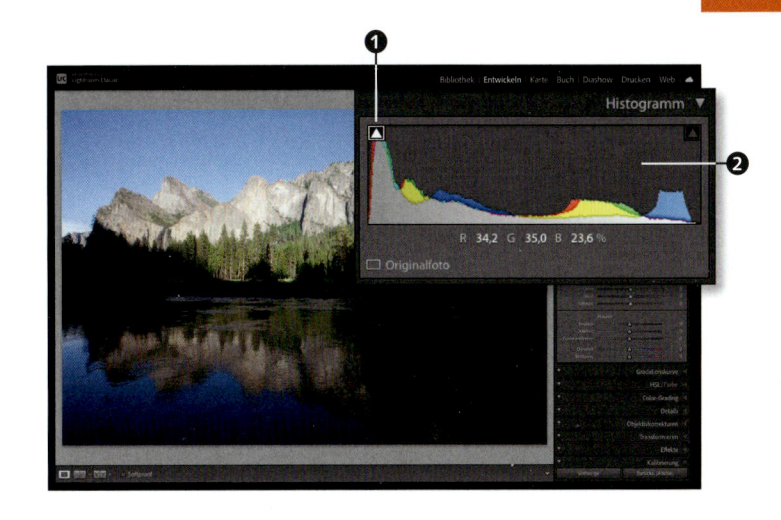

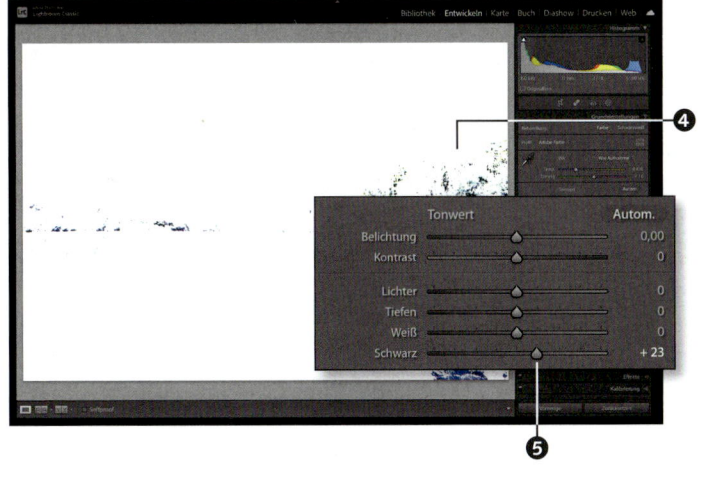

Kapitel 4 | Die Basisentwicklung 145

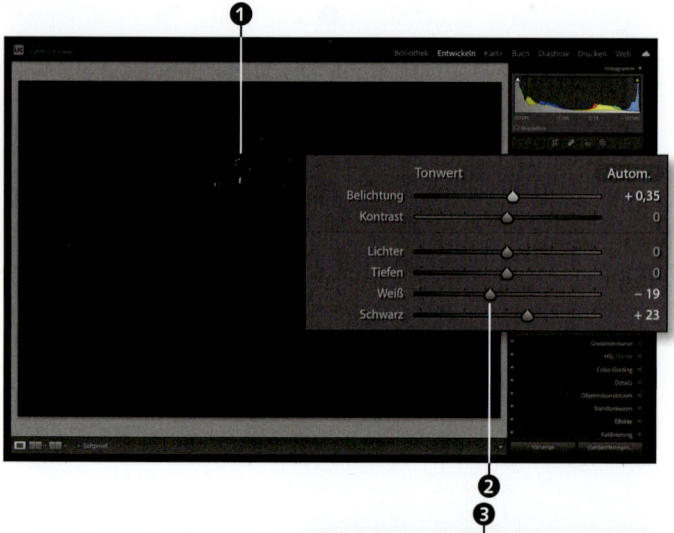

4 Weißpunkt festsetzen

Genauso gehen Sie mit dem WEISS-Regler vor ❷. Auch dieser bearbeitet nur einen kleinen Tonwertbereich und sorgt für ein echtes Weiß im Bild. Das Bild wird damit meist klarer. Verschieben Sie auch den WEISS-Regler mit gedrückter [Alt]-Taste. Diesmal signalisieren weiße Pixel auf dem schwarzen Hintergrund ❶, wann Sie den Weißpunkt erreicht haben.

Lesen Sie auch den Workshop »Licht- und Schattenkontrast« ab Seite 160.

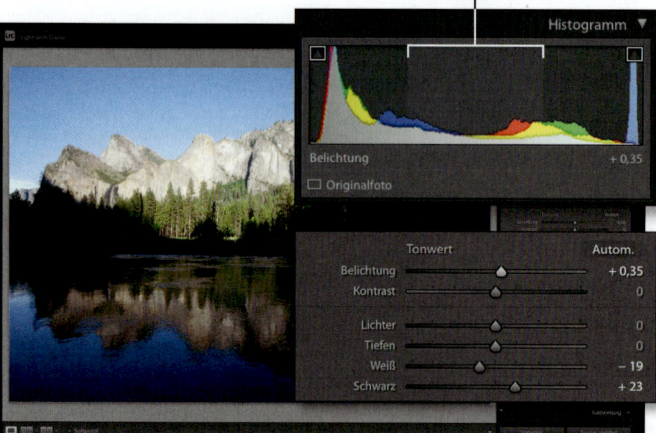

5 Belichtungskorrektur

Jetzt erst folgt die Belichtungskorrektur. Denn diese steuert in erster Linie die Mitteltöne innerhalb der Grenzen, die Sie eben schon festgelegt haben. Im Histogramm wird Ihnen der Tonwertbereich ❸ angezeigt, der korrigiert wird.

Die Belichtungskorrektur beurteilen Sie rein optisch am Monitor – der natürlich für die Bildbearbeitung kalibriert sein sollte.

Trotzdem gibt Ihnen auch hier wieder das Histogramm einen Hinweis darauf, wo sich der Löwenanteil Ihrer Tonwerte befindet.

6 Tiefen aufhellen

In unserem Beispielbild sind die Schatten sehr dominant. Diese korrigieren Sie mit dem TIEFEN-Regler ❺. Ziehen Sie diesen nach rechts, um die Schatten zu »öffnen«, also aufzuhellen.

Und werfen Sie gleichzeitig einen Blick in das Histogramm, dort erkennen Sie wieder den Tonwertbereich ❹, der in erster Linie durch den TIEFEN-Regler korrigiert wird.

7 Lichter steuern

Es gibt auch einen Regler für die hellen Mitteltöne, den LICHTER-Regler ❻. Die Bergflächen wirken sehr gleißend, ziehen Sie daher den Regler nach links, um die Lichter etwas abzudunkeln. Dies ist keine Korrektur für jedes Bild; in anderen Bildern müssen die Lichter vielleicht erst noch aufgeklart werden.

In jedem Fall findet die Tiefen- und Lichterkorrektur aber nach der Festlegung von Schwarz- und Weißwert sowie der Belichtungskorrektur statt.

8 Detailkontrast hinzufügen

Durch die gegenläufige Korrektur der Lichter und Tiefen wirkt das Bild jetzt etwas kontrastarm. Der KLARHEIT-Regler ❼ verstärkt den Detailkontrast in kleinen Radien und primär zwischen Schwarz und Weiß. Damit können Sie den Detailkontrast erhöhen und gleichzeitig die korrigierten Tonwerte beibehalten.

Die benachbarten Regler STRUKTUR und DUNST ENTFERNEN arbeiten ähnlich, aber in kleineren bzw. größeren Wirkungsbereichen. Sie lernen die beiden Regler auf Seite 156 und Seite 160 kennen.

9 Tonwerte vergleichen

Jetzt haben Sie die wichtigsten ersten Schritte durchgeführt. Blenden Sie über einen Klick auf das Symbol unten links in der Werkzeugleiste die Vergleichsansicht ein ❽. Ein Klick auf das kleine Dreieck rechts daneben öffnet ein Popup-Menü, aus dem Sie auch geteilte Ansichten wählen können. So sehen Sie, wie weit Sie mit Ihren ersten Korrekturen schon gekommen sind, und diese können Sie jetzt an jedem Punkt noch nachbessern.

Kapitel 4 | Die Basisentwicklung

Farbstich entfernen

Weißabgleich, Farbtemperatur und Tonung

In kritischen Lichtsituationen, wie Schatten oder Restlicht, kann auch der automatische Weißabgleich nicht zur vollsten Zufriedenheit arbeiten. Farbliche Abweichungen oder unnatürliche Farbstiche sind die Folge. Lightroom bietet mit Weißabgleich, Farbtemperatur und Tonung ausreichend Steuerungen, um Bilder farblich zu korrigieren.

Bearbeitungsschritte

- Bildton neutralisieren
- Farbtemperatur anpassen
- Tonung verändern

Foto: Oana Szekeley

Ausgangsbild

- Falscher Weißabgleich durch kritische Lichtverhältnisse

[Datei: Weissabgleich]

1 Das Weißabgleichswerkzeug

Zoomen Sie sich oben im Navigator über die 100%-Ansicht ❶ etwas in das Bild hinein. Wählen Sie die Weißabgleich-Pipette ❷ aus dem Bedienfeld der Grundeinstellungen. Es erscheint ein Lupenfeld ❸, dessen Massstab Sie in der Werkzeugleiste ändern können. Klicken Sie mit der Pipette oder Lupe auf eine Bildstelle, die farblich neutral sein soll.

Eine Hilfestellung ist dabei die Vorschau im Navigatorfenster. Sie zeigt Ihnen das Korrekturergebnis für die entsprechende Bildstelle an.

2 Farbtemperatur nachjustieren

Sehr farbstichige Bilder »kippen« nach dem Klick mit der Pipette zu stark in die gegenteilige Farbstimmung. Aber das können Sie mit dem Temp.(eratur)-Schieberegler ❹ nachjustieren. Dieser Regler steuert die Balance zwischen kalter und warmer Farbtemperatur – in Kelvin-Werten angegeben –, also die Blau-Gelb-Balance. Für eine kühlere Anmutung schieben Sie den Regler nach links. Wenn der Farbton dabei in eine grüne oder magentafarbene Richtung »kippt«, nutzen Sie den Regler Tonung.

3 Tonung nutzen

Der Regler Tonung ❺ justiert den Farbton auf der Achse zwischen Grün und Magenta. Gerade warme Farbtöne kippen gerne einmal ins Grünliche. Durch eine leichte Erhöhung des Magenta-Anteils können Sie das noch ausgleichen.

Mit der Taste Y können Sie zur Beurteilung in die Vergleichsansicht wechseln. Drücken Sie ⇧+Y, um das Bild für den Vergleich zu teilen. Mit der Y-Taste kommen Sie auch wieder zurück in die Vollbildansicht.

Kapitel 4 | Die Basisentwicklung

Bildrauschen reduzieren

Farb- und Luminanzrauschen reduzieren

Wer ein Bildrauschen reduzieren will, muss kompromissbereit sein. Denn Funktionen, die das Rauschen glätten, beeinflussen natürlich auch die Bilddetails. Lightroom besitzt mehrere Regler zum Finetunen der Rauschreduzierung. Dieser Workshop zeigt Ihnen, wie Sie diese miteinander abgleichen.

Bearbeitungsschritte
- Farbrauschen entfernen
- Übergänge glätten
- Luminanzrauschen mindern
- Kontrast und Details hinzufügen

Foto: Maike Jarsetz

Ausgangsbild
- Starkes Bildrauschen

[Datei: Rauschen]

1 Basiskorrekturen durchführen

Bevor Sie die Rauschreduzierung starten, sollten die GRUNDEINSTELLUNGEN – Belichtungssteuerung und Weißabgleich – abgeschlossen sein, denn erst bei richtiger Belichtung zeigt sich der wahre Korrekturbedarf.

Öffnen Sie dann über einen Klick auf das entsprechende Dreieck das Bedienfeld DETAILS ❶, in dem sich sowohl die RAUSCHREDUZIERUNG als auch die Scharfzeichnung verbirgt.

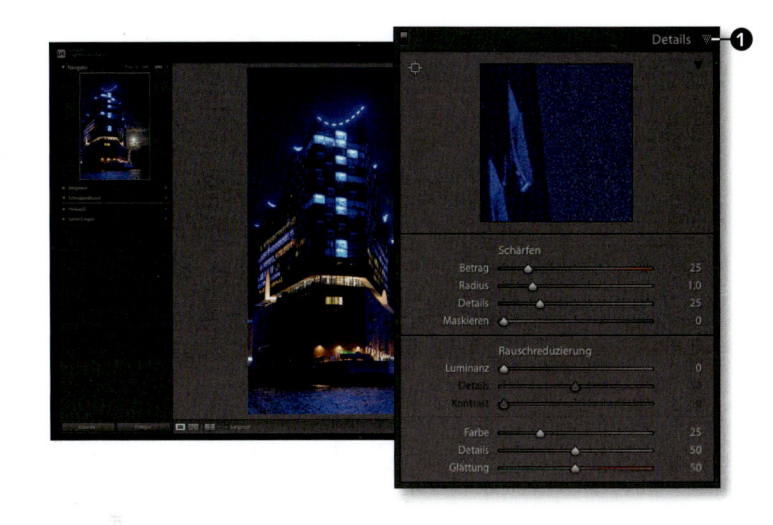

2 Rauschdetail zoomen

Am besten beurteilen Sie die Wirkung immer noch in der 100 %-Ansicht, manchmal sogar in einer vergrößerten 200 %-Ansicht. Mit gedrückter [Strg]/[cmd]-Taste können Sie in einen beliebigen Bildausschnitt hineinzoomen ❸. Zusätzlich können Sie den Bildausschnitt im Bedienfeld DETAILS festlegen. Klicken Sie dazu erst auf das Symbol ❷ und dann an die gewünschte Bildstelle.

Blenden Sie jetzt schon über die Taste [Y] die Vergleichsansicht ein. Mit der [⇧]+[Y]-Taste wechseln Sie auf die geteilte Ansicht.

3 Vorgaben zurücksetzen

Setzen Sie zunächst alle Regler auf 0. Beginnen Sie mit der Scharfzeichnung, die ein Bildrauschen ja nur verstärkt. Setzen Sie dann im unteren Bereich von RAUSCHREDUZIERUNG die unteren Regler für die Detailsteuerungen – also DETAILS und GLÄTTUNG zurück, bevor Sie den FARBE-Regler ❸ zurücksetzen.

Klicken Sie danach in der Werkzeugleiste auf das mittlere Symbol ❹ der Vergleichsansicht. So wird die aktuelle Bildversion zum »Vorher«, dem neuen Vergleichsbild.

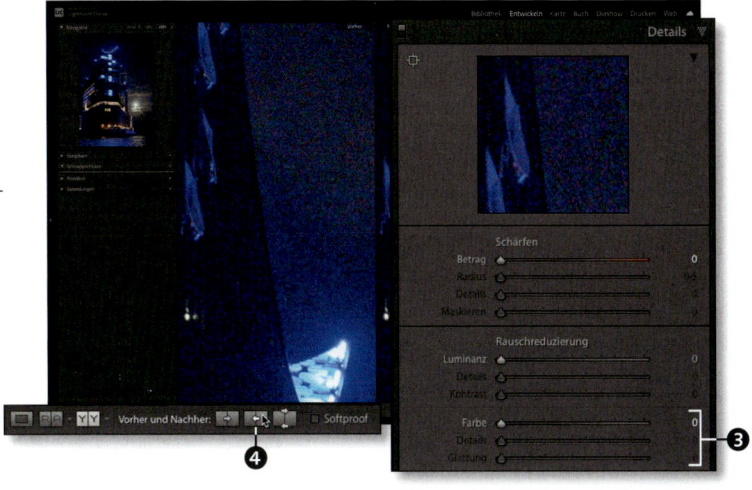

Kapitel 4 | Die Basisentwicklung 151

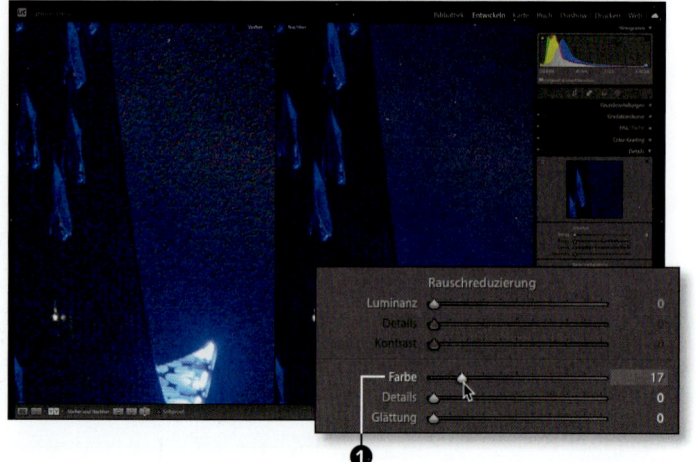

4 Farbrauschen reduzieren

Blenden Sie die komplette linke Bedienfeldreihe über den Pfeil aus, um mehr Platz für die Vergleichsbilder zu haben. Bewegen Sie den Regler Farbe ❶ nach rechts, und sofort werden Sie einen eklatanten Unterschied bemerken: Die Korrektur vermindert das farbige Flimmern – das digitale Rauschen. Über diese Korrektur wird der Farbkontrast verringert, was den gesamten Farbeindruck etwas matter erscheinen lässt. Bewegen Sie den Regler also nur so weit, bis das erste aggressive, körnige Rauschen verschwunden ist.

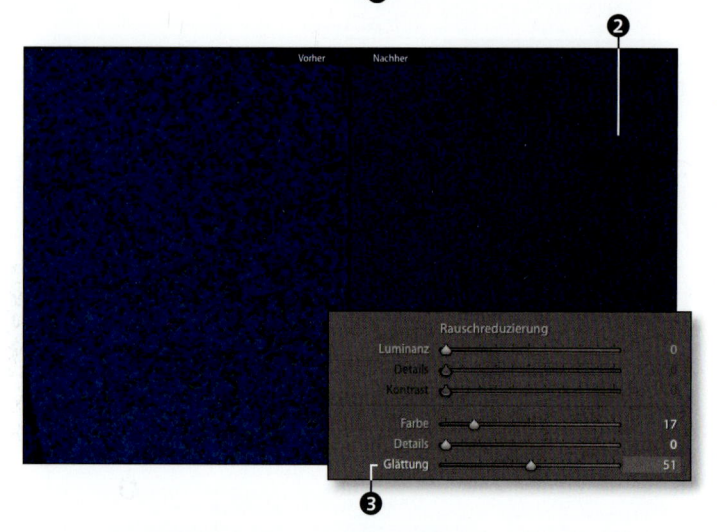

5 Farbwolken glätten

Nachdem die aggressiven, farbigen »Krümel« verschwunden sind, werden Sie noch größere wolkenartige Farbabweichungen ❷ erkennen. Diese sind zwar farblich nicht so aufdringlich, aber trotzdem störend. Hierfür gibt es einen eigenen Regler, den Glättung-Regler ❸. Ziehen Sie diesen vorsichtig nach rechts, und beobachten Sie das Vorschaubild: Die Farbdifferenzen zwischen den Wolken werden verringert, und der Farbeindruck wird geglättet.

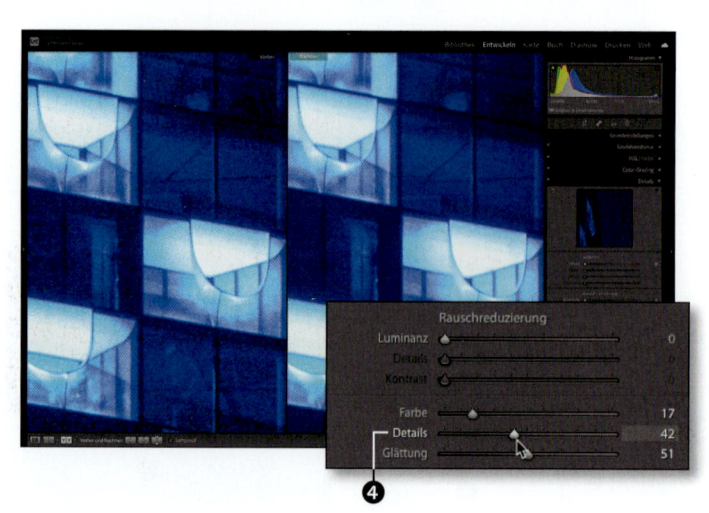

6 Farbdetails verstärken

Falls das Bild durch die Reduzierung des Farbrauschens etwas zu monochrom wirkt, können Sie mit dem Details-Regler ❹ kleine Farbkontraste wieder hervorholen.

Im Prinzip legen Sie mit diesem Regler einen Schwellenwert fest, ab wann die eigentliche Farbrauschreduzierung wirken soll. Je höher der Wert ist, desto mehr Farbdetails kommen zurück. Die Wirkung ist trotzdem ausgesprochen fein – probieren Sie gerne auch hohe Werte aus, und verschieben Sie dafür gegebenenfalls den Bildausschnitt.

7 Luminanzrauschen bearbeiten

Für viele Bilder reicht diese Korrektur schon aus. Bei hohen ISO-Werten werden Sie aber zusätzlich mit einem deutlichen Luminanzrauschen konfrontiert.

Hier zeigt sich der Konflikt bei der Rauschreduzierung. Sobald der Regler LUMINANZ ❺ etwas stärker bewegt wird, verliert das Bild nicht nur das Rauschen, sondern wird auch deutlich weichgezeichnet.

Wägen Sie deshalb genau ab, wie viele Bilddetails Sie der Rauschkorrektur opfern wollen.

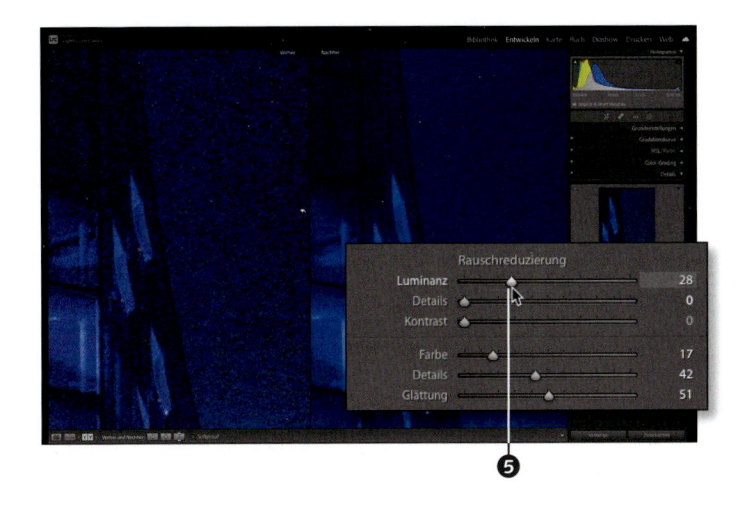

8 Luminanzdetails

Um den negativen Nebeneffekt der Luminanzrauschreduzierung etwas abzumindern, hat auch diese Funktion zwei zusätzliche Detailsteuerungen – die Regler DETAILS und KONTRAST.

Der DETAILS-Regler ❻ rettet den Detailkontrast in ähnlichen Tonwerten. Dazu steuern Sie mit ihm einen Schwellenwert, ab dem die Luminanzkorrektur erst angewendet wird. Die Auswirkungen sind zwar filigran, aber trotzdem wertvoll.

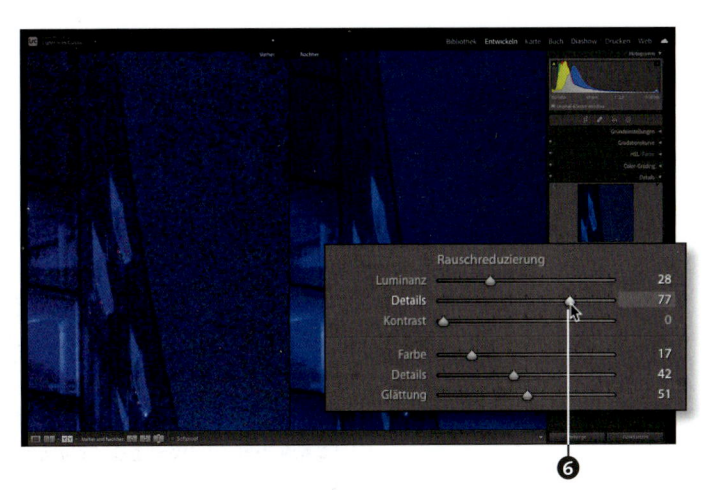

9 Luminanzkontrast

Der KONTRAST-Regler ❼ bildet ein weiteres Gegengewicht zur ungewollten Weichzeichnung der Luminanzrauschreduzierung. Durch diesen Regler wird der Luminanzkontrast – also der Kontrast zwischen hellen und dunklen Bildteilen – wieder verstärkt. Viele Bilddetails erhalten so wieder mehr Schärfe.

Grundsätzlich aber gilt immer noch, dass der LUMINANZ-Regler nur sehr sparsam eingesetzt werden sollte, um die wertvollen Bilddetails nicht zu riskieren.

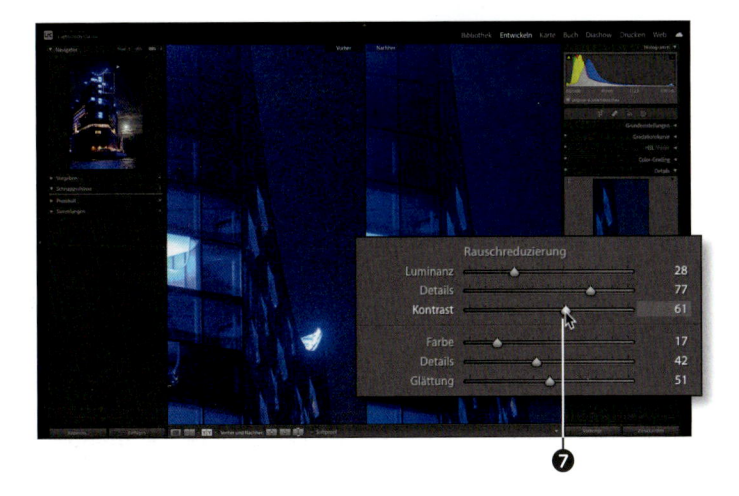

Kapitel 4 | Die Basisentwicklung   153

Blitzaugen korrigieren

Die Blitzkorrektur für Tieraugen

Das Rote-Augen-Werkzeug ist sehr einfach zu handhaben. Meist reicht ein einfaches Umrahmen der Augen für eine automatische Korrektur, die die roten Pupillen einfach schwärzt. Für Tieraugen, deren Pupillen hell und nicht rot ausgeblitzt werden, funktionierte das Werkzeug bisher nicht. Dafür gibt es diese Funktion.

Bearbeitungsschritte
- Ausgeblitzte Pupillen abdunkeln
- Glanzlichter hinzufügen

Ausgangsbild
- Helle Pupillen in ausgeblitzten Augen

[Datei: Blitzaugen]

Foto: Jennifer Hauschildt

1 Die Rote-Augen-Korrektur

Das Rote-Augen-Werkzeug ist schon am Symbol in der Werkzeugleiste leicht zu erkennen. Aktivieren Sie das Werkzeug in der Werkzeugleiste ❶. Darunter finden sich zwei Werkzeug-Optionen: ROTE AUGEN und HAUSTIERAUGEN ❷. Wie Sie das Werkzeug benutzen, wird Ihnen darunter auch gleich erklärt.

Zoomen Sie sich an den Augenbereich heran, zum Beispiel durch einen einfachen Klick in die 1:1-Ansicht.

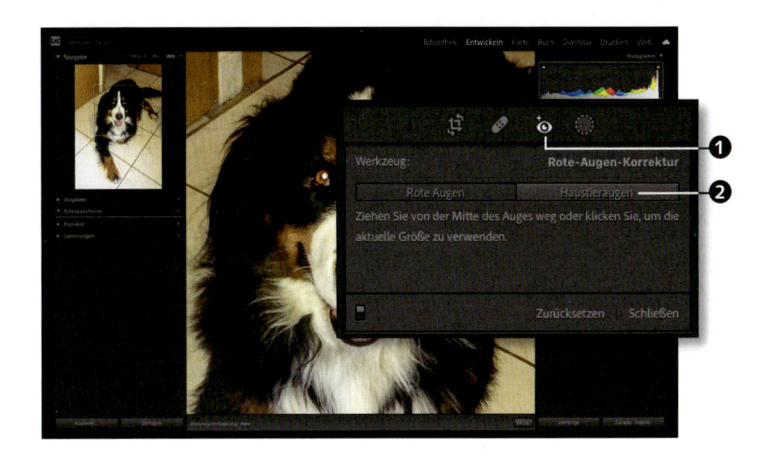

2 Haustieraugen korrigieren

Bei einem Tieraugenmotiv wechseln Sie gleich auf die Option HAUSTIERAUGEN ❸. Machen Sie dann einfach das, was der Hilfetext in dem Fenster sagt: Ziehen Sie von der Mitte der Pupille einen Radius in der ungefähren Größe der Pupille auf. Die Größe wird automatisch eingestellt, kann aber von Ihnen durch Verschieben des Mittelpunktes und durch Ziehen am äußeren Radius angepasst werden.

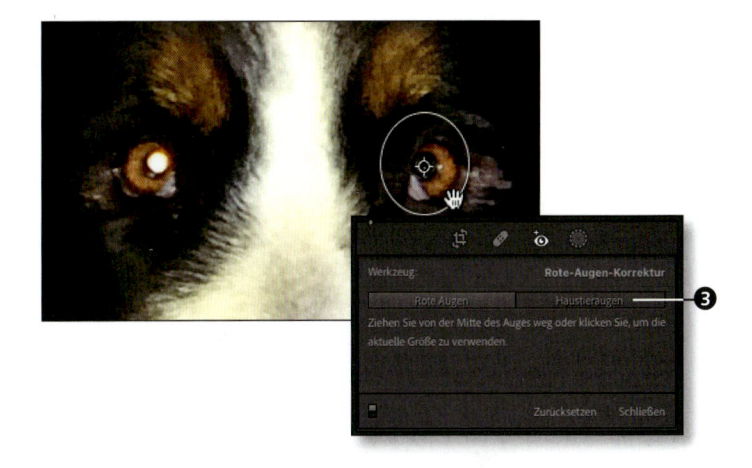

3 Größe und Helligkeit steuern

Sie können die Korrekturen auch über die Schieberegler im Werkzeugfenster steuern. Die PUPILLENGRÖSSE ❹ ist hierüber meist besser zu beurteilen. Die Option GLANZLICHT HINZUFÜGEN ❺ gibt den Augen Lebendigkeit. Dieser kleine Lichtpunkt simuliert das reflektierende Blitzlicht im Auge. Ohne einen Lichtreflex sieht jedes Auge matt und leblos aus.

Wiederholen Sie den Vorgang für das zweite Auge. In den meisten Fällen können Sie den Wert für die Pupillengröße vom ersten Auge übernehmen.

Kapitel 4 | Die Basisentwicklung   155

Individueller Bildkontrast

Global- und Detailkontrast auf den Punkt gesteuert

Jedes Bild benötigt eine individuelle Kontrastkorrektur. Lassen Sie deshalb den pauschalen Kontrastregler links liegen, und machen Sie sich mit besseren Methoden zur Kontrastkorrektur vertraut, wie den Präsenzsteuerungen von Struktur, Klarheit und Dunst entfernen sowie den Gradationskurven. Dieser Workshop zeigt Ansätze für den individuellen Bildkontrast.

Bearbeitungsschritte
- Erste Tonwertanpassung
- Klarheit erhöhen
- Struktur verstärken
- Gradationskurven nutzen

Foto: Maike Jarsetz

Ausgangsbild
- Weiches Licht
- Wenig Detailzeichnung
- Geringer Licht-Schatten-Kontrast

[Datei: Kontrast]

1 Erste Tonwertkorrektur

Fassen Sie die Gradationskurven nicht an, bevor Sie nicht die Tonwerte ausgelotet haben. Wie das geht, haben Sie im Workshop ab Seite 144 gesehen. Die Vorgehensweise können Sie quasi für alle Bilder übernehmen. Gehen Sie dabei behutsam mit den SCHWARZ- und WEISS-Steuerungen vor – maximale Weißwerte ❶ sind nicht in jedem Motiv gefragt. Pendeln Sie diese mit der Alt-Taste aus, und setzen Sie den Wert für ein angenehmes Ergebnis optisch zurück.

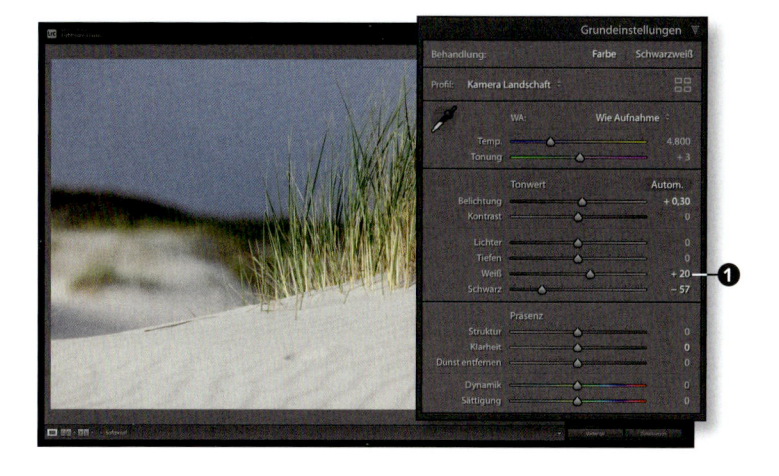

2 Ein Schuss Klarheit

Ja, er ist etwas wie das Glutamat der Bildbearbeitung: Der KLARHEIT-Regler ❷ in den GRUNDEINSTELLUNGEN gibt jedem Landschaftsbild den richtigen Biss. Er verstärkt den Kontrast zwischen sehr hellen und dunklen Details und wirkt sich schnell aus. Standardwerte gibt es hier nicht; da der KLARHEIT-Regler aber nur in den Details arbeitet, sind auch höhere Werte erlaubt.

Seien Sie jedoch vorsichtig, wenn Sie vorher das Rauschen reduziert haben, dieses wird durch die Klarheit wieder verstärkt.

3 Das Rezept gegen flaue Bilder

Bei sehr flauen Motiven können Sie zusätzlich den Kontrast in den Mitteltönen über den DUNST-ENTFERNEN-Regler ❸ erhöhen. Dieser arbeitet in größeren Bildbereichen als die Klarheit und erhöht zusätzlich noch die Intensität der Farben. Eine weitere Verstärkung der Bildfarben über den DYNAMIK-Regler ist in diesem Fall selten nötig.

Kapitel 4 | Die Basisentwicklung

4 Struktur verstärken

Feine Details, wie sie in Naturaufnahmen oft vorkommen, können Sie zusätzlich mit dem STRUKTUR-Regler ❶ verstärken.

Dieser Mikrokontrast grenzt schon an eine Scharfzeichnung. Behalten Sie deshalb das Grundrauschen im Bild im Blick, während Sie mit diesem Regler korrigieren. Zoomen Sie sich am besten in die 100 %-Ansicht, um die Auswirkungen in allen Bildbereichen genau beurteilen zu können. In vielen Motiven erhöht ein kleiner Schuss Struktur die Brillanz.

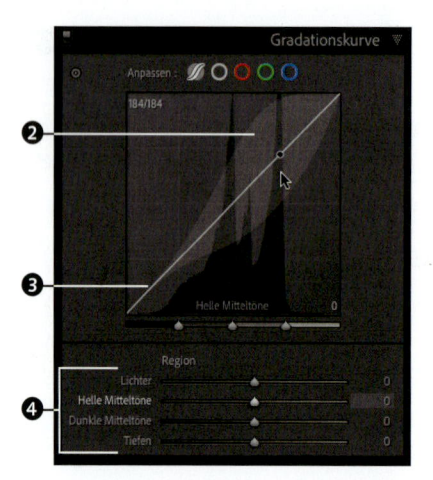

5 Parametrische Gradationskurven

Beim ersten Öffnen der Gradationskurve stoßen Sie zuerst auf die sogenannte PARAMETRISCHE GRADATIONSKURVE, die Sie über die vier Schieberegler unter REGION ❹ verändern können. Die Einstellungen hier ähneln den Grundeinstellungen, allerdings bekommen Sie die Auswirkungen in Kurvenform oben ❸ angezeigt und können sie auch direkt bearbeiten.

Die hellgrau gekennzeichnete Zone ❷ gibt Ihnen den maximalen Änderungsbereich vor. So können Sie nicht überkorrigieren.

6 Motivkontrast finden

Jedes Bild benötigt eine andere Kontrastkorrektur. Aktivieren Sie deshalb per Klick das Punktwerkzeug ❺ oben links im Bedienfeld.

Das Beispielbild lebt durch die Strukturen im Dünensand. Klicken Sie auf einen hellen Bereich, und ziehen Sie den Zeiger nach oben ❻. Umgekehrt ziehen Sie für eine Abdunklung der Schatten nach unten und steigern so den Kontrast im Motiv.

Vielleicht stellen Sie aber fest, dass die parametrische Kurve nicht genau den Tonwertbereich korrigiert hat, den Sie wollten.

7 Die Punktkurve

Für eine fortgeschrittenere und exakter auf das Motiv anzuwendende Korrektur gibt es noch eine weitere Option: Klicken Sie auf das weiße Kreissymbol ❽ in der ANPASSEN-Zeile, um auf die Punktkurve zu wechseln.

Diese können Sie völlig frei verändern – unabhängig von Reglern und festen Bearbeitungsbereichen. Für Photoshop-Erfahrene eine Selbstverständlichkeit – für Gradationsnovizen etwas gewöhnungsbedürftig, aber leicht zu erlernen, denn auch hier klappt der Trick mit dem kleinen Punktwerkzeug ❼.

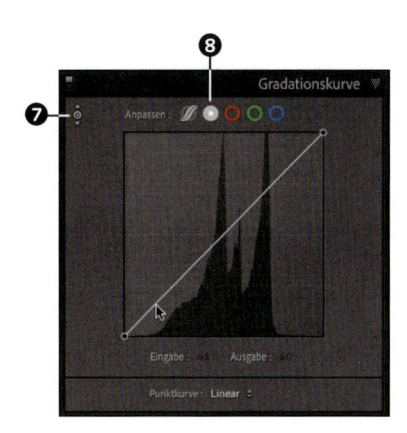

8 Bildbereiche schützen

Das Punktwerkzeug können Sie auch nutzen, um bestimmte Tonwertbereiche vor der Bearbeitung zu schützen, die sonst zu stark von der Gradationskurve beeinflusst würden.

Klicken Sie mit dem Werkzeug auf einen jetzt schon dunklen Schattenbereich ❾, der in der Helligkeit fixiert werden soll, und auf den hellsten Sandton ❿. Diese Punkte werden auf der Gradationskurve fixiert ⓫.

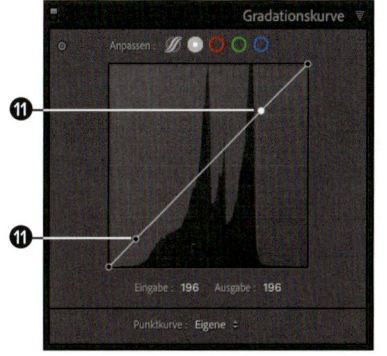

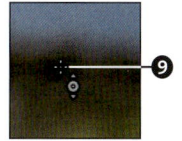

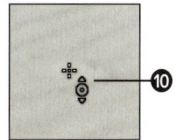

9 Punktkurve bearbeiten

Zwischen den eben fixierten Tonwerten können Sie jetzt noch einen leichten Mitteltonkontrast ausarbeiten.

Klicken und ziehen Sie auf den Sandtönen ⓬, die zwischen den eben auf der Gradationskurve fixierten Tönen liegen ⓭. Ziehen Sie auf den noch recht hellen Schattentönen im vorderen Sand nach unten. Die Kurve wird zwischen den fixierten Punkten steiler. So wird das Licht- und Schattenspiel auf dem Sand kontrastreicher und deutlicher.

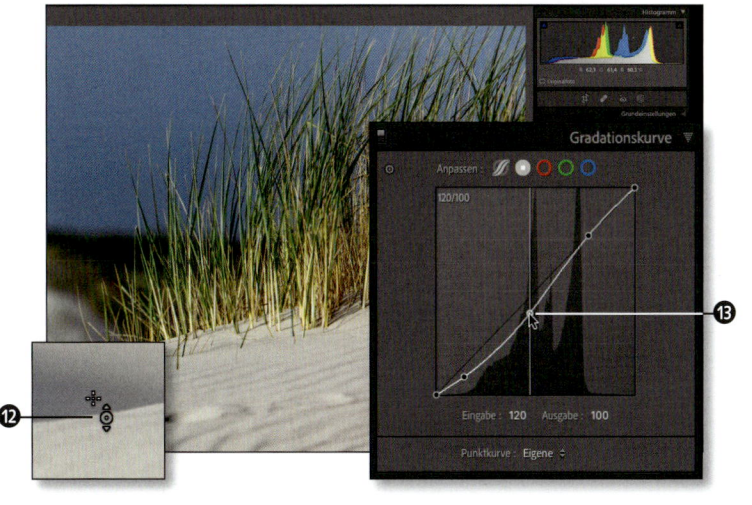

Kapitel 4 | Die Basisentwicklung   **159**

Licht- und Schattenkontrast

Kritische Tonwerte in den Griff bekommen

Was wir mit dem Auge wahrnehmen, ist nicht unbedingt mit dem Kamerasensor einzufangen. Ein zu starker Kontrast zwischen Licht und Schatten muss aber nicht gleich ein HDR-Programm auf den Plan rufen. Wenn man die richtigen Tonwertregler in Lightroom kennt, sind die Lichter und Schatten schnell korrigiert.

Bearbeitungsschritte
- Lichter und Schatten öffnen
- Weiß- und Schwarzdetails erhalten
- Detailkontrast nachsteuern

Nachher

Vorher

Foto: Maike Jarsetz

Ausgangsbild
- Harter Licht-Schatten-Kontrast
- Zulaufende Schatten
- Kritische Lichter

[Datei: Licht-Schatten]

1 Histogramm-Warnungen

Behalten Sie bei der Korrektur solch schwieriger Tonwertverhältnisse wie in diesem Beispielbild unbedingt das Histogramm im Blick. Schon der erste Blick zeigt zwei weiße Dreiecke ❷, die ausgefressene Lichter und zulaufende Schatten signalisieren. Ein Klick auf die Dreiecke aktiviert eine Tiefen- und Lichterwarnung direkt im Bild. Beschnittene Lichter werden rot ❶, beschnittene Tiefen blau ❸ markiert.

2 Lichter und Schatten prüfen

Die kritischen Bereiche können Sie auch noch deutlicher machen: Ziehen Sie den KLARHEIT-Regler ❺ in den GRUNDEINSTELLUNGEN deutlich nach oben. Dieser verstärkt den Tiefen-Lichter-Kontrast und wird in den Markierungen ❹ und im Histogramm schneller sichtbar.

Diese Markierungen sind zwar einerseits sehr nützlich, können aber bei der Bildbeurteilung auch störend sein. Deaktivieren Sie sie deshalb durch einen Klick auf die Dreiecke im Histogramm nach der ersten Prüfung wieder.

3 Der Trick mit der Alt-Taste

Eine flexiblere und genauere Kontrolle erhalten Sie, wenn Sie beim Bewegen der Tonwertregler die Alt-Taste drücken. So wird das Bild ausgeblendet – bei Ziehen des BELICHTUNG-, LICHTER- und WEISS-Reglers nach Schwarz ❻, bei Ziehen des TIEFEN- oder SCHWARZ-Reglers nach Weiß ❼ –, und nur kritische Pixel werden weiß bzw. schwarz markiert.

Farbige Pixel signalisieren übrigens, dass der Beschnitt nur in einem oder zwei Kanälen stattfindet – das ist erst kritisch, wenn es ganze Flächen betrifft.

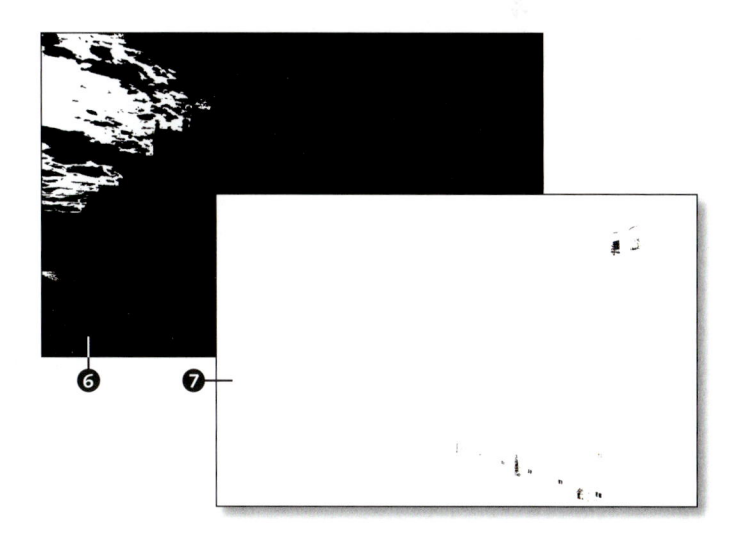

Kapitel 4 | Die Basisentwicklung

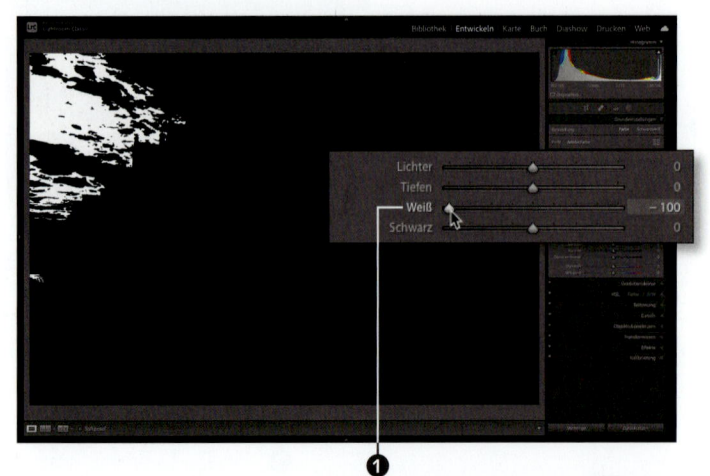

4 Weiß-Grenzwert bestimmen

Mit dem WEISS-Regler ❶ steuern Sie die Spitzlichter, die in diesem Motiv in erster Linie im überstrahlenden Himmel zu berücksichtigen sind.

Ziehen Sie diesen Regler jetzt nach links in den negativen Bereich, und halten Sie dabei die [Alt]-Taste gedrückt. Eigentlich dürfen sich die weiß markierten, ausgefressenen Lichter nur noch auf kleine Pixelbereiche beschränken. Bei dem vorherrschenden Gegenlicht stößt man allerdings an die Grenzen.

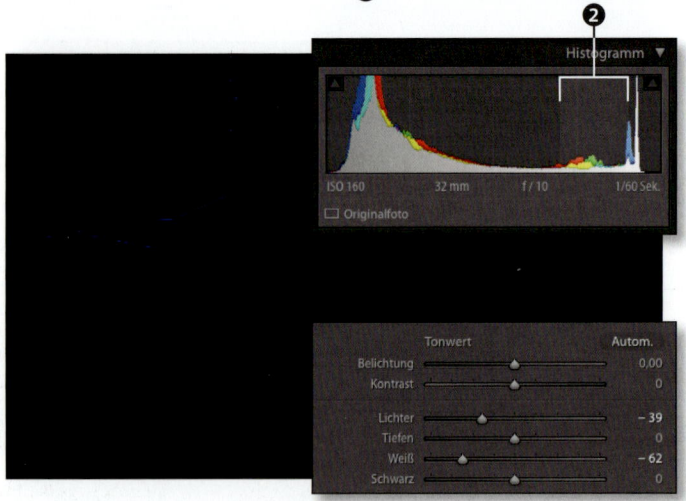

5 Lichter steuern

Arbeiten Sie jetzt mit dem LICHTER-Regler weiter, um die ausgefressenen Lichter noch weiter zu korrigieren und die Details in den hellen Bereichen zurückzuholen. Auch hier können Sie mit der [Alt]-Taste die Korrektur steuern.

Lassen Sie die [Alt]-Taste los, um die Lichter optisch zu beurteilen – kleine Reflexe oder Überstrahlungen sind zu vertreten. Im Histogramm erkennen Sie genau, welche Tonwerte Sie gerade bearbeiten ❷.

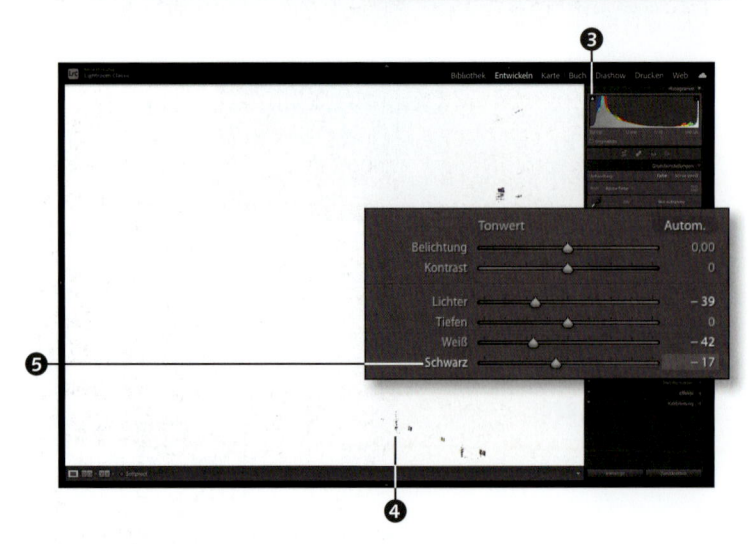

6 Schwarzdetails bearbeiten

Legen Sie jetzt den Grenzwert für Schwarz fest. Hier müssen kritische Bereiche korrigiert, aber trotzdem Tiefendetails erhalten bleiben. Ziehen Sie den SCHWARZ-Regler ❺ mit der [Alt]-Taste nach links für mehr, nach rechts für weniger Schwarzbereiche. Korrigieren Sie nur so weit, bis noch letzte schwarze Pixel ❹ erkennbar sind.

Lassen Sie sich nicht von der Warnung für den Tiefenbeschnitt ❸ irritieren: Solange keine Flächen in der Vorschau markiert sind, laufen die Schwarztöne nicht zu.

162 Kapitel 4 | Die Basisentwicklung

7 Schatten aufhellen

Da die Schatten im Bild nach wie vor sehr schwer wirken, müssen Sie zusätzlich über den TIEFEN-Regler die dunklen Mitteltöne aufhellen. Erhöhen Sie den Wert für die TIEFEN ❻ – und zwar deutlich. Schieben Sie den Regler nach rechts, bis sich die Schatten deutlich aufgehellt haben.

Falls das Bild jetzt ein bisschen flach wirkt, können Sie das gleich noch optimieren.

8 Detailkontrast erhöhen

Durch das gleichzeitige Absenken der Lichter und das Aufhellen der Tiefen hat das Bild natürlich den ursprünglichen Kontrast verloren – das war ja auch das Ziel.

Dafür holen wir jetzt den Kontrast im Detail zurück. Nutzen Sie wieder den beliebten KLARHEIT-Regler ❽, und erhöhen Sie den Wert durch Ziehen nach rechts. Höchstwahrscheinlich entstehen dadurch wieder Spitzlichter oder tiefe Schatten. Das können Sie aber über die Warndreiecke ❼ im Histogramm prüfen.

9 Der Balanceakt

Optisch ist das Bild jetzt perfekt. Nun geht es nur noch um das Finetuning. Aktivieren Sie die Vergleichsansicht über die Y-Taste, prüfen Sie das Ergebnis, und nehmen Sie gegebenenfalls noch Korrekturen vor.

Besonders die KLARHEIT muss immer wieder mit dem SCHWARZ- und WEISS-Regler abgeglichen werden. Falls das Bild in den Mitteltönen immer noch zu flach wirkt, korrigieren Sie es in den Gradationskurven mit der Punktkurve. Wie genau, lesen Sie ab Seite 156.

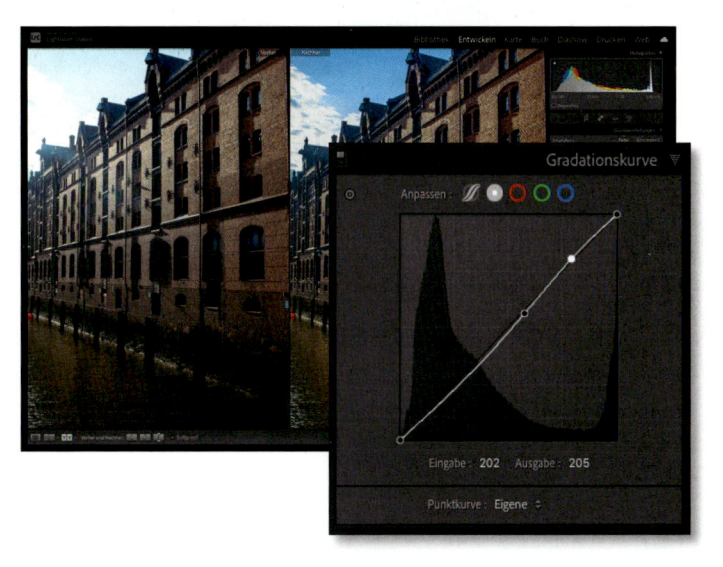

Kapitel 4 | Die Basisentwicklung

Flaue Bilder korrigieren

Wie der Dunst-entfernen-Regler helfen kann

Sie haben jetzt schon mehrere Strategien kennengelernt, aus einem Motiv den Kontrast herauszukitzeln. Bei sehr flauen oder dunstigen Bildern kommt der globale Kontrast oft an seine Grenzen. Jetzt geht es darum, sich nur noch um den Kontrast in flauen Bildbereichen zu kümmern. Und genau das macht der Dunst-entfernen-Regler.

Bearbeitungsschritte
- Basis-Tonwertkorrektur
- Dunst entfernen
- Klarheit verbessern

Foto: Maike Jarsetz

Ausgangsbild
- Dunstiges Streulicht
- Keine Kontraste
- Flaue Farben

[Datei: Dunstig]

1 Basiskorrekturen

Auch bei Motiven mit solch besonderem Korrekturbedarf beginnen Sie immer auf die gleiche Art und Weise, nämlich mit den ersten Tonwertkorrekturen, die mit dem Schwarz- und Weißpunkt starten und dann die Mitteltöne ausloten. Damit steigern Sie den Kontrast schon um ein gewaltiges Stück, der dunstige, flaue Charakter des Bildes ist aber noch deutlich zu erkennen.

2 Dunst entfernen

Der Regler DUNST ENTFERNEN ❶ findet sich in den PRÄSENZ-Einstellungen, zusammen mit den Detailkontrast-Korrekturen STRUKTUR und KLARHEIT. Wenn Sie den DUNST-ENTFERNEN-Regler nach rechts ziehen, merken Sie sofort, wie der Kontrast in den dunstigen Bereichen verstärkt wird.

Das Bild klart auf – vorzugsweise in größeren Bildbereichen, die vorher geringen Kontrast gezeigt haben. Gleichzeitig werden auch noch die Farben intensiviert.

3 Klarheit für die Details

Das Ergebnis ist so schon beeindruckend, aber überreizen Sie diesen Regler nicht. Unangenehme Randerscheinungen sind sehr schwere Schatten und eventuell unnatürlich intensive Farben. Hier können Sie mit einer Aufhellung der TIEFEN ❷ und einer Reduzierung der DYNAMIK ❹ gegenarbeiten.

Perfektionieren Sie das Ergebnis mit einer weiteren Klarheitskorrektur ❸. So erhalten die Details noch ein bisschen mehr Brillanz, und bisher noch flaue Details kommen noch besser heraus.

Kapitel 4 | Die Basisentwicklung

Bildausschnitt festlegen

Stellen Sie das Bild in ein neues Format frei

Mit dem Bildausschnitt bestimmen Sie entscheidend die Bildaussage. Das Freistellungswerkzeug stellt Ihnen sowohl vordefinierte klassische Seitenverhältnisse als auch verschiedene Überlagerungen, wie den Goldenen Schnitt, zur Verfügung. Diese erleichtern Ihnen eine ausgewogene Komposition im Bildausschnitt.

Bearbeitungsschritte
- Klassisches Bildformat 5 × 7 wählen
- Bildaufteilung nach Goldenem Schnitt
- Bildausschnitt freistellen

Ausgangsbild
- Zu großer Bildausschnitt
- Seitenverhältnis 2:3

[Datei: Ausschnitt]

Foto: Maike Jarsetz

1 Hilfslinien für die Freistellung

In der rechten Werkzeugleiste oder über die Taste R wählen Sie die Freistellungsüberlagerung ❶. Die dann eingeblendete Überlagerung können Sie über das Menü Werkzeug • Freistellungsüberlagerung und das Funktionsfenster Seitenverhältnisse auswählen bestimmen. Per Klick lassen sich hier klassische Seitenverhältnisse auswählen ❷, die dann mit Hilfslinien angezeigt werden.

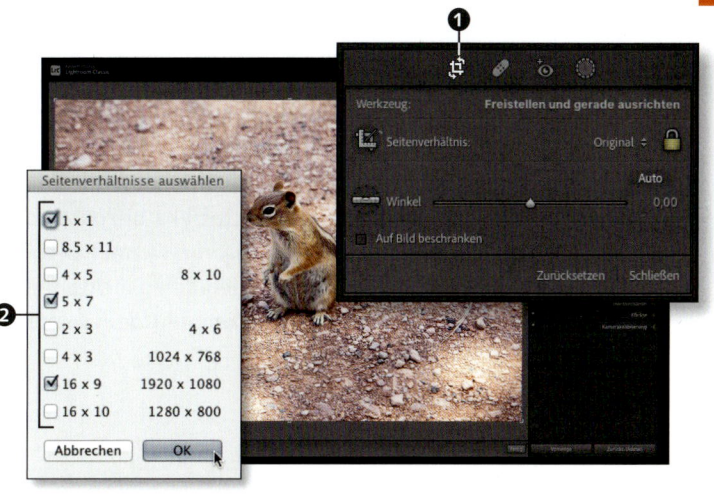

2 Seitenverhältnis wählen

Um ein Seitenverhältnis für den gewünschten Bildausschnitt zu wählen, können Sie auch das Popup-Menü ❸ in der Freistellungsüberlagerung öffnen. Wählen Sie für ein klassisches Fotoabzugsformat 5 × 7. Natürlich können Sie auch eigene Seitenverhältnisse eingeben ❺. Am Schloss-Symbol ❹ erkennen Sie, dass das vorgewählte Seitenverhältnis für den Bildausschnitt fixiert ist. Sie können den Bildausschnitt jetzt durch Ziehen an den Eckpunkten ❻ verändern. Über die Taste H blenden Sie die Hilfslinien ein und aus.

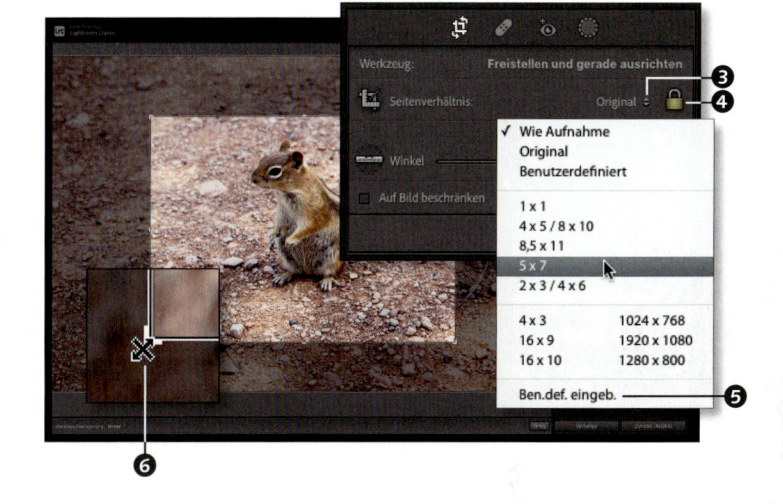

3 Ausschnitt festlegen

Wenn Sie den Bildausschnitt innerhalb eines aufgezogenen Rahmens verschieben wollen, klicken Sie auf das Bild, und bewegen Sie es mit gedrückter Maustaste.

Auch da hilft Ihnen wieder die Freistellungsüberlagerung. Blenden Sie sie mit der H-Taste wieder ein, und wechseln Sie über die O-Taste – oder über das Menü – die Art der Überlagerung zum Goldenen Schnitt ❼. So können Sie den Motivmittelpunkt ausgewogen positionieren. Drücken Sie die ⏎-Taste, um die Freistellung zu bestätigen.

Kapitel 4 | Die Basisentwicklung   167

Horizont ausrichten

Fotos mit dem Gerade-ausrichten-Werkzeug begradigen

Die schnelle Begradigung schiefer Horizonte oder Bildvertikalen nehmen Sie gleichzeitig mit der Ausschnittsänderung vor. Denn hier steht Ihnen auch eine praktische Wasserwaage zur Verfügung, das Gerade-ausrichten-Werkzeug. Das funktioniert sogar automatisch – einfacher und schneller geht das Geraderücken kaum.

Bearbeitungsschritte
- Horizont gerade ausrichten

Ausgangsbild
- Schiefer Horizont

[Datei: Horizont]

Foto: Maike Jarsetz

1 Die Freistellungsüberlagerung

Die FREISTELLUNGSÜBERLAGERUNG beinhaltet nicht nur das Freistellungswerkzeug, sondern auch das Gerade-ausrichten-Werkzeug ❸ inklusive einer Winkelangabe für die Ausrichtung ❹.

Öffnen Sie das entsprechende Fenster durch einen Klick auf das Symbol ❷ oder mit der Taste R. Der Freistellungsrahmen und das überlagernde Raster ❶ sind sofort sichtbar. Die Raster können Sie mit O wechseln und mit H ausblenden.

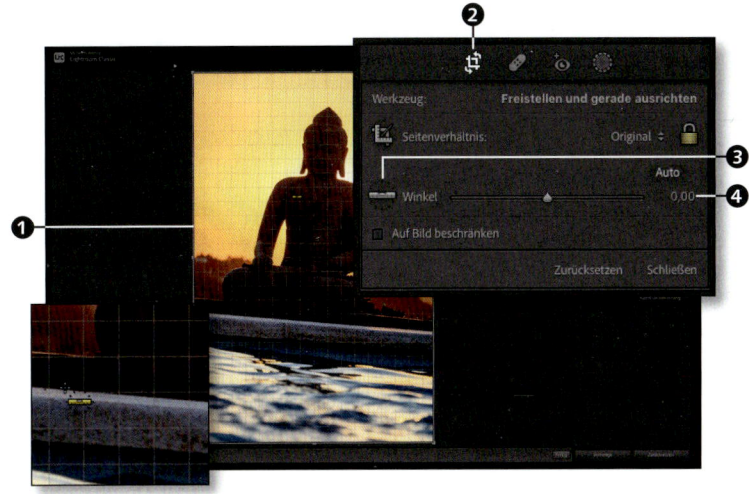

2 Die Wasserwaage

Aktivieren Sie das Gerade-ausrichten-Werkzeug durch einen Klick auf das Wasserwaagen-Symbol ❸. Ziehen Sie mit dem Werkzeug und gedrückter Maustaste über den Horizont ❼ oder eine andere Bildgerade, um diese horizontal oder vertikal auszurichten.

Die Ausrichtung findet statt, wenn Sie den Mauszeiger loslassen. Alternativ können Sie auch auf die Schaltfläche AUTO ❺ oder mit ⇧ doppelt auf den WINKEL-Regler ❻ klicken. Lightroom richtet nach einer dominanten Linie im Bild aus.

3 Automatischer Ausschnitt

Parallel zur Ausrichtung ist das Bild auch gleich auf einen rechteckigen Rahmen beschnitten worden. Diesen können Sie genauso wie auch die Bildrotation verändern. Bewegen Sie den Mauszeiger außerhalb des Formatrahmens ❾, um noch manuell weiterzurotieren, oder nutzen Sie die Winkelangabe ❽, die Sie per Schieberegler verändern können. Durch die ↵-Taste, die Taste R oder einen weiteren Klick auf die Werkzeugleiste wird die Ausrichtung angewendet.

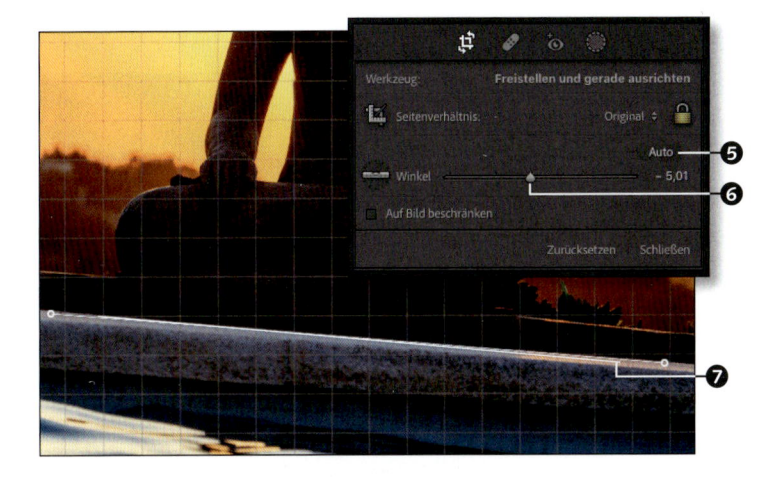

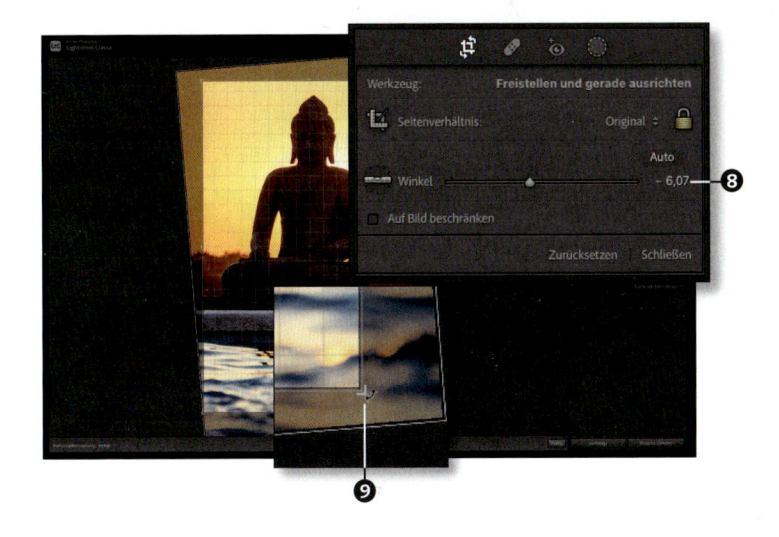

Kapitel 4 | Die Basisentwicklung

Auf den Punkt schärfen

Scharfzeichnung für Originale und Exportformate

Die Scharfzeichnung in Lightroom geht über einen simplen Regler hinaus. Sie schärfen ein Bild immer in Originalgröße, aber auch das Endformat können Sie schon schärfen, wenn Sie einen kleinen Umweg gehen und dann alle Schärfeparameter in einer sinnvollen Reihenfolge anwenden. Welche das ist, sehen Sie auf diesen Seiten.

Bearbeitungsschritte

- Scharfzeichnung der Details
- Flächen ruhig halten
- Exportformate nachschärfen

Foto: Maike Jarsetz

Vorher

Nachher

Ausgangsbild

- Ungeschärfte Raw-Datei

[Datei: Schaerfen]

1 Detailarbeit

Im DETAILS-Bedienfeld ❶ finden Sie die Steuerungen für die Scharfzeichnung. Im Standard ist eine geringe Vorschärfung eingestellt, auf deren Basis Sie weiterarbeiten können.

Prinzipiell gilt auch für Raw-Daten, dass die Scharfzeichnung von der finalen Ausgabegröße abhängig ist. Deshalb geht es zunächst nur um eine allgemeine Grundschärfung.

Nach dem Export der Bilder können Sie eine zusätzliche, größenspezifische Nachschärfung durchführen (siehe ab Schritt 7).

S 244

2 100%-Ansicht und Zoombereich

Nutzen Sie den Detailzoombereich ❹, um einen besonders prägnanten Bildbereich zu kontrollieren. Klicken Sie auf das Symbol ❸ links oben im Bedienfeld und danach auf die gewünschte Bildstelle.

Zoomen Sie sich auch im Vorschaufenster in die 100%-Ansicht ❷. Auch wenn Sie in anderen Zoomstufen die Schärfewirkung ebenfalls erkennen können, ist sie so immer noch am besten zu beurteilen.

3 Schärfen-Betrag hochziehen

Bewegen Sie als Erstes den Regler für den BETRAG ❺ einfach ganz nach rechts. Die wirkliche Schärfewirkung können Sie erst in Kombination mit dem RADIUS- und DETAILS-Regler abstimmen. Deshalb starten Sie mit einem hohen Betrag, der gleich korrigiert wird. In Lightroom ist es schwierig, ein Bild zu überschärfen. Der kritische Bereich ist am Schieberegler rot gekennzeichnet. So bleibt die Gefahr der Artefakte durch Überschärfung relativ gering.

Kapitel 4 | Die Basisentwicklung 171

4 Radius herausfinden

Mit dem RADIUS ❶ geben Sie den Bereich an, innerhalb dessen der Bildkontrast durch den BETRAG gesteigert werden soll. Beides zusammen ergibt den schärferen Gesamteindruck. Wählen Sie den Radius nicht zu groß, sonst nimmt die Gefahr der Artefaktbildung zu. Über den hohen BETRAG bei SCHÄRFEN erkennen Sie diese Artefakte sofort. Nachdem Sie den Radius ausgelotet haben, können Sie den BETRAG wieder bis zu einer angenehmen Scharfzeichnung zurückfahren.

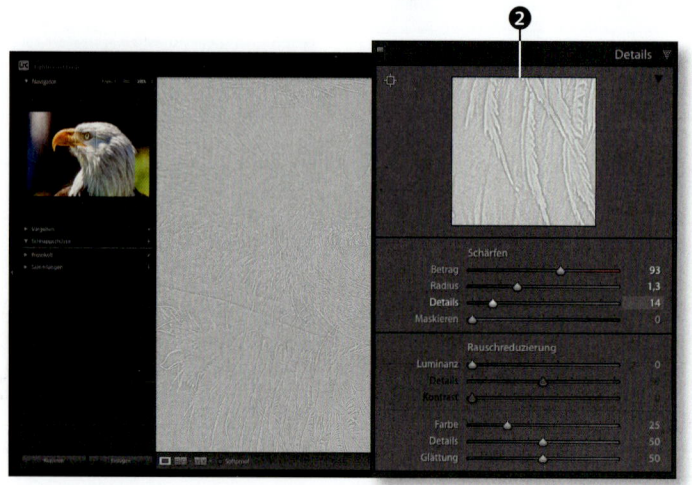

5 Schwerpunkt auf die Details

Der DETAILS-Regler sorgt dafür, dass die Details des Bildes stärker geschärft werden als die Flächen. Wie er das macht, erkennen Sie, wenn Sie die [Alt]-Taste gedrückt halten, während Sie am Regler ziehen: An den Bilddetails werden reliefartige Konturen ❷ aufgebaut, die mit dem Originalbild überlagert werden und so den Kontrast an den Kanten verstärken.

Lassen Sie die [Alt]-Taste wieder los, um die Detailschärfung im Bild zu beurteilen.

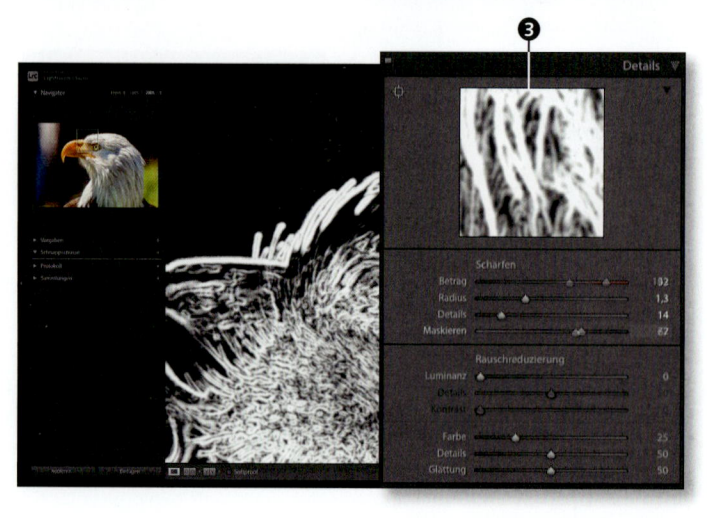

6 Flächen maskieren

Fast immer wirkt sich die Scharfzeichnung ungünstig auf ruhige Bildbereiche aus. Da hilft der MASKIEREN-Regler, der durch eine Maske die Flächen schützt.

Auch hier kontrollieren Sie mit gedrückter [Alt]-Taste den Einfluss des Reglers: In ähnlichen Tonwerten wird eine schwarze Maske ❸ aufgebaut, die die Scharfzeichnung aus diesen Flächen ausschließt. Diese Ansicht dient hier aber nur dem Verständnis, die Wirkung beurteilen Sie besser am realen Bild.

7 Kleinere Formate exportieren

Um ein kleineres Bildformat nachzuschärfen, müssen Sie es zuerst exportieren. Drücken Sie für das ausgewählte Bild die Tastenkombination [Strg]/[cmd]+[⇧]+[E], um direkt zu exportieren.

Wenn Sie weiterhin mit Raw-Daten, aber im kleineren Format arbeiten wollen, exportieren Sie als DNG mit VERLUSTREICHE KOMPRIMIERUNG VERWENDEN ❺ und ändern dann die Bildgröße ❻. Aktivieren Sie unbedingt die Option DIESEM KATALOG HINZUFÜGEN ❹.

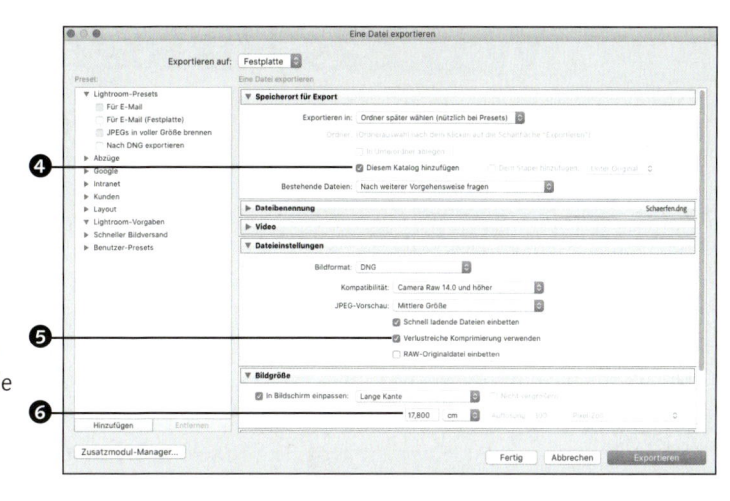

8 DNG-Schärfung anpassen

Nachdem der Export abgeschlossen ist, wechseln Sie über die Taste [G] in die Bibliothek und wählen dort im Bereich KATALOG das Bild, das DURCH VORHERIGEN EXPORT HINZUGEFÜGT wurde ❼. Mit der Taste [D] wechseln Sie wieder in die Entwicklung.

Im Falle eines DNG-Exports sind die vorgenommenen SCHÄRFEN-Werte noch aktiv und werden jetzt für die neue Größe angepasst.

9 Bilddateien nachschärfen

Anders ist das, wenn Sie JPEGs, TIFFs oder PSD-Dateien exportiert haben. Der BETRAG-Regler steht jetzt wieder auf 0 ❽.

Die Schärfung für das kleinere Format führen Sie jetzt auch in der 100%-Ansicht durch, aber mit erheblich geringeren Werten für BETRAG und RADIUS.

Für die Nachschärfung gehen Sie in gleicher Reihenfolge vor, wie es in Schritt 1 bis 6 beschrieben wurde.

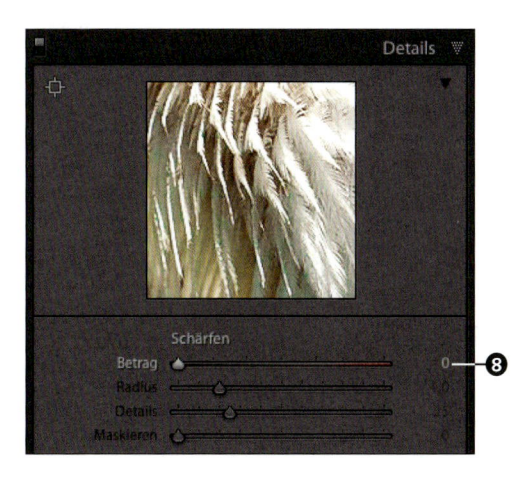

Kapitel 4 | Die Basisentwicklung 173

Grundlagenexkurs

Was das Histogramm verrät …

… und wie Sie es für die Bildentwicklung nutzen

Ein Blick auf das Histogramm verrät Ihnen viel über den Korrekturbedarf eines Bildes, denn es ist die visuelle Bildstatistik.

In der **Horizontalen** repräsentiert das Histogramm die Tonwerte vom reinen Schwarz ❶ bis zum reinen Weiß ❸. Die Tonwerte werden in Lightroom in 0–100 % ❹ angegeben und nicht in den sonst gängigen 256 Tonwertstufen. In der **Vertikalen** zeigt die Höhe des Ausschlags ❷ die Menge der vorhandenen Pixel für den jeweiligen Tonwert an.

Im ENTWICKELN-Modul geht die Funktion des Histogramms über eine reine Bildstatistik hinaus. Die **Warnungen** für die Tiefen- ❽ und Lichterbeschneidung ❾ kennzeichnen, wenn Tonwerte aus dem Tonwertbereich herausfallen – also beschnitten werden.

Ein weißes Dreieck ❽ signalisiert, dass alle drei Farbkanäle beschnitten werden – und damit die Lichter ausfressen oder die Tiefen zulaufen. Ein farbiges Dreieck ❾ gibt an, in welchem Kanal ein Beschnitt vorliegt. Dieser Fall ist weniger gravierend, kann aber einen Zeichnungsverlust zur Folge haben.

Ein Klick auf die weißen Dreiecke sorgt während der Korrektur permanent dafür, dass beschnittene Tonwerte im Bild farbig markiert werden. Bewegen Sie die Maus über die Dreiecke, ohne zu klicken, um diese Markierung temporär einzublenden.

Wenn Sie die Maus über das Bild bewegen, werden Ihnen die jeweiligen **Tonwertanteile** ❹ im Histogramm angezeigt. Diese werden standardmäßig in RGB-Prozentwerten angegeben, das können Sie aber auch in LAB-Werte ❿ umstellen. Klicken Sie dazu mit der rechten Maustaste auf das Dreieck ❾, so öffnet sich ein kontextsensitives Menü, in dem Sie mehrere Histogramm-Anzeigen steuern können: die Anzeige der Warndreiecke ❺, die Information zum aktuell bearbeiteten Tonwertbereich ❻ und die Umstellung auf die LAB-Werte ❼ in der Anzeige.

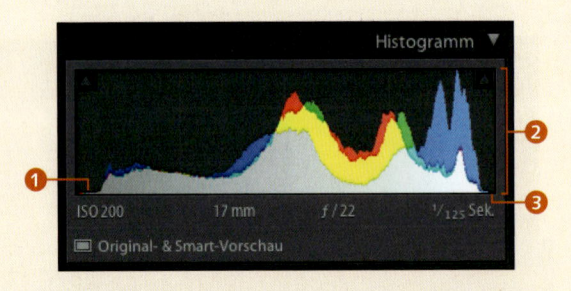

▲ Das Histogramm steht in den Modulen BIBLIOTHEK und ENTWICKELN zur Verfügung. In der unteren Zeile werden die wichtigsten EXIF-Daten aufgelistet. Zusätzlich wird angezeigt, ob das Bild im Original und/oder als Smart-Vorschau vorliegt.

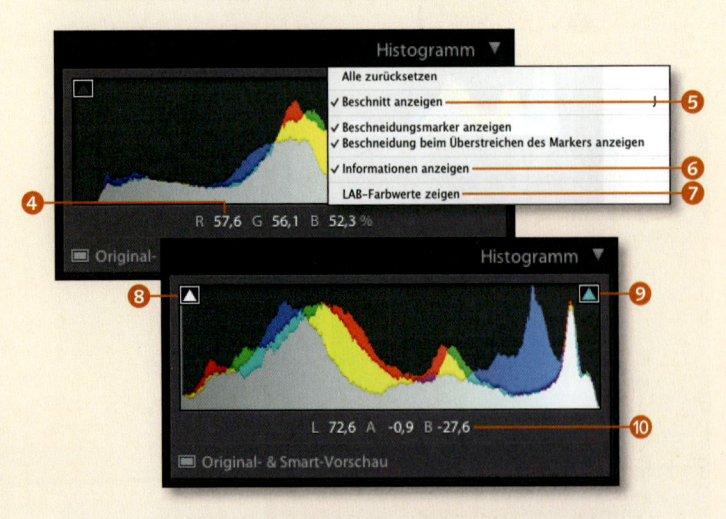

▲ Im ENTWICKELN-Modul können Sie aktuelle Farbwerte in RGB und LAB ablesen. Die Einstellung und andere Zusatzfunktionen steuern Sie per Rechtsklick auf eines der Dreiecke für die Lichter- bzw. Tiefenwarnung.

174 Kapitel 4 | Die Basisentwicklung

Grundlagenexkurs

Wenn Sie in der Werkzeugleiste des ENTWI-CKELN-Moduls den SOFTPROOF ausgewählt haben, ändern sich die Funktionen und Anzeigen am Histogramm. Im Popup-Menü PROFIL ⑬ wählen Sie das Ausgabeprofil für den Softproof. Die Warnungen zur Tiefen- und Lichterbeschneidung weisen Sie auf Farben hin, die außerhalb des Monitorumfangs ⑪ oder des Zielfarbraums ⑫ liegen.

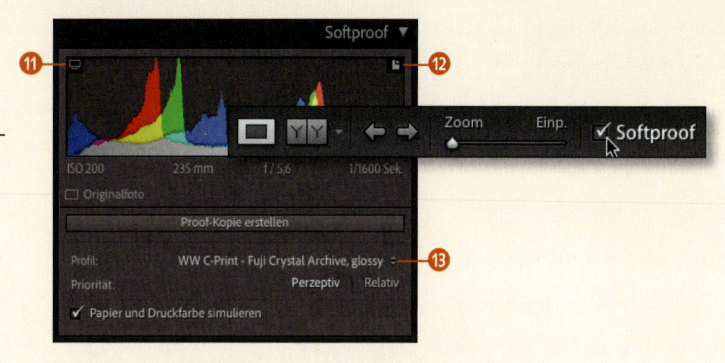

▲ Mit dem Softproof erhalten viele Funktionen des Histogramms, wie die Farbumfangwarnungen, eine neue Aufgabe.

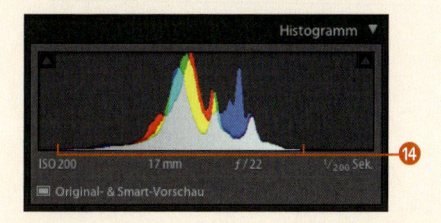

Ein flaues Bild | Sie erkennen es im Histogramm sofort an dem Abstand der hellsten und dunkelsten Tonwerte ⑭ zu den jeweiligen Tonwertgrenzen. Es sind keine wirklichen Tiefen und Lichter zu erkennen. Die Dreiecke zur Tiefen- und Lichterwarnung sind grau. Korrigieren Sie ein solches Bild mit dem WEISS- und SCHWARZ-Regler, um echte Lichter und Tiefen zu erhalten, aber ohne den Tiefen- und Lichterbeschnitt zu riskieren.

▲ Einem flauen Bild fehlen Tonwerte in den Tiefen und Lichtern. In den seltensten Fällen ist das beabsichtigt – hier besteht also Korrekturbedarf.

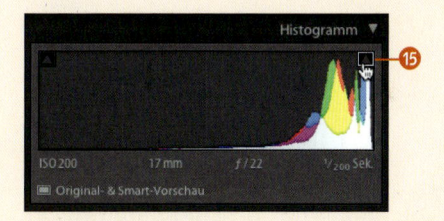

High-Key-Bilder | Bei einem High-Key-Bild befinden sich fast alle Tonwerte im oberen Bereich. Prüfen Sie durch einen Klick auf die Warnung für die Lichterbeschneidung ⑮, welche Bildbereiche kritisch sind – sie werden im Bild rot markiert. Falls bildwichtige Details davon betroffen sind, nutzen Sie zur Korrektur die Regler WEISS oder LICHTER.

Low-Key-Bilder | Low-Key-Bilder sind das Pendant zu High-Key-Bildern im unteren Tonwertbereich. Sie werden über den SCHWARZ- oder TIEFEN-Regler angepasst. Auch hier sollten Sie die Tiefenwarnung nutzen.

▲ Ein High-Key-Bild darf auch im Histogramm aus dem Rahmen fallen. Nutzen Sie aber die Lichterwarnung, um im Bild zu beurteilen, ob Ihnen keine wichtigen Motivteile verloren gehen.

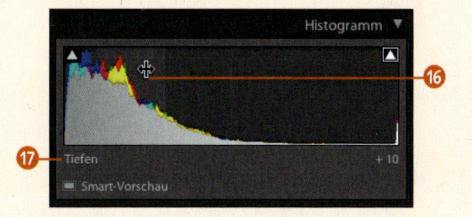

Korrektur im Histogramm | Sie können alle Korrekturen auch direkt im Histogramm durchführen! Sobald Sie den Mauszeiger über die Tonwerte bewegen, wird Ihnen der Arbeitsbereich ⑰ angezeigt.
Ziehen Sie mit gedrückter Maustaste, um direkt im Histogramm zu korrigieren ⑯.

▲ Nicht nur Low-Key-Bilder können Sie direkt im Histogramm korrigieren. Ziehen Sie einfach die Tonwerte in die richtige Richtung.

Kapitel 4 | Die Basisentwicklung

Entwicklungsworkflow

Damit die Entwicklungsarbeit auch Spaß macht, sollte man sie möglichst effizient gestalten. Dazu gehört nicht nur ein vordefinierter Ablauf in den Entwicklungsschritten, sondern auch deren Übertragung auf andere Motive und die gemeinsame Entwicklung von Aufnahmeserien. Dieses Kapitel zeigt Ihnen, wie Sie Ihre Entwicklungsarbeit mit individuellen Raw-Standards, cleverer Synchronisierung und dem Einsatz eigener Presets nicht nur beschleunigen, sondern auch zu besseren Ergebnissen kommen. Damit Sie diesen Fortschritt beständig überprüfen können, bietet Ihnen Lightroom Classic mit Protokoll, Schnappschüssen und einer konfigurierbaren Vergleichsansicht viele Optionen zur Überprüfung und Ausarbeitung von Varianten. So bleibt alles im Fluss.

EINFÜHRUNG: Bildserien entwickeln
  Finessen des Entwickeln-Moduls von Lightroom Classic 178

AUF EINEN BLICK: Entwicklungsstrategien
  Clevere Konzepte für Bildvergleich und -varianten 180

Einstellungen kopieren
  Entwicklungseinstellungen schnell übertragen 184

Synchron entwickeln
  Aufnahmeserien synchronisieren und gleichzeitig entwickeln 186

Individueller Raw-Standard
  Mit dem Raw-Standard die Basisentwicklung steuern 190

Kamera-Standard definieren
  Raw-Standard für bestimmte Kameras global überschreiben 192

Bildvarianten ausarbeiten
  Virtuelle Kopien vermeiden das unnötige Duplizieren 194

Bildvarianten vergleichen
  Protokoll, Schnappschuss und Referenz- und Vergleichsansicht 198

Softproof begutachten
  Eine Vorschau auf die Ausgabe 200

Foto: Maike Jarsetz

Einführung

Bildserien entwickeln

Finessen des Entwickeln-Moduls von Lightroom Classic

Die Entwicklung teilt sich in verschiedene Phasen auf, die es möglichst effektiv zu organisieren gilt. Hier ein paar Tipps dazu:

Zuerst die Gesamtbelichtung abgleichen

Im vorangegangenen Kapitel haben Sie gelernt, wie Sie Belichtungsunterschiede mit der **Gesamtbelichtung angleichen** können. Dieser Schritt sollte unbedingt vor jeder anderen Bearbeitung stattfinden. Wenn Sie später Entwicklungsschritte synchronisieren, müssen Sie dann darauf achten, dass die Belichtungseinstellungen nicht synchronisiert werden.

Absolute und relative Entwicklung

Denn diese Aufgabe bewältigt die Synchronisation im Entwickeln-Modul nicht: Da das Entwickeln-Modul mit absoluten Werten arbeitet, würde dabei alle Vorarbeit auf den gleichen Wert vereinheitlicht. Die Lösung hier ist die **Ad-hoc-Entwicklung** in der Bibliothek. Denn diese arbeitet über Steuerungspfeile ❶ komplett ohne Werte und relativiert so die jeweils schon vorliegende Einstellung.

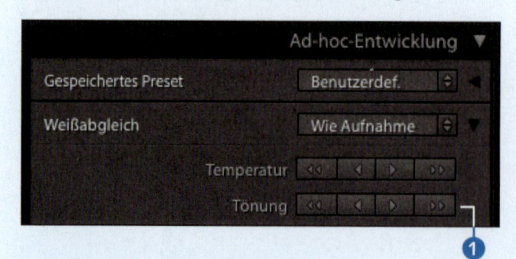

Raw-Standard verändern

Sie werden feststellen, dass es Entwicklungsschritte gibt, die Sie häufig vornehmen. Ob es ein bestimmtes Profil in der Kamerakalibrierung ist, die vordefinierte Objektivprofilkorrektur oder eine individuelle Schärfen-Voreinstellung – mit diesen Einstellungen erreichen Sie den Status, von dem aus Sie die individuelle Bildentwicklung starten können.

Diesen kleinsten gemeinsamen Nenner Ihrer Entwicklungseinstellungen können Sie als **Raw-Standard** speichern. Voraussetzung dafür ist ein gespeichertes **Preset** mit den erforderlichen Einstellungen, das Sie in den Voreinstellungen als Raw-Standard definieren ❷. Dieser Raw-Standard wird schon beim Import automatisch auf die Bilder angewendet und kann auch kameraspezifisch geändert werden.

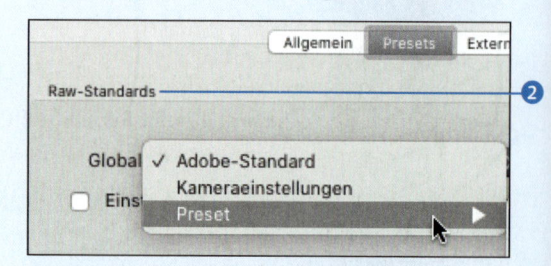

Wichtig: Der richtige Bildvergleich

Die Vergleichsansicht findet sich im Entwickeln-Modul ziemlich schnell: Ein Klick auf das entsprechende Symbol in der Werkzeugleiste öffnet eine komfortable Ansicht, in der Sie den aktuellen Bildstatus mit dem unentwickelten Original vergleichen können. Etwas versteckter ist die Option, mit der Sie auch unterschiedliche **Entwicklungsphasen** vergleichen können.

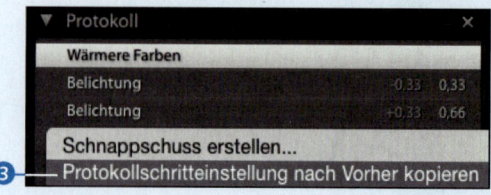

178 Kapitel 5 | Entwicklungsworkflow

Ein einfacher Rechtsklick auf einen Protokollschritt oder einen gespeicherten Schnappschuss kopiert diesen in das Vorher-Feld der Vergleichsansicht ❸ – so ist Ihre Vergleichsreferenz immer so aktuell, wie Sie es wünschen.

Die Referenzansicht

Eine Motiventwicklung orientiert sich oft auch an einer anderen Bildvorlage, von der nicht unbedingt die Entwicklungseinstellungen eins zu eins übernommen werden können. Sie können die Bildvorlage aber während der Entwicklung als optische Referenz nutzen. Aktivieren Sie dazu die Referenzansicht über die entsprechende Schaltfläche ❺ oder den Shortcut ⇧+R, und ziehen Sie die Referenz in die linke Hälfte der Ansicht.

Bildserien synchronisieren

Nutzen Sie die Möglichkeit, auch nur Teilmengen Ihrer Einstellungen auf den Rest der Serie zu übertragen. Denn Sie können sowohl bei Kopie als auch bei Synchronisierung im Detail bestimmen, welche der Einstellungen auf den Rest der Bilder übertragen werden sollen und welche anderen Einstellungen bildspezifisch belassen werden sollen ❹.

Schneller Entwicklungsworkflow mit Tastaturkürzeln

Entwicklungseinstellungen

Einstellungen kopieren	Strg/cmd+C
Einstellungen einfügen	Strg/cmd+V
Einstellungsregler zurücksetzen	Doppelklick auf Regler
Einstellungsgruppe zurücksetzen	Doppelklick auf Namen
Alle Einstellungen zurücksetzen	Strg/cmd+⇧+R
Belichtungen angleichen	Strg/cmd+⇧+Alt+M
Einstellungen synchronisieren	Strg/cmd+⇧+S
Auto-Sync ein/aus	Strg/cmd+⇧+Alt+A

Optionen

Alt-Taste	– aktiviert Zurücksetzen-Schaltflächen – überspringt Kopieren-Funktionsfenster – überspringt Synchronisieren-Funktionsfenster
⇧-Taste	– ändert Synchronisieren auf Vorherige

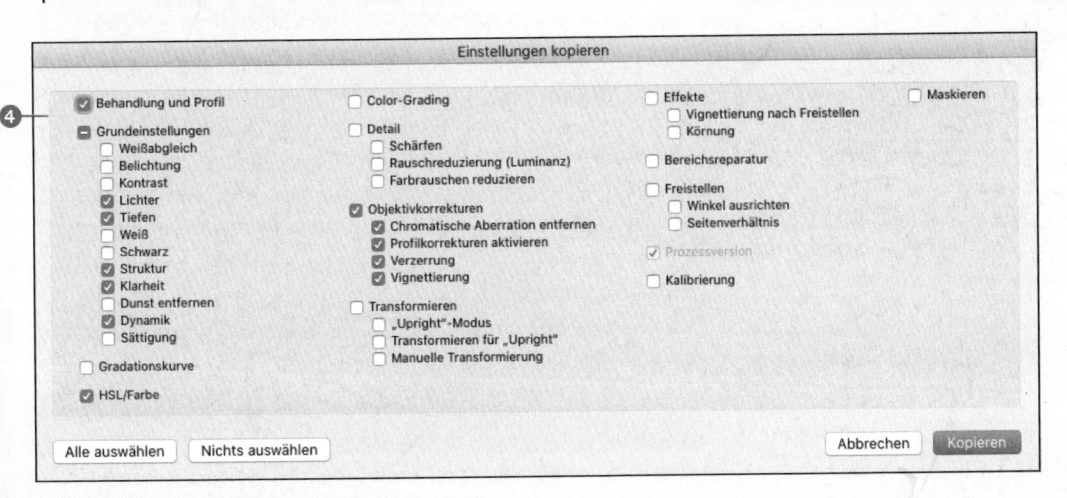

Auf einen Blick

Entwicklungsstrategien

Clevere Konzepte für Bildvergleich und -varianten

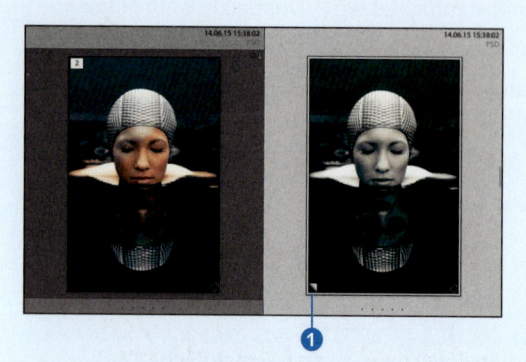

Virtuelle Kopien
Mit virtuellen Kopien ermöglichen Sie unzählige Bildvarianten von einem Motiv, ohne das Original auch nur einmal duplizieren zu müssen.

Sämtliche Entwicklungseinstellungen eines Bildes werden im Lightroom-Katalog gespeichert – mit einer virtuellen Kopie wird einfach nur ein weiterer Satz von Entwicklungseinstellungen für dieses Bild geöffnet. Sie erkennen eine virtuelle Kopie an der kleinen aufgeschlagenen Ecke ❶.

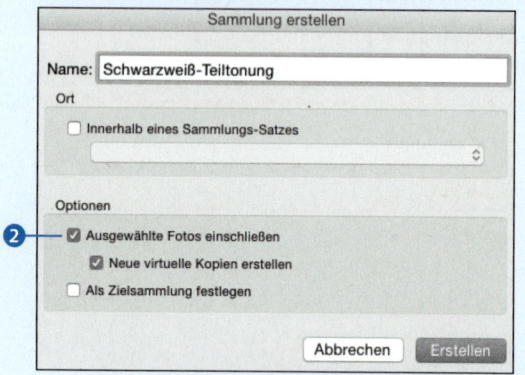

Virtuelle Kopie erstellen: In jedem Modul können Sie virtuelle Kopien erstellen. Nutzen Sie dazu das Tastaturkürzel Strg/cmd+T, oder klicken Sie mit rechter Maustaste auf das Bild, und wählen Sie den entsprechenden Befehl aus. Diesen finden Sie auch unter dem Menü Foto.

Sammlungen mit virtuellen Kopien: Sammlungen werden oft für alternative Entwicklungsarten erstellt. Wählen Sie die dafür bestimmten Bilder vorher aus. Dann können Sie beim Erstellen der Sammlung gleich virtuelle Kopien für die Bildauswahl erstellen ❷.

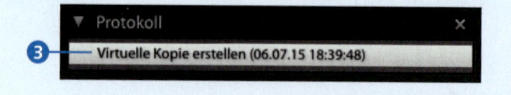

Der Protokollstatus: Wenn Sie eine virtuelle Kopie erstellt haben, starten Sie im Protokoll bei null ❸. Die bisherigen Entwicklungsschritte sind nur in der ursprünglichen Version abrufbar.

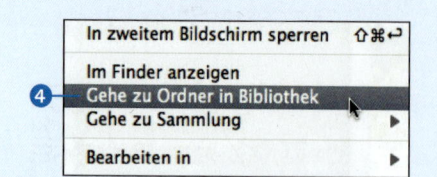

Das Original finden: Wenn sich eine virtuelle Kopie in einer Sammlung befindet, lokalisieren Sie den Originalordner mit rechter Maustaste über Gehe zu Ordner in Bibliothek ❹.

Virtuelle Kopien filtern: Manchmal ist es sinnvoll, virtuelle Kopien von den Originalen zu separieren. Das geht über den Bereich Attribut ❺ im Bibliotheksfilter.

Virtuelle Kopie und Schnappschuss	
Virtuelle Kopie erstellen	Strg/cmd+T
Schnappschuss erstellen	Strg/cmd+N

Kapitel 5 | Entwicklungsworkflow

Auf einen Blick

Schnappschüsse ...

... sind die Alternativen zu unzähligen virtuellen Kopien. Mit Schnappschüssen können Sie Entwicklungsphasen speichern und jederzeit zu ihnen zurückkehren und auch die aktuellen Entwicklungseinstellungen überarbeiten.

- **Vorschau im Navigator** ❻: Bewegen Sie die Maus über den Schnappschussnamen, um eine Vorschau zu sehen.
- **Schnappschüsse erstellen** ❼: Hierfür reicht ein Klick auf das kleine Plus-Zeichen und die anschließende Benennung. Schnappschüsse löschen Sie durch einen Klick auf das Minus-Zeichen.
- **Schnappschuss auswählen** ❽: Klicken Sie auf einen Schnappschuss in der Liste, um dessen Entwicklungseinstellungen wiederherzustellen.
- **Schnappschüsse im Vergleich** ❾: Klicken Sie mit der rechten Maustaste auf einen Schnappschuss in der Liste, um diese SCHNAPPSCHUSSEINSTELLUNGEN NACH VORHER KOPIEREN zu können. Die aktuelle Einstellung erscheint dann in der Vergleichsansicht auf der linken oder oberen Vorher-Seite anstelle des Originalbildes. So können Sie Schnappschüsse vergleichen oder auf Basis eines Schnappschusses in der Vergleichsansicht weiterarbeiten.
- **Schnappschüsse aktualisieren** ❿: Wenn Sie Bilder in einem Schnappschuss-Status verändern, können Sie diesen Schnappschuss mit der rechten Maustaste aktualisieren.

Das Protokoll ...

... zeichnet jeden Entwicklungsschritt auf und bietet Ihnen die Möglichkeit, jederzeit zu einzelnen Entwicklungsphasen zurückzukehren. Da diese Schritte in der Katalogdatei von Lightroom gespeichert werden, sind sie auch nach dem Beenden und erneuten Öffnen von Lightroom verfügbar.

- **Vorschau im Navigator** ⓫: Bewegen Sie die Maus über den Protokollschritt, den Sie im Navigator angezeigt bekommen und beurteilen wollen.
- **Protokoll löschen** ⓬: Ein Klick auf das × löscht das Protokoll. Einzelne Schritte können Sie nicht aus dem Protokoll löschen.
- **Protokollstatus auswählen** ⓭: Klicken Sie auf einen Protokollschritt in der Liste, um ihn in der Vorschau zu beurteilen.
- **Schnappschuss erstellen** ⓮: Mit der rechten Maustaste erstellen Sie aus einem Protokollschritt einen Schnappschuss.

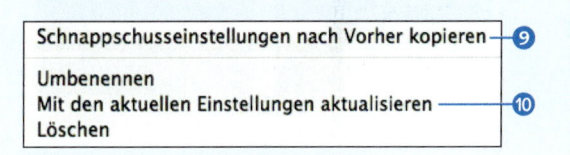

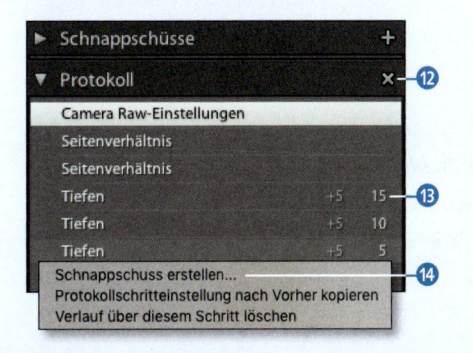

Kapitel 5 | Entwicklungsworkflow   **181**

Auf einen Blick

Schnappschuss erstellen
❶ **Protokollschritteinstellung nach Vorher kopieren**

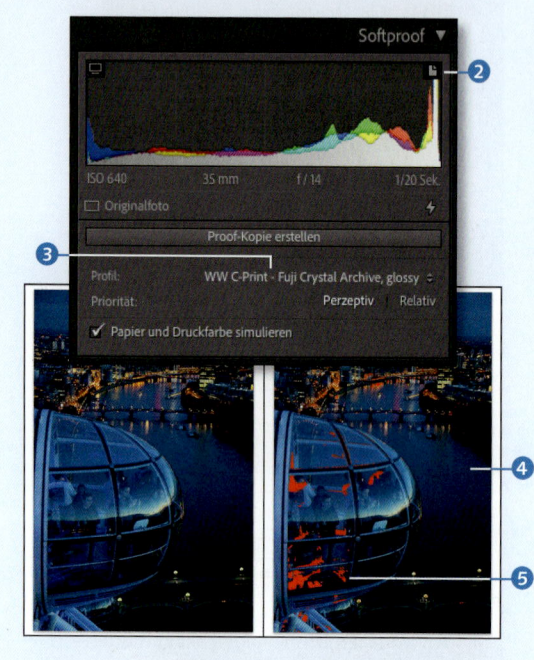

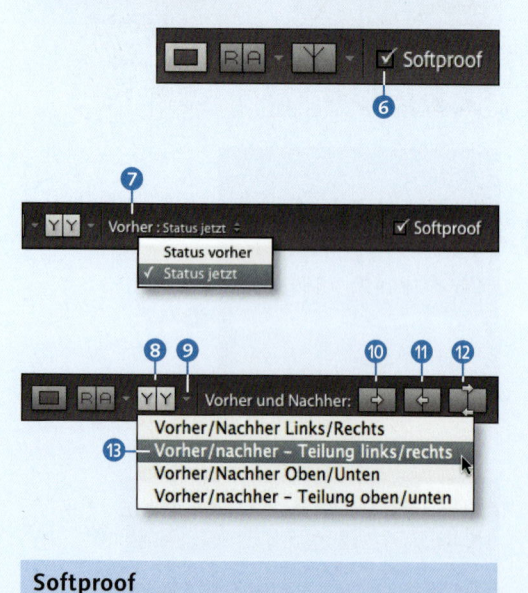

Entwicklungsphasen im Vergleich ❶: Um zwei Protokollschritte in der Vergleichsansicht miteinander zu vergleichen, wählen Sie für den ersten mit der rechten Maustaste den Befehl PROTOKOLLSCHRITTEINSTELLUNG NACH VORHER KOPIEREN. Wählen Sie dann mit einem Klick den zweiten Protokollschritt aus – dieser erscheint in der aktuellen Vorschau beziehungsweise im Nachher-Fenster in der Vergleichsansicht.

Softproof einblenden

- Mit dem Softproof erhalten Sie eine Vorschau der Motivfarben unter bestimmten Ausgabebedingungen ❹.
- Sie aktivieren den Softproof über eine Checkbox ❻ unterhalb des Vorschaufensters. Danach wählen Sie am Histogramm den Farbraum ❸, den Sie für die Ausgabe vorgesehen haben. Das kann zum Beispiel das ICC-Profil eines Druckdienstleisters für ein bestimmtes Fotopapier sein.
- Die Farben im Vorschaubild werden entsprechend angepasst. Das Histogramm ermöglicht Ihnen zusätzlich über die Beschnittwarnungen ❷, die Farben anzuzeigen, die außerhalb des Monitor-Farbumfangs oder Zielfarbraumes liegen ❺.

Die Vergleichsansicht

Die Vergleichsansicht teilt das Vorschaufenster in zwei Ansichtshälften, um den aktuellen Entwicklungsstatus mit dem unentwickelten Original bzw. ausgewählten Protokollschritten oder Schnappschüssen zu vergleichen.

- **Vergleichsansicht aktivieren:** Klicken Sie auf das Y-Symbol ❽ oder die Taste Y. Die Y-Taste bringt Sie auch wieder zurück in die Vollbildvorschau.
- **Vergleichsansicht wählen:** Über den kleinen Pfeil ❾ neben den Y-Tasten öffnen Sie ein Popup-Menü mit vier Ansichten. Zwischen geteilter und nicht geteilter Ansicht ⓭ können Sie auch über ⇧+Y wechseln. Alt+Y ändert die Links/Rechts- auf die Oben/Unten-Teilung.
- **Vorher zu Nachher kopieren ❿:** Über die Schaltfläche mit dem kleinen Rechtspfeil verwerfen Sie Ihre aktuellen Entwicklungseinstellungen. Der Status aus dem Vorher-Fenster wird die Grundlage Ihrer nächsten Entwicklungsschritte.
- **Nachher zu Vorher kopieren ⓫:** Mit dieser Option erhalten Sie ein und denselben Entwicklungsstatus im Vorher- und Nachher-Fenster. So können Sie den aktuellen Status als neue Vergleichsbasis nutzen.

Softproof	
Softproof aktivieren/deaktivieren	S
Farbumfangwarnung aktivieren/deaktivieren	⇧+S

Kapitel 5 | Entwicklungsworkflow

Auf einen Blick

- **Vorher und Nachher vertauschen** ⑫: Wenn Sie eine Alternative zum aktuellen Status ausentwickeln wollen, vertauschen Sie einfach Vorher und Nachher und arbeiten an der ursprünglichen Vorher-Version weiter.
- **Vorher-Auswahl für den Softproof** ❼: Wenn Sie die Softproof-Ansicht aktiviert haben, steht Ihnen als Vorher-Ansicht sowohl der aktuelle Entwicklungsstatus, den Sie exakt dem Softproof gegenüberstellen können, als auch die herkömmliche Vorher-Ansicht zur Verfügung.

Die Referenzansicht

Nutzen Sie zur Bildentwicklung den Vergleich mit einem Referenzfoto, um Farben und Kontraste darauf abzustimmen.

- **Referenzansicht aktivieren:** Klicken Sie auf das R/A-Symbol ⑮, um die Vergleichsansicht zu aktivieren, oder drücken Sie die Tasten ⇧+R. Aus der Bibliothek klicken Sie mit rechter Maustaste auf ein Bild und wählen den Befehl IN REFERENZANSICHT ÖFFNEN. Über die D-Taste kehren Sie zurück in die Vollbildansicht des ENTWICKELN-Moduls.
- **Referenzfoto festlegen:** Im ENTWICKELN-Modul ziehen Sie das gewünschte Bild aus dem Filmstreifen in die linke Referenzansicht ⑭. Alternativ klicken Sie mit rechter Maustaste auf ein Bild im Filmstreifen oder auch schon in der Bibliothek und wählen den Befehl ALS REFERENZFOTO FESTLEGEN.
- **Referenz fixieren:** Wenn Sie in andere Module wechseln, ist die Referenz beim nächsten Öffnen leer. Mit einem Klick auf das Schloss-Symbol ⑯ fixieren Sie das Referenzbild.

Entwicklungsstatus wählen

Rechts unten im Entwicklungsfenster befinden sich zwei Schaltflächen, die verschiedene Funktionen verbergen:

- **Vorherige** ⑰: Diese Schaltfläche überträgt die Entwicklungseinstellungen des zuvor ausgewählten Bildes.
- **Zurücksetzen** ⑱: Löschen Sie so sämtliche für das Bild vorgenommenen Entwicklungseinstellungen.
- **Synchronisieren** ⑲: Über diese Schaltfläche können Sie ausgewählte Entwicklungseinstellungen für mehrere markierte Bilder übertragen. Sie ist nur aktiv, wenn Sie im Filmstreifen mehrere Bilder ausgewählt haben.
- **Automatisch synchronisieren** ⑳: Schieben Sie den kleinen Kippschalter nach oben, um während der Entwicklung die Entwicklungseinstellungen auf alle Bilder anzuwenden.

Vergleichsansicht	
Vergleichsansicht auf/zu	Y
Geteilte Ansicht an/aus	⇧+Y
Oben/unten-Ansicht an/aus	Alt+Y
Vorher/Nachher tauschen	Strg/ cmd+⇧+Alt+↑
Vorher zu Nachher	Strg/ cmd+⇧+Alt+→
Nachher zu Vorher	Strg/ cmd+⇧+Alt+←

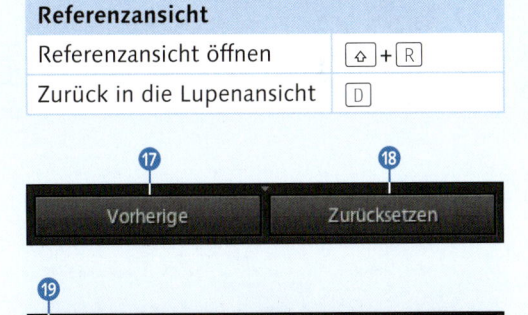

Referenzansicht	
Referenzansicht öffnen	⇧+R
Zurück in die Lupenansicht	D

Kapitel 5 | Entwicklungsworkflow

Einstellungen kopieren

Entwicklungseinstellungen schnell übertragen

Korrekturen lassen sich zwischen Bildern, die unter ähnlichen Aufnahmebedingungen aufgenommen wurden, leicht von dem einen Motiv auf das andere übertragen. Sowohl im Entwickeln-Modul als auch schon in der Bibliothek können Sie bereits durchgeführte Entwicklungseinstellungen ganz einfach übertragen.

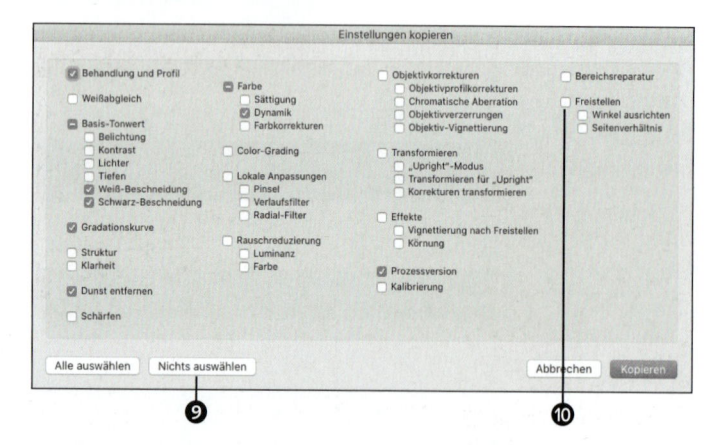

1 Einzelbild entwickeln

Starten Sie im ENTWICKELN-Modul. Für das Beispielbild wurden unter OBJEKTIVKORREKTUREN die PROFILKORREKTUREN ❼ aktiviert, in den GRUNDEINSTELLUNGEN ❷ das Profil ADOBE KRÄFTIG ❶ gewählt, der Weiß- und Schwarzpunkt angehoben ❹, die BELICHTUNG ❸ leicht korrigiert, der Mitteltonkontrast über den DUNST-ENTFERNEN-Regler ❺ und die GRADATIONSKURVE ❽ gesteigert und die Farbbrillanz ganz leicht über die DYNAMIK ❻ erhöht. Zusätzlich wurde mit dem Freistellungswerkzeug ein neuer Bildausschnitt festgelegt.

2 Einstellungen kopieren

Die im Beispielbild vorgenommenen Entwicklungseinstellungen können Sie jetzt einfach kopieren. Klicken Sie für das ausgewählte Bild auf die Schaltfläche KOPIEREN unten links im ENTWICKELN-Fenster.

Deaktivieren Sie zunächst alle Einstellungen ❾, und wählen Sie dann über die Checkboxen die Einstellungen aus, die auf die anderen Bilder übertragen werden sollen. Die vorgenommene Freistellung gehört natürlich nicht dazu ❿. Klicken Sie dann auf KOPIEREN.

3 Einstellungen einfügen

Lightroom hat sich diese Einstellungen jetzt »gemerkt«. Wählen Sie nun das oder die Bilder aus, die die gleiche Grundentwicklung bekommen sollen. Bei mehreren Bildern müssen Sie die SYNCHRONISIEREN-Schaltfläche über den kleinen Kippschalter auf AUTOM.(atisch) SYNCHR.(onisieren) ⓫ schalten. Klicken Sie dann auf EINFÜGEN. Schon ist die Entwicklung durchgeführt. Und natürlich können Sie jeden der Entwicklungsparameter noch individuell anpassen.

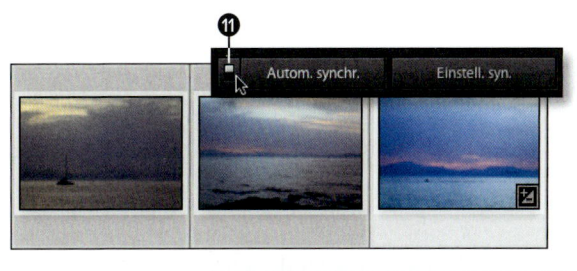

4 Vorherige Einstellung

Wenn Sie die Korrektur eines Bildes direkt auf ein anderes Bild übertragen wollen, geht das auch noch schneller. Allerdings haben Sie dann keinen Einfluss darauf, welche Parameter übertragen werden.

Klicken Sie zuerst im Filmstreifen nur auf das Bild, dessen Einstellungen Sie übertragen wollen. Aktivieren Sie danach die neuen Bilder, und klicken Sie auf VORHERIGE ⓬. Das genügt, um die Einstellungen zu übertragen.

5 Kopieren in anderen Modulen

Entwicklungseinstellungen kopieren und einfügen können Sie nicht nur im ENTWICKELN-Modul, sondern auch in jedem anderen Lightroom-Modul.

Klicken Sie mit der rechten Maustaste auf ein vorentwickeltes Bild im Filmstreifen, in der Rasteransicht oder in der Vorschau, und wählen Sie aus dem Kontextmenü ENTWICKLUNGSEINSTELLUNGEN • EINSTELLUNGEN KOPIEREN ⓭. Nach der Auswahl des nächsten Bildes wählen Sie auf dem gleichen Weg EINSTELLUNGEN EINFÜGEN.

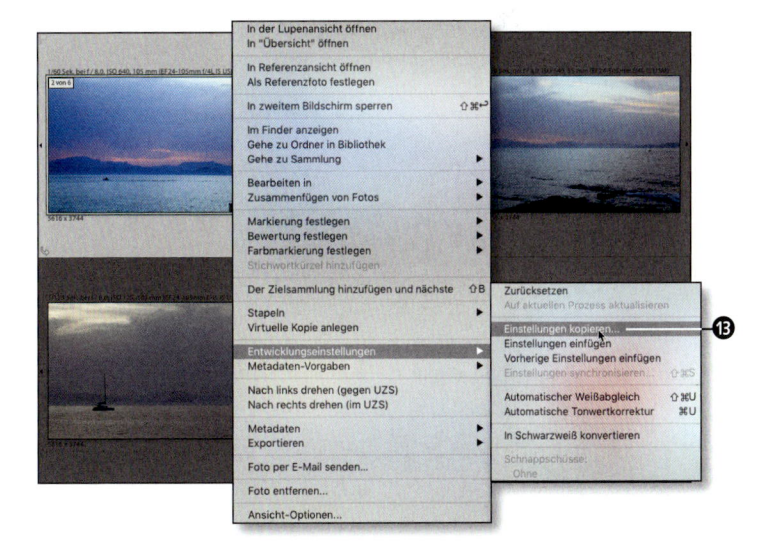

Kapitel 5 | Entwicklungsworkflow   **185**

Synchron entwickeln

Aufnahmeserien synchronisieren und gleichzeitig entwickeln

Viele der Grundeinstellungen, die Sie im letzten Kapitel kennengelernt haben, können Sie natürlich auch gleich für ganze Aufnahmeserien umsetzen. Dabei synchronisieren Sie die sinnvollen Entwicklungsschritte entweder nachträglich anhand eines fertig entwickelten Bildes oder von vornherein automatisch. Ausgangsbasis ist dabei im idealen Fall eine Serie mit gleichen oder angeglichenen Belichtungen.

Bearbeitungsschritte

- Belichtungen angleichen
- Schatten aufhellen
- Detailkontrast und Farbdynamik verstärken
- Einstellungen synchronisieren

Ausgangsbilder

- Aufnahmeserie

[Dateien: Synchro_01 bis Synchro_03]

Fotos: Maike Jarsetz

1 Belichtungen angleichen

Eine Belichtungsreihe müssen Sie nicht auf das eine, optimal belichtete Bild beschränken, sondern Sie können die Serie einheitlich erscheinen lassen. Wählen Sie die Serie mit gedrückter ⇧-Taste aus, und markieren Sie das optimal belichtete Bild per Klick ❶. Danach können Sie entweder im Entwickeln-Modul über das Menü Einstellungen • Belichtungen angleichen oder in der Bibliothek unter Foto • Entwicklungseinstellungen • Gesamtbelichtungen abgleichen.

2 Relative Korrekturen

Alle Motive sind durch die Korrektur jetzt gleich belichtet. In der Bibliothek können Sie auch noch eine zusätzliche, relative Belichtungskorrektur für alle Bilder durchführen.

Öffnen Sie die Ad-hoc-Entwicklung, und verändern Sie dort die Belichtung für alle Bilder per Klick auf den einfachen Pfeil um ⅓ Blende ❷ oder mit gedrückter ⇧-Taste noch feiner um ⅙ Blende.

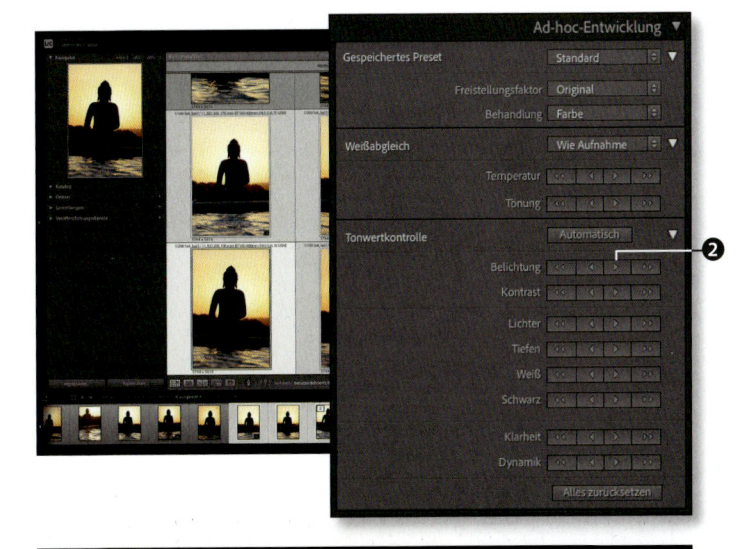

3 Synchron entwickeln

Die weiteren Entwicklungen führen Sie dann im Entwickeln-Modul durch.

Mit der Funktion Autom.(atisch) synchr.(onisieren) können Sie Bilder von vornherein gleichzeitig entwickeln. Sie aktivieren sie, indem Sie den kleinen Kippschalter ❸ an der Synchronisieren-Schaltfläche nach oben schieben. Von jetzt an wird jede Entwicklungseinstellung unmittelbar auf alle Bilder übertragen.

4 Objektivkorrekturen

Eine Korrektur, die praktisch jedes Bild verbessern kann, ist die Entfernung von objektivbedingten Abbildungsfehlern. Aktivieren Sie dafür in den Objektivkorrekturen die Checkbox Profilkorrekturen aktivieren ❶. Bei diesen Motiven mit ihren harten Lichtkanten sollten Sie zusätzlich die Chromatische Aberration entfernen ❷.

Hintergrundinformationen zu allen Objektivkorrekturen finden Sie im nächsten Kapitel.

5 Tonwertkorrekturen

Widmen Sie sich als Nächstes den Grundeinstellungen. Bei diesem Motiv geht es in erster Linie um die Aufhellung der Schatten, damit die Details des Buddha erkennbar werden. Erhöhen Sie dafür den Tiefen-Wert ❸ deutlich.

Führen Sie hier keine Belichtungskorrekturen durch. Ein neuer gemeinsamer Wert für die Belichtung würde die Belichtungsangleichung aus Schritt 1 wieder zurücksetzen.

Mehr zur Korrektur von kritischen Tiefen und Lichtern finden Sie ab Seite 144.

6 Kontrast und Farbe

Auch der grundsätzliche Bildkontrast und die Farbintensität können synchron korrigiert werden. Verstärken Sie in den Präsenz-Einstellungen ❹ den Kontrast über den Klarheit-Regler, und intensivieren Sie die Farben über die Dynamik.

Übertreiben Sie dabei nicht, aber streben Sie ein Ergebnis an, in dem sowohl die Details im Vordergrundmotiv gut herauskommen als auch die Farbstimmung natürlich wirkt.

Mit Blick auf den Filmstreifen kontrollieren Sie die Wirkung auf die anderen Motive.

7 Individuelle Anpassung

Nachdem alle Bilder durch die Synchronisation die gleiche Grundentwicklung erhalten haben, können die Entwicklungseinstellungen auch noch individuell angepasst werden. Dazu muss allerdings erst AUTOM. (atisch) SYNCHR.(onisieren) wieder auf SYNCHRONISIEREN geschaltet werden.

Wählen Sie im Filmstreifen die Bilder nacheinander aus, und verändern Sie für die einzelnen Bilder zum Beispiel den Ausrichtungswinkel in der FREISTELLUNGSÜBERLAGERUNG ❺.

8 Nachträgliche Synchronisation

Wenn Sie während der individuellen Nachbearbeitung noch Korrekturen durchführen, die auch für andere Motive sinnvoll wären – wie z. B. die am Schluss stattfindende Scharfzeichnung –, dann können Sie diese Entwicklungseinstellungen auch nachträglich synchronisieren. Wählen Sie dazu alle Bilder aus, die gleiche Einstellungen erhalten sollen, und markieren Sie das bereits vorentwickelte Bild durch einen weiteren Klick. Klicken Sie dann auf die Schaltfläche SYNCHRONISIEREN ❻.

9 Einstellungen synchronisieren

In dem sich öffnenden Fenster legen Sie fest, welche der Entwicklungseinstellungen übertragen werden sollen. Hier gilt: Weniger ist mehr. Klicken Sie erst auf die Schaltfläche NICHTS AUSWÄHLEN, bevor Sie dann nur die Einstellungen auswählen, die Sie vorgenommen haben – wie das eben durchgeführte Schärfen ❼. Klicken Sie dann auf SYNCHRONISIEREN, um diese Einstellungen auf die anderen ausgewählten Bilder zu übertragen.

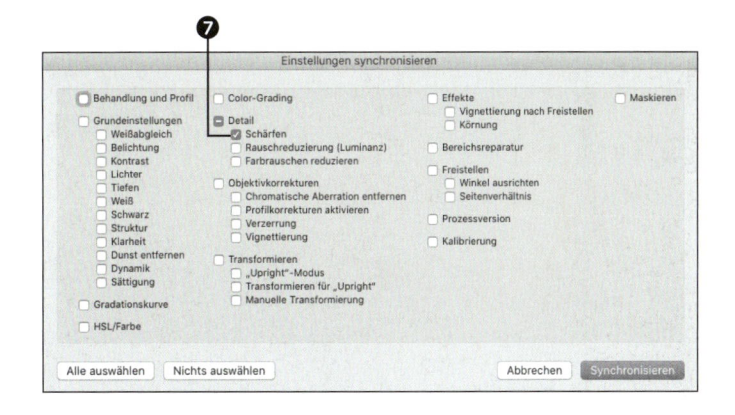

Kapitel 5 | Entwicklungsworkflow

Individueller Raw-Standard

Mit dem Raw-Standard die Basisentwicklung steuern

Mit der Zeit stellen Sie fest, dass es ein paar Entwicklungseinstellungen gibt, die Sie bevorzugt und auf den Großteil der Bilder mit ähnlichen Werten anwenden. Warum diese Korrektur nicht ganz automatisch durchführen? Die Grundentwicklung Ihrer Bilder legen Sie ganz einfach mit Hilfe eines Presets als Raw-Standard fest.

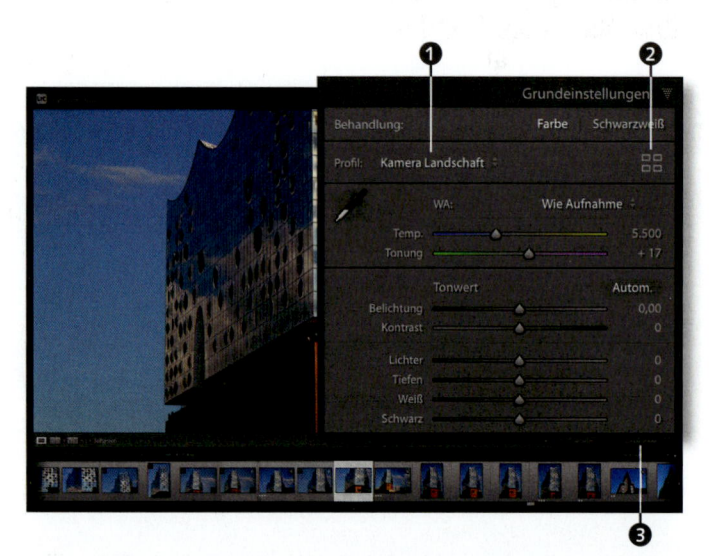

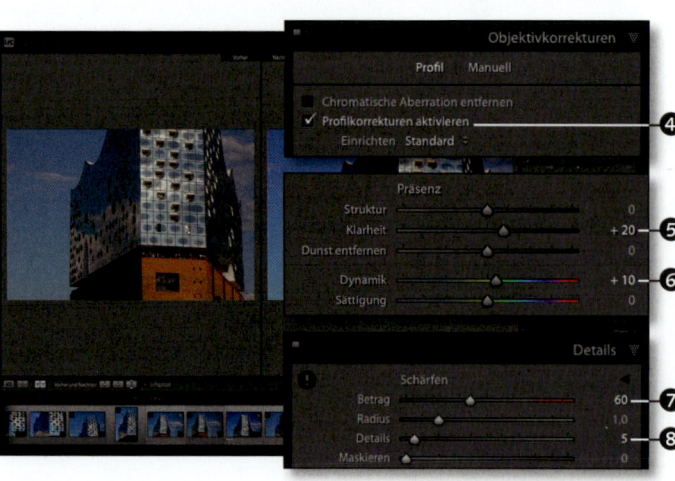

1 Erste Grundanpassung

Wählen Sie sich ein Motiv aus, das exemplarisch für viele Ihrer Aufnahmen ist. Klicken Sie einmal auf die ZURÜCKSETZEN-Schaltfläche ❸, um alle Einstellungen auf den bisherigen Standard zu setzen.

Und dann gehen Sie so vor, wie Sie es im Kapitel über die Basisentwicklung gelernt haben: Öffnen Sie in den Grundeinstellungen das Popup-Menü PROFIL, und wählen Sie dort Ihr neues Standardprofil ❶. Wenn Sie das gewünschte Profil nicht unter den Favoriten im Popup-Menü finden, wählen Sie es aus dem Profilbrowser ❷ aus.

2 Weitere Standards

Passen Sie jetzt weitere Einstellungen an, die schon beim Import auf die Bilder angewendet werden sollen. Empfehlenswert ist hier eine Aktivierung der PROFILKORREKTUREN ❹ unter OBJEKTIVKORREKTUREN. Für Landschaftsfotografien werden häufig erhöhte Werte bei KLARHEIT ❺ und DYNAMIK ❻ verwendet. Ich persönlich habe in meinen Einstellungen auch den DETAILS-Wert ❽ der Scharfzeichnung reduziert, weil er die Bilder schnell verrauschen lässt, und dafür den BETRAG für die Grundschärfung ❼ erhöht.

3 Entwicklungs-Preset speichern

Aus diesen Einstellungen speichern wir jetzt zunächst ein PRESET. Klicken Sie auf das Plus-Symbol ⓫ im PRESETS-Bedienfeld, um ein neues PRESET zu erstellen.

Aktivieren Sie für das neue Preset nur die Entwicklungsparameter, die Sie eben für die Grundentwicklung genutzt haben ❿, und vergeben Sie einen PRESET-NAMEN ❾. Erstellen Sie das Preset im Ordner BENUTZER-PRESETS ⓬.

Mehr zu Presets lesen Sie im Kapitel »Presets und Looks« ab Seite 270.

4 Raw-Standard verändern

Nun wechseln Sie über das LIGHTROOM-CLASSIC-Menü (Mac) oder das BEARBEITEN-Menü (Windows) auf die VOREINSTELLUNGEN. Öffnen Sie dort den Reiter PRESETS ⓭.

Hier können Sie über ein Popup-Menü den Raw-Standard GLOBAL ⓯ ändern und auch auf eigene gespeicherte Presets zugreifen. Wählen Sie Ihre gespeicherte Basisentwicklung ⓰. Diese ist ab sofort der neue RAW-STANDARD ⓮. Schließen Sie dann das Voreinstellungen-Fenster.

5 Automatische Entwicklung

Der neue Standard gilt nur für die zukünftigen Bilder. Alle neu importierten Bilder erfahren eine neue Grundentwicklung mit genau den Einstellungen, die Sie in dem Preset für den Raw-Standard gespeichert haben. Der veränderte Standard zeigt sich auch, wenn Sie Entwicklungseinstellungen ZURÜCKSETZEN ⓱. Ein unentwickeltes Bild enthält jetzt also immer die von Ihnen festgelegten Basiseinstellungen.

Trotzdem bleiben bereits entwickelte Bilder natürlich unangetastet.

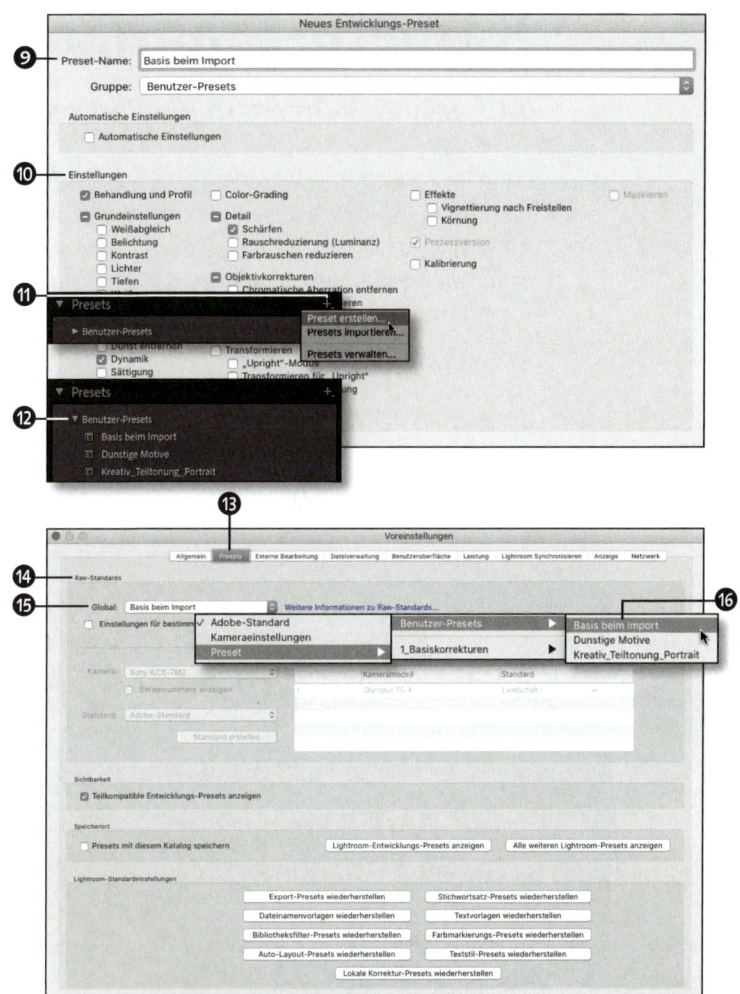

Kapitel 5 | Entwicklungsworkflow **191**

Kamera-Standard definieren

Raw-Standard für bestimmte Kameras global überschreiben

Kameras reagieren unterschiedlich oder werden für bestimmte Aufnahmezwecke eingesetzt. Da liegt es nahe, einen individuellen Raw-Standard festzulegen. Am Beispiel einer Raw-fähigen Action-Cam, die vornehmlich für Unterwasseraufnahmen eingesetzt wird, zeigt dieser Workshop, wie Sie die Voreinstellungen für bestimmte Kameras individuell bestimmen können.

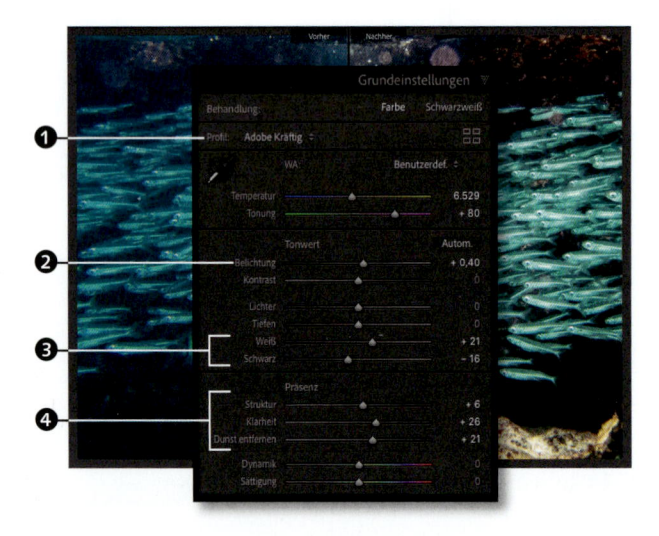

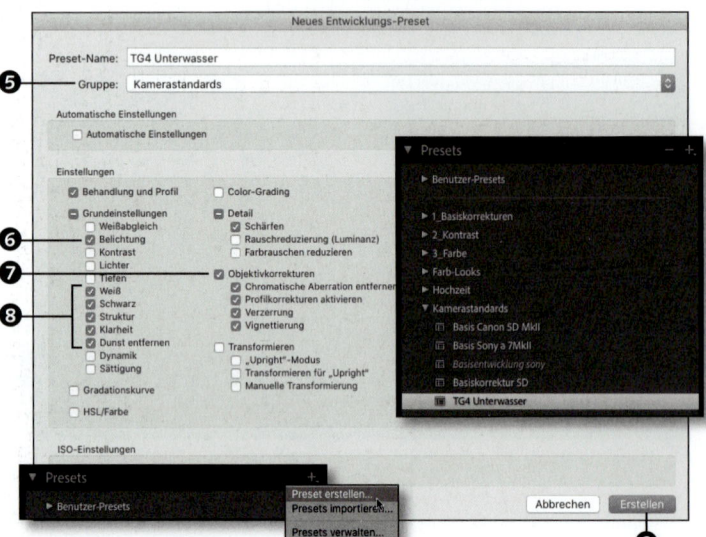

1 Individuelle Einstellungen

Unterwasseraufnahmen meiner Kamera sind generell schon kontrastarm, durch die Schwebstoffe und geringe Beleuchtung im Wasser wird das noch verstärkt.

Die Grundentwicklung eines Referenzbildes beinhaltet deshalb neben dem RAW-PROFIL ADOBE KRÄFTIG ❶ und Kontrastverstärkungen mit STRUKTUR, KLARHEIT und DUNST ENTFERNEN ❹ auch eine leichte Korrektur der BELICHTUNG ❷ und eine Verschiebung des SCHWARZ- und WEISS-Punktes ❸. Für die bessere Bildbeurteilung wurde hier auch schon der WEISSABGLEICH angepasst.

2 Preset erstellen

Erstellen Sie aus diesen Einstellungen ein neues ENTWICKLUNGS-PRESET. Aktivieren Sie dabei nur die Einstellungen, die für die Vorkorrektur relevant sind, also die PRÄSENZ-Einstellungen ❽ und in diesem besonderen Fall auch die pauschalen Tonwertanpassungen ❻. Der Weißabgleich gehört nicht in das Preset, aber durchaus die Standard-Objektivkorrektur ❼.

Legen Sie sich am besten gleich eine neue GRUPPE ❺ für diese Art von Presets an, wenn Sie es ERSTELLEN ❾.

3 Raw-Standard überschreiben

Aus diesem Preset wird jetzt ein kameraspezifischer RAW-STANDARD. Öffnen Sie die Voreinstellungen im Menü LIGHTROOM-CLASSIC (Mac) oder BEARBEITEN (Windows), und navigieren Sie zu den PRESETS ❿.

Hier aktivieren Sie die Checkbox EINSTELLUNGEN FÜR BESTIMMTE KAMERAS GLOBAL ÜBERSCHREIBEN ⓫ und können dann aus dem Popup-Menü die entsprechende KAMERA ⓬ auswählen, deren Raw-Standard angepasst werden soll. Die Liste der Kameras wird aus den Metadaten in Ihrer Bibliothek generiert.

4 Preset für Standard wählen

Für diese Kamera wählen Sie jetzt einen neuen STANDARD ⓭ aus dem gleichnamigen Popup-Menü. Hier können Sie auf alle verfügbaren Presets navigieren und das in Schritt 2 gespeicherte, spezifische Kamera-Preset auswählen ⓮.

Danach können Sie per Klick auf die Schaltfläche den STANDARD ERSTELLEN ⓯, der dann in der Liste dem entsprechenden KAMERAMODELL zugeordnet wird ⓰. In dieser Liste können Sie jederzeit über den rechten Pfeil ⓱ das Preset ändern oder auch den Standard LÖSCHEN.

5 Import mit neuem Standard

Neu importierte Bilder dieser Kamera werden jetzt mit ihrem eigenen Raw-Standard entwickelt und sind schon in der Bibliothek brillanter und besser zu beurteilen ⓲.

Über die AD-HOC-ENTWICKLUNG ⓳ können Sie noch leichte Anpassungen dieser Vorentwicklung für ganze Aufnahmeserien vornehmen. Im ENTWICKELN-Modul nehmen Sie dann die Feinabstimmung vor und können mit der Vergleichsansicht die Unterschiede zum ursprünglichen Import-Standard gegenüberstellen ⓴.

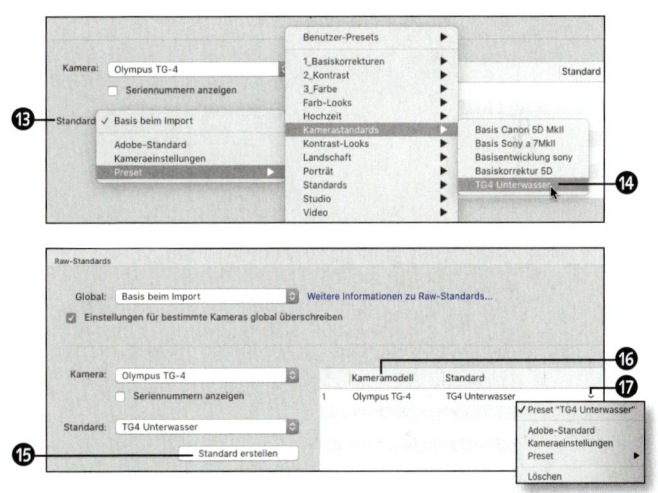

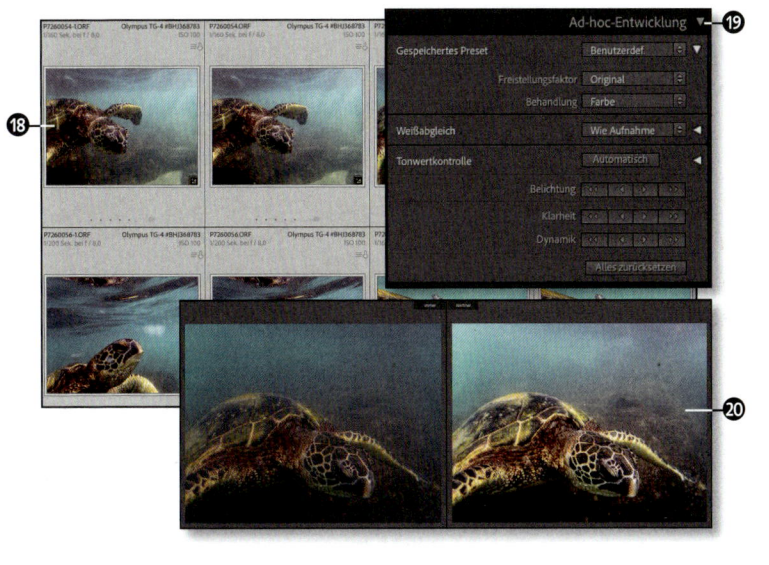

Kapitel 5 | Entwicklungsworkflow

Bildvarianten ausarbeiten

Virtuelle Kopien vermeiden das unnötige Duplizieren

Anstatt für eine Bildvariante das Originalbild auf der Festplatte zu kopieren, erstellen Sie lieber eine virtuelle Kopie. Dabei wird nur ein weiterer Satz von Metadaten angelegt. Das geht schnell und ist wenig fehleranfällig. Die virtuellen Kopien werden in Lightroom wie eigenständige Bilder behandelt.

Bearbeitungsschritte
- Basiskorrektur durchführen
- Virtuelle Kopien erstellen
- Bildvarianten ausarbeiten

Foto: Maike Jarsetz

Vorher

Nachher

Ausgangsbild
- Unentwickeltes Einzelbild

[Datei: Virtuell-2]

1 Basiskorrektur

Auch wenn Sie von vornherein wissen, dass Sie mehrere Bildvarianten ausarbeiten wollen, sollten Sie die virtuelle Kopie erst dann anlegen, wenn Sie die Grundentwicklung durchgeführt haben.

Das Beispielbild wurde in der Belichtung korrigiert, der Schwarz- und Weißpunkt angepasst, in den Tiefen etwas und in den Lichtern deutlich aufgehellt. Schon dadurch ergibt sich eine neue, kontrastreichere Bildvariante.

2 Virtuelle Kopie anlegen

Um eine virtuelle Kopie anzulegen, gibt es viele Wege: In der Bibliothek und im Entwickeln-Modul wählen Sie aus dem Menü Foto den Befehl Virtuelle Kopie anlegen oder nutzen [Strg]/[cmd]+[T]. In allen Modulen können Sie den Befehl außerdem mit einem Klick mit der rechten Maustaste auf das Bild oder die Miniatur im Filmstreifen aus dem Kontextmenü aufrufen.

Die virtuelle Kopie ist an dem kleinen Ecken-Symbol ❶ erkennbar.

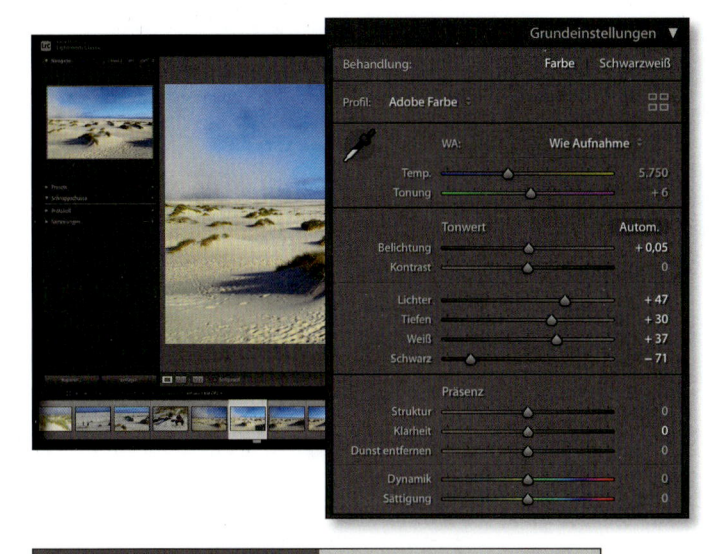

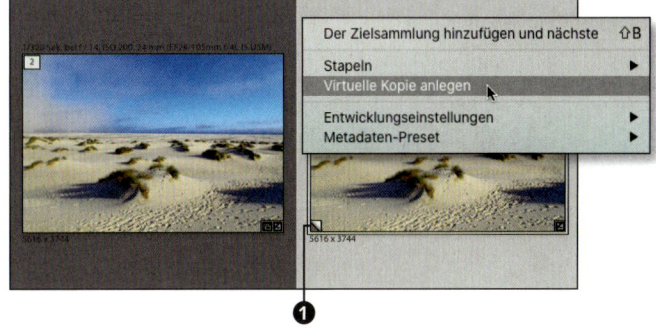

3 Sammlungen nutzen

Wenn Sie die Entwicklungsvarianten über eine Sammlung organisieren wollen, können Sie zwei Schritte in einem durchführen. Aktivieren Sie die Fotos, die in der Sammlung als virtuelle Kopie aufgenommen werden sollen, und wählen Sie über das Plus-Zeichen des Sammlungen-Bedienfelds den Befehl Sammlung erstellen.

Nach dem Aktivieren der Option Ausgewählte Fotos einschliessen ❷ steht Ihnen darunter die zusätzliche Option Neue virtuelle Kopien erstellen ❸ zur Verfügung.

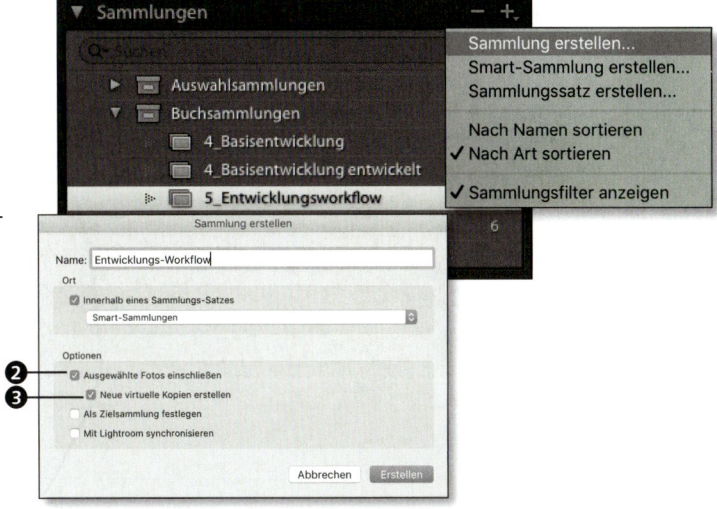

Kapitel 5 | Entwicklungsworkflow 195

4 Ein Blick in das Protokoll

Im Protokoll der neu erstellten virtuellen Kopie sind die ersten Bildanpassungen ❷ nicht mehr aufgeführt, denn das Protokoll dieses Bildes wurde mit der virtuellen Kopie zurückgesetzt ❶.

Eine Möglichkeit ist, virtuelle Kopien zu nutzen, um umfangreiche Protokolle in Entwicklungsphasen aufzuteilen. Natürlich können Sie die virtuelle Kopie aber auch am Anfang erstellen und die Varianten bis zu diesem Punkt synchron entwickeln.

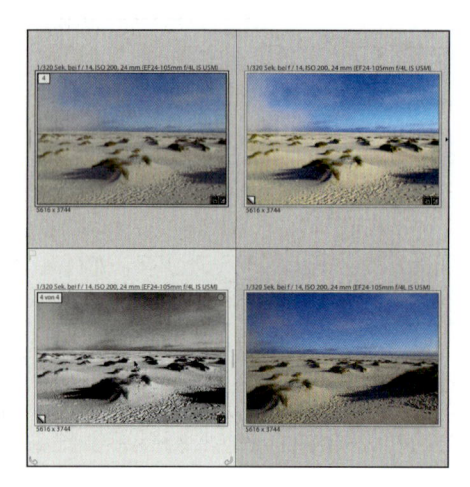

5 Varianten ausarbeiten

Der Hauptzweck einer virtuellen Kopie ist, eine alternative Entwicklung durchzuführen. Für eine virtuelle Kopie – daher der Name – wird dabei nur ein weiterer Satz von Metadaten für ein und dieselbe Bilddatei angelegt, in dem alle Entwicklungsschritte gespeichert werden. Sie können die Entwicklungsvarianten also wie unabhängige Bilder behandeln. Hier wurden zwei Varianten mit unterschiedlichen Kontrasten und Farbintensitäten und eine weitere Kopie in Schwarzweiß ausgearbeitet.

6 Original anzeigen

Im Original-Bildordner werden die virtuellen Kopien automatisch mit dem Masterfoto gestapelt. Wenn Sie eine virtuelle Kopie für eine Sammlung angelegt haben, fehlt dieses »Original«.

Um schnell den Überblick über Varianten und das dazugehörige Original zu bekommen, klicken Sie mit der rechten Maustaste auf die virtuelle Kopie und wählen Gehe zu Ordner in Bibliothek. So kommen Sie zurück zu den »Wurzeln« des Bildes.

7 Versionsvergleich

Um während der Entwicklung Versionen miteinander zu vergleichen, muss man mittlerweile nicht mehr auf die Übersicht in der Bibliothek ausweichen. Aktivieren Sie im ENTWICKELN-Modul per Klick ❹ oder über ⇧+R die Referenzansicht.

In die zunächst leere linke Fensterhälfte ziehen Sie ein beliebiges Bild aus dem Filmstreifen für den Vergleich ❸. Beenden Sie die Referenzansicht durch Klick auf das Vollbildsymbol oder über die Taste D.

8 Teilsynchronisation

Sie können auch in der Bibliothek ausgesuchte Entwicklungseinstellungen zwischen virtuellen Kopien und dem Masterfoto austauschen. Aktivieren Sie die virtuelle Kopie und das Masterfoto, und markieren Sie das weiter ausgearbeitete Bild. Wechseln Sie über die Taste G in die RASTERANSICHT, und klicken Sie auf die Schaltfläche EINSTELL. (ungen) SYN.(chronisieren) ❺. Im daraufhin erscheinenden Fenster aktivieren Sie nur die Einstellungen, die Sie übertragen wollen, und klicken auf SYNCHRONISIEREN.

9 Masterfoto oder virtuelle Kopie

Über eine Filterabfrage können Sie sich Masterfotos und virtuelle Kopien alternativ anzeigen lassen.

Drücken Sie die Taste G, um in die Rasteransicht der Bibliothek zu wechseln, und blenden Sie die Filterleiste über das ANSICHT-Menü ein.

Klicken Sie dort auf ATTRIBUT ❻, und wählen Sie ganz rechts unter ART das erste Symbol zur Auswahl der Masterfotos ❼ und das zweite zur Auswahl von virtuellen Kopien ❽.

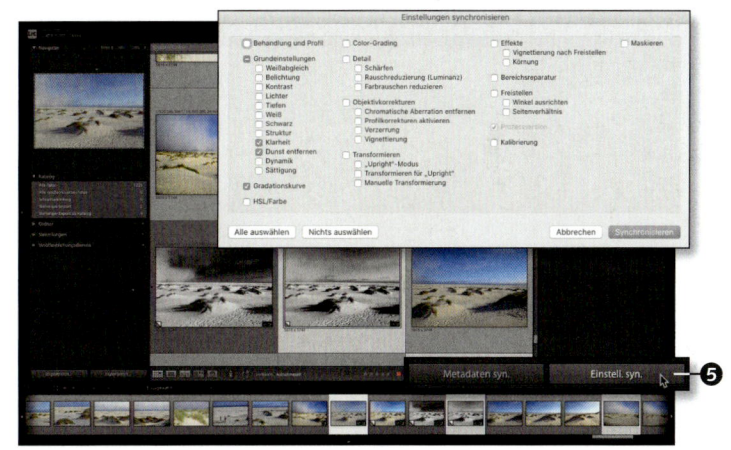

Kapitel 5 | Entwicklungsworkflow

Bildvarianten vergleichen

Protokoll, Schnappschuss und Referenz- und Vergleichsansicht

Das Protokoll- und das Schnappschüsse-Bedienfeld bieten Ihnen dauerhaften Zugriff auf alle Entwicklungsphasen. Mit den richtigen Kniffen können Sie sie so mit der Vergleichsansicht kombinieren, dass die Entwicklungsvarianten auch miteinander verglichen werden und Sie an beiden Versionen weiterarbeiten können.

1 Das Protokoll

Wählen Sie ein Bild, in dem schon Korrekturen in Lightroom vorgenommen wurden, und öffnen Sie an der linken Seite des Entwickeln-Moduls das Schnappschüsse- und das Protokoll-Bedienfeld ❶.

Im Protokoll werden sämtliche Entwicklungsschritte seit dem Import protokolliert. Klicken Sie auf einen Protokollschritt, um diese Entwicklungsphase im Vorschaubild einzublenden.

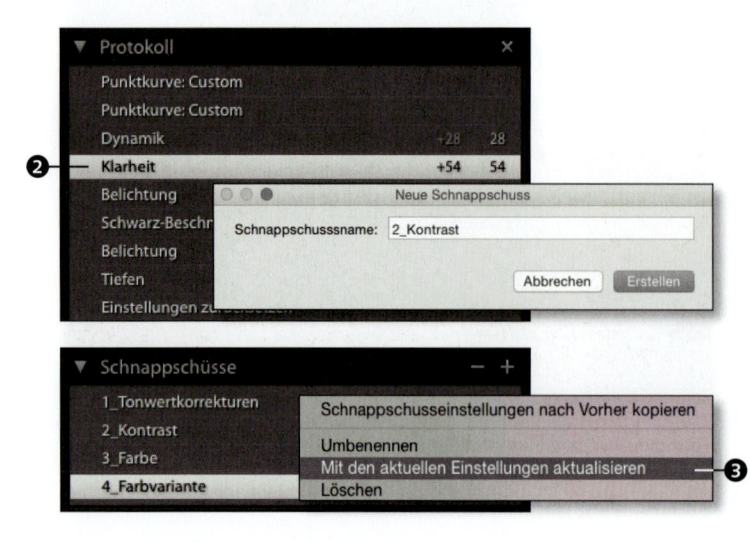

2 Schnappschuss erstellen

Das Protokoll wird schnell unübersichtlich. Sichern Sie die relevanten Entwicklungsphasen als Schnappschuss: Klicken Sie mit der rechten Maustaste auf den ausgewählten Protokollschritt ❷, wählen Sie Schnappschuss erstellen, und benennen Sie diesen. Aus dem Schnappschüsse-Bedienfeld können Sie ihn jederzeit zum Vergleich aufrufen.

Übrigens: Über die rechte Maustaste können Sie einen Schnappschuss Mit den aktuellen Einstellungen aktualisieren ❸.

3 Entwicklungsphasen vergleichen

Aktivieren Sie eine Vergleichsansicht über das Popup-Menü ❹ in der Werkzeugleiste, um einen Protokollschritt, einen Schnappschuss oder die aktuelle Entwicklungsphase mit dem Importstatus – also der Originaldatei – zu vergleichen.

Sie können auch mit der Y-Taste in die Vergleichsansicht und zurück wechseln. Nutzen Sie zusätzlich die ⇧-Taste, um sofort die geteilte Ansicht einzublenden.

4 Vorher-Ansicht verändern

Nicht immer möchte man den Detailvergleich zum noch unentwickelten Original anstellen. Lassen Sie sich dann für den Vergleich einen bestimmten Protokollschritt oder Schnappschuss als Vorher-Status anzeigen. Klicken Sie mit der rechten Maustaste zum Beispiel auf den gewünschten Schnappschuss, und wählen Sie SCHNAPPSCHUSSEINSTELLUNGEN NACH VORHER KOPIEREN ❺. Ihre weitere Entwicklungsarbeit wird auf der rechten Nachher-Seite weiter zum Vergleich angezeigt.

5 Referenzansicht nutzen

Bei der Ausarbeitung der Entwicklung ist oft ein Vergleich mit anderen Motiven hilfreich. Klicken Sie dafür auf das Symbol für die REFERENZANSICHT ❻.

Das Fenster teilt sich, und Sie können per Drag & Drop ein Foto als Referenz im linken Fenster positionieren. Das geht übrigens auch schon direkt aus der Bibliothek. Dort können Sie mit rechter Maustaste sowohl ein Bild direkt IN DER REFERENZANSICHT ÖFFNEN als auch ein Motiv ALS REFERENZFOTO FESTLEGEN.

Kapitel 5 | Entwicklungsworkflow

Softproof begutachten

Eine Vorschau auf die Ausgabe

Um in Lightroom schon die Druckausgabe begutachten zu können, gibt es die Softproof-Option. Voraussetzung dafür ist, dass Sie auf die entsprechenden Ausgabeprofile zugreifen können, die eine Vorschau auf die Ausgabe ermöglichen und die nicht vom Drucker reproduzierbaren Farben anzeigen können.

Bearbeitungsschritte
- Softproof aktivieren
- Farbumfang prüfen
- Proof-Kopie korrigieren

Nachher

Foto: Maike Jarsetz

Ausgangsbild
- Vorentwickeltes Motiv
- Vom Monitor nicht darstellbare und außerhalb des Druckfarbumfangs liegende Bildfarben

[Datei: Softproof]

1 Softproof aktivieren

Für jedes Bild, das Sie auf einem Drucker ausdrucken wollen, lohnt sich die Überprüfung über den SOFTPROOF. Diesen aktivieren Sie in der Werkzeugleiste des ENTWICKELN-Moduls ❶.

Sie sehen ein leicht verändertes Vorschaubild. Die stärkste Veränderung findet aber zunächst im HISTOGRAMM-Fenster ❷ statt, das die Tonwertverteilung im neuen Druckfarbraum zeigt und die Optionen für die Einstellung des Softproofs bietet.

2 Vergleichsansicht aufbauen

Zum Vergleich des zu erwartenden Ausdrucks mit der digitalen Version können Sie die Vergleichsansicht über die Taste [Y] aktivieren. Im Popup-Menü VORHER ❸ entscheiden Sie, ob Sie den STATUS JETZT oder das unentwickelte Original als STATUS VORHER einblenden wollen. Zusätzlich können Sie zwischen verschiedenen Hintergrundfarben und dem im Profil hinterlegten Papierweiß wählen. Klicken Sie dazu mit der rechten Maustaste auf den Hintergrund des Vorschaufensters.

3 Zielfarbraum wählen

In den Optionen des Histogramms können Sie für eine Druckvorschau das entsprechende Druckprofil wählen ❹.

Viele Druckdienstleister bieten in ihrem Downloadbereich Profile für spezielle Druckarten und Papiere inklusive Installationsanleitungen an. Nach der Installation finden und wählen Sie diese Profile über das gleichnamige Popup-Menü und ANDERE... ❻. Nach der Aktivierung können Sie diese für das Softproof-Profil nutzen ❺.

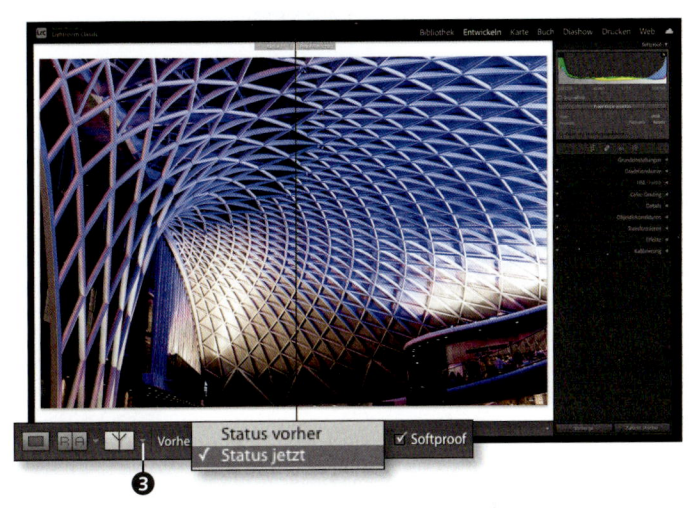

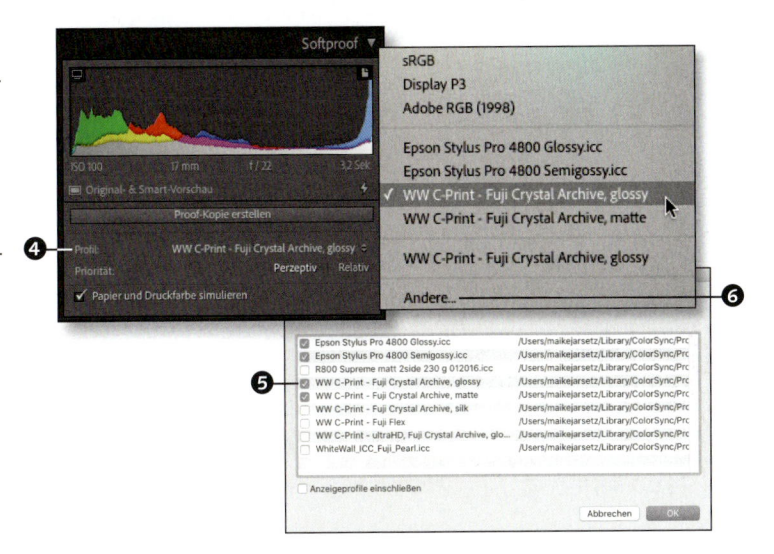

Kapitel 5 | Entwicklungsworkflow 201

4 Perzeptiv oder Relativ?

Die Render-PRIORITÄT ❶ bestimmt, wie der aktuelle Farbumfang des Bildes auf den Zielfarbraum angepasst wird.

PERZEPTIV ist die gängige Priorität bei der Umsetzung von Fotos, aber bei farbdominanten Bildern bringt auch oft die Priorität RELATIV (farbmetrisch) gute Umsetzungen.

Beurteilen Sie einfach nach der Vorschau – entscheidend wird diese Frage dann bei der finalen Ausgabe im Druckmenü.

Mehr zum Thema Farbmanagement lesen Sie ab Seite 448.

5 Papier und Druckfarbe

Durch die zusätzliche Option PAPIER UND DRUCKFARBE SIMULIEREN ❷ wird versucht, auf dem Bildschirm das naturgemäß weniger brillante Ergebnis des Drucks darzustellen. Auch diese Informationen sind im Profil hinterlegt. Der Unterschied in der Vorschau ist besonders eklatant, wenn Sie mit dem Softproof Profile von mattem Papiermaterial und/oder günstigen Fotodruckern anzeigen wollen. Trotzdem gibt es einen guten Hinweis auf das spätere Druckergebnis.

6 Zielfarbumfang prüfen

Nicht alle im Bild enthaltenen Farben können auf jedem Drucker korrekt wiedergegeben werden. Aktivieren Sie die Farbumfangwarnung ❸ für das angewählte Druck- oder Ausgabeprofil – Bildfarben, die nicht im Druckfarbraum liegen, werden farblich markiert ❹. Diese werden zwar über die schon erwähnte PRIORITÄT in den kleineren Farbraum umgewandelt, aber Sie können auch die Entwicklung in Lightroom so verändern, dass der Farbumfang des entwickelten Bildes nicht zu groß wird.

7 Proof-Kopie erstellen

Da die eben erwähnte Anpassung der Entwicklung sich immer auf den ausgewählten Druckfarbraum bezieht und dieser nach Druckverfahren und -material schwankt, sollten Sie diese auf einer virtuellen Kopie des Bildes durchführen.

Unter dem Histogramm sehen Sie auch schon die entsprechende Schaltfläche ❺, mit der Sie diese Proof-Kopie ❻ erstellen können. Sollten Sie ohne Proof-Kopie eine Korrektur starten, werden Sie gleich beim ersten Schritt dazu aufgefordert.

8 Proof-Korrekturen

Auf der Proof-Kopie können Sie jetzt die Korrekturen durchführen, die die rot markierten, außerhalb des Zielfarbraums liegenden Bereiche verringern können. Oft hilft schon eine Reduzierung der Farbsättigung über die DYNAMIK oder die HSL-Einstellungen.

Manchmal – wie in diesem Beispiel – würden die Farben aber dadurch zu stark verfälscht. Dann müssen Sie die Anpassung der Farben durch den Drucker hinnehmen – es ist in solch einem Fall immer noch das bessere Ergebnis.

9 Monitorfarbumfang prüfen

Das Histogramm des Softproofs bietet auch die Möglichkeit, Bildfarben anzuzeigen, die außerhalb des Monitorumfangs liegen. Aktivieren Sie dazu diese Anzeige einfach über einen Klick auf das Symbol ❼.

Erschrecken Sie nicht: Da der Farbumfang der meisten Monitore sehr gering ist, werden hier viele Bereiche blau markiert. Das muss aber nicht zwingend Konsequenzen haben, sondern zeigt nur, dass Ihr Monitor den vollen Farbumfang Ihres Bildes nicht darstellen kann.

Kapitel 5 | Entwicklungsworkflow   203

Motivgerecht entwickeln

Viele Aufnahmen sind besondere Momente, die auch eine besondere Entwicklung verdienen. Jedes Motiv erfordert andere Korrekturen: sensible Porträtretusche, exakte Perspektivkorrektur, aber vor allem auch die genaue Ausarbeitung von Bildfarben. Mit den richtigen Werkzeugen und selektiven Bildkorrekturen setzen Sie Akzente und bringen so subtil das im Motiv in den Fokus, das Sie schon bei der Fotografie einfangen wollten. Dieses Kapitel bringt Sie auf die Spur zu dem Besonderen in Ihrem Motiv.

EINFÜHRUNG: Bildgerecht korrigieren
Die optimale Behandlung für jedes Motiv 206

AUF EINEN BLICK: Die Entwicklung-Bedienfelder
Alle Detailsteuerungen im Entwickeln-Modul 208

Die Bereichsreparatur
Schnelles Ausflecken und intelligente Retusche 214

Farbfehler korrigieren
Chromatische Aberration und Farbsäume entfernen 218

Schnelle Perspektivkorrektur
Objektivkorrektur und Upright-Automatik 220

Perspektive gerade biegen
Mit dem Transformieren-Werkzeug in die Perspektive eingreifen 222

Bildfarben natürlich steigern
Die Dynamik ist die »echte« Sättigungskorrektur 224

Motivfarben betonen
Die HSL-Korrekturen steuern die motivwichtigen Farbtöne 226

Korrekturen in den Kanälen
Nutzen Sie die Gradationskurve zur Farbkorrektur 230

Panoramen erstellen
Einzelbilder zum Panoramamotiv zusammenfügen 234

HDR-Bilder zusammenfügen
Belichtungsreihen für einen größeren Dynamikumfang nutzen 238

Foto: Maike Jarsetz

Einführung

Bildgerecht korrigieren
Die optimale Behandlung für jedes Motiv

In diesem Kapitel geht es darum, das Besondere an der Aufnahme ganz präzise herauszuarbeiten. Manchmal bedarf es dazu sogar eines besonderen Starts. Im Menü Foto finden Sie die Funktion Verbessern. Diese optimiert auf Basis künstlicher Intelligenz das Demosaik-Verfahren der Raw-Daten und verbessert so Artefakte oder unregelmäßige Farbdetails in den Raw-Details ❶. Ebenfalls hier verfügbar: die Super Auflösung ❷, die die Auflösung Ihrer Raw-Datei verdoppeln kann.

Im Motiv Akzente setzen

Lightroom bietet Ihnen viele Möglichkeiten, selektiv nur bestimmte Tonwerte oder Farben zu bearbeiten. Die Lichter sollen wärmer werden, aber die Schatten kühler bleiben? Kein Problem: Nutzen Sie das Color-Grading ❾, und loten Sie die Farben in Lichter, Schatten und Mitteltönen aus. Diese Funktion löst die alte Teiltonung ab und bietet deutlich mehr Möglichkeiten, getonte Bereiche auszuloten. Auch die Gradationskurve ❽ kann kanalweise eine Farbgewichtung vornehmen. Die Steuerung hier verlangt deutlich mehr Feingefühl, da sie die gesamte Farbbalance im Bild beeinflusst. Der Workshop auf Seite 230 zeigt Ihnen eine typische Anwendung und Vorgehensweise.

Wenn es um die Betonung bestimmter Farbbereiche geht, gibt es viele Aufgaben: Sie stellen sich einen satten Himmel vor, den Sie sonst nur mit einem Polfilter erreicht haben – und diesen hatten Sie im Moment der Aufnahme nicht dabei? Gleichzeitig sollen die Hauttöne im Bild deutlich heller und klarer wirken? Ein Fall für die HSL-Korrekturen ❼.

Die Werkzeuge nutzen

Oberhalb der Bedienfelder befinden sich die Werkzeuge: die Freistellungsüberlagerung ❸ zur Ausschnittbestimmung und Begradigung schiefer Horizonte, die Bereichsreparatur ❹ für kleine und größere Retuscheaufgaben, die Rote-Augen-Korrektur ❺ und der Maskieren-Bereich ❻, der den Zugriff auf umfangreiche lokale Korrekturmöglichkeiten bietet.

Diese behandeln wir exklusiv im nächsten Kapitel »Lokale Korrekturen«.

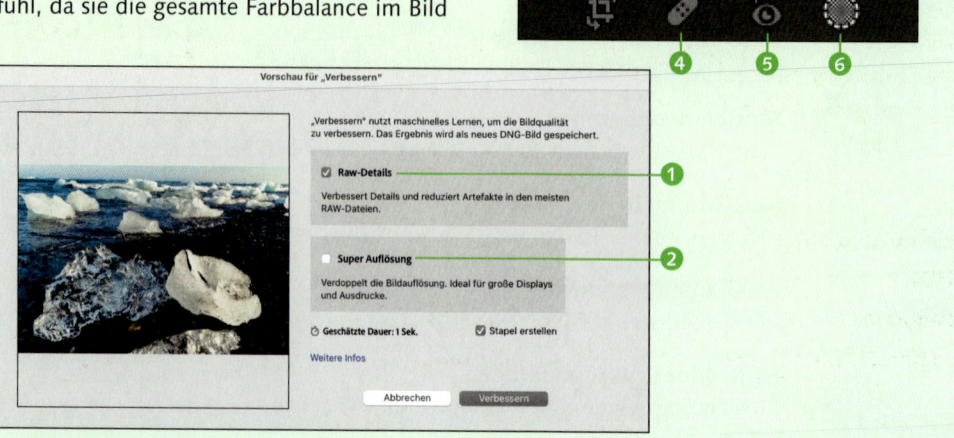

Entwicklung-Bedienfelder anpassen

Über einen Rechtsklick können Sie das ENTWICKLUNG-BEDIENFELD ANPASSEN ❿. Über Checkboxen ⓬ aktivieren Sie die gewünschten Entwicklung-Bedienfelder, und per Drag & Drop verschieben Sie die Reihenfolge ⓫.

Diese Änderungen sind erst nach einem Neustart wirksam.

Fotos zusammenfügen

Aus mehreren Bildern ein Neues zu machen – das geht schon mit Lightroom Classic: Sie können sowohl Panoramen als auch HDR-Bilder zusammenfügen und bearbeiten.

In beiden Fällen entstehen DNG-Dateien mit 16 Bit Farbtiefe. So verfügen sie über das gleiche Entwicklungspotenzial wie die ursprünglichen Raw-Dateien.

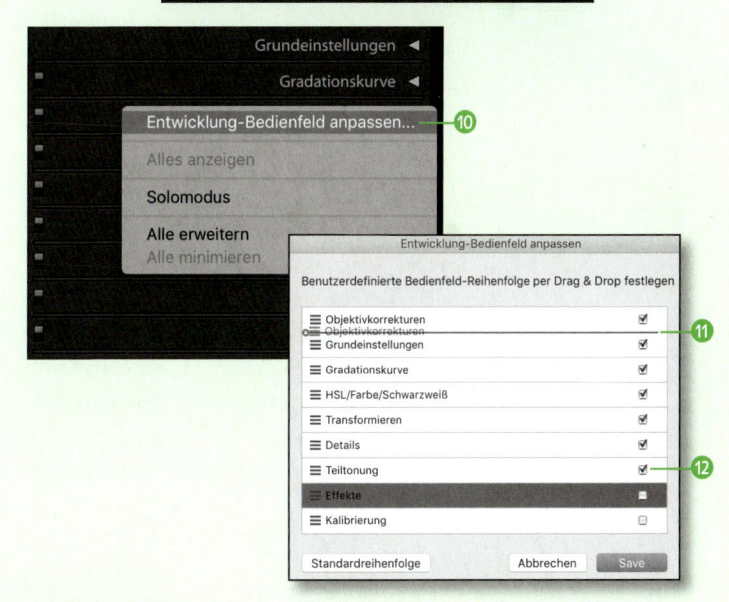

Schnelle Stapelbearbeitung

Fotos zusammenfügen

Zu HDR	Strg/cmd + H
Zu Panorama	Strg/cmd + M
Dialogfenster überspringen	Strg/cmd + ⇧ + H/M

Kapitel 6 | Motivgerecht entwickeln **207**

Auf einen Blick

Die Entwicklung-Bedienfelder
Alle Detailsteuerungen im Entwickeln-Modul

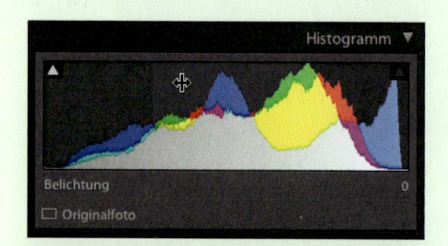

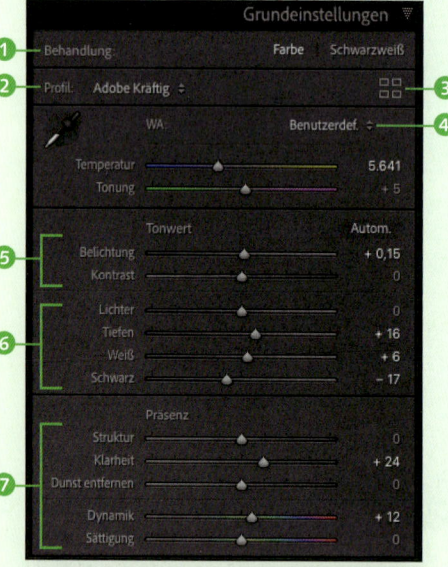

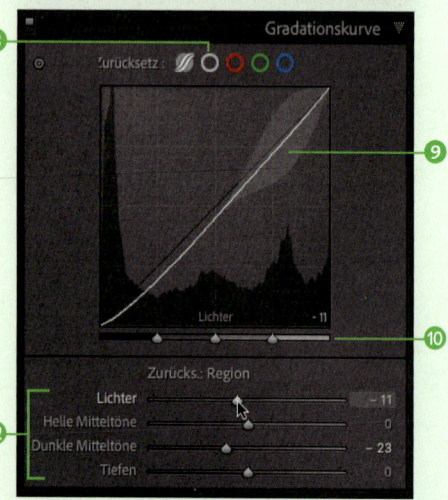

Grundeinstellungen
- **Behandlung** ❶: Ein einfacher Klick wechselt zwischen der Farb- und der Schwarzweißumsetzung.
- **Profil und Profilbrowser:** Über den Profilbrowser ❸ wählen Sie das Profil ❷ für die Erstentwicklung Ihrer Raw-Dateien.
- **Weißabgleich:** Aus dem Popup-Menü ❹ können Sie Weißabgleichsvorgaben wählen, oder Sie bestimmen mit der Pipette eine neutrale Bildstelle. Mit den Reglern zu (Farb-) Temperatur und Tonung können Sie manuell nachsteuern.
- **Belichtung und Kontrast** ❺: Anders als in der Kamera korrigiert der Regler Belichtung primär die Mitteltöne. Kontrast wird gezielter über die Gradationskurven gesteuert.
- **Tonwertkorrekturen** ❻: Mit den Reglern Lichter, Tiefen, Weiss und Schwarz lassen sich alle Tonwertbereiche korrigieren. Sie können sie auch im Histogramm steuern. Markieren Sie beschnittene Bildbereiche mit der Alt-Taste.
- **Präsenz** ❼: Klarheit, Struktur und Dunst entfernen sind Kontrastkorrekturen für unterschiedliche Wirkungsbereiche. Die Dynamik ist eine differenzierte Sättigungskorrektur.

Gradationskurven
Parametrische Gradationskurve: Diese Gradationskurve ist direkt verknüpft mit der Reglersteuerung ⓬ für vier Tonwertbereiche. Sie können aber auch die Kurve mit der Maus bewegen, beides bedingt sich gegenseitig. Im Histogramm wird der maximale Korrekturbereich hell hervorgehoben ❾.

Es wird jeweils einer der Tonwertbereiche schwerpunktmäßig korrigiert, die Korrektur wirkt sich aber auch in den danebenliegenden Bereichen aus. Die Wirkungszonen können Sie über Schieberegler ❿ vergrößern oder verkleinern. Über das Kreissymbol ❽ wechseln Sie auf die Punktkurve.

Punktkurve: Die Punktkurve hat weder Regler noch festgelegte Tonwertbereiche noch maximale Korrekturbereiche. Sie korrigieren die Tonwerte über frei verschiebbare Punkte ⓯ auf der Kurve.

Auf einen Blick

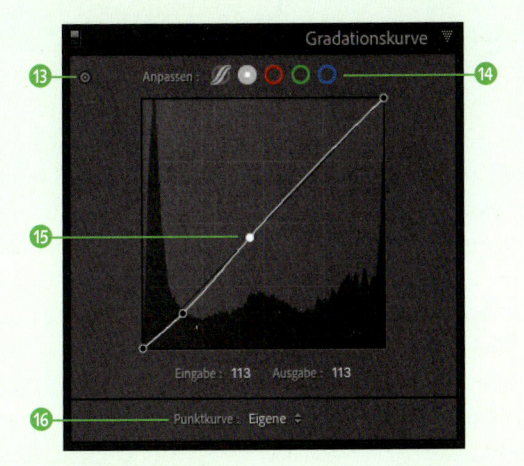

Aus dem Popup-Menü PUNKTKURVE ⑯ können Standardkurven gewählt werden oder eigene als Vorgabe gespeichert werden.

Die drei roten, grünen und blauen Kreissymbole ⑭ öffnen die jeweiligen Gradationssteuerungen in den Farbkanälen. Alle Gradationskurven können über das Zielkorrektur-Werkzeug ⑬ direkt im Bild gesteuert werden.

HSL/Farbe

Wählen Sie in der oberen Zeile ⑰, ob Sie den FARBTON (Hue), die SÄTTIGUNG oder die LUMINANZ einzelner Farbsegmente steuern wollen. Ein Klick auf ALLE blendet die drei Steuerungen gleichzeitig ein.

Die Schieberegler zeigen Ihnen durch den Farbbalken die Richtung der Veränderung an. Das Werkzeug für selektive Anpassungen ⑱ nimmt die Steuerungen direkt im Bild vor und kann auch mehrere Farbsegmente gleichzeitig steuern.

Farbe: Klicken Sie auf FARBE ⑲ und wählen Sie aus den Farb-Icons ⑳ einen Farbbereich für die Bearbeitung in FARBTON, SÄTTIGUNG und LUMINANZ aus.
S/W: Eine Schwarzweißumwandlung starten Sie in den GRUNDEINSTELLUNGEN durch einen Klick auf SCHWARZWEISS ㉑. Mit den Schiebereglern ㉓ oder dem Zielkorrektur-Werkzeug ㉒ steuern Sie die Helligkeit der Farbbereiche.

Einstellungen zurücksetzen

Halten Sie die ⎣Alt⎦-Taste gedrückt, um die Einstellungen teilweise zurückzusetzen. Der Schriftzug ZURÜCKS. ㉔ erscheint im Bedienfeld.

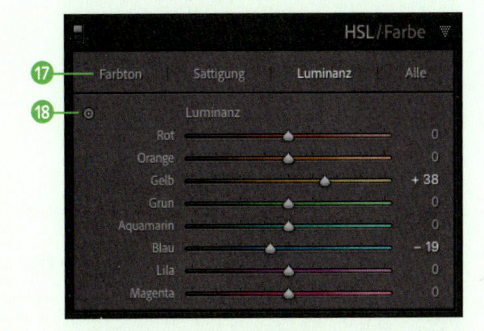

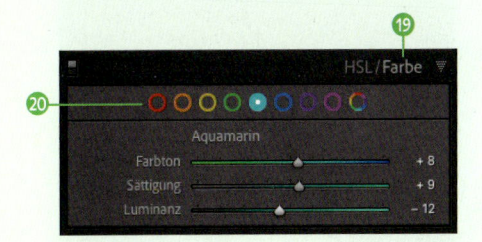

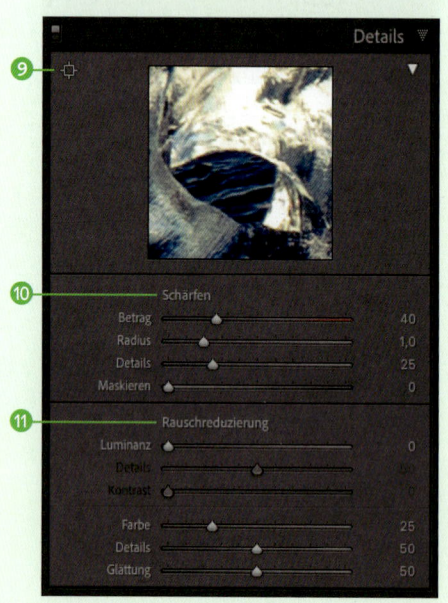

Auf einen Blick

Color-Grading
Mit dem Color-Grading nehmen Sie differenzierte Tonungen vor. Nutzen Sie den 3-Wege-Regler ❶, oder wählen Sie über die Icons die TIEFEN ❷, MITTELTÖNE ❸ und LICHTER ❹ oder GLOBAL ❺ alle Tonwerte für eine Einfärbung mit frei wählbarem Farbton und Sättigung. Geben Sie die gewünschte Tonungsfarbe über ein Farbrad ❻ ein, und steuern Sie mit gedrückter ⇧-Taste nur die Sättigung oder mit Strg/cmd-Taste isoliert den Farbton. Mit gedrückter Alt-Taste wird die Steuerung feiner. Über den ABGLEICH ❽ bestimmen Sie die Gewichtung der einzelnen Einstellungen und können die Tonungen der Tonwertbereiche auch gesteuert ÜBERBLENDEN ❼.

Details
Schärfen ❿: Der BETRAG definiert die Stärke der Scharfzeichnung, der RADIUS die Reichweite. Ein weiterer Regler verstärkt die DETAILS. Der MASKIEREN-Regler schützt Flächen. Der DETAILZOOMBEREICH ❾ bestimmt den 1:1-Bildausschnitt.

Rauschreduzierung ⓫: Die wichtigste Rauschreduzierung nehmen Sie mit dem Regler FARBE vor. Ein unterschwelliges Sprenkeln können Sie mit dem GLÄTTUNG-Regler mindern. Das LUMINANZ-Rauschen wird nur gering korrigiert. Detailverluste werden über die DETAILS reduziert. Der KONTRAST-Regler verstärkt den Luminanzkontrast wieder.

Objektivkorrekturen
Profil ⓬: Hier finden Sie die PROFILKORREKTUREN, die Objektivverzerrungen ausgleichen, und die chromatische Aberration ⓭ zur Beseitigung von Farbfehlern. Die Stärke von Verzerrungs- und Verzeichnungskorrektur kann über Schieberegler ⓮ gesteuert werden.

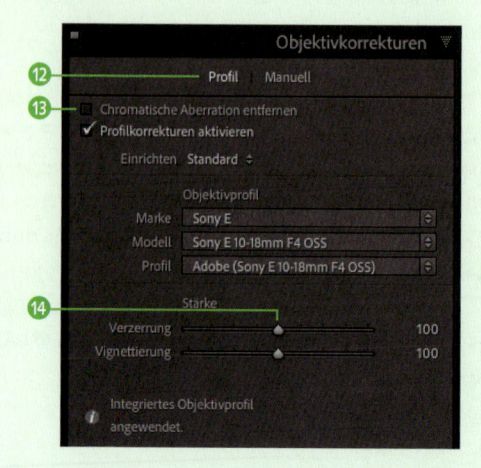

Auf einen Blick

Manuell ⑮: Über den STÄRKE-Regler bei VERZERRUNG ⑯ und im Bereich VIGNETTIERUNG ⑲ korrigieren Sie die Bilder, für die kein Korrekturprofil vorliegt. Die VIGNETTIERUNG steuern Sie über den BETRAG und den Abstand zum MITTELPUNKT. Der Arbeitsbereich RAND ENTFERNEN ⑱ korrigiert Farblängsfehler. Sie werden mit der Pipette ⑰ ausgewählt, über den FARBTON eingegrenzt und in der INTENSITÄT gesteuert.

Mit gedrückter Alt -Taste können Sie die Steuerung über eine schwarzweiße Überlagerung kontrollieren.

Transformieren

Korrigieren Sie stürzende Linien über die Perspektivkorrektur VERTIKAL oder auch HORIZONTAL ㉓. Einen schiefen Horizont gleichen Sie über den Regler DREHEN aus. Dadurch entstehende Verzerrungen des rechteckigen Bildformats korrigieren Sie über ein individuelles SKALIEREN des Bildes oder indem Sie mit der Option ZUSCHNITT BESCHRÄNKEN ㉒ den Bildausschnitt verkleinern. Eine eventuelle unnatürliche Änderung beim SEITENVERHÄLTNIS korrigieren Sie über einen Schieberegler.

Upright (Aufrichten) ⑳: Richten Sie die Horizontalen des Bildes durch einen Klick auf die Schaltfläche EBENE ㉒ aus. Die Schaltfläche VERTIKAL korrigiert stürzende Linien, und VOLL fasst beide Korrekturen zusammen. Eine moderatere Alternative ist AUTO. Klicken Sie auf AUS, um alle Korrekturen zurückzusetzen. Wollen Sie bestehende Objektivkorrekturen beibehalten, halten Sie bei der Anwendung von Upright die Alt -Taste gedrückt. Bei nachträglichen Profilkorrekturen können Sie die Automatik AKTUALISIEREN.

Mit dem Upright-Werkzeug ㉑ ziehen Sie mindestens zwei, maximal vier, Hilfslinien im Bild. Das Bild wird daran parallel oder im rechten Winkel ausgerichtet.

Effekte

Vignettierung nach Freistellen ㉕: Hier bauen Sie eine künstliche Vignette auf. Über ein Popup-Menü können Sie den Stil der Vignette auswählen und diese dann mit den Reglern BETRAG, Abstand zum MITTELPUNKT, RUNDHEIT und WEICHE KANTE steuern. Die LICHTER-Steuerung steht Ihnen nur für dunkle Vignettierungen zur Verfügung und erhöht dort die Lichtdetails.

Körnung ㉖: Über diesen Effekt bauen Sie eine künstliche Filmkörnung auf. Stärke und Größe des Korns werden über Schieberegler definiert. Die UNREGELMÄSSIGKEIT variiert die Streuung der Details.

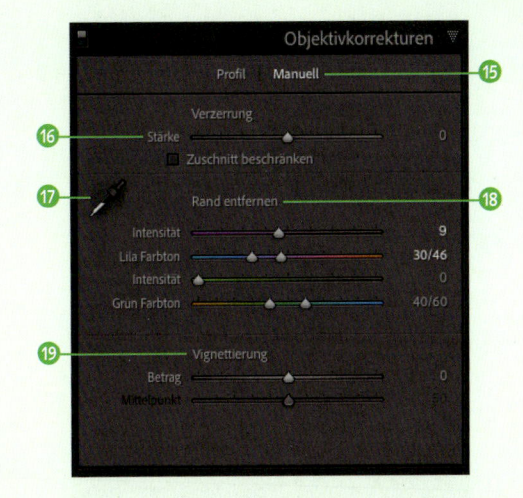

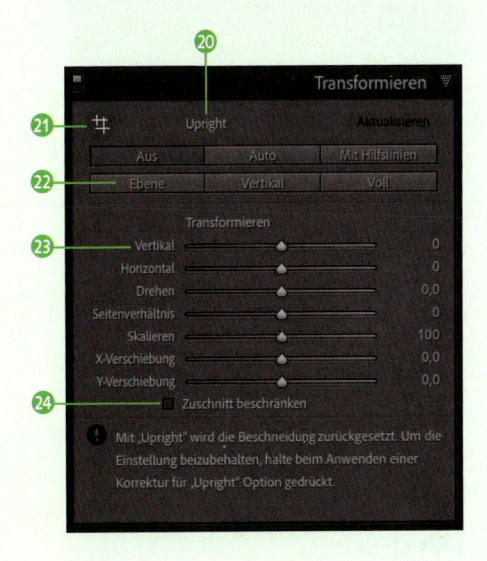

Kapitel 6 | Motivgerecht entwickeln **211**

Auf einen Blick

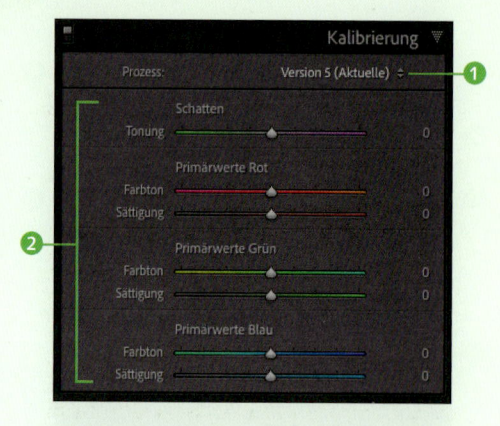

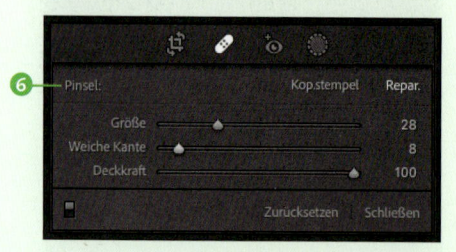

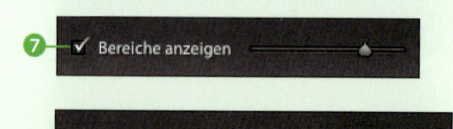

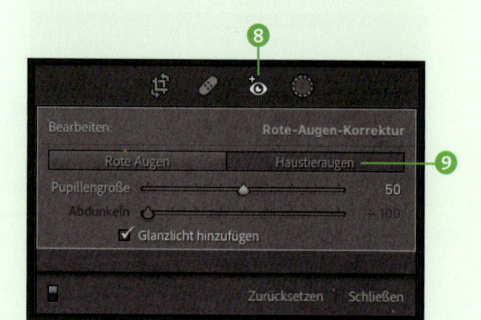

Kalibrierung

Prozess ❶: Die aktuelle Prozessversion erzielt die bestmögliche Raw-Konvertierung. In diesem Popup-Menü können Sie auch Bilder alter Kataloge auf die neue Prozessversion aktualisieren.

Kalibrierung ❷: Durchgängige Farbabweichungen können Sie durch Steuerung der Primärfarben in FARBTON und SÄTTIGUNG korrigieren.

Die Werkzeuge

Freistellen und gerade ausrichten [R]: Mit dem Freistellungsrahmen-Werkzeug ❸ legen Sie einen neuen Ausschnitt für das Bild fest. Dafür sind gängige Seitenverhältnisse und Pixelabmessungen vordefiniert. Diese können per Klick auf das Schloss fixiert werden.

Mit dem Gerade-ausrichten-Werkzeug ❺ richten Sie die Horizontlinie im Bild neu aus – mit der Option AUTO ❹ oder ⇧ + Doppelklick auf den Regler geht das auch automatisch. Die Rotation wird angezeigt. AUF BILD BESCHRÄNKEN reduziert bei Objektivkorrektur oder Bilddrehung den Ausschnitt auf Bildpixel.

Bereichsreparatur [Q]: Unter PINSEL ❻ können Sie zwischen zwei Optionen wählen: Mit KOP.STEMPEL kopieren Sie Bildbereiche exakt, die Option REPAR.(ieren) passt Helligkeit und Farbe der Umgebung an.

Die GRÖSSE des Reparaturbereichs passen Sie über den gleichnamigen Schieberegler an. Mit WEICHE KANTE passt sich der Kopierstempel sanfter in das Bild ein. Die DECKKRAFT kann später verändert werden.

Sie können auch größere Reparaturbereiche retuschieren. Die Reparaturquelle können Sie noch manuell verschieben. Zusätzlich kann eine steuerbare Bereichsanzeige ❼ das Auffinden von Retuscheaufgaben erleichtern.

Rote-Augen-Korrektur: Ziehen Sie mit dem Werkzeug ❽ einfach einen Rahmen über ausgeblitzte, rote Pupillen, um diese automatisch zu korrigieren.

Die Option HAUSTIERAUGEN ❾ ist optimiert für blasse ausgeblitzte Tieraugen und fügt noch Glanzlichter hinzu.

Auf einen Blick

Maskieren: Per Klick auf das Maskieren-Werkzeug ⑩ öffnen Sie eine Liste von Auswahl- und Maskierungsmethoden, die einen Bereich für lokale Korrekturen bestimmen.

Dieser Bereich wird im MASKEN-Bedienfeld ⑪ gespeichert, in dem Sie Überblick über alle lokalen Korrekturen im Bild haben.

In dem Bedienfeld für lokale Korrekturen hat sich so viel getan, dass ich ihm ein eigenes Kapitel gewidmet habe. Lesen Sie alles dazu ab Seite 244.

Entwicklungswerkzeuge steuern	
Werkzeugshortcuts	
Weißabgleich-Pipette	W
Freistellungsüberlagerung	R
Ausrichtung wechseln	X
Bereichsreparatur	Q
Allgemeine Werkzeugsteuerungen	
Pinselgröße kleiner/größer	[.]/[,]
Weiche Kante kleiner/größer	⇧+[,]/[.]
Werkzeugüberlagerung/Pins an/aus	H
Freistellungsüberlagerung	
Automatisch gerade ausrichten	Doppelklick auf Winkel-Regler
Bereichsreparatur	
Spotgröße aus der Mitte steuern	Strg/cmd+Alt
Spot von links oben aufziehen	Strg/cmd+⇧
Gerader Pinselstrich	⇧ + Ziehen oder Klicken an Anfangs- und Endpunkt
Bereiche anzeigen an/aus	A
Spotretusche-Quelle wählen	Strg/cmd + Ziehen
Retuschepunkt löschen	Alt + Klick
Mehrere Retuschebereiche löschen	Alt + Auswahlrahmen
Maskierung	Alle Shortcuts zum Maskieren-Werkzeug finden Sie im nächsten Kapitel
Fotos zusammenfügen	
Zu HDR	Strg/cmd+H
Zu Panorama	Strg/cmd+M
Dialogfenster überspringen	Strg/cmd+⇧+H/M

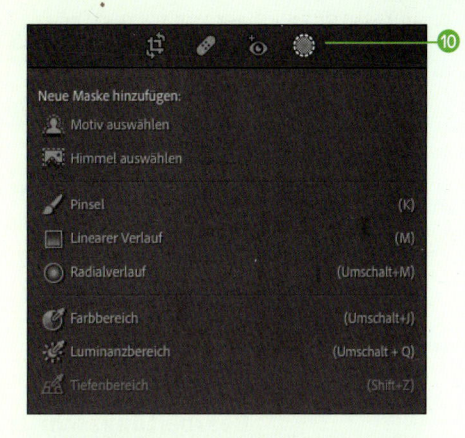

Kapitel 6 | Motivgerecht entwickeln

Die Bereichsreparatur

Schnelles Ausflecken und intelligente Retusche

Die Retusche in Lightroom ist nicht auf das Entfernen von Staub und kleinen Fehlern beschränkt. Sie können das Werkzeug selbst für umfangreiche inhaltsbasierte Retuschen verwenden. Dieser Workshop vereint beide Aufgaben.

Bearbeitungsschritte
- Sensorflecken beseitigen
- Störendes wegretuschieren

Ausgangsbild
- Sensorflecken, Staub und Fussel
- Störende Bilddetails

[Datei: Reparatur]

1 Das Retusche-Werkzeug

Wir starten mit der Retusche der Sensorflecken. Dazu sollten Sie in einer vergrößerten Ansicht arbeiten. Wechseln Sie also mit einem Klick auf das Bild in die 100%-Ansicht. Alternativ zoomen Sie sich über die ⌈Strg⌉/⌈cmd⌉+⌈#⌉-Taste oder über den Schieberegler ❷ in der Werkzeugleiste schrittweise in die Vergrößerung. Verschieben Sie den Bildausschnitt in den oberen Bereich – im Himmel finden sich diverse störende Elemente. Öffnen Sie die Bereichsreparatur über einen Klick auf das Symbol ❶ oder die Taste ⌈Q⌉.

2 Die Bereichsreparatur

In der Bereichsreparatur steht Ihnen ein Werkzeug mit zwei unterschiedlichen Optionen zur Verfügung: der Kopierstempel und der Reparaturpinsel ❸. Beide ersetzen die Reparaturstelle durch einen anderen Bildbereich. Im Gegensatz zum Kopierstempel fügt der Reparaturpinsel den kopierten Quellbereich fließend in die umgebenden Tonwerte ein.

Die WEICHE KANTE ❹ bietet sich in erster Linie für die Kopierstempel-Option an.

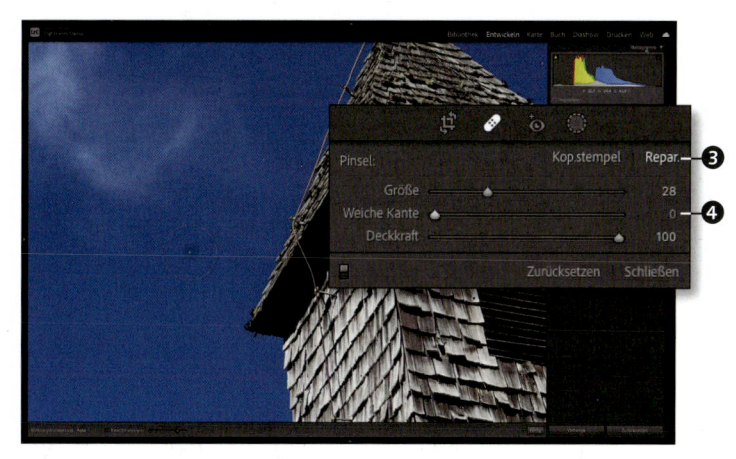

3 Werkzeuggröße einstellen

Wählen Sie für die Spotretusche die Option REPAR.(atur). Mit dem Schieberegler GRÖSSE ❺ passen Sie den Werkzeugdurchmesser an die Reparaturstelle an.

Sie können den Durchmesser auch direkt über der Reparaturstelle anpassen. Mit der ⌈,⌉-Taste verkleinern Sie den Durchmesser, und mit der ⌈.⌉-Taste vergrößern Sie den kreisförmigen Bereich schrittweise. Oder Sie ziehen den Durchmesser direkt über der Reparaturstelle von der Mitte aus auf: Halten Sie dazu die ⌈Strg⌉/⌈cmd⌉+⌈Alt⌉-Taste gedrückt.

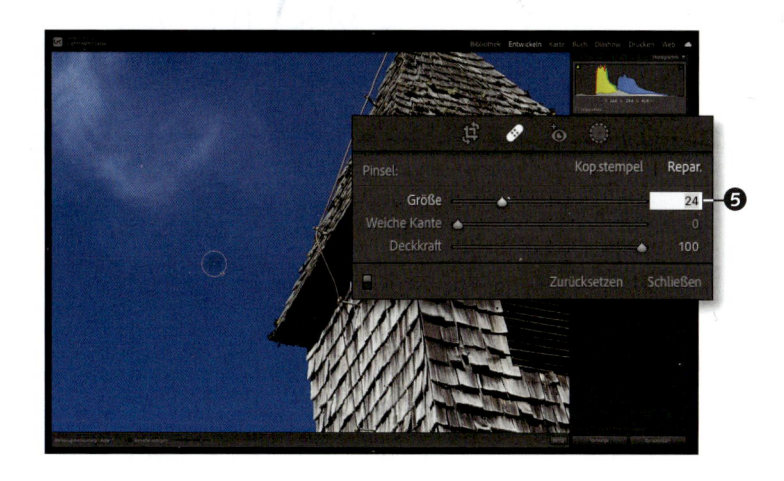

Kapitel 6 | Motivgerecht entwickeln

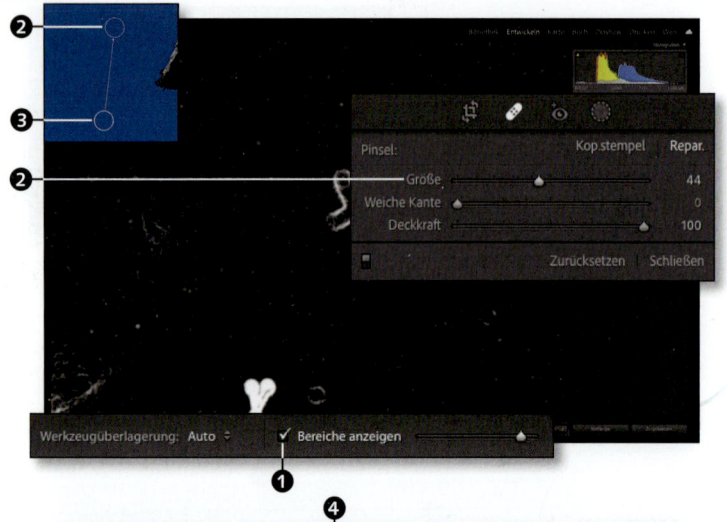

4 Reparaturstelle festlegen

Um die kleinen Retuschestellen besser zu entdecken, können Sie über die Werkzeugleiste die BEREICHE ANZEIGEN ❶. Die Empfindlichkeit der Anzeige wird über den Schieberegler daneben eingestellt.

Zur Reparatur einer Bildstelle klicken Sie dann nur mit dem richtigen Durchmesser ❷ darauf. Lightroom wählt einen entsprechenden Quellbereich ❸ für die Reparatur aus. Der Reparaturbereich passt sich in Farbe und Tonwert an die Umgebung an.

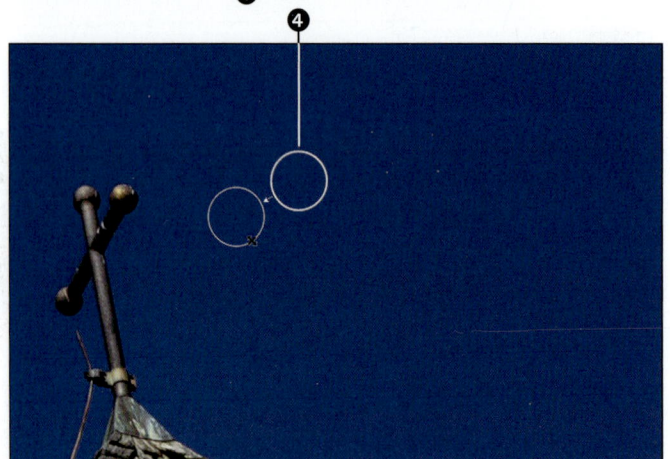

5 Reparaturgröße verändern

Falls Sie auf größere Reparaturstellen treffen, müssen Sie die Werkzeuggröße wieder anpassen. Das geht allerdings auch nachträglich, denn wie alle anderen Korrekturen und Anpassungen ist die Bereichsreparatur nicht-destruktiv und kann jederzeit überarbeitet werden.

Am Rand des Werkzeugkreises entsteht ein Skalierungspfeil ❹, wenn Sie den Mauszeiger darüberbewegen. Mit gedrückter Maustaste können Sie jetzt den Durchmesser skalieren.

6 Kopierquelle verschieben

Der Quellbereich für die Reparatur wird automatisch gewählt. Falls dieser noch nicht ideal ist, können Sie über das ⌿-Zeichen – entweder ⇧+7-Taste oder auf der Zifferntastatur – den automatischen Quellbereich neu berechnen lassen.

Aber natürlich können Sie den Quellbereich – genauso wie die Reparaturstelle – auch mit der Maus bewegen und so eine ideale Reparaturquelle auswählen. Das Retuscheergebnis wird mit dieser Quelle neu verrechnet.

7 Reparaturpinsel nutzen

Die Bereichsreparatur ist aber nicht nur für die punktuelle Retusche geeignet: Sie können diese mit gedrückter Maustaste per Pinsel auftragen und so größere Reparaturbereiche beliebiger Form erstellen.

Und das Tolle ist: Auch hier wird die Reparaturquelle automatisch gesucht und fließend in den Hintergrund eingefügt.

Diese Option ist ideal, um auch größere Stellen ohne einen kreisrunden Retuschebereich zu reparieren ❺.

8 Größere Bildstellen retuschieren

Zoomen Sie sich an die störenden Bildstellen heran, stellen Sie eine nicht zu große Werkzeuggröße ein, und belassen Sie die WEICHE KANTE auf 0. Malen Sie dann mit gedrückter Maustaste über die Bildstelle. Sobald Sie loslassen, wird auch hierfür automatisch eine Quelle ❻ gesucht und diese inhaltsbasiert eingefügt – deshalb ist auch eine weiche Kante hier nicht notwendig.

Falls die Reparaturquelle nicht ideal ist, können Sie auch diese noch verschieben.

9 Kopieren statt reparieren

Bei strukturierten Bildbereichen ❼ arbeitet die Bereichsreparatur manchmal sehr eigenwillig ❽. Dann können Sie bessere Ergebnisse erzielen, wenn Sie auf die Kopierstempel-Option ❾ wechseln und mit weicher Kante arbeiten. Das geht auch nachträglich, wenn Ihre Retusche-Überlagerung aktiv ist.

Übrigens: Um alle Retusche-Überlagerungen kurzfristig auszublenden, drücken Sie die Taste [H] oder nutzen das Popup-Menü in der Werkzeugleiste ❿.

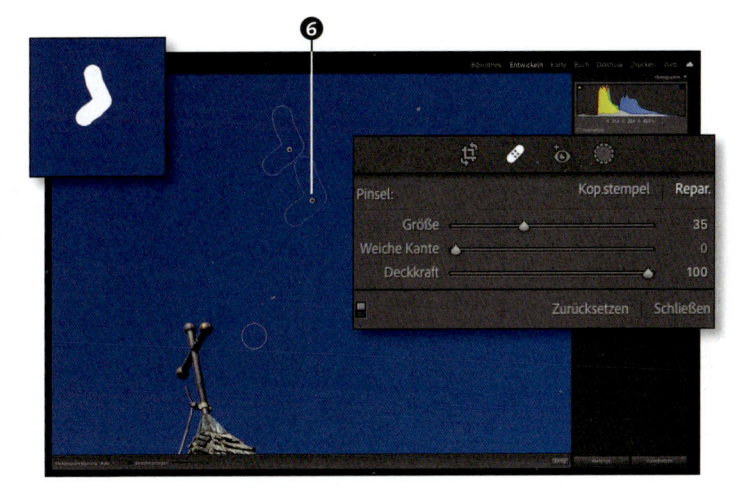

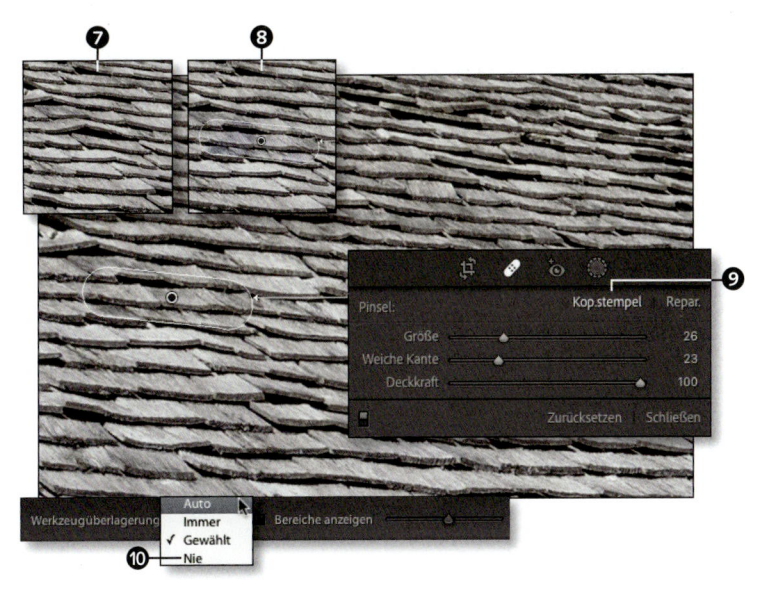

Kapitel 6 | Motivgerecht entwickeln

Farbfehler korrigieren

Chromatische Aberration und Farbsäume entfernen

Überstrahlende Lichtkanten im Motiv stellen für viele – auch hochwertige – Objektive eine Herausforderung dar. Die chromatische Aberration tritt stärker im Randbereich der Objektive und bei offener Blende auf. Die – aus einem Farblängsfehler im Objektiv resultierenden – Farbsäume finden sich in allen Motivbereichen.

Bearbeitungsschritte
- Chromatische Aberration korrigieren
- Zusätzliche Farbsäume entfernen

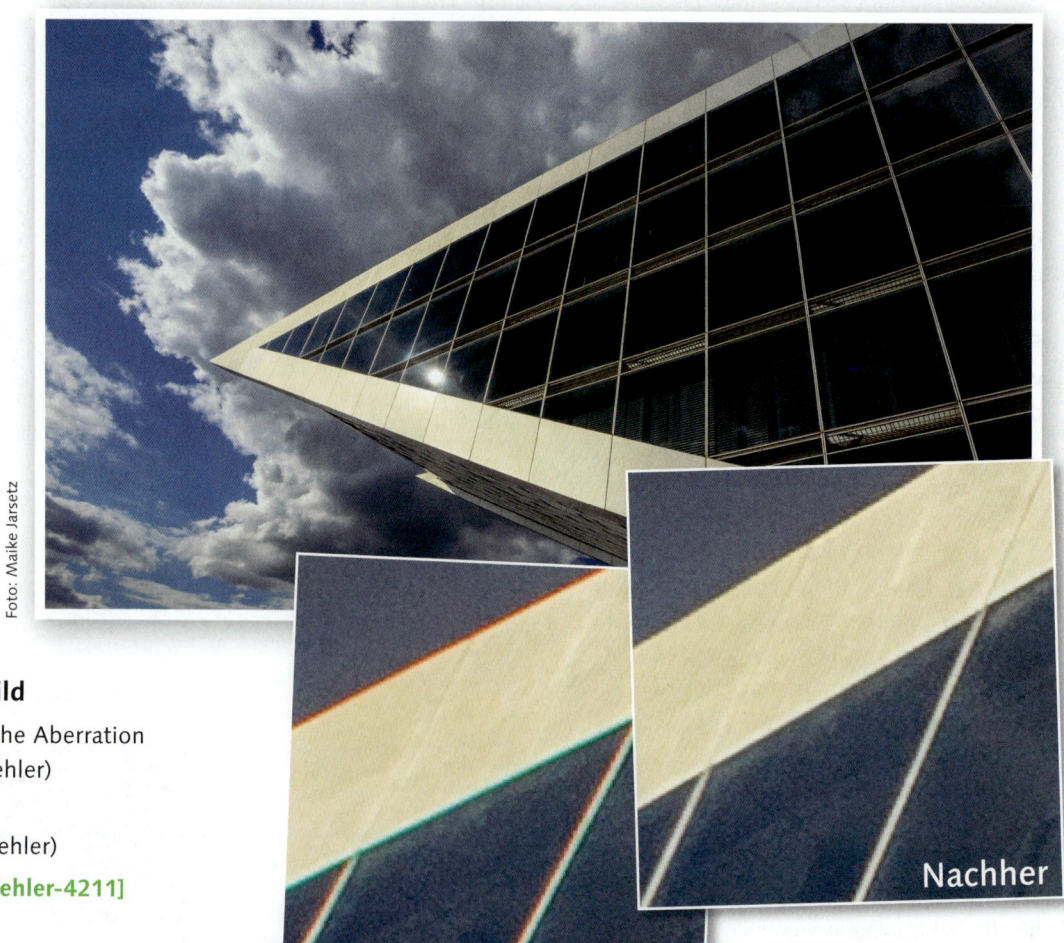

Foto: Maike Jarsetz

Ausgangsbild
- Chromatische Aberration (Farbquerfehler)
- Farbsäume (Farblängsfehler)

[Datei: Farbfehler-4211]

Vorher

Nachher

1 Chromatische Aberration

Zoomen Sie sich an die überstrahlenden Details links oben heran, und öffnen Sie die OBJEKTIVKORREKTUREN. Unter PROFIL können Sie schon per Checkbox die CHROMATISCHE ABERRATION ENTFERNEN ❷. Sofort werden die deutlichen roten und cyanfarbenen Farbränder entfernt. Ein grünlicher Farbsaum ist aber noch da: ein Farblängsfehler, der vor oder hinter dem Fokussierungspunkt entsteht. Wechseln Sie auf den Reiter MANUELL ❶, um die erweiterten Farbfehler-Korrekturen zu öffnen.

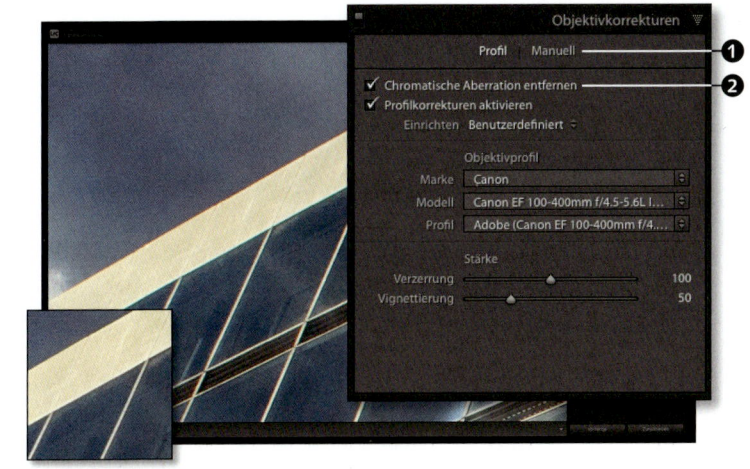

2 Rand entfernen

Im Bereich MANUELL bleibt die chromatische Aberration entfernt. Die Funktion RAND ENTFERNEN ❹ korrigiert zusätzlich lilafarbene und grüne Farblängsfehler – die INTENSITÄT und den zu korrigierenden FARBTON stellen Sie über Schieberegler ein. Am einfachsten geht die Korrektur aber mit der Pipette ❸.

Aktivieren Sie diese, und klicken Sie auf den Farbsaum. Die dort aufgenommenen Farben werden als Korrekturbereich festgelegt, und die Stärke wird automatisch angepasst.

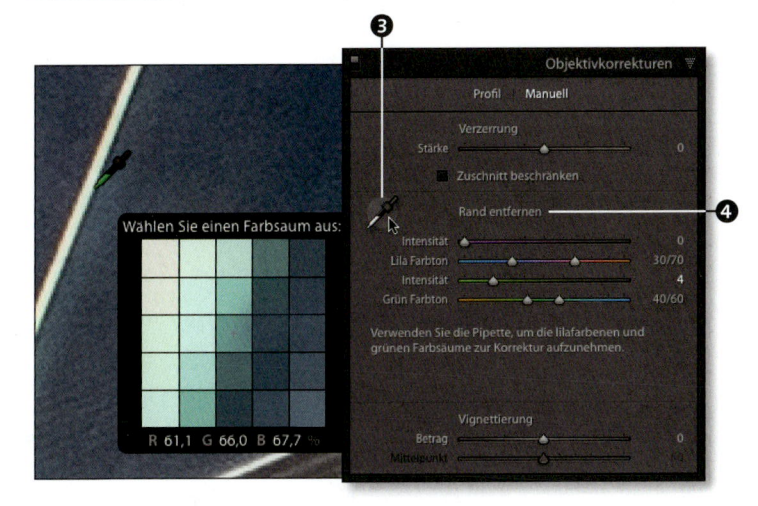

3 Intensität steuern

Mit der Intensität der Korrektur sollten Sie vorsichtig sein, da sich die Korrektur auch auf andere grüne Motivteile auswirkt.

Ein guter Trick, die Balance zu halten, ist, den INTENSITÄT-Regler ❺ mit gedrückter Alt-Taste zu bewegen. So verändert sich das Vorschaubild: Das Bild wird farblich neutralisiert, und nur der lilafarbene Farbrand ❻ ist sichtbar. Bewegen Sie so vorsichtig den Regler erst auf 0 und dann immer weiter nach rechts, bis die farbige Markierung verschwunden ist.

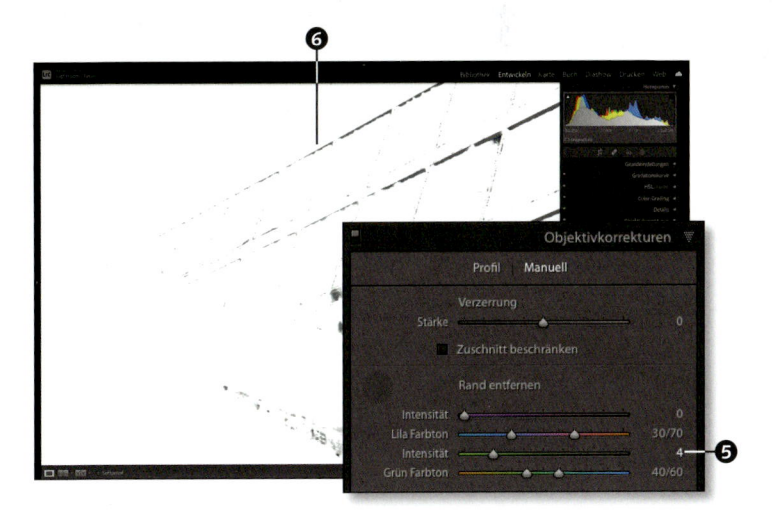

Kapitel 6 | Motivgerecht entwickeln **219**

Schnelle Perspektivkorrektur
Objektivkorrektur und Upright-Automatik

Stürzende Linien sind in Lightroom Classic schnell korrigiert. Nach der grundsätzlichen Entzerrung über die Objektivkorrektur können Sie im Bereich »Transformieren« mit der Upright-Automatik Bildhorizontalen und -vertikalen begradigen.

Bearbeitungsschritte
- Stürzende Linien korrigieren
- Verzeichnung über Objektivkorrekturprofil korrigieren

Ausgangsbild
- Stürzende Linien
- Objektivverzeichnung

[Datei: Perspektive]

Foto: Maike Jarsetz

1 Objektivkorrektur

Starten Sie mit den OBJEKTIVKORREKTUREN unter PROFIL. Hier können Sie schon die PROFILKORREKTUREN AKTIVIEREN ❶, um Verzeichnung und Vignettierung zu korrigieren.

Im darunterliegenden Arbeitsbereich TRANSFORMIEREN finden Sie sowohl die Funktion UPRIGHT ❷, die automatische Perspektivkorrekturen ermöglicht, als auch manuelle Transformationsmöglichkeiten ❸.

2 Perspektivautomatik

Die Optionen der UPRIGHT-Automatik funktionieren vollautomatisch und können durch keine Parameter beeinflusst werden. Bildhorizontalen werden über die Option EBENE ausgerichtet oder die Bildvertikalen über die Option VERTIKAL ❹ wiederhergestellt und so stürzende Linien ausgeglichen. Um beide Optionen zu kombinieren, klicken Sie auf die Option VOLL. Falls diese zu extreme Korrekturen durchführt, ist die Option AUTO eine moderate Alternative.

3 Bildausschnitt anpassen

Durch die Perspektivkorrektur werden die Bildränder natürlich verzerrt, und das Bild muss auf einen neuen Ausschnitt freigestellt werden. Prüfen Sie dafür die Automatik über die Checkbox ZUSCHNITT BESCHRÄNKEN ❻. Das Bild wird so auf den maximalen Bildbereich freigestellt. Alternativ öffnen Sie die FREISTELLUNGSÜBERLAGERUNG ❺ und passen den Ausschnitt manuell an.

Mehr zur Freistellungsüberlagerung erfahren Sie auf Seite 167.

Perspektive gerade biegen

Mit dem Transformieren-Werkzeug in die Perspektive eingreifen

Im Bereich »Transformieren« verbergen sich nicht nur die Upright-Automatik und Schieberegler für die manuelle Perspektivkorrektur, sondern auch ein Transformieren-Werkzeug. Mit diesem genügen ein paar Linien, um Ihrem Motiv eine eigene Perspektive aufzuzwingen.

Bearbeitungsschritte
- Bildvertikale und -horizontale bestimmen
- Parallele Linien und rechte Winkel erzeugen

Ausgangsbild
- Perspektivische Verzeichnung
- Keine Parallelen
- Kein rechter Winkel

[Datei: Transformieren]

1 Transformieren

Nach den üblichen OBJEKTIVKORREKTUREN ❶ öffnen Sie den Arbeitsbereich TRANSFORMIEREN ❷. Das vorliegende Motiv erfordert sowohl horizontale als auch vertikale Perspektivkorrekturen. Diese könnten Sie mit den zur Verfügung stehenden Schiebereglern manuell korrigieren.

Das kann im Zweifelsfall aber einige Zeit in Anspruch nehmen und führt auch nicht immer zum angestrebten Ziel. Denn perspektivische Gesetze können hiermit nicht ausgehebelt werden.

2 Hilfslinie ziehen

Um schneller an das gewünschte Ziel zu kommen, aktivieren Sie das Upright-Werkzeug ❸. Ziehen Sie mit diesem eine Linie sowohl über die horizontale als auch die vertikale Dachkante. Über die Werkzeugleiste können Sie die Lupe ❹ aktivieren, die das genaue Positionieren der Hilfslinien erleichtert. Nachdem Sie die zweite Hilfslinie gezogen haben, findet automatisch eine vertikale oder horizontale Korrektur statt. Im Ergebnis stehen die Dachkanten im rechten Winkel zueinander.

3 Weitere Anpassungen

Sie können bis zu vier dieser Hilfslinien pro Motiv für die Ausrichtung nutzen. In diesem Beispiel laufen die Fensterreihen noch nicht parallel. Ziehen Sie deshalb eine weitere Hilfslinie entlang der unteren Fensterreihe ❺. Diese erzeugt eine weitere Korrektur, die die zwei horizontalen Linien miteinander ausrichtet. Die Kombination dieser Korrekturen ist mit den manuellen Schiebereglern kaum möglich. Entgegen den automatischen Upright-Korrekturen können Sie andererseits durch Wahl der Hilfslinien bestimmen, welche Ausrichtung Ihnen im Motiv wichtig ist.

Kapitel 6 | Motivgerecht entwickeln **223**

Bildfarben natürlich steigern

Die Dynamik ist die »echte« Sättigungskorrektur

Wenn Sie die bildeigenen Farben verstärken wollen, lassen Sie den Sättigungsregler links liegen, denn dieser führt meist zu unnatürlichen Ergebnissen. Eine natürliche Steigerung der Bildfarben verspricht dagegen der »Dynamik«-Regler.

Bearbeitungsschritte
- Farben intensivieren
- Natürliche Farben erhalten

Ausgangsbild
- Sanfte Bildfarben
- Gefahr der Übersättigung

[Datei: Dynamik]

Foto: Maike Jarsetz

224 Kapitel 6 | Motivgerecht entwickeln

1 Zum Vergleich: Die Sättigung

Öffnen Sie die GRUNDEINSTELLUNGEN, und führen Sie zunächst die Basisanpassungen für das Motiv durch. Starten Sie nun mit dem Regler SÄTTIGUNG ❶ und einem hohen Korrekturwert über 50. Sie sehen, dass es sehr schnell zu einer unnatürlichen Übersättigung kommen kann, die dafür sorgt, dass Bilddetails verloren gehen. Die hellen Farben werden unnatürlich gesättigt, und die Feinheiten in den Lichtern gehen verloren. Außerdem wird der Orangeton unnatürlich intensiviert.

2 Vergleich starten

Aktivieren Sie in der Werkzeugleiste über das Popup-Menü ❷ den Vorher-Nachher-Vergleich. Gleich danach tauschen Sie die Vorher- und die Nachher-Ansicht über das entsprechende Symbol in der Werkzeugleiste ❸. Das korrigierte Bild steht jetzt als Referenz links, und auf der rechten Seite wartet das unkorrigierte Bild auf eine alternative Behandlung. Dieses wird im nächsten Schritt weiterbearbeitet. Die Sättigungswerte sind schon wieder auf 0 gesetzt worden ❹.

3 Dynamische Farbsteigerung

Nutzen Sie jetzt den DYNAMIK-Regler. Auch mit hohen Werten um 60 arbeitet dieser deutlich differenzierter ❼.

Klicken Sie auf eines der Vergleichsbilder, um in die 100%-Ansicht zu zoomen. Wechseln Sie gegebenenfalls in die geteilte Vergleichsansicht. Links sehen Sie die traditionelle Sättigungskorrektur, die dazu führt, dass zartere Farben übersättigt werden und feine Abstufungen in den Lichtern wegbrechen ❺. Der Regler DYNAMIK kann die dominanten Farben ebenso intensivieren, behandelt diese Motivfarben aber deutlich natürlicher ❻.

Kapitel 6 | Motivgerecht entwickeln   225

Motivfarben betonen
Die HSL-Korrekturen steuern die motivwichtigen Farbtöne

Die HSL-Steuerungen können perfekt die Motivfarben herauskitzeln und in Farbton, Sättigung und Luminanz steuern. So betonen Sie nicht nur typische Motivfarben, wie tiefblaue Himmel oder leuchtende Naturfarben, sondern können auch ein komplementäres Farbenspiel gut herausarbeiten.

Bearbeitungsschritte
- Licht- und Farbkontrast ausarbeiten
- Blaues Tageslicht verstärken
- Warme Motivfarbe aufhellen

Ausgangsbild
- Lichtmischung unterschiedlicher Farbtemperaturen
- Geringer Farbkontrast

[Datei: Lichtmischung]

1 Erste Tonwertanpassungen

Bevor Sie sich um die Motivfarben kümmern, führen Sie natürlich erst die Tonwert- und Belichtungsanpassungen durch.

Für dieses Motiv habe ich den Schwarz- und Weiss-Punkt gesetzt sowie die Tiefen angehoben ❶. Eine erhöhte Klarheit ❷ und Dynamik ❸ wirkt sich schon entscheidend auf den Bildkontrast aus.

Detaillierte Schritte zur »Ersten Tonwertkorrektur« lesen Sie ab Seite 144.

2 Schattenfarbe verstärken

Ein typisches Wechselspiel zwischen kalter und warmer Farbtemperatur bewegt sich zwischen Blau und Gelb. Öffnen Sie das Color-Grading-Bedienfeld, und aktivieren Sie dort die Steuerungen für die Tiefen ❹. Auf dem Farbkreis ziehen Sie die Markierung ❺ in Richtung der blauen Töne, bis die Schattenfarbe deutlich blauer und intensiver wird. Reduzieren Sie den Überblenden-Wert ❻, um die Licht- und Schattenfarbe mehr abzugrenzen.

Mehr zum Thema Color-Grading erfahren Sie im Kapitel »Presets und Looks«.

3 Die HSL-Steuerungen

Öffnen Sie jetzt die HSL-Steuerungen, um die Farbprioritäten weiter auszuloten ❼. Sie erkennen in der zweiten Zeile des Bedienfeldes die Bereiche Farbton, Sättigung und Luminanz ❾. Im Bereich Farbton verschieben Sie die Farben in die benachbarten Farbsegmente, die Sättigung verändert den jeweils ausgewählten Farbton, und über die Luminanz steuern Sie die Helligkeit der Farbsegmente.

Sie können auch alle Steuerungen gleichzeitig einblenden. Klicken Sie dazu rechts in der Zeile auf Alle ❽.

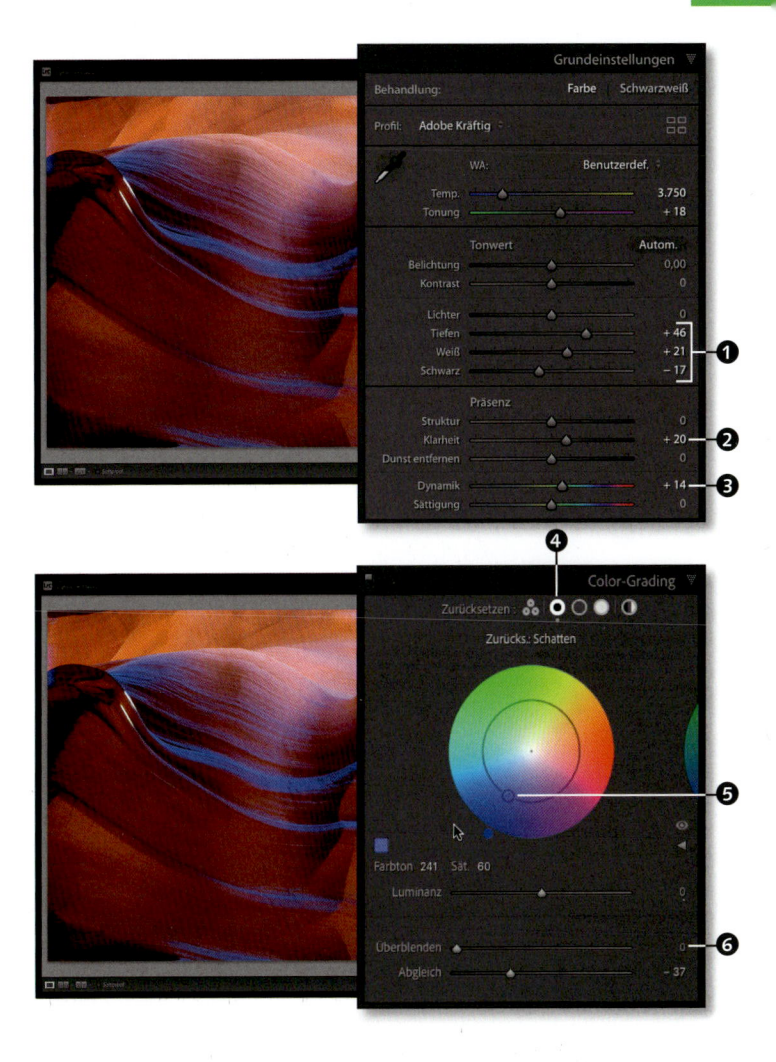

Kapitel 6 | Motivgerecht entwickeln

4 Tageslichtfarbe verstärken

Beginnen Sie mit den Luminanzsteuerungen. Klicken Sie auf LUMINANZ ❶, um die entsprechenden Regler einzublenden.

Die blauen Reflexe des Tageslichts auf dem Gestein sollen betont werden. Dafür können Sie einfach den LUMINANZ-Regler für die Blautöne bewegen. Es ist aber nicht sicher, ob Sie damit die richtigen und alle Farben treffen, die hier den Effekt ausmachen.

Lassen Sie sich deshalb von einem besonderen Werkzeug helfen …

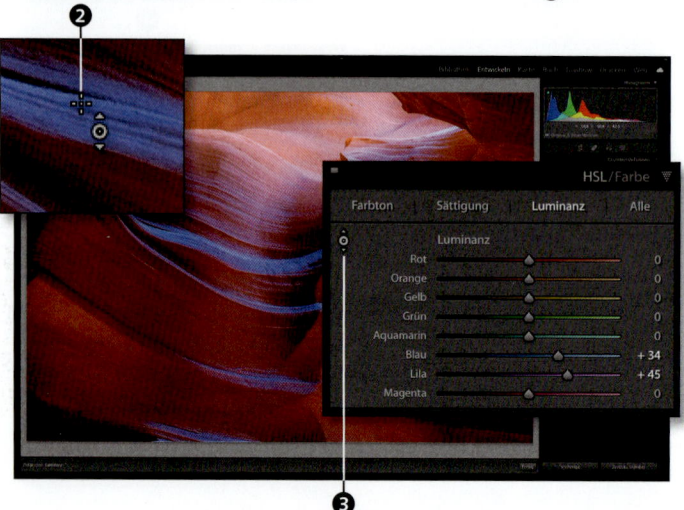

5 Das Zielkorrektur-Werkzeug

Oben links im Bedienfeld finden Sie eine kleine Schaltfläche ❸. Diese aktiviert das Zielkorrektur-Werkzeug, mit dem Sie die Farbsegmente direkt im Bild erfassen und steuern können. Klicken Sie dazu auf einen farblich dominanten Lichtreflex, und ziehen Sie mit gedrückter Maustaste nach oben ❷, um diese Farbtöne aufzuhellen und damit brillanter zu machen. Sie erkennen in den Schiebereglern, dass die BLAU- und LILA-Töne fast gleichermaßen korrigiert werden.

6 Farbkontrast verstärken

Um den Kontrast zwischen kühlem Tageslicht und warmem Gestein zu verstärken, können Sie deren Farbtöne noch gegeneinander verschieben – also ihren Abstand vergrößern. Das machen Sie im Bearbeitungsbereich FARBTON ❹. Nutzen Sie auch hier das Zielkorrektur-Werkzeug. Die Farbskala am Regler zeigt Ihnen an, in welche Richtung Sie die Farbe verändern können. Klicken Sie auf die blaulilafarbenen Lichtreflexe, und ziehen Sie mit der Maustaste nach unten, um den Blauanteil im Farbton zu verschieben ❺.

228 Kapitel 6 | Motivgerecht entwickeln

7 Warme Farben verstärken

Jetzt ist der warme Farbton des Gesteins dran. Klicken Sie direkt auf eine farbintensive Stelle im Bild, und ziehen Sie diesmal den Mauszeiger etwas nach oben ❻.

Die Regler für die ROT- und ORANGE-Töne ❼ bewegen sich gleichzeitig nach rechts – und damit in die gelblichere Richtung. Das Gestein wird so wärmer und setzt sich zusätzlich deutlicher von den blauen Tageslichtreflexen ab. Aber übertreiben Sie es nicht, sonst rutscht es schnell in den grünlichen Farbton ab.

8 Sättigung bearbeiten

Den letzten Kick geben Sie dem Motiv, wenn Sie jetzt noch die Sättigung ein wenig verstärken. Diesen Schritt sollten Sie auch unbedingt am Schluss machen, da die Sättigung sehr stark in die Bildfarben eingreift. Die LUMINANZ arbeitet deutlich subtiler.

Klicken Sie also auf SÄTTIGUNG ❽, um die Farben zusätzlich zu intensivieren. Benutzen Sie dazu weiterhin die Zielkorrektur – sie leistet auch hier gute Dienste.

9 Farben selektiv steuern

Mit dem Zielkorrektur-Werkzeug können Sie jetzt die dominanten Bildfarben noch verstärken. Klicken Sie auf die Blau- und Gelbtöne im Bild, und ziehen Sie wieder mit gedrückter Maustaste nach oben, um deren Sättigung zu verstärken.

Natürlich können Sie auch mit den Schiebereglern arbeiten, wenn Sie bestimmte Farbanteile stärker über die Sättigung betonen wollen. Blenden Sie zum Schluss für die Bildbeurteilung über die Y-Taste die Vergleichsansicht ein.

Kapitel 6 | Motivgerecht entwickeln

Korrekturen in den Kanälen

Nutzen Sie die Gradationskurve zur Farbkorrektur

Die isolierte Bearbeitung der Rot-, Grün- und Blau-Kanäle in den Gradationskurven ist altgedienten »Bildbearbeitungs-Hasen« wohlbekannt. Allen anderen bietet dieser Workshop eine Anleitung und Aussichten auf zusätzliche Farbkorrekturmöglichkeiten.

Bearbeitungsschritte
- Grundkorrekturen
- Farbkorrekturen in den Kanälen
- Farbstich in den Lichtern korrigieren

Ausgangsbild
- Farbstich in den Lichtern
- Warme Mitteltöne

[Datei: Kanaele]

Foto: Maike Jarsetz

1 Die Grundkorrektur

Bevor Sie sich an die Farbkorrektur machen, sollten Sie die Grundkorrekturen durchführen. Dazu gehören die OBJEKTIVKORREKTUREN ❷, die in diesem Bild in erster Linie die Randabschattung beseitigen, und eine Belichtungskorrektur ❸ in den GRUNDEINSTELLUNGEN. Blenden Sie sich dazu das Histogramm ein.

Die überstrahlenden Lampen können Sie über den LICHTER- und WEISS-Regler korrigieren. Mit gedrückter ⌐Alt¬-Taste kontrollieren Sie die letzten überstrahlenden Details ❶.

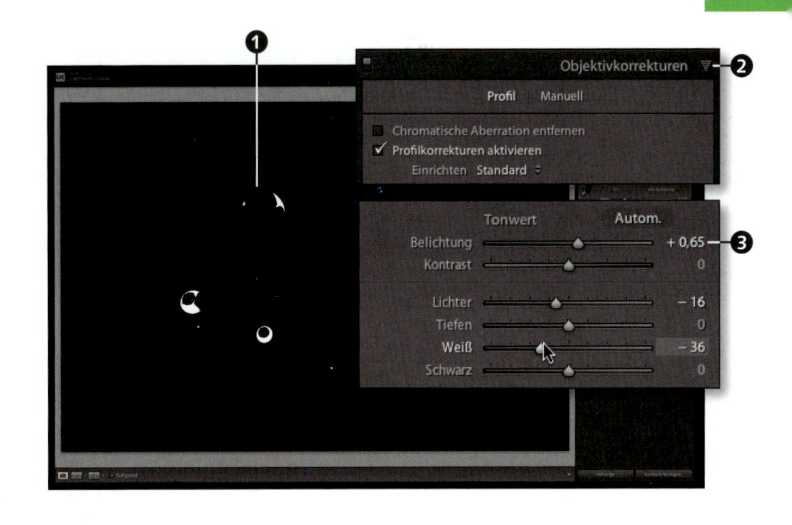

2 Allgemeine Farbanpassung

Ziel der folgenden Korrektur ist, die neutralen Lichter von dem warmen Farbstich weitestgehend zu befreien, ohne dass die roten Schatten zu kalt korrigiert werden. Die HSL-Einstellungen bieten für den ersten Korrekturschritt keinen Ansatz, weil sie keinen Arbeitsbereich für die neutralen Töne bieten.

Zuerst wird aber ein leichter Grünstich korrigiert, der das ganze Bild betrifft. Dieser kann über eine leichte Verschiebung des TONUNG-Reglers ❹ nach rechts korrigiert werden.

3 Gradationskurven

Wechseln Sie dann in die Gradationskurven – diese öffnen sich standardmäßig mit der PARAMETRISCHEN KURVE ❺. Für die exakte Bearbeitung wechseln wir aber sogleich durch Klick auf das weiße Kreis-Symbol ❻ auf die PUNKTKURVE.

In der Punktkurve steht Ihnen, neben der globalen Anpassung auf den gesamten RGB-Bereich, auch die kanalweise Bearbeitung zur Verfügung, auf die Sie durch Klick auf den roten, grünen bzw. blauen Kreis ❼ wechseln können.

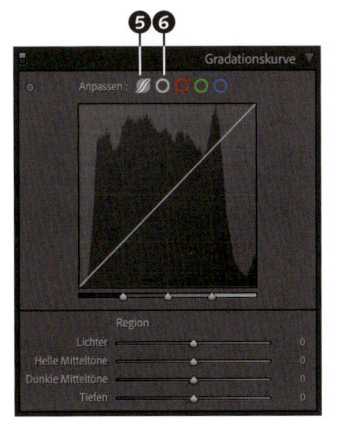

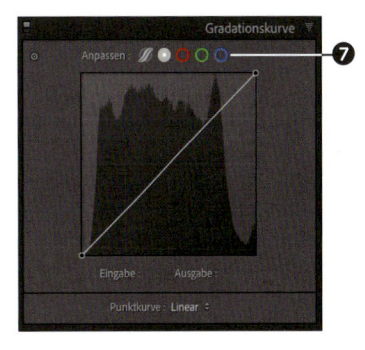

Kapitel 6 | Motivgerecht entwickeln   **231**

4 Blaukurve korrigieren

Einem Gelbstich begegnen Sie am besten mit der Komplementärfarbe – und das ist Blau. Wechseln Sie über das blaue Kreis-Symbol in den Blau-Kanal ❸. Ziehen Sie dort mit der Maus die Gradationskurve im rechten Bereich in die Höhe ❷. Dadurch wird der Blauanteil, verstärkt in den Lichtern, erhöht.

Natürlich bewegt sich die Gradationskurve auch in den Tiefen, also im linken Bereich ❶. Diesen können Sie aber genauso einfach zurücksteuern und so Schatten und Mitteltöne weitestgehend unkorrigiert lassen.

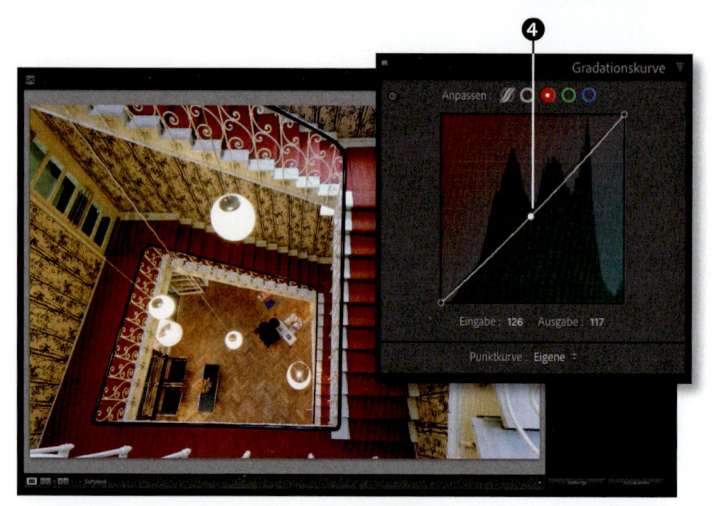

5 Rotkurve anpassen

Nach der Blaukorrektur ist das Bild in den Lichtern zwar deutlich kühler geworden, hat aber gleichzeitig einen recht roten Gesamteindruck bekommen, der besonders in den Mitteltönen auffällt.

Wechseln Sie deshalb auf die Rotkurve, und ziehen Sie diese in den Mitteltönen ganz leicht nach unten ❹.

6 Direkt im Bild arbeiten

Die Lichter sind schon weitestgehend neutral, aber die Mitteltöne wirken noch etwas schmutzig-grün. Deshalb kommt jetzt auch noch mal der Grün-Kanal zum Zuge. Um herauszufinden, welche Tonwerte am stärksten korrigiert werden sollen, nutzen Sie das Werkzeug zur direkten Bearbeitung ❺.

Klicken Sie damit erst auf einen neutralen Ton ❼, der wenig verändert werden soll – so fixieren Sie diesen Tonwert auf der Kurve. Danach klicken und ziehen Sie im grünstichigen Bereich ❻ die Kurve leicht nach unten.

232   Kapitel 6 | Motivgerecht entwickeln

7 Nachkorrekturen im Vergleich

Blenden Sie sich über die Taste [Y] die Vergleichsansicht ein, um zu sehen, wie weit Sie mit Ihren Korrekturen schon gekommen sind.

Jetzt können Sie in den einzelnen Kanälen nachjustieren. Wenn der Gelbstich in den Mitteltönen noch zu stark ist, wechseln Sie noch mal in den Blau-Kanal und ziehen dort die Blaukorrektur in den Mitteltönen noch etwas stärker nach oben ❽.

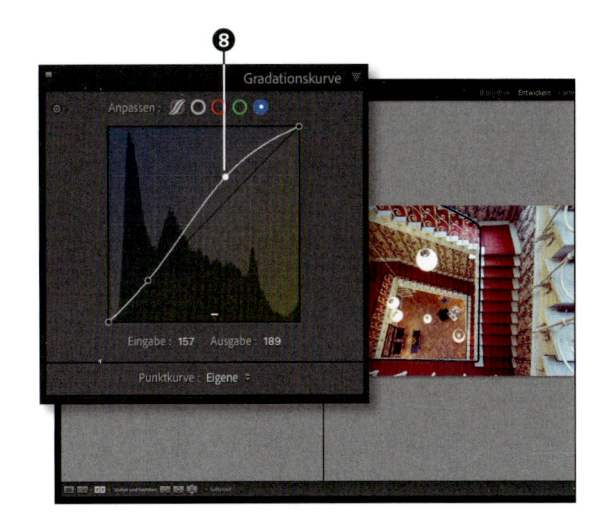

8 Rottöne nachjustieren

Durch die Korrektur in den einzelnen Kanälen haben wir die Lichter jetzt neutralisiert und die Tiefen unverändert gelassen. Die Mitteltöne bilden den Übergangsbereich, in dem sich die Korrektur teilweise auswirkt. Bei den Lichtern ist dies erwünscht und bei den Rottönen nicht störend.

Trotzdem können Sie natürlich die Rottöne über die HSL-Einstellungen wieder in die wärmere Richtung korrigieren, indem Sie den Farbton für Rot und Magenta in die gelbliche Richtung verschieben ❾.

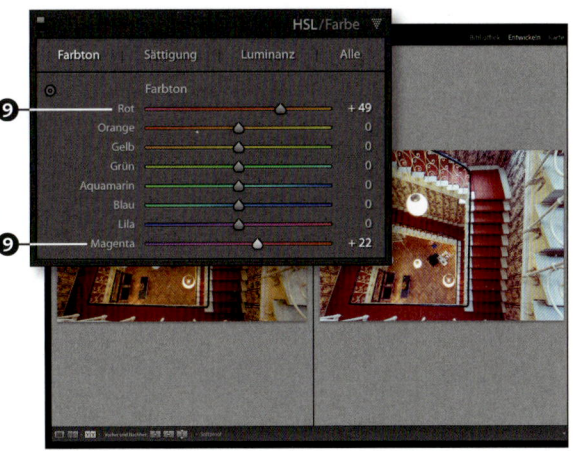

9 Lokales Feintuning

Die Lichter am rechten Bildrand sind etwas zu stark korrigiert. Hier können Sie aber lokal ganz leicht gegenkorrigieren.

Nutzen Sie dazu die Pinselkorrektur im Maskieren-Bereich ❿, und stellen Sie eine warme (Farb-)Temperatur ⓬ und eine reduzierte Sättigung ⓭ ein. Malen Sie dann mit reduzierter Fluss-Einstellung ⓫, um die Korrektur dosiert aufzutragen.

Mehr zu den lokalen Korrekturmöglichkeiten im nächsten Kapitel ab Seite 242.

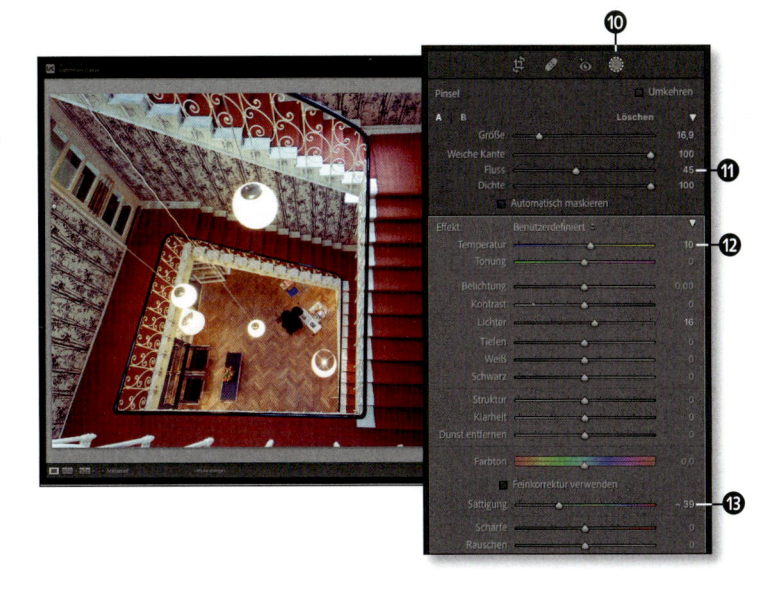

Kapitel 6 | Motivgerecht entwickeln **233**

Panoramen erstellen

Einzelbilder zum Panoramamotiv zusammenfügen

Ein Panorama aus Einzelbildern können Sie direkt in Lightroom Classic erstellen. Dieses Stitchen ist mittlerweile keine Besonderheit mehr. Der unschätzbare Vorteil bei der Panoramaerstellung in Lightroom ist, dass sie eine DNG-Datei mit dem vollen Entwicklungspotenzial generiert.

Bearbeitungsschritte
- Objektivkorrektur für Einzelbilder
- Panorama erstellen und freistellen
- Ergebnis nacharbeiten

Ausgangsbilder
- Vertikale Einzelbilder für zylindrisches Panorama

[Datei: Pano_01 bis Pano_06]

1 Einzelbilder auswählen

Panoramen können Sie sowohl aus der Bibliothek als auch aus dem ENTWICKELN-Modul heraus zusammenfügen.

In diesem Fall starten wir aus dem ENTWICKELN-Modul, weil wir vor der Panoramaerstellung noch einige Anpassungen vornehmen wollen. Markieren Sie die Einzelbilder ❶ für das Panorama – die idealerweise im Hochformat und mit ausreichend Überlappung aufgenommen sind – mit gedrückter ⇧-Taste im Filmstreifen.

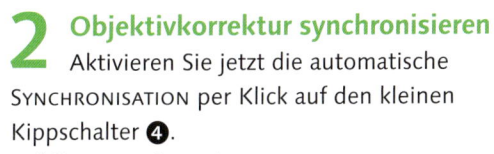

2 Objektivkorrektur synchronisieren

Aktivieren Sie jetzt die automatische SYNCHRONISATION per Klick auf den kleinen Kippschalter ❹.

Öffnen Sie dann die OBJEKTIVKORREKTUREN, und aktivieren Sie im Bereich PROFIL ❷ sowohl die Profilkorrekturen als auch die Option zur Entfernung der chromatischen Aberration ❸. Alle Abbildungsfehler, die den feinen Übergängen im Panorama im Weg stehen könnten, sind dadurch korrigiert.

3 Panorama zusammenfügen

In beiden Modulen finden Sie den notwendigen Befehl im Menü FOTO • ZUSAMMENFÜGEN VON FOTOS • PANORAMA.

Das entsprechende Vorschaufenster öffnet sich, und Sie müssen erstmal ein wenig geduldig warten, bis die erste Panoramavorschau erstellt wird.

Dafür werden die zuletzt benutzten Einstellungen verwendet. Diese können Sie jedoch auch noch während des Erstellungsprozesses ändern.

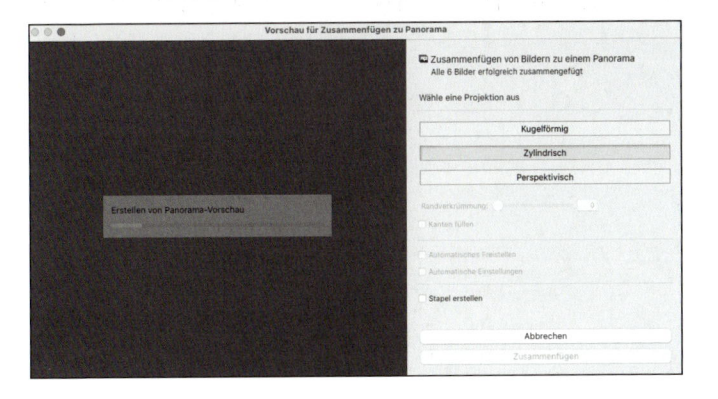

4 Perspektivisches Panorama

Die Optionen der Panoramafunktionen sind überschaubar, die meisten Operationen, wie die Transformation und Überblendung der Einzelbilder, laufen automatisch ab.

Sie können zwischen einer kugelförmigen, zylindrischen und perspektivischen Projektion wählen ❶ oder die Projektion automatisch auswählen lassen. Während die kugelförmige Projektion einen Spezialfall darstellt, simuliert die perspektivische Projektion die Verzerrung einer stark weitwinkligen Aufnahme.

5 Zylindrisches Panorama

Die homogenste Umsetzung für ein Standardpanorama ist sicher meistens die zylindrische Projektion ❷.

Trotz der notwendigen Transformation der Einzelbilder nutzen Sie so am meisten Bildmaterial aus.

Die Einzelbilder werden nicht nur verschoben, skaliert, verbogen und gezerrt, um möglichst passende Übergänge zu erreichen, sondern es werden im Hintergrund schon Masken erstellt, die die Bilder fließend überblenden.

6 Randverkrümmung

Um die Ecken des Formates etwas mehr auszunutzen, können Sie die RANDVERKRÜMMUNG ❸ nutzen. Diese nutzt eine kissenförmige Verzerrung, um die Ecke etwas mehr auszufüllen.

Nutzen Sie mit dem Schieberegler zunächst den maximalen Wert aus, um eine Vorstellung der Korrektur zu bekommen, und passen Sie den Wert Ihrer Vorstellung an.

Es gibt zusätzlich die Möglichkeit, das Panorama etwas zu beschneiden. Setzen Sie dafür probeweise den Wert wieder auf 0.

7 Panorama freistellen

Natürlich können Sie auch später mit dem Freistellungswerkzeug einen Ausschnitt wählen, es steht Ihnen aber auch hier schon eine Option zum automatischen Freistellen ❹ zur Verfügung. Auch wenn das Ergebnis so wirkt, verlieren Sie damit kein einziges Pixel. Denn wir arbeiten hier auf einer DNG-Datei und damit nicht-destruktiv.

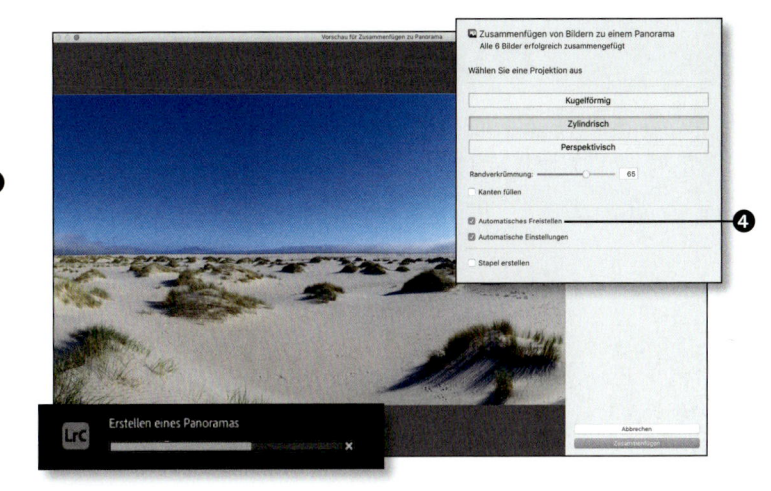

8 Kanten füllen

Anstatt das Panorama zu beschneiden, können Sie auch die KANTEN FÜLLEN. Aktivieren Sie dazu die gleichnamige Checkbox ❺.

Sie starten damit eine aus Photoshop bekannte inhaltsbasierte Füllung, die insbesondere bei Motiven wie dem hier vorliegenden homogene Bildbereiche hervorragend erweitern kann.

Klicken Sie am Ende auf ZUSAMMENFÜGEN ❼, um das Panorama zu erstellen.

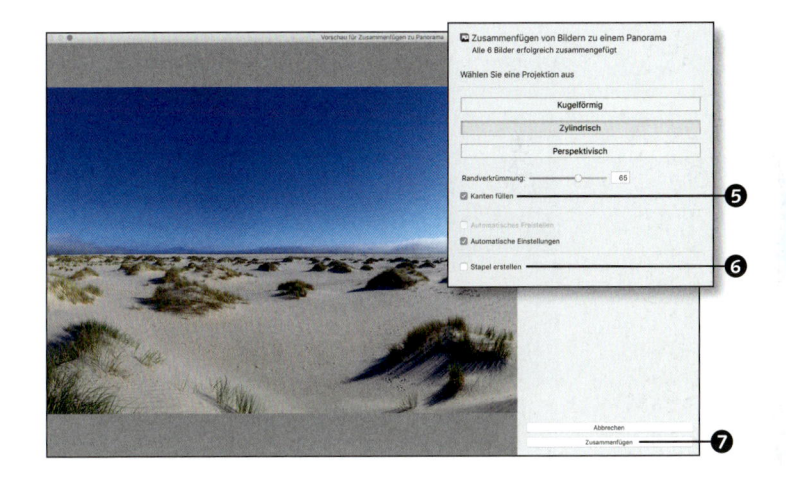

9 DNG korrigieren

Das finale Panorama fügt sich im Katalog in die Bildserie ein, optional auch gleich als Stapel ❻. Es liegt als DNG-Datei mit 16 Bit Farbtiefe vor.

Bei diesem Motiv habe ich noch die TIEFEN ❽ aufgehellt. Der SCHWARZ-Wert ❾ erhöht im Gegenzug die Tiefendetails. KLARHEIT und DUNST ENTFERNEN ❿ sorgen für den notwendigen Kontrast. In den HSL-Einstellungen habe ich die Gelb- und Orangetöne aufgehellt und so die Dünenflächen aufgeklart.

Kapitel 6 | Motivgerecht entwickeln   **237**

HDR-Bilder zusammenfügen

Belichtungsreihen für einen größeren Dynamikumfang nutzen

In einer weiteren Zusammenfügen-Funktion erstellt Lightroom Classic HDR-Bilder aus Belichtungsreihen. Der daraus entstehende größere Dynamikumfang wird als 16-Bit-DNG-Datei gespeichert und hat damit zwar nicht die Farbtiefe für HDR-Puristen, aber ausreichend Potenzial für weitere Entwicklungsschritte in alle Richtungen.

Bearbeitungsschritte

- Zu HDR-Bild zusammenfügen
- Auto-Korrekturen überarbeiten
- 16-Bit-DNG ausarbeiten

Fotos: Maike Jarsetz

Ausgangsbilder

- Belichtungsreihe

[Datei: HDR_01 bis HDR_05]

238 Kapitel 6 | Motivgerecht entwickeln

1 Belichtungsreihe auswählen

Grundlage für ein HDR-Bild ist natürlich eine entsprechende Belichtungsreihe. Bei der Aufnahme sollten Sie darauf achten, dass in der hellsten Aufnahme die Schatten vernünftig durchgezeichnet sind und in der dunkelsten Aufnahme die Lichter nicht mehr ausfressen. Zwischen den Aufnahmen können Sie ⅔-Blendensprünge machen. Die Anzahl der Einzelbilder ergibt sich dann daraus.

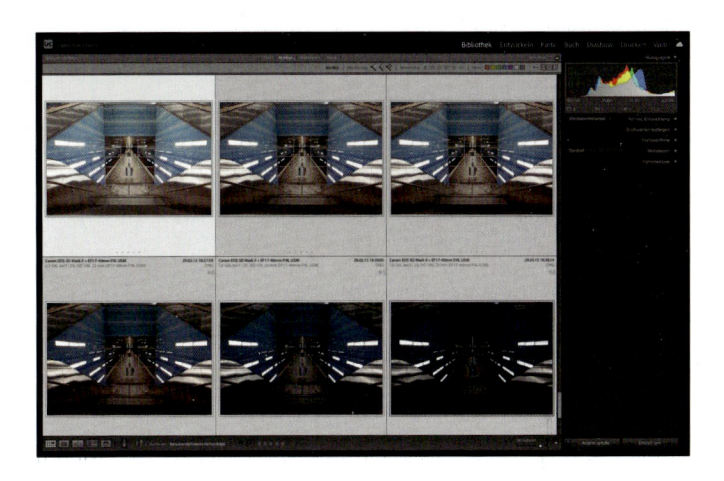

2 Zu HDR zusammenfügen

Beim Zusammenfügen des HDRs würden alle vorangegangenen Entwicklungsschritte ignoriert – es werden nur die unkorrigierten Aufnahmen zur Berechnung herangezogen.

Deshalb können Sie auch ohne weitere Vorarbeit in der Bibliothek starten.

Wählen Sie aus dem Menü FOTO • ZUSAMMENFÜGEN VON FOTOS • HDR. Im Vorschaufenster wird das erste HDR unter den rechts eingestellten Optionen erstellt.

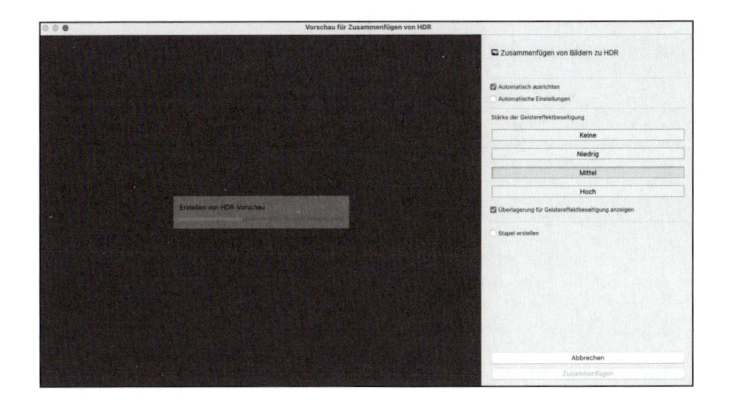

3 Geistereffekt?

Ein Geistereffekt ergibt sich, wenn es in Ihren Motiven sich bewegende Objekte gab. Diese können dann nicht exakt mit den anderen Bildern überlagert werden und führen zu transparenten Überlagerungen.

Sie können diesen Geistereffekt beseitigen lassen – und zwar in drei verschiedenen Stärken ❷. Aber Vorsicht: Dies bedeutet, dass bestimmte Bildbereiche nur aus einem Einzelbild erzeugt werden und damit nicht den vollen Dynamikumfang ❶ ausnutzen. Eine Überlagerung markiert Ihnen diese kritischen Bereiche.

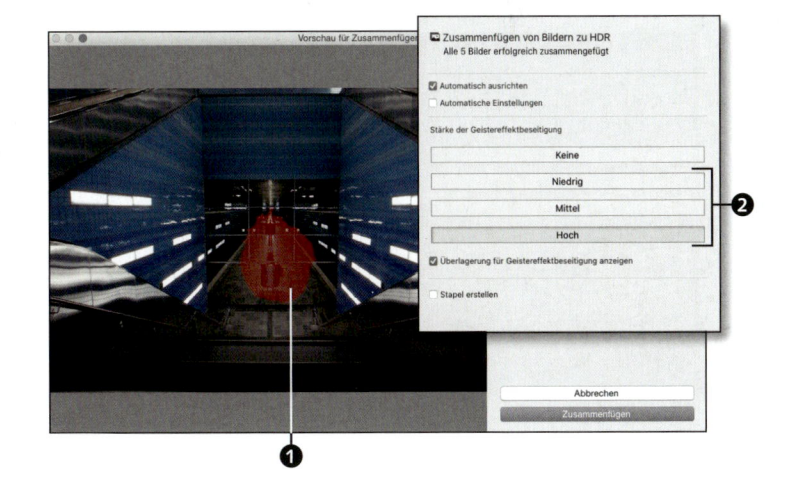

Kapitel 6 | Motivgerecht entwickeln

4 Automatische Korrektur

Aktivieren Sie die Option AUTOMATISCHE EINSTELLUNGEN ❶. Haben Sie keine Angst vor dieser Automatik, denn Sie können später genau überprüfen, welche Korrekturen dafür eingesetzt wurden, und diese später noch überarbeiten.

Das Ergebnis ist auf jeden Fall erstmal sehr ausgeglichen und überbrückt den Kontrastumfang von den hellsten Lichtern bis zu den Tiefen des Bildes spielend.

5 16-Bit-HDR

Ein Klick auf die Schaltfläche ZUSAMMENFÜGEN ❷ erstellt das HDR-Bild. Auch wenn HDR-Bilder im ursprünglichen Sinne eine 32-Bit-Farbtiefe verwenden, reicht unser resultierendes 16-Bit-DNG völlig aus, um das Beste aus den verwendeten Einzelbildern in einer Aufnahme zu vereinen.

Jetzt stehen Ihnen noch alle Entwicklungsmöglichkeiten offen, um das Ergebnis weiter zu optimieren.

6 Intensive Grundfarben

Ein HDR-Bild sollte nicht zu weich wirken. Intensive Farben können dabei helfen.

Versuchen Sie es doch einmal mit einer anderen Grundentwicklung: Wählen Sie einfach ein anderes Profil aus dem Popup-Menü oder über den Profilbrowser. Das Profil ADOBE KRÄFTIG ❸ sorgt für einen knackigeren Kontrast und auch sattere Farben.

Mehr zu den Raw-Profilen finden Sie auf Seite 142.

7 Knackige Details

In den Grundeinstellungen erkennen Sie, wie die automatische Tonwertkorrektur gearbeitet hat: Erwartungsgemäß wurden die Tiefen ❺ aufgehellt und die Lichter ❹ abgedunkelt und so der Gesamtkontrast weicher gemacht. Dazu wurde die Gesamtbelichtung angepasst. Die Korrektur für Weiß- und Schwarzwert sorgte dann für die notwendige Detailtiefe. Den Kontrast können Sie noch variieren, wenn Sie den Wert für Klarheit und Dunst entfernen ❻ erhöhen.

8 Objektivkorrekturen

Wir haben vor dem Zusammenfügen keinerlei Korrekturen vorgenommen. Deshalb stehen jetzt noch ein paar wichtige an, und dazu gehört die Objektivkorrektur.

Aktivieren Sie im Bereich Profil die Profilkorrekturen zur Entzerrung und die Entfernung der chromatischen Aberration ❼, die bei Aufnahmen mit starken Lichtreflexen häufig vorkommt.

9 Motivspezifische Bearbeitung

Jedes HDR-Motiv ist anders – deshalb fallen für jedes nach dem Erstellen und Ausarbeiten der zusammengefügten Version andere Aufgaben an.

In diesem Architekturmotiv kann die strenge Zentralperspektive noch mehr Symmetrie vertragen.

Wechseln Sie in das Bedienfeld Transformieren. Dort können Sie die Upright-Automatik für vertikale Linien ❽ nutzen, um diese aufzurichten und parallel zu stellen.

Kapitel 6 | Motivgerecht entwickeln

Lokale Korrekturen

Die Bildentwicklung schafft nicht nur ausgewogene Kontraste und leuchtende Bildfarben, sondern kann auch gezielt Akzente setzen, mit denen wir den Blick des Betrachters lenken. Hier kommen die lokalen Korrekturmöglichkeiten von Lightroom ins Spiel, die Inhalt dieses Kapitels sind. Das Maskieren-Werkzeug bietet manuelle, automatische und intelligente Auswahltechniken, die sich gemeinsam über das Masken-Bedienfeld steuern und kombinieren lassen.

EINFÜHRUNG: Lokale Korrekturen
Auswahltechniken für lokale Korrekturen 244

AUF EINEN BLICK: Das Masken-Bedienfeld
Die Optionen im Masken-Bedienfeld 246

Bildteile nachbearbeiten
Korrekturen mit Verläufen anlegen 248

Motiv betonen
Intelligente Motivauswahl und -korrektur 252

Himmel dramatisieren
Himmel automatisch auswählen und bearbeiten 254

Farbige Eyecatcher
Farbbereichsauswahl als Grundlage für die Bearbeitung 258

Intelligente Auswahlen kombinieren
Die Optionen der Maskenkorrektur nutzen 260

Porträtretusche im Raw-Format
So reizen Sie die Retuschemöglichkeiten von Lightroom aus 264

GRUNDLAGENEXKURS: Raw und DNG
Digitale Negative und ihre Potenziale 268

Foto: Maike Jarsetz

Einführung

Lokale Korrekturen

Auswahltechniken für lokale Korrekturen

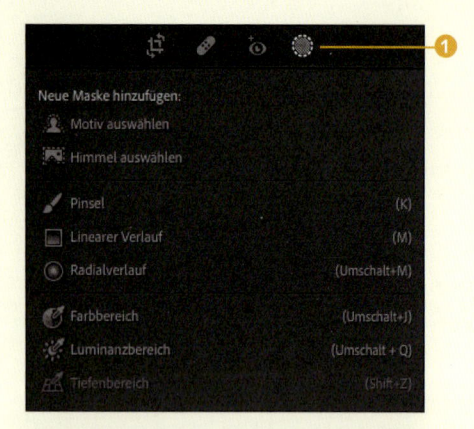

Lokale Korrekturen mit Masken

Die lokalen Korrekturen in Lightroom haben sich in den letzten Versionen enorm erweitert. Über das zentrale Maskensymbol ❶ stehen Ihnen bewährte lokale Korrekturen wie der Pinsel, der lineare Verlauf und der Radialverlauf genauso zur Verfügung wie Bereichsauswahlen von Farbe, Luminanz oder Tiefe sowie intelligente Auswahlen von Motiv-Vordergrund und Himmel.

Die Kombinationsmöglichkeiten der verschiedenen lokalen Korrekturen sind vielfältig. Auf den nächsten Seiten erhalten Sie einen Überblick und können sie in mehreren Workshops erproben.

Alle lokalen Korrekturen greifen auf die gleichen Entwicklungssteuerungen zu und werden im Masken-Bedienfeld ❷ zusammen verwaltet. Sie haben über dieses Bedienfeld den Überblick über die gesammelten lokalen Korrekturen in dem Motiv. Gleichzeitig können Sie hier die Masken mit unterschiedlichsten Überlagerungsmodi ❸ beurteilen und detailliert bearbeiten.

Das Masken-Bedienfeld öffnet sich als schwebendes Bedienfeld und kann frei auf der Arbeitsfläche verschoben werden. Per Klick auf den Doppelpfeil ❺ können Sie es auf eine Leiste verkleinern und auch per Doppelklick ❹ auf den korizontalen Balken oder Drag und Drop direkt in die anderen Bedienfelder ziehen und dort in das Spaltenlayout oberhalb der lokalen Korrekturmöglichkeiten integrieren.

Für alle Maskenarten stehen dann identische Korrekturmöglichkeiten zur Verfügung.

Diese Entwicklungssteuerungen können Sie jederzeit bei aktivierter Maske überarbeiten, gemeinsam anpassen oder deaktivieren.

Lokale Entwicklungssteuerungen

- Invertieren Sie die aktive Maske über die Option Umkehren ❻.
- Setzen Sie mit gedrückter Alt-Taste und Klick auf Effekt (dann Zurücksetzen) alle Einstellungen zurück ❼.

Einführung

- Durch die Option REGLER AUTOMATISCH ZURÜCKSETZEN ❽ startet jede NEUE KORREKTUR ohne Einstellungen.
- Per Klick auf das Dreieck können Sie den Korrekturbetrag für alle Entwicklungseinstellungen verändern ❾.
- Über den Kippschalter wird die Korrektur temporär ausgeschaltet ❿.
- ALLE MASKEN LÖSCHEN Sie per Klick ⓫.

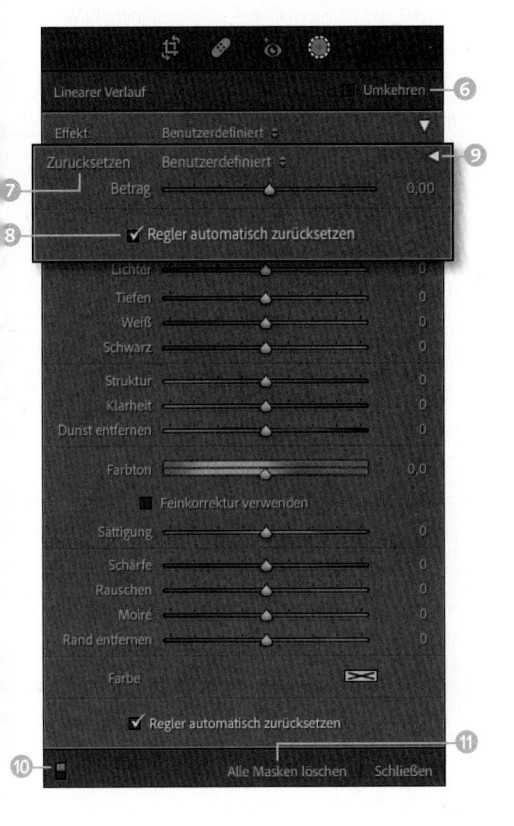

Lokale Korrekturen	
Maskieren-Werkzeug öffnen	⇧ + Q
Verlauf- und Pinselkorrekturen	
Linearen Verlauf erstellen	M
Verlauf senkrecht oder waagerecht	⇧ + Ziehen
Verlauf aus der Mitte starten	Alt + Ziehen
Radialverlauf erstellen	⇧ + M
Kreisförmiger Radialverlauf	⇧ + Ziehen
Radialverlauf von links oben	Alt + Ziehen
Radialverlauf in Bildbegrenzungen	Strg / cmd + Doppelklick
Radialform korrigieren, alle Seiten	⇧ + Ziehen
Radialform korrigieren, eine Seite	Alt + Ziehen
Radialform korrigieren, drei Seiten	Alt + ⇧ + Ziehen
Pinsel erstellen	K
Gerader Pinselstrich	⇧ + 2× Klicken
Horizontaler/vertikaler Pinselstrich	⇧ + Ziehen
Wechsel A/B-Pinsel	<-Taste
Temporärer Löschen-Pinsel	Alt-Taste
Flussstärke in Zehnerschritten	0 – 9
Selektive Korrekturen	
Farbbereich erstellen	⇧ + J
Luminanzbereich erstellen	⇧ + Q
Tiefenbereich erstellen	⇧ + Z
Optionen im Masken-Bedienfeld	
Neue Maske mit aktivem Werkzeug	N
Aktives Werkzeug hinzufügen	⇧ + N
Aktives Werkzeug subtrahieren	Alt + N
Pinsel hinzufügen	Alt + K
Linearen Verlauf hinzufügen	Alt + M
Radialverlauf hinzufügen	⇧ + Alt + M
Maske umkehren	⇧ + #
Maske ein-/ausblenden	O
Überlagerungsmodus wechseln	Alt + O
Maskenfarbe wechseln	⇧ + O
In Maskenliste navigieren	Alt + ↓ ↑ ← →
Stifte/Werkzeuge ein-/ausblenden	H
Ausgeblendete Stifte einblenden	S

Kapitel 7 | Lokale Korrekturen

Auf einen Blick

Das Masken-Bedienfeld
Die Optionen im Masken-Bedienfeld

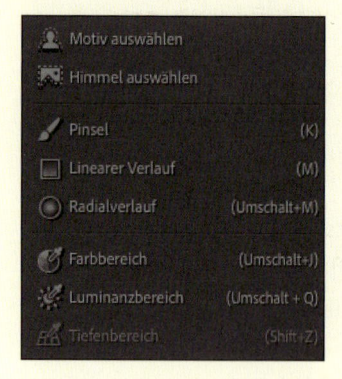

Arbeiten im Masken-Bedienfeld

Im MASKEN-Bedienfeld finden Sie alle lokalen Korrekturen und können neue erstellen. Die Maskenüberlagerung können Sie über die Checkbox ❶ anzeigen oder per Klick auf die drei Punkte ❷, AUTOMATISCH EIN- UND AUS-SCHALTEN ❻, sobald eine Entwicklungseinstellung angewendet wird. Die Optionen für die Überlagerung bieten unterschiedliche Modi. Außerdem steuern Sie hier die Sichtbarkeit von Stiften und Werkzeugen ❼. In den EIN-STELLUNGEN FÜR FARBÜBERLAGERUNG ❽ bestimmen Sie unter anderem, ob die Überlagerung BETROFFENE oder NICHT BETROFFENE BEREICHE ❾ zeigen soll.

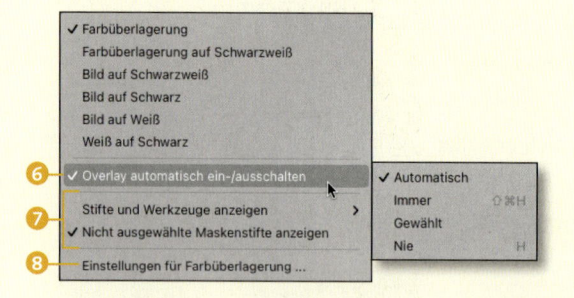

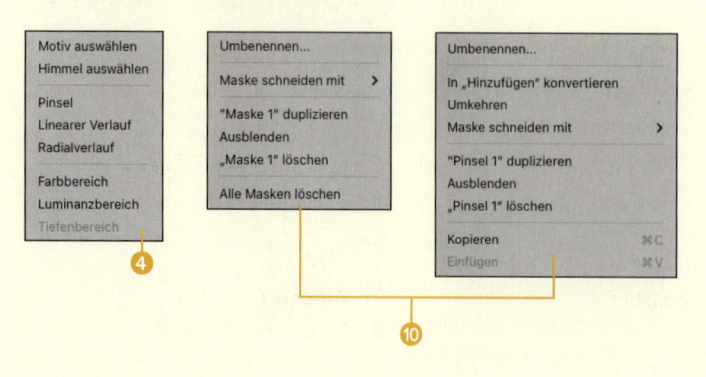

Auswahlen anpassen

Innerhalb einer Maske können Sie verschiedene Auswahlmethoden kombinieren. Zu bestehenden Masken können andere Auswahlen HINZUGEFÜGT und davon SUBTRAHIERT werden ❹ oder – mit gedrückter [Alt]-Taste – SCHNITTMENGEN ❸ aus zwei Auswahlen gebildet werden.

Über die drei Punkte ❺ stehen sowohl für die kombinierte Maske als auch für die einzelnen Auswahlen verschiedene Optionen zur Verfügung. Sie können Masken UMBENENNEN, DUPLIZIEREN, UMKEHREN, LÖSCHEN ❿ und per Klick auf das Augensymbol AUSBLENDEN.

246 Kapitel 7 | Lokale Korrekturen

Auf einen Blick

Lokale Maskenkorrekturen

Ein Klick auf das Maskensymbol ⓫ öffnet umfangreiche Optionen für lokale Korrekturen:

MOTIV AUSWÄHLEN ⓬ wählt mit einer automatischen Bilderkennung das Vordergrundobjekt im Motiv aus und erstellt dafür eine Korrekturmaske.

HIMMEL AUSWÄHLEN ⓭ analysiert – auch mit Hilfe künstlicher Intelligenz – den Himmel im Bild und bereitet die Auswahl als Korrekturmaske vor.

PINSEL [K] ⓮: Mit dem Pinsel tragen Sie Entwicklungen partiell auf. Nach Wählen dieser Option können Sie das Pinselwerkzeug für die Korrektur einstellen. Mit A und B ⓳ stehen zwei Pinselvorgaben zur Verfügung, zwischen denen Sie per Klick oder über [<] wechseln können. LÖSCHEN ㉗ radiert. Die Pinsel-GRÖSSE steuern Sie per Schieberegler oder über [,] und [.]. Die WEICHE KANTE blendet die Korrektur zum Rand hin aus, die DICHTE gibt eine max. Stärke der Korrektur an, und der FLUSS trägt diese nur abgeschwächt auf. Durch AUTOMATISCH MASKIEREN ㉖ findet der Pinsel die Kanten selbstständig.

LINEARER VERLAUF [M] und RADIALVERLAUF [⇧]+[M] ⓯: Mit diesen Werkzeugen tragen Sie eine kombinierte Entwicklungseinstellung über einen linearen oder radialen Verlauf auf. Ein Schieberegler steuert die WEICHE KANTE ㉕ des Radialverlaufs.

FARBBEREICH: Mit dem Pipettenwerkzeug ⓴ wählen Sie die Bildfarbe, die korrigiert werden soll. Mit gedrückter [⇧]-Taste können Sie bis zu fünf Farbaufnehmer setzen, die den FARBBEREICH erweitern. Der VERBESSERN-Regler ㉔ steuert den Übergang zu den angrenzenden Farbbereichen.

LUMINANZBEREICH ⓱: Auch der Luminanzbereich kann mit der Pipette ⓴ im Bild bestimmt werden. Er kann danach, aber auch ohne Pipetteneinsatz über die Bereichsanzeige ㉓ und die Abfallkante ㉒ verändert werden. Über eine Option können Sie die LUMINANZ-MAP ANZEIGEN und so die Maske farbig über ein Schwarzweißbild überlagern.

TIEFENBEREICH ⓲: Bei Aufnahmen, die über einen Tiefen-Map die Informationen über die Fokusbereiche im Bild beinhalten, können diese per Klick ausgewählt und bearbeitet werden.

Alle Auswahlen werden als Maske im gleichnamigen Bedienfeld ㉑ gespeichert und bearbeitet. Die gewünschten Korrekturen werden in den ENTWICKLUNG-Bedienfeldern eingestellt.

Kapitel 7 | Lokale Korrekturen   247

Bildteile nachbearbeiten

Korrekturen mit Verläufen anlegen

Lightroom verfügt über umfangreiche lokale Korrekturmöglichkeiten. Der lineare und der Radialverlauf arbeiten sehr ähnlich und lassen sich über das Masken-Bedienfeld gut miteinander kombinieren. Dieser Workshop führt Sie in das Arbeiten mit den Maskieren-Werkzeugen ein.

Bearbeitungsschritte
- Motivmitte herausarbeiten
- Motivrand aufhellen
- Motivvordergrund aufklaren
- Übergänge korrigieren

Ausgangsbild
- Motivmittelpunkt unterrepräsentiert
- Tiefe Schatten am Rand

[Datei: Radialfilter]

Foto: Maike Jarsetz

1 Basisentwicklung durchführen

Am Anfang stehen die Tonwertkorrekturen und Basisanpassungen des Bildes.

Aktivieren Sie zunächst in den OBJEKTIVKORREKTUREN unter PROFIL die automatischen Profilkorrekturen ❶. Dann wechseln Sie in das Bedienfeld GRUNDEINSTELLUNGEN. Hier werden für das Beispielbild der WEISS- und SCHWARZ-Wert ❷ erhöht, die Belichtung leicht angehoben und die Tiefen aufgehellt. Zum Schluss wird der Detailkontrast über den Regler KLARHEIT verstärkt und auch die Farbdynamik intensiviert.

2 Radiale Verlaufskorrektur

Für die folgenden lokalen Korrekturen öffnen wir das Maskieren-Werkzeug ❸ aus der oberen Werkzeugpalette.

Wählen Sie aus den zur Verfügung stehenden Auswahlmethoden den RADIALVERLAUF ❺. Ziehen Sie dann von der Motivmitte aus eine Ellipse auf, die ungefähr dem Korrekturbereich entspricht. Die automatisch eingeblendete Überlagerung zeigt Ihnen sowohl die ausgewählte Ellipse als auch die voreingestellte WEICHE KANTE ❹ an.

3 Ellipse anpassen

Die Korrektur können Sie jetzt zunächst über vier Punkte ❼ in der Form anpassen. Wenn Sie die Alt-Taste dabei gedrückt halten, wird die Ellipse nur an einer Seite verändert, und zwischen den Punkten an der Ellipsenkante drehen Sie die Ellipse. Per Drag und Drop ❽ verschieben Sie die gesamte Ellipse.

Im MASKEN-Bedienfeld ❻ wird die lokale Korrektur gespeichert und kann von dort aus immer wieder bearbeitet werden.

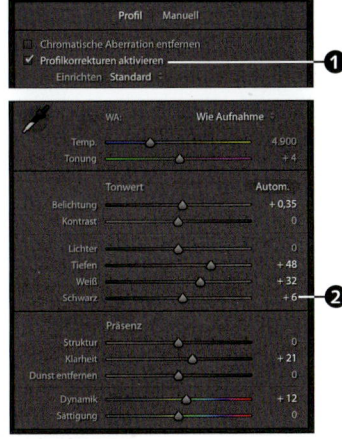

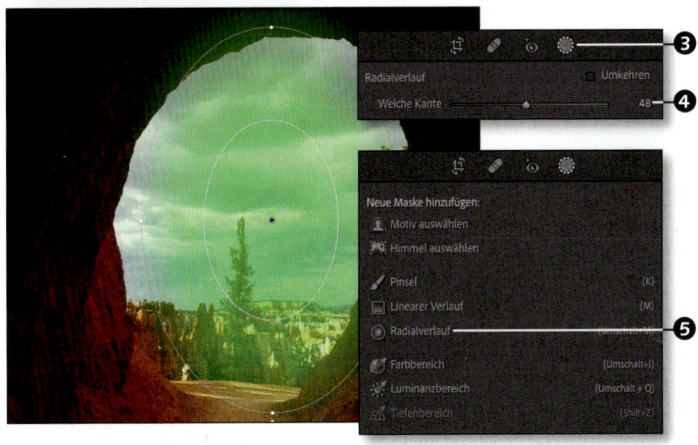

Kapitel 7 | Lokale Korrekturen 249

4 Weiche Kante einstellen

Die Ellipsenform für die Korrektur kann natürlich jederzeit noch angepasst werden. Wir starten zunächst mit einer Korrektur der äußeren Bildbereiche. Aktivieren Sie dafür die Option Umkehren ❷.

Danach steuern Sie die Weiche Kante über den Schieberegler ❶ und passen so die Übergänge zum Innenbereich an.

Sie benötigen hier keine exakte Abgrenzung, sondern eher einen gut positionierten weichen Übergang.

5 Korrektur auftragen

Jetzt stellen Sie die Korrekturen für diesen Bereich ein.

Mit erhöhter Belichtung, einem deutlichen Anheben der Lichter sowie stärkerer Klarheit und Struktur bekommt der Außenbereich eine angemessene Gewichtung und Brillanz.

Sobald Sie den ersten Schieberegler bewegen, blendet sich die Überlagerung automatisch aus, und Sie können die Korrekturen besser begutachten. Mit der Taste H können Sie auch die Ellipsenbegrenzungen ein- und ausblenden.

6 Filter duplizieren

Alle lokalen Korrekturen können Sie ganz einfach duplizieren, um eine weitere Korrektur mit der gleichen Form und der gleichen weichen Kante auftragen zu können.

Öffnen Sie dazu im Masken-Bedienfeld die Optionen ❸ für diese Korrektur über die drei Punkte, und wählen Sie [Maske] duplizieren. Deaktivieren Sie für diese Korrektur die Option Umkehren ❹, damit sie innerhalb der Ellipse aufgetragen wird. Aktuell wird dort natürlich die falsche Korrektur aufgetragen, aber das ändern wir gleich.

7 Maske korrigieren

Die neue innere Maske wird jetzt verändert. Setzen Sie zunächst alle Einstellungen zurück. Das geht am schnellsten über die gedrückte [Alt]-Taste und die erscheinende Schaltfläche ZURÜCKSETZEN. Ohne Einstellungen wird kurzzeitig die automatische Überlagerung wieder eingeblendet.

Der Himmel soll jetzt noch etwas dramatischer erscheinen. Dazu genügt ein leichtes Anheben des DUNST-ENTFERNEN-Reglers.

8 Verlaufsfilter auftragen

Für den Vordergrund tragen wir jetzt noch eine weitere Korrektur auf. Klicken Sie auf das Plus-Symbol ❻ im MASKEN-Bedienfeld, und wählen Sie diesmal LINEARER VERLAUF ❺. Diesen ziehen Sie mit gedrückter Maustaste vom unteren Rand des Motivs bis zur Kante des Vordergrunds auf.

Im MASKEN-Bedienfeld addiert sich diese neue Maske zu den anderen. Die Maske, die aktiv bearbeitet wird, zeigt dabei ausgeklappt alle Optionen ❼.

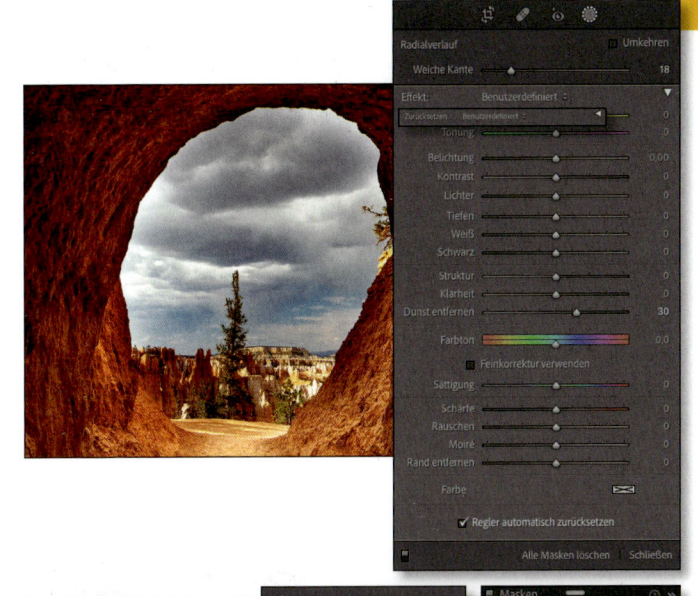

9 Finetuning

Stellen Sie dann die Korrekturen für den Vordergrund ein. Mit einer Aufhellung der LICHTER und der WEISS-Werte wird dieser brillanter und kontrastreicher. Eine Erhöhung der KLARHEIT ❾ verstärkt den Effekt noch.

Damit ist dieses Motiv auch lokal gut herausgearbeitet worden. Über das MASKEN-Bedienfeld haben Sie jederzeit Zugriff auf alle durchgeführten Korrekturen. Um diesen zu erleichtern, sollten Sie die Masken am Ende noch per Doppelklick benennen ❽.

Kapitel 7 | Lokale Korrekturen **251**

Motiv betonen

Intelligente Motivauswahl und -korrektur

Ein Vordergrundmotiv auszuwählen war eine Aufgabe mit motivabhängig wechselnden Schwierigkeitsgraden. Mit der Motivauswahl übergeben Sie diese Aufgabe an eine intelligente Motiverkennung, die eine gute Grundlage bietet und die Auswahlarbeit deutlich reduziert.

Bearbeitungsschritte
- Motiv auswählen
- Maske korrigieren
- Vordergrund ausarbeiten

Ausgangsbild
- Dunkler Vordergrund
- Hintergrund zu präsent

[Datei: **Vordergrundmotiv**]

Foto: Maike Jarsetz

1 Motiv auswählen

Die GRUNDEINSTELLUNGEN ❶ mit abgesenkten LICHTERN und Aufhellung der TIEFEN hat den Motivvordergrund noch nicht ausreichend herausgearbeitet.

Öffnen Sie die Liste der Auswahlwerkzeuge durch Klick auf das Maskieren-Werkzeug ❷. Für die Auswahl des Vordergrundobjektes wählen wir die naheliegende Funktion MOTIV AUSWÄHLEN ❸.

Das Ergebnis ist gleich als farbige Maskenüberlagerung sichtbar und schon erstaunlich detailliert.

2 Pinselkorrektur

Trotzdem fehlt uns noch ein Stück des Vordergrundes im oberen Bildbereich.

Klicken Sie auf die Schaltfläche HINZUFÜGEN, ❹ und wählen Sie PINSEL ❺ als zusätzliche Auswahlmethode.

In den sich einblendenden Pinselsteuerungen ❻ wählen Sie eine passende GRÖSSE, eine reduzierte WEICHE KANTE, stellen den FLUSS und die DICHTE auf 100 % und aktivieren die Option AUTOMATISCH MASKIEREN ❼.

Mit diesem Pinsel können Sie die Auswahl leicht erweitern.

3 Vordergrund ausarbeiten

Wenn die Maske nun stimmt, können Sie die Korrektur für den Auswahlbereich vornehmen ❽.

In diesem Motiv habe ich in erster Linie die TIEFEN aufgehellt, den Detailkontrast über STRUKTUR und KLARHEIT verstärkt und die TEMPERATUR wärmer gesteuert.

Standardmäßig wird die Maskenüberlagerung mit der ersten Korrektur ausgeblendet, Sie können sie aber auch über die Checkbox ❾ ein- und ausblenden.

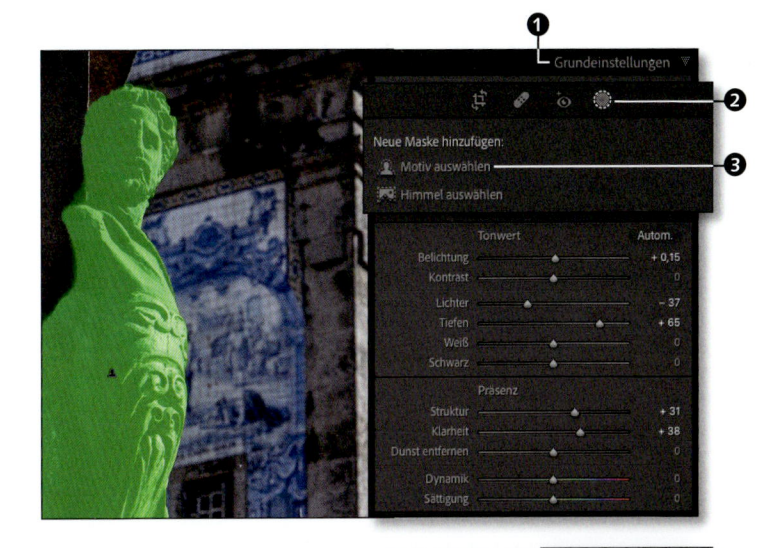

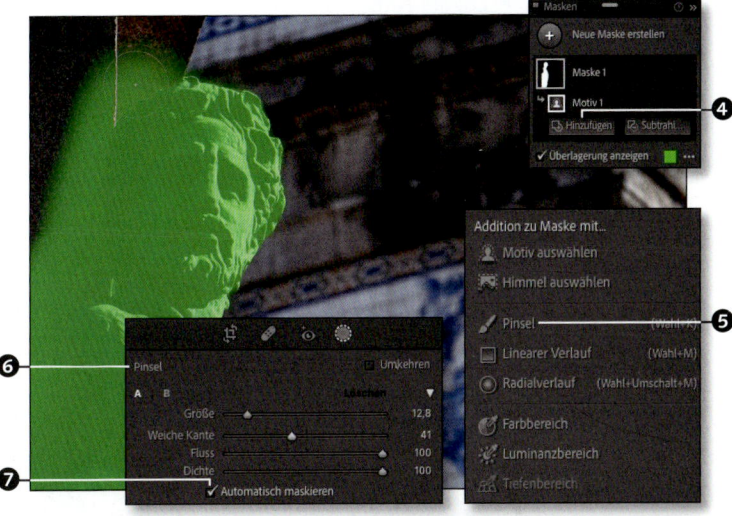

Kapitel 7 | Lokale Korrekturen 253

Himmel dramatisieren

Himmel automatisch auswählen und bearbeiten

Zu den automatischen Auswahlen des Maskieren-Werkzeugs gehört auch die Funktion »Himmel auswählen«. Dieser Workshop nutzt die gleichzeitig intelligente und detaillierte Auswahl, um – zusammen mit einer vorbereiteten Lichter- und HSL-Korrektur – die gewünschte Dramatik in einen ausgebrannten Himmel zu bringen.

Bearbeitungsschritte
- Zeichnung in Lichter bringen
- Himmelsfarben abdunkeln
- Himmel maskieren
- Lokale Anpassungen

Ausgangsbild
- Ausgebrannter Himmel
- Starker Grundkontrast

[Datei: Himmel]

Foto: Maike Jarsetz

1 Globale Himmelskorrektur

Mit den GRUNDEINSTELLUNGEN kann schon einiges aus dem zu hellen Himmel herausgeholt werden. Reduzieren Sie die LICHTER so weit, wie es das Restmotiv zulässt, so dass sich die erste Zeichnung im Himmel zeigt. Mit einer zusätzlichen Erhöhung des KLARHEIT-Werts kommt der notwendige Detailkontrast in diese Bereiche.

Nutzen Sie aber beide Korrekturen nur so weit, wie es auch den anderen Bildbereichen guttut. Was dann noch fehlt, erledigt später die lokale Korrektur.

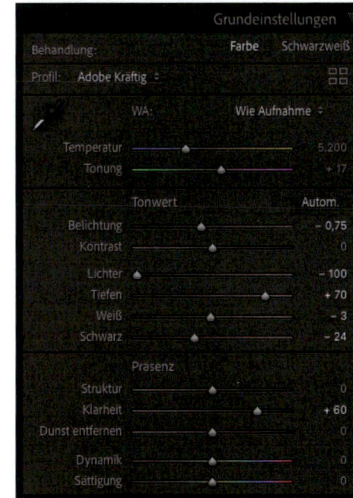

2 Himmelsfarben verstärken

Wechseln Sie in das Bedienfeld HSL/FARBE. Hier können Sie auch nur leicht sichtbare Himmelsfarben verstärken. Am besten geht das in den LUMINANZ-Steuerungen ❸, in denen Sie die Himmelsfarbe mit negativen Werten abdunkeln.

Typischerweise wird hier das BLAU bearbeitet, aber am besten nutzen Sie das zur Verfügung stehende Werkzeug ❷, mit dem Sie direkt im Bild den Himmelston ausmachen und durch Ziehen nach unten abdunkeln können ❶.

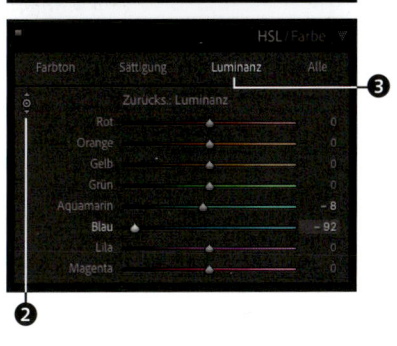

3 Himmel maskieren

Nun starten wir die lokalen Korrekturen durch Klick auf das Maskieren-Werkzeug ❹. Aus der Liste wählen wir die Funktion HIMMEL AUSWÄHLEN ❺.

Diese analysiert mit künstlicher Intelligenz das Motiv und wählt typische zusammenhängende Himmelsbereiche aus.

Die Auswahl wird automatisch mit einer farbigen Überlagerung angezeigt, wenn Sie in den Optionen OVERLAY AUTOMATISCH EIN-/AUSSCHALTEN ❻ aktiviert haben.

Kapitel 7 | Lokale Korrekturen

4 Lichter zeichnen

Die erste lokale Korrektur führt unsere Bearbeitung aus Schritt 1 fort: In den lokalen Steuerungen ❶ senken wir für die ausgewählten Bereiche die Lichter nochmals deutlich ab und reduzieren außerdem die Belichtung um ca. eine halbe Blende.

Sobald Sie den ersten Regler für die Korrektur bewegen, wird die farbige Überlagerung automatisch ausgeblendet, und Sie können die Wirkung der Korrektur im Vorschaufenster beurteilen.

5 Dunst erfernen

Für die richtige Dramatik im Himmel kommt jetzt noch der Dunst-entfernen-Regler zum Zuge.

Schon mit geringen Werten werden die grauen, kontrastlosen Mitteltöne im Himmel differenziert und mit Tiefe und Sättigung versehen.

Statt eines grauen, ausgebrannten Himmels sehen wir jetzt schon ein dramatisches Wolkenbild im Ergebnis.

6 Klarheit verstärken

Zum Schluss würzen wir das Motiv noch mit einem Schuss Klarheit. Auch diese wählen wir aus den zur Verfügung stehenden lokalen Steuerungen, um nur die ausgewählten Himmelsteile mit zusätzlichem Detailkontrast auszustatten.

Achten Sie hierbei auf die Details, und zoomen Sie sich in das Motiv hinein. Bei Aufnahmen mit hohen ISO-Werten kann ein höherer Klarheitswert auch eine unerwünschte verstärkende Wirkung auf das Bildrauschen haben.

7 Maske erweitern

Je mehr Sie den Himmel perfektionieren, desto deutlicher wird, dass mit der Himmelsauswahl nur zusammenhängende Bildbereiche ausgewählt wurden, aber nicht der durch den Wasserfall sichtbare Himmel. Deshalb werden wir den Auswahlbereich jetzt vergrößern.

Klicken Sie dazu im MASKEN-Bedienfeld ❷ unterhalb der aktiven Auswahl auf die Schaltfläche HINZUFÜGEN ❸. So öffnet sich erneut die Liste der Auswahlmethoden. Mit einem Klick auf PINSEL ❹ öffnen sich dessen Steuerungen ❺.

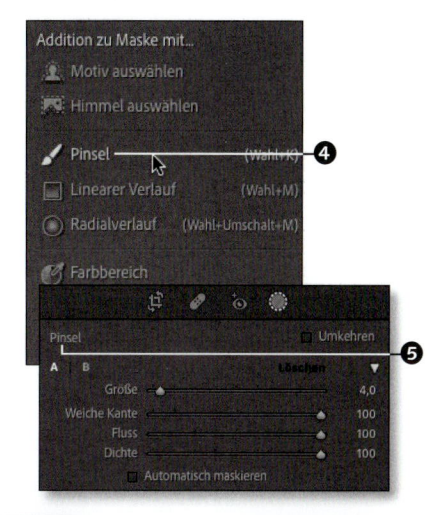

8 Pinsel abstufen

Passen Sie vor der Pinselkorrektur die Steuerungen an. Da wir sehr differenziert arbeiten müssen, reduzieren wir die FLUSS-Einstellung auf ca. 30 % ❽.

Mit einer passenden GRÖSSE ❻ und einer WEICHEN KANTE von 100 % ❼ malen wir dann in den durchscheinenden Flächen im Wasserfall, um dort auch die Korrektur wirken zu lassen.

Wenn Sie öfter mit dem Pinsel über einen Bereich malen, addiert sich dort die FLUSS-Einstellung, und die Wirkung verstärkt sich.

9 Maskenarbeit überprüfen

Natürlich beurteilen Sie das Ergebnis dieser Pinselarbeit durch die Wirkung auf das Vorschaubild.

Trotzdem können Sie zwischendurch die Maske einblenden, um die Übergänge der korrigierten und unkorrigierten Bereiche zu überprüfen.

Dazu müssen Sie nur die Checkbox ÜBERLAGERUNG ANZEIGEN ❾ per Klick aktivieren oder die Maske mit der Taste O ein- und ausblenden.

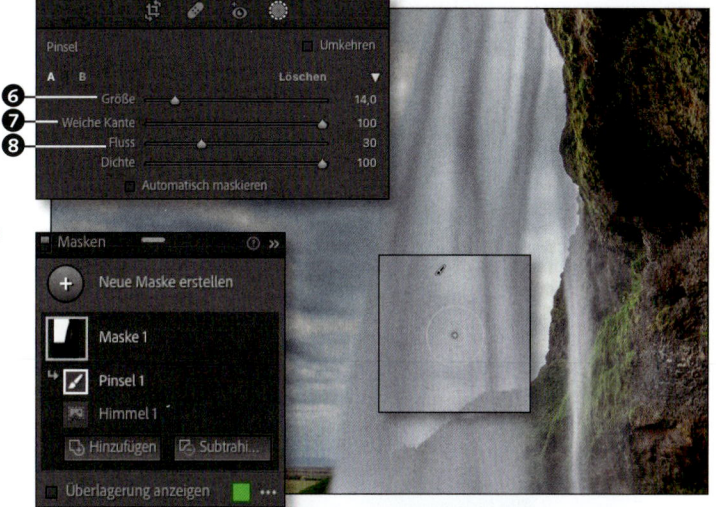

Kapitel 7 | Lokale Korrekturen 257

Farbige Eyecatcher

Farbbereichsauswahl als Grundlage für die Bearbeitung

Mit den HSL-Steuerungen können Sie ausgewählte Farbbereiche bereits in Helligkeit, Farbton und Sättigung korrigieren. Wenn es um zusätzliche Korrekturen farbiger Bildbereiche geht, bietet die Farbbereichsauswahl eine gute Grundlage für beliebige lokale Korrekturen.

Bearbeitungsschritte
- Farbbereich auswählen
- Auswahl erweitern
- Schatten aufhellen
- Struktur verstärken

Ausgangsbild
- Dunkle Farbe
- Flächige Farbwirkung

[Datei: Pinsel]

1 Farbbereich auswählen

Öffnen Sie die lokalen Korrekturen durch Klick auf das Maskieren-Werkzeug ❶. Aus der Liste wählen wir den FARBBEREICH.

Mit dieser Korrektur wandelt sich der Mauszeiger in eine Pipette, mit der Sie per Klick die gewünschte Farbe im Bild auswählen können ❷.

Über den Regler VERBESSERN ❸ verändern Sie die Toleranz und damit die Größe des ausgewählten Farbbereichs.

2 Auswahlfarben hinzufügen

Sie können den Farbbereich auch erweitern, indem Sie mit der Pipette weitere Farben aufnehmen ❹.

Der ausgewählte Farbbereich wird mit der Überlagerung ❺ angezeigt und kann ebenso über den VERBESSERN-Regler noch angepasst werden.

Ihnen stehen insgesamt 5 kombinierte Auswahlbereiche über die Pipette zur Verfügung.

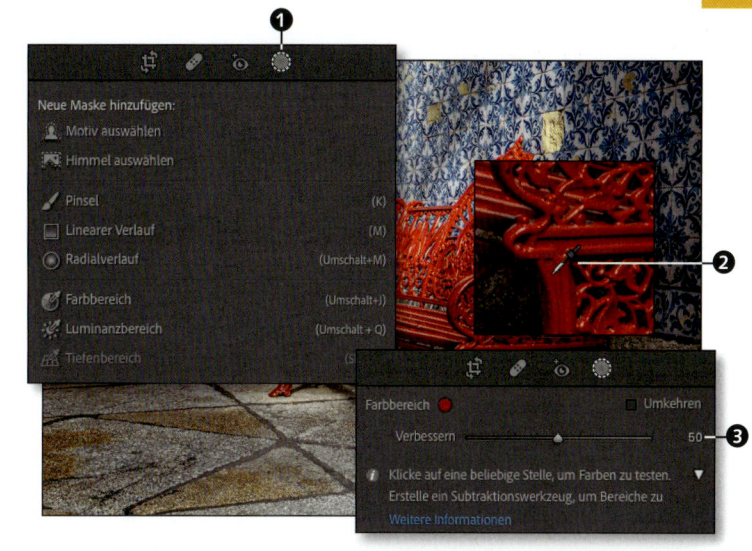

3 Korrektur durchführen

Wenn die Maske den gewünschten Farbbereich passend ausgewählt hat, geht es an die Korrektur.

In diesem Fall habe ich die TIEFEN für die ausgewählten Farben angehoben, die LICHTER etwas reduziert und den Detailkontrast mit der STRUKTUR und KLARHEIT verstärkt.

So verschwindet der schwere Schatten in der Bank, die rote Farbe kommt besser zur Geltung, und das Motiv wirkt durch den Detailkontrast noch brillanter.

Kapitel 7 | Lokale Korrekturen 259

Intelligente Auswahlen kombinieren

Die Optionen der Maskenkorrektur nutzen

Jede der verfügbaren Auswahltechniken des Maskieren-Werkzeugs ist für sich schon sehr mächtig. Eine besondere Stärke entwickelt aber das Masken-Bedienfeld, wenn es darum geht, diese Techniken geschickt zu einer gemeinsamen Korrektur zu kombinieren.

Bearbeitungsschritte
- Himmel auswählen
- Motiv- und Luminanzauswahl kombinieren
- Hintergrund in Sättigung und Kontrast verstärken

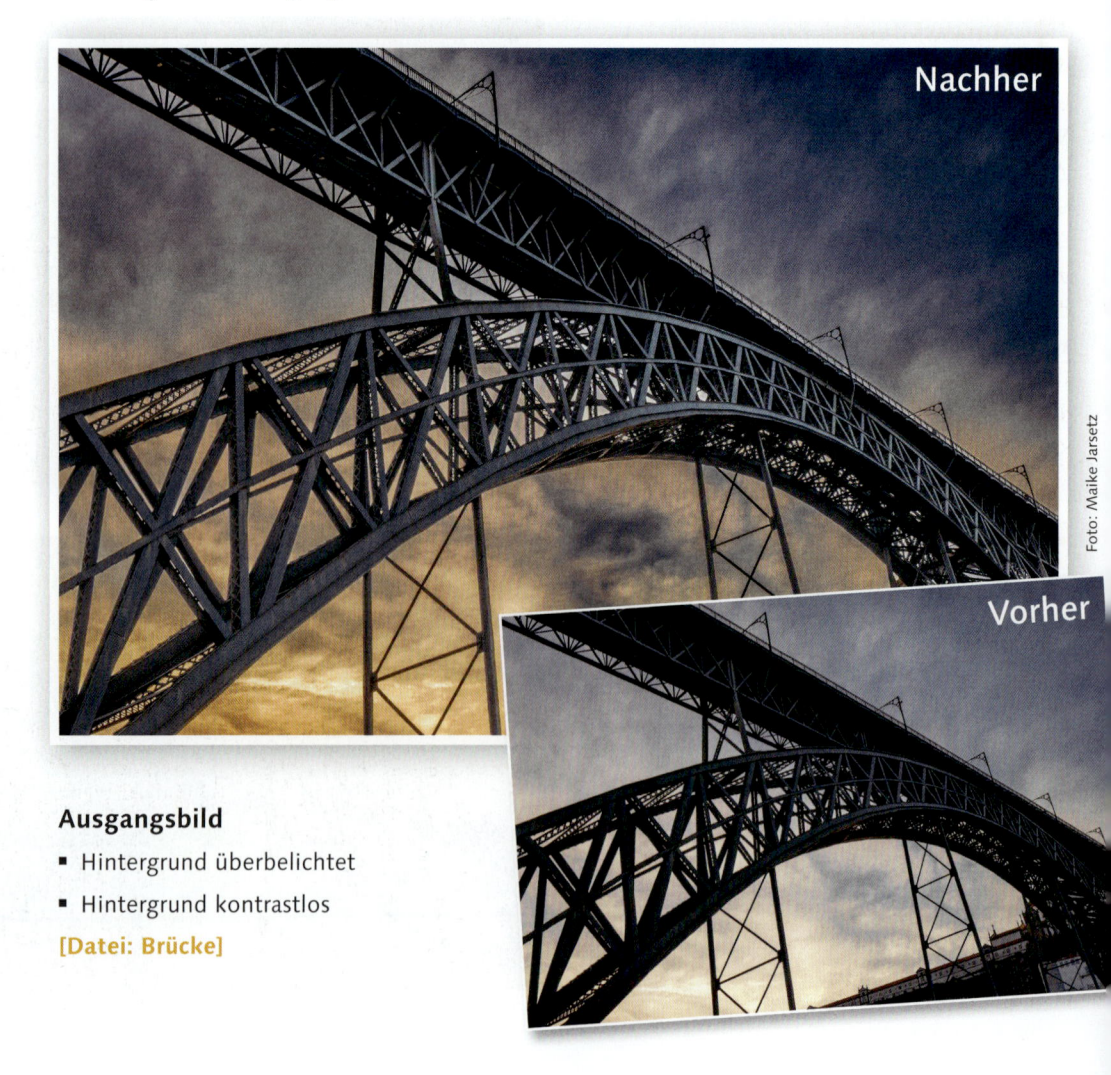

Ausgangsbild
- Hintergrund überbelichtet
- Hintergrund kontrastlos

[Datei: Brücke]

Foto: Maike Jarsetz

1 Die Grenzen der Basiskorrektur

Dieses Motiv erfordert eine völlig unterschiedliche Behandlung von Vordergrund und Hintergrund.

Die TIEFEN-Aufhellung ❷ des Stahlgerüstes kollidiert mit dem überbelichteten Himmel, der im Gegensatz dazu eine deutliche Absenkung der LICHTER ❶ erfordert. Beide Korrekturen können nur so weit ausgeführt werden, dass sie den anderen Bildteil nicht beeinträchtigen.

In einem solchen Motiv ist relativ schnell klar, dass wir nur mit einer lokalen Korrektur weiterkommen.

2 Himmel auswählen

Es liegt nahe, hier mit einer Himmelsauswahl zu starten. Öffnen Sie die Liste der Maskieren-Werkzeuge durch Klick auf das Werkzeug ❸, und wählen Sie aus der Liste HIMMEL AUSWÄHLEN ❹.

Die Berechnung der Himmelsbereiche startet sofort und liefert nach kurzer Zeit ein sehr detailliertes Ergebnis, das auch die Himmelsanteile berücksichtigt, die durch die Brückenkonstruktion sichtbar sind. Trotzdem zeigt die farbige Überlagerung, dass auch Teile der Konstruktion leicht mit ausgewählt sind.

3 Motivauswahl nutzen

Nun kombinieren wir Auswahltechniken miteinander. Um die Brückenteile wieder aus der Korrektur rauszunehmen, wählen wir die Motivauswahl.

Im MASKEN-Bedienfeld können Sie über zwei Schaltflächen der aktiven Maske Auswahlen hinzufügen oder subtrahieren. In diesem Fall klicken wir auf SUBTRAHIEREN ❺ und in der erscheinenden Liste auf MOTIV AUSWÄHLEN ❻.

Die Reduzierung der Auswahl funktioniert fast zu gut, denn es sind auch Lücken in der Stahlkonstruktion abgezogen worden.

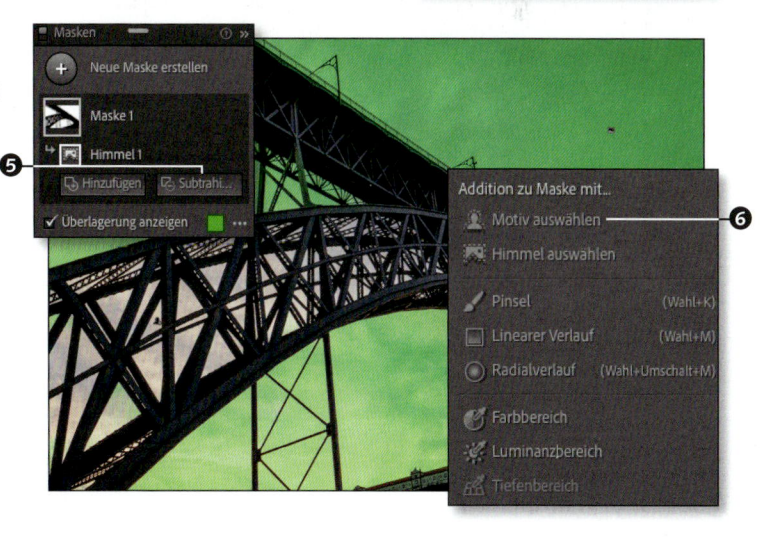

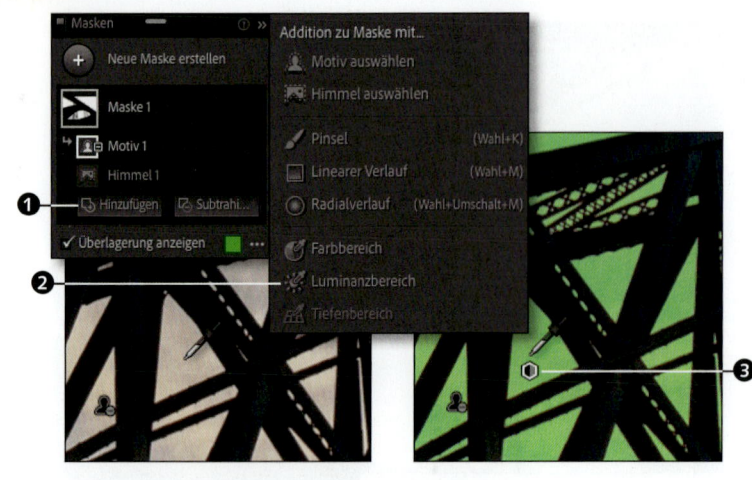

4 Luminanzauswahl einsetzen

Nun folgt die dritte Auswahlmethode, die wir mit den beiden vorangegangenen kombinieren werden. Klicken Sie auf die Schaltfläche HINZUFÜGEN ❶ und dann in der Liste auf LUMINANZBEREICH ❷. Mit der erscheinenden Pipette können Sie eingegrenzte Helligkeitsbereiche auswählen. Durch Klick auf den Himmel innerhalb der Brückenkonstruktion ❸ wird dieser wieder mit in die Auswahl integriert. Die Auswahlmaske zeigt schon beim ersten Klick ein gutes Ergebnis, das wir gleich noch überprüfen werden.

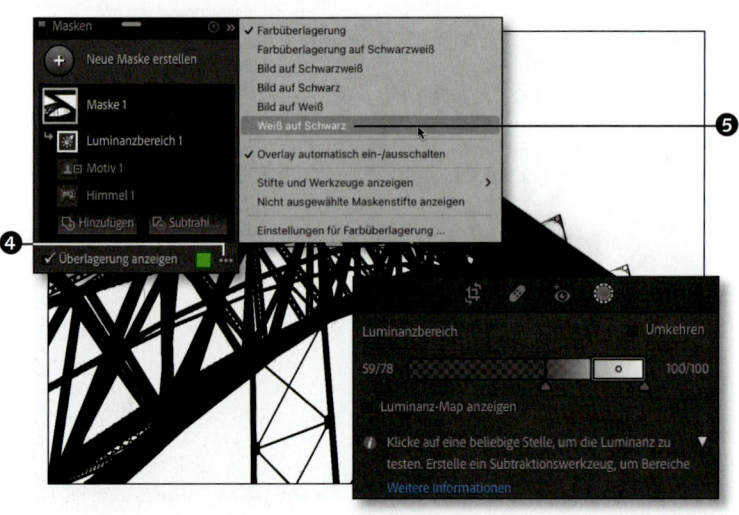

5 Maskenüberlagerung ändern

Die Steuerungen der LUMINANZBEREICH-Auswahl ermöglichen uns noch eine Feinabstufung der ausgewählten Helligkeitsbereiche und der Übergänge zu den nicht ausgewählten Bildzonen.

Um diese richtig beurteilen zu können, wechseln wir in den Überlagerungsmodus. In den Überlagerungsoptionen ❹ des MASKEN-Bedienfelds wechseln wir auf WEISS AUF SCHWARZ ❺, um mit einer schwarzweißen Maskenansicht das gleich folgende Finetuning durchführen zu können.

6 Luminanzbereich bearbeiten

Die schwarzweiße Ansicht zeigt, dass noch viele Details innerhalb der Stahlkonstruktion nicht mit ausgewählt sind.
In den Steuerungen des Luminanzbereiches können Sie jetzt die Auswahl erhöhen, indem Sie den linken Rand der Bereichsanzeige ❻ weiter nach links ziehen.

Sofort werden mehr ausgewählte Bereiche in vielen kleinen weißen Details sichtbar.

262 Kapitel 7 | Lokale Korrekturen

7 Abfallkante verändern

Die zweite Begrenzungslinie in dem Verlaufsbalken des Luminanzbereichs ist die sogenannte Abfallkante ❼. Sie steuert, bis zu welchem Tonwert der ausgewählte Luminanzbereich abfällt, also die Auswahl ihr Ende findet.

Wenn Sie zu harte Übergänge in der folgenden Korrektur vermeiden wollen, können Sie diese Abfallkante einfach ausweiten. Eine Verschiebung nach links resultiert hier in einem weicheren Übergang. So scheint der Hintergrund perfekt ausgewählt.

8 Hintergrund korrigieren

Nun kann die Korrektur folgen. Sobald Sie den ersten Schieberegler in den Steuerungen der lokalen Korrektur bewegen, blendet sich die Maske aus und das korrigierte Bild ein – vorausgesetzt, Sie haben in den Überlagerungsoptionen OVERLAY AUTOMATISCH EIN-/AUSSCHALTEN ❽ gewählt.

Eine Absenkung der LICHTER und vor allem eine deutliche DUNST-ENTFERNEN-Korrektur bringen ordentlich Zeichnung in den Hintergrund, die Sie mit einer Erhöhung von TEMPERATUR und KLARHEIT noch verstärken.

9 Und nun der Vordergrund

Hier haben Sie gesehen, wie verschiedenste Methoden zu einer perfekten Auswahl kombiniert wurden. Auf diese und ähnliche Weise gelingt fast jede komplexe Auswahl.

Eine Motivauswahl, die mit einer Pinselauswahl erweitert und einer Luminanzauswahl verfeinert wurde, bietet uns dann noch die Grundlage für die Korrektur der Brückenkonstruktion, die noch eine Belichtungs- und Klarheitskorrektur vertragen kann.

Mit einem Doppelklick können Sie die einzelnen Masken umbenennen ❾.

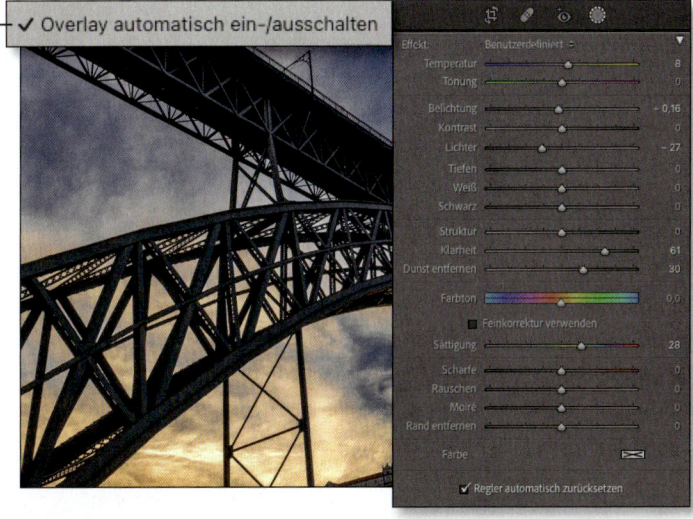

Porträtretusche im Raw-Format

So reizen Sie die Retuschemöglichkeiten von Lightroom aus

Auch die ersten Retuscheschritte können Sie schon in Lightroom durchführen. Dabei helfen besonders die lokalen Korrekturwerkzeuge. Mit geschickter Kombination kann das Porträt-Finishing so bereits in Lightroom abgeschlossen werden.

Bearbeitungsschritte
- Haut retuschieren und weichzeichnen
- Fältchen und Augenschatten aufhellen
- Augen betonen
- Hauttöne angleichen

Nachher

Vorher

Foto: Hilla Südhaus

Ausgangsbild
- Schattige Augenpartie
- Fältchen und Augenschatten
- Unruhige Hautstruktur
- Unterschiedliche Hauttöne

[Datei: Retusche]

1 Kleine Makel entfernen

Starten Sie mit der Pflichtretusche, also der Reparatur kleiner Macken und Makel. Aktivieren Sie das Bereichsreparatur-Werkzeug ❷, und stellen Sie es auf den Modus REPAR.(ATUR) ❸.

Stellen Sie die Größe so ein, dass es die Reparaturstellen gerade eben überlagert, und belassen Sie für diesen Zweck die Deckkraft auf 100 %. Klicken Sie dann auf die Reparaturstelle ❹, und die Reparaturquelle ❶ wird automatisch gewählt. Diese können Sie aber auch noch nachträglich verschieben.

2 Größere Retuschen

Mit der Bereichsreparatur können Sie auch größere, nicht kreisförmige Stellen verschwinden lassen. Verkleinern Sie dazu die Werkzeuggröße, und ziehen Sie mit gedrückter Maustaste Hautstellen nach, die zu dominant sind ❺. Verschieben Sie den Quellbereich, um eine geeignete Reparaturstelle zu finden ❻. Diese sollten Sie nicht ganz abdecken, sondern nur abmildern. Dazu können Sie die Deckkraft verringern, während die Reparatur noch aktiv ist. Eine leichte WEICHE KANTE verbessert zusätzlich die Übergänge.

3 Aufhellen statt retuschieren

Öffnen Sie die lokalen Werkzeuge per Klick auf das Maskieren-Werkzeug ❾, um mit dem PINSEL ❽ tiefe Falten und Hautschatten aufzuhellen. Heben Sie TIEFEN und BELICHTUNG für diese Korrekturen leicht an, und verringern Sie die KLARHEIT und STRUKTUR. Arbeiten Sie mit geringer GRÖSSE, und stellen Sie die WEICHE KANTE auf 100 %. Zusätzlich sollten Sie den FLUSS auf maximal 50 % stellen, um die Korrektur dann vorsichtig in den schattigen Bereichen aufzutragen. Drücken Sie [O], um zur Kontrolle die farbige Maske ❼ einzublenden.

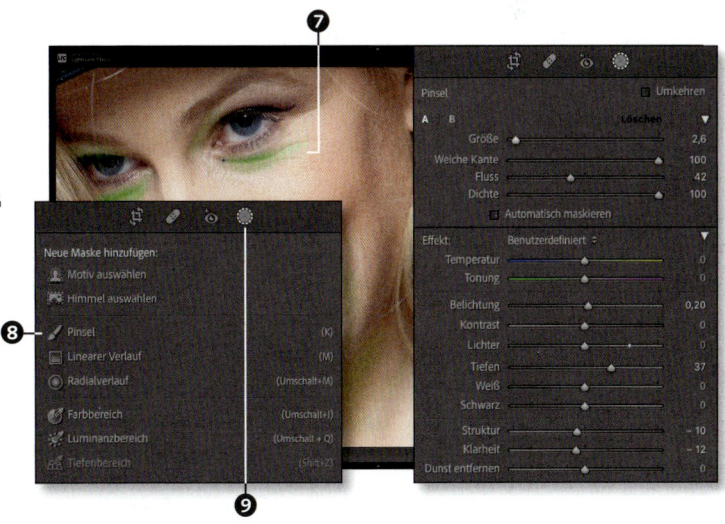

Kapitel 7 | Lokale Korrekturen

4 Hautstruktur glätten

Raue Stellen im Gesicht können Sie mit einem weiteren Pinsel glätten. Klicken Sie auf das Plus-Symbol ❷ im Masken-Bedienfeld, und wählen Sie erneut Pinsel ❶ als Korrektur. Per Doppelklick können Sie die einzelnen Masken sinnvoll benennen ❸. Reduzieren Sie den Struktur-Wert und die Klarheit deutlich, und heben Sie leicht die Belichtung an. Mit einem großen Pinsel und reduzierter Fluss-Einstellung tragen Sie dann diese helle »Puder«-Wirkung auf. Über die Taste [O] erkennen Sie, wo dieser Puderpinsel schon aufgetragen worden ist.

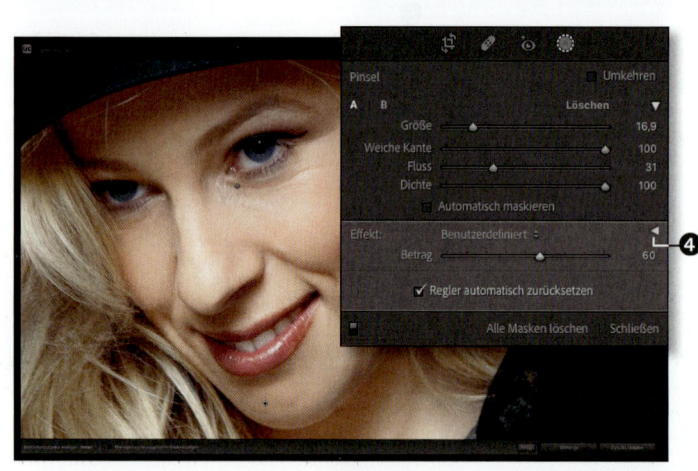

5 Retusche relativieren

Nachdem Sie die Weichzeichnung auf alle gewünschten Hautbereiche aufgetragen haben, können Sie sie in der Wirkung anpassen. Schließen Sie über einen Klick auf das kleine Dreieck ❹ die Einstellungen.

So können Sie den Gesamtbetrag über einen Schieberegler steuern. Ziehen Sie den Regler nach links, um alle Korrektureinstellungen des aktuellen Pinsels proportional zu verringern.

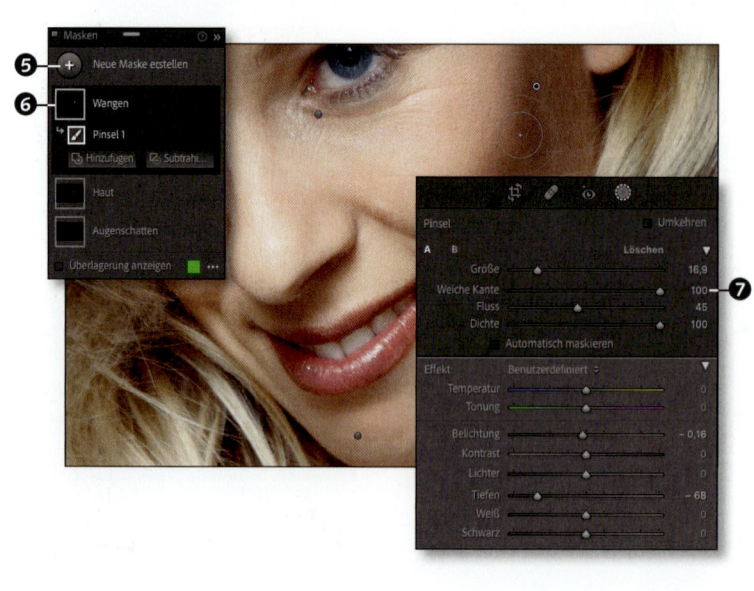

6 Gesichtsform herausarbeiten

Mit einer weiteren Pinselkorrektur können Sie die Schatten verstärken, um die Gesichtsform zu modellieren.

Klicken Sie erneut auf das Plus-Symbol ❺, wählen Sie den Pinsel als Korrektur, und vergessen Sie nicht die Benennung der neuen Maske ❻.

Wählen Sie Einstellungen, mit denen die Tiefen stark abgedunkelt und die Belichtung ebenfalls ein wenig reduziert wird. Malen Sie mit reduziertem Fluss und erstellen Sie eine Weiche Kante von 100 ❼.

7 Augen herausarbeiten

Nutzen Sie jetzt einen Radialverlauf, um die Augen strahlender zu machen.

Starten Sie wieder über das Plus-Symbol im Masken-Bedienfeld, und wählen Sie den Radialverlauf ❿. Ziehen Sie über der ersten Iris ❽ einen kreisförmigen Verlauf auf, und passen Sie die Weiche Kante auf einen mittleren Wert ❾ an. Erhöhen Sie diesmal die Belichtung und die Klarheit. Mit zusätzlich höheren Werten für die Lichter und das Weiss werden das Auge und die Farben der Iris deutlich strahlender.

8 Korrektur duplizieren

Um nun die gleiche Korrektur auch auf das andere Auge zu übertragen, wählen Sie über die drei Punkte die Masken-Optionen des Radialfilters und wählen "Radialer Verlauf 1" duplizieren ⓫. Diesen zweiten Verlauf ziehen Sie per Drag und Drop auf das andere Auge. So teilen sich beide Augen identische Entwicklungseinstellungen der Maske.

Alternativ, wenn Sie die Einstellungen für das zweite Auge variieren wollen, können Sie auch die übergeordnete Maske "Augen" duplizieren, an die gewünschte Stelle verschieben und modifizieren.

9 Hauttöne anpassen

Sehr häufig beobachtet man bei Porträtaufnahmen, dass sich Hände, Arme und oft auch Dekolleté von dem sorgfältig geschminkten Gesicht in Farbe und Helligkeit unschön unterscheiden. Mit einer weiteren lokalen Pinsel-Korrektur können Sie Belichtung, Kontrast und Klarheit herabsetzen und gleichzeitig über das kleine Farbe-Feld ⓯ eine Hautfarbe zur Tonung aufnehmen ⓮.

Klicken Sie dazu in den erscheinenden Farbwähler ⓭, und ziehen Sie die Pipette ⓬ auf eine gewünschte Hautfarbe im Bild.

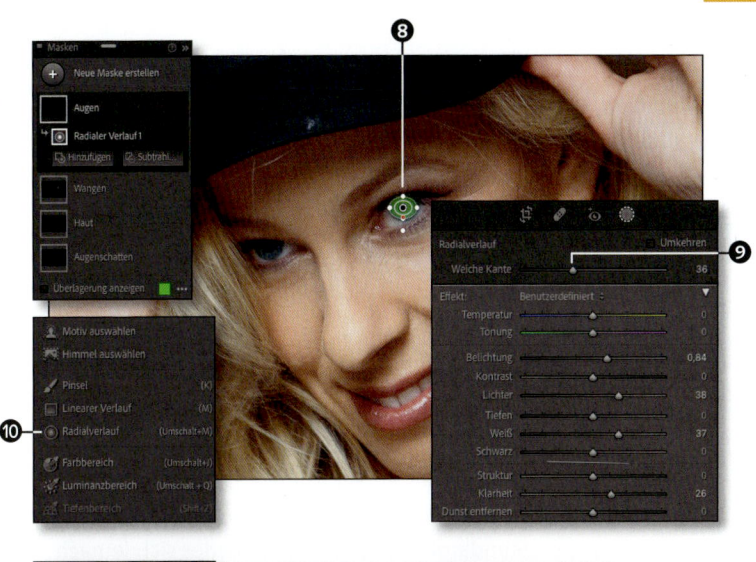

Kapitel 7 | Lokale Korrekturen   **267**

Grundlagenexkurs

Raw und DNG

Digitale Negative und ihre Potenziale

Raw-Daten als Grundlage der nicht-destruktiven Bildbearbeitung
Die Fotografie mit Raw-Daten ist direkt verknüpft mit dem Prinzip der nicht-destruktiven Bildentwicklung. Dieses entwickelte sich eigentlich aus einem Manko: Das Raw-Format – also die »rohe« Kamerainformation – ist kein Standardformat, es unterscheidet sich je nach Kamerahersteller. Alle Einstellungen, die Sie während der Raw-Entwicklung mit Lightroom oder einem anderen Raw-Konverter vornehmen, können also nicht in der Raw-Datei selbst gespeichert werden, sondern müssen gesondert, zum Beispiel in sogenannten *Filialdateien* oder – wie in Lightroom – in einer Datenbank, gespeichert werden. Was umständlich klingt, birgt einen gewaltigen Vorteil, denn so laufen Sie nie Gefahr, die Originaldatei zu überschreiben, und behalten immer Ihr »digitales Negativ«.

Das »rohe« Bildmaterial
Raw-Daten sind die ersten Daten, die Ihre Kamera auf dem Sensor erfasst – also die unverarbeiteten Lichtinformationen. Diese »reinen« Chipinformationen entsprechen keinem Standard. Deshalb muss entweder die kamerainterne Software oder ein externer Editor wie Lightroom die Informationen verarbeiten, bevor sie dann am Schluss in ein gängiges Bildformat wie zum Beispiel PSD, TIFF oder JPEG ausgegeben werden.

Erst bei der Ausgabe in ein Standardbildformat werden die Farbkanäle Rot, Grün und Blau erzeugt. Die ursprünglichen Farbinformationen, die auf den Sensor getroffen sind, wurden dort zwar schon als rote, grüne und blaue Informationen gefiltert. Sie sind jedoch noch nicht in Kanälen gespeichert, sondern nebeneinander auf dem Sensor verteilt.

Wenn diese Informationen dann auf die drei Farbkanäle übertragen werden, sind diese noch unvollständig, denn jeder Farbkanal interpretiert ja nur eine Teilinformation des Sensors. Die fehlende Information in den Farbkanälen wird bei der Raw-Entwicklung berechnet – oder, besser gesagt, interpretiert.

Dadurch, dass Sie die Raw-Entwicklung in Lightroom selbst übernehmen, nutzen Sie die Unvollständigkeit der Raw-Datei: In der Kalkulation der »fehlenden« Kanalinformationen sind natürlich Toleranzen vorhanden. Diese werden für die »Interpretation« – also die Feinentwicklung – des Bildes genutzt.

Vorteil: 16 Bit Farbtiefe
Raw-Daten liegen immer in einem größeren Tonwertumfang vor als die entsprechenden JPEG-Dateien, da sie meist mit 16 Bit Farbtiefe ausgegeben werden. Zum Vergleich: Eine JPEG-Datei mit 8 Bit Farbtiefe kann pro Farbkanal 256 Tonwertabstufungen verarbeiten. Eine 16-Bit-Datei dagegen verarbeitet knapp 65 000 Tonwertabstufungen pro Kanal.

DNG – das digitale Negativ
Die Eigenheit der Raw-Formate, keine Entwicklungseinstellungen innerhalb der Datei zu speichern, stellt keinen Stolperstein dar, solange Sie innerhalb von Lightroom arbeiten, denn der Lightroom-Katalog organisiert alle Entwicklungsphasen für Sie.

Wollen Sie Fotos mit einer anderen Konvertierungssoftware wie z. B. Camera Raw von Photoshop bearbeiten oder die Raw-Informationen unabhängig von Lightroom archivieren,

◀ Überträgt man die Entwicklungseinstellungen der Raw-Datei links auf die JPEG-Version rechts, zeigen sich dort schnell die Grenzen der Bearbeitungsmöglichkeiten.

sollten Sie diese im DNG-Format ausgeben. Hiermit hat Adobe eine Art Hülle geschaffen, die die Original-Raw-Datei einbettet, aber ermöglicht, dass Metadaten und Entwicklungseinstellungen in Form von XMP-Informationen im Format mitgespeichert werden. Dadurch steigt natürlich auch die Archivierungssicherheit, denn die Wahrscheinlichkeit, dass zukünftige Adobe-Software ihre eigenen Formate unterstützt, ist recht groß. Sie haben übrigens schon beim Import die Möglichkeit, Ihre nativen Raw-Daten in DNG-Dateien konvertieren zu lassen. Die DNG-Konvertierung können Sie in verschiedenen Phasen der Bildorganisation durchführen:

- **Als DNG importieren:** Wählen Sie während des Bildimports aus der oberen Leiste des Importfensters ALS DNG KOP(ieren). In den Voreinstellungen im Reiter DATEIVERWALTUNG bestimmen Sie die Dateieinstellungen für die DNG-Dateien wie etwa die Kompatibilität mit älteren Camera-Raw-Versionen.
- **Fotos in DNG konvertieren:** Wählen Sie für bereits importierte Bilder aus dem Menü BIBLIOTHEK • FOTOS IN DNG KONVERTIEREN.
- **Als DNG exportieren:** Im EXPORT-Dialogfeld finden Sie die Vorgabe Nach DNG konvertieren. Bei Kompatibilität mit aktuellen DNG-Standards ist eine stärkere Komprimierung von DNG-Daten und auch ein Herunterrechnen der Bildgröße möglich. Das sollten Sie allerdings nur auf Bilder anwenden, deren hochauflösende Bildqualität Sie nicht mehr benötigen.

Die Smart-Vorschauen

Mit den Smart-Vorschauen profitieren Sie von den Vorteilen einer DNG-Datei. Wenn Sie Smart-Vorschauen für Ihre Bilder erstellen – entweder schon beim Import oder später in der Bibliothek über das Menü BIBLIOTHEK • VORSCHAUEN –, speichert Lightroom DNG-Kopien Ihrer Bilder mit einer maximalen Kantenlänge von 2 540 Pixeln. Diese Dateien können normal entwickelt werden, auch wenn die Originale mal nicht verfügbar sind.

Und auch als letzter Rettungsanker kann eine DNG-Kopie dienen: Wenn Sie Ihre Originale versehentlich gelöscht haben – was natürlich niemals passieren sollte! –, können Sie aus der Smart-Vorschau über den Export-Befehl eine »neue« Datei im DNG-Format exportieren – allerdings beschränkt auf die maximale Kantenlänge von 2 540 Pixeln.

Mobiles Potenzial

Die mobile Lightroom-App können Sie auf allen mobilen Geräten und auf einem Desktop-Rechner für die automatische Synchronisierung Ihrer Bildsammlungen nutzen. Die Originale liegen dafür in der Cloud. Wollen Sie jedoch Bilder mobil bearbeiten, werden dafür Smart-Vorschauen – also verkleinerte DNG-Dateien – auf das Gerät heruntergeladen. Sie können ebenfalls Sammlungen aus Ihrem Lightroom-Classic-Katalog mit der Lightroom-App synchronisieren. Auch für diesen Austausch werden Smart-Vorschauen generiert, um Entwicklungsaufgaben auf den mobilen Geräten zu ermöglichen.

Presets und Looks

Mit Presets bereiten Sie Standardentwicklungsschritte vor oder kreieren Ihren eigenen Bildstil. Das Wichtigste dabei ist: Machen Sie Ihre vorherige Entwicklungsarbeit nicht kaputt, und nutzen Sie Einstellungen, die außerhalb Ihrer Grundentwicklung liegen und ein Bild schrittweise zum eigenen Bildstil entwickeln. Dieses Kapitel zeigt motivtypische Presets, nimmt bestehende Looks unter die Lupe und gibt Anleitungen für eigene Farb-, Kontrast- oder Schwarzweißumsetzungen.

EINFÜHRUNG: Den eigenen Bildstil entwickeln
Presets richtig anlegen und eigene Looks entwickeln 272

AUF EINEN BLICK: Lightroom-Presets beherrschen
Alle Details für die Preset-Erstellung und -Anwendung 274

Standard-Preset Landschaft
Typische Optimierungen für Landschaftsmotive in einem Preset 276

Hauttonkorrektur standardisieren
Typische Basiskorrekturen für Hauttöne erstellen 278

Schneller HDR-Look
Die wichtigsten HDR-Korrekturen in einem Preset gespeichert 280

Inspiration Color-LookUp
Entwickeln Sie aus einem Color-LookUp-Profil einen Look 282

Businesslook
Kühle und selbstbewusste Porträts kreieren 284

Vergilbter Fehlfarbenlook
Mit dem Color-Grading zum individuellen Farblook 286

Crossentwicklung
Farbverfälschung über die Gradationskurven erstellen 290

Vom Preset zum eigenen Bildstil
Presets ergründen und sinnvoll anpassen 294

Königsklasse Schwarzweiß
Presets und Standardbearbeitungen für perfekte Schwarzweißbilder 298

Klassische Tonung
Color-Grading mit Lichter-Schatten-Abgleich 302

Video-Presets erstellen
Entwicklung von Videos mit kleinen Umwegen 304

Presets austauschen
Wie Sie den Überblick über Presets behalten 308

Foto: Maike Jarsetz

Einführung

Den eigenen Bildstil entwickeln

Presets richtig anlegen und eigene Looks entwickeln

Mit der Wahl des Raw-Profils haben Sie schon die erste »Geschmackskorrektur« an Ihren Motiven durchgeführt. Und mit den individuellen Bildeinstellungen setzt sich allmählich ein eigener Bildstil durch. Einen solchen können Sie als Entwicklungs-Preset speichern und später schnell auf andere Motive anwenden – schon in der Bibliothek, beim Import in Lightroom oder bei einer Tether-Aufnahme. Bei der Erstellung des Presets bestimmen Sie, welche ausgewählten Einstellungen gespeichert werden.

Der Profilbrowser bietet Ihnen neben den Raw-Profilen auch vorgefertigte Looks, die eine Color-Lookup-Tabelle als Grundlage haben. Diese Looks können Sie in der Stärke variieren und mit eigenen Einstellungen kombinieren.

Sorgen Sie für eine gute Basis.

Die Wirkung von Looks und Bildstilen wird oft falsch eingeschätzt. Denn ihr Anteil an der gesamten Bildwirkung ist kleiner, als man denkt. Bilder können mit Hilfe von Presets nur dann einen gleichen Look bekommen, wenn auch die Bildbasis stimmt. Ein flaues, dunkles Motiv kann nicht die gleiche Wirkung unter einem Kontrast- oder Farb-Preset erhalten wie ein in der Ausgangsbasis brillantes High-Key-Motiv als Referenzbild. Deshalb ist es so wichtig, dass Sie alle motivspezifischen Korrekturen durchführen, bevor Sie einen Bildstil auf das Bild anwenden.

Was nicht in ein Preset gehört

Belichtungskorrekturen, Weiß- und Schwarzpunkt oder Weißabgleich haben in einer Entwicklungsvorgabe nichts zu suchen. Diese müssen vorher ausgearbeitet werden, eventuell wird auch schon der globale und Detailkontrast oder die Bilddynamik festgelegt.

Die Reihenfolge ist entscheidend.

Die in den Presets enthaltenen Werte können nicht zusätzlich auf die bestehenden Entwicklungsparameter Ihrer vorentwickelten Bilder angewendet werden, sondern werden diese immer überschreiben. Deshalb gehen Sie

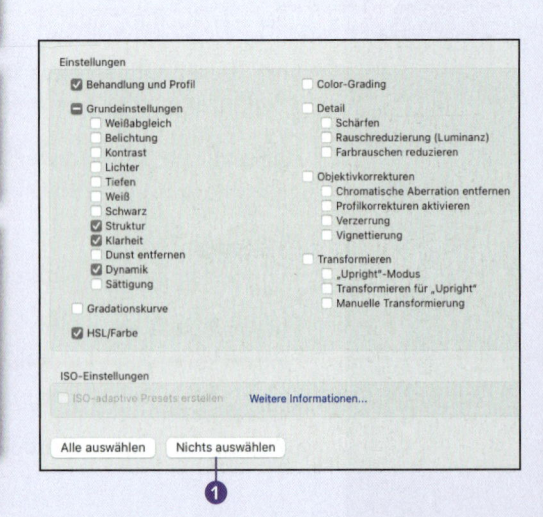

Einführung

systematisch vor: Nach den Basis-Tonwertkorrekturen folgen die Kontrastkorrekturen, dann die Bildfarben, am Schluss die Details. Damit legen Sie auch ganz automatisch Ihre Presets in einer sinnvollen Reihenfolge an.

Arbeiten Sie phasenweise.

Gerade weil sich die Entwicklungsparameter nicht ergänzen, sondern überschreiben, legen Sie Presets für Kontrast- und Farblooks so an, dass Sie diese miteinander kombinieren können. Aktivieren Sie bei der Erstellung der Presets nur die relevanten Einstellungen und deaktivieren Sie die anderen, denn auch »Nullwerte« würden bestehende Einstellungen überschreiben. Der erste Schritt beim Erstellen eines Presets ist also immer der Klick auf die Schaltfläche NICHTS AUSWÄHLEN ❶.

Mit clever angelegten Presets ist es dann ein Leichtes, etappenweise zu arbeiten. Am besten sortieren Sie Ihre Presets gleich in entsprechende Phasen ein ❷.

Presets in Bibliothek und Import

Tatsächlich gibt es aber auch Motivsituationen, die auf ähnliche Art und Weise behandelt werden: Dunstige Landschaften erhalten meist einen hohen Wert für KLARHEIT, DUNST ENTFERNEN oder DYNAMIK, kontrastreiche Bilder eine HDR-ähnliche Korrektur mit abgesenkten Lichtern und geöffneten Tiefen oder Porträts eine verringerte Dynamik und hellere Gesichtsfarben über die HSL-Einstellungen.

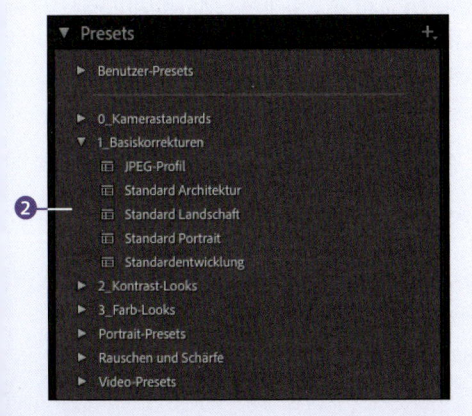

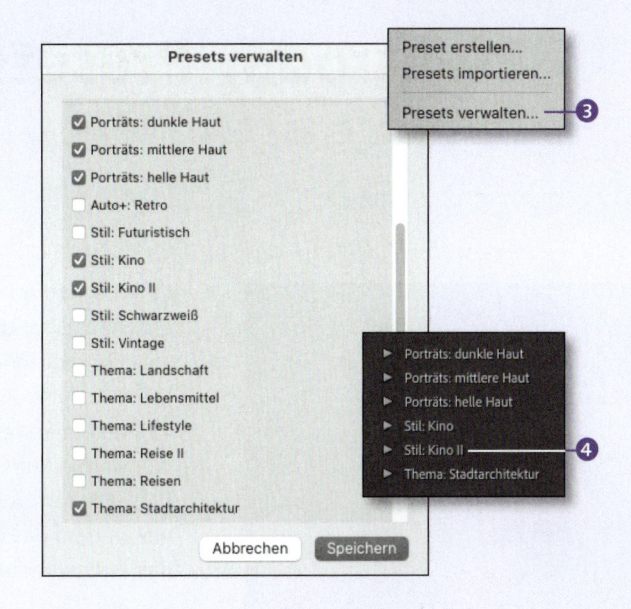

Solche Standard-Presets erstellen Sie gleich in den ersten Workshops. Im Laufe des Kapitels werden Sie sehen, wie Sie diese schon beim Import oder in der Bibliothek anwenden.

Lightroom-Presets verwalten

Lightroom bietet bereits ein umfangreiches Set mit Porträt-, Reise-, Landschafts-, Architektur- oder cineastischen Presets.

Meinem eben definierten Anspruch an die Preset-Erstellung halten diese aber nicht stand, da sie fast immer in die Grundeinstellungen eingreifen. Trotzdem können Sie sie als Inspiration nutzen und daraus ein eigenes, schlaueres Preset erstellen.

Presets, die Sie sicher nicht nutzen werden, können Sie Verwalten ❸ und so aus der Preset-Liste ❹ ausblenden.

Die schnelle Arbeit mit Presets	
Presets	
Entwicklungs-Preset erstellen	Strg/cmd+⇧+N
Presets-Ordner erstellen	Strg/cmd+Alt+N
Preset aktualisieren	Rechtsklick-Menü
Preset exportieren/importieren	Rechtsklick-Menü
Auf Importieren anwenden	Rechtsklick-Menü

Kapitel 8 | Presets und Looks

Auf einen Blick

Lightroom-Presets beherrschen

Alle Details für die Preset-Erstellung und -Anwendung

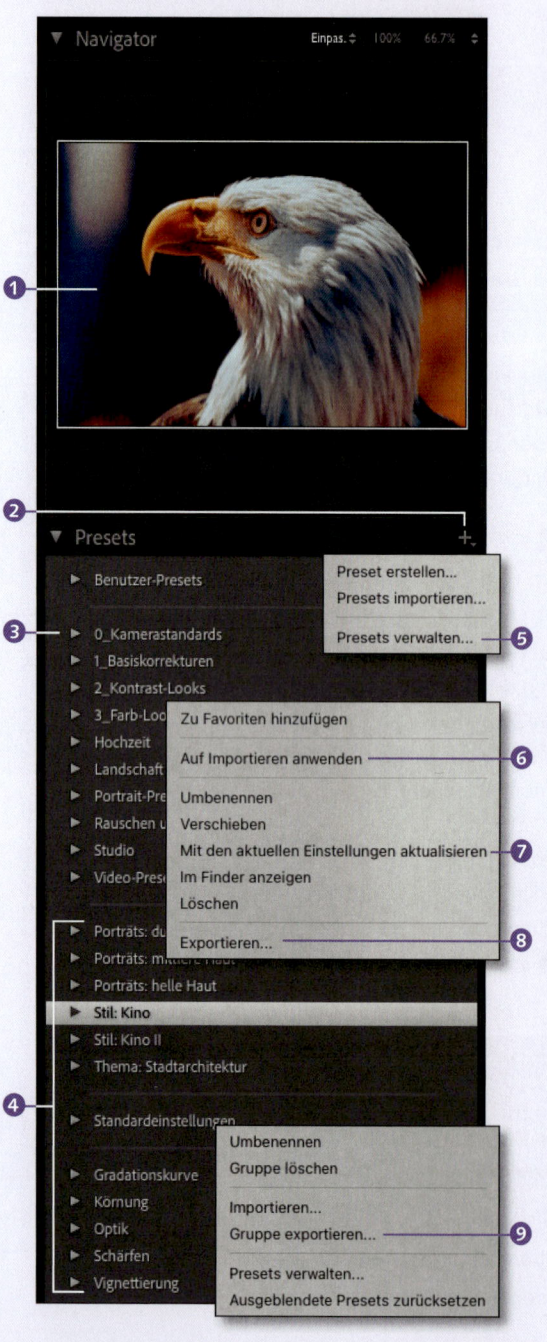

❶ **Vorschau im Navigator:** Für eine Vorschau bewegen Sie die Maus über den Vorgabennamen, ohne zu klicken. Der Navigator zeigt Ihnen so schon den resultierenden Look an.

❷ **Presets erstellen:** Entwickeln Sie ein Bild mit den gewünschten Einstellungen, und klicken Sie dann auf das kleine Plus-Zeichen. Benennen Sie das Preset, wählen Sie einen Ordner, in dem das Preset gespeichert werden soll, oder legen Sie dabei einen neuen Ordner an.

❸ **Preset-Ordner:** Legen Sie einen neuen Ordner an, indem Sie mit der rechten Maustaste auf die Preset-Liste klicken oder beim Erstellen eines Presets den neuen Ordner über das entsprechende Popup-Menü definieren. Da die Presets und Ordner in der Liste alphabetisch sortiert werden, macht es Sinn, für Entwicklungsphasen den Namen Ziffern voranzusetzen.

❹ **Lightroom-Presets:** Lightroom bietet Ihnen viele vorgefertigte Presets für Looks und spezifische Bearbeitungen.

❺ **Presets verwalten:** Lightroom teilt sich einen gemeinsamen Preset-Ordner mit dem Camera Raw-Modul von Photoshop. Über den Befehl PRESETS VERWALTEN definieren Sie, welche der Presets in der Liste eingeblendet sein sollen. Außerdem können Sie externe Presets importieren.

❻ **Importvorgabe festlegen:** Mit der rechten Maustaste haben Sie Zugriff auf den Befehl AUF IMPORTIEREN ANWENDEN. Damit legen Sie jetzt schon eine Entwicklungsvorgabe für den nächsten Import fest. Diese wird in der Vorgabenliste durch ein kleines Plus-Symbol gekennzeichnet.

❼ **Presets aktualisieren:** Wenn Sie Einstellungen nach dem Anwenden eines Preset noch verändern, ist der Vorgabenname in der Liste nicht mehr ausgewählt. Dann können Sie mit einem Rechtsklick darauf dieses Preset MIT DEN AKTUELLEN EINSTELLUNGEN AKTUALISIEREN.

Auf einen Blick

⑧ **Presets exportieren:** Über einen Klick mit der rechten Maustaste können Sie einzelne Presets und Vorgabengruppen exportieren, um diese in anderen Katalogen oder auf anderen Rechnern zu nutzen.

⑨ **Preset-Ordner organisieren:** Sie können mit einem Rechtsklick auf den Preset-Ordner auch ganze Ordner exportieren oder andere Presets in diesen importieren.

⑩ **Während des Importvorgangs anwenden:** Sie können jede als Preset gespeicherte Entwicklungseinstellung im Importfenster über das Popup-Menü auswählen und WÄHREND DES IMPORTVORGANGS ANWENDEN.

⑪ **Preset-Stärke:** Über einen Schieberegler können Sie alle im Preset enthaltenen Einstellungen gleichmäßig in der Stärke steuern. Der Regler wird nach Auswahl eines Presets oberhalb des Bedienfeldes angezeigt.

⑫ **Presets in der Bibliothek anwenden:** Schon während der Bildauswahl und -organisation in der Bibliothek können Sie die Presets in der AD-HOC-ENTWICKLUNG auswählen. Sie sind hier in den gleichen Ordnern sortiert wie im ENTWICKELN-Modul.

⑬ **Preset-Voreinstellungen:** Alle Presets von Lightroom und Camera Raw werden zentral gespeichert – den Speicherort können Sie sich anzeigen lassen, und zwar in den Voreinstellungen im Bereich PRESETS über die Schaltfläche LIGHTROOM-ENTWICKLUNGS-PRESETS ANZEIGEN ⑮.

Hier können Sie auch über die Option PRESETS MIT DEM KATALOG SPEICHERN festlegen, dass in einem Katalog nur die Presets gespeichert werden, die darin neu erstellt wurden.

In diesem Fenster definieren Sie ebenso, ob Sie in der Liste TEILKOMPATIBLE ENTWICKLUNGS-PRESETS ANZEIGEN ⑭ lassen wollen. Solche Presets, deren Einstellungen sich nicht vollständig auf ein Dateiformat übertragen lassen, werden kursiv ⑯ angezeigt.

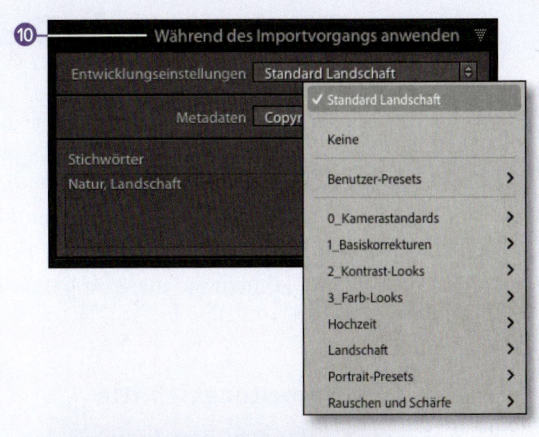

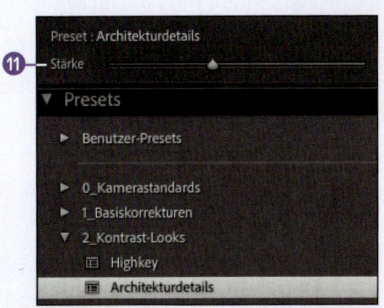

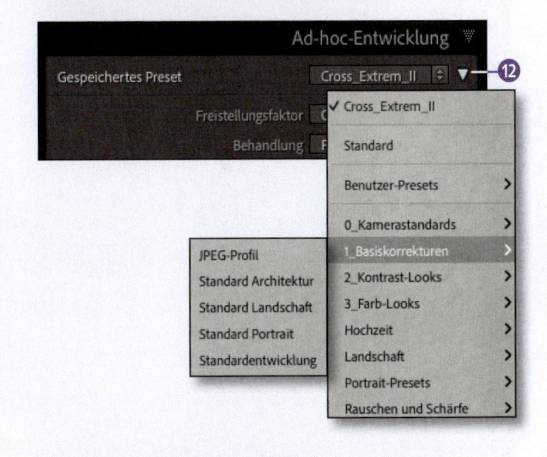

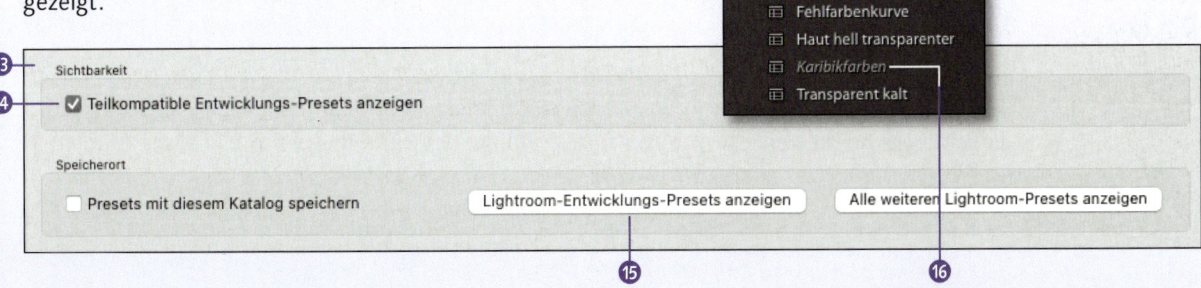

Kapitel 8 | Presets und Looks   **275**

Standard-Preset Landschaft

Typische Optimierungen für Landschaftsmotive in einem Preset

Es gibt kaum ein Landschaftsbild, das nicht brillant in den Farben oder knackig in den Details sein soll. Ein blauer Himmel wirkt dunkler immer intensiver, und Blatt- oder Grasgrün verliert durch eine leichte Aufhellung genauso wie Sandfarben die Schwere. In einem Preset gespeichert können Sie diese Anpassungen in Zukunft mit einem Klick anwenden.

Bearbeitungsschritte

- **Passendes** Raw-Profil wählen
- Farb- und Detailbrillanz durch Dynamik und Klarheit
- Typische Landschaftsfarben betonen

Ausgangsbild

- Raw-Datei mit Basis-Belichtungskorrekturen

[Datei: Natur]

1 Basiskorrekturen und Profil

Starten Sie mit einem typischen Landschaftsbild, und wählen Sie ein Profil wie KAMERA LANDSCHAFT ❶, das die Farben intensiviert. Führen Sie dann eine erste Belichtungskorrektur über den SCHWARZ-, WEISS- und den BELICHTUNGSREGLER ❸ durch, und stellen Sie den WEISSABGLEICH ❷ bildgerecht ein. Nutzen Sie auch jetzt schon sämtliche Standardkorrekturen wie die Profilkorrekturen, falls diese noch nicht über einen Raw-Standard festgelegt sind. Wie Sie diesen definieren, lesen Sie auf Seite 190.

2 Typische Landschaftskorrekturen

Zusätzlich erhöhen Sie in den Präsenzeinstellungen die Farbbrillanz über die DYNAMIK ❹ und den Detailkontrast über die KLARHEIT.

Danach wechseln Sie in die HSL-Einstellungen und erhöhen die LUMINANZ ❺ für die Grün- und Gelbtöne, um das Naturgrün und die Sandfarben klarer zu machen. Verringern Sie gleichzeitig den Luminanzwert für Blau, um den Himmel zu intensivieren.

3 Preset speichern

Dieser gemeinsame Nenner wird jetzt als Basis-Preset für Landschaften gespeichert.

Klicken Sie im PRESETS-Bedienfeld auf das Plus-Symbol ❽. Im folgenden Fenster aktivieren Sie zunächst die Schaltfläche NICHTS AUSWÄHLEN ❼. Aktivieren Sie dann nur BEHANDLUNG UND PROFIL, die KLARHEIT, DYNAMIK und HSL/FARBE. Ignorieren Sie alle durchgeführten Basiskorrekturen. Über das Popup-Menü GRUPPE ❻ können Sie einen Ordner für Ihre Basiskorrekturen anlegen.

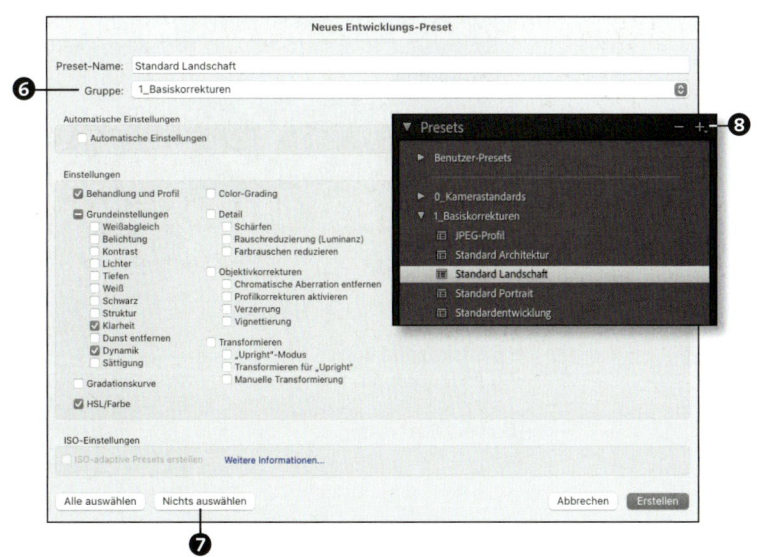

Kapitel 8 | Presets und Looks   **277**

Hauttonkorrektur standardisieren

Typische Basiskorrekturen für Hauttöne erstellen

Bei der Entwicklung von Porträtaufnahmen geht es zunächst um die Optimierung der Hauttöne. Zwar variieren diese teilweise erheblich. Aber trotzdem gibt es eine Handvoll Korrekturen, die jedem Hautton guttun und eine gute Grundlage für ein Standard-Preset bieten.

Bearbeitungsschritte
- Hauttöne leicht aufhellen
- Hauttonfarben aufhellen und entsättigen
- Preset erstellen

Vorher

Nachher

Ausgangsbild
- Nordeuropäischer Hautton
- Basiskorrekturen durchgeführt

[Datei: Portrait]

Foto: Hilla Südhaus

278   Kapitel 8 | Presets und Looks

1 Hauttöne aufhellen

Denken Sie daran, die Basis-Belichtungskorrekturen und den Weißabgleich im Vorfeld durchzuführen. Im ersten Schritt für das Preset geht es darum, die Hauttöne heller und leichter zu machen. Öffnen Sie dafür die GRADATIONSKURVE, und wechseln Sie dort über das Punkt-Symbol ❸ zur Punktkurve. Um den richtigen Einsatzbereich für die Korrektur zu finden, nutzen Sie das Werkzeug ❷, und ziehen Sie mit gedrückter Maustaste auf einem mittleren Hautton im Bild ❶ leicht nach oben.

2 Transparente Hautfarben

Wechseln Sie jetzt in die HSL-Einstellungen. Die Hauttöne sind primär in den Orangetönen vertreten, diese können Sie leicht in der LUMINANZ erhöhen ❻, um sie transparenter zu machen. Ziehen Sie den Rotregler etwas nach, denn das Rot hat auch einen wichtigen Anteil.

Für das Rot reduzieren Sie gleichzeitig die SÄTTIGUNG ❺, um Hautrötungen zu mindern. Eine reduzierte Orangesättigung macht die Hautfarbe dezenter. Zuletzt verlagern Sie den FARBTON der Rottöne ❹ etwas nach Orange.

3 Vergleich und Preset

Aktivieren Sie über die [Y]-Taste die Vergleichsansicht ❼, um zu sehen, ob Ihre Hauttonkorrekturen in die richtige Richtung gehen.

Wenn Ihre Korrekturen abgeschlossen sind, öffnen Sie über [Strg]/[cmd]+[⇧]+[N] das Fenster für ein neues Preset. Aktivieren Sie dort nur die Einstellungen, die für die Hauttöne relevant waren, also GRADATIONSKURVE und HSL/FARBE ❽, und vergeben Sie einen Namen für das Preset. Speichern Sie sie am besten in einen so benannten Ordner für Basiskorrekturen.

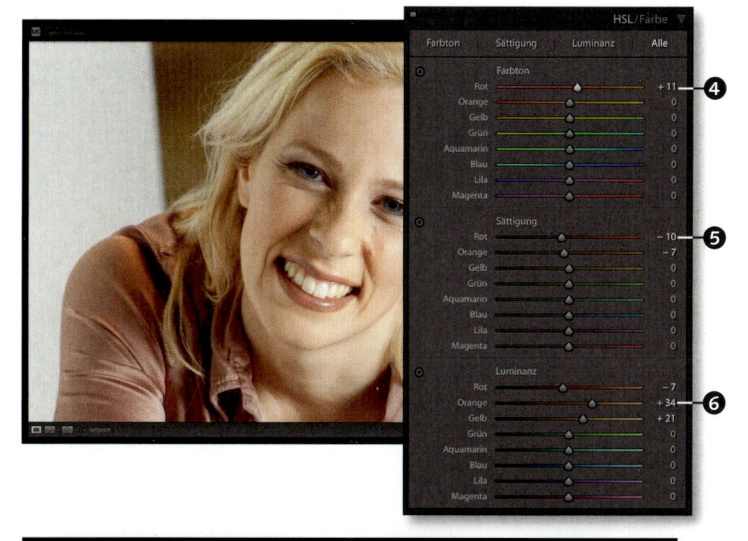

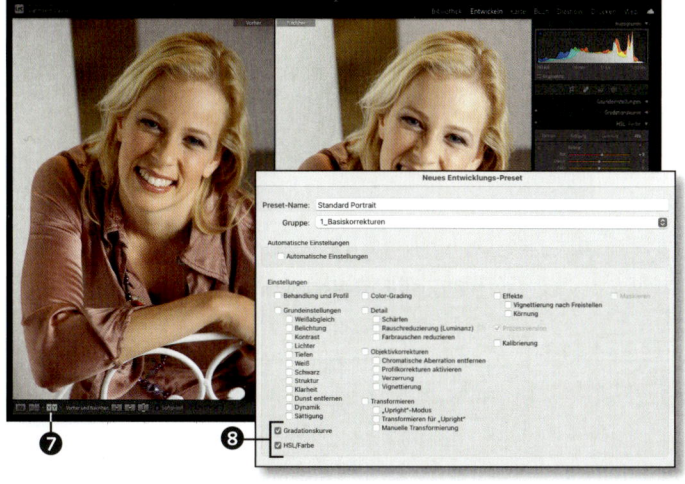

Kapitel 8 | Presets und Looks

Schneller HDR-Look

Die wichtigsten HDR-Korrekturen in einem Preset gespeichert

Ein echtes HDR-Bild können Sie natürlich mit diesem Preset nicht erstellen, aber Bilder mit großem Kontrastumfang können Sie dann mit einem Klick in den Schatten aufhellen, die Zeichnung in den Lichtern zurückholen und den Detailkontrast wiederherstellen.

Bearbeitungsschritte
- Erstentwicklung mit der Standardvorgabe Landschaft
- Tiefen aufhellen, Lichter absenken und Klarheit verstärken
- Entwicklungs-Preset speichern

Foto: Maike Jarsetz

Ausgangsbild
- Kontrastreiches Landschaftsbild
- Tiefe Schatten und detailarme Lichter

[Datei: HDR-Look]

280 Kapitel 8 | Presets und Looks

1 Erstkorrektur mit Preset

Starten Sie auch hier mit der ersten Optimierung des Bildes. Mittlerweile sind wir in der 2. Phase der Korrekturen angelangt, in der es um die dediziertere Ausarbeitung von Tonwerten und Kontrast geht.

Sie können also für die Grundkorrektur auch schon Ihre Standardvorgabe für Landschaften ❶, die wir im Workshop auf Seite 276 erstellt haben, nutzen und so mit einem Klick Farbbrillanz, Klarheit und Dynamik erhöhen.

2 Tiefen, Lichter und Details

Für unseren HDR-ähnlichen Look müssen wir die Schatten aufhellen und die Lichter abdunkeln, damit sich mehr Details im Bild zeigen. Das ist schnell erledigt, indem der Wert für die LICHTER deutlich verringert ❷ und der Wert für die TIEFEN ❸ stark erhöht wird.

Damit wird zwar auch der Kontrast relativ flach, aber diesen können Sie über eine weitere Erhöhung von KLARHEIT ❹ wieder herausarbeiten.

3 Preset erstellen

Das sind die wesentlichen Korrekturen für kontrastreiche Bilder, die so wieder alle Bilddetails zeigen können. Per Klick auf das Plus-Symbol im PRESETS-Bedienfeld erstellen Sie ein neues Preset.

Hier dürfen wieder nur die relevanten Einstellungen – in diesem Fall TIEFEN, LICHTER und KLARHEIT – gespeichert werden.

Es empfiehlt sich, die Ordnerorganisation hier weiter zu verfeinern. Über das Pop-up-Menü ❺ können Sie einen neuen Ordner – diesmal für spezifische Landschaftsvorgaben – anlegen.

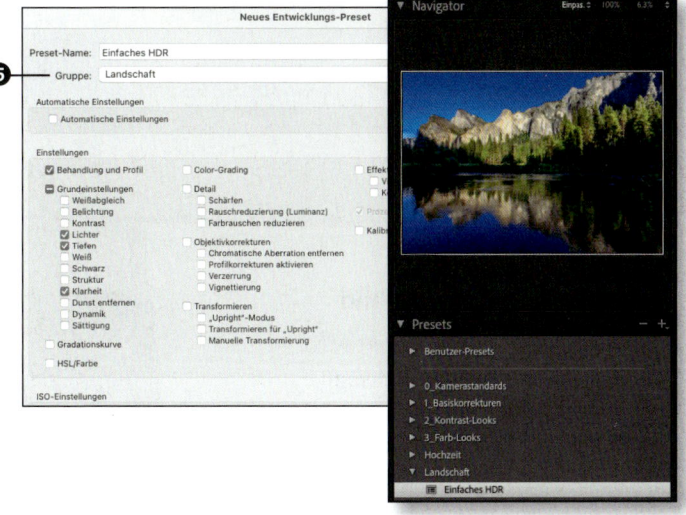

Kapitel 8 | Presets und Looks 281

Inspiration Color-LookUp

Entwickeln Sie aus einem Color-LookUp-Profil einen Look

Der Profil-Browser von Lightroom beinhaltet nicht nur Profile für die Raw-Interpretation, sondern auch sogenannte Color-LookUps. Diese arbeiten unabhängig von den Lightroom-Entwicklungseinstellungen und können so gut zum eigenen Look ergänzt werden.

Bearbeitungsschritte
- Color-LookUp-Profil wählen
- Profilstärke steuern
- Weiterentwicklung mit Color-Grading

Foto: Maike Jarsetz

Ausgangsbild
- Vorentwickeltes Motiv

[Datei: Venedig]

1 Inspiration im Profil-Browser

Ausgangsbild ist hier ein in Tonwerten, Kontrast und Weißabgleich ausentwickeltes Bild. Denn anders als bei den Raw-Profilen geht es hier nicht um eine Grundentwicklung, sondern um einen Look, der nachträglich auf das – möglichst optimale – Bild gelegt wird.

Öffnen Sie also nach der notwendigen Grundentwicklung über das PROFIL-Popup-Menü ❶ und DURCHSUCHEN ❷ den PROFIL-BROWSER.

2 Color-LookUp-Profil

Im unteren Bereich des Profil-Browsers finden sich die Color-LookUp-Profile – sortiert in die Kategorien KÜNSTLERISCH, MODERN und NOSTALGISCH ❺.

Für die etwas entrückte venezianische Stimmung wähle ich das Profil NOSTALGISCH 07 ❻, das die Tiefen kontrastreicher macht und eine leichte Fehlfarbe über das Motiv legt.

Über einen Regler können wir dann noch die STÄRKE ❸ dieses Looks variieren, bevor wir den Profil-Browser wieder SCHLIESSEN ❹.

3 Look mit Color-Grading verfeinern

Für einen individuelleren Look setzen wir zusätzlich noch das COLOR-GRADING ein. Mein Ziel ist hier, die vorherrschende Tonungsfarbe des Profils in den Schatten noch zu verstärken. Im TIEFEN-Arbeitsbereich ❽ öffnen wir dazu die Farbfelder ❼ und ziehen die verfügbare Pipette ❾ auf einen prägnanten Türkis-Ton im Bild ⓬. Dieser wird dann als Tonungsfarbe für die Schatten genutzt.

Zusätzlich klaren wir die LICHTER ❿ etwas über einen erhöhten LUMINANZ-Wert ⓫ auf.

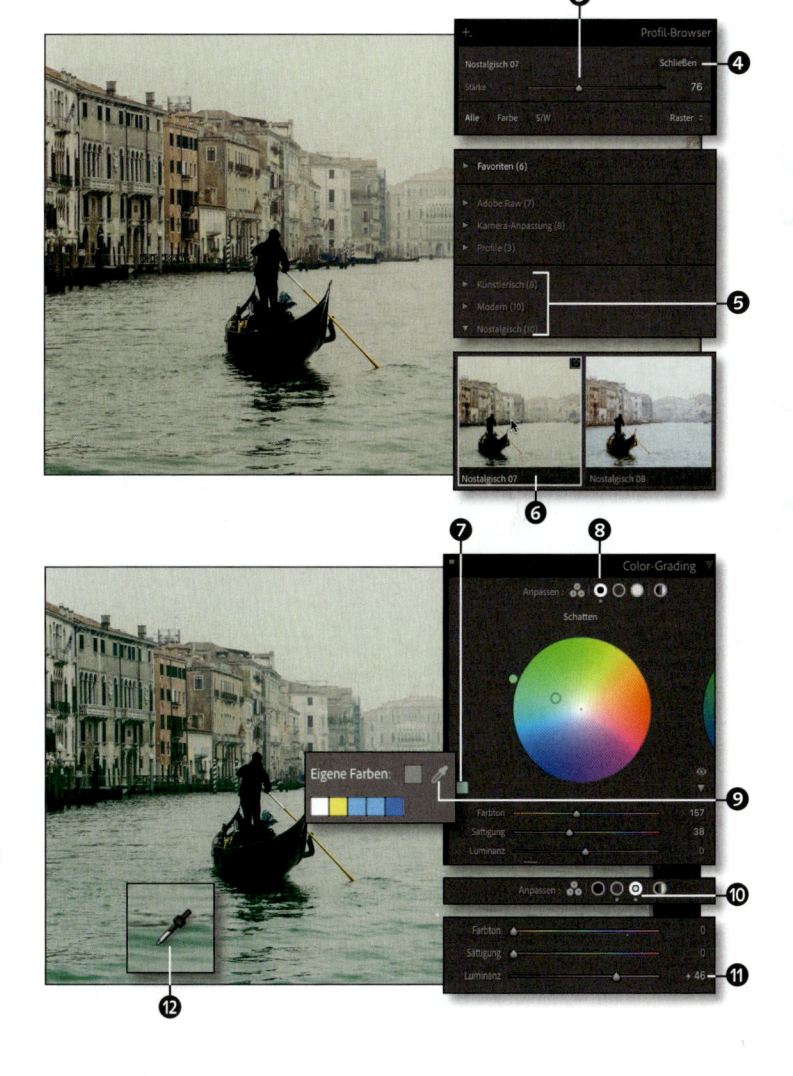

Kapitel 8 | Presets und Looks 283

Businesslook

Kühle und selbstbewusste Porträts kreieren

Jeder kennt den Businesslook, aber was macht ihn aus? Mit Farbe wird sparsam umgegangen, der Kontrast ist dafür umso stärker, und für die unterkühlte, sachliche Stimmung sorgt ein satter Blaustich. Wenn Sie die richtigen Einstellungen dafür benutzen, kollidiert dies auch nicht mit den Grundentwicklungen wie dem Weißabgleich Ihrer Motive.

Bearbeitungsschritte

- Bildfarbe entsättigen
- Farbbalance zu Blau verschieben
- Grundkontrast anheben
- Look speichern

Ausgangsbild

- Vorentwickeltes Porträt

[Datei: Lut_Ziel]

Foto: Oana Szekely

284   Kapitel 8 | Presets und Looks

1 Dynamik verringern

Das Wichtigste bei der Erstellung eines Businesslooks ist die Vermeidung allzu aufdringlicher und warmer Farben, die die gewünschte sachliche Aussage untergraben würden.

Der richtige Regler dafür ist in den Grundeinstellungen nicht die Sättigung, die das Bild vergrauen würde, sondern die DYNAMIK ❶, die Sie gerne deutlich reduzieren und damit zu einer schwarzweißen Bildauffassung tendieren können.

2 Blaustich über die Gradation

Ein kühler Look scheint einfach über die Farbtemperatur zu erzeugen zu sein, aber bedenken Sie, dass die Farbtemperatur zu den Basiskorrekturen eines jeden Bildes gehört, die Sie damit kaputt machen, denn die Einstellungen würden sich überschreiben.

Eine Alternative ist die Gradationskurve, denn dort können Sie den Blaukanal auswählen ❷ und diesen – verstärkt in den TIEFEN ❸ – leicht anheben. Das genügt für einen deutlichen Blaustich.

3 Kontrast verstärken

Bleiben Sie in den Gradationskurven, denn ein Businessporträt verträgt einen ordentlichen Kontrast zwischen Licht und Schatten. Wechseln Sie über das Popup-Menü auf die globalen Punktkurve ❹, und ziehen Sie dort die Mitteltöne ❻ nach oben, während die kritischen Lichter ❺ fixiert bleiben, bevor Sie die Tiefen ❼ abdunkeln.

Damit sind die wichtigsten Schritte getan, und Sie können diese auf dem bewährten Wege als Preset speichern.

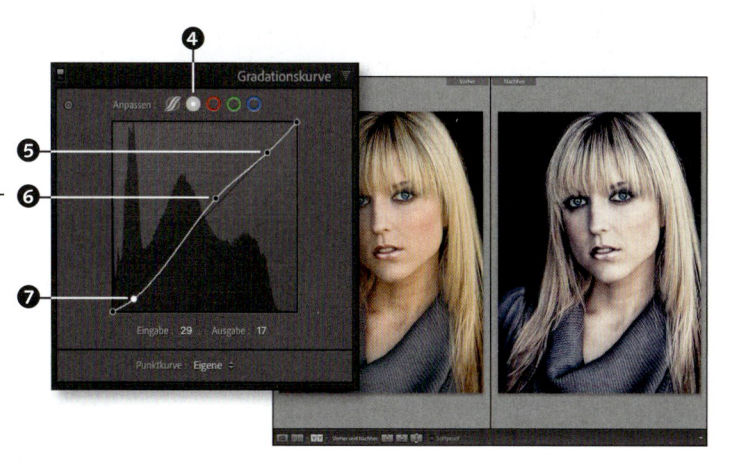

Kapitel 8 | Presets und Looks **285**

Vergilbter Fehlfarbenlook
Mit dem Color-Grading zum individuellen Farblook

Das Color-Grading in Lightroom nutzt die gleiche Technologie, mit der auch Videos und professionelle Filmprojekte ihren Farblook erhalten. Wir nutzen es hier, um eine Teiltonung zu erstellen, die einem vergilbten Farbfoto nahekommt.

Bearbeitungsschritte
- Gelbliche Lichter
- Schatten blau einfärben
- Fehlfarben ausbalancieren

Ausgangsbild
- Vorentwickeltes Motiv

[Datei: Fehlfarben]

286   Kapitel 8 | Presets und Looks

1 Motiv vorentwickeln

Am Anfang steht auch bei diesem Look natürlich ein ausentwickeltes Bild.

Neben dem Raw-Profil Adobe Kräftig ❶ mussten hier nur die Tonwerte leicht angepasst werden ❷. Zusätzlich wurden Klarheit und Struktur für den Detailkontrast angehoben ❸.

Das ist unsere optimale Ausgangssituation, um die Wirkung der folgenden Color-Grading-Einstellungen und weiterer Anpassungen beurteilen und vergleichen zu können.

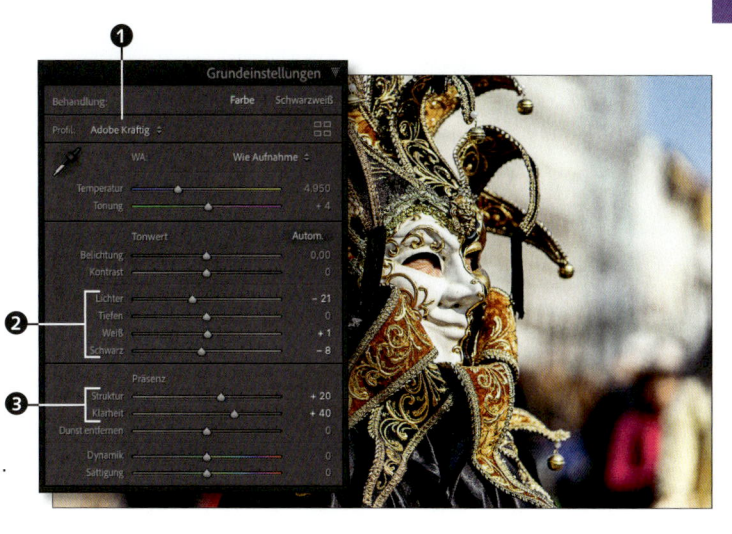

2 Farben entsättigen

Zunächst bereiten wir die Farbintensität des Bildes vor. Für einen vergilbten Look reduzieren wir von vornherein die Farbbrillanz des Motivs.

Dazu wird die Dynamik ❹ leicht zurückgefahren. Die gegebenen Farbproportionen werden dabei beibehalten. Wie auch bei einem realen Vergilbungsprozess nimmt die Farbsättigung dabei gleichmäßig ab.

3 Farbprioritäten setzen

Mit dem späteren Look werden wir blaue und gelbe Farbstiche erzeugen und herausarbeiten. Die anderen Farben können daher noch weiter entsättigt werden.

Das geschieht am besten über die HSL/Farbe-Einstellungen. Die blaugrünen und gelboranaen Farbtöne belassen wir in der ursprünglichen Sättigung – alle anderen Farben werden in der Intensität unterschiedlich stark zurückgefahren ❺.

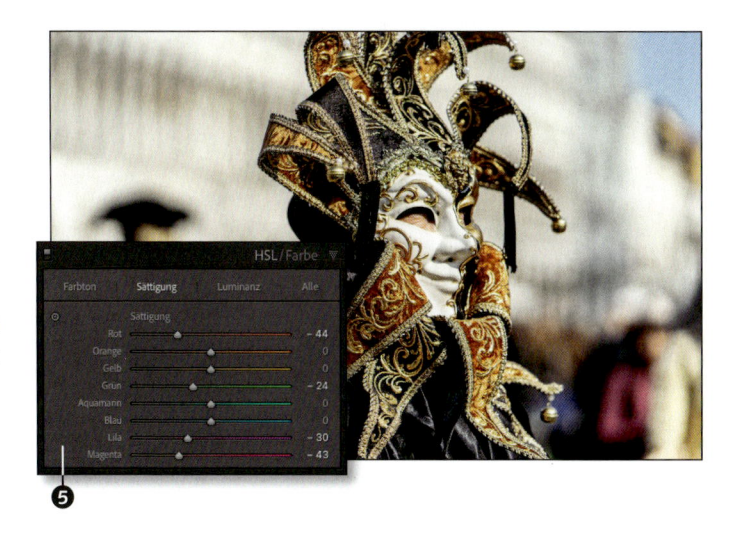

Kapitel 8 | Presets und Looks **287**

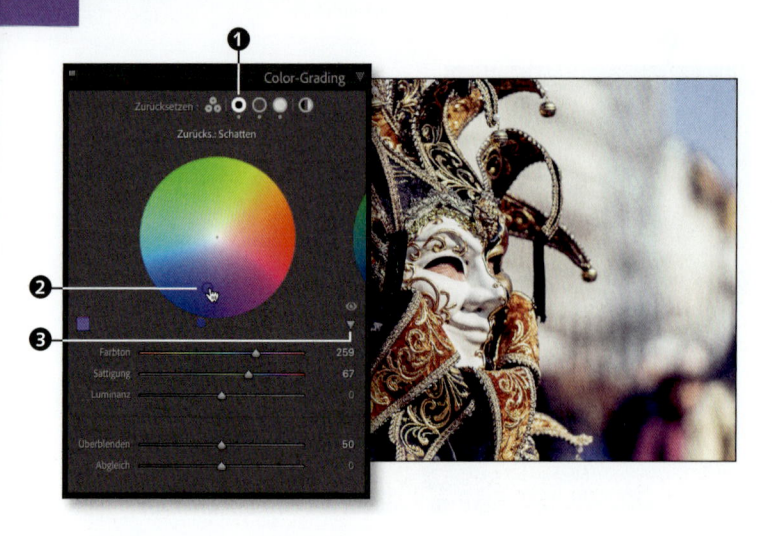

4. Color-Grading einsetzen

Wechseln Sie in das COLOR-GRADING-Bedienfeld und dort in den SCHATTEN-Arbeitsbereich ❶. Verblasste Schatten werden meist bläulich, da das Schwarz ausbleicht. Wir simulieren das hier mit einer Tonung in den Schatten. Ziehen Sie den Regler in einen kalten Blauton ❷. Je stärker Sie den Regler an den Rand des Farbkreises bewegen, desto höher wird die SÄTTIGUNG der Tonungsfarbe. Die genauen Werte sehen Sie, wenn Sie die Regler unter dem kleinen Dreieck ❸ ausklappen.

5. Lichter vergilben

Im nächsten Schritt wechseln wir in den LICHTER-Arbeitsbereich ❹ und wählen dort einen FARBTON im gelblichen Spektrum.

Eine Fehlfarbenwirkung stellt sich am schnellsten ein, wenn der Farbton leicht ins Grünliche tendiert ❺. Setzen Sie die SÄTTIGUNG ❻ vorsichtig ein, da diese Farbe nicht zu dominant in dem Bild wirken soll.

6. Farbstich in den Mitteltönen

Im COLOR-GRADING können Sie zusätzlich zur Teiltonung in den Lichtern und Schatten auch die Farbdominanz in den MITTELTÖNEN ❼ beeinflussen.

Hier habe ich eine Farbe im Rot-Violett-Spektrum gewählt. Diese liegt zwischen den beiden ersten gewählten Tonungsfarben und unterstützt so den Effekt einer unterschwelligen Fehlfarben-Wirkung.

Diese Farbe soll aber nicht zu dominant werden. Arbeiten Sie daher mit geringer SÄTTIGUNG.

7 Tonungen abgrenzen

Jetzt sind alle Farben eingestellt und Sie können diese noch miteinander abgleichen. Wechseln Sie in die 3-Wege-Ansicht ❽, in der Sie die Einstellungen für alle drei Bereiche gleichzeitig sehen können.

Mit dem Überblenden-Regler ❾ bestimmen Sie, inwieweit diese ineinander übergehen. Reduzieren Sie den Überblenden-Wert, um eine stärkere Trennung zwischen den einzelnen Tonungsfarben zu erreichen. So wird der Eindruck der fremden Farben, die wir mit einer Vergilbung assoziieren, noch deutlicher.

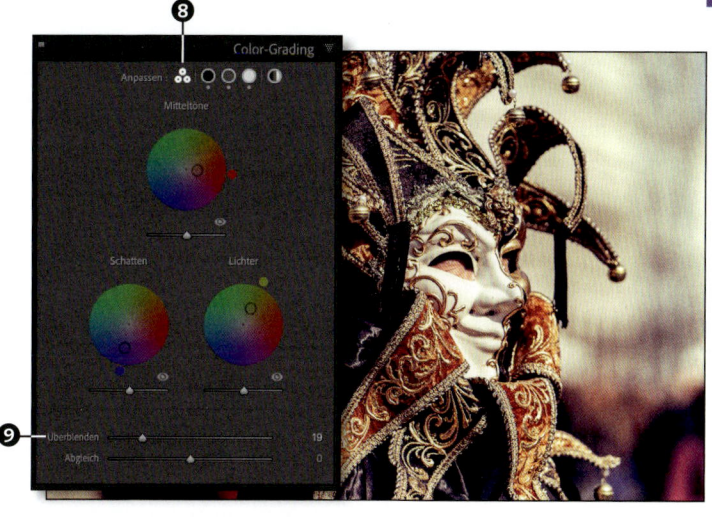

8 Einstellungen ausbalancieren

Über den Regler Abgleich ❿ können Sie noch weiter bestimmen, welche Tonungsfarben im Bild dominanter sein sollen. Eine Verschiebung nach links macht hier die blaue Schattenfarbe dominanter, und die gelbliche Wirkung in den Lichtern wird etwas reduziert.

Balancieren Sie die beiden Regler Überblenden und Abgleich miteinander aus, um einen gewünschten Effekt zu erzielen.

9 Preset speichern

Letztendlich haben wir den gewünschten Effekt erreicht: Die Schatten kippen ins Blaue, die Lichter wirken vergilbt, und in den Mitteltönen zeigt sich ein unterschwelliger Farbstich.

Jetzt wird es Zeit, daraus ein Preset zu speichern. Natürlich aktivieren Sie hier auch nur die relevanten Einstellungen für den Look, wie Dynamik, HSL/Farbe und Color-Grading. In meiner Preset-Organisation wird ein solches Preset in einer eigenen Gruppe ⓫ für Farb-Looks gespeichert.

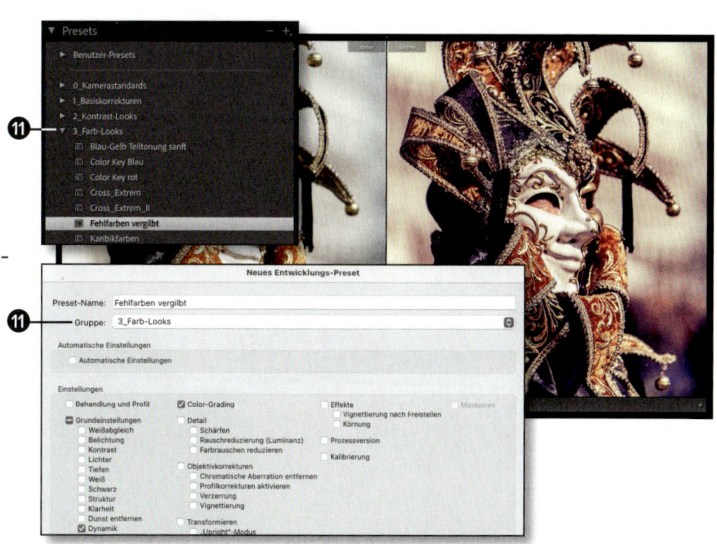

Kapitel 8 | Presets und Looks **289**

Crossentwicklung

Farbverfälschung über die Gradationskurven erstellen

Der Begriff Crossentwicklung kommt aus der analogen Filmentwicklung, bei der Filme im falschen Entwicklerbad entwickelt wurden – die typischen Farbverschiebungen können Sie über die Kanalkorrekturen in den Gradationskurven entwickeln und als Preset nutzen.

Bearbeitungsschritte

- Simulierte Crossentwicklung
- Farbverschiebungen in Lichtern und Schatten

Ausgangsbild

- Vorentwickeltes Porträt

[Datei: Cross]

Foto: Peter Wattendorff

290 Kapitel 8 | Presets und Looks

1 Grundentwicklung

Wie immer vor dem Aufsetzen eines Looks oder auch nur dem Austesten von Entwicklungseinstellungen sollten Sie Ihr Bild vorentwickeln.

Beschränken Sie sich dabei auf die Tonwertkorrekturen ❶. Alle farblichen und weiteren Kontrastkorrekturen werden wir gleich über bestehende Presets und in den Gradationskurven erledigen.

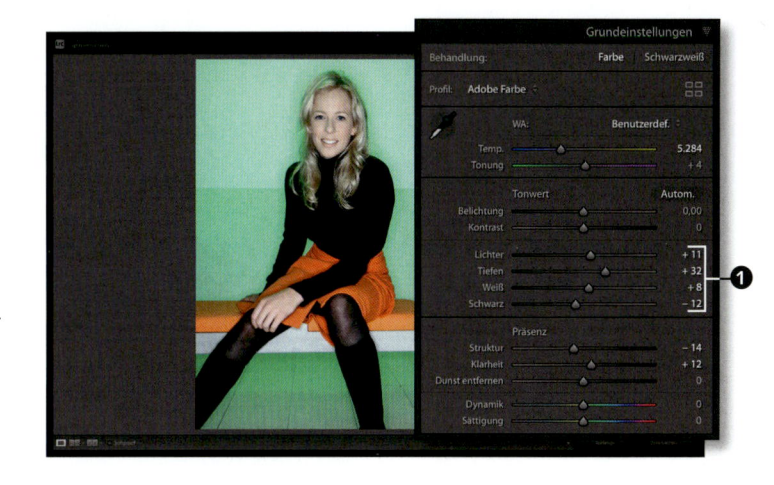

2 Presets nutzen

Auf Seite 264 haben wir eine Standardvorgabe für Porträtaufnahmen bzw. für die darin enthaltenen Hauttöne entwickelt.

Diese können Sie hier einfach per Klick aus der Liste auswählen ❷ und so die Hauttöne sehr schnell transparenter und homogener machen. Die Korrekturen dafür finden in erster Linie in den HSL-Einstellungen statt.

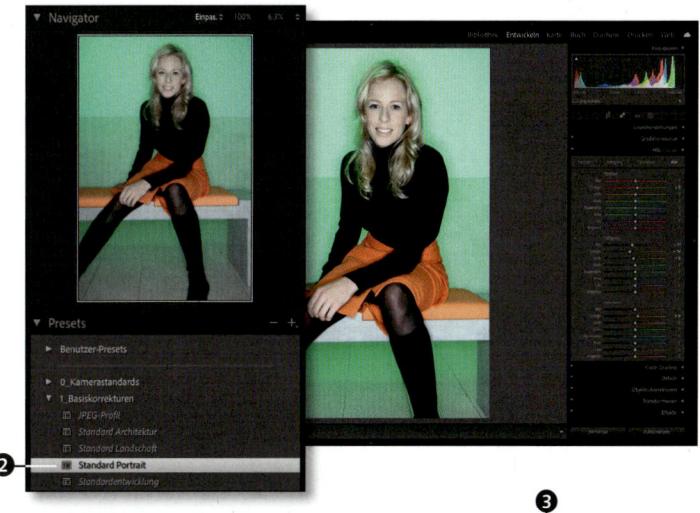

3 Gradationskurven nutzen

Öffnen Sie dann die GRADATIONSKURVE, und aktivieren Sie die Punktkurve ❸.

Sie erkennen, dass in dem Preset schon eine Gradationskorrektur – zur Aufhellung der Hauttöne – vorgesehen war.

Für dieses Motiv ist die Korrektur zu stark, die HSL-Korrekturen reichen für die Aufhellung der Haut aus. Wählen Sie deshalb aus dem Popup-Menü PUNKTKURVE die Einstellung LINEAR ❹, um die Kurve zurückzusetzen.

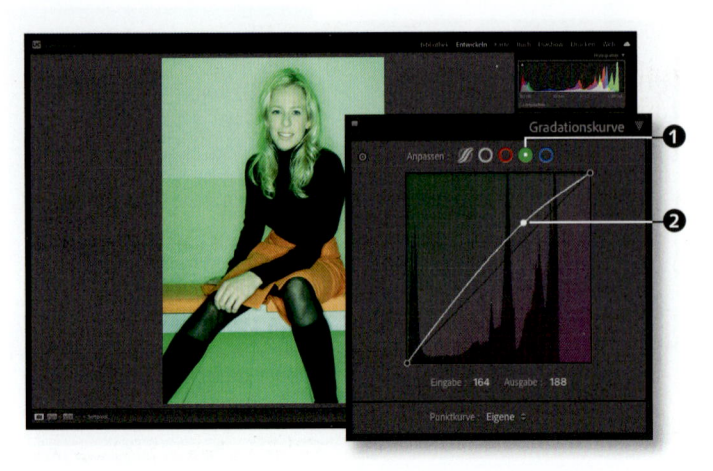

4 Grünkanal bearbeiten

Wechseln Sie über das grüne Punkt-Symbol auf den Grünkanal ❶.

Hier bearbeiten Sie nicht mehr den Bildkontrast, sondern verändern über die Kurven die Farbgewichtung in den Tonwerten. So können Lichter und Tiefen eine komplementäre Farbgewichtung erhalten, was ein besonderes Merkmal der Crossentwicklung ist.

Ziehen Sie die Kurve im oberen Bereich ❷ deutlich nach oben, um den Lichtern einen Grünstich zu geben.

5 Schatten nachkorrigieren

Die Schatten sollen vorerst natürlich bleiben. Also ziehen Sie die Kurve im unteren Viertel auf die ursprüngliche Gerade ❸, um die ursprünglichen Tonwerte wiederherzustellen.

Für das Porträt arbeite ich hier einen moderaten Crosslook aus, aber natürlich können Sie für stärkere Effekte die Gradationskurve noch viel stärker bearbeiten.

6 Blaustich in den Schatten

Wechseln Sie dann auf den Blaukanal ❹.

Jetzt geht es darum, in den Schatten einen deutlichen Blaustich zu produzieren.

Ziehen Sie dazu die Kurve im unteren Bereich stark nach oben ❻, bis Sie einen deutlichen Blauüberschuss in den Schatten erkennen. Danach korrigieren Sie die Kurve im oberen Viertel ❺ gleich zurück, um die Wirkung in den Lichtern wieder etwas zu relativieren.

7 Vergilbte Hauttöne

Jetzt ist der Rotkanal an der Reihe: Eine Erhöhung der Rotanteile verstärkt diese Farbe. Ein leicht erhöhtes Rot ❼ in den Lichtern, also den Hauttönen, erzeugt mit der Korrektur im Grünkanal einen gelblichen Stich, wie bei einer Vergilbung.

Die Schatten ❽ steuern Sie gleichzeitig stark zurück. Eine Verringerung von Rot verstärkt die Komplementärfarbe – in diesem Fall Cyan. So erhalten Sie den gewünschten »gekreuzten« Look.

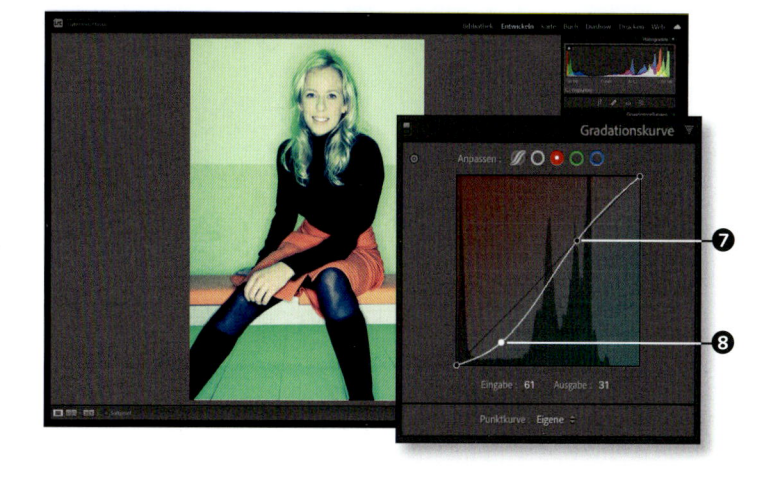

8 Finetuning in den Kanälen

Jetzt haben Sie die grobe Arbeit abgeschlossen. Nun müssen Sie die Kanäle im Finetuning noch etwas aufeinander abstimmen.

Zum Beispiel haben die Hauttöne einen zu starken Gelbstich erhalten. Wechseln Sie zurück in den Grünkanal, um diesen in den Lichtern ❾ etwas zurückzunehmen.

Nur leichte Veränderungen der Kurve haben schon einen entscheidenden Einfluss auf die Farben.

9 Vergleich herstellen

Blenden Sie über die Y-Taste ❿ die Vergleichsansicht ein. Sie können so die weiteren Änderungen im direkten Vergleich vornehmen.

Bei der Crossentwicklung können Sie auch bestehende Regeln sprengen. Eine Anhebung des dunkelsten Punktes ⓫, wie hier im Grünkanal, führt zum Beispiel zu einer blockartigen, farblichen Verschiebung der Schatten. All diese Korrekturen, die im Übrigen nur in den Gradationskurven stattgefunden haben, können Sie natürlich wieder als Preset speichern.

Kapitel 8 | Presets und Looks

Vom Preset zum eigenen Bildstil

Presets ergründen und sinnvoll anpassen

Nicht nur Adobe stellt viele sogenannte Premium-Presets zur Verfügung. Das Angebot an Lightroom-Looks im Web ist übermäßig. Leider sind nur die wenigstens sinnvoll einsetzbar. Dieser Workshop geht einem Look auf den Grund und erstellt daraus ein besseres Preset.

Bearbeitungsschritte
- Premium-Preset anwenden
- Tonwertkorrekturen zurücksetzen
- Farb- und Kontrastkorrekturen anpassen
- Preset speichern

Fotos: Maike Jarsetz

Ausgangsbild
- Unentwickeltes Farbbild

[Datei: Premium-Look]

1 Motiv vorbereiten

Unser Ziel in diesem Workshop ist es, den Einstellungen eines Presets auf die Spur zu kommen und daraus ein eigenes Preset mit sinnvollen angepassten Einstellungen zu erstellen.

Zur Überprüfung nutzen Sie ein Motiv, das auf den ersten Blick möglichst wenig Korrekturen benötigt. Dieses Motiv hat noch keinerlei Belichtungs- oder Tonwertkorrektur erfahren, sondern nur das Profil ADOBE KRÄFTIG ❶ und einen leicht veränderten WEISSABGLEICH ❷.

2 Preset wählen

Öffnen Sie das PRESET-Bedienfeld, und wählen Sie ein bevorzugtes Preset, zum Beispiel aus den Lightroom-eigenen Vorgaben, aus. Sie können einfach mit dem Cursor über die Presets fahren, um die Wirkung schon im Vorschaubild zu erkennen.

Ich habe mich hier für das Preset CN01 ❸ aus der Gruppe STIL: KINO entschieden, weil mir der dezente kühle Look, die Übersättigung der Schatten und die leichte Farbverschiebung gefällt.

3 Grundeinstellungen zurücksetzen

Nun geht es an die Überprüfung der Preset-Einstellungen. Schon in den GRUNDEINSTELLUNGEN finde ich einen Kardinalfehler: Die Veränderung des WEISS- und SCHWARZPunktes ❺ gehören zu den individuellen Bildeinstellungen und gehören nicht in ein Preset.

Mit gedrückter ⎇-Taste können Sie die Tonwert-Einstellungen mit einem Klick zurücksetzen ❹. Die erhöhte DYNAMIK ❻ ist ein wichtiger Bestandteil für diesen Look und wird beibehalten.

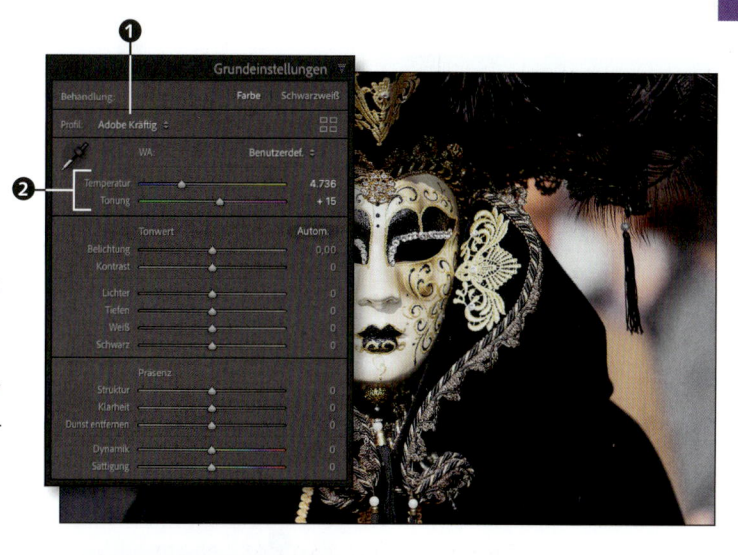

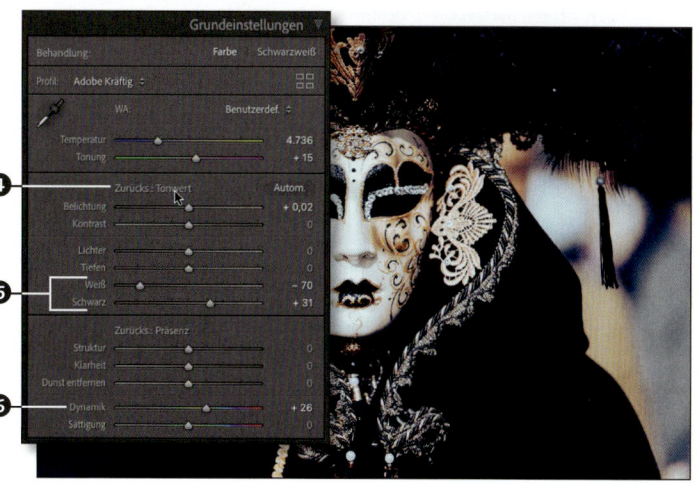

Kapitel 8 | Presets und Looks

4 Look analysieren

Welche Einstellungen führen jetzt zu diesem Look? Das können Sie ganz einfach herausfinden. Klicken Sie nacheinander auf die kleinen Kippschalter über den jeweiligen Bedienfeldern, um diese kurz zu deaktivieren. So sehen Sie, welche Preset-Einstellungen Einfluss auf den Look haben, und können sie in den nächsten Schritten überprüfen und anpassen.

In dem Preset CN01 sind es die GRADATIONSKURVE ❶, HSL/FARBE ❷ und COLOR-GRADING ❸.

5 Einstellungen überprüfen

Ein Blick in die GRADATIONSKURVE offenbart ein weiteres No-Go: Die PUNKTKURVE wurde in den Tiefen so weit angehoben, dass das Motiv kein richtiges Schwarz mehr hat ❹ – das bestätigt auch das Histogramm ❺.

Für einen Instagram-Look mag das ganz interessant aussehen, aber gedruckt würde ein solches Motiv einfach nur vergrauen.

Deshalb habe ich die Kurve entsprechend wieder in die Tiefe gezogen. Das Histogramm bestätigt, dass das Motiv wieder ein tiefes Schwarz erhalten hat ❻.

6 Motiventwicklung durchführen

Nachdem wir zwei schlechte Einflüsse auf die Tonwerte des Bildes ausgemerzt haben, können wir uns an die individuellen Grundeinstellungen des Motivs machen, so können wir den Look auch viel besser beurteilen.

Für dieses Motiv musste ich lediglich die BELICHTUNG ❼ um eine Viertelblende erhöhen und die LICHTER ❽ für die Zeichnung in der Maske etwas absenken.

Zusätzlich wird das Motiv durch erhöhte KLARHEIT und STRUKTUR brillanter ❾.

296 Kapitel 8 | Presets und Looks

7 Einstellungen prüfen

Nun geht es daran, die Einstellungen zu überprüfen, die den Look ausmachen, und gegebenenfalls nach unserem Geschmack anzupassen.

In dem Rot-, Grün- und Blau-Kanal ❿ der Gradationskurve entdecken wir eine S-förmige Kurve, die in den Tiefen und Lichtern zu einer leichten Farbverschiebung und erhöhten Sättigung führt. Diese kann man individuell noch anpassen. Ich habe die Einstellungen hier aber als gut befunden und beibehalten.

8 Einstellungen anpassen

Ebenso schauen wir in die HSL/Farbe-Einstellungen und das Color-Grading ⓭, um den Look zu ergründen und anzupassen.

Dazu habe ich die allgemein stark reduzierte Sättigung ⓬ in den HSL/Farbe-Einstellungen ⓫ für die Blau- und Gelb-Töne wieder etwas verstärkt und auch der blauen Schatten-Tonung im Color-Grading etwas mehr Sättigung ⓮ gegeben. Mit einem verringerten Überblenden-Wert ⓯ im Color-Grading wird der Kontrast zwischen blauen Schatten und gelblichen Lichtern noch deutlicher.

9 Eigenes Preset speichern

Wenn der Look passt, können wir daraus ein eigenes Preset speichern – mit sinnvollen Einstellungen und ohne falschen Ballast, der unerwünschten Einfluss auf die Basis-Tonwerte des Bildes nimmt.

Klicken Sie auf das Plus-Symbol ⓰ im Preset-Bedienfeld, um ein Preset zu erstellen. Am besten legen Sie sich eine Gruppe ⓱ für die eigenen Looks an und aktivieren dann nur die Einstellungen, die wir in den letzten Schritten bearbeitet haben und die für diesen Look maßgeblich sind ⓲.

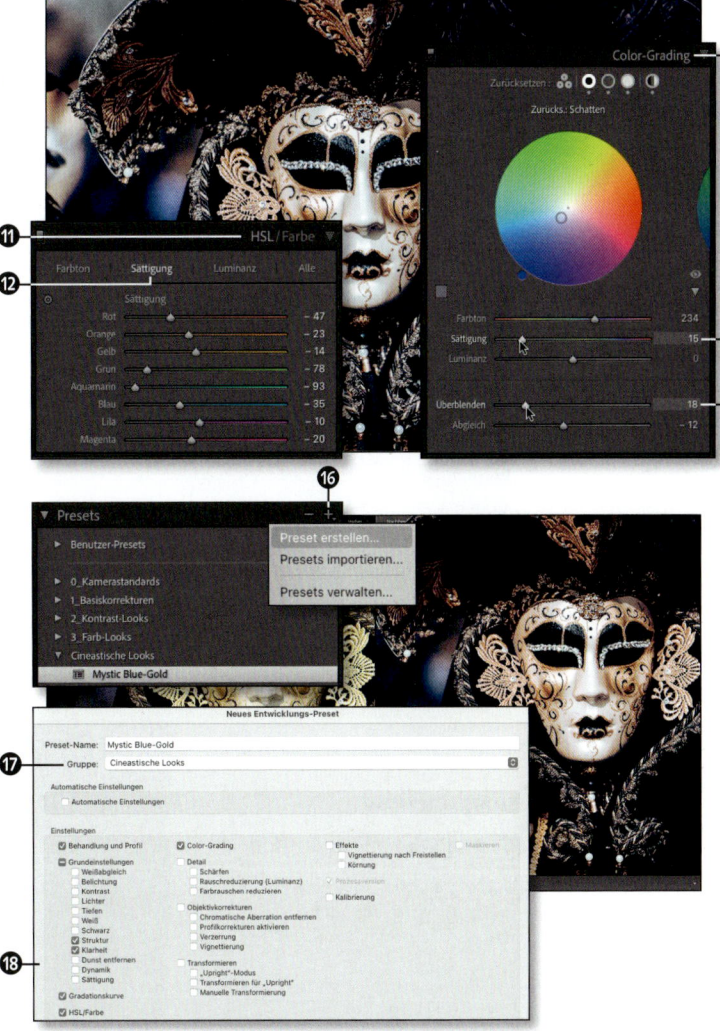

Kapitel 8 | Presets und Looks **297**

Königsklasse Schwarzweiß

Presets und Standardbearbeitungen für perfekte Schwarzweißbilder

Im Profil-Browser von Lightroom finden sich schon spannende Schwarzweißprofile als Ausgangsbasis für die Schwarzweißsteuerungen, mit denen Sie Farbbereiche in unterschiedlichen Helligkeitsstufen umsetzen und eindrucksvolle Schwarzweißumsetzungen erstellen können.

Bearbeitungsschritte
- Schwarzweißprofil nutzen
- Umsetzung der Motivfarben in Schwarzweiß
- Bildkontrast nachsteuern

Ausgangsbild
- Unentwickeltes Farbbild

[Datei: Schwarzweiss]

1 Basiskorrekturen durchführen

Arbeiten Sie zunächst ein optimales Farbbild aus, bevor Sie die Schwarzweißumwandlung starten. Beginnen Sie dann in den GRUNDEINSTELLUNGEN, um die Tonwerte zu steuern. Im vorliegenden Beispiel reichte eine leichte Belichtungskorrektur und ein Schuss mehr Klarheit, um ein gutes Ausgangsbild zu erhalten.

2 Schwarzweißmischung

Wählen Sie dann in der oberen Zeile der Grundentwicklungen als Behandlung SCHWARZWEISS ❶, um das Bild in Graustufen umzusetzen. Das Bedienfeld HSL/FARBE ändert sich so auf S/W ❷. Statt Farben steuern Sie jetzt mit den Reglern die Schwarzweißmischung – also die Umsetzung der Farben in Graustufen.

Bevor Sie diese aber individuell anpassen, können Sie noch einen Blick in den Profil-Browser werfen.

3 Schwarzweißprofile

Im Profil-Browser blenden Sie über die Schaltfläche S/W ❸ alle verfügbaren Schwarzweißprofile ein.

In der unteren Gruppe befinden sich unterschiedlichste Profile, die leider nur durchnummeriert und nicht sinnvoll benannt sind. Das Profil SW 04 ❹ bietet für dieses Motiv einen guten Start, da es von vornherein die blauen Himmelsfarben satt umsetzt und auch den notwendigen Kontrast für dieses Motiv bietet.

Kapitel 8 | Presets und Looks

4 Vergleichsansicht

Um die Schwarzweißumsetzung besser beurteilen zu können, aktivieren Sie die Vergleichsansicht mit der Y-Taste. Öffnen Sie dann das Protokoll, klicken Sie mit der rechten Maustaste auf den Protokollschritt vor der Schwarzweißumsetzung, und wählen Sie PROTOKOLLSCHRITTEINSTELLUNG NACH VORHER KOPIEREN ❶.

So können Sie die folgenden Anpassungen am besten mit der farbigen Variante vergleichen.

5 Farbsegmente steuern

Klassische Schwarzweiß-Looks arbeiten mit dramatischem Himmel. Dies setzen Sie hier über eine Steuerung der Farbsegmente um. Um genau den Farbton des Himmels zu treffen, nutzen Sie das Zielkorrektur-Werkzeug ❷. Klicken Sie damit auf einen Bereich im Himmel, und ziehen Sie mit gedrückter Maustaste nach unten, bis der Himmel deutlich abgedunkelt ist. Achten Sie auf die Farbregler: Durch die eben durchgeführte Korrektur wurden neben den blauen Tonwerten auch die lilafarbenen abgedunkelt ❸.

6 Weitere Farbsteuerung

Klicken Sie dann auf andere Motivteile, wie das ehemals aquamarinfarbene Wasser und den hellen Sand. Ziehen Sie dort den Regler nach oben, um diese Farbbereiche aufzuhellen. So entsteht ein schöner Schwarzweißkontrast.

Natürlich können Sie die Farbbereiche auch ohne das Werkzeug benutzen und bewusste Steuerungen vornehmen. Das Werkzeug deaktivieren Sie, indem Sie es nochmals anklicken oder in der Werkzeugleiste auf FERTIG klicken ❹.

300   Kapitel 8 | Presets und Looks

7 Bildkontrast aufbauen

Wechseln Sie in die Gradationskurven, und aktivieren Sie dort die Punktkurve ❻. Wählen Sie auch hier das Werkzeug für selektive Anpassungen ❽ aus, um die Gradation direkt im Bild zu steuern. Klicken Sie im Bild auf einen dunklen Himmelston ❺, und ziehen Sie dort mit gedrückter Maustaste die Kurve nach unten. Im Gegenzug intensivieren Sie wieder etwas die Lichter ❼. So bauen Sie einen klassischen Schwarzweißkontrast unabhängig von der Farbumsetzung auf.

8 Knackige Details

Schwarzweißbilder leben vom Detailkontrast. Wechseln Sie deshalb wieder in die GRUNDEINSTELLUNGEN, und erhöhen Sie dort den Wert für die KLARHEIT ❾. Auch ein höherer DUNST-ENTFERNEN-Wert ❿ ist den meisten Schwarzweißbildern zuträglich.

Zum Schluss wechseln Sie noch in das Fenster DETAILS, um eine Scharfzeichnung anzulegen, die die Detailkontraste besonders betont und gleichzeitig mit einem hohen MASKIEREN-Wert ⓫ Flächen wie den Himmel schützt.

9 Schwarzweiß-Preset erstellen

Viele dieser Einstellungen bewirken in den meisten typischen Landschaftsaufnahmen schon eindrucksvolle SW-Aufnahmen.

Deshalb können sie gut als Preset gespeichert werden. Klicken Sie auf das Plus-Symbol ⓬ im PRESET-Bedienfeld, und speichern Sie alle relevanten Einstellungen für die Schwarzweißumsetzung, wie BEHANDLUNG UND PROFIL, KLARHEIT, GRADATIONSKURVE, SW, aber keine motivindividuellen Einstellungen wie BELICHTUNG oder WEISS.

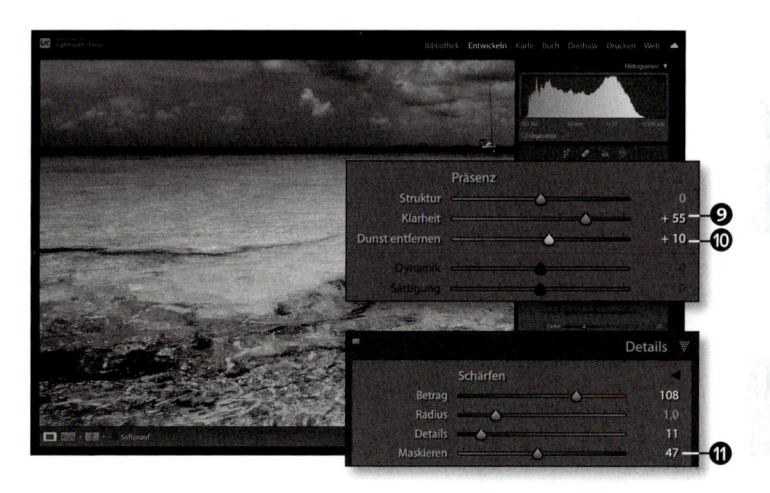

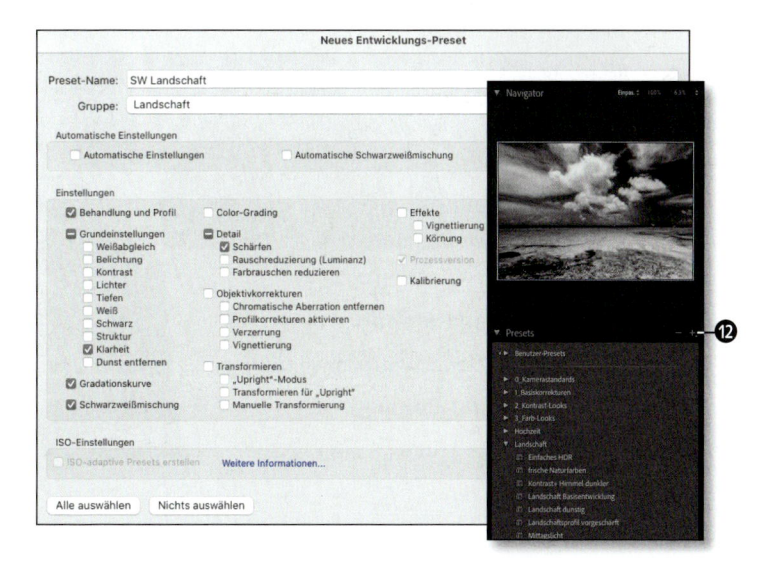

Kapitel 8 | Presets und Looks **301**

Klassische Tonung

Color-Grading mit Lichter-Schatten-Abgleich

Eine klassische Tonung, bei der sich die Chemie in den entwickelten Silberanteilen ablagerte, wirkte in den Schatten immer intensiver als in den Lichtern. Über den Abgleich der Color-Grading-Funktion können Sie diese sensible Balance in Lightroom kontrollieren.

Bearbeitungsschritte

- Monochromes Color-Grading
- Licht-Schatten-Abgleich

Foto: Hilla Südhaus

Ausgangsbild

- Schwarzweißumwandlung

[Datei: Tonung]

1 Von Schwarzweiß zu Farbe

Beginnen Sie mit der Schwarzweißumsetzung des Motivs – Tipps dazu finden Sie in dem vorangegangenen Workshop. Öffnen Sie das COLOR-GRADING-Bedienfeld, und starten Sie im SCHATTEN-Arbeitsbereich ❶. Ziehen Sie den Farbkreis auf die gewünschte Tonungsfarbe ❷. Ich wähle hier eine Blau/Cyan-Tonung. Je näher Sie an den Rand des Farbkreises gelangen, desto intensiver wird die Tonungsfarbe. Klicken Sie auf das kleine Dreieck ❸, um die exakten Werte für FARBTON, SÄTTIGUNG und LUMINANZ einzusehen.

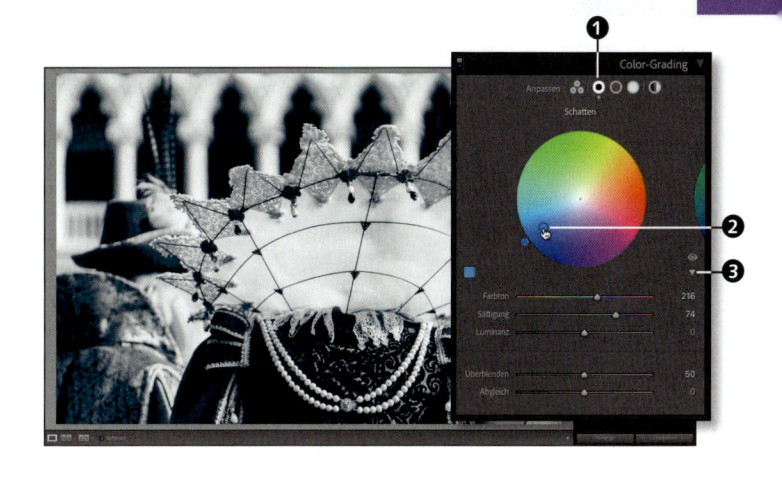

2 Lichterfarbe steuern

Unser Ziel ist eine klassische, monochrome Tonung. Merken Sie sich deshalb den FARBTON-Wert für die Schatten, bevor Sie in den LICHTER-Arbeitsbereich ❹ wechseln. Dort tragen Sie den identischen FARBTON ein ❻.

Die Intensität der Tonung in den Lichtern bestimmen Sie dann entweder über den SÄTTIGUNG-Regler ❼, oder Sie bewegen den kleinen Kreis ❺ auf dem Farbspektrum mit gedrückter ⇧-Taste. So wird der Farbton fixiert und nur die Sättigung variiert.

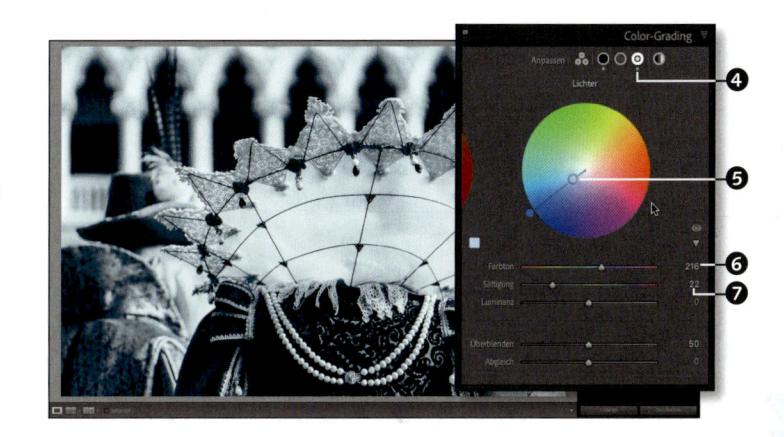

3 Abgleich von Licht und Schatten

Wechseln Sie auf den 3-WEGE-Regler ❽ – hier haben Sie den Überblick über die Einstellungen in allen Tonwertbereichen. Mit dem ABGLEICH-Regler ❾ können Sie die Sättigung noch genauer steuern. Hier pendeln Sie die Tonungsintensität zwischen Licht und Schatten aus. Je weiter der Regler rechts positioniert ist, desto mehr Tonwerte werden mit den Einstellungen für die Lichter – also der geringeren Sättigung – versehen. Für eine intensive Tonung verschieben Sie den Regler nach links und verstärken so die Wirkung der Schatten-Tonung.

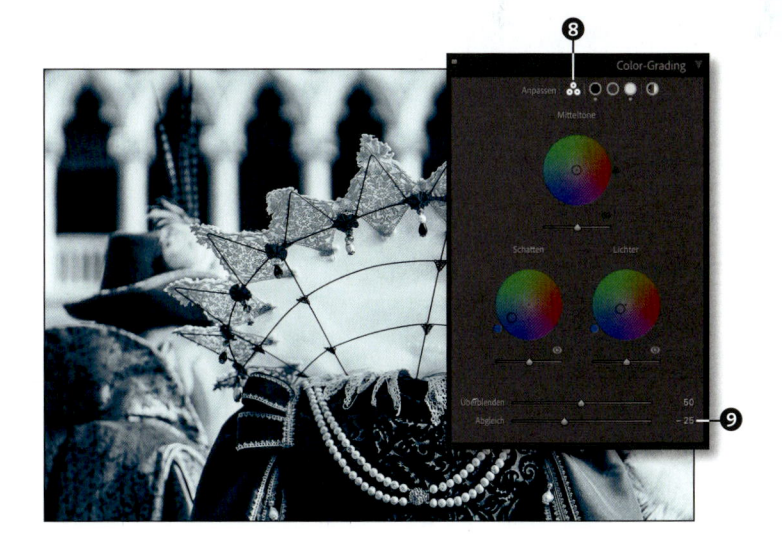

Video-Presets erstellen

Entwicklung von Videos mit kleinen Umwegen

Die Entwicklung von Videomaterial scheint in Lightroom nicht vorgesehen zu sein: Das Entwickeln-Modul verweigert sich mit grauer Vorschau. Mit Winkelzügen entwickeln Sie Ihre Filme aber doch – und zwar mit dem Umweg über Standbilder und mit eigenen Entwicklungs-Presets.

Bearbeitungsschritte

- Standbild erstellen
- Tonwerte und Farben entwickeln
- Entwicklungsvorgabe nutzen

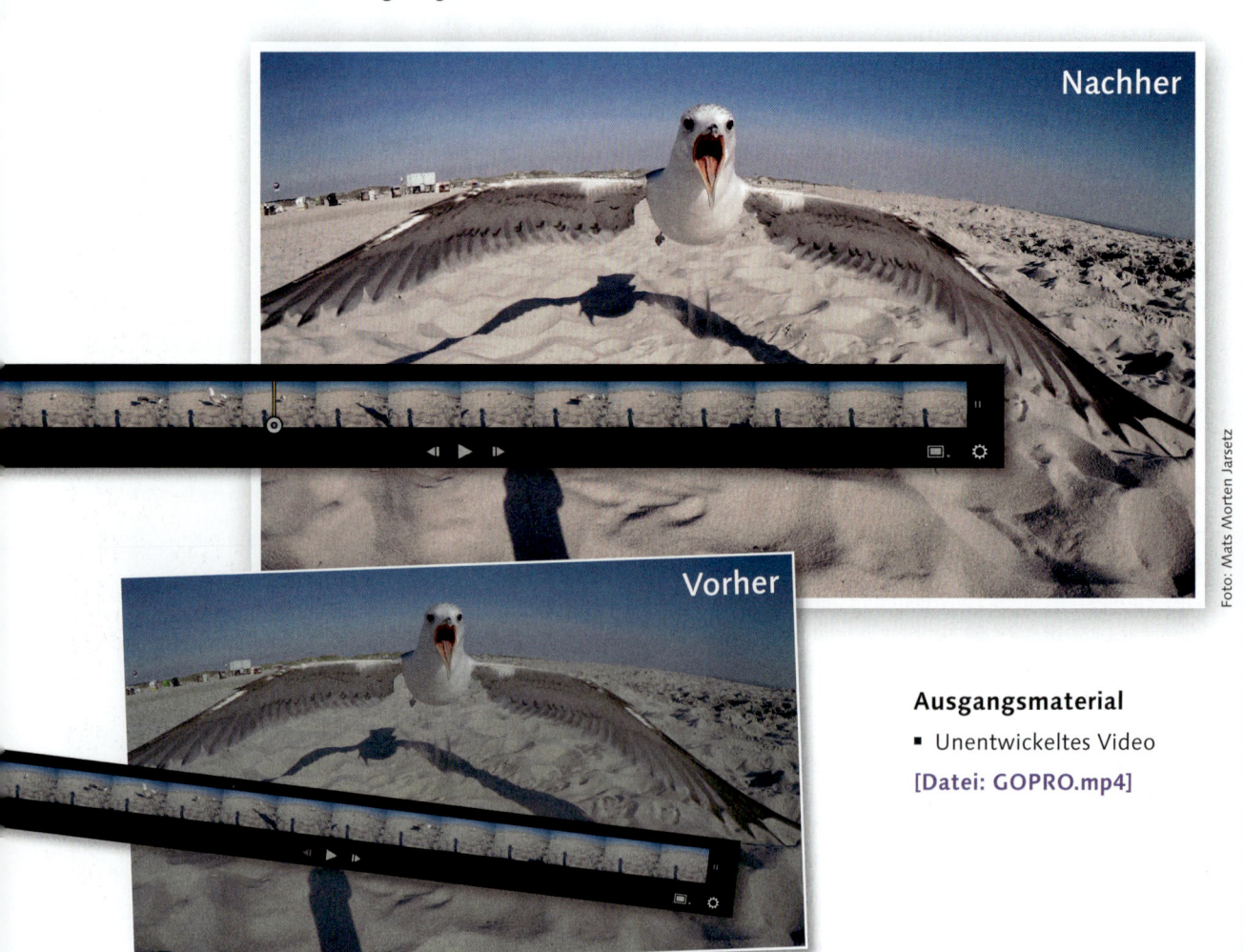

Foto: Mats Morten Jarsetz

Ausgangsmaterial

- Unentwickeltes Video

[Datei: GOPRO.mp4]

1 Video nicht unterstützt?

Markieren Sie eine Videodatei in der Bibliothek, und wagen Sie den Sprung in das Entwickeln-Modul. Die Meldung ist erst enttäuschend: Video wird vom Entwicklungsmodul nicht unterstützt. Alle Entwicklungseinstellungen sind ausgegraut.

Über die Taste G gelangen Sie schnell zurück in die Bibliothek.

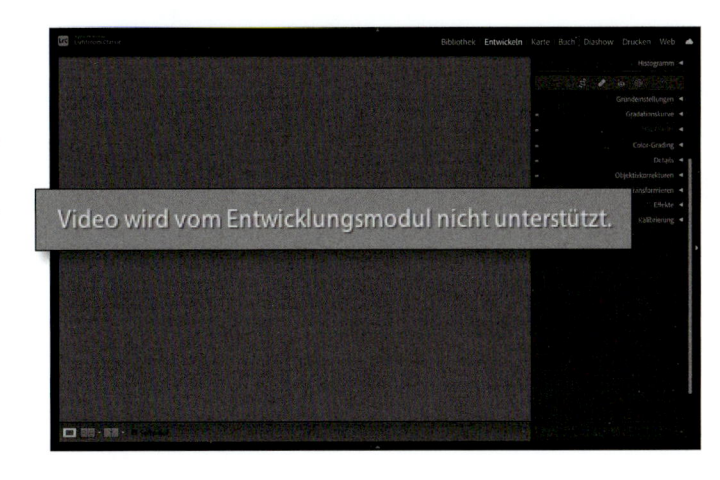

2 Vorbereitung in der Bibliothek

Öffnen Sie dort das Video per Doppelklick oder über die Taste E in der Vollbildansicht. So wird auch eine Zeitleiste ❶ (zunächst in Klein) eingeblendet. Öffnen Sie außerdem die Ad-hoc-Entwicklung und alle darin enthaltenen Optionen durch Klick auf die kleinen Dreiecke ❸. Sie erkennen, dass auch hier einige Entwicklungsparameter ausgegraut sind, aber durchaus Einstellungen zur Verfügung stehen. Diese werden Sie gleich ausprobieren – öffnen Sie vorher die Zeitleiste komplett per Klick auf das Zahnrad-Symbol ❷.

3 Ad-hoc-Entwicklung

Führen Sie eine erste Ad-hoc-Entwicklung durch, indem Sie etwas die Belichtung ❹ erhöhen, um den Film brillanter erscheinen zu lassen. Über die Dynamik ❺ können Sie mehr Farbbrillanz in den Film bringen.

Die einfachen Pfeile bedeuten immer kleinere Entwicklungssprünge als die Doppelpfeile – in der Belichtung ⅓- anstelle ganzer Blendensprünge, in den anderen Steuerungen beträgt das Verhältnis 5 zu 20. Mit gedrückter ⇧-Taste verfeinern Sie die Sprünge.

Kapitel 8 | Presets und Looks   305

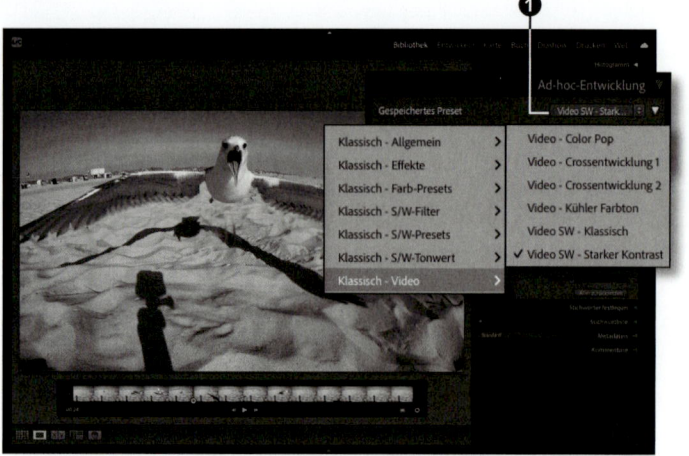

4 Videovorgabe testen

Außer mit den Reglern der Ad-hoc-Entwicklung können Videos aber auch viel schneller bearbeitet werden: Im Popup-Menü Gespeichertes Preset ❶ der Ad-hoc-Entwicklung haben Sie Zugriff auf die Entwicklungsvorgaben, die direkt auf Videodateien angewendet werden können. Mit Hilfe eines solchen Presets werden Sie gleich das störrische Entwickeln-Modul austricksen.

5 Einzelbild erfassen

Um ein Entwicklungs-Preset im Entwickeln-Modul zu erstellen, benötigen Sie eine Bilddatei. Diese erhalten Sie, wenn Sie ein Standbild aus der Videodatei generieren.

Setzen Sie zuerst das Preset wieder auf Standard. Scrollen Sie dann in der Zeitleiste bis zu einem für die Entwicklung repräsentativen Einzelbild ❷, und wählen Sie dann aus dem Popup-Menü unter dem kleinen Bildschirm-Symbol Einzelbild erfassen ❸.

6 Zurück im Entwickeln-Modul

Aktivieren Sie das neue Einzelbild ❹ im Filmstreifen, und wechseln Sie über die Taste [D] in das Entwickeln-Modul mit den bekannten Einstellungen. Bedenken Sie, dass in der Ad-hoc-Entwicklung einige Parameter ausgegraut waren, die für Videos nicht anwendbar sind, das gilt auch im Entwickeln-Modul. Dort können Sie aber zusätzlich noch die Gradationskurven, die HSL-Einstellungen und die Teiltonung nutzen.

7 Entwicklungseinstellungen

Erstellen Sie jetzt die Entwicklungseinstellungen für das Video, indem Sie das Einzelbild auf gewohnte Weise entwickeln.

In diesem Beispiel habe ich erst den Schwarz- und Weißpunkt angepasst, was zu einem höheren Kontrast führte, der Weißabgleich mit der Pipette hat den Grünstich beseitigt, und in den HSL-Einstellungen habe ich die LUMINANZ für die Blautöne sowie die SÄTTIGUNG der Gelb- und Grüntöne bearbeitet. Mit dem COLOR-GRADING wurden die Lichter wärmer und die Schatten kühler getont.

8 Preset speichern

Aus den aktuellen Entwicklungseinstellungen speichern Sie jetzt ein Preset.

Klicken Sie auf das Plus-Zeichen ❺ im PRESETS-Bedienfeld, und geben Sie im erscheinenden Fenster einen Namen für das neue Preset ein.

Speichern Sie es am besten in einem eigenen Ordner, und wählen Sie, wie gewohnt, nur die Einstellungen aus, die Sie für das Preset genutzt haben ❻.

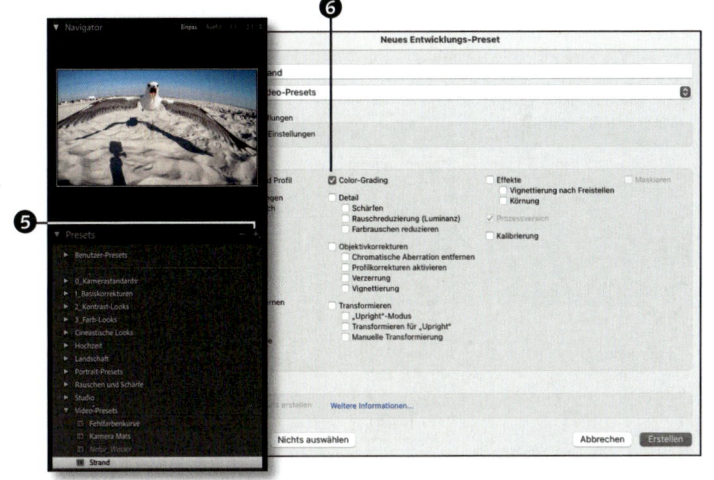

9 Gespeichertes Preset anwenden

Wechseln Sie über [Strg]/[cmd]+[Alt]+[1] wieder in die Bibliothek – die Lupenansicht ist aus den vorangegangenen Schritten noch aktiviert –, und aktivieren Sie dort die Videodatei im Filmstreifen.

Wählen Sie jetzt in der AD-HOC-ENTWICKLUNG aus dem Popup-Menü GESPEICHERTES PRESET Ihr eben erstelltes Preset ❼. Dieses wird sowohl auf das Vorschaubild als auch auf die Einzelbilder der Zeitleiste angewendet.

Kapitel 8 | Presets und Looks

Presets austauschen

Wie Sie den Überblick über Presets behalten

Während der Arbeit in Lightroom werden Sie nicht nur Entwicklungs-Presets anlegen – auch Metadaten-Presets, Export-Presets wollen organisiert, manchmal nur in einem Katalog genutzt und andererseits zwischen Rechnern ausgetauscht werden. Dieser Workshop zeigt Ihnen, wie Sie Ihre Presets im Blick behalten und clever organisieren können.

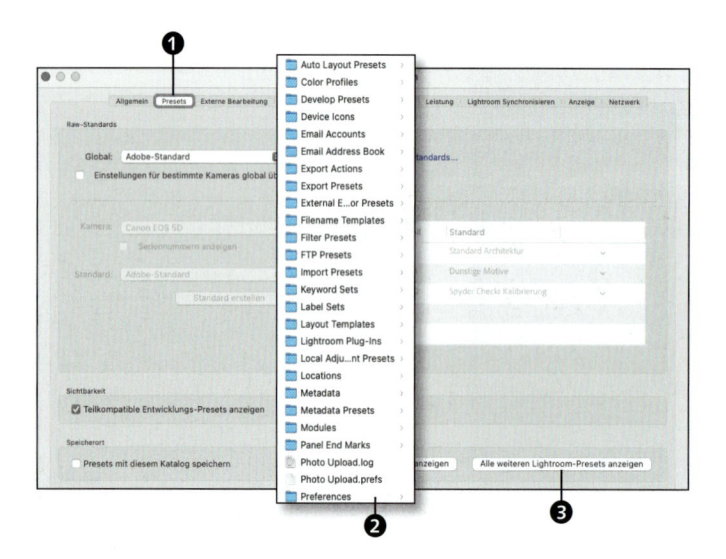

1 Preset-Ordner anzeigen

Öffnen Sie über das LIGHTROOM-Menü (Mac) oder das BEARBEITEN-Menü (PC) die VOREINSTELLUNGEN, und wechseln Sie dort auf den Reiter PRESETS ❶.

Neben der Schaltfläche LIGHTROOM-ENTWICKLUNGS-PRESETS ANZEIGEN finden Sie noch ALLE WEITEREN LIGHTROOM-PRESETS ANZEIGEN ❸. Mit einem Klick darauf bekommen Sie einen Eindruck, was alles zu den Lightroom-Presets gehört ❷: Presets für Diashows oder Webgalerien, lokale Entwicklungseinstellungen und vieles mehr ...

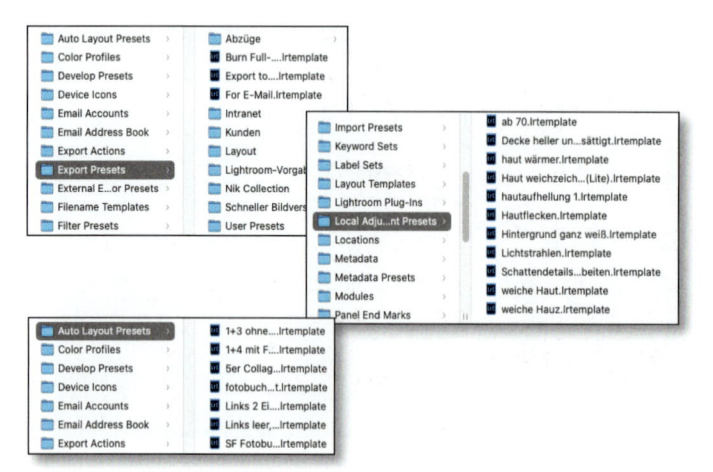

2 Wachsender Vorgabenbestand

Je nach Fortschritt Ihrer Lightroom-Organisation werden die Presets mehr oder weniger umfangreich sein: Entwicklungs-Presets, aber auch Stichwortsätze, vordefinierte Wasserzeichen, Metadaten-Presets, Buchseiten-Layouts, lokale Korrekturen oder individuelle Farbbeschriftungen.

Da kommt schnell so einiges zusammen, was in anderen Katalogen vielleicht nur unnötiger Ballast ist.

308 Kapitel 8 | Presets und Looks

3 Lightroom-Entwicklungs-Presets

Die Schaltfläche Lightroom-Entwicklungs-Presets anzeigen ❹ führt Sie zum Settings-Ordner ❺, dem zentralen Speicherort der Entwicklungseinstellungen von Camera Raw.

Diesen Ordner nutzen Lightroom Classic, die Lightroom-Desktop-App und das Camera Raw-Modul von Photoshop gleichermaßen. Deshalb müssen Sie auch keine Vorgaben mehr aufwändig austauschen, wenn Sie sie in mehreren dieser Programme nutzen wollen.

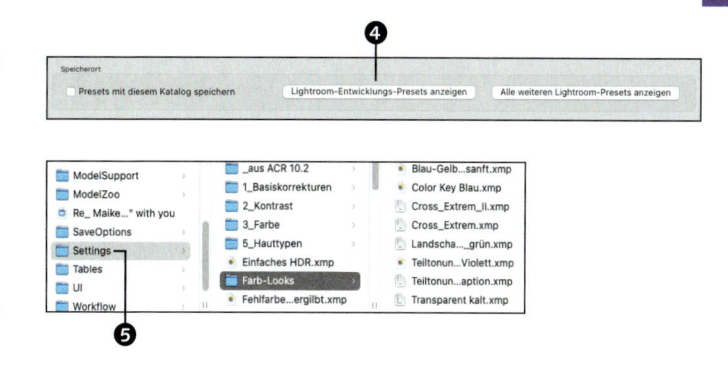

4 Presets mit Katalog speichern

Wenn Sie mit mobilen Lightroom-Katalogen arbeiten, macht es schon Sinn, die Presets immer mit den Katalogen zu transportieren.

Dafür besteht in den Voreinstellungen die Option, die Presets mit dem Katalog zu speichern ❻. Nach einem Neustart werden die Presets im gleichen Ordner ❼ wie der Katalog gespeichert. Das gilt für Entwicklungsvorgaben genauso wie für alle anderen.

5 Presets organisieren

Sie können auch Presets zwischen den Katalogen austauschen. Klicken Sie einfach mit der rechten Maustaste auf die Preset-Liste, und exportieren Sie ausgesuchte Presets oder importieren ❽ Sie Presets aus anderen Katalogen.

Anstatt Presets nur mit dem Katalog zu speichern, können Sie auch überflüssige Presets ausblenden ❿. Wählen Sie dafür über einen Rechtsklick den Befehl Presets verwalten ❽.

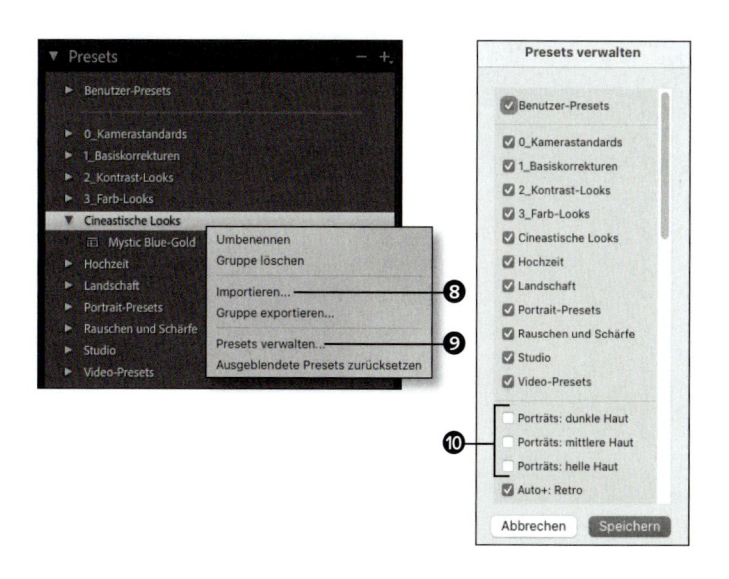

Kapitel 8 | Presets und Looks **309**

Mobile Katalog-organisation

Mit dem Lightroom-Classic-Katalog können Sie auch mit kleinem Gepäck auf Reisen gehen oder einen Job auf Location vorbereiten. Eine gute Vorbereitung von Stichwörtern, Presets und GPS-Positionen reduzieren den Zeitaufwand für die Bildorganisation unterwegs auf ein Minimum. Dieses Kapitel zeigt Ihnen, wie Sie einen Katalog für eine Fotoreise vorbereiten, Ihre Fotos mit dem Karte-Modul organisieren, Bildorganisation und Bildentwicklung beschleunigen, Bildauswahlen mobil teilen und am Ende den Reisekatalog in Ihre Bildorganisation wieder einpflegen.

EINFÜHRUNG: Mit Lightroom Classic unterwegs
Wie Sie Ihre Arbeit on location am besten vorbereiten 312

Stichwortbibliothek vorbereiten
Leere Kataloge schnell mit Stichwörtern füllen 314

Presets übernehmen
Profitieren Sie von Ihren Presets in der heimischen Bildorganisation   316

Cleverer Import und Sortierung
Ein effektiver Workflow nicht nur für unterwegs 318

Etappenweise Entwicklungsarbeit
Mit Stapeln, Belichtungsabgleich und Presets
schnell zum Bildergebnis 320

AUF EINEN BLICK: Das Karte-Modul
Wie Sie in Lightroom GPS-Tags erstellen und nutzen 322

GPS-Koordinaten nutzen
Was Ihnen das Karte-Modul über Ihre Bilder verrät 324

Positionen erstellen und zuweisen
Bilder mit GPS-Metadaten taggen und eigene Positionen anlegen 326

Bildauswahl mobil machen
Lightroom-Classic-Sammlungen mobil teilen 330

Kataloge verknüpfen
Integrieren Sie einen Reisekatalog in Ihre Bildorganisation 332

Foto: Maike Jarsetz

Einführung

Mit Lightroom Classic unterwegs
Wie Sie Ihre Arbeit on location am besten vorbereiten

Eine noch so fantastische Fotoreise hat immer eine kleine Schattenseite: Je mehr Motive Sie fotografieren, desto länger wird die Nacharbeit mit der Bildorganisation und -entwicklung in Lightroom Classic. Und desto später bekommen Sie Ihre Bildergebnisse zu sehen. In diesem Kapitel geht es darum, wie Sie Ihre Bildorganisation unterwegs möglichst gut vorbereiten und während der Reise Ihre Bilder schon effektiv und schnell organisieren.

Die Tipps und Workshops, die ich Ihnen dazu an die Hand geben möchte, greifen alle ineinander. Das zeigt sich vor allem am Schluss, wenn Ihre gesamte Reisebibliothek in Ihre heimische Bildorganisation wieder eingepflegt werden soll.

1. Der gut vorbereitete Reisekatalog

Sie müssen mit Ihrer Bildorganisation nicht erst auf der Reise beginnen. Wenn Sie den cloudbasierten Workflow mit der mobilen Lightroom-App (darum geht es im nächsten Kapitel) meiden wollen, gehen Sie mit einem Laptop, Lightroom Classic und einem gut vorbereiteten Reisekatalog auf die Reise. Alles, was Sie dazu benötigen, haben Sie wahrscheinlich schon in Ihrer Bildorganisation vorrätig: präferierte Entwicklungsvorgaben, Metadatenvorlagen für das Copyright und vorbereitete Stichwörter. Gerade diese sind für die mobile Bildorganisation nützlich.

Und es ist sehr einfach, diese aus einem Katalog zu exportieren und in einen neuen Reisekatalog aufzunehmen. Die Einfachheit dieser ausgetauschten Textdateien animiert Sie vielleicht auch dazu, Stichwörter für eine Reise oder Reportage von vornherein als Textdatei vorzubereiten. Im Workshop auf Seite 314 sehen Sie, wie es geht. Weitere Workshops zeigen Ihnen, wie Sie schon beim Import einen großen Teil der Bildorganisation übernehmen können und wie Sie mit Vorgaben schnell entwickeln. So können Sie den Großteil Ihrer Bildorganisation schon erledigt haben, wenn Sie von der Reise nach Hause zurückkehren.

2. Der Nutzen von GPS-Informationen

Zu einer Reise gehören natürlich auch Ortsangaben. Immer mehr Kameras zeichnen GPS-Informationen auf. Diese sind sehr wertvolle Bildinformationen, um Bilder zu sortieren und zu filtern. Aber auch wenn Ihre Kamera diese Information nicht liefert, können Sie sehr vom Karte-Modul profitieren, denn eine GPS-Information ist dort sehr einfach – nämlich durch Ziehen auf die richtige Position auf der Karte – hinzuzufügen.

Und wenn Ihnen das Akribische nicht liegt, können Sie auch im Karte-Modul im größeren Radius denken. Mit eigenen gespeicherten Positionen ❶ legen Sie geografische Zonen fest, deren Radius Sie direkt steuern können.

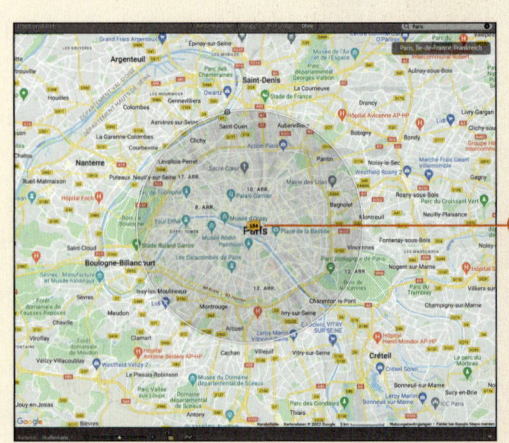

So legen Sie nur grobe Ortsangaben fest, nach denen Sie aber später über den Bibliotheksfilter wieder genauso suchen können.

3. Die Lightroom-App

Die Lightroom-App ist mittlerweile eine echte Alternative für die mobile Bildorganisation geworden. Trotzdem hadern viele mit der Organisationsstruktur in der Cloud. Deshalb nutzen wir die Lightroom-App in diesem Kapitel vorerst nur, um ausgewählte Sammlungen von Lightroom Classic auch mobil auf Smartphone oder Tablet im Zugriff zu haben. Auf diesem Wege bleiben die Originale auf Ihrem Rechner in der bevorzugten Ordnerstruktur. Für die Synchronisation mit der Lightroom-App werden Smart-Vorschauen ❷ – also verkleinerte DNG-Dateien – genutzt, die den vollen Entwicklungsumfang auf den mobilen Geräten nutzen können.

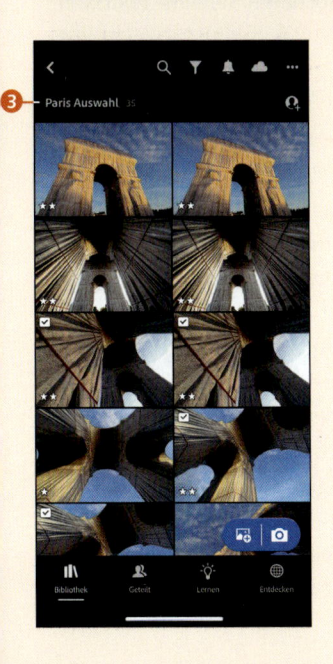

So können Sie auf der Reise abends entspannt Ihre Bildorganisation auf dem Tablet oder Smartphone fortsetzen ❸, ohne noch länger vor dem Rechner zu hocken, und die Bilder vor allem komfortabel Ihren Mitreisenden präsentieren. Alle Änderungen werden natürlich mit Ihrem eigentlichen Lightroom-Katalog synchronisiert. Den Workshop dazu finden Sie ab Seite 362. Und im anschließenden Kapitel sehen Sie dann, wie sich der rein cloudbasierte Workflow der Lightroom-App gestaltet.

4. Katalogmigration

Nach so viel Vorarbeit möchten Sie natürlich keinen dieser Schritte zu Hause in der heimischen Bildorganisation wiederholen. Das Einpflegen des Reisekatalogs in Ihren Lightroom-Hauptkatalog ist tatsächlich kein Problem. Durch den Export Ihres Reisekatalogs, eines bestimmten Ordners ❹ oder einer ausgewählten Sammlung als Katalog bündeln Sie Ihre Bildauswahl mit der dazugehörigen Vorarbeit in Lightroom, die Sie schon während der Reise erledigt haben. In Ihren Hauptkatalog importieren Sie diese kompletten Informationen und können in gewohnter Umgebung damit weiterarbeiten.

Tastaturkürzel im Karte-Modul	
Kartenstil Hybrid	Strg/cmd+1
Kartenstil Straßenkarte	Strg/cmd+2
Kartenstil Satellit	Strg/cmd+3
Kartenstil Gelände	Strg/cmd+4
Kartenstil Hell	Strg/cmd+5
Kartenstil Dunkel	Strg/cmd+6
Ein-/Auszoomen	+/-
Ortsinformation ein-/ausblenden	I
Filterleiste ein-/ausblenden	<
Positionsradius ein-/ausblenden	0

Stichwortbibliothek vorbereiten

Leere Kataloge schnell mit Stichwörtern füllen

Mit dem Reiseziel kennt man auch schon die wichtigsten Stationen und Motive. Da liegt es nahe, dafür die Stichwörter schon vorher anzulegen. Das geht auch mit einer einfachen Textdatei, die Sie in Ihren Lightroom-Katalog importieren können.

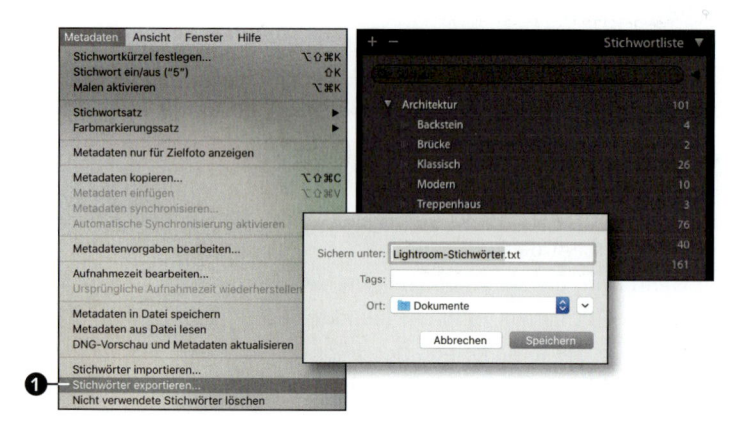

1 Stichwortdatei vorbereiten

Wie Sie Stichwörter in Lightroom Classic anlegen, haben Sie im Kapitel »Bibliothek und Metadaten« bereits kennengelernt. Anstatt jetzt aber eine komplette Stichwortliste mit untergeordneten Stichwörtern in Lightroom anzulegen, machen wir es uns einfach und exportieren eine beliebige Lightroom-Stichwortliste als Vorlage für eine simple Textdatei: Wählen Sie aus dem METADATEN-Menü eines vorhandenen Katalogs STICHWÖRTER EXPORTIEREN ❶. Damit exportieren Sie eine Textdatei.

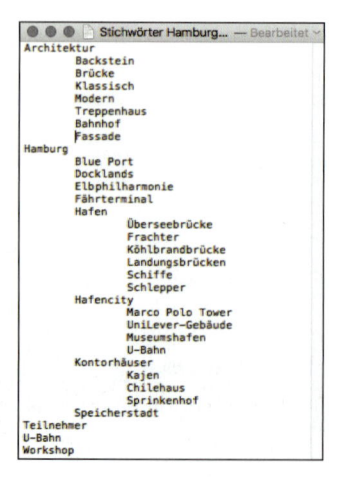

2 Stichwörter vorbereiten

Schauen Sie sich diese Textdatei einmal an, sie ist als einfache Liste denkbar simpel aufgebaut: Die vorhandene Stichworthierarchie wird durch eine Tabulatoreinrückung ❷ umgesetzt.

Auf die gleiche Art und Weise können Sie neue Stichwortlisten natürlich schon als Textdatei vorbereiten. In meinem Beispiel habe ich alle Motive eines geplanten Workshops und die mir wichtigen Themen aufgelistet. Untergeordnete Stichwörter sind mit Tabulator eingerückt. Speichern Sie die neue Liste auch wieder als txt-Datei.

314 Kapitel 9 | Mobile Katalogorganisation

3 Projektkatalog anlegen

Starten Sie auf Ihrem Reiselaptop mit einem neuen Katalog. Wählen Sie dafür Datei • Neuer Katalog. Bestimmen Sie den Speicherort, und benennen Sie den Katalog. In diesen blanken Katalog können Sie die vorbereiteten Stichwörter importieren. Wählen Sie dazu Metadaten • Stichwörter importieren. Ihr leerer Katalog besitzt jetzt schon die notwendige Stichworthierarchie ❸, die Sie später on location schnell einsetzen können.

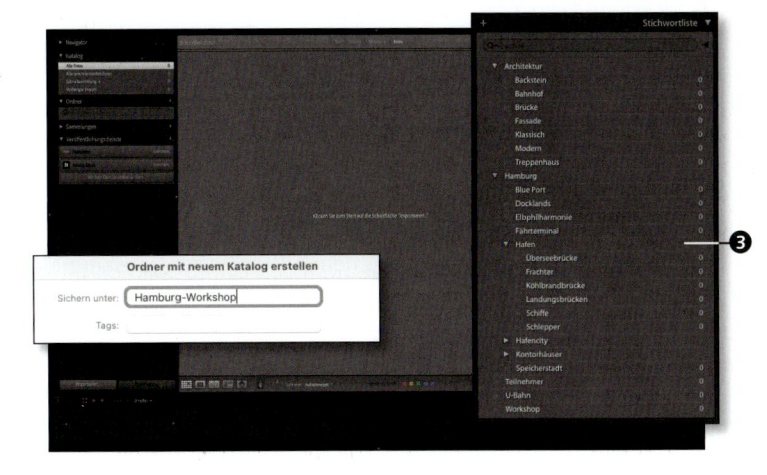

4 Stichwörter organisieren

Über das Fenster Stichwörter festlegen können Sie die bestehenden und neuen Stichwörter noch zu Sätzen gruppieren. Das wird später die Stichwortzuweisung nochmals beschleunigen.

Im Popup-Menü ❹ wird der zuletzt benutzte Satz eingeblendet. Öffnen Sie durch Klick auf das Dreieck den Stichwortsatz ❺, und wählen Sie aus dem Popup-Menü Satz bearbeiten, um auf dessen Basis einen neuen anzulegen.

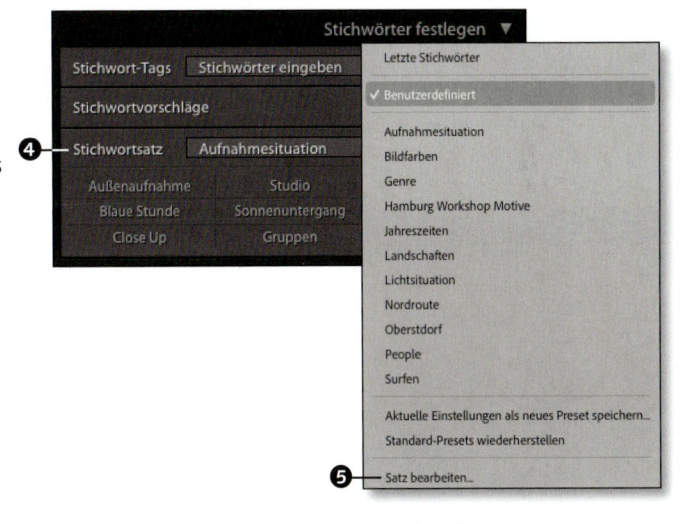

5 Stichwortsätze erstellen

Geben Sie in die neun verfügbaren Stichwortfelder ❻ die Stichwörter ein, die sinnvoll in einem Satz gruppiert werden sollen. Im Beispiel habe ich zunächst die wichtigsten Motive in einem Satz zusammengefasst, aber auch andere Sätze, wie Art der Architektur, Lichtstimmungen oder Aufnahmesituationen, sind sinnvoll.

Stichwortvorschläge bestätigen Sie nach Eingabe der ersten Buchstaben ❼ nur mit der ⏎-Taste. Sie speichern einen neuen Stichwortsatz über das Popup-Menü Preset und Aktuelle Einstellungen als neues Preset speichern ❽.

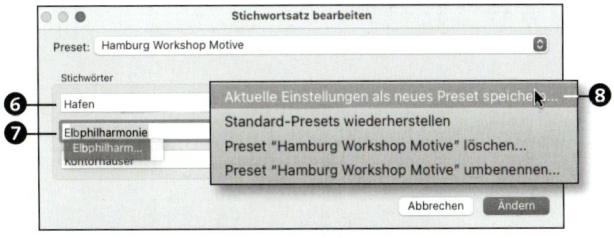

Presets übernehmen

Profitieren Sie von Ihren Presets in der heimischen Bildorganisation

Bevor Sie Ihre Reise starten, können Sie den Laptop mit dem Lightroom-Katalog vorbereiten. Darin können Sie bereits vorbereitete Presets aus Ihrer vorhandenen Bildorganisation integrieren und mit neuen Presets zentral sammeln.

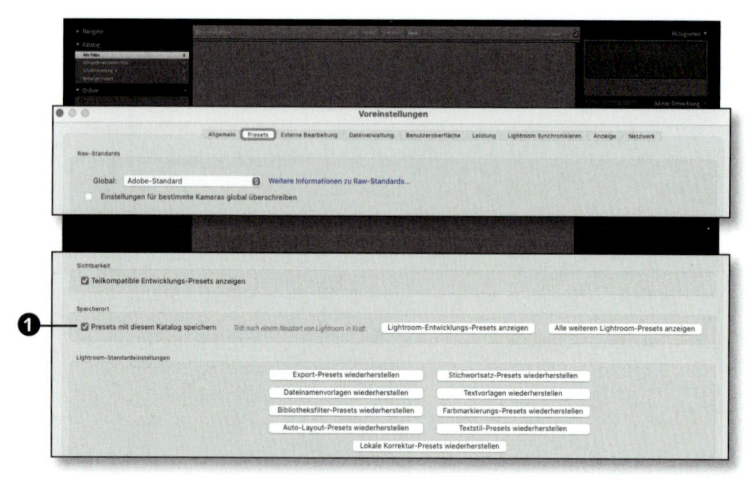

1 Katalog-Presets organisieren
Einen neuen Reisekatalog inklusive Stichwortsammlung haben Sie bereits angelegt. Sorgen Sie von Anfang an dafür, dass alle auf der Reise notwendigen Presets, wie zum Beispiel Entwicklungseinstellungen, zusammen mit dem Katalog gespeichert werden und damit später leicht zu sichern sind.

Wählen Sie aus dem Menü LIGHTROOM (Mac) bzw. BEARBEITEN (Windows) die PRESETS, und aktivieren Sie unter dem Reiter PRESETS den Eintrag PRESETS MIT DIESEM KATALOG SPEICHERN ❶.

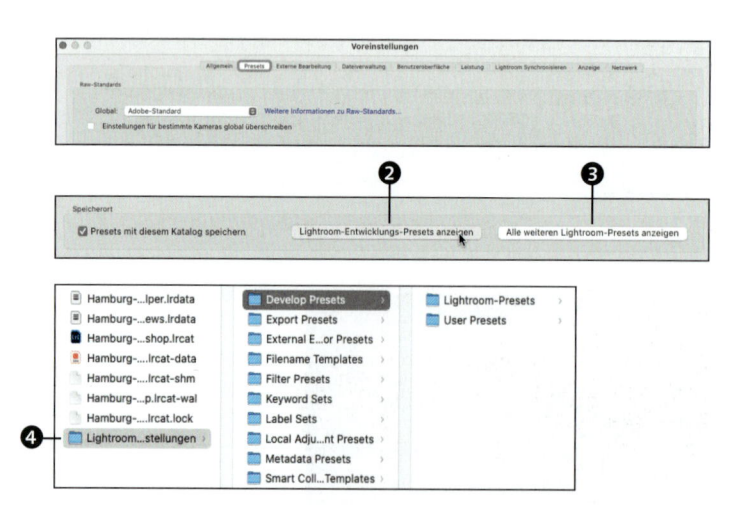

2 Vorgaben anzeigen
Klicken Sie im gleichen Fenster auf die Schaltfläche LIGHTROOM-ENTWICKLUNGS-PRESETS ANZEIGEN ❷ oder ALLE WEITEREN LIGHTROOM-PRESETS ANZEIGEN ❸. Sie sehen, dass die Vorgaben sauber sortiert im gleichen Ordner wie Ihre Katalogdatei gespeichert sind ❹. In diesem Ordner werden auch sämtliche Vorgaben, die Sie unterwegs auf Ihrem Reiselaptop für diesen Katalog anlegen, gespeichert.

So ist es einfach, später all diese Daten gemeinsam zu archivieren oder auf einen anderen Rechner zu übertragen.

3 Bestehende Presets übernehmen

Wenn die Option PRESETS MIT DIESEM KATALOG SPEICHERN deaktiviert ist ❺, gelangen Sie über die Schaltfläche ALLE WEITEREN LIGHTROOM-PRESETS ANZEIGEN ❻ zu dem allgemeinen Speicherort Ihrer Lightroom-Presets.

Von dort aus können Sie Presets, die Sie mit auf die Reise nehmen wollen, wie vorbereitete Metadaten, Wasserzeichen oder lokale Werkzeug-Presets, einfach kopieren und auf Ihren Location-Rechner in den entsprechenden Ordner übertragen.

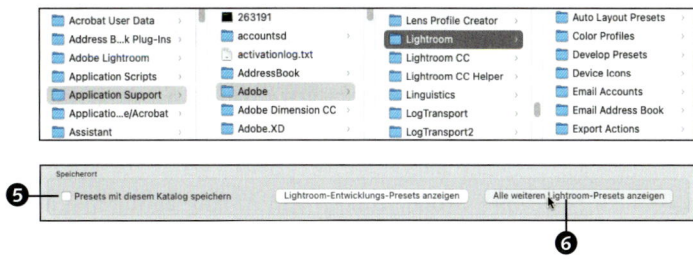

4 Presets erweitern

Nach einem Neustart von Lightroom Classic sind die neuen Presets jetzt auch in Ihrem Reisekatalog enthalten. Jetzt können Sie den Katalog noch durch weitere nützliche Vorgaben erweitern, wie zum Beispiel neue Metadaten-Presets, in denen das Copyright und die nützlichsten Stichwörter schon enthalten sind. Wählen Sie dazu in der Bibliothek im Menü METADATEN den Eintrag METADATEN-PRESETS BEARBEITEN. Tragen Sie die allgemeingültigen Bildangaben und das Copyright ein, und klicken Sie dann auf AUSGEFÜLLTE MARKIEREN ❼.

5 Vorbereitung abschließen

Durch den letzten Klick übernehmen Sie nur die eingetragenen Informationen in die Metadaten. Wählen Sie dann aus dem oberen Popup-Menü AKTUELLE EINSTELLUNGEN ALS NEUES PRESET SPEICHERN ❽.

Nun haben Sie eine Menge Vorarbeit für den noch leeren Katalog geleistet, Sie können Stichwörter, Entwicklungseinstellungen, Copyright und Bildbeschreibungen ohne viel Aufwand im Katalog und auch schon beim Import anwenden ❾.

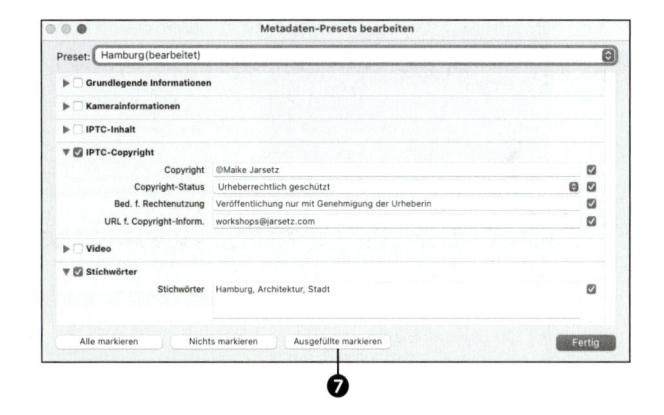

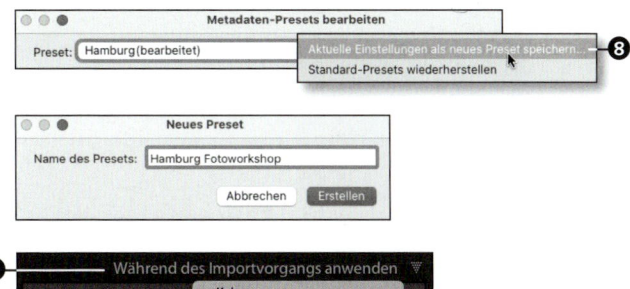

Kapitel 9 | Mobile Katalogorganisation **317**

Cleverer Import und Sortierung

Ein effektiver Workflow nicht nur für unterwegs

Große Bildermengen können schon während der Fotoreise organisiert werden. Je klarer Sie Ihre Ordnerstruktur von Anfang an durchdenken, desto schneller wird das gelingen. Der Workflow beginnt auch hier beim Import und setzt sich in der Ordner- und Sammlungsorganisation fort.

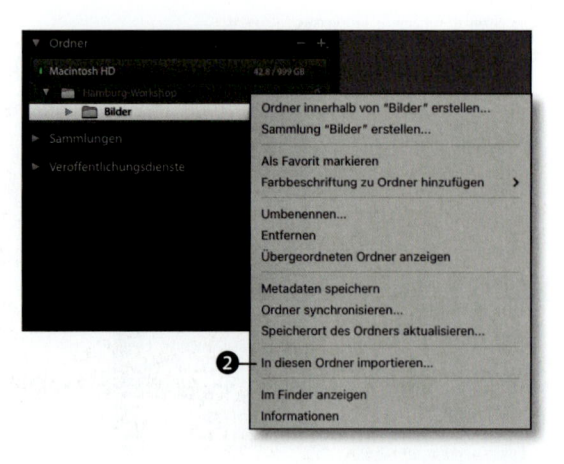

1 Importordner anlegen
Bevor Sie die Bilder in Ihren Reisekatalog importieren, können Sie den Zielordner für die Bilder bereits festlegen.

Klicken Sie auf das Plus-Zeichen rechts oben im Ordner-Bedienfeld, und navigieren Sie zum Ordner, in dem auch die Katalogdatei und die Vorgaben gespeichert sind. Legen Sie dort gegebenenfalls einen neuen Ordner für die Bilder an, und klicken Sie auf WÄHLEN ❶, um den Ordner der Ordnerstruktur des Katalogs bereits jetzt hinzuzufügen.

2 Importziel vordefinieren
Wenn Sie Ihre ersten Aufnahmen in Lightroom Classic importieren wollen, klicken Sie mit der rechten Maustaste auf diesen Ordner in der Ordnerstruktur und öffnen das kontextsensitive Menü. Wählen Sie dann IN DIESEN ORDNER IMPORTIEREN ❷.

Durch diesen Befehl öffnet sich automatisch der Importdialog, und Sie können mit dem ersten Import der Bilder von der Speicherkarte beginnen.

3 In Sammlungen organisieren

Das Importziel haben Sie durch den ersten Schritt vordefiniert ❸, und es ist auf der rechten Seite des Fensters ersichtlich.

Sie können die Bilder beim Import schon in Sammlungen organisieren. Wählen Sie dazu im Bereich DATEIVERWALTUNG die Option ZUR SAMMLUNG HINZUFÜGEN ❹. Hier können Sie aus vorbereiteten Sammlungen auswählen oder aber auch neue anlegen ❺. Und natürlich können Sie von Ihren vorbereiteten Metadatenvorlagen und Stichwörtern ❻ profitieren.

4 Ordner vorbereiten

Eine Fototour besteht meist aus vielen Stationen. Diese Stationen jetzt schon im Detail zu sortieren, bedeutet viel Arbeit, die Sie später viel effektiver erledigen können.

Beschränken Sie sich deshalb im Moment auf einen übergreifenden Ordner. Aktivieren Sie entweder die Option IN UNTERORDNER ❼, den Sie benennen, oder wählen Sie eine vorläufige Sortierung nach Datum im gewünschten Datumsformat ❽. Die resultierenden Ordner werden in kursiver Schrift angezeigt ❾.

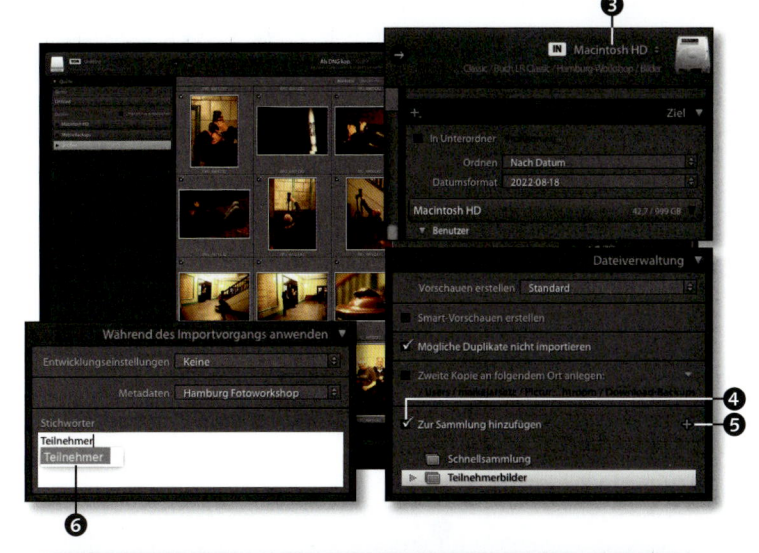

5 Thematische Ordner

Nach dem Import überprüfen Sie die Inhalte der einzelnen Importordner. Die meisten Ordner haben sicherlich einen thematischen Schwerpunkt oder ein gemeinsames Reiseziel, so dass Sie die Ordner einfach nur umbenennen müssen.

Dies gelingt mit einem einfachen Rechtsklick auf den besagten Ordner ❿. Wählen Sie UMBENENNEN aus dem kontextsensitiven Menü, und geben Sie einen neuen Namen für den Ordner an ⓫. Auf dem gleichen Weg können Sie auch thematische Unterordner erstellen, in die Sie Teile der Bilder verschieben.

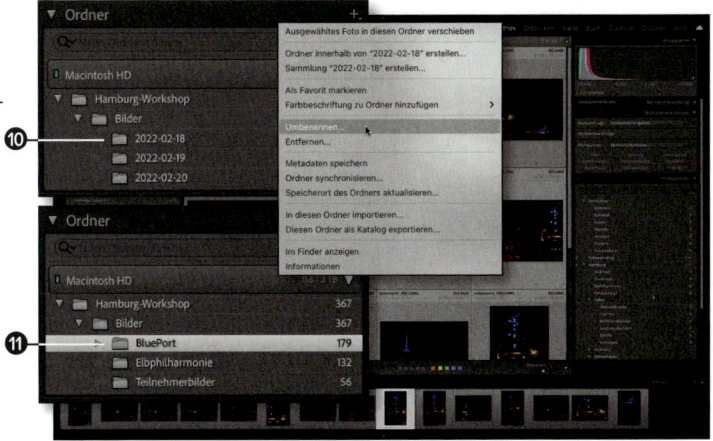

Kapitel 9 | Mobile Katalogorganisation **319**

Etappenweise Entwicklungsarbeit

Mit Stapeln, Belichtungsabgleich und Presets schnell zum Bildergebnis

Natürlich sind die ersten Entwicklungsschritte auch unterwegs schon wichtig, um die Motive sinnvoll beurteilen und auswählen zu können. Mit vorbereiteten Presets können Sie diese Arbeit nicht nur beschleunigen, sondern die Entwicklung auch mit sicheren Einstellungen durchführen.

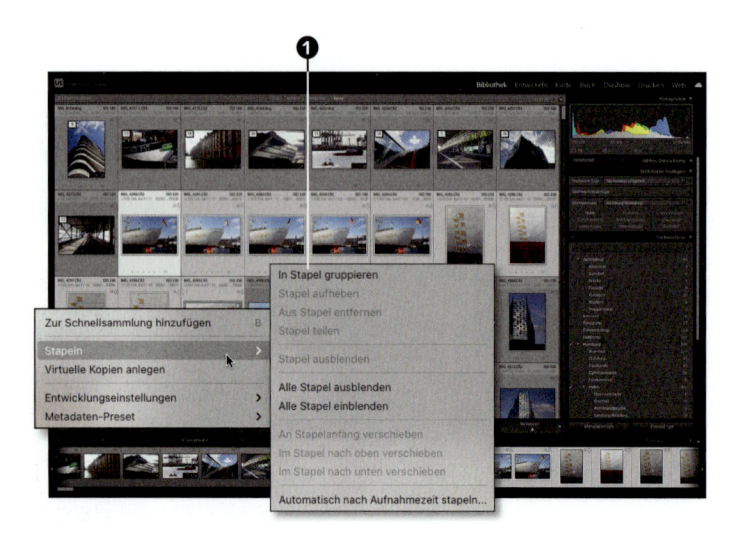

1 Motivreihen stapeln

Fast immer ergeben sich pro Motiv mindestens eine Handvoll Aufnahmen, die sich minimal in Belichtung und Ausschnitt unterscheiden. Diese können Sie gut einheitlich entwickeln. Starten Sie deshalb damit, diese Motivgruppen zu stapeln – das macht Ihre Bildausbeute gleich übersichtlicher.

Wählen Sie die Bildserie mit gedrückter ⇧-Taste und Klick auf das erste und letzte Bild aus, und stapeln Sie sie entweder über die rechte Maustaste ❶ oder den Shortcut Strg/cmd+G.

2 Belichtungsreihen angleichen

Jetzt können Sie sich die Aufnahmeserien nacheinander vornehmen. Klicken Sie auf die Stapelanzahl ❷ in der Miniatur, oder drücken Sie S, um alle Bilder des Stapels einzublenden. Wählen Sie alle Bilder aus einer Serie, und markieren Sie das Motiv mit der optimalen Belichtung per Klick ❸.

Über das Foto-Menü wählen Sie die Entwicklungseinstellungen • Gesamtbelichtungen abgleichen. Die durchgeführte Belichtung-Korrektur ist später im Entwickeln-Modul nachvollziehbar und editierbar.

3 Weitere Entwicklung

Wechseln Sie danach in das ENTWICKELN-Modul. Die Bilder der Serie sollten noch aktiviert bleiben. Damit die folgenden Schritte auf alle Bilder der Motivserie angewendet werden, aktivieren Sie die automatische Synchronisierung über den kleinen Kippschalter ❹.

Als Nächstes werden wir die Bilder mit Presets schrittweise entwickeln.

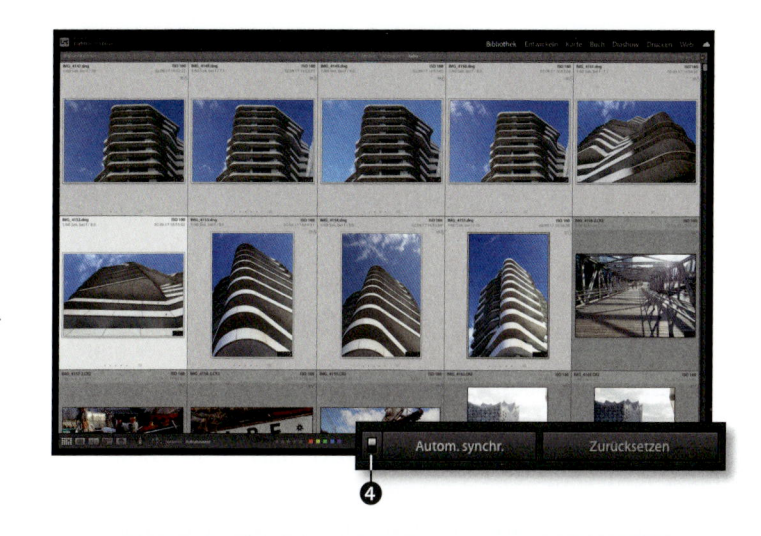

4 Basisentwicklung

Das A und O sind sinnvoll aufeinander abgestimmte Entwicklungsvorgaben, mit denen Sie die Motive Schritt für Schritt entwickeln. Ich starte hier mit einer allgemeinen Landschafts-Basisentwicklung, die das Bild mit dem Profil KAMERA LANDSCHAFT kontrastreicher und farblich kräftiger macht ❺. Außerdem sind KLARHEIT und DYNAMIK hier deutlich angehoben ❻. Mehr zu Entwicklungsvorgaben im Kapitel »Entwicklungsworkflow« ab Seite 176 sowie unter »Presets und Looks« ab Seite 270.

5 Details ergänzen

Wenn Ihre Entwicklungs-Presets so angelegt sind, dass sie sich in den Einstellungen ergänzen und nicht überschreiben, haben Sie die beste Voraussetzung, um in wenigen Schritten die Bilder sehr weit zu entwickeln.

Mein nächstes Entwicklungs-Preset »Architekturdetails« erhöht zusätzlich zur KLARHEIT noch den Wert von STRUKTUR für die feinen Details und steigert mit einer Gradationskurve ❼ den Kontrast zwischen Licht und Schatten. Die Bilder sind jetzt schon weit vorentwickelt und können noch weiter synchron entwickelt werden.

Kapitel 9 | Mobile Katalogorganisation **321**

Auf einen Blick

Das Karte-Modul

Wie Sie in Lightroom GPS-Tags erstellen und nutzen

❶ **Navigator:** Im Karte-Modul erfüllt der Navigator seinen eigentlichen Sinn. Mit dem Rechteck navigieren Sie über die Karte und bestimmen den Kartenausschnitt.

❷ **Gespeicherte Positionen:** Über Positionen können Sie größere Bereiche auf der Karte verwalten. Über eine Radiusangabe legen Sie die Reichweite fest. Innerhalb einer Position werden alle Bilder erfasst, deren GPS-Koordinaten sich in diesem Radius ⓲ befinden.

❸ **Positionswechsel:** Durch Klick auf den kleinen Pfeil hinter einer Positionsangabe wechselt der Kartenausschnitt entsprechend.

❹ **Positionen zuweisen:** Mit einem Klick auf das Kästchen vor der Position werden ausgewählte Bilder im Filmstreifen dieser Position und den entsprechenden GPS-Koordinaten zugewiesen. Sie können die Positionen auch per Drag & Drop zuweisen.

❺ **Sammlungen:** Auch im Karte-Modul haben Sie Zugriff auf Ihre vorbereiteten Lightroom-Sammlungen.

❻ **Kartenstil:** Über dieses Popup-Menü wechseln Sie die Kartenansicht von Satellit zu Straßenkarte und haben noch weitere Ansichtsoptionen.

322 Kapitel 9 | Mobile Katalogorganisation

Auf einen Blick

7 Zoomfaktor: Den Ausschnitt der Karte können Sie mit diesem Schieberegler zoomen oder mit gedrückter [Alt]-Taste einen Rahmen über den gewünschten Kartenausschnitt ziehen.

8 Marker sperren: Klicken Sie auf das Schloss, um einzelne Positionsmarker zu sperren, also zu verhindern, dass diese verschoben werden können.

9 GPS-Tracklogs: Über dieses Icon laden Sie sogenannte *Tracklogs*, deren GPS-Koordinaten über den Aufnahmezeitpunkt mit ausgewählten Bildern verknüpft werden können. Außerdem können Sie über dieses Menü eine Zeitzonenverschiebung definieren.

10 Kartenlegende: Über das Menü ANSICHT können Sie die Kartenlegende ein- und ausblenden:
- **Gelbe Markierungen** mit einem Punkt markieren das aktuelle Suchergebnis.
- **Orangefarbene Positionsnadeln** markieren die GPS-Positionen einzelner Bilder.
- **Eine gelbe Positionsnadel** markiert die Position des ausgewählten Bildes. Beide Positionsnadeln können verschoben werden.
- **Orangefarbene Positionsfahnen** mit Zahlen markieren die gemeinsame Position mehrerer Bilder.
- **Gelbe Positionsmarker** mit Zahlen markieren die Position ausgewählter Bilder.
- **Orangefarbene Positionsmarker ohne Pfeil** markieren naheliegende Positionen auf einem kleinen Kartenmaßstab.

11 Metadaten synchronisieren: Wählen Sie mehrere Bilder im Filmstreifen aus, und klicken Sie auf dieses Feld, um deren Metadateneinstellungen aus einem Bild auf eine Aufnahmeserie zu übertragen.

12 GPS-Koordinaten: In diesem Feld erkennen Sie die exakten GPS-Koordinaten für das Bild und können sie editieren. Dabei profitieren Sie natürlich von den schon in der Kamera hinzugefügten Angaben. Diese können zum Beispiel, neben Position, Höhe und Aufnahmerichtung, auch deren Winkel beinhalten.

13 Ortsangaben: Die Informationen über REGION, STADT etc. werden anhand der GPS-KOORDINATEN automatisch vorgeschlagen, wenn Sie die ADRESSENSUCHE aktiviert haben.

14 Metadaten-Bedienfeld: Im KARTE-Modul steht Ihnen das gleiche METADATEN-Bedienfeld wie in der Bibliothek zur Verfügung. Standardmäßig sind die Ortsangaben ausgewählt.

15 Karte durchsuchen: In diesem Feld suchen Sie wie gewohnt nach Orten. Karte und Suche greifen direkt auf Google Maps zu und benötigen eine aktive Internetverbindung.

16 Bildvorschau: Ein Klick auf den jeweiligen Positionsmarker öffnet eine Bildvorschau der dort getaggten Bilder, durch die Sie über die Pfeile navigieren können.

17 Filterleiste: Hier bestimmen Sie, welche Bilder im Filmstreifen angezeigt werden, wie NICHT GETAGGTE Bilder, um diesen GPS-Koordinaten zuzuweisen, oder nur AUF DER KARTE SICHTBARE Fotos.

18 Positionsradius: Ausgewählte Positionen werden auf der Karte mit dieser Umkreismarkierung angezeigt. Alle getaggten Bilder innerhalb dieses Radius werden der Position zugeordnet.

GPS-Koordinaten nutzen

Was Ihnen das Karte-Modul über Ihre Bilder verrät

Wenn Ihre Kamera die GPS-Koordinaten aufzeichnet, erledigt Lightroom Classic im Karte-Modul die Organisationsarbeit schon automatisch. Trotzdem können Sie auch eingreifen, GPS-Daten synchronisieren oder die Koordinaten einfach per Drag & Drop ändern.

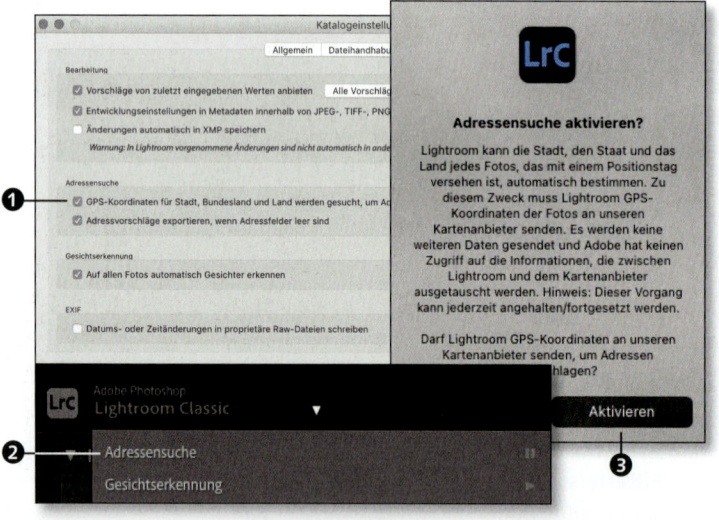

1 Adressensuche aktivieren
Wenn Sie das erste Mal Bilder in einen Lightroom-Katalog importieren, werden Sie gefragt, ob Sie die Adressensuche ❸ aktivieren wollen. Das Karte-Modul von Lightroom greift direkt auf Google Maps zu und kann die GPS-Koordinaten in Bildern automatisch mit Ortsbezeichnungen verknüpfen. Es ist aber keine Voraussetzung für das Arbeiten im Karte-Modul und kann sowohl in den Katalogeinstellungen ❶ als auch über das – unter der Erkennungstafel verborgene – Aktivitätscenter ❷ wieder deaktiviert werden.

2 Das Karte-Modul
Schon direkt nach dem Import erkennen Sie in der Rasteransicht der Bibliothek und im Filmstreifen an kleinen Nadel-Symbolen ❹, welche Bilder GPS-Koordinaten beinhalten.

Wechseln Sie per Klick auf ebendieses Symbol oder über die Modulleiste auf das Karte-Modul. Für die Ansicht der Karte – »powered by Google Maps« – benötigen Sie natürlich eine Internetverbindung.

3 Die Kartenanzeige

Klicken Sie auf eines der Bilder mit GPS-Koordinaten – sofort wechselt das Vorschaufenster auf den entsprechenden Kartenausschnitt und zeigt Markierungen mit einer entsprechenden Bilderanzahl ❻ an.

Bewegen Sie den Mauszeiger auf diese Markierung, dann wird Ihnen eine Bildvorschau angezeigt – über die Pfeile ❺ navigieren Sie durch die enthaltenen Bilder.

Wechseln Sie die Zoomstufe ❼, um die Positionen der Bilder genauer zu erkennen.

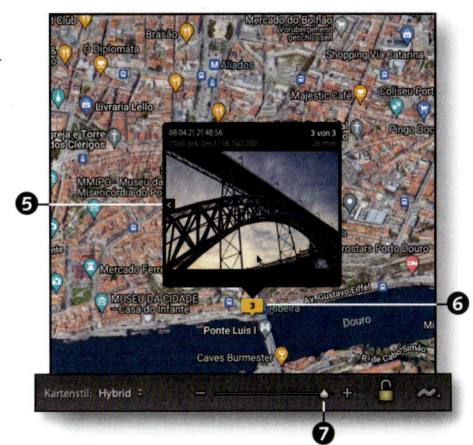

4 GPS-Informationen bearbeiten

Im Metadaten-Bedienfeld werden die GPS-Koordinaten ❽ angezeigt, samt der automatisch ermittelten Ortsinformation. Alle Angaben können Sie jederzeit manuell verändern.

Bilder ohne GPS-Informationen erhalten diese am schnellsten, wenn Sie das Bild aus dem Filmstreifen einfach an die richtige Kartenposition ziehen.

Tipp: Sie können auch mehrere Bilder aus dem Filmstreifen an neue Positionen ziehen.

5 GPS-Infos synchronisieren

Nicht alle Kameras speichern GPS-Daten. Aber fast alle Smartphones. Nutzen Sie deshalb Smartphone-Aufnahmen, um deren GPS-Daten auf Motive vom gleichen Aufnahmestandpunkt zu übertragen:

Wählen Sie eine Bildreihe aus, markieren Sie das Bild mit den GPS-Daten, und klicken Sie auf Metadaten synchronisieren ❿. Aktivieren Sie über einen Haken die GPS-Informationen ❾, die nach dem Klick auf Synchronisieren auch in die anderen Bilder gespeichert werden.

Kapitel 9 | Mobile Katalogorganisation 325

Positionen erstellen und zuweisen

Bilder mit GPS-Metadaten taggen und eigene Positionen anlegen

Bilder ohne GPS-Koordinaten können per Drag & Drop ganz einfach mit Koordinaten versehen werden. Mit Positionen fassen Sie Orte in einem größeren Radius zusammen und können diese Ihren Bilder einfach zuweisen. Dieser Workshop zeigt Ihnen alle notwendigen Schritte dazu.

1 Nicht getaggte Bilder suchen

Um die Bilder im KARTE-Modul zu organisieren, können Sie die Bildauswahl im Filmstreifen auch filtern.

Die Filterleiste befindet sich im KARTE-Modul an der gleichen Stelle wie der Bibliotheksfilter in der Bibliothek – oberhalb des Vorschaufensters ❶.

Klicken Sie dort auf NICHT GETAGGT ❷, um alle Bilder im Filmstreifen auszublenden, die bereits GPS-Koordinaten besitzen.

2 Google-Maps-Suche

Im KARTE-Modul von Lightroom Classic können Sie genauso suchen, wie es wohl die meisten von Ihnen aus Google Maps gewohnt sind: Sie geben einfach Ihren gesuchten Ort in das rechte obere Suchfeld ❹ ein und wählen bei mehreren angebotenen Orten aus der Liste den gewünschten per Klick aus. Das Zentrum des ausgewählten Ortes wird auf der Karte mit einem gelben Positionsmarker ❸ markiert.

Zoomen Sie dann näher in den Kartenbereich hinein.

3 Bilder positionieren

Ihre ungetaggten Bilder kommen ganz schnell an ihre GPS-Koordinaten. Wählen Sie einfach die gewünschten Bilder aus dem Filmstreifen mit gedrückter Taste ⇧ oder Strg/cmd aus, und ziehen Sie sie an die ausgewählte Kartenposition.

Die entsprechende Anzahl Bilder wird jetzt dieser Kartenposition ❺ zugewiesen und automatisch mit GPS-Koordinaten und den dazugehörigen Ortsinformationen versehen.

4 Genaue Positionierung

Wenn Sie noch genauer arbeiten wollen, zoomen Sie sich noch weiter in die Karte hinein, bis Sie Straßenzüge erkennen können. Wählen Sie dann über die Filterleiste oben Auf Karte sichtbar ❻ aus.

Den gemeinsamen Positionsmarker auf der Karte können Sie nicht verschieben, dafür aber einzelne oder mehrere Bilder im Filmstreifen erneut auswählen und auf neue Kartenpositionen ziehen. So können Sie Ihre erste Grobsortierung feiner ausarbeiten.

5 Smarte Positionierungshilfe

Haben Sie Ihr Smartphone unterwegs dabei? Dann kann es einen GPS-Empfänger ersetzen. Wenn Sie Ihre Handy-Schnappschüsse auch in den Lightroom-Katalog importiert haben, können diese Ihnen jetzt schon die relevanten Positionen anzeigen.

Jetzt haben Sie zwei Möglichkeiten: Entweder synchronisieren Sie die Metadaten, wie Sie es im vorangegangenen Workshop in Schritt 5 kennengelernt haben, oder Sie ziehen die dazu passenden Bilder einfach auf die gleiche Position auf der Karte. Die GPS-Infos entstehen automatisch ❼.

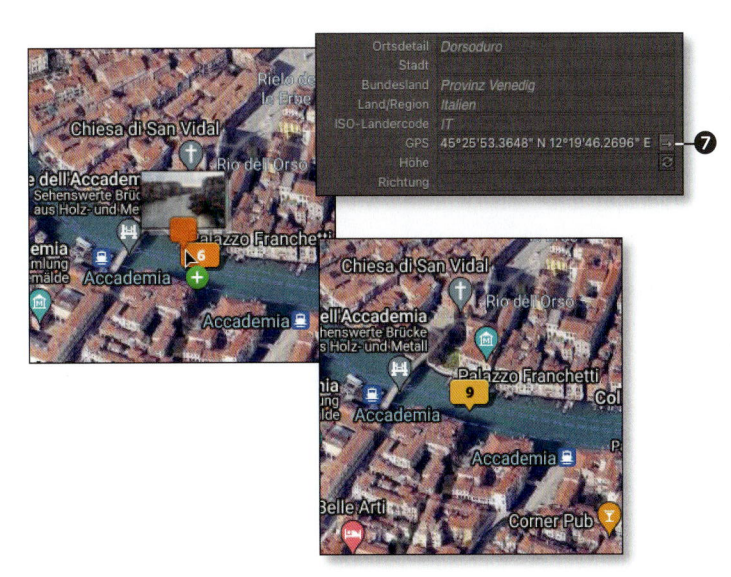

Kapitel 9 | Mobile Katalogorganisation **327**

6 Position erstellen

Mit Positionen erfassen Sie größere Bereiche auf der Karte als mit einzelnen GPS-Koordinaten. So können Sie Bilder zuerst ganz genau auf der Karte zuordnen – soweit diese durch eigene GPS-Koordinaten nicht schon automatisch zugeordnet sind – und dann wieder über einen größeren Bereich zusammenfassen. Klicken Sie auf das Plus-Zeichen ❶ des Bedienfelds Gespeicherte Positionen.

Die aktuelle Kartenposition wird gleich übernommen ❷, kann aber natürlich auch anders benannt werden.

7 Ordner anlegen

Öffnen Sie das Popup-Menü Ordner ❸, wählen Sie Neuer Ordner, und vergeben Sie einen Namen für den Ordner.

Außerdem können Sie jetzt schon den Radius ❹ der Position in Kilometern vorgeben. Dieser wird Ihnen zur Kontrolle im Vorschaufenster angezeigt, kann aber auch noch zu einem späteren Zeitpunkt angepasst werden.

Die Option Privat ❺ verhindert, dass diese Positionsangaben bei einem Export in den Metadaten gespeichert werden.

8 Position verändern

Auch nach dem Erstellen der Position können Sie diese noch genauer festlegen.

Sie erkennen am Positionskreis zwei kleine Punkte: Am Punkt in der Mitte ❽ können Sie das Zentrum der Position verschieben, am äußeren Punkt können Sie den Radius ❼ verkleinern oder vergrößern.

Mit der Taste 0 oder über das Menü Ansicht können Sie jederzeit wieder die gespeicherte Positionsüberlagerung anzeigen oder auch ausblenden. Mit der rechten Maustaste können Sie die Positionsoptionen ❻ erneut definieren.

328 Kapitel 9 | Mobile Katalogorganisation

9 Positionen zuweisen

Wenn Sie Bilder mit den gespeicherten Positionen taggen wollen, geht das auch ohne vorhandene GPS-Koordinaten. Blenden Sie über die obere Filterleiste die noch nicht getaggten Fotos ein ❾. Markieren Sie im Filmstreifen Fotos, die innerhalb einer Position aufgenommen wurden, die Sie schon erstellt haben. Dann ziehen Sie sie mit gedrückter Maustaste auf die Position in der Liste – der kleine Haken ❿ markiert die Zuweisung. Umgekehrt können Sie auch die Position auf die Bilder im Filmstreifen ziehen.

10 Positionen anzeigen

Schauen Sie sich dort die Positionsliste noch einmal genauer an, und bewegen Sie den Mauszeiger auf eine Position: Hinter dem Positionsnamen erscheint ein Pfeil ⓫ – ein Klick darauf blendet die entsprechende Position in der Karte ein.

Übrigens: Die hinter der Position genannte Bilderanzahl ⓬ bezieht sich immer auf die aktuelle Bildauswahl, nicht auf den Gesamtkatalog.

11 Nach Positionen filtern

Die Positionen können auch außerhalb des Karte-Moduls lokalisiert werden. Wechseln Sie mit der Taste G in die Rasteransicht der Bibliothek, und wählen Sie dort einen übergeordneten Ordner aus, der Positionsdaten enthält. Klicken Sie dann in der Filterleiste auf Metadaten ⓯, und klicken Sie auf den ersten Spaltenkopf ⓮, um dort aus dem Popup-Menü Kartenposition auszuwählen. Die in der Bildauswahl vorhandenen Positionen ⓭ werden Ihnen angezeigt, und Sie können die Bildordner nach ihnen filtern.

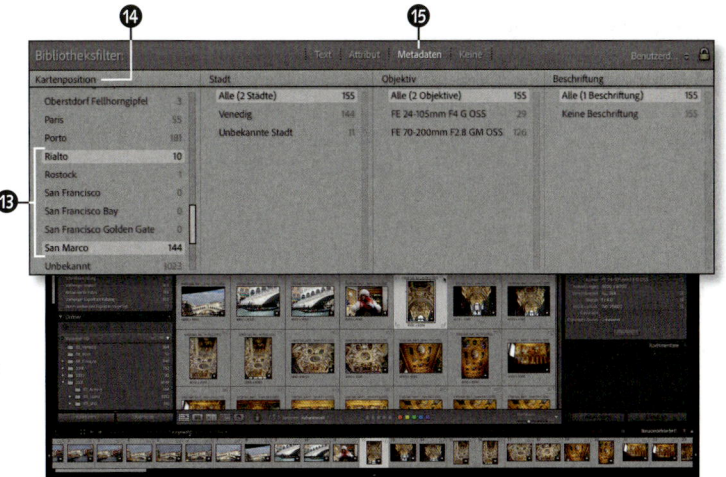

Kapitel 9 | Mobile Katalogorganisation

Bildauswahl mobil machen

Lightroom-Classic-Sammlungen mobil teilen

Die Lightroom-App hat sich zu einer umfassenden mobilen Bildorganisation gemausert. Sie können sie aber auch als bequeme Möglichkeit nutzen, die Bildorganisation von Lightroom Classic zeitweise auf mobilen Geräten zu begleiten.

1 Synchronisierung starten

Eine Synchronisierung mit der Lightroom-App starten Sie in Lightroom Classic über das Wolkensymbol ❶ rechts oben im Fenster. Standardmäßig ist die Verbindung zur Lightroom-App zunächst deaktiviert. Ein Klick auf die Schaltfläche Sync. starten ❷ stellt die Verbindung über die Adobe-ID her, mit der Sie Lightroom aktiviert haben.

Das hat zunächst keinen Einfluss auf Ihren Lightroom-Classic-Katalog. Zum mobilen Teilen Ihrer Bilder fehlt noch ein weiterer Schritt.

2 Sammlungen freigeben

Jetzt entscheiden Sie, welche Motive Sie mit Ihren mobilen Geräten teilen wollen.

Öffnen Sie Ihr Sammlungen-Bedienfeld. Durch die Synchronisation mit der Lightroom-App sind vor den Sammlungsnamen kleine Checkboxen sichtbar. Ein Klick in diese Checkbox gibt die jeweilige Sammlung für die Synchronisation frei, dies ist über ein kleines Icon ersichtlich ❸.

Nur die Bilder solcher Sammlungen werden nun mit den mobilen Apps synchronisiert, der übrige Katalogbestand wird weiter nur lokal verwaltet.

3 Die Lightroom-App starten

Lightroom ist als App für Mobilgeräte, als Desktop- und als Web-Applikation verfügbar und wird zwischen diesen synchronisiert.

Starten Sie die App auf einem mobilen Gerät, und melden Sie sich mit der gleichen Adobe-ID ❹ an, unter der Sie auch Lightroom Classic installiert haben.

In der Bibliothek sind jetzt neben den mobilen Alben auch die von Lightroom Classic freigegebenen Sammlungen ❺ ersichtlich.

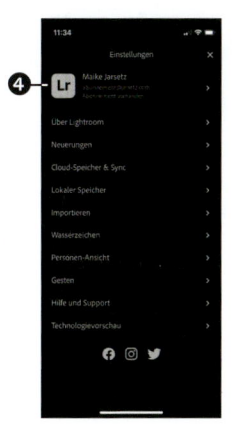

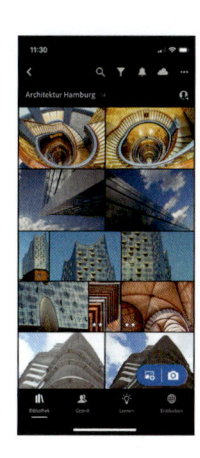

4 Mobile Sammlung

Diese Sammlung wird jetzt auf allen Geräten mit gleicher Adobe-ID synchronisiert. Ein Tippen auf die Sammlungsvorschau öffnet die Sammlung. Sie können die Bilder bequem auf dem Smartphone oder Tablet in Miniaturen oder als Vollbild betrachten, Bilder bewerten, verschlagworten, bearbeiten ❻ oder auch eine Präsentation ablaufen lassen, dabei werden alle mobilen Eingriffe wie Bewertungen, aber auch Bearbeitungen mit der Original-Lightroom-Classic-Sammlung synchronisiert.

5 Original und Smart-Vorschau

Die originalen Bilddaten verbleiben in Ihrer Lightroom-Classic-Bildorganisation ❾. Für die Synchronisierung werden Smart-Vorschauen in die Cloud geladen. Sobald Sie die Motive auch auf einem mobilen Gerät bearbeiten, wird eine Smart-Vorschau auch auf dieses Gerät heruntergeladen. Damit erhalten Sie die Bearbeitungsmöglichkeit einer DNG-Datei, ohne das Gerät mit dem vollem Speicherpatz zu belasten. Über das Cloud-Symbol ❽ und über die Bildinformation ❼ erhalten Sie den aktuellen Status der Datei.

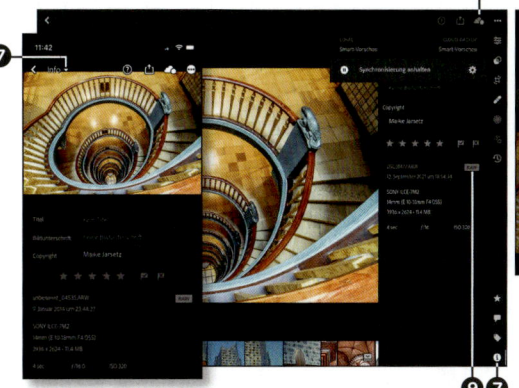

Kapitel 9 | Mobile Katalogorganisation

Kataloge verknüpfen

Integrieren Sie einen Reisekatalog in Ihre Bildorganisation

Wenn Sie nach der Reise nach Hause kommen, können Sie Ihren gut organisierten Reisekatalog inklusive aller Vorarbeiten archivieren oder aber in einen bestehenden Hauptkatalog einpflegen. Dabei bleibt die Lightroom-Vorarbeit vollständig erhalten.

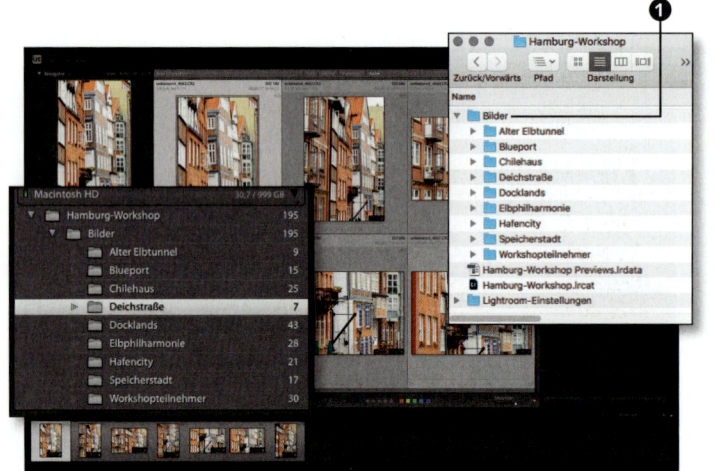

1 Richtig vorbereitet?

Wenn Sie bei Ihrer mobilen Bildorganisation so vorgegangen sind, wie es die Workshops am Anfang des Kapitels beschrieben haben, ist jetzt Ihre gesamte Bildorganisation inklusive der Originalbilder, der Vorschaudaten, eigener Vorgaben und natürlich der Katalogdaten in einem Ordner gespeichert ❶. Einfacher geht es nicht. Diesen können Sie zum Beispiel auf eine externe Festplatte kopieren und gleich mit Schritt 3 weitermachen.

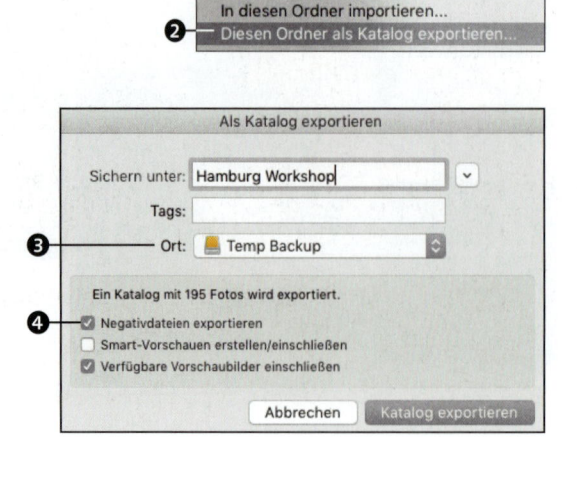

2 Als Katalog exportieren

Fassen Sie ansonsten Ihre Katalogdaten einfach über einen Katalogexport zusammen – wahlweise den ganzen Katalog oder nur ausgesuchte Sammlungen. Klicken Sie mit der rechten Maustaste auf eine Sammlung oder einen Ordner, um DIESE(N) SAMMLUNG/ORDNER ALS KATALOG EXPORTIEREN ❷ zu können. Aktivieren Sie die Option NEGATIVDATEIEN EXPORTIEREN ❹, um jetzt die Originaldaten mit auf die externe Festplatte ❸ zu kopieren. Die Option VERFÜGBARE VORSCHAUBILDER EINSCHLIESSEN sichert einen schnellen Bildaufbau.

3 Katalogdaten kopieren

Die externe Festplatte schließen Sie an Ihren Rechner zu Hause an und kopieren den Ordner am besten gleich an einen sinnvollen Ort in Ihrer Bildersammlung. Öffnen Sie den Hauptkatalog in Lightroom, und wählen Sie aus dem Datei-Menü Aus anderem Katalog importieren. Navigieren Sie zu dem gespeicherten Ordner, und wählen Sie die ».lrcat«-Datei aus 5. Im folgenden Importfenster können Sie Neue Fotos ohne Verschieben dem Katalog hinzufügen 6, klicken Sie dann auf Importieren.

5 Externe Bildsicherung

Natürlich können die Bilddaten auch weiter auf der externen Festplatte verbleiben. Diese können jederzeit nachträglich in Lightroom an den gewünschten Speicherort verschoben werden.

Falls die Bilder auf der externen Festplatte verbleiben sollen, kann es sinnvoll sein, Smart-Vorschauen zu sichern. Das machen Sie entweder beim Katalogexport oder jetzt über das Menü Bibliothek • Vorschauen • Smart-Vorschauen erstellen 7.

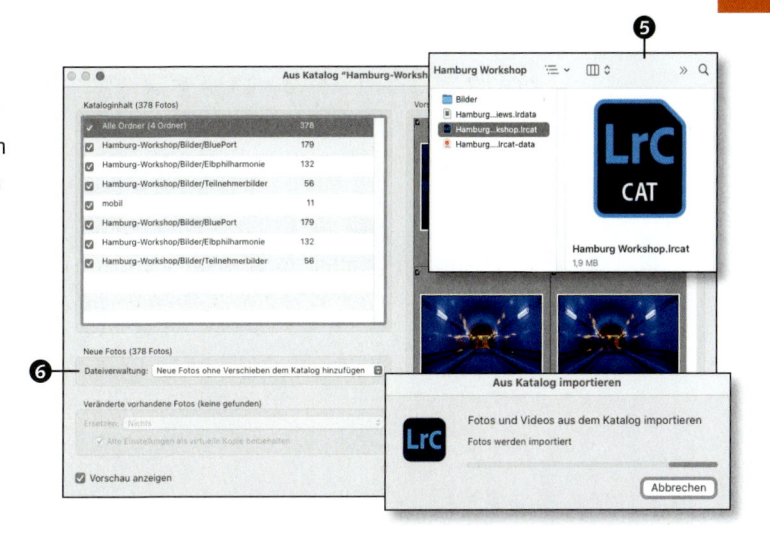

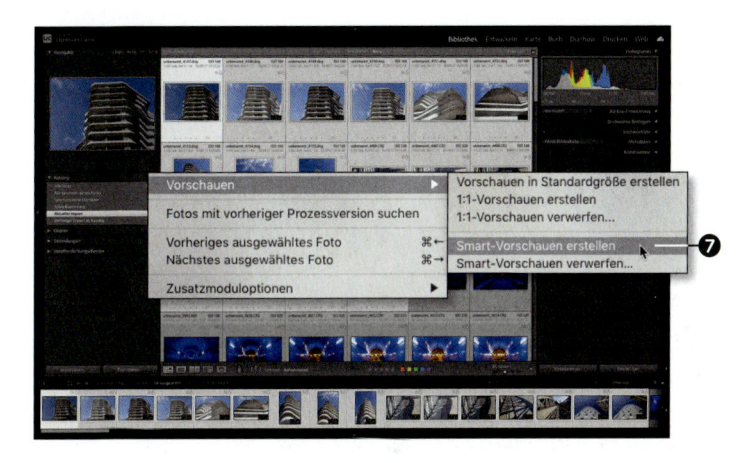

4 Gesicherte Vorarbeit

Alles, was Sie an Vorarbeit für den Katalog geleistet haben, und sämtliche Entwicklungsarbeit und Bildorganisation, die Sie unterwegs vorgenommen haben, ist mit der Katalogdatei in Ihren Hauptkatalog übernommen worden. Dazu gehören natürlich die entwickelten Bilder mit editierbaren Entwicklungseinstellungen, aber auch die aufgebaute Stichworthierarchie 9 und die gesicherten Sammlungen 8. Sie können Ihre Reise-Bildorganisation jetzt fließend in Ihrem Hauptkatalog fortsetzen.

Unterwegs mit der mobilen Lightroom-App

Neben Lightroom Classic haben Sie mit Ihrem Adobe-Foto-Abo auch Zugriff auf die mobile Lightroom-App. Eine ideale Voraussetzung, um schon auf Reisen die persönliche Bildausbeute ohne großen Rechner-Ballast auf Mobilgeräten zu laden, zu organisieren und zu bearbeiten. Dieses Kapitel führt Sie nun in die cloudbasierte Bildorganisation ein, zeigt Ihnen, welches Potenzial in der App auch schon auf Smartphones steckt, und auch, wie Sie diese mobile Bildorganisation wieder mit Ihrer Ordnerstruktur auf der Festplatte verbinden können.

EINFÜHRUNG: Mobile Fotoalben
Grundgedanken zum cloudbasierten Lightroom 336

AUF EINEN BLICK: Die Lightroom-App
Bilder auf mobilen Geräten organisieren 338

AUF EINEN BLICK: Mobile Bildbearbeitung
Ein Überblick über die Entwicklungsmöglichkeiten in der App 340

Das mobile Lightroom einrichten
Die ersten Schritte mit der Lightroom-App 346

Raw-Bilder von mobilen Geräten
In-App-Fotografie mit Lightroom 348

Mobiler Import
Fotos zu Lightroom hinzufügen und in Alben organisieren 350

Bilder organisieren in der Cloud
Metadaten, Sortierungen, Bewertungen, Filterungen und Suchen 352

Mobile Presets nutzen
Mehr als Entwicklungseinstellungen 356

Bearbeitungsworkflow in der App
Tipps und Tricks für die mobile Bildbearbeitung 358

Bilder speichern und weitergeben
Raus aus der App – hin zu physikalischen Bildern 362

Wege aus der Cloud
Die Übergabe an Lightroom Classic 364

Foto: Maike Jarsetz

Mobile Fotoalben

Grundgedanken zum cloudbasierten Lightroom

Die mobile Lightroom-App

Lightroom als App ermöglicht eine übergreifende Bildorganisation und -bearbeitung auf allen Geräten. Das cloudbasierte Programm kann unabhängig von der großen Schwester Lightroom Classic arbeiten. Die Lightroom-App ist auf mobilen iOS- und Android-Geräten verfügbar, ebenso gibt es eine komfortable Desktop-Anwendung, und es steht Ihnen ein Webservice unter *lightroom.adobe.com* zur Verfügung. Wenn Sie sich jeweils mit Ihrer Adobe-ID angemeldet haben, werden die Bildsammlungen auf allen Geräten synchronisiert.

Wo sind meine Bilder?

Diese permanente Synchronisierung wird über die Speicherung der Bilder in der Cloud gewährleistet. Dies ist keine Option, sondern Grundvoraussetzung. Ihre mit der Lightroom-App importierten und synchronisierten Bilder liegen also immer auf Ihrem Cloud-Speicherplatz, den Sie mit Ihrem Adobe-Creative-Cloud-Abo abonnieren ❷.

Wenn Sie Sammlungen aus Lightroom Classic mit der Lightroom-App synchronisieren, bleiben die Originale aber natürlich an dem Speicherplatz auf Ihrem Rechner.

Auch in der Lightroom-App startet die Bildorganisation mit dem Import von Bilddaten. Mobil werden diese entweder direkt von der Kamerakarte oder aus den auf dem Gerät vorhandenen Aufnahmen importiert und können auch direkt mit der In-App-Kamera aufgenommen werden.

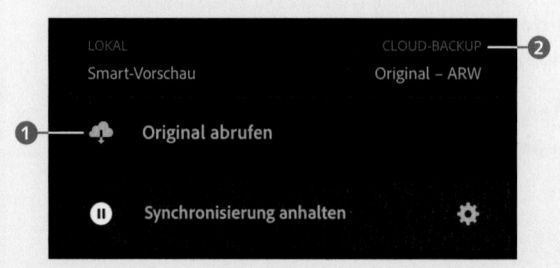

Wichtig in diesem Zusammenhang ist die Voreinstellung, ob Fotos von Ihrem Gerät *automatisch hinzugefügt* werden sollen. Mit dieser Option würde auch jedes Foto, das nur aus Dokumentationszwecken aufgenommen wurde, automatisch Bestandteil Ihrer Lightroom-Bibliothek. In meinen Geräten ist die Option deshalb deaktiviert. Das tun Sie schon beim ersten Starten der App über die Checkbox ❸ oder nachträglich über die Voreinstellung.

Die Aufnahmen Ihrer Kameras können per WLAN, Bluetooth oder Kamera-Adapter importiert oder über den Aufnahmen-Ordner hinzugefügt werden. Während des Imports geben Sie aber keinen neuen Speicherplatz für die Bilder an, denn diese werden direkt in Ihren Cloud-Speicherplatz kopiert. Sie arbeiten auf Ihren mobilen Geräten immer und ausschließlich mit den Vorschaubildern.

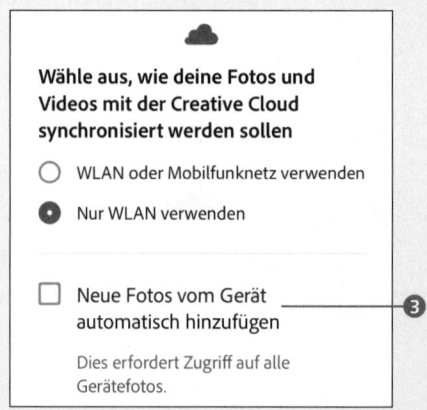

Einführung

Für die Bildbearbeitung wird bei Bedarf eine Smart-Vorschau, also eine 2 540 Pixel lange DNG-Version des Bildes heruntergeladen ❶. So ist eine Raw-Entwicklung möglich, obwohl die Bilder in der Cloud sind.

Bildorganisation und Bildentwicklung

Wie kann ich meine Bilder mobil organisieren? Auch in der App gibt es virtuelle Ordner, hier heißen sie Alben ❺. Die bekannten Bewertungen und Markierungen für die Bildauswahl sind natürlich auch möglich. Nach Bewertung, Stichwort-Tags und auch nach EXIF- und GPS-Informationen können Sie Ihre Bildauswahl direkt filtern. Außerdem sind Suchen nach typischen Bildinhalten möglich ❻, ohne dass man dafür eine Verschlagwortung anlegen muss. Grundlage hierfür ist die automatische »Sensei«-Bilderkennung, die die Bilder nach bekannten Bildmustern durchsucht und automatisch taggt. Sensei steuert ebenfalls die automatische Gesichtserkennung, die die Bilder in der Personenansicht sortiert ❹. Für die Entwicklungsarbeit in der Lightroom-App stehen im Prinzip fast alle Entwicklungsparameter zur Verfügung, die Sie aus Lightroom Classic kennen. Einen Überblick finden Sie auf den nächsten Seiten. Die Entwicklungsarbeit in der App erfordert so keine Umgewöhnung und kein Neu-Erlernen.

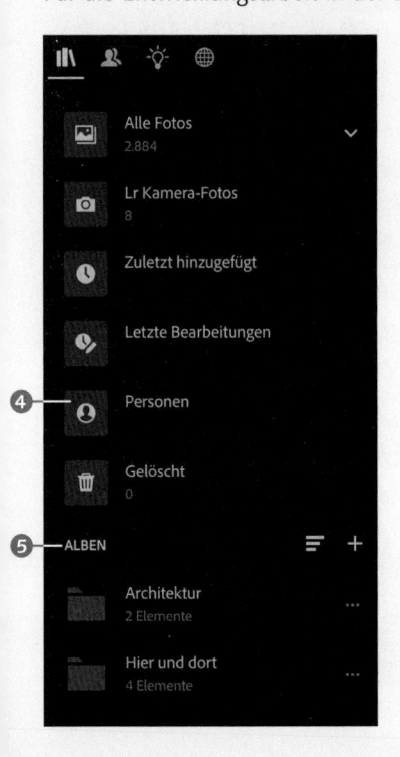

Wege aus der Cloud

Aber welche Wege führen aus der Cloud? Natürlich können Sie Ihre Ergebnisse nach der Lightroom-Arbeit auch lokal speichern. Sie haben dabei die Wahl zwischen einer entwickelten JPEG-Kopie oder der originalen (Raw-)Datei mit den separat in XMP gespeicherten Entwicklungseinstellungen. Aber auch die Originale ganzer Alben können Sie lokal speichern ❼. Den Speicherort dafür legen Sie in den Voreinstellungen fest.

Für die strukturierte Speicherung Ihrer Originalaufnahmen würde ich aber immer den Weg über die Synchronisierung mit Lightroom Classic wählen. Hier können Sie virtuelle Alben in die gewohnte Ordnerstruktur überführen. Der Workshop auf Seite 346 zeigt Ihnen, wie Sie dabei vorgehen.

Kapitel 10 | Unterwegs mit der mobilen Lightroom-App

Auf einen Blick

Die Lightroom-App

Bilder auf mobilen Geräten organisieren

Die Lightroom-App hat zwei Hauptaufgaben: Bildorganisation und Bildbearbeitung. Die Oberfläche der App ist auf den Mobilgeräten und der Desktop-App fast identisch.

❶ **Übergreifende Alben:** Neben der Sortierung in eigenen Alben haben Sie den Zugriff auf Alle Fotos, LR-Kamera-Fotos, zuletzt hinzugefügte und letzte Bearbeitungen.

❷ **Personen:** Hier filtert Adobe Sensei automatisch alle Gesichter und gruppiert diese. Die Benennung müssen Sie selber machen.

❸ **Albeneinstellungen:** Das Plus-Symbol erstellt ein neues Album oder einen übergreifenden Ordner. Die Sortierung legen Sie über das danebenstehende Symbol fest.

❹ **Album-Optionen:** Öffnen Sie diese, um das Album zu organisieren, Bilder einem Album hinzuzufügen, die Originale lokal zu speichern oder ein Album für andere freizugeben.

❺ **Miniaturen:** Ihre Größe variieren Sie auf den mobilen Geräten mit der bekannten Zweifingerskalierung.

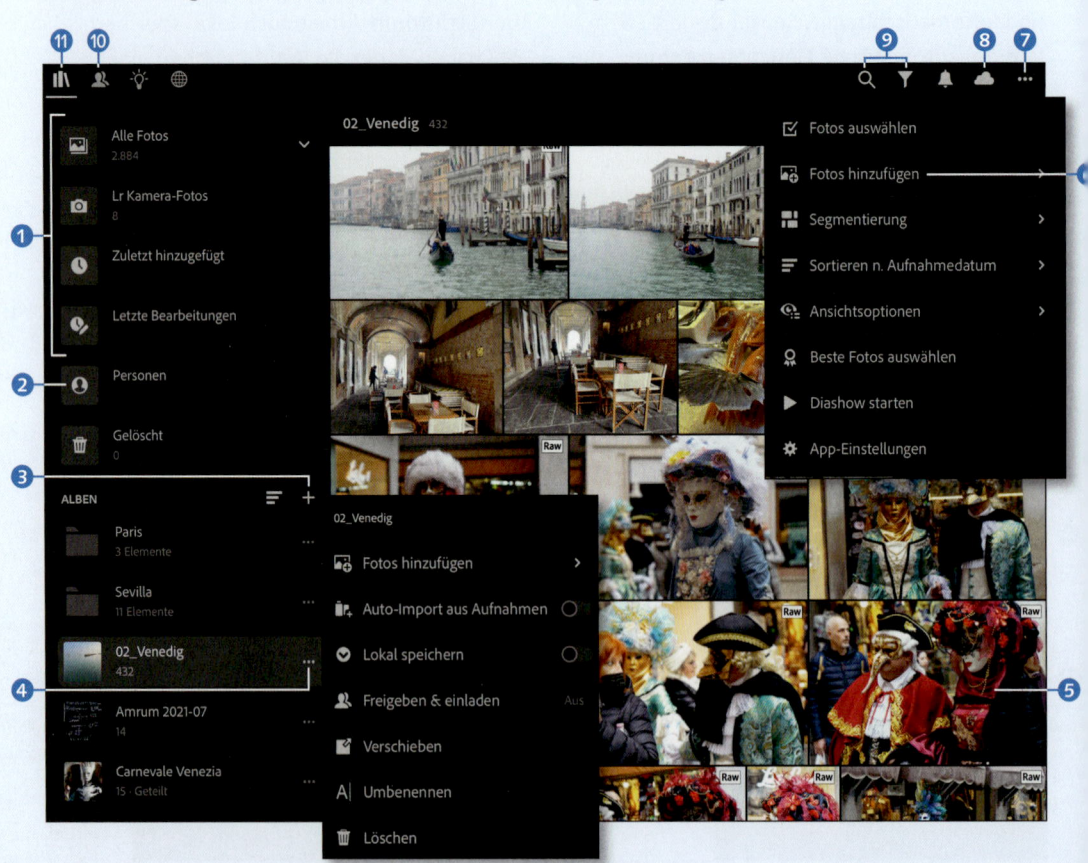

338 Kapitel 10 | Unterwegs mit der mobilen Lightroom-App

Auf einen Blick

6 Import: Importieren Sie Bilder aus den Geräte-Bibliotheken oder direkt von der Kamera.

7 Allgemeine Optionen: Unter diesen drei Punkten verbergen sich Optionen für die Darstellung oder Sortierung der Rasteransicht, Auswahl- und Importmöglichkeiten sowie App-Einstellungen.

8 Cloud-Informationen: Das Wolkensymbol zeigt den aktuellen Synchronisierungsstatus.

9 Suchen und filtern: Filtern Sie nach Kategorien, Stichwörtern oder EXIF-Daten, und nutzen Sie die Adobe-Sensei-Technologie für die intelligente Bildersuche.

10 Geteilt: Über diese Schaltfläche öffnen Sie eine Übersicht Ihrer freigegebenen Bilder.

11 Bibliothek: Dieses Symbol öffnet die Übersicht der in Lightroom verwalteten Bilder.

12 Bilder teilen: Das bekannte Symbol ermöglicht Ihnen, das ausgewählte Bild zu exportieren, direkt zu verlinken oder für andere freizugeben.

13 Entwicklungsbedienfelder: Diese öffnen Sie in der Einzelansicht am rechten oder unteren Bildrand. Auf dem Smartphone aktivieren Sie zunächst den Bearbeiten-Modus.

14 Bilder bewerten und markieren: In der Einzelbildansicht können Bilder mit einfacher Wischbewegung bewertet oder mit Flaggen markiert werden.

15 Bilder verschlagworten: Das kleine Tag-Symbol öffnet das Stichwortfenster.

16 Info: Blendet Bildinformationen und Metadaten des ausgewählten Motivs ein.

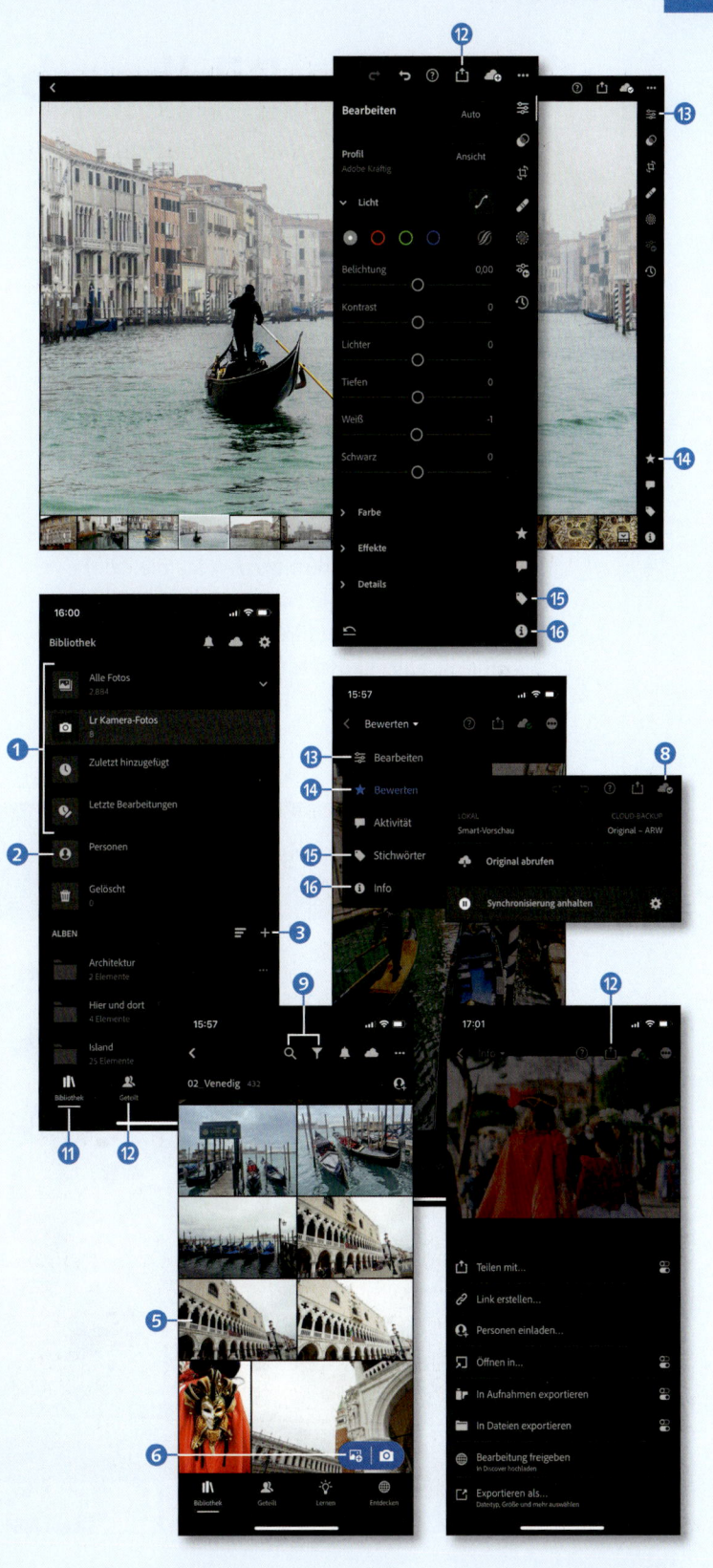

Kapitel 10 | Unterwegs mit der mobilen Lightroom-App

Auf einen Blick

Mobile Bildbearbeitung

Ein Überblick über die Entwicklungsmöglichkeiten in der App

1 Profile: Auch in den Lightroom-Apps können Sie Profile für die Grundentwicklung aus dem Profilbrowser wählen.

2 Rückgängig/Wiederholen: Gehen Sie über diese Symbole einzelne Entwicklungsschritte zurück.

3 Autokorrekturen: Nutzen Sie die Adobe-Sensei-Technologie zur Erkennung von Bildinhalten, Farb- und Helligkeitsverteilungen für die automatische Korrektur.

4 Bilder bearbeiten: Über das Regler-Symbol öffnen Sie die bekannten Entwicklungseinstellungen. Auf dem Smartphone wählen Sie die Bearbeitungen über ein Popup-Menü.

5 Presets: Außer den Adobe-Presets können Sie eigene Presets aus vorentwickelten Bildern erstellen. Die Presets werden zwischen den Apps synchronisiert.

6 Freistellen: Hier legen Sie mit dem Freistellungsrahmen in gewünschten Seitenver-

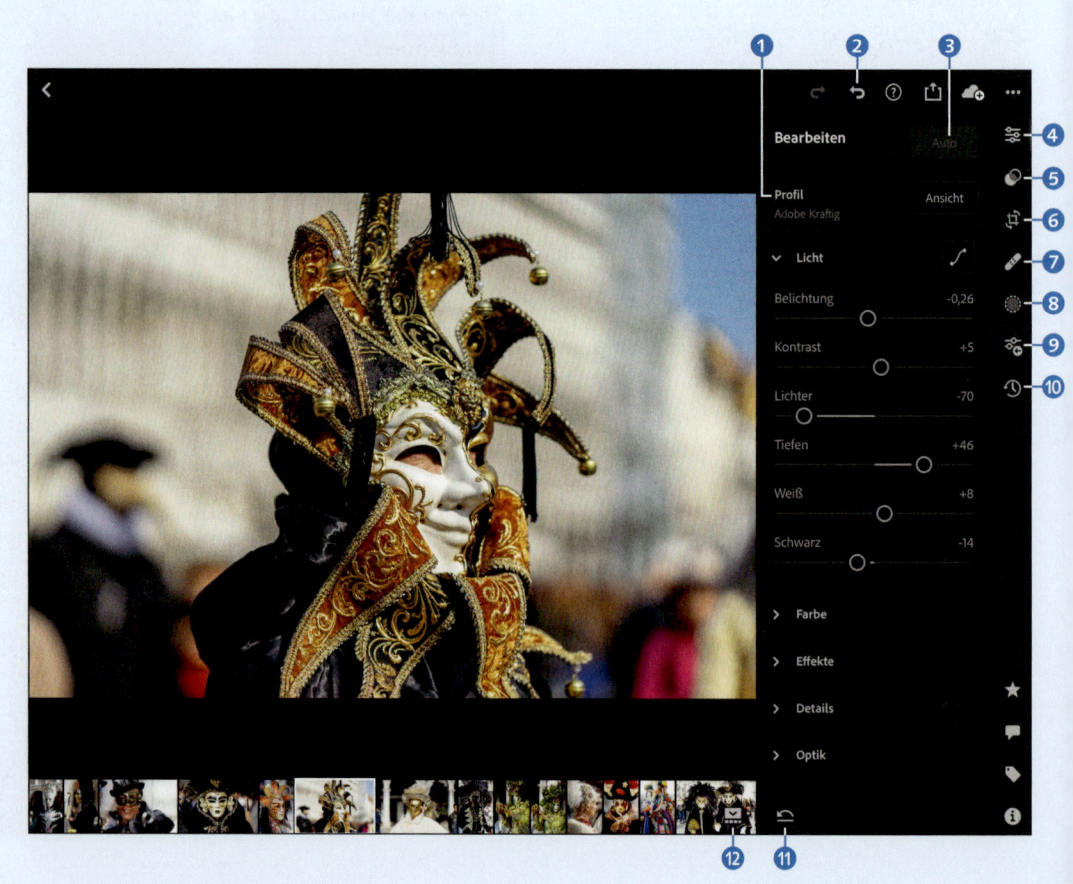

Auf einen Blick

hältnissen einen Bildausschnitt fest oder begradigen den Horizont.

❼ Retuschewerkzeuge: Reparaturpinsel oder Kopierstempel sind auch in den Apps mit gleichen Optionen verfügbar.

❽ Maskieren: Sämtliche lokalen Korrekturen, wie Pinsel, Verlaufs- oder Radialfilter, intelligente Himmel- oder Motivauswahl und selektive Methoden für Farbe, Luminanz und Tiefe stehen in den mobilen Apps zur Verfügung.

❾ Vorheriges Foto: Übertragen Sie Korrekturen und Einstellungen aus dem vorherigen Foto.

❿ Versionen: Speichern Sie mit Versionen verschiedene Entwicklungsphasen.

⓫ Zurücksetzen: Setzen Sie hier alle Korrekturen und Einstellungen zurück.

⓬ Filmstreifen: Blenden Sie den Filmstreifen aus, um mehr Platz für die Bildvorschau zu gewinnen.

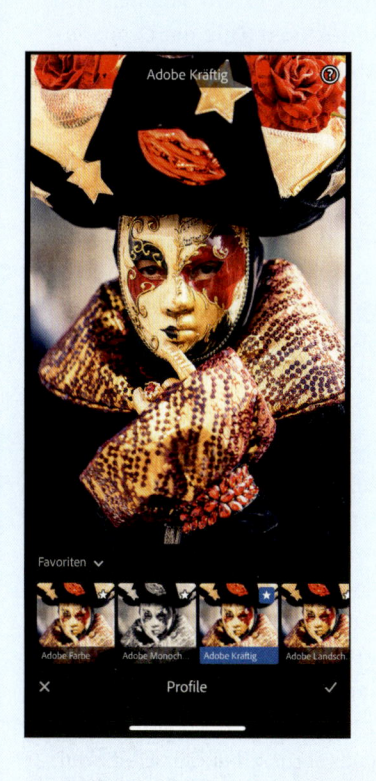

Gesten in Lightroom auf mobilen Geräten	
Navigation/Steuerung	
Informationen/Histogramm einblenden	Zweifingertipp
Einzelbild/Vollbild wechseln	Einfingertipp
Zoomen	Zweifingerpinch
Markierungsstatus ändern (Bewerten)	Oben/unten wischen
Zum nächsten Einzelbild	Seitlich wischen
Bearbeitung/Entwicklung	
Beschnittbereiche weiß/schwarz anzeigen	Regler mit zwei Fingern bewegen
Werkzeuggröße/harte Kante/ Fluss einstellen	Über Icon nach oben/unten bewegen
Schrittweise Regler-Einstellung	Links/rechts neben den Regler tippen
Regler-Einstellung zurücksetzen	Regler doppelt tippen
Bearbeitungsgruppe zurücksetzen	Werkzeug tippen und halten
Vorher-Status einblenden	Ein-Finger-Halten

Kapitel 10 | Unterwegs mit der mobilen Lightroom-App

Auf einen Blick

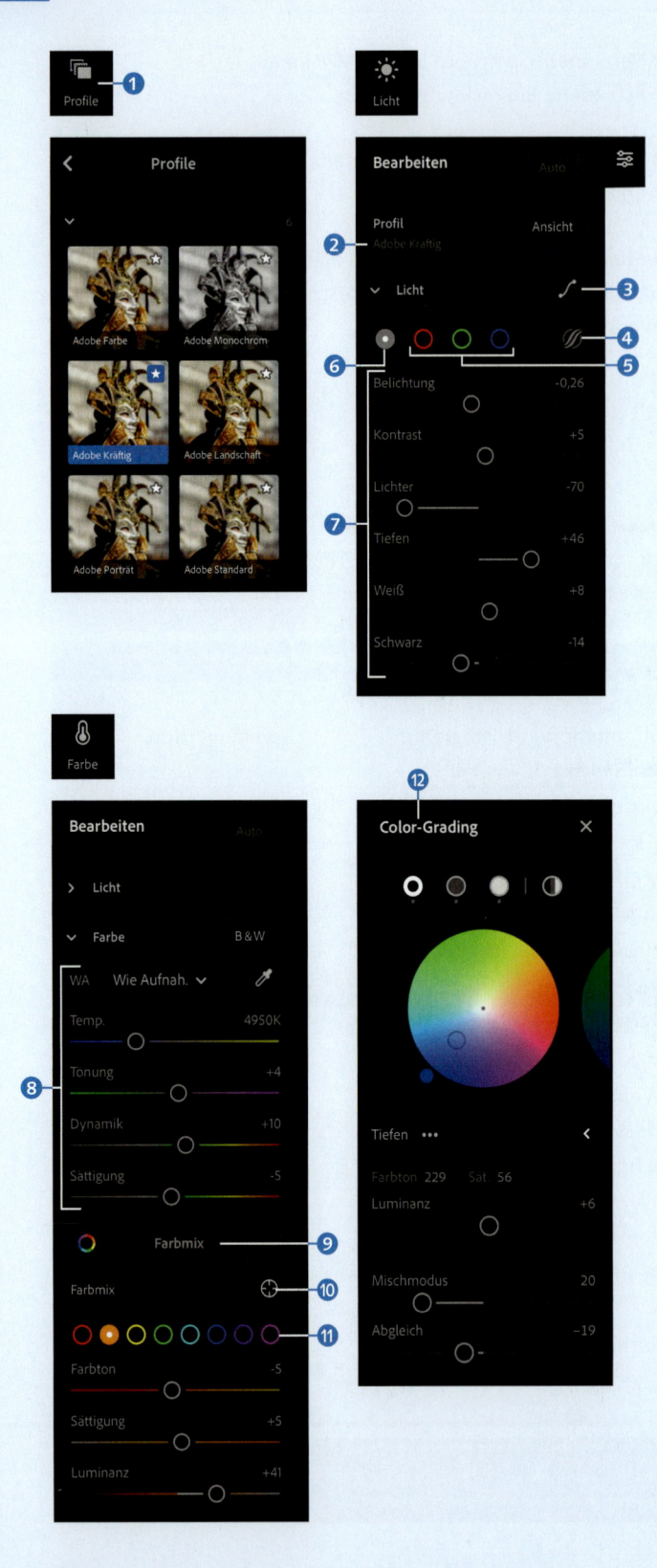

Die Funktionen im Detail
Die Bearbeitungsmöglichkeiten in den Lightroom-Apps entsprechen im Großen und Ganzen denen, die Sie aus Lightroom Classic kennen und in Kapitel 4 bis Kapitel 7 kennengelernt haben. Bedingt durch das Screendesign auf den mobilen Geräten gibt es aber leichte Abweichungen im Handling.

Profil
Die Profil-Auswahl und den Profilbrowser öffnen Sie oberhalb der Entwicklungseinstellungen ❷ und auf dem Smartphone über das gleichnamige Icon ❶.

Licht
Im Bearbeitungsbereich LICHT sammeln sich die Tonwertkorrekturen ❼.

Die Gradationskurve wird per Klick auf das Icon ❸ eingeblendet. In den mobilen Apps überlagert die Kurve das Motiv und kann dort direkt bearbeitet werden.

Über ein Icon wechseln Sie zwischen der parametrischen ❹ – in den Maximalwerten eingeschränkten – und der frei editierbaren Punktkurve ❻. Auch in der App können die Kanäle einzeln bearbeitet werden ❺.

Farbe
Im Bearbeitungsbereich FARBE versammeln sich alle die Bildfarbe beeinflussenden Steuerungen ❽. Der Weißabgleich kann auch hier mit Vorgaben, Reglern oder einer Pipette direkt im Bild angepasst werden.

Die HSL-Steuerungen heißen hier FARBMIX, werden separat über ein Icon ❾ geöffnet und können in FARBTON, SÄTTIGUNG und LUMINANZ für ausgewählte Farbgruppen bearbeitet werden ⓫. Ebenfalls steht Ihnen das Zielkorrekturwerkzeug ❿ zur Verfügung.

Eine weitere Gruppe bildet das COLOR-GRADING ⓬, das identisch wie in Lightroom Classic funktioniert, aber auf die 3-Wege-Ansicht verzichtet.

342   Kapitel 10 | Unterwegs mit der mobilen Lightroom-App

Auf einen Blick

Effekte

Auch wenn der Oberbegriff es nicht vermuten lässt, versammeln sich im Reiter EFFEKTE ⓭ wichtige Steuerungen wie die KLARHEIT, STRUKTUR und der DUNST-ENTFERNEN-Regler.

Darunter befinden sich die Steuerungen für die VIGNETTE ⓮ und die KÖRNUNG ⓯. Die zunächst ausgegrauten Optionen sind aktiv, sobald Sie den Hauptregler betätigt haben.

Details

Wie in der großen Schwester Lightroom Classic vereinen sich in den DETAILS-Einstellungen ⓰ die Scharfzeichnung und die Rauschreduzierung.

Die Feinsteuerungen ⓱ stehen in den Apps ebenfalls zur Verfügung, sobald Sie mit dem Hauptregler eine Korrektur vorgenommen haben.

Optik

In den OPTIK-Steuerungen sind die profilbasierten OBJEKTIVKORREKTUREN und die Steuerung CA (CHROMATISCHE ABERRATION) ENTFERNEN pauschal über eine Checkbox zu aktivieren ⓲.

Geometrie

Hier vereinen sich die manuellen Regler für Perspektivkorrekturen ㉑, die ebenfalls im gleichen Umfang wie in Lightroom Classic zur Verfügung stehen.

Die automatischen Upright-Korrekturen öffnen Sie über das Popup-Menü ⓴.

Für eine Korrektur mit Hilfslinien aktivieren Sie das entsprechende Werkzeug ⓳.

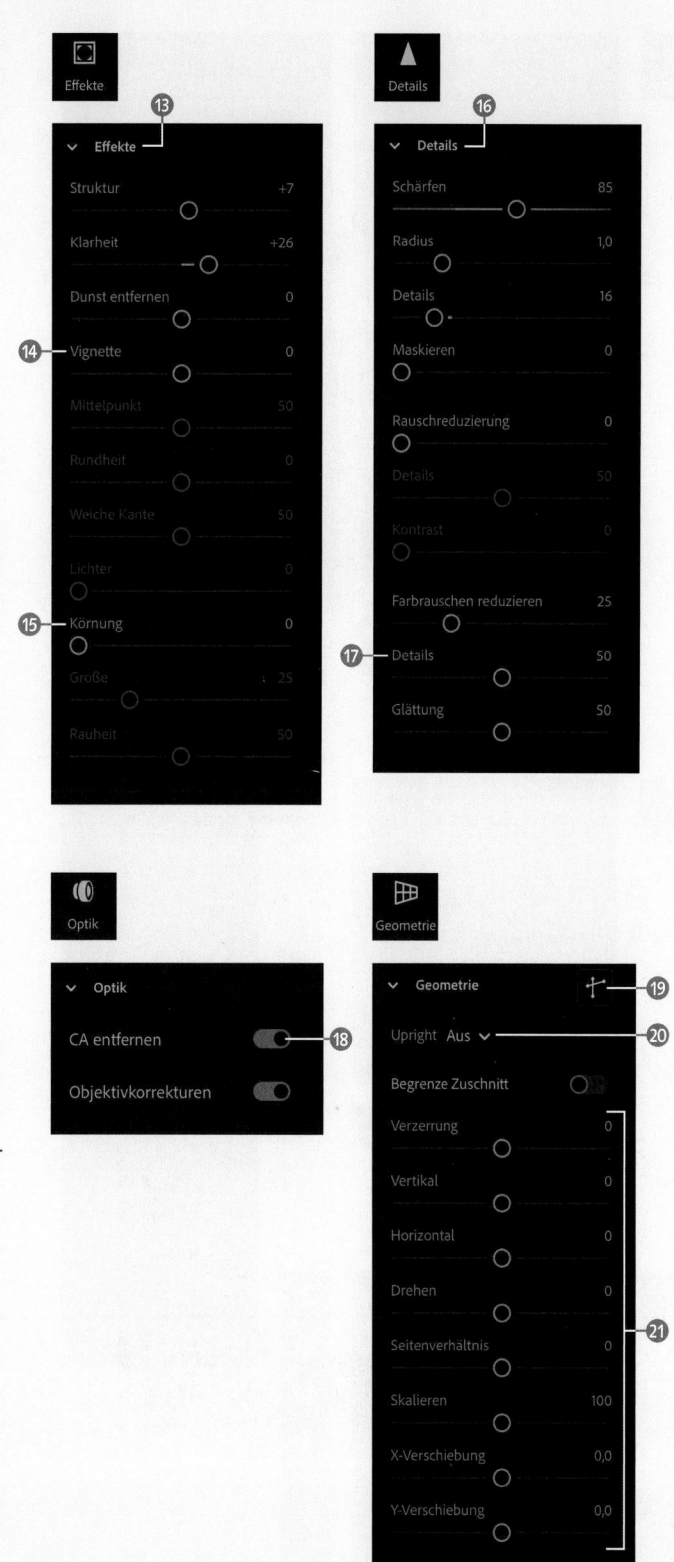

Kapitel 10 | Unterwegs mit der mobilen Lightroom-App

Auf einen Blick

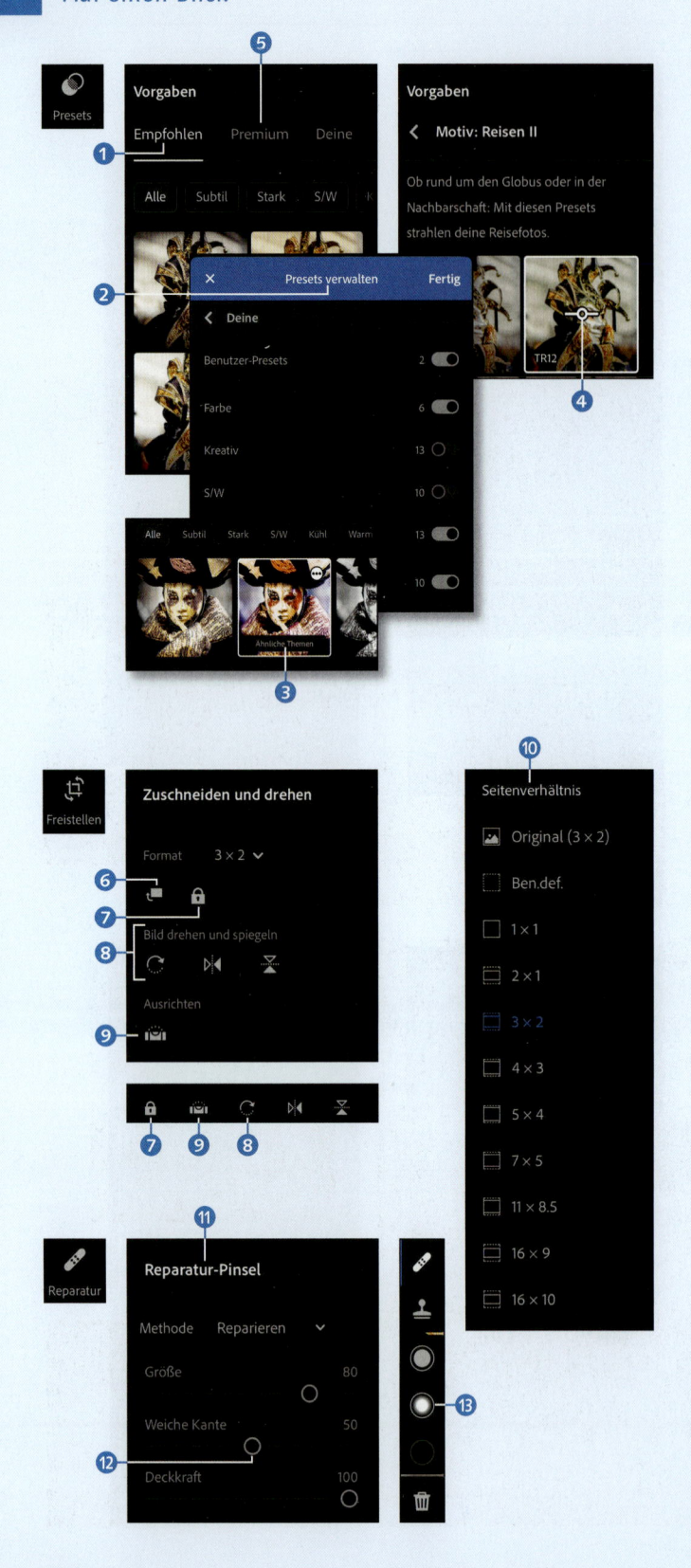

Vorgaben/Presets

Lightroom- und eigene Presets werden zwischen den Apps synchronisiert. In allen Apps können Sie die PRESETS VERWALTEN und damit individuell einblenden ❷.

Die empfohlenen Presets ❶ wählt Lightroom automatisch in Bezug auf den Bildinhalt aus. Ebenso werden mit Hilfe künstlicher Intelligenz ÄHNLICHE THEMEN vorgeschlagen ❸.

Die PREMIUM-Presets ❺ entsprechen der Auswahl aus Lightroom Classic.

Ein gewähltes Preset kann durch seitliches Wischen über den eingeblendeten Regler ❹ in der Stärke variiert werden.

Freistellen

Zuschneiden: Auch mobil haben Sie die Möglichkeit, Ihr Motiv auf ein festes Seitenverhältnis ❿ freizustellen, das Sie über das Schloss-Symbol ❼ fixieren. Ein Icon wechselt die Ausrichtung von hoch zu quer ❻.

Gerade ausrichten: Durch Klick auf das Wasserwaagen-Icon ❾ werden Bilder in den mobilen Apps automatisch ausgerichtet. In der Desktop-App klicken Sie dazu auf die Auto-Schaltfläche.

Eine individuelle Ausrichtung können Sie über eine Drehung außerhalb des Bildrahmens vornehmen. Raster-Hilfslinien helfen bei der Ausrichtung.

Drehen und Spiegeln ❽: Über die Icons können Sie Bilder in 90-Grad-Schritten drehen und an horizontalen und vertikalen Achse spiegeln.

Reparaturpinsel

Die Retusche mit dem Reparaturpinsel ⓫ entspricht der in Lightroom Classic. In den mobilen Apps ändern Sie Größe, WEICHE KANTE ⓬ und DECKKRAFT des Werkzeugs durch Fingerbewegungen nach oben und unten ⓭.

344 Kapitel 10 | Unterwegs mit der mobilen Lightroom-App

Auf einen Blick

Maskieren

Die Adaption des Maskieren-Werkzeugs in die mobilen Apps ist außerordentlich gut gelungen und optisch fast identisch mit dem in der Lightroom-Classic-Benutzeroberfläche.

Ebenso stehen genau dieselben lokalen Korrekturmöglichkeiten zur Verfügung ⑭.

Maske einstellen: Nach Auswahl einer Maskierungsmethode werden die individuellen Einstellungen dafür geöffnet ⑱.

Eine Farbbereichsauswahl kann direkt mit einem Auswahlring ⑰ oder einem Rechteck-Bereich ⑳ im Bild vorgenommen werden. Wie in der klassischen Version können Sie die Maske UMKEHREN, VERBESSERN oder LÖSCHEN ⑲.

Maske bearbeiten: Über die drei Punkte öffnen Sie die Optionen ㉑ für die aktive Maske und können dort andere Auswahlmethoden HINZUFÜGEN bzw. SUBTRAHIEREN, die Maske AUSBLENDEN, UMBENENNEN oder DUPLIZIEREN.

Steuerungen ein- und ausblenden: Sowohl die Korrektur-Einstellungen als auch das Masken-Bedienfeld werden standardmäßig in der App nur als schmale Leiste angezeigt ㉒. Diese können Sie einfach durch Ziehen in die Bildschirmmitte vergrößern ㉓.

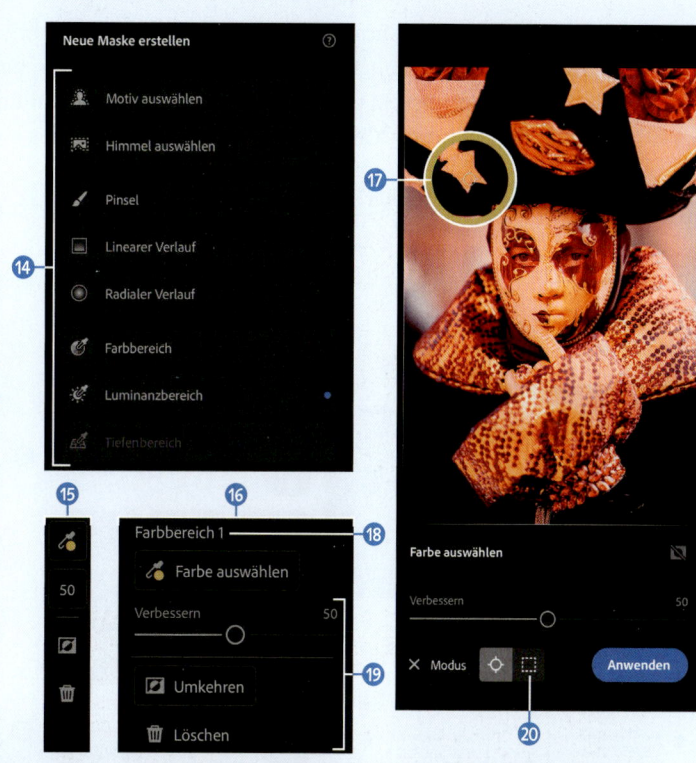

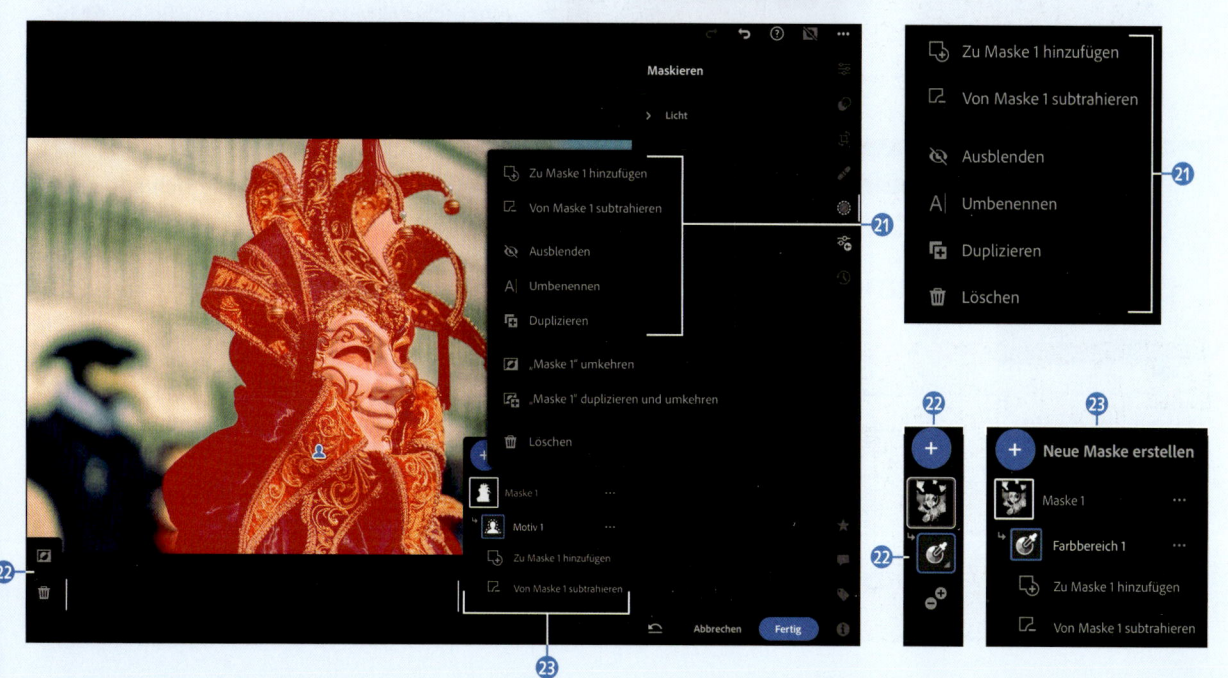

Kapitel 10 | Unterwegs mit der mobilen Lightroom-App **345**

Das mobile Lightroom einrichten

Die ersten Schritte mit der Lightroom-App

Dieser Workshop führt Sie durch die ersten Schritte mit der Lightroom-App. Dazu gehört nach der Installation auch ein Blick in die Vorgaben, um eventuelle Eigenmächtigkeiten der App von vornherein zu kontrollieren. Die Voreinstellungen in den mobilen Apps – ob Tablet oder Smartphone, iOS oder Android – sind dabei bis auf einige Begrifflichkeiten nahezu identisch.

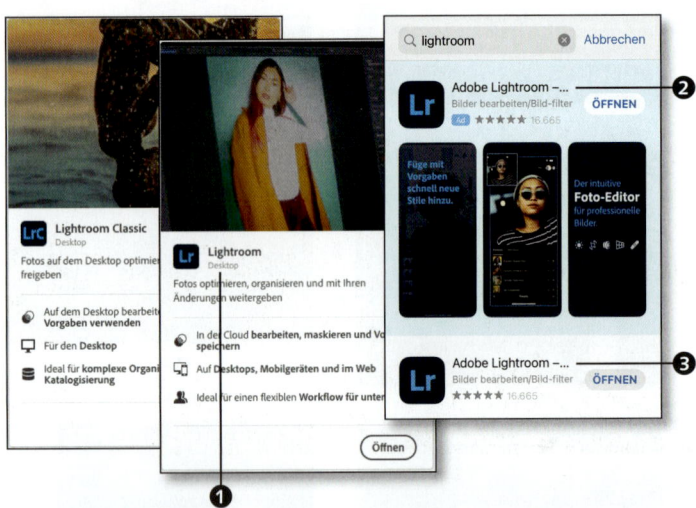

1 Apps installieren

Mit einem Adobe-Creative-Cloud- oder Foto-Abo können Sie über die Creative-Cloud-Desktop-App nicht nur Lightroom Classic, sondern auch die cloudbasierte Lightroom-Desktop-App ❶ auf dem Rechner installieren.

Die mobilen Apps installieren Sie natürlich über den App Store ❷ bzw. Play Store. Diese sind kostenlos, erfordern aber eine Anmeldung mit einer gültigen Adobe-ID. Der etwas eingeschränkte Lightroom-Foto-Editor ❸ für Smartphones kann auch mit einem Facebook- oder Google-Account aktiviert werden.

2 Mit Adobe-ID anmelden

In jeder App müssen Sie sich mit derselben Adobe-ID anmelden ❹, mit der Sie bei Ihrem Abo registriert sind. Nur durch die Anmeldung unter gleicher ID profitieren Sie von der automatischen Synchronisierung und dem Austausch der Bilddaten auf allen Geräten.

Natürlich können Sie sich jederzeit wieder abmelden und zum Beispiel unter einer anderen ID anmelden, wenn Sie mit einem anderen Konto synchronisieren wollen.

3 Clever starten

Die Schaltfläche WEITER ZU LIGHTROOM ist zwar verlockend – schließlich möchte man schnell mit den Fotos arbeiten. Trotzdem lohnt sich ein Blick auf die Optionen des Startbildschirms: Die Option NEUE FOTOS VOM GERÄT AUTOMATISCH HINZUFÜGEN ❺ habe ich deaktiviert, damit meine Lightroom-Alben nicht jeden beliebigen Schnappschuss enthalten. Diese Option können Sie auch in den IMPORTIEREN-Einstellungen der App ❻ ändern.

Zu empfehlen ist dort auch der automatische Copyright-Eintrag ❼.

4 Lokale Daten organisieren

Es lohnt sich ein Blick in die APP-EINSTELLUNGEN ❽. Der LOKALE SPEICHER zeigt an, wie viel Speicherplatz aktuell beansprucht wird ❾. In den Voreinstellungen der Desktop-App haben Sie die Option, alle Smart-Vorschauen lokal zu speichern ❿, um diese auch offline jederzeit bearbeiten zu können. Sie könnten des Weiteren erzwingen, dass neben der Cloud-Speicherung eine Kopie der Originale auf einem Speicherort auf der Festplatte gespeichert wird ⓫. Den Speicherort dafür können Sie individuell wählen ⓬.

5 Weitere Voreinstellungen

In den mobilen Apps können Sie die CLOUD-SPEICHER & SYNC-Einstellungen noch weiter beeinflussen. Deaktivieren Sie MOBILDATEN FÜR SYNC VERWENDEN ⓭, um eine Synchronisierung nur bei verfügbarem WLAN zuzulassen. Um dann eine flüssige Synchronisierung zu gewährleisten, aktivieren Sie die Option RUHEMODUS VERHINDERN ⓮.

Entscheiden Sie außerdem, ob Sie eine automatische Bilderkennung für die PERSONEN-ANSICHT zulassen wollen ⓯.

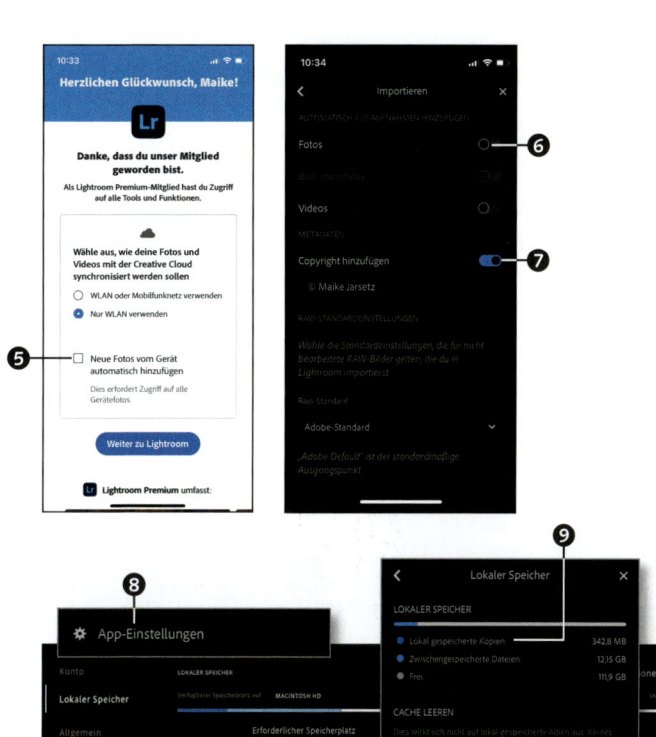

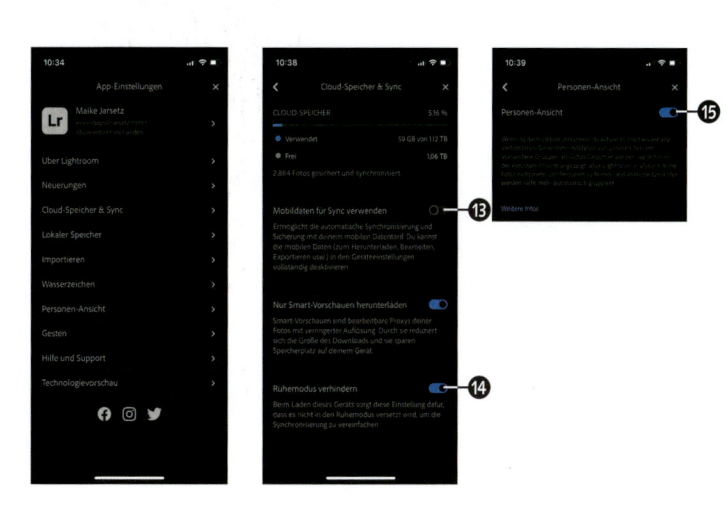

Raw-Bilder von mobilen Geräten

In-App-Fotografie mit Lightroom

Die Handyfotografie ist unter Fotografen allseits verpönt. Aber wem ging es noch nie so, dass er gerade ein Motiv vor Augen, aber keine Kamera in der Hand hatte? Die Qualität der Smartphone-Kameras wird immer besser, mit den aktuellen Modellen können Sie sogar Raw-Daten aufnehmen und diese mit der In-App-Kamera von Lightroom gleich importieren.

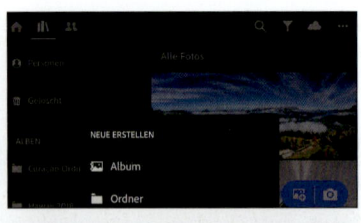

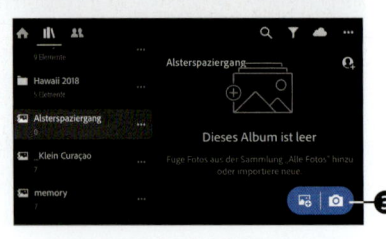

1 Album vorbereiten

Es ist kein Muss, aber nachdem Sie Ihre ersten Bilder zur Lightroom-App hinzugefügt haben, werden Sie schnell merken, wie nützlich Alben für den Überblick sind.

Sie können auch ein leeres Album vorbereiten. Tippen Sie auf das Plus-Zeichen ❶, um ein neues Album zu erstellen, und benennen Sie es ❷. Öffnen Sie das Album, und tippen Sie auf das Kamera-Symbol ❸, um die In-App-Kamera von Lightroom zu öffnen und so direkt die Aufnahmen zu importieren.

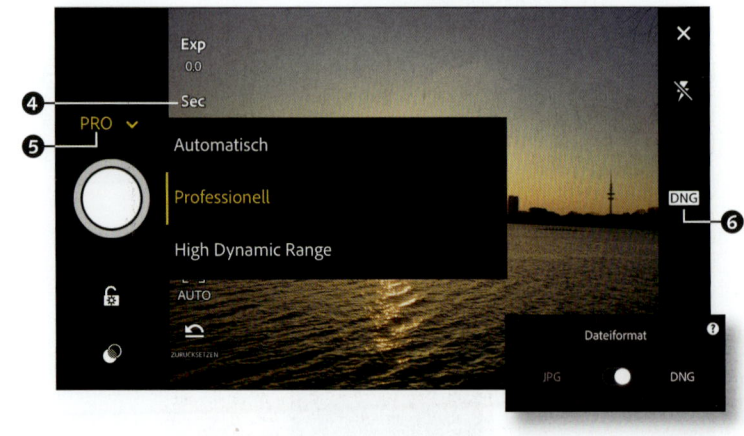

2 Einstellungen vornehmen

Tippen Sie neben oder oberhalb des Auslösebuttons auf die Voreinstellung ❺, die bei Ihnen vermutlich noch auf AUTOMATISCH steht. Im folgenden Popup-Menü wechseln Sie auf die Einstellung PROFESSIONELL, die Ihnen Zugriff auf die Belichtungseinstellungen ❹ gibt – bei sehr kontrastreichen Lichtverhältnissen können Sie zusätzlich eine automatische HDR-Erstellung aktivieren.

Tippen Sie auf das Dateiformat-Icon ❻, um das Aufnahmeformat auf DNG umzustellen. Mehr zum DNG-Format finden Sie im Workshop auf Seite 506.

3 Aufnahmeeinstellungen

Jeden der seitlichen Parameter können Sie variieren. Dazu gehören die Belichtungskorrektur ❼, die Belichtungszeit ❽, die ISO-Empfindlichkeit ❾, der Weißabgleich ❿ und der Schärfepunkt ⓫. Über den unteren Pfeil ⓬ setzen Sie die Einstellungen zurück. Weitere Einstellungen, wie die verfügbaren Seitenverhältnisse ⓭, ein Timer für den Selbstauslöser ⓮, Raster und Wasserwaage ⓯, die Lichterbeschneidungswarnung ⓰ und weitere Optionen sind rechts nach einem Klick auf das Zahnrad ⓱ und auf die drei Punkte ⓲ verfügbar.

4 Fotografie in die Cloud

Ob Sie nun mit automatischen Einstellungen fotografieren oder Ihre Belichtungsparameter voreinstellen: Jede Aufnahme, die Sie mit der In-App-Kamera von Lightroom machen, wird jetzt in das ausgewählte Album importiert.

Die entstandenen DNG-Aufnahmen werden dabei nicht auf Ihrem Smartphone zwischengespeichert, sondern direkt in Ihrem Adobe-Cloud-Speicher gesichert.

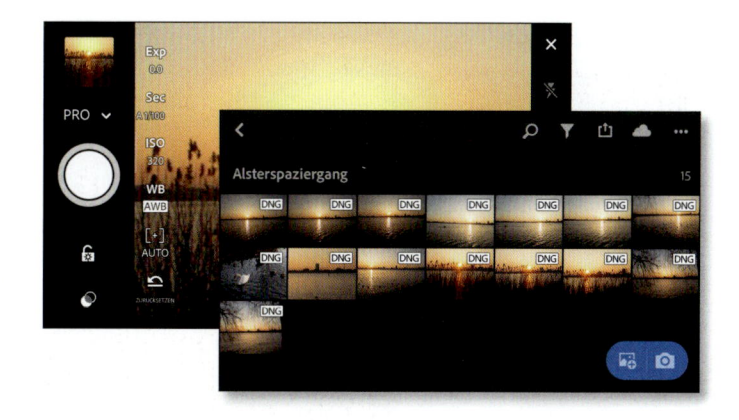

5 Album vervollständigen

Das angelegte Album ist natürlich nicht nur für die In-App-Fotografie zugänglich. Sie können jederzeit noch Fotos hinzufügen oder auch den AUTO-IMPORT AUS AUFNAHMEN für dieses Album aktivieren ⓳. So wird jede neue Aufnahme automatisch dem Album in Lightroom hinzugefügt – unabhängig von der grundsätzlich vorgenommenen Einstellung zum automatischen Import. Das können Sie natürlich jederzeit wieder deaktivieren.

Lesen Sie dazu auch den Workshop »Das mobile Lightroom einrichten« auf Seite 346.

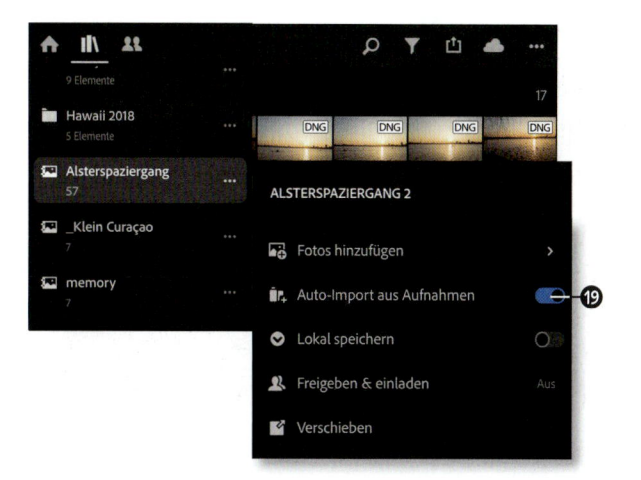

Mobiler Import

Fotos zu Lightroom hinzufügen und in Alben organisieren

Starten Sie damit, Ihrem Lightroom-Katalog Bilder hinzuzufügen. Viele meiner Aufnahmen werden während der Reise schon per Kameraadapter, WLAN oder Bluetooth auf das iPad kopiert und danach in Lightroom importiert. Natürlich können Sie die Bilder auch gleich von der Kamera in die Cloud kopieren. Beide Wege zeigen Ihnen die nächsten Schritte.

1 Fotos hinzufügen

In der BIBLIOTHEK erkennen Sie rechts unten die blaue Hinzufügen-Schaltfläche. Per Klick auf das linke Icon ❶ fügen Sie Bilder aus Ihrem Gerät hinzu. Auf Reisen ist das mein präferierter Import-Vorgang, weil ich vorher die Originale mit einem Kamera-Adapter in meine FOTOS-Bibliothek des iPads importiert habe und damit gleichzeitig ein Backup habe.

Aber Sie können Bilder auch direkt VON DER KAMERA importieren ❷. Dazu schließen Sie sie einfach per USB-Kabel an Ihr Tablet oder Smartphone an oder nutzen einen Kamera-Adapter für Ihre Speicherkarte.

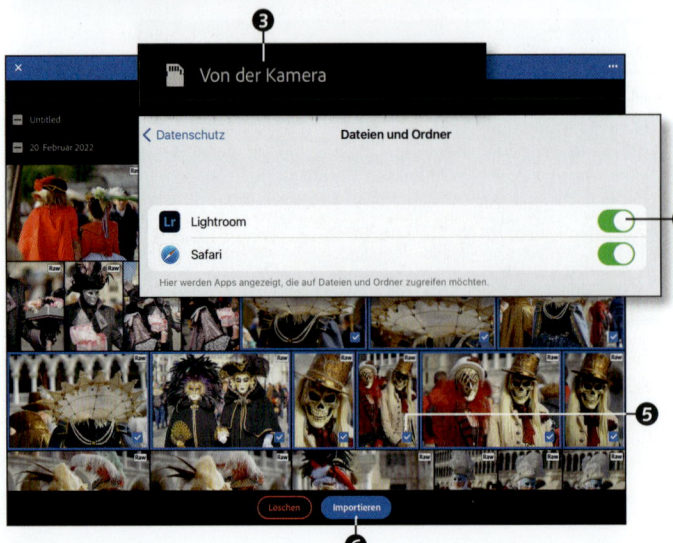

2 Fotos von Kamera importieren

Wählen Sie VON DER KAMERA ❸, um die Inhalte einer Kamerakarte direkt zu importieren. Dazu müssen die Sicherheitseinstellungen Ihres Geräts zulassen, damit Lightroom auf Ihre Dateien und Ordner zugreifen kann ❹.

Sobald die Kamerakarte angeschlossen ist, können Sie per Tippen oder Wischen die Bilder für den Import auswählen ❺.

Über die Schaltfläche IMPORTIEREN ❻ laden Sie dann die ausgewählten Originale direkt in die Cloud, ohne Zwischenspeicherung auf dem Mobilgerät. Zur Bearbeitung auf dem Gerät werden die Smart-Vorschauen genutzt.

3 Fotos in Alben organisieren

Legen Sie Alben an, um die Bilder darin von vornherein gut zu organisieren: Klicken Sie auf das Plus-Zeichen ❼, um ein Album zu erstellen, und benennen Sie es. Öffnen Sie die Optionen des Albums über die drei Punkte ❽, um dann direkt dem Album Fotos hinzuzufügen ❾. Auch hier können Sie sowohl direkt von der Kamera als auch bereits auf dem Gerät gespeicherte Bilder importieren.

Aus „Alle Fotos" ❿ wählen Sie die Bildersammlung des Geräts, um daraus Motive hinzuzufügen.

4 Fotos auswählen

Wählen Sie danach den Aufnahmeordner oder bestehende Alben auf Ihrem Gerät über die obere, mittige Schaltfläche aus ⓫. Hier stehen sowohl der übergreifende Aufnahmeordner als auch eigene Alben oder Vorsortierungen vom Gerät zur Verfügung.

Wischen Sie einfach waagerecht über die Bilder, um schnell eine Auswahl zu selektieren. Genauso entfernen Sie die Bilder auch wieder aus der Auswahl. Klicken Sie unten auf die blaue Hinzufügen-Schaltfläche, um die ausgewählten Bilder zu importieren ⓬.

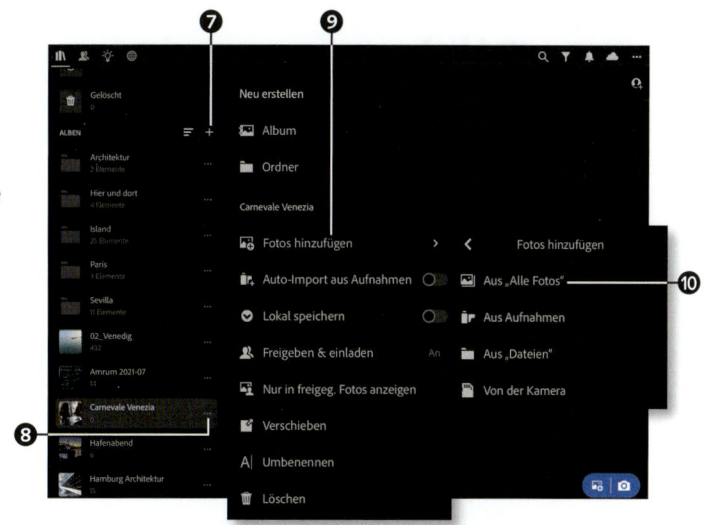

5 Coverbild festlegen

Damit Sie die Alben später nicht nur nach dem Namen suchen können, sollten Sie ein prägnantes Coverbild auswählen. Öffnen Sie dazu das Album per einfachem Fingertipp, und tippen Sie auf das Motiv, das Sie als Albumcover nutzen wollen. In der Detailansicht öffnen Sie die Optionen über die drei Punkte rechts oben in der Ecke ⓭.

Wählen Sie dann über den Befehl Verwalten • Als Album-Cover setzen ⓮. Das Coverbild ist gleich in der Übersicht erkennbar ⓯.

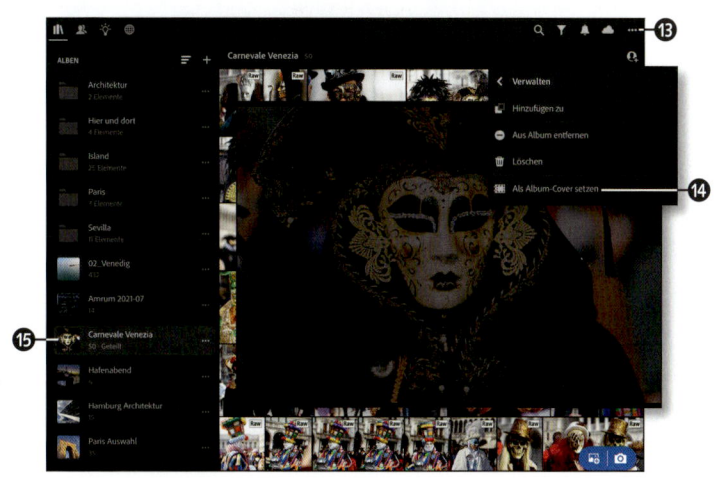

Kapitel 10 | Unterwegs mit der mobilen Lightroom-App 351

Bilder organisieren in der Cloud

Metadaten, Sortierungen, Bewertungen, Filterungen und Suchen

Die einzige Ordnungsstruktur in der Lightroom-App ist die Sortierung in Alben und deren übergeordnete Ordner. Um den Überblick nicht zu verlieren, sollten Sie die Sortierungs- und Filtermöglichkeiten genauso kennen wie Markierungen, Bewertungen und Filterungen.

1 Rasteransicht segmentieren

Wenn Sie mit einer Menge von Bildern arbeiten, wird es in der Rasteransicht schnell unübersichtlich. Neben dem Wechsel zwischen den beiden verfügbaren Rasteransichten können Sie die Bilder auch segmentieren.

Öffnen Sie dazu die Optionen ❶, und wählen Sie die SEGMENTIERUNG ❷. Hier können Sie Ihre Bildsortierung nach den verschiedensten Kriterien unterteilen. Ich habe für diese umfangreiche Aufnahmeserie die SEGMENTIERUNG NACH STUNDE gewählt.

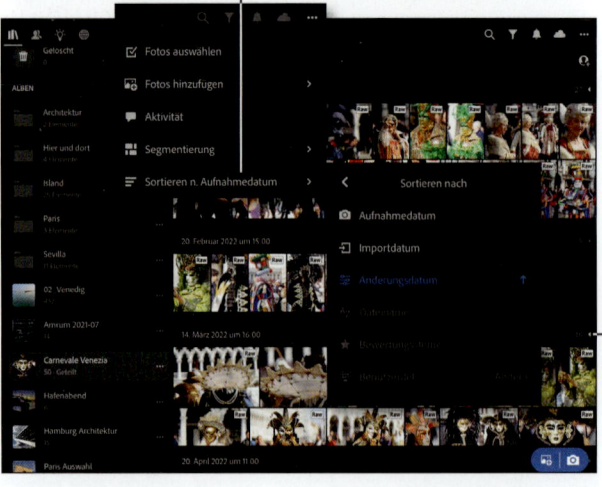

2 Sortierreihenfolge

In der segmentierten Ansicht sind die Bilder dann übersichtlich gruppiert. Im darunterliegenden Menüpunkt SORTIEREN N.(ach) AUFNAHMEDATUM ❸ können Sie noch die Sortierreihenfolge ändern. Neben dem hier verfügbaren Aufnahme-, Import- oder Änderungsdatum können Sie in anderen Segmentierungen auch weitere Metadaten wie den Dateinamen oder Bewertungen nutzen. Eine umfangreiche Bildanzahl wird zunächst nur mit einer kleineren Anzahl angezeigt. Die komplette Bildauswahl öffnen Sie per Klick auf das Dreieck ❹.

3 Bilder bewerten

Zur Bildauswahl gehören natürlich auch eine Bewertung, Markierung, Stichwörter oder weitere Bildinformationen.

Auf dem Tablet finden Sie diese in der Detailansicht am rechten Bildrand ❻. Auf dem Smartphone öffnen Sie das Menü am oberen Bildrand ❺.

Eine Bewertung führen Sie dann einfach durch Tippen auf die entsprechende Anzahl Bewertungssterne ❼ durch oder streichen einfach auf der linken Bildschirmseite nach oben oder unten ❽.

4 Bilder markieren

Auch eine Flaggenmarkierung gehört zu den gängigen Bewertungskriterien von Lightroom. Tippen Sie entweder auf eine der Flaggenmarkierungen am unteren Bildrand ❾, oder wischen Sie einfach auf der rechten Bildschirmseite über dem Bild nach oben oder unten, um die Markierung auszuwählen ❿.

Mehr nützliche Gesten für die mobile App finden Sie in der Übersicht auf Seite 341.

5 Stichwörter hinzufügen

Durch Tippen auf das kleine Tag-Icon ⓫ öffnen Sie den STICHWÖRTER-Bereich. Geben Sie die gewünschten Stichwörter für das Bild in das Textfeld ⓬ ein. Sie erscheinen danach als einzelne Tags darunter und können einzeln per Klick auf das x-Symbol wieder gelöscht werden.

Über die Optionen ⓭ können Sie Stichwörter eines Bildes kopieren und bei anderen Bildern wieder einfügen ⓮.

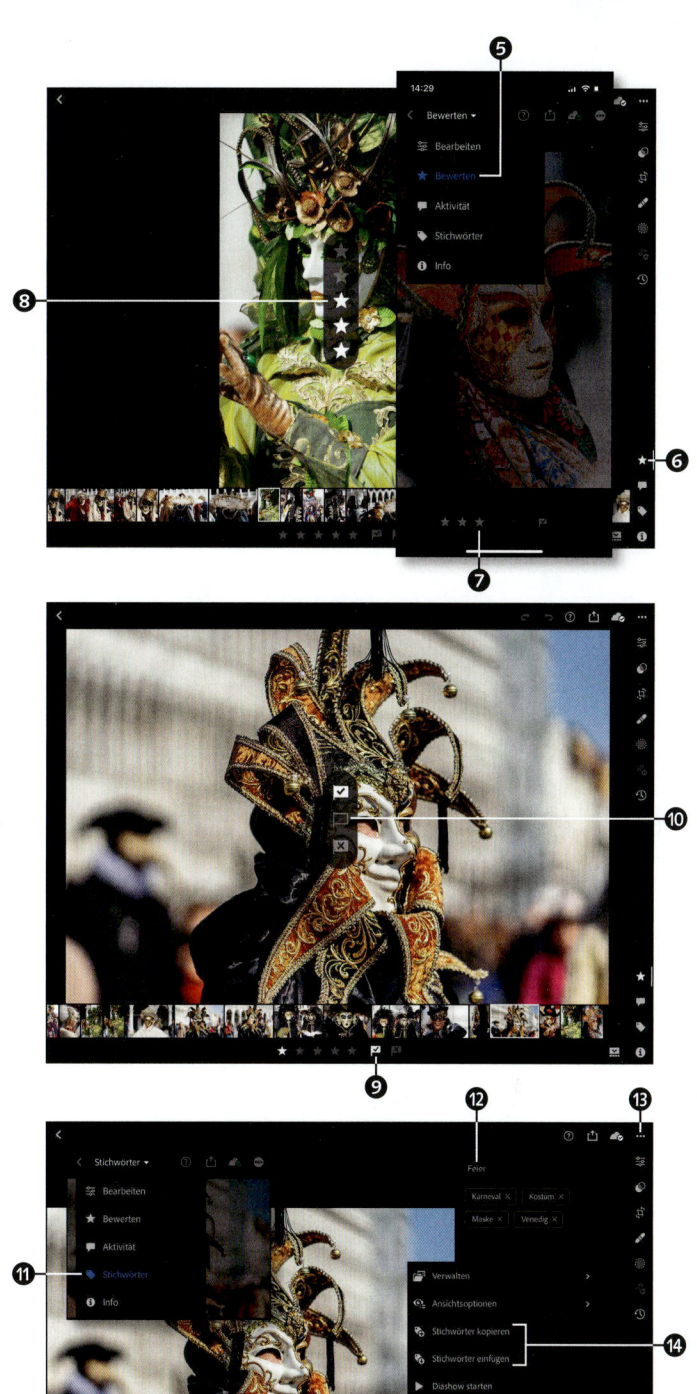

Kapitel 10 | Unterwegs mit der mobilen Lightroom-App 353

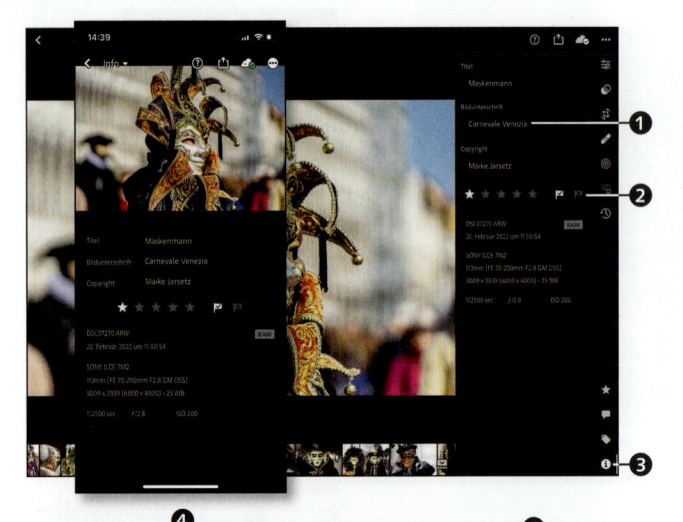

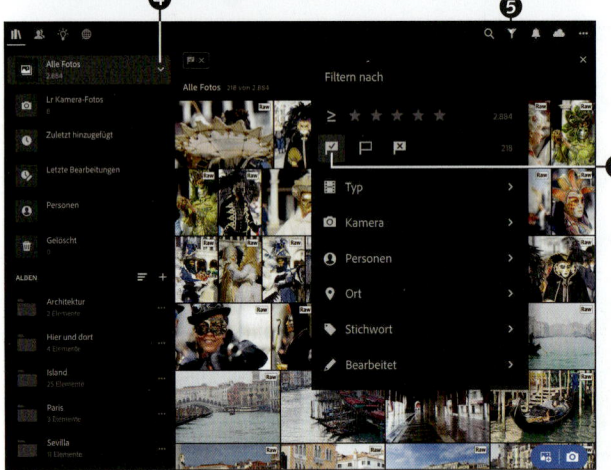

6 Bildinformationen

Ebenso können Sie Bildbeschreibungen in die Metadaten des Bildes einfügen. Tippen Sie dafür auf das Info-Symbol ❸ oder wählen Sie Info auf dem Smartphone.

Sie finden hier eine weitere Möglichkeit, Bewertungen und Markierungen ❷ vorzunehmen. Außerdem können Sie das Copyright nachtragen, wenn Sie es in den Voreinstellungen nicht eingestellt haben (mehr dazu auf Seite 64). Nutzen Sie die Titel und Bildunterschriften ❶, die auch in Lightroom Classic automatisch für Beschriftungen eingesetzt werden können.

7 Markierte Bilder filtern

All diese zusätzlichen Informationen dienen natürlich in erster Linie der späteren Filterung.

Wechseln Sie aus der Detailansicht wieder in die Rasteransicht. Öffnen Sie in der Bibliothek Alle Fotos ❹.

Über das Filter-Symbol ❺ öffnen Sie die Filteroptionen. Wählen Sie das Flaggen-Symbol Markiert ❻, um alle markierten Bilder in Ihrer Sammlung auszuwählen.

8 Nach Bewertung filtern

Auf die gleiche Art und Weise filtern Sie Ihre mit Sternen bewerteten Bilder. Tippen Sie auf die Anzahl der Sterne, nach denen Sie filtern wollen. Vor den Sternen wechseln Sie durch Tippen, ob die Bilder höchstens (≤), mindestens (≥) ❼ oder genau (=) die Bewertung erfüllen sollen.

Sie können Filterkriterien wie Markierung und Bewertung natürlich auch addieren, indem Sie sie nacheinander in der Filterspalte auswählen.

354 Kapitel 10 | Unterwegs mit der mobilen Lightroom-App

9   Nach Stichwörtern filtern
Eine weitere Option ist der Stichwortfilter ❽. Aktivieren Sie hier einfach das gewünschte Stichwort ❾, um die Bildauswahl danach zu filtern. Sie können auch mehrere Stichwörter aktivieren, um die Suche zu kombinieren. Wie in Lightroom Classic durchsuchen Sie genau den ausgewählten Ordner oder das Album. Für eine breit gestreute Suche empfiehlt sich also die vorherige Auswahl von Alle Fotos.

10   Bildinhalte suchen
Ihre Bilder erhalten in der Cloud über die automatische Bilderkennung Adobe Sensei ganz automatisch noch zusätzliche Stichwörter.

So können Sie zusätzlich nach Bildinhalten filtern – ohne dass Sie selber diese Stichwörter für die Bilder vergeben haben. Diese Verschlagwortung wird durch künstliche Intelligenz immer detaillierter.

Diese Suche öffnen Sie über das Lupensymbol ❿ – schon die ersten Buchstaben liefern Ihnen Vorschläge für Suchbegriffe ⓫.

11   GPS- und Metadaten filtern
Im Suchfeld verbirgt sich ein kompletter Metadatenfilter, mit dem Sie nach allen verfügbaren Metadaten suchen können.

Dazu gehören nicht nur die Stichwörter und Bildbeschreibungen, die Sie in den Schritten selber hinzugefügt haben, sondern auch vorhandene GPS-Informationen inklusive Ortsangaben oder andere Metadaten wie Kamera-Informationen. Die Suchvorschläge zeigen Ihnen schon mit kleinen Icons ⓬, um welche Metadateninformation es sich handelt.

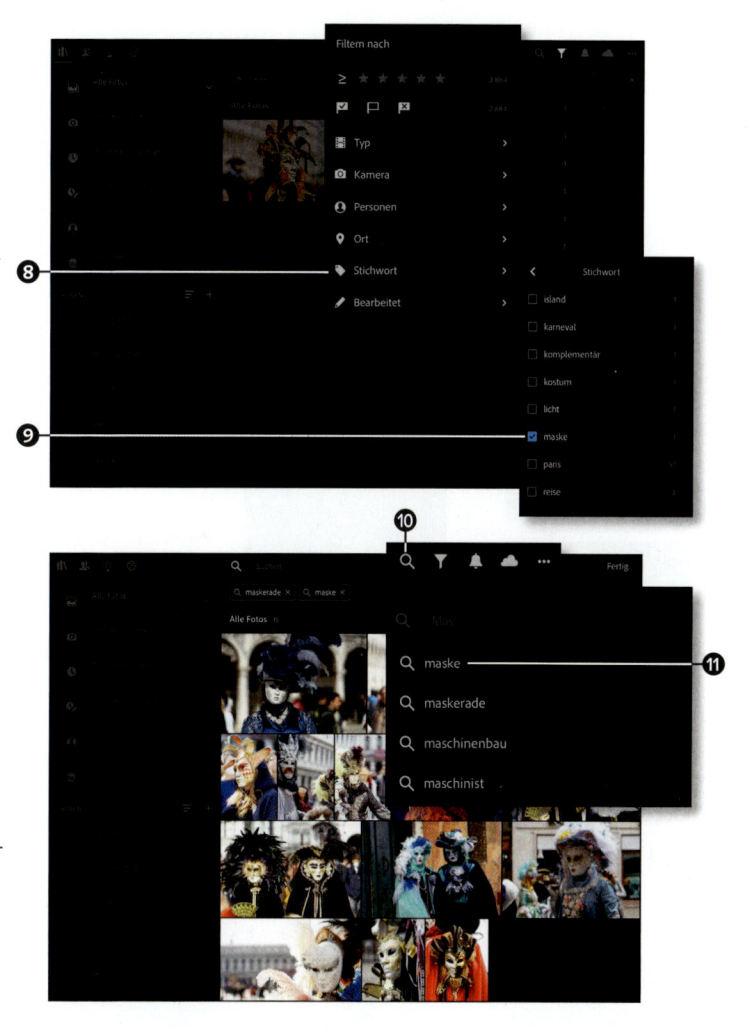

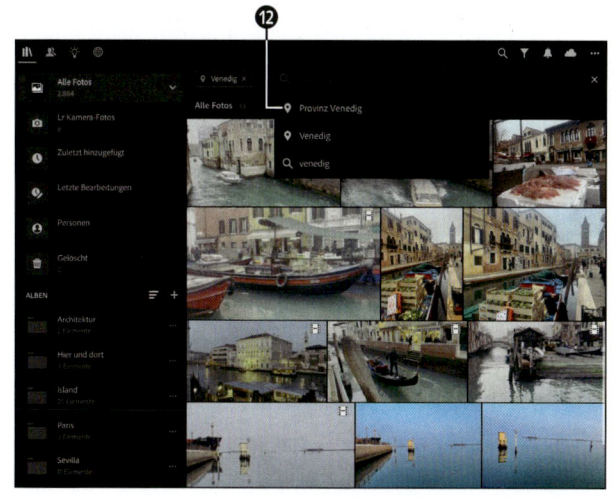

Kapitel 10 | Unterwegs mit der mobilen Lightroom-App   355

Mobile Presets nutzen

Mehr als Entwicklungseinstellungen

Der Preset-Bereich geht über die reine Speicherung von Entwicklungseinstellungen hinaus. Hier können Sie nicht nur auf ein umfangreiches Set von vordefinierten Premium-Presets zurückgreifen, sondern auch mit Hilfe von Bilderkennung passende Preset aussuchen, ähnliche Themen suchen und in der Stärke steuern.

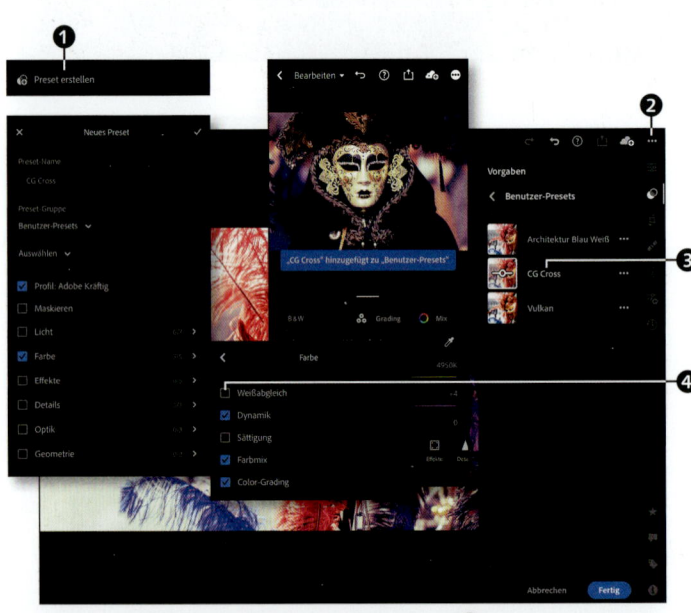

1 Eigenes Preset erstellen

Wenn Sie Ihre Entwicklungseinstellungen als Bildstil speichern wollen, wählen Sie den Befehl PRESET ERSTELLEN ❶ aus den Optionen ❷.

Speichern Sie nur die ausgewählten Einstellungen, die relevant für den Look sind, und deaktivieren Sie alle anderen über die Checkboxen ❹.

Nach der Speicherung ist das Preset sogleich auf allen mobilen Geräten mit gleicher Adobe-ID verfügbar und über das Preset-Bedienfeld ❸ anzuwenden.

2 Empfohlene Presets

Bei der Suche nach einem passenden Bildlook können Sie neben den eigens gespeicherten und PREMIUM-Presets auch empfohlene Presets ❺ auswählen.

Diese werden mit Hilfe von KI-Bilderkennung aus allen – auch in der Cloud verfügbaren – Presets möglichst passend auf den Bildinhalt ausgewählt.

Falls eines der »externen« Presets Ihnen zusagt, können Sie diese über eigene Optionen ❻ IN DEINEN PRESETS SPEICHERN.

3 Feinabstimmung

Wenn Ihnen die Ergebnisse der empfohlenen Presets nicht hundertprozentig zusagen, wird unter jedem Preset noch die Option angezeigt, ÄHNLICHE THEMEN ❽ zu finden.

Ausgehend von dem ausgewählten Preset werden Ihnen dazu ähnliche angezeigt, und Sie können eine Feinabstimmung unter den Varianten durchführen ❾. Außerdem können Sie die Preset-Auswahl noch in Untergruppen, wie SUBTIL, STARK, KÜHL, LEUCHTEND und vielen mehr ❼, untersuchen.

4 Preset-Stärke einstellen

Die meisten Presets kombinieren verschiedene Entwicklungseinstellungen, die vielleicht in der Gesamtheit ideal wirken, aber manchmal etwas weniger stark oder auch intensiver angewendet werden sollen.

Dafür können Sie die Preset-Stärke über einen kleinen eingeblendeten Schieberegler ❿ verändern. Mit einem Tipp öffnet sich ein größerer Regler ⓫, mit dem Sie die Stärke von 0 bis 200 variieren können.

Die Preset-Stärke ist nur für fest gespeicherte Presets, wie DEINE oder PREMIUM-Presets, verfügbar.

5 Presets verwalten

Wenn Ihnen die ganze Preset-Auswahl viel zu viel ist und Sie eine überschaubare Übersicht bevorzugen, können Sie über die Optionen die PRESETS VERWALTEN ⓬.

Aktivieren bzw. deaktivieren Sie die entsprechenden Presets, damit nur noch die in der Auswahl erscheinen, die zu Ihren Motiven passen und Sinn machen.

Natürlich können Sie die Auswahl in der Preset-Verwaltung jederzeit wieder rückgängig machen.

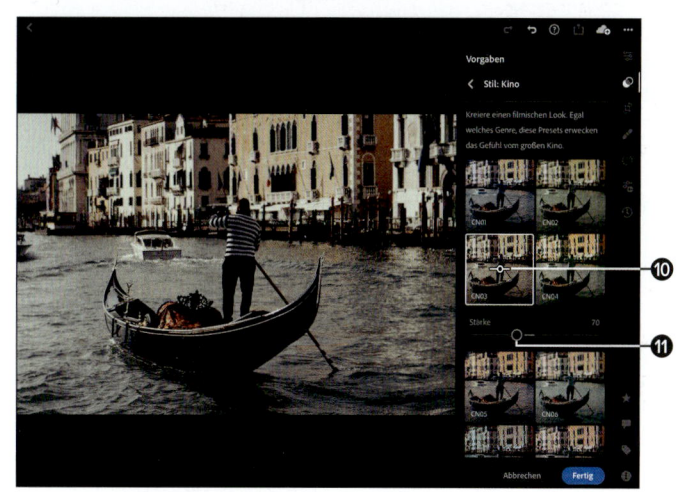

Bearbeitungsworkflow in der App

Tipps und Tricks für die mobile Bildbearbeitung

Auch wenn die Entwicklungssteuerungen in der Lightroom App nahezu identisch wie in Lightroom Classic funktionieren, gibt es doch Unterschiede im Workflow. Ein paar Besonderheiten habe ich in diesem Workshop zusammengefasst.

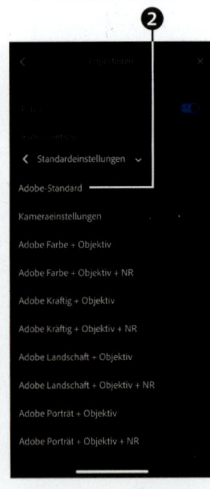

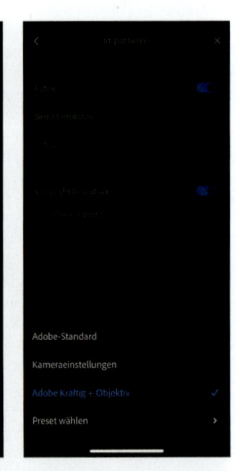

1 Standardentwicklung festlegen

Wie in Lightroom Classic können Sie auch in der Lightroom-App grundsätzliche Entwicklungseinstellungen für den Import festlegen – und zwar, indem Sie ein gespeichertes Preset als Raw-Standard-Entwicklung definieren.

Öffnen Sie dazu in den App-Einstellungen die Voreinstellungen für den Import. Im unteren Bereich können Sie den Standard ❷ aus allen vorhandenen Presets ❶ auswählen. Vordefinierte Standardeinstellungen inklusive Objektivkorrektur sind ein guter Start.

2 Vorherige Einstellungen

Wenn Sie Ihre Bearbeitungen eins zu eins von einem Bild auf das nächste übertragen wollen, geht das auch in der App sehr schnell: Tippen Sie nach dem Wechsel auf das nächste Motiv auf das VORHERIGE-Symbol ❸. Aus dem sich öffnenden Popup-Menü wählen Sie dann, ob Sie die Korrekturen des vorangegangenen Motivs übernehmen wollen ❹ oder auch alle vorgenommenen Bearbeitungen.

3 Vorher und Nachher vergleichen

Natürlich können Sie jederzeit den Entwicklungsstatus mit dem unentwickelten Original vergleichen. Tippen Sie dazu nur etwas länger auf das Vorschaubild ❺.

Wenn Sie den Entwicklungsstatus ohne eine bestimmte Korrektur beurteilen wollen, tippen Sie dazu länger auf das entsprechende Korrektursymbol ❻. So blendet sich nur diese Einstellung aus, und alle anderen bleiben auf das Bild angewendet.

4 Schritte zurücksetzen

Jede Korrektur kann genauso wie jeder Entwicklungsschritt zurückgesetzt werden. Die letzte Korrektur setzen Sie über den obigen Rückwärtspfeil ❼ zurück. Wenn der Schritt wiederholt, also erneut angewendet werden soll, tippen Sie auf den Vorwärtspfeil ❽. Das können Sie jeweils auch für mehrere Schritte so durchführen.

Einzelne Regler und Korrekturen setzen Sie einfach zurück, indem Sie doppelt darauf tippen ❾.

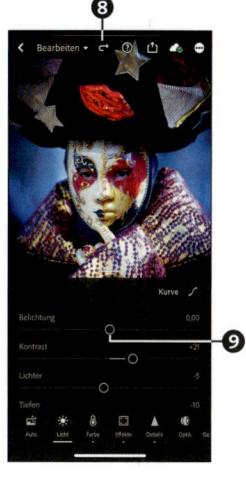

5 Einstellungen zurücksetzen

Wenn Sie aber größere Teile Ihrer Bearbeitung zurücksetzen wollen, tippen Sie auf den unteren Rückwärtspfeil ❿.
Hier können Sie entscheiden ⓫, ob Sie die letzte Korrekturgruppe bzw. alle vorgenommenen Korrekturen zurücksetzen wollen oder ob Sie zum Status des Imports bzw. des letzten Öffnens im BEARBEITEN-Bereich zurückkehren wollen.

Kapitel 10 | Unterwegs mit der mobilen Lightroom-App **359**

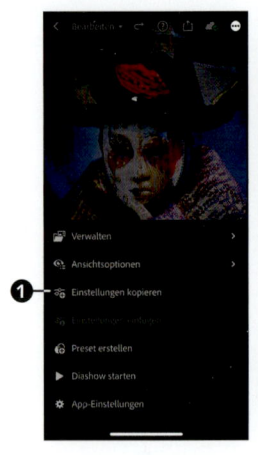

6 Einstellungen übertragen

Öffnen Sie die Optionen, um die Einstellungen des aktuell entwickelten Bildes zu kopieren ❶. Sie können die gewünschten Einstellungen per Tippen an- und abwählen. Die Auswahl der Parameter geht dabei bis ins Detail ❷. Schon in der ersten Auswahl erkennen Sie über die Checkboxen, ob die Einstellungen der Entwicklungsgruppe ganz, teilweise oder gar nicht kopiert werden sollen. Wischen Sie einfach zur Seite, um auf das nächste Bild zu wechseln, und wählen Sie dann wieder aus den Optionen EINSTELLUNGEN EINFÜGEN ❸.

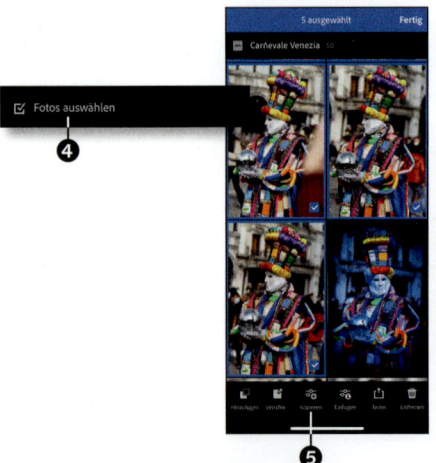

7 Im Stapel entwickeln

Diese kopierten Entwicklungseinstellungen können Sie auch auf eine ganze Gruppe von Bildern anwenden. Wechseln Sie dazu in die Bibliotheks-Ansicht – auch hier können Sie über das Kopieren-Symbol ❺ die Einstellungen kopieren – und wählen Sie dann über die Optionen FOTOS AUSWÄHLEN ❹.

Wischen Sie über die Bildauswahl, die im Stapel entwickelt werden soll. Am unteren Bildrand tippen Sie auf das Einfügen-Symbol ❻, um die Korrekturen zu übertragen.

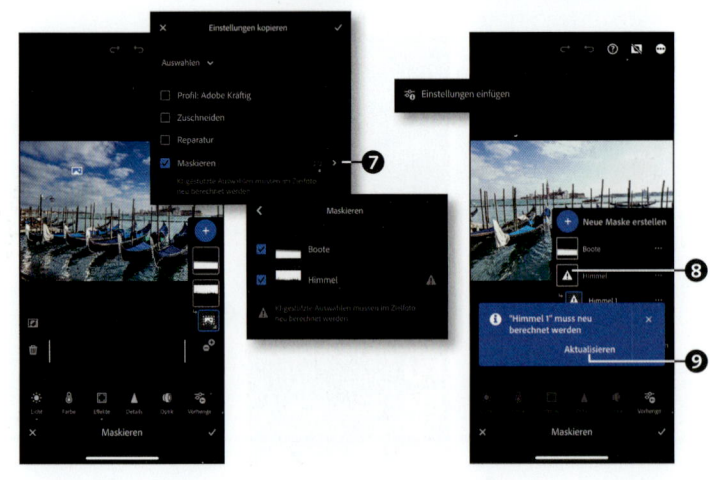

8 Lokale Korrekturen übertragen

Auch lokale Korrekturen können auf andere Bilder übertragen werden.

Aktivieren Sie beim Kopieren die MASKIEREN-Option ❼, und wählen Sie gegebenenfalls noch die gewünschten Masken aus.

Fügen Sie die Einstellungen dann – wie in Schritt 6 und 7 beschrieben – in andere Motive ein. Gegebenenfalls müssen Sie KI-gestützte Masken neu berechnen lassen. Darauf werden Sie durch ein Ausrufezeichen ❽ im Masken-Bedienfeld hingewiesen und können diese mit einem Tipp AKTUALISIEREN ❾.

360 Kapitel 10 | Unterwegs mit der mobilen Lightroom-App

9 Mit Versionen arbeiten

Versionen ermöglichen Ihnen, verschiedene Dateiversionen in einem Bild zu speichern und zwischen diesen leicht zu wechseln.

Wenn Sie einen speicherungswerten Status erreicht haben, öffnen Sie das VERSIONEN-Bedienfeld ❿. Dort können Sie über eine Schaltfläche eine VERSION ERSTELLEN ⓫.

Diese werden untereinander aufgelistet und stehen Ihnen jederzeit zum ANWENDEN ⓬ zur Verfügung.

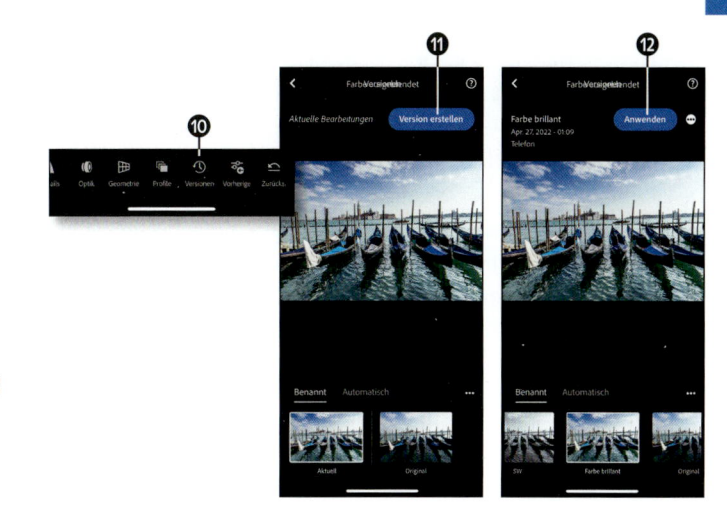

10 Bildversion teilen

Natürlich wollen die Bildergebnisse auch geteilt werden. Das geht mit der Lightroom-App über die bekannten Wege.

Wählen Sie dazu zunächst die gewünschten Bilder in der Bibliotheksansicht aus, und tippen Sie dann auf das bekannte TEILEN-Symbol ⓭. Durch den Befehl TEILEN ⓮ werden die Bilder direkt im Austauschformat gerendert. Die Einstellungen dafür ändern Sie bei Bedarf über die EXPORTEINSTELLUNGEN ⓯.

Danach stehen alle bekannten Teilen-Optionen des Mobilgeräts zur Verfügung ⓰.

11 Alben freigeben

Auch ganze Bildsammlungen können geteilt werden. Am besten geht das über einen geteilten Link, den Sie über die Optionen des Albums ⓱ und den Befehl FREIGEBEN & EINLADEN ⓲ erstellen und versenden können.

Dieser Link führt direkt auf *lightroom.adobe.com*, wo die freigegebenen Alben für Personen mit der entsprechenden Berechtigung ⓳ kommentiert, bewertet oder auch bearbeitet werden können. Eine Freigabe können Sie jederzeit wieder entfernen und das Album wieder privat machen.

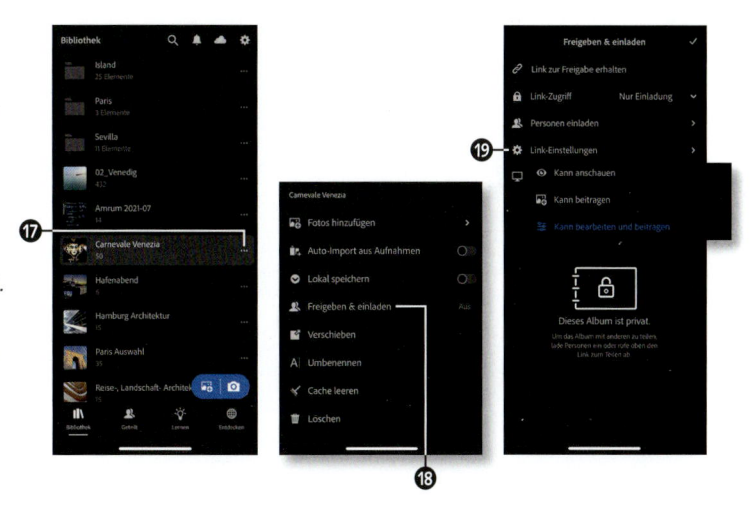

Kapitel 10 | Unterwegs mit der mobilen Lightroom-App

Bilder speichern und weitergeben

Raus aus der App – hin zu physikalischen Bildern

Unsere Originalbilder haben wir bisher nicht angefasst – diese befinden sich zum Teil noch im Aufnahmeordner des mobilen Geräts und vollzählig als Originale in der Cloud. Aber wie kommen die entwickelten Versionen oder die Originale auf unseren Rechner? Das lesen Sie hier.

1 Wo sind meine Bilder?

Die Bildverwaltung in der Lightroom-App ist durchaus transparent. Durch Tippen auf das kleine Wolkensymbol ❶ erkennen Sie: Immer befindet sich ein Original ❷ auf Ihrem Adobe-Cloud-Speicher, von dem aus auf synchronisierte Geräte bei der Entwicklung eine SMART-VORSCHAU ❸ heruntergeladen wird. Bilder, die zunächst in den Aufnahmeordner Ihres Mobilgeräts gespeichert wurden, bleiben dort als Original erhalten. Bei Bedarf können Sie hier auch schon das ORIGINAL ABRUFEN und auf Ihr Mobilgerät laden.

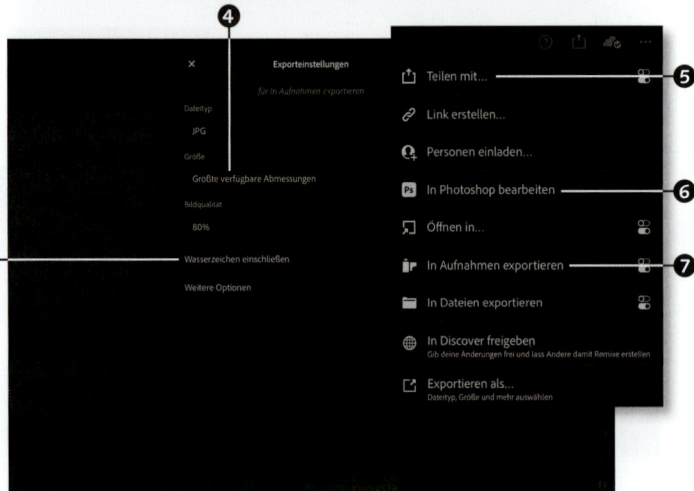

2 Mobil weiterbearbeiten

Natürlich können Sie fertig bearbeitete Motive IN AUFNAHMEN EXPORTIEREN ❼, um auch ohne Lightroom mobil darauf zugreifen zu können. Ebenso können Sie sie in anderen Apps öffnen, auf verschiedenen Wegen freigeben oder teilen ❺ und auch an die mobile Photoshop-App übergeben ❻.

In allen Fällen wird ein Original aus der Cloud heruntergeladen und in der gewünschten GRÖSSE ❹ mit den Einstellungen gerendert.

Im Falle einer Freigabe für andere empfiehlt sich, ein Wasserzeichen zu integrieren ❽.

3 Zuhause auf dem Desktop

Spätestens wenn Sie von der Reise nach Hause kommen, ist es Zeit, Ihren heimischen Rechner zu starten und einen Blick auf die Desktop-App zu werfen: Die Lightroom-Bibliothek ist in ihrer Sortierung aktuell, die Bilder in ihrem Bearbeitungsstatus sind es ebenfalls.

Auch hier haben Sie weitere, naheliegende Bearbeitungsmöglichkeiten. So können Sie über die Optionen aus der rechten Seitenleiste die Bilder direkt an Photoshop übergeben und dort weiterbearbeiten ❾.

4 Original speichern

Auch vom Rechner aus können Sie die Bilder natürlich teilen. Über das bekannte Icon ❿ können Sie sie in verschiedenen Formaten lokal speichern.

Hier haben Sie jetzt allerdings nicht nur die Möglichkeit, eine JPEG-Kopie zu speichern, sondern auch die Original-(Raw-)Datei ⓫ zuzüglich der Entwicklungseinstellungen.

Das Speicherziel kann jederzeit gewechselt werden.

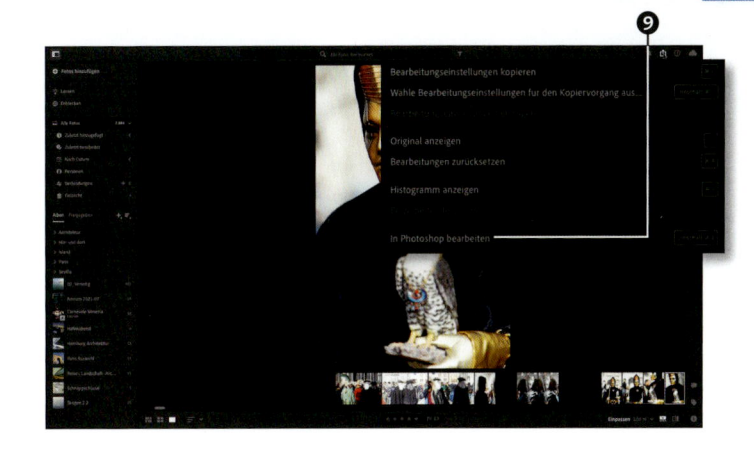

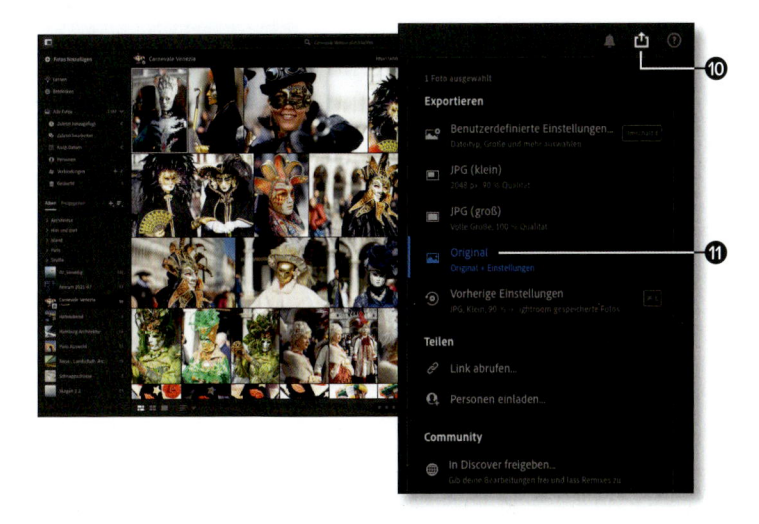

5 Album lokal speichern

Auch eine ganze Bildsammlung können Sie lokal speichern. Dazu klicken Sie einfach mit rechter Maustaste auf das gewünschte Album und wählen ALBUM LOKAL SPEICHERN ⓬. Das Album erhält nach dem Speichervorgang einen Haken. Die Bearbeitungen werden bei der Synchronisation mit Ihrer Cloud-Datei abgeglichen.

Allerdings können Sie für diese lokale Speicherung keine eigene Sortierung vorgeben, sondern nur den allgemeinen Speicherort definieren ⓭. Eleganter geht das mit Lightroom Classic, wie Sie auf der nächsten Seite sehen.

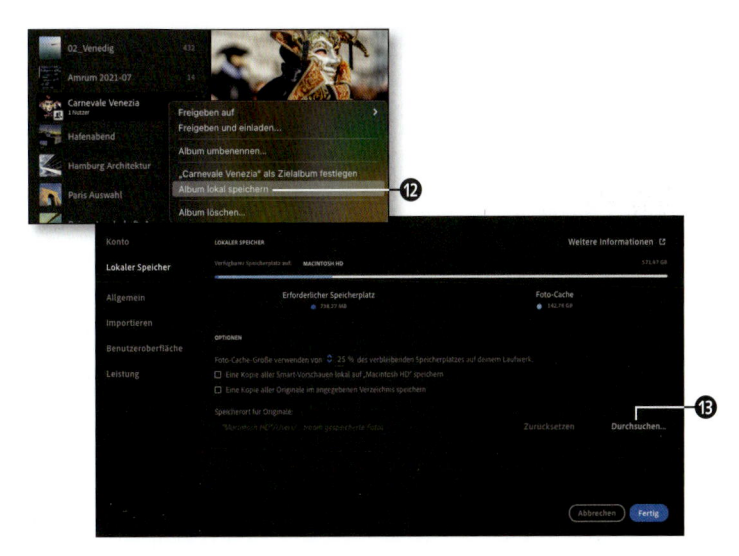

Kapitel 10 | Unterwegs mit der mobilen Lightroom-App 363

Wege aus der Cloud

Die Übergabe an Lightroom Classic

So komfortabel und flexibel die Speicherung in der Cloud auch ist, ein eingefleischter Lightroom-Classic-Anwender wird die App nur temporär nutzen und direkt nach der Heimreise die Motive in die heimische Bildorganisation einpflegen wollen. Wie das geht, lesen Sie hier.

1 Mit Lightroom synchronisieren

Nicht nur die Lightroom-Desktop-App, sondern auch Lightroom Classic kann mit Ihren mobilen Bildsammlungen synchronisiert werden.

Alles, was Sie dazu tun müssen, ist, über das kleine Wolkensymbol ❶ in Lightroom Classic die Synchronisierung zu starten.

Alle in den Lightroom-Apps angelegten Alben werden nach einer gewissen Synchronisationszeit in der gemeinsamen Sammlung Aus Lightroom angezeigt ❷. Die Originale befinden sich nach wie vor in der Cloud.

2 Originale anzeigen

Nun begeben wir uns auf die Suche nach den Originalen, um diese final lokal auf unserem Rechner zu speichern.

Mit einem Rechtsklick und dem Befehl Gehe zu Ordner in Bibliothek können Sie jedes Bild aus den Lightroom-Alben an seinem ursprünglichen Speicherort anzeigen lassen. In diesem Fall kommen die Bilder ursprünglich von meinem iPad ❸.

Diesen ursprünglichen Speicherort kann ich jetzt wie einen Quellordner behandeln, aus dem ich meine Originalbilder kopiere.

3 Bilder lokal speichern

Nun legen wir uns einen »echten« Ordner an, in dem unsere Bilder final gespeichert werden sollen.

Wechseln Sie auf die Ordnerstruktur von Lightroom Classic, und legen Sie mit einem Rechtsklick einen neuen Ordner an ❹.

Wählen Sie dann alle eben lokalisierten, noch in der Cloud gespeicherten, Bilder aus, und kopieren Sie sie durch Drag und Drop auf den dafür vorgesehenen Ordner ❺.

4 Bilder auf Festplatte anzeigen

Das war auch schon alles, was nötig war. Um sich von dem neuen Speicherplatz zu überzeugen, können Sie jetzt noch mit einem Rechtsklick die Bilder IM FINDER/EXPLORER ANZEIGEN ❼.

Die originalen Raw-Daten haben jetzt einen physikalischen Speicherplatz in dem eben angelegten Ordner ❻ auf Ihrer Festplatte.

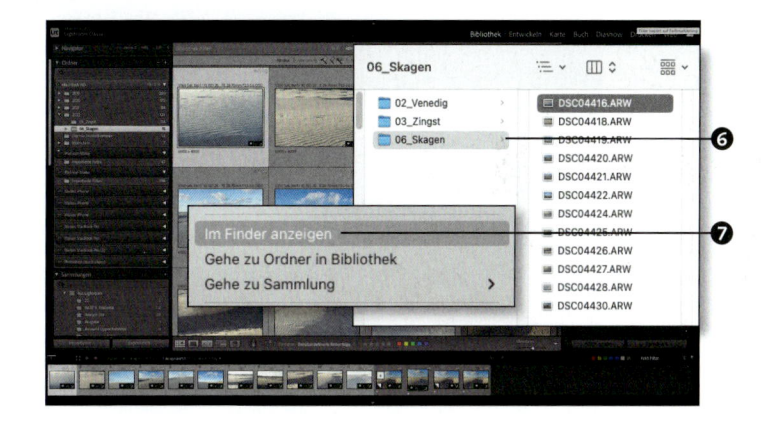

5 Cloud-Speicherplatz freigeben

Trotzdem befinden sich noch identische Raw-Dateien in der Cloud. Um kein Chaos in der Organisation zu bekommen und auch, um Speicherplatz freizugeben, sollen Sie diese doppelten Dateien in der Cloud löschen.

Das können Sie in jeder mobilen Lightroom-App, aber auch in der Lightroom-Desktop-App durchführen. Markieren Sie die Bilder, und wählen Sie mit einem Rechtsklick FOTOS LÖSCHEN ❽.

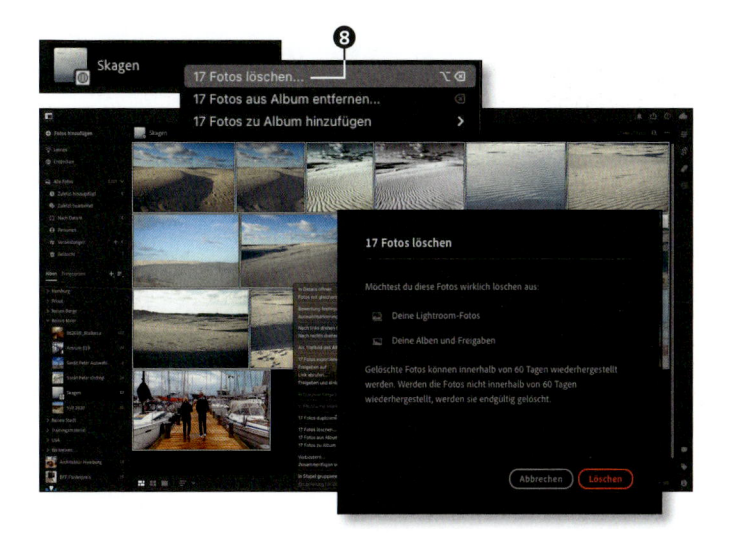

Kapitel 10 | Unterwegs mit der mobilen Lightroom-App   365

Fotobücher erstellen

Ein Fotobuch direkt nach der Bildauswahl und Bildentwicklung zu erstellen liegt nahe und ist mit dem Fotobuch-Modul bestens in den Lightroom-Classic-Workflow integriert. Die Layoutvorlagen zeichnen sich weniger durch quietschbuntes Beiwerk als durch ausgewogene Bildaufteilungen aus, die immer eine gute Grundlage für die eigene Layoutgestaltung sind. Die präzise Ausrichtung der Bilder wird mit typografischer Feinarbeit kombiniert und resultiert in besonderen Fotobuchlayouts. Dabei kann mit eigenen Benutzerseiten und Auto-Layout-Vorgaben die Bucherstellung auch beschleunigt werden. Dieses Kapitel zeigt alle Register des Buch-Moduls bis zur Ausgabe – als Buch, PDF oder JPEG.

EINFÜHRUNG: Das besondere Fotobuch
Wie Sie im Buch-Modul flexibel bleiben 368

AUF EINEN BLICK: Das Buch-Modul
Die Layoutmöglichkeiten im Überblick 370

Erste Schritte zum Fotobuch
Bucheinstellungen und erste Layoutschritte 376

Auto-Layouts erstellen
Layoutmuster und ihre automatische Zuweisung 378

Seitenlayout bearbeiten
Layout und Bildrahmen individuell anpassen 380

Foto- und Seitentexte bearbeiten
Beschriftungen und Typografie 382

Seitenhintergründe gestalten
Grafische Hintergründe und Fotohintergründe einsetzen 386

Eigene Fotolayouts
Benutzerdefinierte Seitenlayouts speichern und verwenden 388

Fotobuch produzieren
Die Ausgabe über Blurb, als PDF oder JPEG 390

Einführung

Das besondere Fotobuch

Wie Sie im Buch-Modul flexibel bleiben

Lightroom Classic umfasst den gesamten fotografischen Workflow und damit auch alle relevanten Ausgabeformen für Ihre Fotos. Mit dem Buch-Modul können Sie Ihre Fotobücher direkt in Lightroom erstellen und entweder direkt beim Hersteller Blurb bestellen oder über die PDF- und JPEG-Ausgabe andere Produktionswege beschreiten.

Starten Sie mit einer Buchauswahl.

Sie erstellen ein Buch immer innerhalb einer Bildauswahl. Deshalb ist es sinnvoll, die grobe Bildauswahl in einer Sammlung ❶ zu speichern, von der aus Sie in das Buch-Modul wechseln.

Speichern Sie Ihr Buch möglichst früh.

Aber Achtung: Solange Sie das Buch nicht gespeichert haben, kann jedes Wechseln Ihrer Bildquelle die Vorarbeit durcheinanderbringen. Deshalb klicken Sie möglichst früh auf die Schaltfläche Buch erstellen und speichern. Damit speichern Sie eine neue Sammlung, die aber gleichzeitig alle Buchparameter speichert ❷ – und auch beständig aktualisiert. Die Option Nur verwendete Fotos einschliessen macht dabei allerdings nur dann Sinn, wenn Sie das Buch kurz vor Fertigstellung speichern oder vorher ein Auto-Layout erstellt haben, das alle Bilder verwendet.

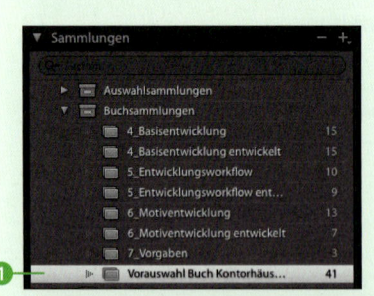

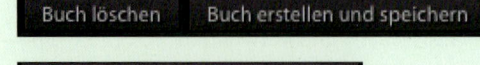

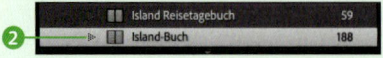

Deaktivieren Sie das automatische Füllen.

Haben Sie Ihre ersten Versuche mit dem Buch-Modul schon unternommen und sich darüber geärgert, dass gleich unzählige Seiten mit ungewünschten Layouts entstehen? Werfen Sie mal einen Blick in die Voreinstellungen für Buch, die Sie im Buch-Menü finden.

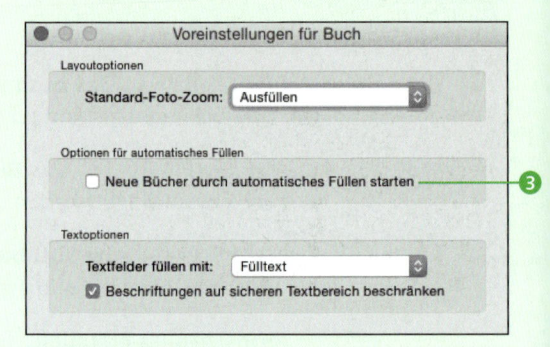

Deaktivieren Sie darin die Option Neue Bücher durch automatisches Füllen starten ❸. So starten Sie neue Bücher mit ein paar blanken Seiten und können gleich individuelle Layouts aufbauen.

Gehen Sie ins Detail.

Für die Fotolayouts bietet Lightroom unzählige Layoutvorlagen. Während die Bildrahmen dabei völlig frei auf der Seite verschoben werden können, ist die Positionierung von Textrahmen auf die Vertikale und durch Abstände innerhalb

Einführung

der Zellen beschränkt. Das ist allerdings nur zu Ihrem Vorteil, denn so verhindern Sie unausgerichtete Rahmen, flatternde Textblöcke und versetzte Überschriften.

Die Lightroom-Vorlagen bewahren Ihnen hierbei ein ausgewogenes Layout. Gleichzeitig haben Sie sehr viele Gestaltungsmöglichkeiten und können sowohl Bild- als auch Textrahmen modifizieren.

Der Schlüssel dazu sind die ZELLEN-Einstellungen, denn hier können Sie sowohl Text- als auch Bildinhalte innerhalb des Rahmens verschieben ❺. Zusätzlich sind Foto- und Seitenbeschriftungen in der Höhe verschiebbar, so dass Ihr Text jede beliebige Position auf der Seite einnehmen kann ❹.

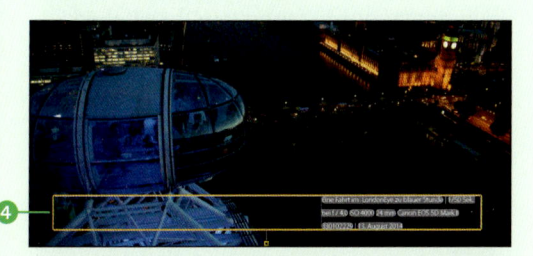

Sie bevorzugen einen anderen Hersteller?

Viele machen einen Bogen um das BUCH-Modul, weil sie glauben, dass sie dadurch an den Hersteller Blurb gebunden sind. Aber Sie können natürlich trotzdem die ausgefeilten Layoutvorlagen und typografischen Möglichkeiten des BUCH-Moduls nutzen und die fertigen Layouts bei einem anderen Hersteller produzieren lassen! Der Weg dorthin ist zwar etwas umständlich, weil Sie erst JPEGs der Einzelseiten ausgeben und diese dann in der Software des anderen Herstellers platzieren müssen, aber er ist praktikabel.

Schnellere Arbeit am Fotobuch mit Tastaturkürzeln

Allgemein	
Buch erstellen/speichern	`Strg`/`cmd`+`S`
Speicherzeile/Überschriftzeile ein-/ausblenden	`<`
Seitenlayout kopieren	`Strg`/`cmd`+`⇧`+`C`
Seitenlayout einfügen	`Strg`/`cmd`+`⇧`+`V`
Alle Textzellen auswählen	`Strg`/`cmd`+`Alt`+`A`
Alle Fotozellen auswählen	`Strg`/`cmd`+`Alt`+`⇧`+`A`
Navigation	
Blättern	`→`/`←`
Erste Seite	`Strg`/`cmd`+`⇧`+`←`
Letzte Seite	`Strg`/`cmd`+`⇧`+`→`
Seitenansicht	
Miniaturen	`Strg`/`cmd`+`E`
Miniaturen ein-/auszoomen	`+`/`-`
Doppelseite	`Strg`/`cmd`+`R`
Einzelseite	`Strg`/`cmd`+`T`
Zoomansicht Einzelseite	`Strg`/`cmd`+`I`
Hilfslinien	
Alle Hilfslinien ein-/ausblenden	`Strg`/`cmd`+`⇧`+`G`
Seitenbeschnitt ein-/ausblenden	`Strg`/`cmd`+`⇧`+`J`
Textbereich ein-/ausblenden	`Strg`/`cmd`+`⇧`+`U`
Fülltext ein-/ausblenden	`Strg`/`cmd`+`⇧`+`H`
Fotozellen ein-/ausblenden	`Strg`/`cmd`+`⇧`+`K`
Text mit Zielkorrektur-Werkzeug bearbeiten	
Schriftgrad bearbeiten	horizontal ziehen
Zeilenabstand bearbeiten	Vertikal ziehen
Laufweite bearbeiten	`Strg`/`cmd` + horizontal ziehen
Kerning bearbeiten	Einfügemarke + horizontal ziehen
Grundlinienversatz bearbeiten	`Strg`/`cmd` + vertikal ziehen
Werkzeug temporär deaktivieren	`Alt`
Werkzeug verlassen	`Esc`

Kapitel 11 | Fotobücher erstellen

Auf einen Blick

Das Buch-Modul

Die Layoutmöglichkeiten im Überblick

❶ **Seitenvorschau:** In der Vorschau wird Ihnen die ausgewählte Seite angezeigt.

❷ **Buch als Sammlung speichern:** Ein gespeichertes Buch ist im SAMMLUNGEN-Bedienfeld mit einem eigenen Buch-Symbol aufgelistet und so auch aus den anderen Modulen anwählbar.

❸ **PDF-Export:** Auch wenn Sie ein Buch für den Fotodienst Blurb oder die JPEG-Ausgabe vorbereitet haben, können Sie es hier ebenfalls als PDF ausgeben.

❹ **Vorschau-Ansichten:** Über diese drei Symbole oder über die folgenden Shortcuts wechseln Sie zwischen der mehrseitigen Ansicht (Strg/cmd+E), der Doppelseitenansicht (Strg/cmd+R) und der Einzelseitenansicht (Strg/cmd+T).

❺ **Favoriten:** Mit Rechtsklick auf den Dateinamen können Sie ausgewählte Layouts in die Favoritengruppe aufnehmen. Diese haben Sie dann später leichter im Zugriff.

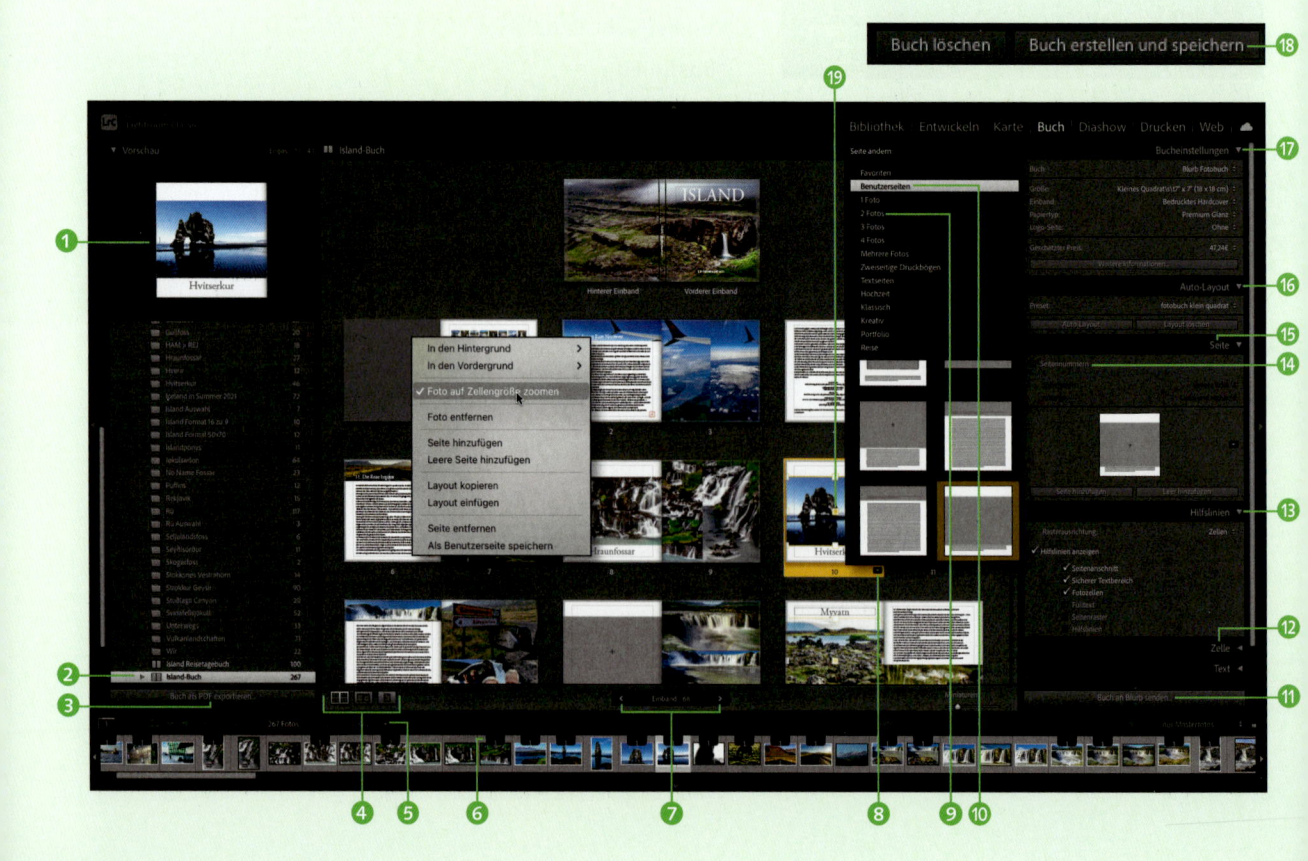

370   Kapitel 11 | Fotobücher erstellen

❻ **Platzierungsmarker:** Im Filmstreifen wird Ihnen über diese Zahlen angezeigt, welche Bilder wie oft platziert sind.

❼ **Navigation:** Mit den Navigationspfeilen blättern Sie zwischen den Seiten. Alternativ nutzen Sie die [Strg]/[cmd]-Taste und die linken und rechten Cursorpfeile. Mit zusätzlich gedrückter [⇧]-Taste gelangen Sie zur ersten bzw. letzten Seite des Buches.

❽ **Layoutvorgaben:** Über das Seiten-Bedienfeld oder über den kleinen Pfeil an den markierten Seiten können Sie aus verschiedensten Layoutvorlagen für die Seiten wählen.

- ❾ **Layoutgruppen:** Die Layoutvorgaben sind in Gruppen nach Anzahl der Bilder sortiert. Weitere Gruppen wie Hochzeit oder Kreativ sind eher willkürliche Sammlungen zueinander passender Layoutvorlagen.
- ❿ **Benutzerseiten:** Eigene Layouts, die Sie über die rechte Maustaste Als Benutzerseite speichern, können Sie über die Benutzerseiten wiederfinden und auswählen. Zusätzlich können diese noch als Favoriten gespeichert werden.

⓫ **Buch ausgeben:** Je nach Ihrer Vorgabe in den Bucheinstellungen geben Sie am Ende über diese Schaltfläche das Buch aus: an den Fotodienstleister Blurb, als mehrseitiges PDF oder als einzelne JPEG-Seiten.

⓬ **Zellen- und Seitenoptionen:** Mit der rechten Maustaste haben Sie schnellen Zugriff auf Funktionen für aktive Bildzelle, Seite und Layout. So können Sie nachträglich Fotos auf Zellengrösse zoomen, Fotos und Seiten entfernen oder Seiten hinzufügen. Ebenso können Sie ein eigenes Layout als neues Benutzerdefiniertes Layout speichern.

⓭ **Hilfslinien:** Mit den Hilfslinien werden zusätzliche Überlagerungen wie Markierungen für die Bilder und Textrahmen, Platzhaltertext in leeren Bildrahmen oder ein zusätzlicher Anschnittbereich für die Produktion angezeigt.

⓮ **Seitennummern:** Eine automatische Seitennummerierung können Sie individuell in Schrift und Größe anpassen und über einen Klick mit der rechten Maustaste diesen Seitenzahlstil global anwenden.

⓯ **Seite hinzufügen:** Über das Seite-Bedienfeld oder über einen Klick mit der rechten Maustaste auf eine Seite können Sie weitere Layoutseiten oder leere Seiten hinzufügen.

⓰ **Auto-Layout:** Mit dem Auto-Layout werden alle Bilder aus dem Filmstreifen in der gewählten Vorgabe platziert. Sie können das Layout danach individuell bearbeiten und auch jederzeit seitenweise oder komplett wieder löschen.

⓱ **Bucheinstellungen:** Die Bucheinstellungen unterscheiden sich je nachdem, ob Sie das Buch beim Fotodienstleister Blurb, als PDF oder als JPEG produzieren wollen. Sie können auch nachträglich geändert werden. Haben Sie bei JPEG- oder PDF-Ausgaben ein besonderes Auge auf JPEG-Qualität, Farbprofil und Dateiauflösung.

⓲ **Fotobuch speichern:** Über die Schaltfläche Buch erstellen und speichern werden alle Bucheinstellungen mit den genutzten Bilddateien als Sammlung gespeichert. Die weitere Arbeit am Buch wird automatisch aktualisiert.

⓳ **Markierung:** Markieren Sie einen Bild- oder Textrahmen bzw. eine Seite über die Seitenzahl. Mehrere Bildrahmen markieren Sie mit gedrückter [⇧]-Taste, mehrere Seiten mit der [Strg]/[cmd]-Taste bzw. mit der [⇧]-Taste eine geschlossene Reihe.

Auf einen Blick

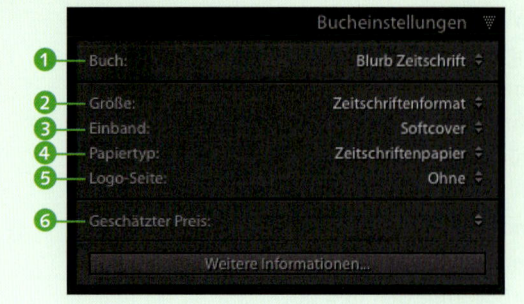

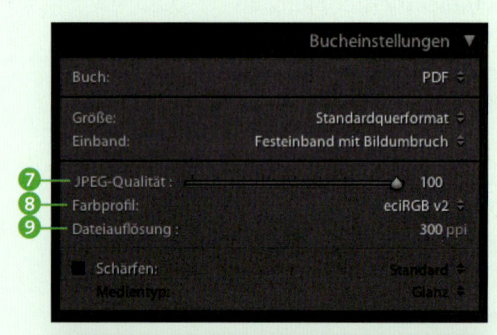

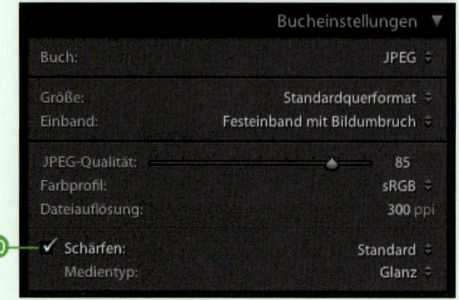

Bucheinstellungen

In den BUCHEINSTELLUNGEN legen Sie alle Parameter für das Erscheinungsbild des Buches fest.

❶ Buch: Hier wählen Sie, ob Sie das Buch über den Fotodienstleister Blurb im Buch-, Zeitschrift- oder Taschenbuchformat, als mehrseitiges PDF oder als Einzelseiten-JPEGs produzieren lassen wollen.

❷ Größe: Hier sind verschiedene Größenvorgaben vom Dienstleister Blurb vordefiniert. Bei der Fotobuchproduktion über Blurb wird automatisch ein Anschnittbereich hinzugefügt, beim PDF und JPEG fehlt dieser.

❸ Einband: Wählen Sie aus diesen Einband-Alternativen: BEDRUCKTES HARDCOVER oder LEINENCOVER MIT BUCHUMSCHLAG. Für Standardgrößen ist auch ein SOFTCOVER verfügbar. Für JPEG- oder PDF-Bücher können Sie auch KEIN EINBAND wählen. Die weiteren BUCHEINSTELLUNGEN unterscheiden sich, je nach Buchform, für Blurb oder für PDF und JPEG:

Blurb

❹ Papiertyp: Blurb stellt diverse Papiertypen für die unterschiedlichen Buchtypen zur Auswahl.

❺ Logo-Seite: Ein dezenter Logoeindruck auf der Rückseite reduziert den Buchpreis um einige Euro …

❻ Geschätzter Preis: Der Preis ist in verschiedenen Währungen anzeigbar und wird immer auf die aktuelle Seitenanzahl aktualisiert. Der Basispreis ist für die Mindestseitenanzahl von 20 berechnet.

PDF und JPEG

❼ JPEG-Qualität: Die JPEG-Komprimierung bestimmt die Qualität der Bilder. 100 entspricht der Qualitätsstufe 12 aus Photoshop. Eine hohe Bildqualität erzeugt große Dateigrößen und längere Ladezeiten.

❽ Farbprofil: Bestimmen Sie hier den Ausgabefarbraum für Ihr PDF oder JPEG. Sie können über das Popup-Menü auch eigene Ausgabeprofile laden.

❾ Dateiauflösung: Für eine gute Druckqualität sollte die Auflösung 300 dpi betragen.

❿ Schärfen: Hier können Sie eine zusätzliche Nachschärfung, wie auch schon aus anderen Modulen bekannt, vornehmen. Diese ersetzt nicht die Grundschärfung in den DETAILS-Einstellungen des ENTWICKELN-Moduls.

Auf einen Blick

Auto-Layout
Mit detaillierten Presets layouten Sie Seiten mit einem Klick. Mehr dazu im Workshop ab Seite 378.

⓫ Preset: Öffnen Sie das Popup-Menü, um eine bestehende Layoutvorgabe zu wählen oder ein eigenes Auto-Layout-Preset zu erstellen.

⓬ Auto-Layout: Ein Klick auf diese Schaltfläche fügt automatisch neue Buchseiten im gewählten Layout hinzu, bis alle Bilder des Filmstreifens platziert sind.

⓭ Layout löschen: Wenn es Ihnen nicht gefällt, können Sie das gesamte Layout über diese Schaltfläche löschen.

Seite
Wählen Sie Seitenlayouts für neue oder bestehende Seiten.

⓮ Seitennummern: Aktivieren Sie die Option für automatische Seitennummerierungen. Die Platzierung können Sie über die rechten Popup-Menüs festlegen.

⓯ Layout wählen: Klicken Sie auf das kleine Dreieck, um ein Fenster mit umfangreichen Layoutvorlagen zu öffnen.

⓰ Seite/Leer hinzufügen: Ein Klick auf SEITE HINZUFÜGEN wendet die ausgewählte Layoutvorlage gleich an, einer leeren Seite kann auch nachträglich ein Layout zugewiesen werden.

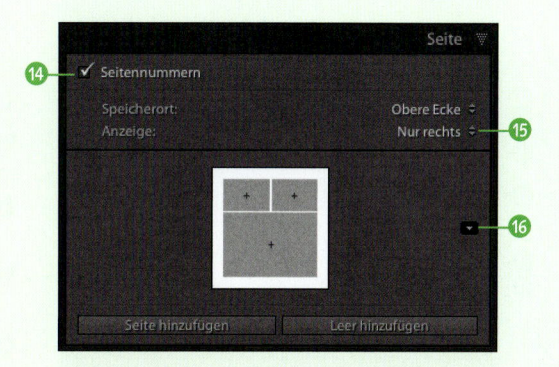

Hilfslinien
Hier blenden Sie verschiedene Layouthilfen ein.

⓱ Rasterausrichtung: Hiermit stellen Sie das Seitenraster oder bestehende Zellenränder auf magnetisch.

⓲ Seitenanschnitt: Nur für Blurb-Fotobücher – nicht für die PDF- oder JPEG-Ausgabe – ist ein Seitenanschnitt vorgesehen. In diesen können ganzseitig platzierte Bilder auslaufen, damit sich später beim Beschnitt keine weißen Papierränder ergeben. Der Seitenanschnitt wird als grauer Rand angezeigt.

⓳ Sicherer Textbereich: Der Rahmen markiert den Bereich, der auf jedem Drucker ausdruckbar ist.

⓴ Fotozellen: Mit dieser Option werden die noch leeren Bildrahmen auf den Seiten grau markiert.

㉑ Fülltext: Textrahmen erhalten mit dieser Option einen Platzhaltertext, damit sie leichter zu lokalisieren sind.

㉒ Seitenraster: Das Seitenraster hilft Ihnen bei der freien Positionierung von Text- und Bildrahmen.

㉓ Hilfslinien: Diese blenden sich beim Bewegen von Bild- und Textrahmen ein.

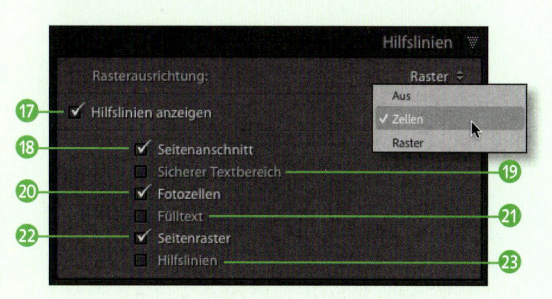

Kapitel 11 | Fotobücher erstellen

Auf einen Blick

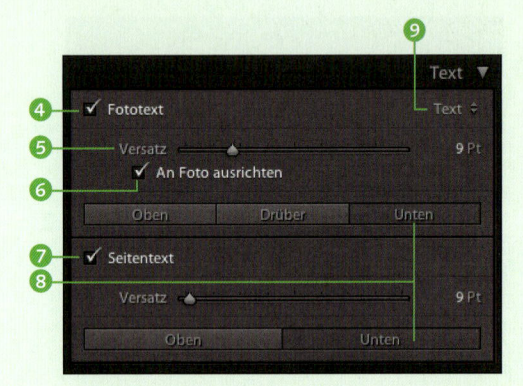

Zelle

In diesem Bedienfeld bestimmen Sie, welche Abstände Bild und Text zum Rahmen einnehmen.

① **Füllung:** Die Füllung bezeichnet den Abstand vom Rahmen zum Text oder Inhalt. Sie kann über diese Schieberegler oder durch Ziehen direkt im Bild verändert werden.

② **Alle verknüpfen:** Die Werte mit einem weiß markierten Quadrat sind miteinander verknüpft. Ein Klick auf das Quadrat löst oder erstellt die Verknüpfung. Das untere Quadrat verknüpft wieder alle Werte.

③ **Fotorandfarbe:** Hier fügen Sie Ihren Bildzellen Fotoränder in beliebiger Farbe und Stärke hinzu.

Text

Sie können für jede Seite und jede Bildzelle zusätzliche Foto- und Seitentexte hinzufügen. Gleichzeitig sind auch Platzhalter im Layout vorhanden.

④ **Fototext:** Fototexte können für alle ausgewählten Bildrahmen hinzugefügt werden.

⑤ **Versatz:** Mit dem Versatz verschieben Sie den Text vertikal auf der Seite.

⑥ **An Foto ausrichten:** Mit dieser Option ist der Abstand der Fototexte zur Bildkante fixiert.

⑦ **Seitentext:** Diese Option platziert einen zusätzlichen Textrahmen auf der Seite.

⑧ **Platzierung:** Positionieren Sie den Seitentext OBEN oder UNTEN auf der Seite.

⑨ **Metadaten:** Anstelle benutzerdefinierter Eingaben können Sie die Fotos auch automatisch mit den Metadateneinträgen der Bilder beschriften lassen.

Schriftart

Dieses Bedienfeld bietet Ihnen Einstellungen in den Bereichen Text und Typografie bis ins Detail. Zur Bearbeitung muss der Text markiert sein.

① **Textstil-Preset:** Die gesamten Einstellungen für die Schriftart können über das Popup-Menü TEXTSTIL-PRESET als Preset abgespeichert und wieder abgerufen werden. Gespeicherte Textstil-Presets können auch in eine Auto-Layout-Vorgabe integriert werden.

② **Schriftart:** Hier wählen Sie die gewünschte Schriftart aus.

③ **Schriftschnitt:** Der Schriftschnitt bezeichnet eine Untergruppe der Schriftart, z. B. Normal, Fett oder Kursiv.

Auf einen Blick

④ **Zielkorrektur:** Mit dem Werkzeug ZIELKORREKTUR passen Sie für markierten Text die Schriftgröße und – mit gedrückter Strg/cmd-Taste – auch die Laufweite und Grundlinie durch Ziehen an.

⑤ **Zeichenfarbe:** Ein Klick auf das Farbfeld lässt Sie die Schriftfarbe, auch für einzelne Buchstaben, ändern.

⑥ **Größe:** Über den Schieberegler können Sie einfach die Schriftgröße für den markierten Text anpassen

⑦ **Deckkraft:** Hier stellen Sie Text transparent.

⑧ **Laufweite:** Mit der Laufweite verändern Sie Buchstabenabstände für ganze Wörter oder Texte in der Maßeinheit »em«.

⑨ **Grundlinie:** Mit einem Grundlinienversatz können Sie markierte Zeichen in der Höhe verschieben.

⑩ **Zeilenabstand:** Dieser bestimmt den Durchschuss des Textes.

⑪ **Kerning:** Ein Kerning bestimmt wie die Laufweite einen Buchstabenabstand, aber nur zwischen zwei Zeichen.

⑫ **Automatischer Zeilenabstand und Kerning:** Über diese Schaltflächen setzen Sie Zeilenabstand und Kerning wieder auf die Standardeinstellung.

⑬ **Spalten:** Einen Textrahmen können Sie auch in mehrere Spalten unterteilen. Der Text bricht automatisch in die nächste Spalte um.

⑭ **Bundsteg:** Hier legen Sie den Abstand zwischen den Spalten fest.

⑮ **Ausrichtung:** Text kann sowohl horizontal als auch – in durch das Seitenlayout vorgegebenen Textrahmen – vertikal ausgerichtet werden.

Hintergrund

Im letzten Fenster gestalten Sie den Seitenhintergrund Ihres Fotobuchs.

⑯ **Hintergrund global anwenden:** Durch diese Option erscheint der gleiche Hintergrund auf allen Seiten.

⑰ **Platzhalterfläche:** Hier wird die aktuell gewählte Grafik angezeigt oder das gewünschte Hintergrundfoto platziert.

⑱ **Hintergrundfarbe:** Über diese Option bestimmen Sie die Seitenfarbe. Ein Klick auf das Farbfeld rechts öffnet den Farbwähler.

⑲ **Hintergrundgrafik wählen:** Über diesen kleinen Pfeil können Sie aus dem Popup-Menü Grafiken auswählen.

⑳ **Farbe und Deckkraft:** Grafiken können in Farbe und Deckkraft verändert werden, Fotos nur in der Deckkraft.

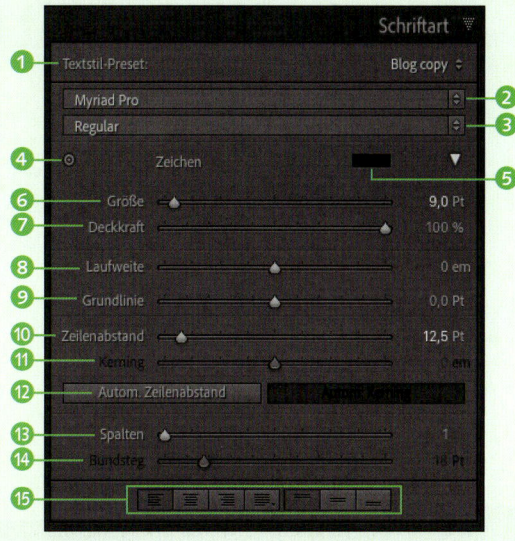

Erste Schritte zum Fotobuch

Bucheinstellungen und erste Layoutschritte

In diesem Workshop starten wir mit der Fotobucherstellung. Sie werden sehen, dass Sie die Rahmenbedingungen ganz einfach vorgeben und sehr schnell erste Seiten erstellen können. Per Drag & Drop können Sie dann Ihre Bilder in das Layout ziehen.

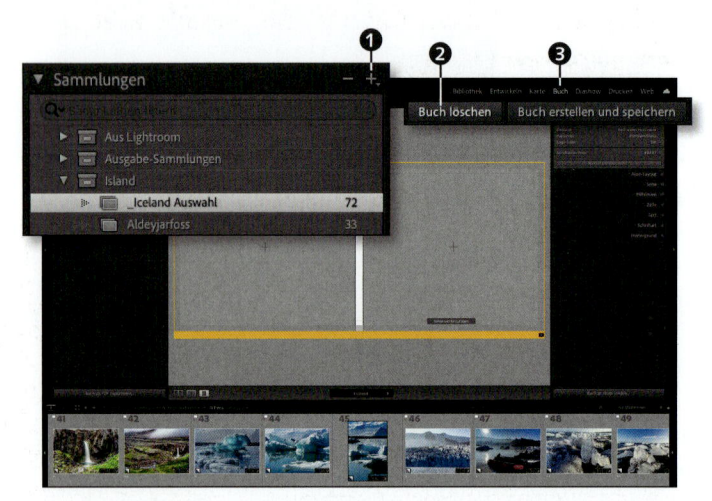

1 Sammlung nutzen

Bereiten Sie eine Bildauswahl für das Fotobuch vor. Dabei müssen Sie noch nicht im Detail planen.

Erstellen Sie am besten eine Sammlung über das Plus-Zeichen im Sammlungen-Bedienfeld ❶, und ziehen Sie alle in Frage kommenden Bilder dort hinein. Wählen Sie die Sammlung aus, und wechseln Sie in das Buch-Modul ❸. Falls das Layout automatisch befüllt wird, klicken Sie einfach in der Speicherzeile auf Buch löschen ❷ (Voreinstellung auf Seite 368).

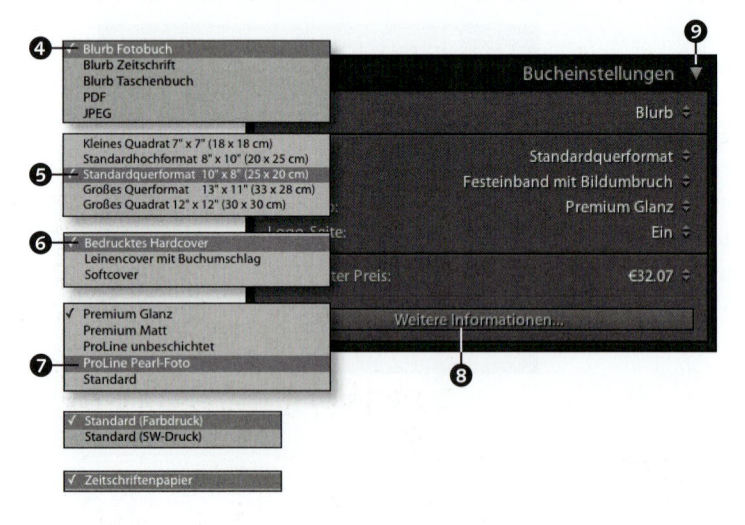

2 Die Bucheinstellungen

Starten Sie im Buch-Modul mit den Bucheinstellungen ❾, und wählen Sie erst die Ausgabeform des Buches ❹ – neben einer späteren PDF- oder JPEG-Ausgabe können Sie die Bücher direkt beim Fotobuchhersteller Blurb bestellen. Die Art der Ausgabe bestimmt auch die Alternativen für Grösse ❺, Einband ❻ und den Papiertyp ❼. Klicken Sie einmal auf die Schaltfläche Weitere Informationen ❽, die Sie auf die Herstellerseite führt, oder schauen Sie unter: *www.blurb.de/pricing*.

3 Seitenlayout wählen

Das Buchlayout besteht am Anfang aus dem Einband, der ersten und letzten Doppelseite. Klicken Sie auf eine noch leere Seite, und öffnen Sie das Bedienfeld SEITE ❿. Wechseln Sie in die Doppelseitenansicht ⓬.

Ein Klick auf den kleinen Pfeil ⓫ öffnet ein Universum verschiedenster Layoutvorlagen – fein säuberlich sortiert nach Anzahl der Bildrahmen, die durch graue Flächen gekennzeichnet sind.

Wählen Sie ein Seitenlayout aus, dieses wird sofort auf die Seite angewendet.

4 Seiten hinzufügen

Natürlich können Sie – durch Klick auf die entsprechende Schaltfläche ⓭ – auch neue Seiten hinzufügen. Diese werden immer im aktuell angewählten Layout hinzugefügt.

Alternativ können Sie über LEER HINZUFÜGEN leere Seiten ergänzen. Alle Seiten können Sie jederzeit im Layout ändern. Klicken Sie dazu erst auf die Seite – diese wird mit einem gelben Rahmen markiert – und dann auf den kleinen Pfeil ⓮ rechts unten im gelben Rahmen. Von dort aus können Sie auf die gleichen Layoutvorlagen zugreifen.

5 Bilder platzieren

Auch das Platzieren der Bilder ist denkbar einfach: Ziehen Sie die entsprechenden Bilder einfach aus dem Filmstreifen auf den gewünschten Bildrahmen ⓯. Sie können auch gleich mehrere Bilder auf die ganze Seite ziehen – diese werden dann auf die Bildrahmen verteilt. Wenn Sie Bilder vertauschen wollen, ziehen Sie sie einfach von einem Bildrahmen auf den anderen ⓰.

Im Filmstreifen wird Ihnen übrigens jedes platzierte Bild markiert, die Ziffer ⓱ gibt an, wie oft das Bild im Buch platziert wurde.

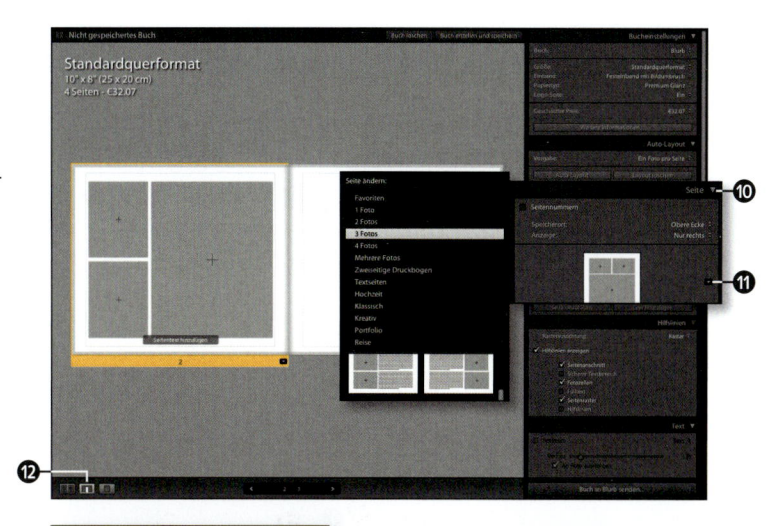

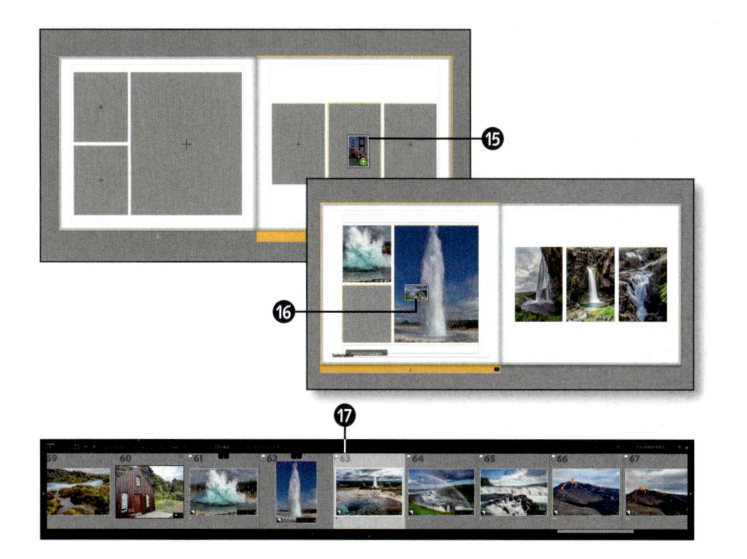

Kapitel 11 | Fotobücher erstellen

Auto-Layouts erstellen

Layoutmuster und ihre automatische Zuweisung

Nicht jede Fotobuchseite muss anders aussehen. Im Gegenteil: Gerade ein konsistentes Layout rückt die Bilder in den Mittelpunkt. Mit den Auto-Layout-Presets können Sie eigene Layoutseiten vorbereiten und diese dann in einem Schwung auf Ihre Bildauswahl anwenden.

1 Auto-Layout-Preset erstellen

Starten Sie im Bedienfeld AUTO-LAYOUT, aber klicken Sie nicht gleich auf die gleichnamige Schaltfläche, denn damit würde schon das Layout aus allen Bildern erstellt werden. Öffnen Sie zunächst das Popup-Menü PRESET ❶. Aus diesem wählen Sie ein Muster für die automatisch generierten Doppelseiten.

Am Anfang sollten Sie ein eigenes AUTO-LAYOUT-PRESET BEARBEITEN. So öffnet sich der EDITOR FÜR AUTO-LAYOUT-PRESETS. Dort legen Sie fest, welches Layout für die Seiten verwendet werden soll.

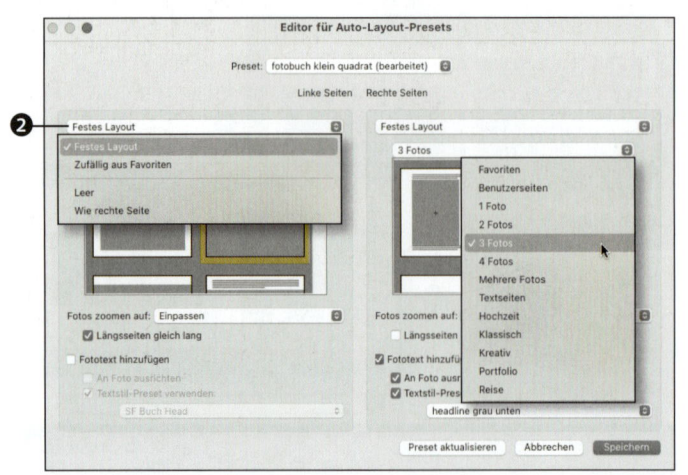

2 Seitenlayout auswählen

Im Popup-Menü ❷ legen Sie fest, ob beide Seiten ein gleiches Layout bekommen, eine Seite leer bleibt oder die Seiten zufällig aus Ihren Layout-Favoriten erstellt werden sollen. Wählen Sie für die linke und rechte Seite FESTES LAYOUT. Danach können Sie aus dem darunterliegenden Popup-Menü aus den bekannten Layoutvorlagen, Ihren Favoriten und Benutzerseiten wählen.

Mehr zu benutzerdefinierten Layouts lesen Sie im Workshop ab Seite 388.

3 Einpassen oder ausfüllen

Sie können vordefinieren, wie sich die Bilder in den Bildrahmen verhalten sollen. Im Popup-Menü Fotos zoomen auf ❸ legen Sie fest, ob Sie die Bilder in die Rahmen Einpassen wollen. Damit werden die Bilder im vollen Format abgebildet, indem die lange Kante des Bildes auf die Bildrahmengröße angepasst wird. Die Option Ausfüllen zoomt die Bilder so weit, dass der Bildrahmen vollständig gefüllt ist. Dabei werden oft Bildteile abgeschnitten, aber das Layout wirkt homogener.

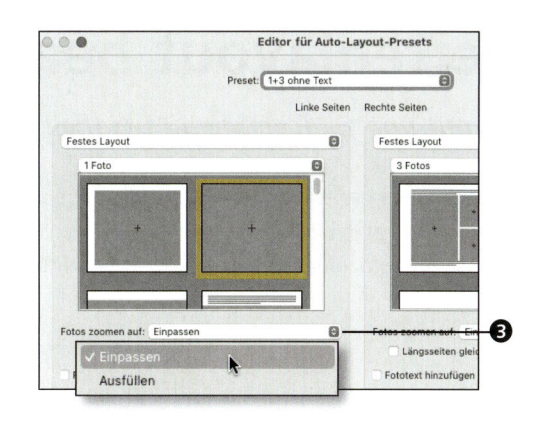

4 Auto-Layout-Preset speichern

Ein vordefiniertes Layout können Sie als Preset festlegen. Wählen Sie aus dem oberen Popup-Menü ❹ Aktuelle Einstellungen als neues Preset speichern. Dann klicken Sie auf Speichern ❺ und können die Vorgabe für das Auto-Layout anwenden. In unserem ersten Auto-Layout beschränken wir uns noch auf die Seiten- und Bildrahmenvorgaben.

Im Workshop »Foto- und Seitentexte bearbeiten« ab Seite 382 lesen Sie, wie Sie Fotobeschriftungen vordefinieren können.

5 Auto-Layout erstellen

Zurück im Hauptfenster des Buch-Moduls geht dann alles ganz schnell. Überprüfen Sie noch einmal, ob alle Bilder der Sammlung im Fotobuch benutzt werden sollen, sonst löschen Sie noch Bilder aus der Sammlung.

Prüfen Sie, ob im Auto-Layout-Bedienfeld Ihr eben erstelltes Preset ❻ ausgewählt ist, und klicken Sie auf die Schaltfläche Auto-Layout ❼: Lightroom trägt alle Bilder zusammen und erstellt so das komplette Fotobuch.

Durch eine Verringerung der Miniaturgröße ❽ erhalten Sie einen besseren Überblick.

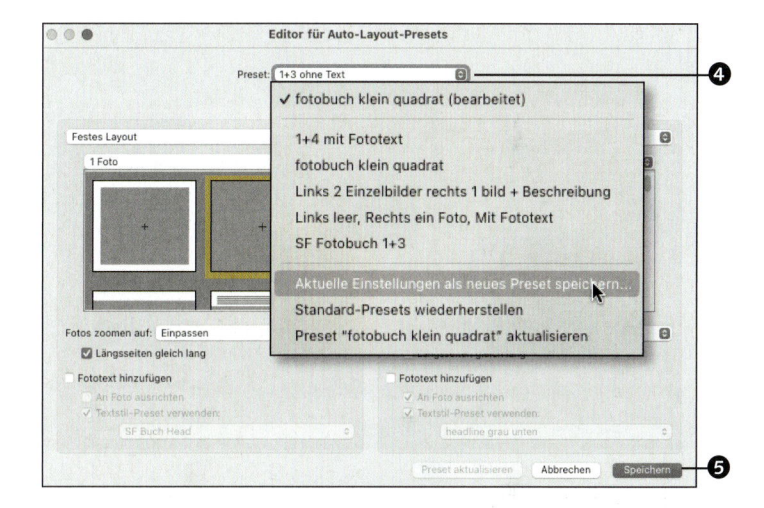

Kapitel 11 | Fotobücher erstellen   379

Seitenlayout bearbeiten

Layout und Bildrahmen individuell anpassen

Nachdem Sie die ersten Seiten erstellt haben, wollen Sie diese sicher noch in Layout, Bildanzahl und -platzierung optimieren. Dieser Workshop zeigt Ihnen, wie Sie das Grundlayout ebenso wie einzelne Bildzellen und deren Inhalt anpassen können.

1 Seitenlayout bearbeiten

Seitenlayouts können Sie, genauso wie Auto-Layouts, noch individuell anpassen.

Wechseln Sie zunächst über die Miniaturen oder [Strg]/[cmd]+[R] in die Doppelseitenansicht ❶, und blättern Sie mit den Navigationspfeilen ❷ oder den Pfeiltasten der Tastatur durch die Seiten.

Klicken Sie auf die Seite, deren Layout Sie verändern wollen. Über den kleinen Pfeil ❸ in der erscheinenden gelben Markierung können Sie wieder auf die bekannten Layoutmuster zugreifen.

2 Bilder zuordnen

Wenn Sie Bilder auf den einzelnen Seiten austauschen wollen, geht das einfach und intuitiv:

Ziehen Sie einfach ein neues Bild aus dem Filmstreifen auf den Bildrahmen, oder wechseln Sie die Bilder auf der Seite, indem Sie ein Bild auf das andere ziehen. Die Bilder werden so einfach ausgetauscht.

Im Filmstreifen erkennen Sie, welche Bilder wie oft im Layout platziert wurden ❹.

380   Kapitel 11 | Fotobücher erstellen

3 Bildausschnitt verschieben

Wenn Sie mit der Layoutvorgabe die Option AUSFÜLLEN aktiviert haben (siehe Seite 379), werden die Bilder automatisch mittig im Bildrahmen platziert. Das ist nicht für jedes Bild optimal, aber auch das können Sie schnell anpassen.

Klicken Sie einfach auf das Bild, und ziehen Sie es im Bildrahmen auf den gewünschten Ausschnitt.

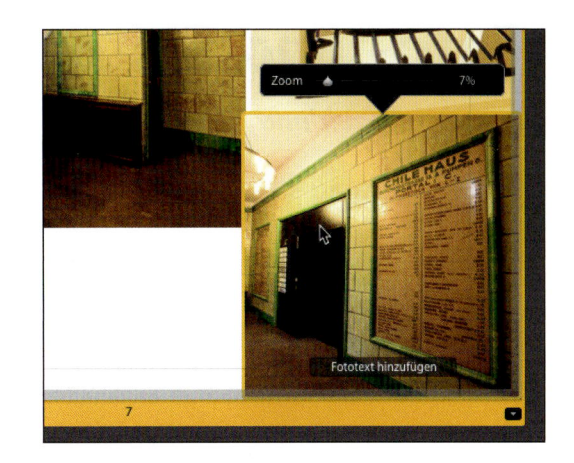

4 Bilder skalieren

Wenn Sie auf ein Bild klicken, erscheint an der oberen Kante eine Zoomleiste ❺. An dieser können Sie durch einen Schieberegler die Größe des Bildes im Rahmen bestimmen.

Wenn Sie ein Bild nachträglich auf den gesamten Bildrahmen skalieren wollen, klicken Sie mit der rechten Maustaste auf das Bild, und wählen Sie aus dem Popup-Menü FOTO AUF ZELLENGRÖSSE ZOOMEN ❻.

5 Fotozellen frei gestalten

Die Fotozellen im Buchlayout sind in Ausschnitt und Positionierung frei editierbar. Verschieben Sie eine markierte Fotozelle über den mittleren Anfasser ❽. Das Seitenverhältnis und die Größe verändern Sie über die äußeren Anfasspunkte ❾ der Fotozelle. Auch den Abstand zum Rand können Sie steuern – und zwar im Bedienfeld ZELLE. Dort bestimmen Sie über die Regler FÜLLUNG ❿ den Leerraum zwischen Bildrahmen und Bild ❼. Mit der Option ALLE VERKNÜPFEN werden die Ränder gleichmäßig verändert.

Foto- und Seitentexte bearbeiten

Beschriftungen und Typografie

Die Beschriftung der Seiten und Fotos ist entweder vom Layout vorgegeben oder kann noch hinzugefügt werden. Die Positionierungsmöglichkeiten der Textrahmen sind zwar etwas beschränkt, das Resultat sind dafür aber klare Textlayouts, die mit umfangreichen typografischen Möglichkeiten gestaltet werden können.

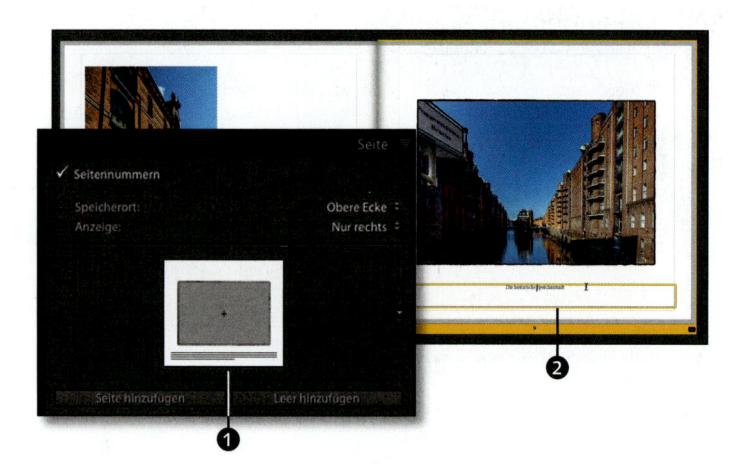

1 Textplatzhalter benutzen

Viele Layoutvorlagen ❶ beinhalten schon Platzhalter für den Text. Genauer sehen Sie diese, wenn Sie in die Einzel- oder Doppelseitenansicht wechseln.

In die gelb markierten Textrahmen ❷ müssen Sie einfach nur hineinklicken und können dann Ihren Bildbeschreibungstext eingeben.

Wie Sie diesen im Detail gestalten, lesen Sie in den nächsten Schritten.

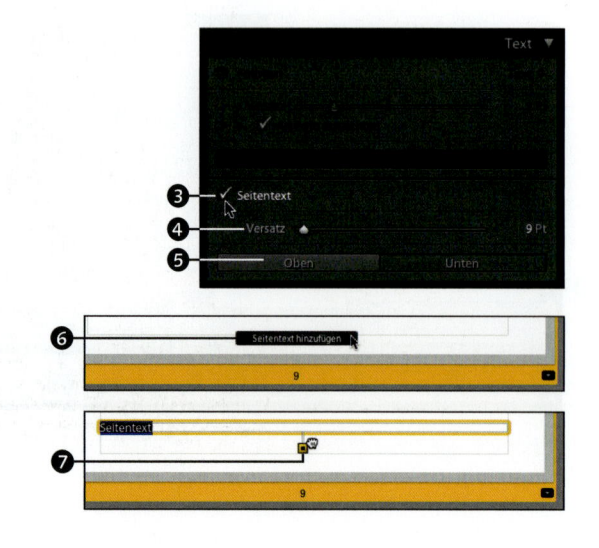

2 Seitenbeschriftung einfügen

Sie können Beschriftungen auch nachträglich erstellen: Klicken Sie auf die Seite, dadurch wird diese gelb markiert. Gleichzeitig erscheint die Schaltfläche SEITENTEXT HINZUFÜGEN ❻, auf die Sie einfach klicken können.

Alternativ aktivieren Sie die Option SEITENTEXT ❸ im Bedienfeld TEXT. Hier können Sie den Textrahmen OBEN oder UNTEN ❺ platzieren und den VERSATZ ❹ zum Seitenrand bestimmen. Den Versatz können Sie auch im Layout einfach verschieben ❼.

3 Fotobeschriftungen hinzufügen

Ebenso können Sie Beschriftungen für jedes Bild hinzufügen. Klicken Sie dafür die Bildrahmen an, mehrere Bildrahmen markieren Sie mit gedrückter ⇧-Taste.

Für den oder die ausgewählten Rahmen aktivieren Sie dann die Option FOTOTEXT ❽ oder klicken im Layout auf die Schaltfläche FOTOTEXT HINZUFÜGEN ❿. Auch dieser kann OBEN und UNTEN, aber auch DRÜBER ❾ – also auf dem Bild – platziert, der Versatz manuell oder mit dem Schieberegler bestimmt werden.

4 Metadatenbeschriftung

Die Fotobeschriftungen ermöglichen Ihnen, Metadateneinträge der Bilder als automatische Bildbeschriftung einzusetzen.

Klicken Sie im BUCH-Modul auf das Popup-Menü ⓫ des TEXT-Bedienfelds, und wählen Sie zum Beispiel den Titel als Beschriftung. Alternativ öffnen Sie über BEARBEITEN den TEXT-VORLAGEN-EDITOR. Dort können Sie verschiedene Metadateneinträge für die Beschriftung kombinieren. Natürlich können Sie Fototexte auch individuell eingeben.

5 Text an Foto ausrichten

Die Fotobeschriftungen haben eine weitere Option. Aktivieren Sie – nachdem Sie die Platzierung festgelegt haben – AN FOTO AUSRICHTEN ⓬, wenn der Textrahmen für die Fotobeschreibung mit dem Bildrahmen skaliert werden soll.

Klicken Sie auf den Bildrahmen, und öffnen Sie das ZELLE-Bedienfeld. Wenn Sie dort die FÜLLUNG – also den Abstand von Bild zu Rahmen – vergrößern, wandert die Beschriftung mit.

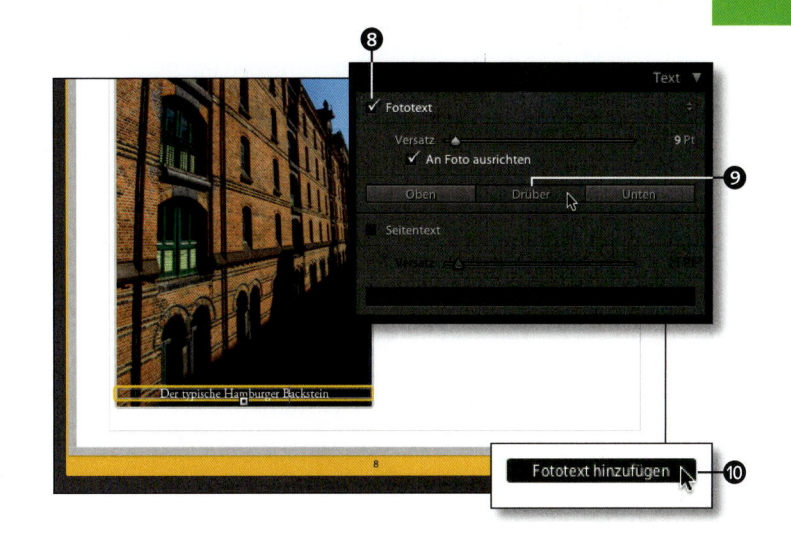

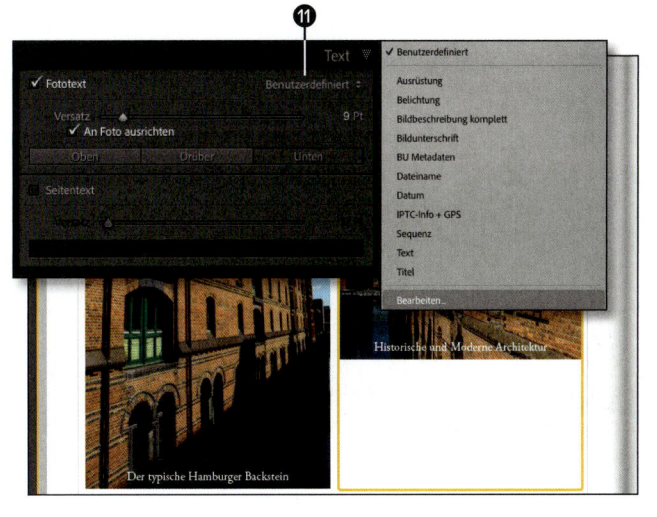

Kapitel 11 | Fotobücher erstellen **383**

6 Textrahmen und Spalten

Auch für mehrzeiligen *Massentext* bietet Lightroom Optionen. Klicken Sie in den Textrahmen, und gehen Sie in das SCHRIFTART-Bedienfeld. Hier kann der Textrahmen in Spalten aufgeteilt werden ❶. Die Anzahl der Spalten bestimmen Sie genauso wie den Abstand der Spalten – den BUNDSTEG – über den Schieberegler darunter. Lassen Sie den Text bzw. den Textrahmen markiert, und wechseln Sie in das Bedienfeld ZELLE. Dort haben Sie zusätzlich die Möglichkeit, den linken oder rechten Abstand ❷ vom Text zum Rahmen zu verändern.

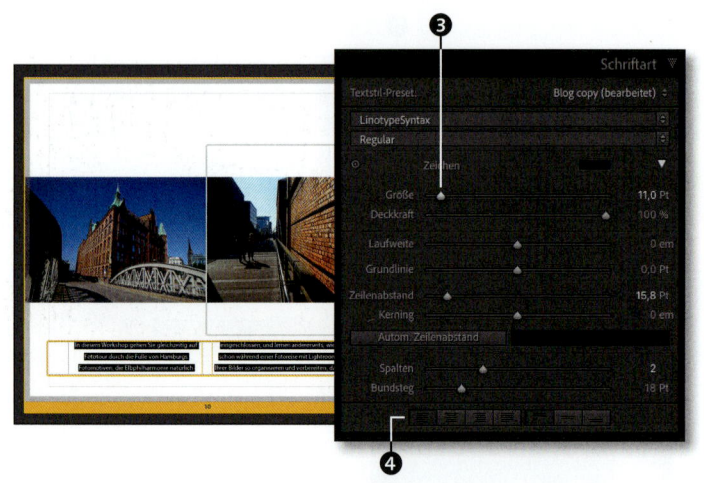

7 Zeilenabstand und Ausrichtung

Der Zeilenabstand des Textes ist standardmäßig auf 120 % der Schriftgröße ausgelegt. Aber natürlich können Sie auch diesen verändern. Am Schieberegler ❸ geben Sie den Zeilenabstand in Punktgröße an. Durch die darunterliegende Schaltfläche AUTOM.(atischer) ZEILENABSTAND können Sie jederzeit wieder auf den automatischen Zeilenabstand zurückkehren.

Ganz unten im TEXT-Bedienfeld können Sie außerdem die Ausrichtung ❹ des Textes bestimmen.

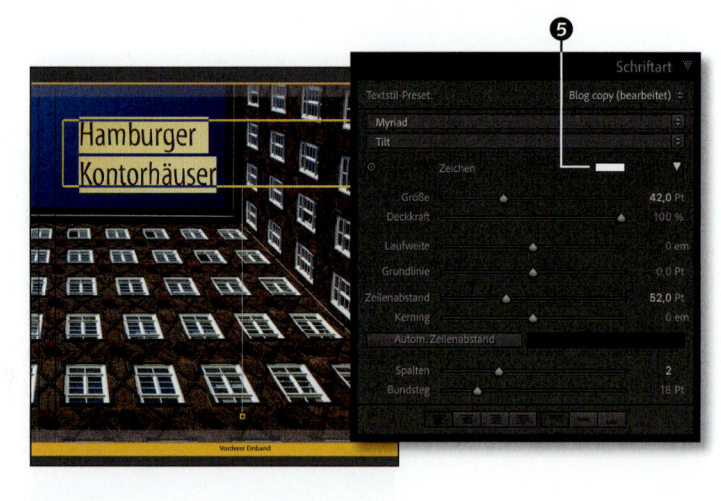

8 Typografie

Das SCHRIFTART-Bedienfeld bietet Ihnen umfangreiche Textformatierungsmöglichkeiten. Zunächst sind hier alle Formatoptionen vorhanden, die Sie schon aus anderen Modulen kennen.

Klicken Sie in den Textrahmen, und markieren Sie mit dem Textcursor den Text, um ihn in SCHRIFTART, GRÖSSE und DECKKRAFT zu steuern. Die Schriftfarbe ändern Sie, indem Sie auf das kleine Farbfeld ❺ klicken und dort eine neue Farbe einstellen.

384 Kapitel 11 | Fotobücher erstellen

9 Erweiterte Typografie

Jetzt geht es an die Feintypografie. Markieren Sie ein Wort oder den ganzen Text mit dem Textcursor, um mit dem Laufweite-Regler ❻ den Text zu »sperren«, also weiter laufen zu lassen. Wenn Sie den Abstand zwischen zwei Buchstaben verändern wollen, klicken Sie mit dem Cursor zwischen die Buchstaben und verändern den Abstand über den Schieberegler Kerning ❽. Über die Grundlinie ❼ verschieben Sie einzelne Buchstaben oder Wörter in der Höhe.

10 Seitenzahlen hinzufügen

Wechseln Sie in das Seite-Bedienfeld, um dort die automatischen Seitennummern ❾ zu aktivieren. Diese starten auf der ersten Innenseite. Falls sie auf einer späteren Seite beginnen sollen, klicken Sie auf der entsprechenden Seite mit der rechten Maustaste auf die Seitenzahl, und wählen Sie Erste Seitenzahl. Ebenso können Sie über einen Rechtsklick die Seitenzahlen auf einzelnen Seiten ausblenden ❿. Die Seitenzahl kann individuell auf jeder Seite formatiert oder global angewendet werden.

11 Textstil-Preset definieren

Die Textformatierungen können Sie im Bedienfeld Schriftart als Textstil-Preset speichern und so später einfach anwenden.

Wählen Sie aus dem Popup-Menü ⓫, während Sie den Beispieltext markiert haben, Aktuelle Einstellungen als neues Preset speichern, und benennen Sie diese. Schon können Sie sie für Folgetexte, in Benutzerseiten oder im Auto-Layout nutzen: Aktivieren Sie im Editor für Auto-Layout-Presets die Option Fototexte hinzufügen ⓬. Dort können Sie das Textstil-Preset verwenden ⓭.

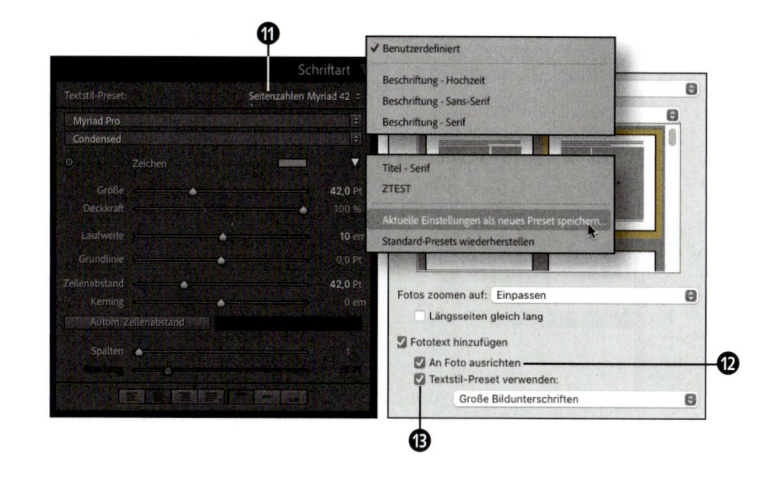

Kapitel 11 | Fotobücher erstellen **385**

Seitenhintergründe gestalten

Grafische Hintergründe und Fotohintergründe einsetzen

Ihre Fotobuchseiten müssen nicht weiß bleiben. Sie können sie mit Hilfe von Hintergrundfarben, grafischen Elementen und auch eigenen Fotos gestalten. Diese Seiten geben Ihnen einen Überblick über die Möglichkeiten der Hintergrundgestaltung.

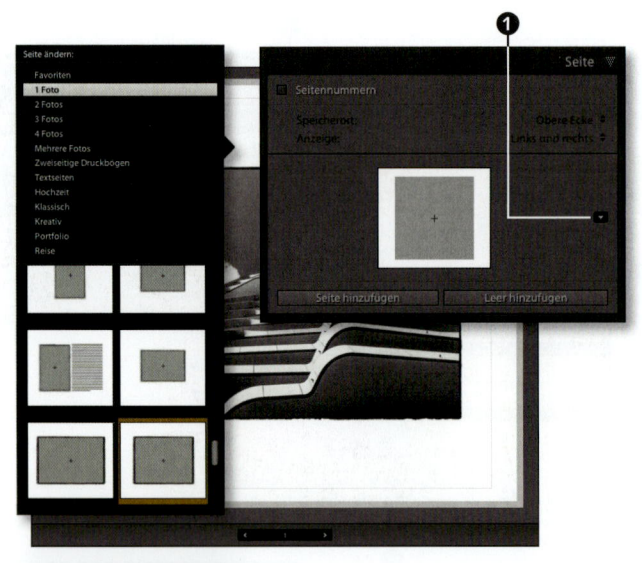

1 Seitenlayout wählen

Wenn Sie mit Hintergrundgrafiken arbeiten wollen, sollten Sie auf der Seite auch Platz dafür haben.

Aktivieren Sie die Seite per Klick in das Vorschaufenster, so dass die Seite gelb markiert ist, und wählen Sie aus dem SEITE-Bedienfeld über einen Klick auf das Dreieck ❶ ein Layout, das genug Raum für einen Hintergrund bietet.

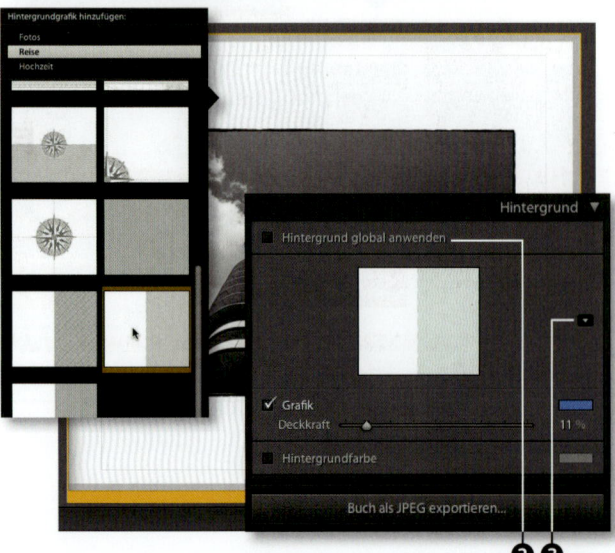

2 Seitenhintergrund wählen

Lassen Sie die Seite aktiviert, und öffnen Sie das HINTERGRUND-Bedienfeld. Deaktivieren Sie als Erstes die Option HINTERGRUND GLOBAL ANWENDEN ❷, um die Seite individuell zu bearbeiten. Klicken Sie dann auf das kleine Dreieck ❸, um das Popup-Menü für die Hintergrundauswahl zu öffnen.

Neben der Möglichkeit, eigene Fotos als Hintergrund zu verwenden, gibt es vorgefertigte REISE-Grafiken und Dekore, die unter dem Oberbegriff HOCHZEIT gruppiert sind.

3 Hintergrundfoto einsetzen

Alternativ zu den vorgefertigten Hintergründen können Sie auch eigene Bilder – oder in Lightroom importierte eigene Grafiken – verwenden. Ziehen Sie diese einfach nur per Drag & Drop aus dem Filmstreifen auf die dafür vorgesehene Platzhalterfläche ❹.

Fotos und Grafiken können über den DECK-KRAFT-Regler ❺ in der Transparenz gesteuert werden.

4 Grafikfarbe und Deckkraft

Alternativ wählen Sie einen der vorgestalteten Hintergründe aus dem Popup-Menü. Klicken Sie auf das kleine Farbfeld ❼, um die Farbe für die Grafik zu wählen. Sie können diese frei per Klick aus dem Farbwähler wählen oder mit dem Regler ❾ voreinstellen. Alternativ können Sie mit gedrückter Maustaste den Mauszeiger ins Vorschaufenster bewegen, um dort eine Farbe aus dem Bild aufzunehmen ❻. Genauso können Sie die Hintergrundfarbe ❽ der Seite bestimmen.

5 Hintergründe mehrfach nutzen

Um für mehrere Seiten die gleiche Hintergrundgestaltung vorzunehmen, klicken Sie zunächst mit gedrückter Strg/cmd-Taste auf die entsprechenden Seiten ⓫, um diese zu markieren. Wählen Sie dann die gewünschte Grafik aus dem Popup-Menü, oder ziehen Sie ein gemeinsames Hintergrundbild auf die Platzhalterfläche.

Noch einfacher können Sie alle Seiten des Buches mit dem gleichen Hintergrund versehen. Aktivieren Sie dafür die Option HINTERGRUND GLOBAL ANWENDEN ❿.

Kapitel 11 | Fotobücher erstellen **387**

Eigene Fotolayouts

Benutzerdefinierte Seitenlayouts speichern und verwenden

Aus gutem Grund sind die Seitenlayouts in Lightroom nur begrenzt zu bearbeiten. Die Möglichkeit kunterbunter Layouts wurde den Regeln stilvoller Gestaltung untergeordnet. Wenn Sie aber innerhalb dieser vorgegebenen Grenzen eigene Layouts erstellen, können Sie diese als Benutzerseiten speichern und so beliebig oft anwenden.

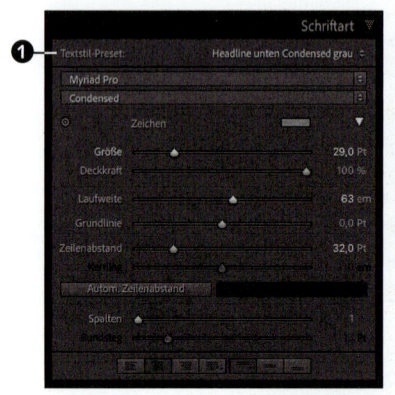

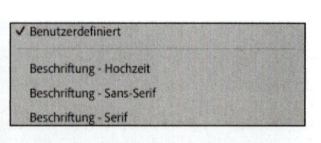

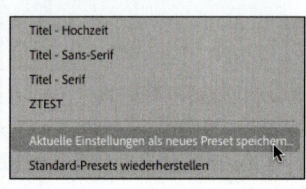

1 Layout fertig stellen

Starten Sie mit allen Layoutschritten, die Sie in den vorangegangenen Workshops kennengelernt haben, und legen Sie auf Basis einer Layoutvorlage ein eigenes Seitenlayout an. In diesem können Sie auch Hintergrundgrafiken und eigene Farben verwenden.

Schließen Sie auch die Textformatierung ab, und sichern Sie die Formatierung als eigenes TEXTSTIL-PRESET ❶, indem Sie im SCHRIFTART-Bedienfeld auf AKTUELLE EINSTELLUNGEN ALS NEUES PRESET SPEICHERN klicken.

2 Benutzerseite speichern

Klicken Sie jetzt mit der rechten Maustaste auf die vorgestaltete Seite, und wählen Sie aus dem Menü ALS BENUTZERSEITE SPEICHERN ❷. Diese Benutzerseite steht Ihnen jetzt an allen Stellen zur Verfügung, an denen Sie ein Layout zuweisen können: im SEITE-Bedienfeld über das kleine Dreieck ❸ oder per Klick auf das bekannte Dreieck in der rechten unteren Seitenecke ❺. Wählen Sie dort das Layout aus den BENUTZERSEITEN ❻. Sie können diese zusätzlich per Klick auf das Kreis-Symbol ❹ als Favoriten speichern.

3 Auto-Layout-Preset

Neben der individuellen Speicherung von Benutzerseiten können Sie auch Auto-Layout-Presets im Detail vorbereiten. Hier können Sie auch Fototexte gleich mit der Textstilvorgabe verknüpfen.

Öffnen Sie über das Kontextmenü des Auto-Layout-Bedienfelds den Editor für Auto-Layout-Presets. Wählen Sie dort Ihr gewünschtes Layout, und aktivieren Sie Fototexte hinzufügen ❼ – und die Option Textstil-Preset verwenden ❽.

4 Layouts kopieren und einfügen

Sie können ein erstelltes Layout auch ohne Vorlagenspeicherung auf neue Seiten anwenden.

Aktivieren Sie die fertig layouteten Seiten durch Klick auf den Seitenrand, und kopieren Sie das Layout über die rechte Maustaste, das Bearbeiten-Menü oder den Shortcut [Strg]/[cmd]+[⇧]+[C]. Mit dem Shortcut [Strg]/[cmd]+[⇧]+[V] können Sie das Layout wieder auf bestehenden Seiten oder als neue Seiten einfügen.

5 Textstil-Preset aktualisieren

Wenn einmal Ihr Textstil-Preset zwar erkannt, aber mit der vorangegangenen Formatierung als (bearbeitet) angezeigt wird ❾, können Sie trotzdem von Ihren gespeicherten Vorlagen profitieren. Aktivieren Sie dann den Text im Textrahmen, und wählen Sie die Vorgabe im Schriftart-Bedienfeld einfach noch einmal an ❿. Mit einem Klick ist der Text wieder richtig formatiert.

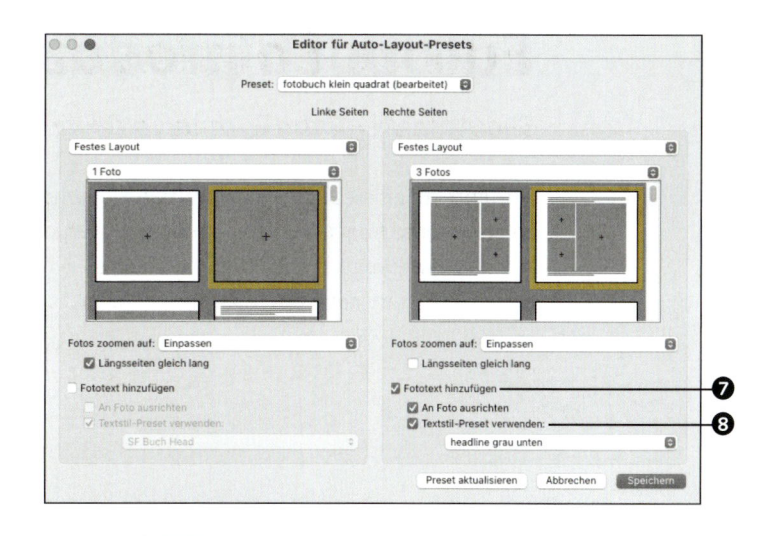

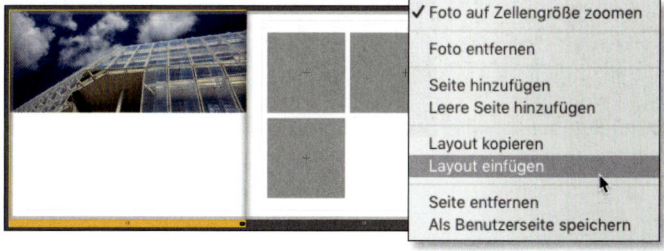

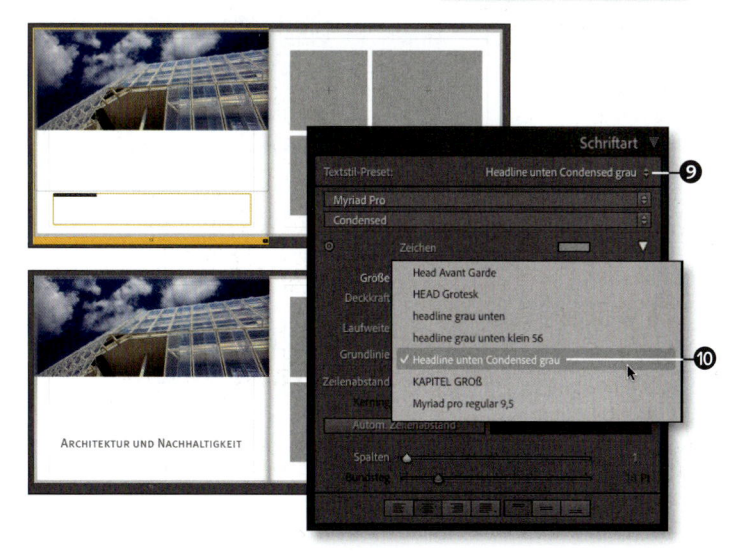

Fotobuch produzieren

Die Ausgabe über Blurb, als PDF oder JPEG

In den Bucheinstellungen bestimmen Sie, wie Sie Ihr Buch produzieren wollen: beim Fotobuchhersteller Blurb, als komplette PDF-Datei oder als einzelne JPEG-Seiten. Alle Ausgabewege sind schnell beschritten – hier ein Überblick.

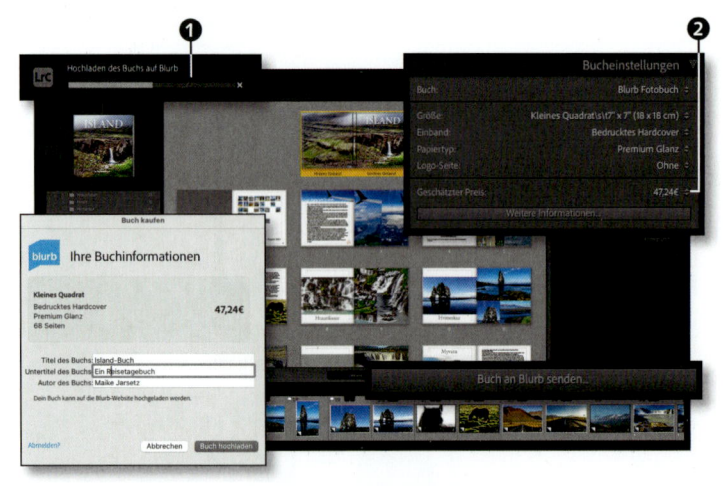

1 Blurb-Fotobuch produzieren

Speichern Sie Ihr Buchprojekt spätestens jetzt. Klicken Sie in der oben befindlichen Speicherleiste auf BUCH ERSTELLEN UND SPEICHERN und benennen Sie es, so wird es links oben in der Speicherleiste angezeigt ❶.

Die notwendigen Einstellungen für Format, Papier etc. haben Sie ja schon vorgenommen. Anhand der aktuellen Seitenzahl wird der Buchpreis ❷ ermittelt. Per Klick rechts unten im BUCH-Modul können Sie das BUCH AN BLURB SENDEN, dabei benennen und online den Auftrag erstellen.

2 PDF vorbereiten

Auch wenn Sie Ihr Buch für Blurb vorbereitet haben, können Sie es als PDF ausgeben, indem Sie auf die Schaltfläche BUCH ALS PDF EXPORTIEREN links unten im BUCH-Modul klicken ❸.

Besser ist allerdings, Sie bestimmen vorher, wie das PDF gespeichert werden soll. Dazu wechseln Sie im Popup-Menü der BUCHEINSTELLUNGEN auf PDF ❻ – so können Sie im Vorfeld die JPEG-QUALITÄT der Bilder ❹ bestimmen. Als FARBPROFIL ❺ können Sie RGB-Profile laden, die Sie über ANDERE noch erweitern können.

3 PDF ausgeben

Nach Klick auf die Schaltfläche BUCH ALS PDF EXPORTIEREN unten rechts im BUCH-Modul geben Sie nur noch den Speicherort und den Namen des Buches an, und das PDF wird mit Ihren Vorgaben exportiert – ein PDF für den Buchumschlag ❼ und ein mehrseitiges PDF für den Buchinhalt ❽.

Leider sind hier noch keine differenzierten Ausgabeeinstellungen für das PDF vorgesehen, wie man es aus anderen Adobe-Programmen kennt – auch ist eine Beschnittzugabe der Buch-Ausgabe vorbehalten.

4 JPEG vorbereiten

Wenn Sie andere Fotodienstleister bevorzugen, können Sie alternativ die Einzelseiten als JPEG ausgeben und diese als einzelne Bilder in einer anderen Fotobuchsoftware platzieren. Wechseln Sie dazu in den BUCHEINSTELLUNGEN auf JPEG ❾.

Auch hier können Sie die JPEG-QUALITÄT über einen Schieberegler einstellen. Achten Sie außerdem darauf, dass Sie für das FARBPROFIL sRGB ❿ einstellen, denn dieses wird von den meisten Fotobuchherstellern vorausgesetzt.

5 JPEG ausgeben

Durch die Änderung auf JPEG-Ausgabe ist jetzt im rechten unteren Fensterbereich die Schaltfläche BUCH ALS JPEG EXPORTIEREN erschienen.

Nach einem Klick darauf bestimmen Sie nur noch den Speicherort und erhalten fein säuberlich jede Einzelseite als JPEG in der gewünschten Qualität abgespeichert.

Damit Sie diese sinnvoll in Layouts anderer Hersteller einbinden können, sollten Sie ein ähnliches Format oder einen ausreichend großen weißen Seitenrand wählen.

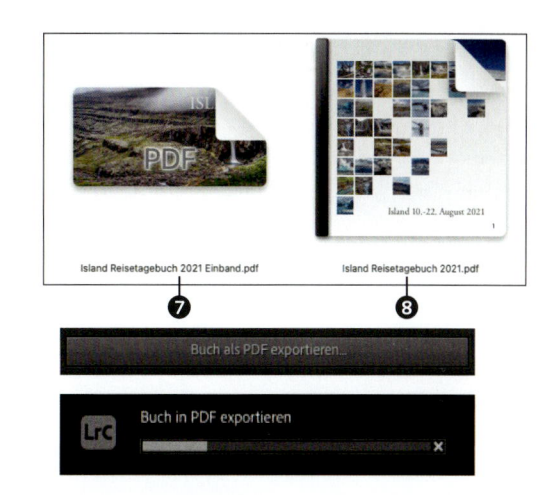

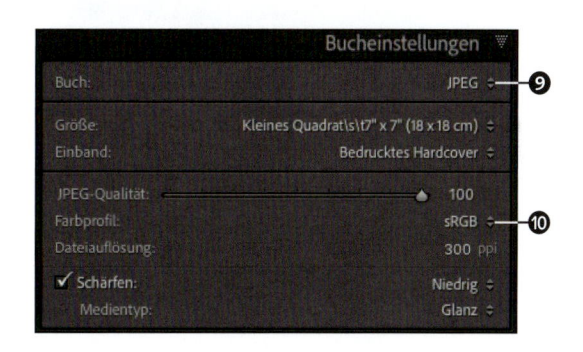

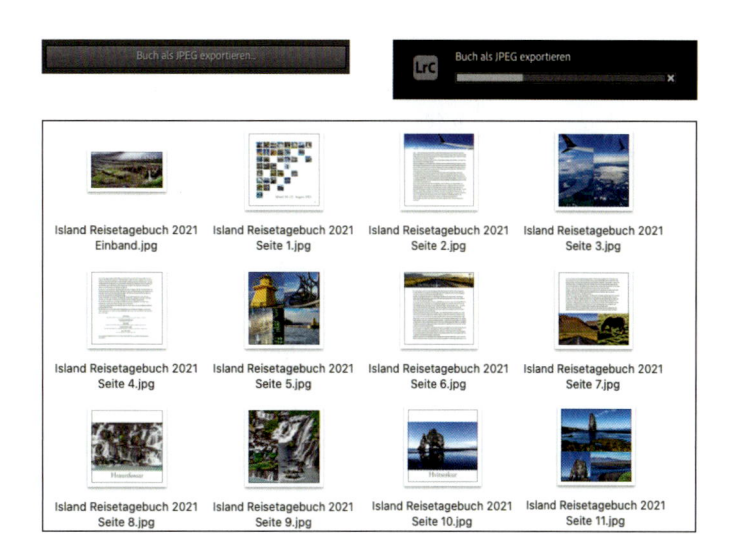

Kapitel 11 | Fotobücher erstellen

Diashow-Präsentation

Spuren im Sand

Feuer und Eis

63°53'8.9919" N 22°16'9.8899" W

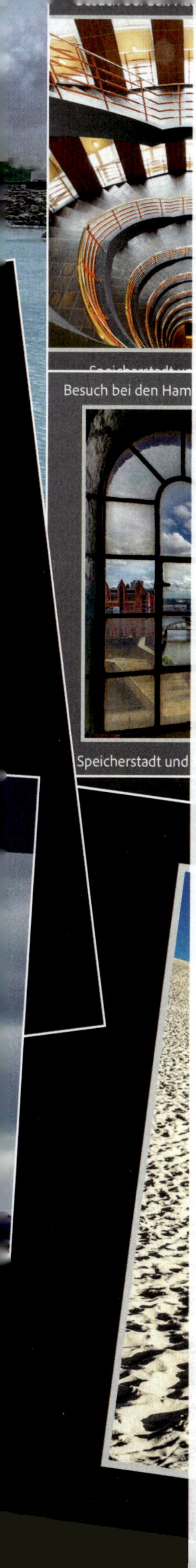

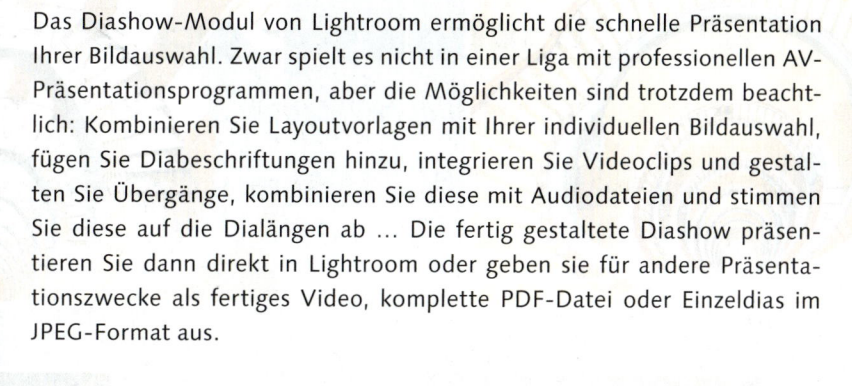

Das Diashow-Modul von Lightroom ermöglicht die schnelle Präsentation Ihrer Bildauswahl. Zwar spielt es nicht in einer Liga mit professionellen AV-Präsentationsprogrammen, aber die Möglichkeiten sind trotzdem beachtlich: Kombinieren Sie Layoutvorlagen mit Ihrer individuellen Bildauswahl, fügen Sie Diabeschriftungen hinzu, integrieren Sie Videoclips und gestalten Sie Übergänge, kombinieren Sie diese mit Audiodateien und stimmen Sie diese auf die Dialängen ab … Die fertig gestaltete Diashow präsentieren Sie dann direkt in Lightroom oder geben sie für andere Präsentationszwecke als fertiges Video, komplette PDF-Datei oder Einzeldias im JPEG-Format aus.

EINFÜHRUNG: Eigene Diashows gestalten
  Der schnelle Start für die Bildpräsentation 394

AUF EINEN BLICK: Das Diashow-Modul
  Alle Steuerungsmöglichkeiten auf einen Blick 396

Erkennungstafel und Wasserzeichen
  Die Visitenkarte für Ihre Bildpräsentation 400

Diashows in wenigen Schritten
  Mit Vorgaben eigene Diashows erstellen 404

Bildauswahl präsentieren
  Vorarbeit und Auswahl der Bilder für die Diashow 408

Automatische Diabeschriftung
  Nutzen Sie Titel und Bildunterschriften aus den Metadaten 410

Portfolio präsentieren
  Diashow als PDF-Präsentation ausgeben 412

Diashow in Lightroom
  Audio, Übergänge, Start- und Endbildschirm einsetzen 414

Dias als JPEG speichern
  Die Optionen der JPEG-Ausgabe 418

Videodateien in Diashows
  Die Arbeit mit Videodateien und die Ausgabe als Video 420

Fotos: Maike Jarsetz

Einführung

Eigene Diashows gestalten

Der schnelle Start für die Bildpräsentation

Ihre erste Diashow haben Sie wahrscheinlich schon im BIBLIOTHEK-Modul erstellt. Ein einfacher Tastendruck auf die Taste [F] zoomt die Bilder formatfüllend auf Bildschirmgröße, und Sie können schon darin Ihre Bildauswahl mit den Pfeiltasten der Tastatur präsentieren. Im DIASHOW-Modul können Sie nun aus dem Vollen schöpfen und Ihre Präsentation abrunden.

Von der Vorlage zur Diashow

Wie in allen Ausgabemodulen starten Sie eine Diashow am besten mit einer Sammlung. Wählen Sie für diese Bildauswahl eine Vorlage, auf deren Basis Sie das Layout weiter ausarbeiten, und vergessen Sie nicht, frühzeitig Ihre Diashow zu speichern ❶. Die gespeicherte Diashow ist auch eine Sammlung, aber sie speichert nicht nur Ihre Bildauswahl, sondern auch das gewählte Layout – beides wird bei der weiteren Arbeit ständig aktualisiert.

Das richtige Format vorbestimmen

Eine Diashow wird nicht unbedingt nur für die Präsentation am eigenen Rechner vorbereitet, sondern soll vielleicht exportiert oder auf einem anderen Bildschirm wiedergegeben werden. Im Bereich LAYOUT können

Sie in dem Popup-Menü SEITENVERHÄLTNIS-VORSCHAU ❷ das Format der Diashow fixieren, denn das Seitenverhältnis passt sich sonst den Proportionen des aktuell angeschlossenen Bildschirms an. Sichern Sie also damit Ihr Layout vor unerwünschten Verschiebungen, wenn Sie die Präsentation in einer anderen Größe ausgeben oder eine feste Präsentationsgröße ❸ festlegen wollen.

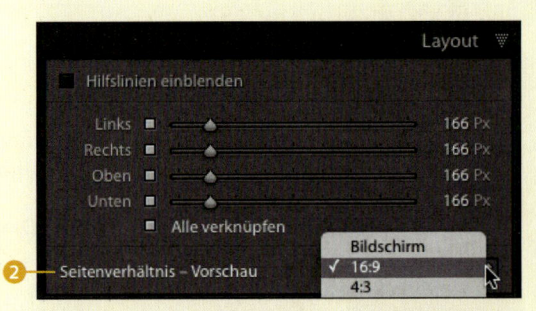

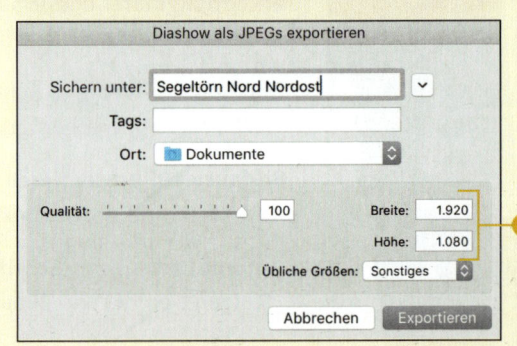

Dynamische Bildunterschriften

Sie können für Ihre Diashow nicht nur optische Parameter wie Größe, Kontur, Farbe und Hintergrund der Bildpräsentation bestimmen. Einen wesentlichen Anteil nehmen Textbausteine ein, die sowohl benutzerdefinierten Text, wie eine einheitliche Headline, enthalten können

Einführung

als auch dynamisch generiert werden können. Dazu gehören dann nicht nur Metadaten wie verwendete Kameraeinstellungen oder der Dateiname, sondern auch GPS-Daten ❺ oder Informationen wie Bildunterschriften ❹, die Sie in der Bibliothek vorbereiten und dann als individuelle und automatisch generierte Bildunterschriften ❽ nutzen können.

Diese können Sie nach Erstellen einer Textüberlagerung in dem – schon aus anderen Modulen bekannten – Textvorlagen-Editor auch miteinander zu einer gemeinsamen Beschriftung kombinieren.

Eine besondere Rolle spielen hierbei auch die Wasserzeichen und Erkennungstafeln, die Sie in jedem Ausgabemodul zur Überlagerung nutzen können. Lesen Sie dazu den Grundlagenexkurs auf Seite 400.

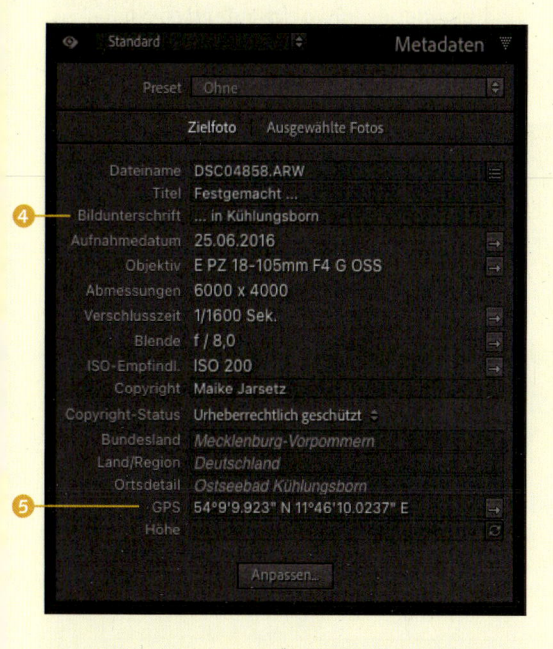

Audio und Video

Und natürlich muss eine Diashow nicht statisch sein. Übergänge, wie das Schwenken und Zoomen, bringen genauso Bewegung in Ihre Präsentation wie die Integration von Videomaterial und die Untermalung mit Musiktiteln. Hier können Sie auch mehrere Titel kombinieren, die Dialänge darauf anpassen und mit der Videotonspur auspendeln. Übrigens: Musik können Sie nur über das Plus-Zeichen ❼ hinzufügen, wenn Sie das Bedienfeld über den kleinen Kippschalter ❻ aktiviert haben.

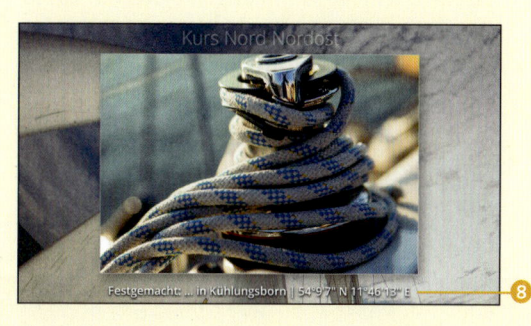

Tastaturkürzel im Diashow-Modul

Layout	
Neue Vorlage erstellen	`Strg`/`cmd`+`N`
Neuen Vorlage-Ordner erstellen	`Strg`/`cmd`+`⇧`+`N`
Hilfslinien ein-/ausblenden	`Strg`/`cmd`+`⇧`+`H`
Diashow erstellen/speichern	`Strg`/`cmd`+`S`
Überschriftbalken ein-/ausblenden	`<`

Diashow	
Diashow abspielen	`↵`
Diashow in Vorschau abspielen	`Alt`+`↵`
Diashow anhalten/wiedergeben	Leertaste
Diashow abbrechen	`Esc`

Ausgabe	
Als PDF exportieren	`Strg`/`cmd`+`J`
Als JPEG exportieren	`Strg`/`cmd`+`⇧`+`J`
Als Video exportieren	`Strg`/`cmd`+`Alt`+`J`

Kapitel 12 | Diashow-Präsentation

Auf einen Blick

Das Diashow-Modul

Alle Steuerungsmöglichkeiten auf einen Blick

❶ Vorlagen anlegen: Über einen Klick auf das Plus-Zeichen speichern Sie die aktuellen Einstellungen als Diashow-Vorlage.

❷ Gespeicherte Diashows und Sammlungen: Im SAMMLUNGEN-Bedienfeld können Sie eigene Diashow-Sammlungen erstellen. Diese speichern sowohl die verwendeten Bilder in einer Sammlung als auch alle Layoutparameter. Sie speichern eine Diashow auch über die Schaltfläche DIASHOW ERSTELLEN UND SPEICHERN ⓴. In anderen Modulen können Sie per Rechtsklick direkt die Diashow öffnen.

❸ Diashow ausgeben: Wenn Sie die Diashow nicht in Lightroom präsentieren wollen, können Sie sie als mehrseitiges PDF oder als Video exportieren. Die Ausgabequalität und Größe legen Sie in den folgenden Menüs fest. Halten Sie die Alt -Taste gedrückt, um die PDF-Ausgabe-Option in eine JPEG-Ausgabe umzuwandeln.

❹ Zurück auf Los: Ein Klick auf dieses Symbol markiert das erste Dia des Filmstreifens und blendet es im Vorschaufenster ein.

396   Kapitel 12 | Diashow-Präsentation

❺ **Zwischen Dias navigieren:** Links- und Rechtspfeil navigieren zwischen den Bildern im Filmstreifen beziehungsweise zwischen den ausgewählten Dias.

❻ **Dias verwenden:** In diesem Popup-Menü geben Sie an, welche Fotos in der Diashow verwendet werden sollen.

❼ **Vorschau:** Sie können eine Diashow im Vorschaufenster abspielen lassen. Die Steuerung mit Play-, Pause- und Stop-Schaltfläche befindet sich in der Werkzeugleiste.

❽ **Objekte rotieren:** Alle überlagernden Objekte, wie Textüberlagerungen, können auf dem Dia platziert und – mit den Rotationspfeilen – in 90-Grad-Schritten rotiert werden.

❾ **Textbausteine hinzufügen:** Über das ABC-Symbol können Sie Dias mit Text ausstatten. Dabei sind eigene Texte, die auf allen Dias gleich erscheinen, genauso möglich wie Textbausteine, deren Inhalte für jedes Bild aus den IPTC-Metadaten generiert werden. Sie geben den Text im nebenstehenden Textfeld ein. Die Formatierung erfolgt im Bearbeitungsbereich TEXTÜBERLAGERUNGEN. Details dazu finden Sie auf der nächsten Doppelseite.

❿ **Vorschau und Präsentation:** Die Präsentation Ihrer Diashow starten Sie über die Schaltfläche ABSPIELEN. Hierbei läuft die Diashow im Vollbild ab. Sie können die Wiedergabe mit der Leertaste anhalten und wieder starten. Die `Esc`-Taste beendet die Präsentation.

⓫ **Abspieloptionen:** Hier können Sie eine WILLKÜRLICHE REIHENFOLGE bestimmen und die Diashow in einer Endlosschleife WIEDERHOLEN.

⓬ **Schwenken und Zoomen:** Dieser Übergang verändert Größe und Position der Dias.

⓭ **Audiobalance:** Über diesen Regler gleichen Sie die Tonspur der Videosequenzen mit der Audiodatei ab. Sie können den Ton des Videos auch komplett runterregeln. Weiche Ein- und Ausblendungen sind nicht möglich.

⓮ **An Musik anpassen:** Ein Klick auf AN MUSIK ANPASSEN im Bereich SOUNDTRACK passt die Anzeigedauer der einzelnen Dias genau an die Länge der Sounddatei an.

⓯ **Folienlänge und Überlagerungen:** Mit diesen Schiebereglern steuern Sie die Anzeigedauer und Überblendungszeit jedes Dias.

⓰ **Folien zur Musik synchronisieren:** Diese Option wechselt die Dias im Rhythmus des ausgewählten Musikstückes.

⓱ **Automatisch oder manuell:** Eine manuelle Diashow ist reduziert auf die vollflächige Anzeige der Dias, ohne Übergänge, Musik etc. Zwischen den Dias navigieren Sie dabei per Pfeiltasten. Für eine automatische Diashow stehen deutlich mehr Abspieloptionen zur Verfügung.

⓲ **Musik hinzufügen:** Klicken Sie auf das Plus-Symbol, um beliebig viele MP3-Dateien als Sound zu unterlegen. Deren Reihenfolge können Sie noch variieren.

⓳ **Layoutoptionen:** Die Details aller Layouteinstellungen finden Sie auf der nächsten Doppelseite.

⓴ **Diashow speichern:** Diese Schaltfläche speichert Ihre Diashow inklusive der Layouteinstellungen, Abspieloptionen und optional aller verwendeten Bilder im SAMMLUNGEN-Bedienfeld.

㉑ **Speicherstatus:** Am Speicherstatus erkennen Sie, ob Sie in einer nicht gespeicherten oder einer bestehenden Diashow arbeiten.

Auf einen Blick

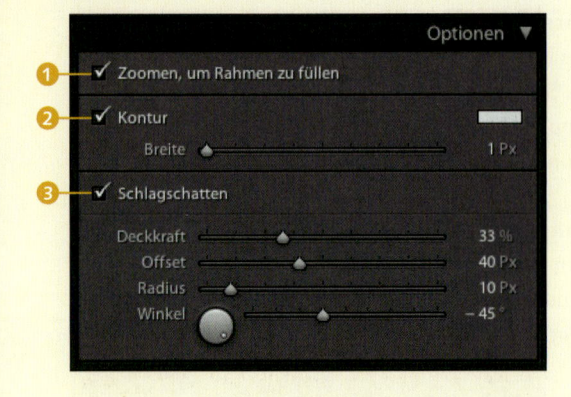

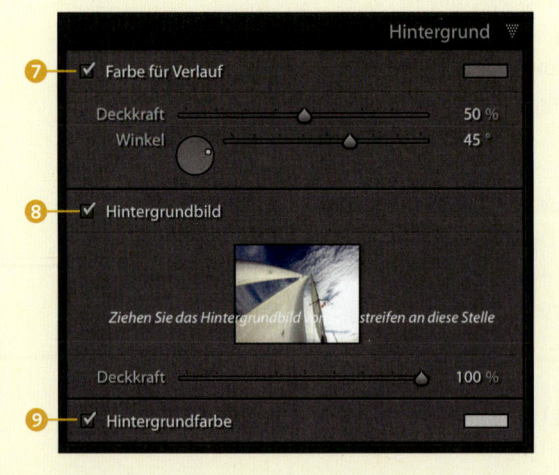

Optionen

Zoomen, um Rahmen zu füllen ❶: Durch diese Option wird Ihr Bild so weit skaliert, dass die kurze Formatseite genau in den vorgegebenen Rahmen passt.

Kontur ❷: Geben Sie Ihrem Bild hiermit einen Rahmen, den Sie durch Klick auf das kleine Farbfeld in der Farbe und über den Schieberegler in der Stärke variieren können.

Schlagschatten ❸: Der Bildrahmen kann auch einen Schatten haben. Die DECKKRAFT und der WINKEL bestimmen das Aussehen, der OFFSET und RADIUS die Position.

Layout

Hilfslinien ❹: Hilfslinien begrenzen den Bildrahmen. Der Abstand zum Seitenrand wird in Pixeln angegeben. Die Hilfslinien können über die entsprechende Option zur Ansicht eingeblendet werden. Der Abstand der Hilfslinien kann über die Schieberegler oder direkt mit der Maus angepasst werden.

Hilfslinien verknüpfen ❺: Klicken Sie in die kleinen Quadrate, um alle oder einzelne Hilfslinien miteinander zu verknüpfen. So erhalten Sie sehr einfach gleich große Seitenränder.

Seitenverhältnis-Vorschau ❻: Hier legen Sie ein festes Seitenverhältnis in den typischen Bildschirmproportionen von 4:3 oder 16:9 fest. Die Einstellung BILDSCHIRM passt das Seitenverhältnis dem aktuellen Bildschirm an.

Hintergrund

Farbe für Verlauf ❼: Erstellen Sie für den Hintergrund Ihrer Diashow einen Verlauf, indem Sie per Klick auf das kleine Farbfeld eine Verlaufsfarbe definieren, die dann in die Hintergrundfarbe verläuft.

Hintergrundbild ❽: Sie können ein Bild formatfüllend als Hintergrund Ihrer Diashow verwenden und mit der DECKKRAFT steuern, wie deutlich es eingeblendet wird. Ziehen Sie das Bild einfach auf den kleinen Vorschaurahmen im Menü.

Hintergrundfarbe ❾: Die Standardhintergrundfarbe ist Schwarz. Sie können sie über einen Klick auf das kleine Farbfeld ändern.

Auf einen Blick

Überlagerungen

Erkennungstafel ⑩: Nutzen Sie die ERKENNUNGSTAFEL, um eine Art Signatur in Ihre Diashow einzufügen. Sie können dafür formatierten Text oder eine Grafikdatei verwenden. Im LIGHTROOM-Menü (Mac) oder BEARBEITEN-Menü (PC) finden Sie die EINRICHTUNG DER ERKENNUNGSTAFEL. Diese kann in DECKKRAFT und MASSSTAB variiert sowie mit einer eigenen FARBE belegt werden.

Wasserzeichen ⑪: Ein Wasserzeichen kann über den Befehl WASSERZEICHEN BEARBEITEN im LIGHTROOM-Menü (Mac) oder BEARBEITEN-Menü (PC) in Grafik, Position und Aussehen vorbereitet werden. Die vorbereiteten Wasserzeichen wählen Sie dann über das Popup-Menü unter dem kleinen Pfeil aus.

Bewertungssterne ⑫: Bewertungen aus der Bibliothek können in der Diashow überlagert oder als Textelement eingeblendet werden.

Textüberlagerungen ⑬: Nachdem Sie über die ABC-Schaltfläche in der Werkzeugleiste Textbausteine auf dem Dia hinzugefügt haben, können Sie hier den jeweils aktiven Text formatieren und in der Deckkraft und Farbe bestimmen.

Schatten ⑭: Für jedes Textelement und auch für die Erkennungstafel können Sie einen Schatten hinzufügen.

Titel

Startbildschirm und Endbildschirm ⑮: Hierbei handelt es sich um zusätzliche Dias, die bei einer Präsentation vor beziehungsweise hinter der eigentlichen Diashow eingefügt werden.

Farbe ⑯: Über einen Klick auf das kleine Farbfeld gelangen Sie in ein Fenster, in dem Sie die Farbfläche des Start- oder Endbildschirmes frei wählen können.

Erkennungstafel hinzufügen ⑰: Als einziges grafisches Element können Sie dem Start- oder Endbildschirm eine ERKENNUNGSTAFEL HINZUFÜGEN. Auch in diesem Bearbeitungsfenster können Sie FARBE und MASSSTAB verändern. Ein Klick auf den kleinen Pfeil lässt Sie die Erkennungstafel noch weiter bearbeiten oder aus gespeicherten Vorgaben auswählen.

Kapitel 12 | Diashow-Präsentation

Erkennungstafel und Wasserzeichen

Die Visitenkarte für Ihre Bildpräsentation

Erkennungstafel und Wasserzeichen sind Elemente, die Sie in allen Ausgabemodulen nutzen können. Beides können Sie individuell vorbereiten und als Vorgabe speichern. Neben der Erkennungstafel, die Sie ebenfalls als Wasserzeichen nutzen können, bietet der Wasserzeichen-Editor noch mehr Einstellungen für Platzierung und Ausrichtung.

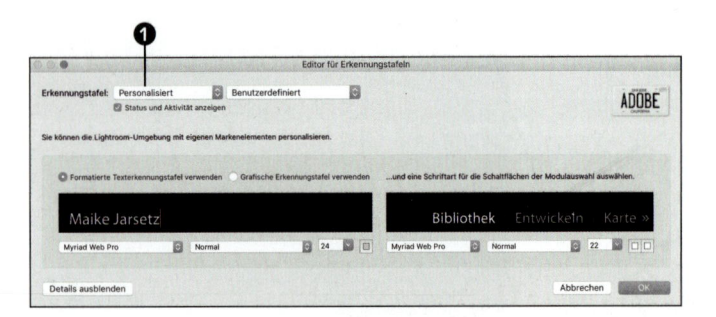

1 Erkennungstafel einrichten

Eine sogenannte *Erkennungstafel* ist nichts anderes als eine fest definierte Signatur, die an verschiedenen Stellen von Lightroom eingesetzt werden kann.

Legen Sie sich am besten mehrere Vorlagen dafür an, die Sie dann nach Bedarf wechseln können. Wählen Sie aus dem Lightroom Classic-Menü (Mac) oder dem Bearbeiten-Menü (PC) den Befehl Einrichtung der Erkennungstafel. Wählen Sie unter Erkennungstafel jetzt Personalisiert ❶.

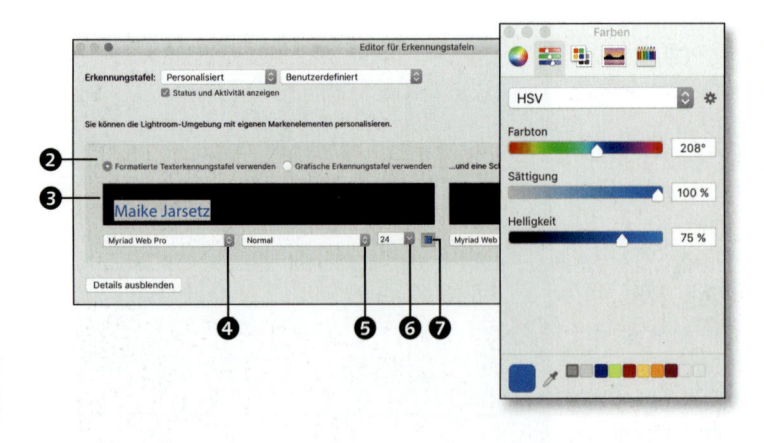

2 Typografie und Farbe

Richten Sie sich zunächst eine Texterkennungstafel ❷ ein. Geben Sie einen gewünschten Text, zum Beispiel den Namen Ihres Studios, im Textfeld ❸ ein. Markieren Sie dann mit gedrückter Maustaste den Text, den Sie formatieren wollen.

Wählen Sie die Schriftart ❹, den Schriftschnitt ❺ und die Größe ❻ aus dem Popup-Menü. Ein Klick auf das kleine Farbfeld ❼ führt Sie zum Farbfenster, in dem Sie aus verschiedenen Farbmodellen die Textfarbe auswählen können.

400 | Kapitel 12 | Diashow-Präsentation

3 Grafische Erkennungstafel

Alternativ zu einer Texterkennungstafel können Sie auch eine GRAFISCHE ERKENNUNGSTAFEL VERWENDEN ❽.

Klicken Sie auf DATEI SUCHEN ❾, und wählen Sie eine vorbereitete Grafik von Ihrer Festplatte. Idealerweise liegt diese im JPEG- oder PNG-Format vor und ist nicht höher als 58 Pixel.

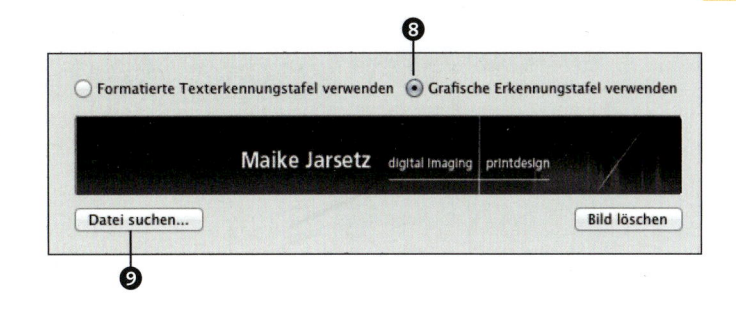

4 Erkennungstafel speichern

Vergessen Sie nicht, verschiedene Erkennungstafeln abzuspeichern. Öffnen Sie dafür das Popup-Menü ❿, das momentan noch auf BENUTZERDEFINIERT steht, und wählen Sie SPEICHERN UNTER.

Damit können Sie in allen Ausgabemodulen direkt auf die gespeicherten Erkennungstafeln zugreifen ⓫ und diese zum Beispiel für Signaturen oder Wasserzeichen verwenden.

5 Erkennungstafel aktivieren

Schon durch Auswahl der personalisierten Erkennungstafel wird diese in der Modulleiste der Lightroom-Oberfläche eingeblendet ⓬ und ersetzt damit das eigentliche Lightroom-Logo. Jede Änderung können Sie also direkt im Hintergrund überprüfen.

Die Erkennungstafel in der Modulleiste können Sie jederzeit per Rechtsklick ändern und so Lightroom als individuellen Präsentationsrahmen in Ihrem Studio nutzen.

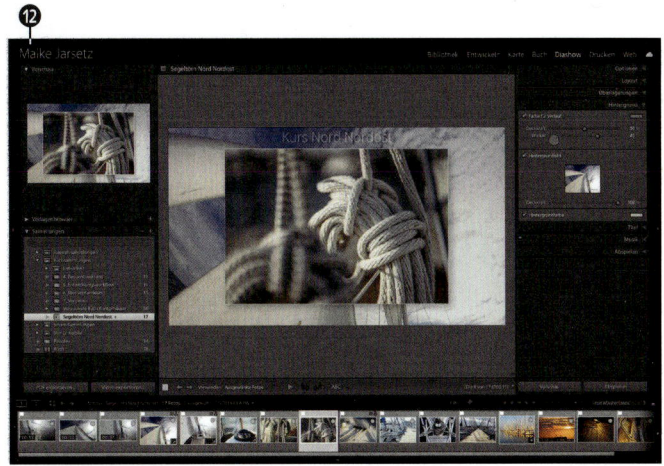

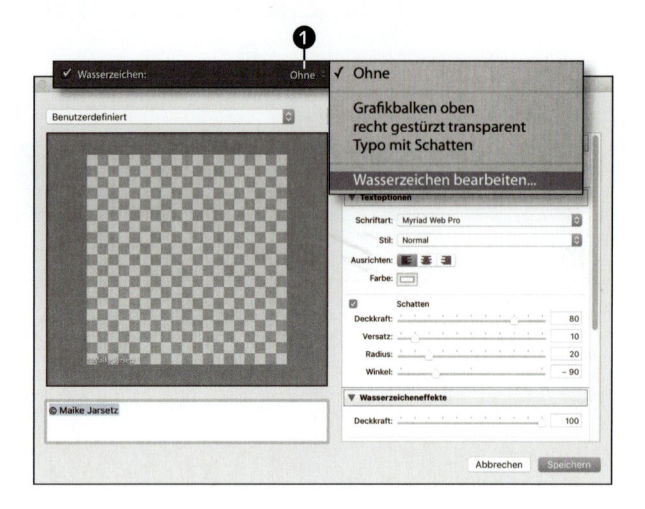

6 Der Wasserzeichen-Editor

Mit dem Wasserzeichen-Editor können Sie Wasserzeichen und deren Layoutparameter, wie Positionierung und Transparenz, als feste Vorgaben definieren.

Das Editor-Fenster öffnen Sie über das entsprechende Popup-Menü ❶ an den Stellen in Lightroom, an denen Sie das Wasserzeichen aktivieren können, wie im Überlagerungen-Bedienfeld. Gehen Sie auf Wasserzeichen bearbeiten. Hier können Sie das Wasserzeichen auf transparenter Vorschau gestalten.

7 Wasserzeichen gestalten

Wählen Sie alternativ den Wasserzeichen-Editor über den Befehl Wasserzeichen bearbeiten aus dem Lightroom- (Mac) oder Bearbeiten-Menü (Windows), um das Wasserzeichen mit einem Beispielfoto zu gestalten. Aktivieren Sie zunächst als Wasserzeichenstil Text ❷, und geben Sie Ihre gewünschte Beschriftung im Textfeld ❸ ein.

Tipp: Das deutsche Tastaturkürzel für das ©-Zeichen ist [Alt]+[G] (Mac) oder [Alt]+[0][1][6][9] auf dem Ziffernblock ([Num]) (Win).

8 Typografisches Wasserzeichen

In den Textoptionen ❹ definieren Sie Schriftart, -stil und -farbe. Aktivieren Sie gegebenenfalls einen Schatten, und steuern Sie zunächst die Deckkraft ❺. Über den Versatz und den Winkel bestimmen Sie die Positionierung und über den Radius die Weichheit des Schattens.

Die Größe des Textes passen Sie über den Schieberegler in den Wasserzeicheneffekten an ❼ oder einfach durch Ziehen mit der Maus. Dort können Sie auch die Deckkraft ❻ für ein transparentes Wasserzeichen eingeben.

9 Grafisches Wasserzeichen

Auch für die Wasserzeichen können Sie natürlich eine Grafik nutzen. Aktivieren Sie zuerst die entsprechende Option ❽, und wählen Sie direkt darunter gleich die entsprechende Bilddatei. Diese lässt sich im Abschnitt Bildoptionen auch wieder ändern.

Sie wird zuerst links unten im Bild platziert. Auch hier können Sie die Größe mit der Maus an einer Ecke der Grafik aufziehen.

10 Skalieren und positionieren

Die genaue Positionierung der Wasserzeichen steuern Sie im Bereich Wasserzeicheneffekte – und zwar indem Sie per Klick einen Anker ⓬ bestimmen, zu dem das Wasserzeichen dann springt. Eine Verschiebung der festen Verankerung erreichen Sie durch einen horizontalen oder vertikalen Versatz ❿.

Zusätzlich können Sie hier noch über einen Schieberegler die Grösse skalieren oder die Grafik Einpassen ❾. Bei Bedarf können Sie Grafik und Text über die zwei Knöpfe ⓫ drehen.

11 Preset speichern

Auch die eigentliche Transparenz des Wasserzeichens steuern Sie mit den Wasserzeicheneffekten. Ziehen Sie einfach den Deckkraft-Regler ⓭ herunter, bis die gewünschte Transparenz erreicht ist.

Um ein Wasserzeichen als Vorgabe zu sichern, öffnen Sie das Popup-Menü oben links ⓭ und wählen Aktuelle Einstellungen als neues Preset speichern. Das benannte Preset erscheint dann in der Liste, und Sie haben an allen Stellen, an denen Wasserzeichen eingesetzt werden, Zugriff darauf.

Diashows in wenigen Schritten

Mit Vorgaben eigene Diashows erstellen

In diesem Workshop erstellen Sie Schritt für Schritt ein eigenes Diashow-Layout. Basis dafür ist eine der Lightroom-eigenen Diashow-Vorlagen, die Sie beliebig verändern können. Eigene Layouts können Sie als neue Vorlage oder als komplette Diashow speichern.

Bearbeitungsschritte

- Layoutvorlage nutzen
- Bildlayout bearbeiten
- Motivfarben nutzen
- Metadatentext einfügen

Fotos: Maike Jarsetz

1 Start mit einer Vorgabe

Im DIASHOW-Modul ist zu Beginn immer das zuletzt benutzte Layout ausgewählt. Starten Sie deshalb am besten mit einer Vorgabe, die möglichst sparsam Layoutelemente einsetzt.

Öffnen Sie den VORLAGENBROWSER ❶ und darin die LIGHTROOM-VORLAGEN. Klicken Sie auf AN FENSTERGRÖSSE ANPASSEN, um eine schlichte Arbeitsgrundlage auszuwählen.

Für die seitenfüllende Anzeige sorgt übrigens die Option ZOOMEN, UM RAHMEN ZU FÜLLEN ❷ aus dem Bereich OPTIONEN.

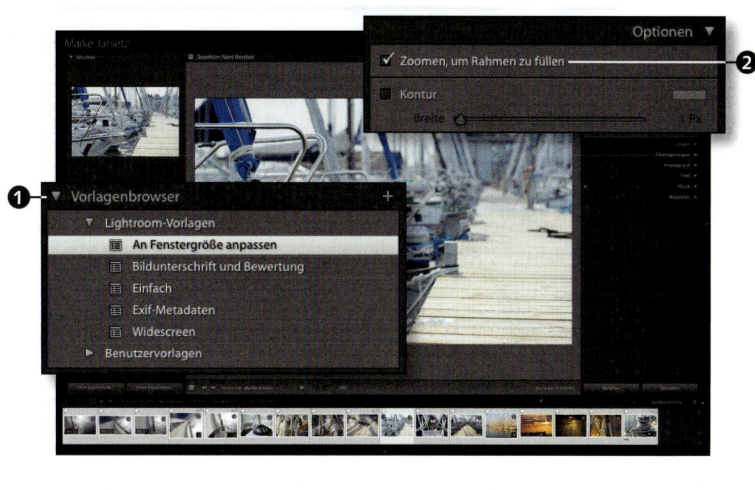

2 Bildrahmen anpassen

Die Vorgaben benötigen Sie erst einmal nicht mehr. Blenden Sie daher das linke Bedienfeld über den Pfeil am Rand aus, um eine größere Vorschau zu haben. Öffnen Sie rechts den Bereich LAYOUT, und passen Sie die Seitenränder an. Sie können die Abstände des Bildes zum Rand entweder numerisch oder über die Schieberegler verändern. Klicken Sie auf die kleinen Quadrate ❸, um zu bestimmen, welche Werte miteinander verknüpft werden sollen. Die Regler mit gefüllten Quadraten sind dann voneinander abhängig.

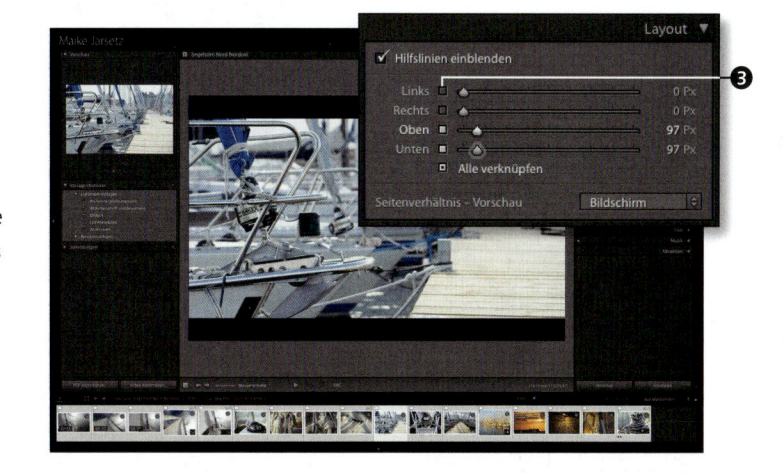

3 Text einfügen

Sie können in Ihrer Diashow einen beliebigen Text einfügen. Öffnen Sie dazu den Bereich ÜBERLAGERUNGEN.

Nun müssen Sie erst einmal Textbausteine hinzufügen. Klicken Sie auf das ABC-Symbol ❺ in der Werkzeugleiste. Dadurch aktivieren Sie ein Textfeld ❻, in das Sie den gewünschten Text eintragen können. Die TEXTÜBERLAGERUNGEN ❹ werden so aktiviert und können gleich zur Formatierung des Textes genutzt werden.

Nach der Bestätigung mit der ⏎-Taste wird der Text links unten im Bild platziert.

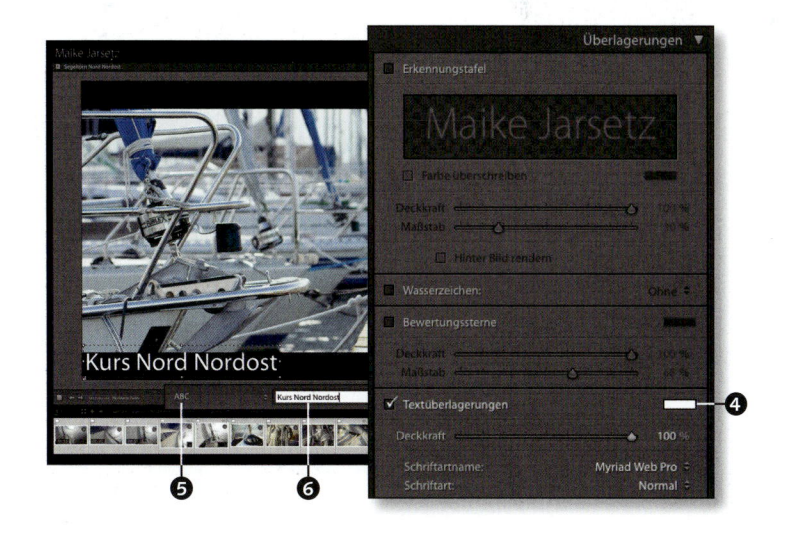

Kapitel 12 | Diashow-Präsentation **405**

4 Textformatierung anpassen

Den Textrahmen können Sie jetzt frei auf dem Bild platzieren. Dabei bilden sich automatisch Ankerlinien ❶ in der Mitte und an den Rändern des Layouts, die den Textrahmen magnetisch ausrichten.

Für den aktiven Textrahmen können Sie Feineinstellungen vornehmen: Steuern Sie in den TEXTÜBERLAGERUNGEN die FARBE, die DECKKRAFT und die SCHRIFTART. Die Größe passen Sie an, indem Sie mit der Maus an einer Ecke des Textrahmens ❷ ziehen.

5 Metadaten einfügen

Sie können nicht nur eigenen Text in die Diashow einbauen, sondern auch Informationen aus den Metadaten der einzelnen Bilder automatisch einfügen. Klicken Sie nochmals auf das ABC-Symbol ❸, und wählen Sie diesmal aus dem Popup-Menü neben TEXT den Eintrag BEARBEITEN ❹, um aus dem folgenden Fenster eine der vorgegebenen Metadaten-Angaben, etwa Belichtungsinformationen oder GPS-Daten, auszuwählen.

Lesen Sie auch, wie Sie eigene Bildbeschreibungen in Diashows integrieren, ab Seite 394.

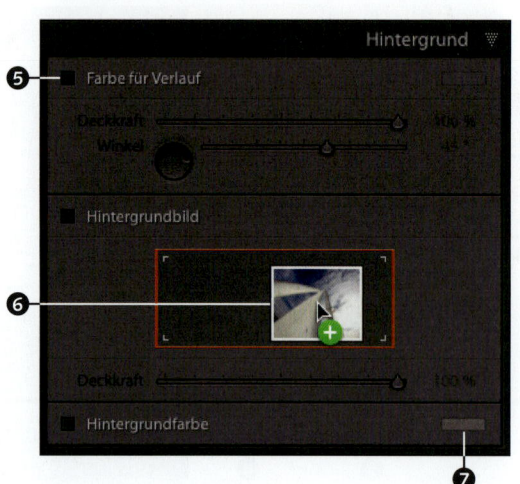

6 Hintergrund modifizieren

Auch den standardmäßig schwarzen Hintergrund können Sie auf mehrere Arten anpassen:

Ändern Sie die Hintergrundfarbe durch einen Klick auf das kleine Farbfeld ❼.

Alternativ aktivieren Sie die Option HINTERGRUNDBILD, und ziehen Sie einfach ein Bild aus dem Filmstreifen auf das freie Feld ❻.

Eine dritte Möglichkeit ist diese: Überlagern Sie den Hintergrund mit einem Verlauf. Aktivieren Sie dazu die Option FARBE FÜR VERLAUF ❺, und wählen Sie eine Farbe mit einem Klick auf das Farbfeld aus.

7 Bildfarbe, Winkel und Deckkraft

Natürlich können Sie auch alle Optionen miteinander kombinieren und das Hintergrundbild und die Überlagerungsfarbe ❾ auch noch in der DECKKRAFT variieren oder den WINKEL des Verlaufs über den Drehregler verändern. Im Farbwähler können Sie eine freie Farbe mischen oder eine Bildfarbe benutzen. Klicken Sie dazu mit der Pipette auf das Farbfeld, und ziehen Sie sie mit gedrückter Maustaste in das Bild ❽. Schließen Sie dann das Farbfenster über das x-Symbol.

8 Ein Standard für alle Bilder

Ihr vorbereitetes Diashow-Layout wird automatisch auf alle Bilder angewendet. Sie können das jeweilige Vorschaubild einfach im Filmstreifen auswählen und Ihre Vorlage den unterschiedlichen Bildern anpassen.

Wenn Ihr Diashow-Layout fertig ist, speichern Sie es einfach als eigene Vorlage. Öffnen Sie wieder die linke Spalte mit dem VORLAGENBROWSER, klicken Sie auf das Plus-Zeichen ❿, und benennen Sie die neue Vorlage.

9 Diashow speichern

Mit der Vorlage sind allerdings nicht die Inhalte der Diashow, wie die verwendeten Bilder oder Texte, gespeichert.

Wenn Sie Ihre komplette Diashow speichern wollen, auch um sie zu einem späteren Zeitpunkt weiterzubearbeiten, klicken Sie entweder auf die Schaltfläche DIASHOW ERSTELLEN UND SPEICHERN ⓬ im Vorschaufenster oder auf das Plus-Zeichen ⓫ am SAMMLUNGEN-Bedienfeld. Die gespeicherte Diashow erscheint dort in der Liste und kann von jedem Modul aus geöffnet werden.

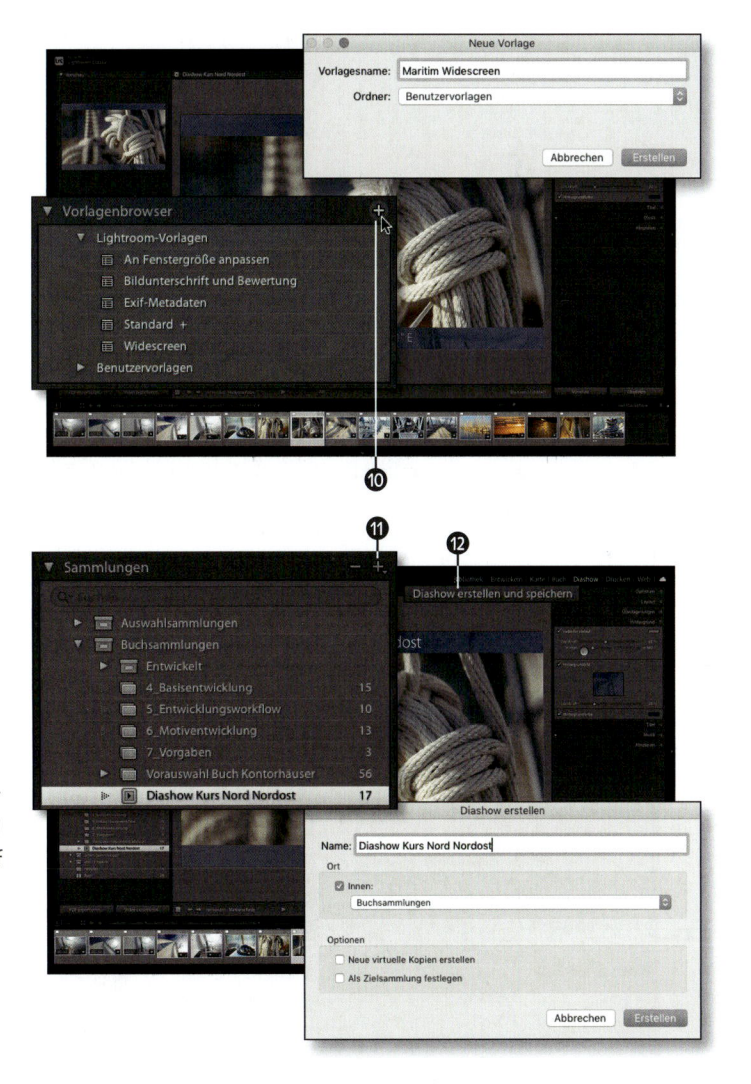

Kapitel 12 | Diashow-Präsentation

Bildauswahl präsentieren

Vorarbeit und Auswahl der Bilder für die Diashow

Es bietet sich an, die Bilder einer Diashow über eine Sammlung zu organisieren. Aber auch im Diashow-Modul können Sie die Bildauswahl noch variieren. Bilder mit Flaggen-Markierungen können Sie sogar direkt für die Präsentation filtern.

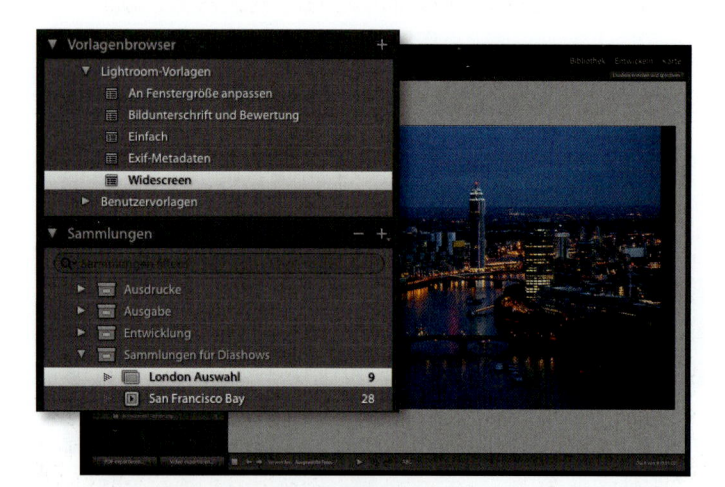

1 Sammlung und Vorgabe

Ein Vorteil von Sammlungen ist, dass Sie sie von allen Modulen aus und damit auch im Diashow-Modul auswählen können. Bildordner können dagegen nur in der Bibliothek gewechselt werden.

Wählen Sie also eine zuvor vorbereitete Sammlung im Sammlungen-Bedienfeld aus, und nutzen Sie für das Layout eine Vorlage aus den Lightroom-Vorlagen, die Sie noch individuell konfigurieren können.

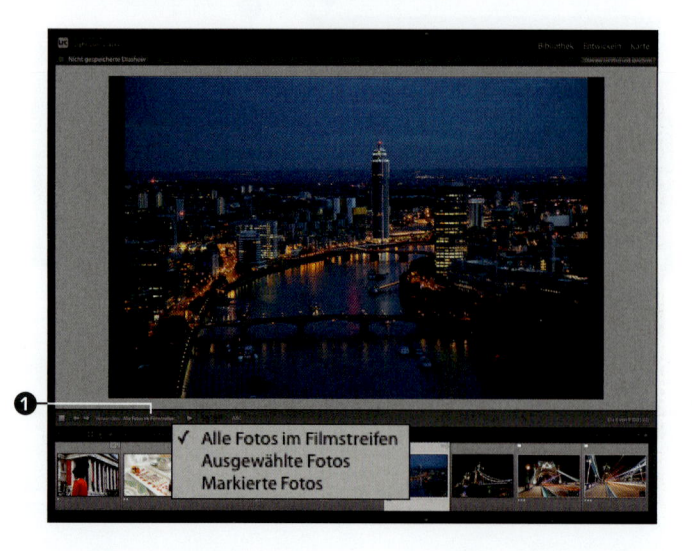

2 Fotos auswählen

In der Werkzeugleiste – die Sie übrigens mit der Taste T ein- und ausblenden können – finden Sie hinter Verwenden ein Popup-Menü ❶, über das Sie bestimmen, welche Bildauswahl in die Diashow aufgenommen werden soll.

Standardmäßig sind Alle Fotos im Filmstreifen – also alle Bilder der gewählten Sammlung oder des gewählten Ordners – ausgewählt. Es werden somit alle Bilder in der Diashow angezeigt, unabhängig von der aktuellen Auswahl im Filmstreifen.

3 Auswahl einschränken

Wenn Sie aber nur einen Teil Ihrer Sammlung in der Diashow präsentieren möchten, müssen Sie dafür zuerst die Bilder festlegen.

Zusätzlich ändern Sie dann die Einstellung im Popup-Menü VERWENDEN auf AUSGEWÄHLTE FOTOS.

Rechts in der Werkzeugleiste ❷ erkennen Sie, dass sich jetzt die Gesamtzahl der Bilder reduziert hat.

4 Für Diashow markieren

Bei einer manuellen Auswahl können sich auch leicht Fehler einschleichen. Sicherer ist es, die Auswahl über Markierungen vorzunehmen. Markieren Sie die Bilder für die Diashow entweder vorher in der Bibliothek ❸, oder wählen Sie sie jetzt nacheinander im Filmstreifen aus, und drücken Sie dabei die Taste P, um ein Bild zu markieren ❹.

Mehr über Markierungen erfahren Sie im Workshop »Bildauswahl leicht gemacht« ab Seite 102.

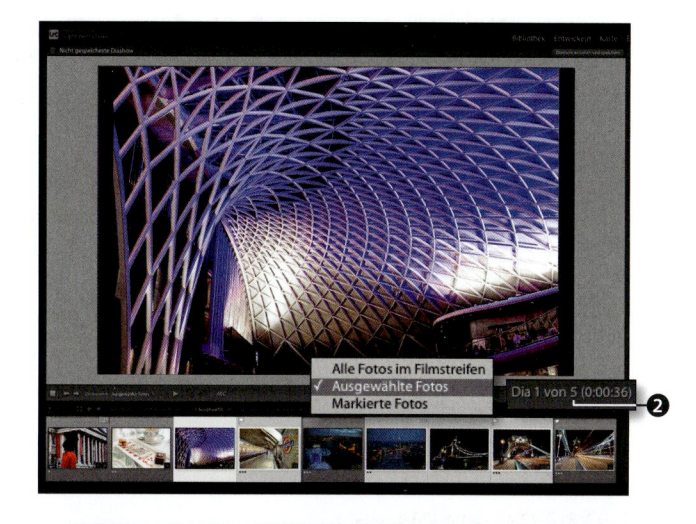

5 Markierung filtern

Danach ändern Sie die Einstellung im Popup-Menü der Diashow auf MARKIERTE FOTOS ❺. Im Filmstreifen werden alle nicht markierten Bilder ausgeblendet – so haben Sie einen besseren Überblick darüber, welche Bilder in der Diashow verwendet werden.

Die Gesamtanzahl der Bilder wird Ihnen im Filmstreifen angezeigt, die Anzahl der Diashow-Bilder in der Werkzeugleiste.

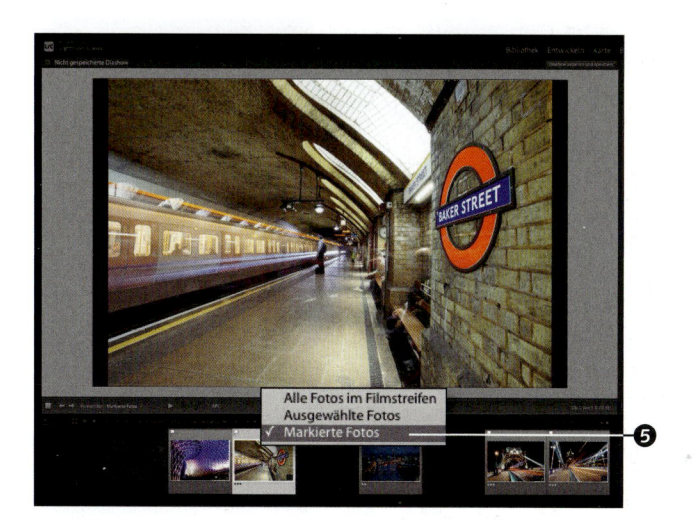

Automatische Diabeschriftung

Nutzen Sie Titel und Bildunterschriften aus den Metadaten

Überschriften und Textelemente erscheinen auf allen Dias einer Diashow identisch. Trotzdem können Sie die Dias einzeln und individuell beschreiben. Der Weg führt über die Metadateneinträge in der Bibliothek, die als automatische Beschriftung genutzt werden.

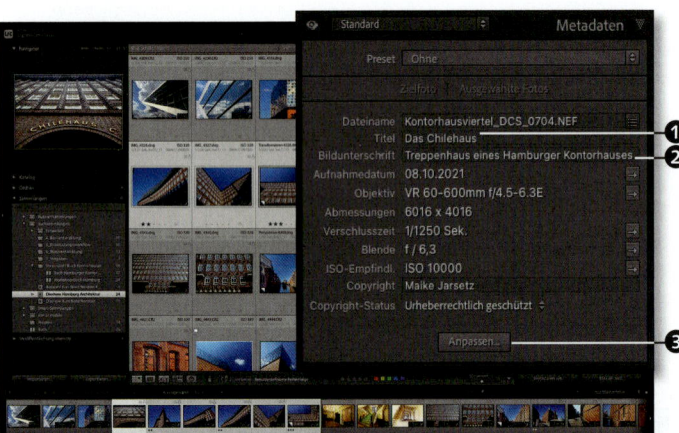

1 Titel und Bildunterschrift
Starten Sie in der Bibliothek, und wählen Sie dort im Metadaten-Bedienfeld die Ad-hoc-Beschreibung oder Ihre individuelle Standard-Beschreibung, die Sie über die Anpassen-Schaltfläche ❸ um Titel und Bildunterschrift erweitert haben. Wählen Sie mehrere Bilder im Filmstreifen an, um diesen einen gemeinsamen ❶ Titel zu geben, und wählen Sie danach die Bilder einzeln aus, um ihnen individuelle Bildunterschriften ❷ zu geben.

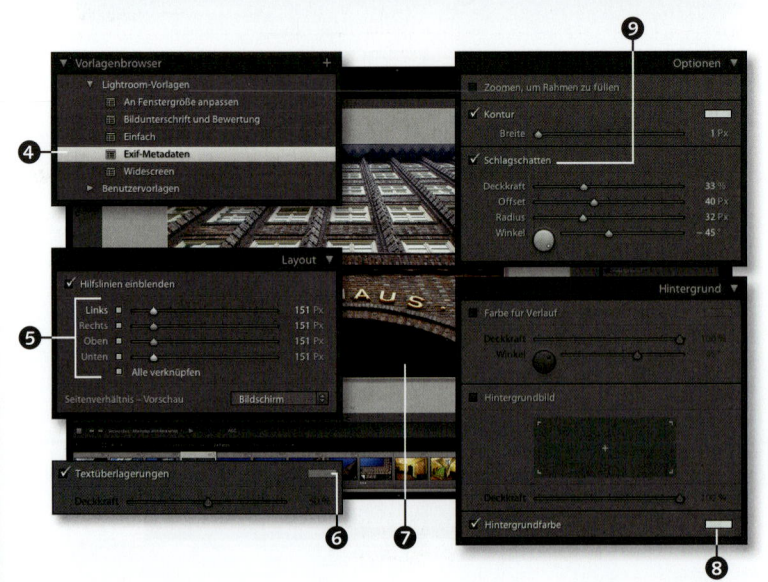

2 Diashow erstellen
Wechseln Sie dann in das Diashow-Modul, und erstellen Sie ein erstes Diashow-Layout auf Basis einer Vorgabe.

Im nebenstehenden Beispiel wurde auf Basis der Vorlage Exif-Metadaten ❹ der Rand in den Layout-Einstellungen vergrößert ❺, die Hintergrundfarbe verändert ❽ und zusätzlich der Radius für den Schlagschatten vergrößert ❾. Löschen Sie außerdem alle bestehenden Textfelder mit Ausnahme des unteren, mittigen ❼. Geben Sie diesem in den Textüberlagerungen gleich eine passende Farbe ❻.

3 Text für alle Dias

Starten Sie mit einem allgemeinen Textbaustein: Klicken Sie auf das ABC-Symbol in der Werkzeugleiste, geben Sie einen Text in das Textfeld ein, bestätigen Sie die Texteingabe mit ⏎, und ziehen Sie das entstandene Textfeld an die gewünschte Stelle im Dia. An den Ecken des Textfeldes ❿ können Sie durch Aufziehen die Größe bestimmen.

Bestimmen Sie jetzt Schriftart, Farbe und Deckkraft in den TEXTÜBERLAGERUNGEN ⓫ und einen eventuellen Schatten im ÜBERLAGERUNGEN-Bedienfeld.

4 Bildunterschrift hinzufügen

Aktivieren Sie jetzt das untere Textfeld aus der Vorlage. In der Werkzeugleiste wird für dieses Textfeld BENUTZERDEFINIERT angezeigt. Wählen Sie aus dem gleichen Popup-Menü BEARBEITEN ⓬. Im TEXTVORLAGEN-EDITOR löschen Sie bestehende Textbausteine aus dem Editorfenster ⓰, wählen aus dem Popup-Menü ⓯ den IPTC-Eintrag BILDUNTERSCHRIFT und klicken auf EINFÜGEN ⓮. So wird jedes Dia mit der individuellen Bildbeschreibung beschriftet ⓭.

5 Textvorlage erstellen

Alternativ oder zusätzlich können Sie auch andere Metadateninformationen hinzufügen. Ergänzen Sie das entsprechende Metadatenfeld, wie zum Beispiel den Titel oder GPS-Informationen, durch Klick auf EINFÜGEN. Trennen Sie einzelne Textbausteine durch normale Satzzeichen oder Leerzeichen.

Wenn Sie ein wiederverwendbares Benennungsmuster erzeugt haben, können Sie dieses als Textvorlage speichern. Wählen Sie dazu aus dem oberen Popup-Menü AKTUELLE EINSTELLUNGEN ALS NEUES PRESET SPEICHERN ⓱. So ist die Vorlage jederzeit wiederverwendbar.

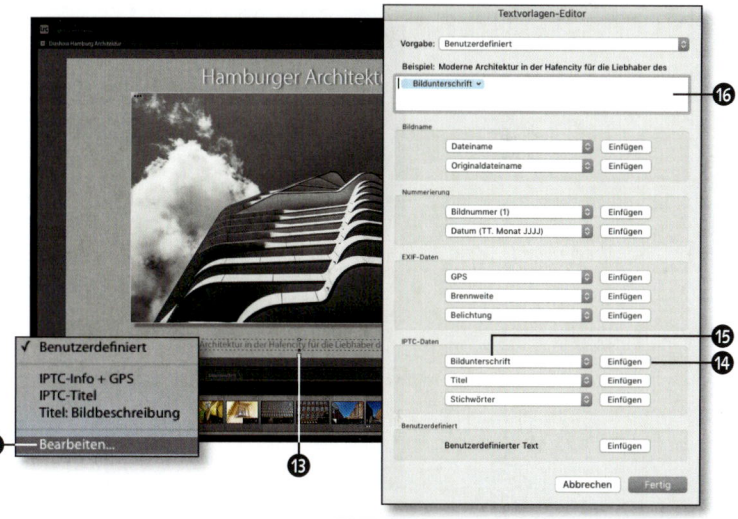

Kapitel 12 | Diashow-Präsentation

Portfolio präsentieren
Diashow als PDF-Präsentation ausgeben

Ein Diashow-Layout eignet sich auch sehr gut dafür, auf professionelle Weise eine Bildauswahl zu präsentieren. Bevorzugtes Austauschformat dafür ist ein PDF, das auch als mehrseitige Präsentation wiedergegeben werden kann.

Bearbeitungsschritte
- Diashow als PDF exportieren
- Ausgabegröße und Bildqualität festlegen
- Vollbildpräsentation aktivieren

1 Diashow als PDF exportieren

Auch hier starten Sie natürlich mit dem Anlegen der Diashow, bevor Sie diese als PDF ausgeben.

Die Übergabe einer fertigen Diapräsentation an ein mehrseitiges PDF ist dann denkbar einfach: Sie müssen nur auf die Schaltfläche PDF EXPORTIEREN ❶ klicken und ein paar weitere Einstellungen vornehmen.

2 Größe und Qualität steuern

Wählen Sie zunächst den Speicherort, und geben Sie einen Namen für das PDF ein. Aus dem Popup-Menü können Sie dann eine ÜBLICHE GRÖSSE ❹ für die Bildschirmpräsentation wählen oder auch eine eigene Größe in Pixeln eingeben. Die Option BILDSCHIRM gibt die Diashow in der aktuellen Auflösung des Monitors aus und garantiert so, dass alle Positionierungen wie vorgegeben ausgegeben werden. Als QUALITÄT ❷ der JPEG-Komprimierung empfiehlt sich ein Wert über 80.

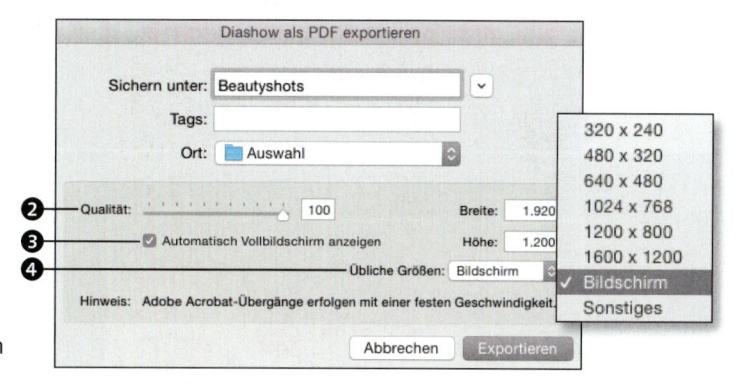

3 PDF-Präsentation

Die Option AUTOMATISCH VOLLBILDSCHIRM ANZEIGEN ❸ erzeugt eine Vollbildpräsentation, in der der Betrachter die reine Diashow ohne das Programmumfeld von Lightroom zu sehen bekommt.

Ein Klick auf EXPORTIEREN erstellt dann die Diashow. Beim Öffnen erfolgt lediglich noch einmal die Abfrage, ob das Dokument in der Vollbildvorschau angezeigt werden soll.

Diashow in Lightroom

Audio, Übergänge, Start- und Endbildschirm einsetzen

Das Abspielen der Diashow innerhalb von Lightroom Classic ist nicht auf die reine Fotopräsentation beschränkt. Sie können sie auch mit einer oder mehreren Audiodateien unterlegen, einen einfachen Start- und Endbildschirm definieren und die Diaübergänge bestimmen.

Bearbeitungsschritte
- Start- und Endbildschirm hinzufügen
- Mit Audiodateien arbeiten
- Diaübergänge definieren

1 Start- und Endbildschirm

Natürlich können Sie auch individuelle Start- und Endbilder als Layout im Druckmodul oder als Collage in Photoshop vorbereiten und in Lightroom importieren, um sie dort in der Diashow zu nutzen.

Wenn es Ihnen aber nur darum geht, die Präsentation angemessen zu beginnen und zu beschließen, reicht ein einfacher Start- und Endbildschirm aus, den Sie im Bereich Titel ❶ mit einem Klick aktivieren können.

2 Erkennungstafel nutzen

Konfigurieren Sie zuerst den Startbildschirm. Wählen Sie bei Bedarf eine neue Hintergrundfarbe über das kleine Farbfeld ❷. Zur Kontrolle wird der Startbildschirm bei jeder Bearbeitung eingeblendet. Als einziges Textelement können Sie eine Erkennungstafel aus dem Popup-Menü hinzufügen. Natürlich müssen Sie diese vorher erstellt haben.

Mehr über Erkennungstafeln finden Sie im Exkurs »Erkennungstafel und Wasserzeichen« ab Seite 400.

3 Endbildschirm konfigurieren

Auf die gleiche Art und Weise können Sie auch den Endbildschirm konfigurieren. Wählen Sie zuerst wieder die vorbereitete Erkennungstafel aus dem Popup-Menü.

Sie bestimmen deren Größe über den Massstab-Schieberegler ❹ und können auch hier die Farbe über das Farbfeld ❸ ändern, nachdem Sie die Option Farbe überschreiben aktiviert haben.

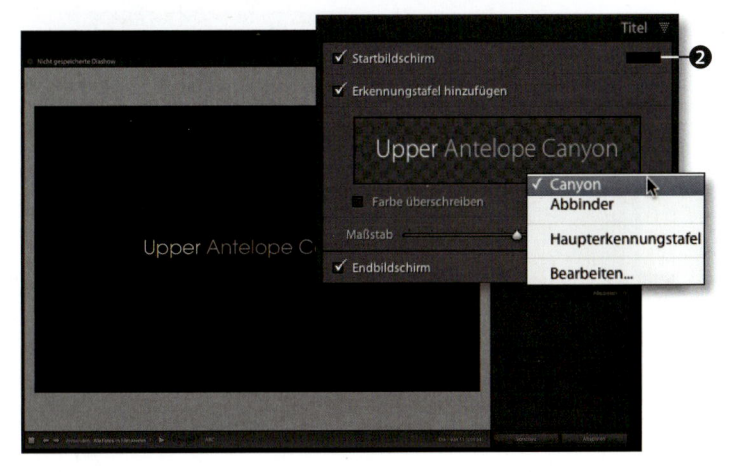

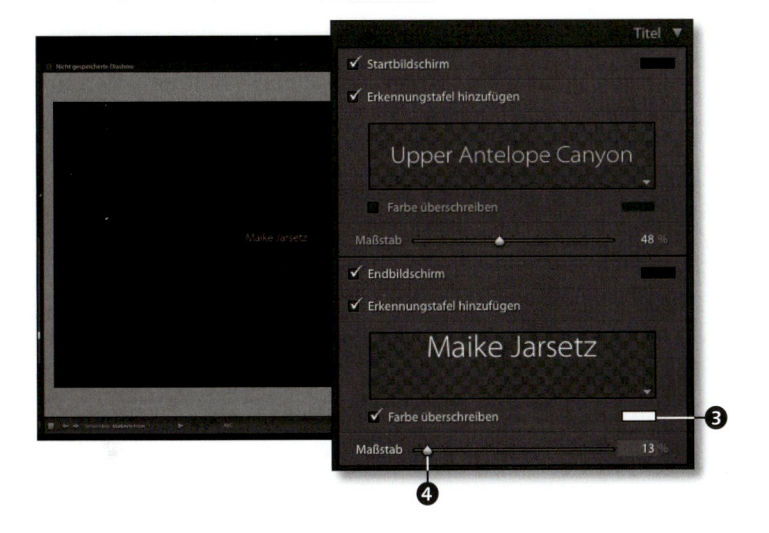

4 Musik auswählen

Beleben Sie Ihre Diashow mit Musik oder anderen Sounddateien. Öffnen Sie dazu den Bereich Musik, und aktivieren Sie ihn über den kleinen Kippschalter ❶. Über das Plus-Symbol können Sie MP3-Stücke von beliebigen Speicherorten Ihres Rechners hinzufügen.

Wenn Sie mehrere Stücke ausgewählt haben, können Sie diese mit gedrückter Maustaste einfach in der Reihenfolge verschieben ❷.

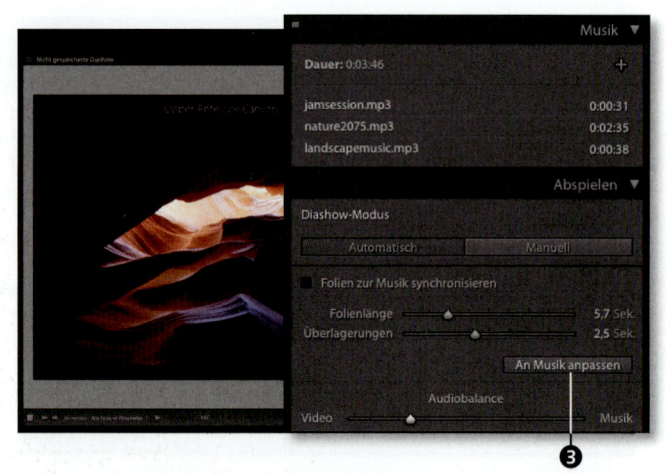

5 Abspiel-Optionen wählen

Im Bereich Abspielen steuern Sie die Länge der Folien und deren Überlagerungen, also die Überblendungen.

Sie können die Gesamtmusiklänge genau auf die Dauer der Präsentation anpassen, indem Sie die Schaltfläche An Musik anpassen ❸ aktivieren. Abhängig von der eingestellten Überlagerungsdauer und natürlich der Anzahl der Dias wird die Folienlänge dann angepasst.

6 Weitere Audio-Optionen

Es stehen noch weitere Audio-Steuerungen zur Verfügung, wie zum Beispiel die Möglichkeit, die Folien zur Musik zu synchronisieren ❹. Hierbei geht es nicht um Gesamtlängen, sondern der Folienwechsel wird auf den Rhythmus der Musik angepasst. Im Zweifelsfall kann es dabei etwas hektisch zugehen …

Wenn Sie mit Ihrer Musik verwendetes Videomaterial überlagern, können Sie über den Audiobalance-Regler ❺ die Lautstärke beider Spuren auspendeln.

7 Schwenken und Zoomen

Der Schieberegler ÜBERLAGERUNGEN ❻ bestimmt die Dauer der weichen Übergänge zwischen den Folien.

Zusätzlich können Sie die Option SCHWENKEN UND ZOOMEN ❼ aktivieren, die die Bilder während der gesamten Dauer skaliert und bewegt. Der Schieberegler bestimmt dabei eine schwache oder stärkere Zoomstufe.

Über die VORSCHAU im Vorschaufenster können Sie die Wirkung überprüfen.

8 Bildschirm und Qualität

Wenn Sie einen Präsentationsmonitor angeschlossen haben, können Sie diesen als Abspielbildschirm definieren. Die verfügbaren Monitore werden Ihnen im Fenster angezeigt. Klicken Sie einmal auf den Monitor, der für die Präsentation verwendet werden soll. Zur Kontrolle wird kurz eine kleine Zahl im Monitor eingeblendet. Das Play-Symbol wechselt auf den gewählten Monitor ❽.

Über das Popup-Menü QUALITÄT ❾ können Sie zwischen drei Qualitätsstufen wählen und so eine erste Vorschau beschleunigen.

9 Diashow abspielen

Jetzt können Sie die Diashow mit einem Klick auf ABSPIELEN bildschirmfüllend präsentieren. Im Gegensatz zur Vorschau wird die Diashow diesmal nicht im Vorschaufenster, sondern formatfüllend auf dem ganzen Bildschirm präsentiert. Bei größeren Diashows und einer Qualitätseinstellung HOCH dauert es vielleicht ein bisschen, bis die Präsentation startet, da die Vorschauen der Dias zunächst gerendert werden. Beenden können Sie die Präsentation über die Esc-Taste.

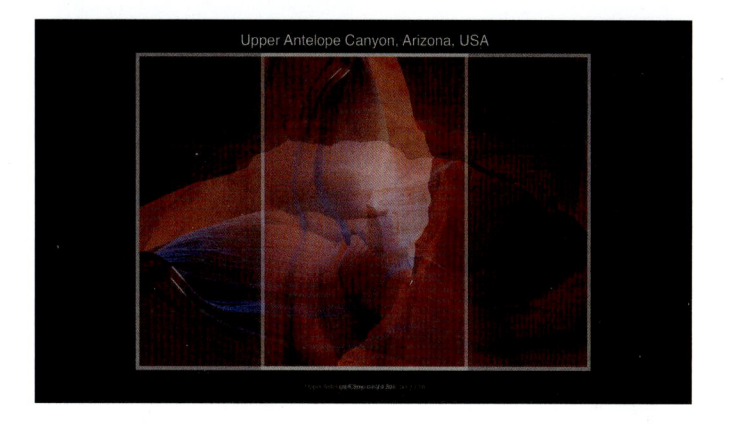

Dias als JPEG speichern

Die Optionen der JPEG-Ausgabe

Sie können das Diashow-Modul von Lightroom Classic auch nur als intuitive Layout-Möglichkeit nutzen, bevor Sie die Dias als JPEGs exportieren und diese in anderen AV-Programmen einsetzen. Dieser Workshop zeigt, worauf Sie bei der Ausgabe achten sollten.

Bearbeitungsschritte
- Ausgabeformat vorbereiten
- Einzeldias als JPEG ausgeben

1 Seitenverhältnis vorbereiten

Standardmäßig baut Lightroom das Seitenverhältnis entsprechend Ihrer aktuellen Bildschirmauflösung auf. Wenn Sie eine Präsentation außerhalb von Lightroom aufbauen wollen, sollten Sie vorher schon die Präsentationsgröße bestimmen.

Im LAYOUT-Bereich können Sie in der SEITENVERHÄLTNIS-VORSCHAU aus gängigen Bildschirmproportionen auswählen. Für eine Präsentation auf HD-Geräten wählen Sie 16:9 ❶.

2 Diagröße wählen

Halten Sie die Alt-Taste gedrückt – so wird die PDF EXPORTIEREN-Schaltfläche zur JPEG EXPORTIEREN-Schaltfläche ❷. Im Exportfenster geben Sie natürlich den Speicherort und die Basisbenennung für die Dias an. Wählen Sie aus dem Popup-Menü ÜBLICHE GRÖSSE ❸ eine der Vorgaben, oder geben Sie direkt eine eigene Größe in Pixeln an.

Für eine HD-Auflösung wären das 1920×1080 Pixel.

3 JPEG-Dateien als Ergebnis

Nach dem Exportieren ist an Ihrem gewählten Speicherort ein Ordner entstanden, der gleichnamige und durchnummerierte JPEGs in den vorgegebenen Abmessungen enthält. In diesen JPEGs ist jeweils das gesamte Diashow-Layout enthalten.

Bitte beachten Sie: Die Bilder werden in der Ausgabe nicht über die ursprüngliche Größe hinaus skaliert. Falls Sie also auch kleinere JPEGs verwenden, werden diese bei großen Pixelabmessungen im Zweifelsfall mit mehr Hintergrundfläche ausgegeben.

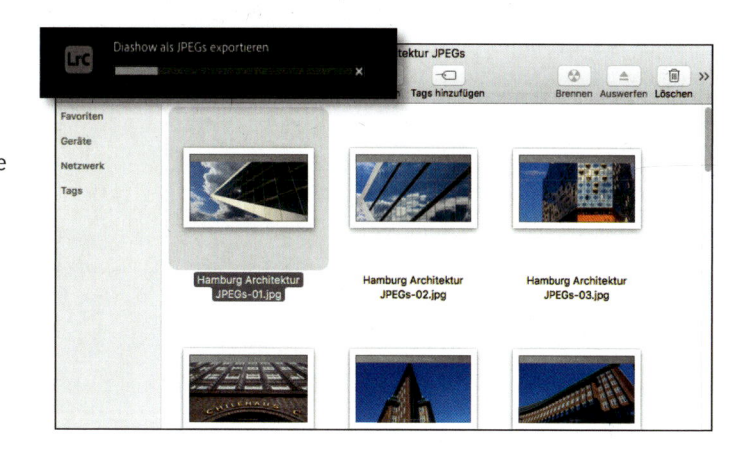

Videodateien in Diashows

Die Arbeit mit Videodateien und die Ausgabe als Video

Sie können auch Videodateien in der Diashow verwenden. Dieser Workshop zeigt Ihnen, wie Sie Filmclips in Lightroom vorbereiten und in die Diashow integrieren. Und natürlich auch, wie Sie die gesamte Diashow als Video wieder ausgeben können.

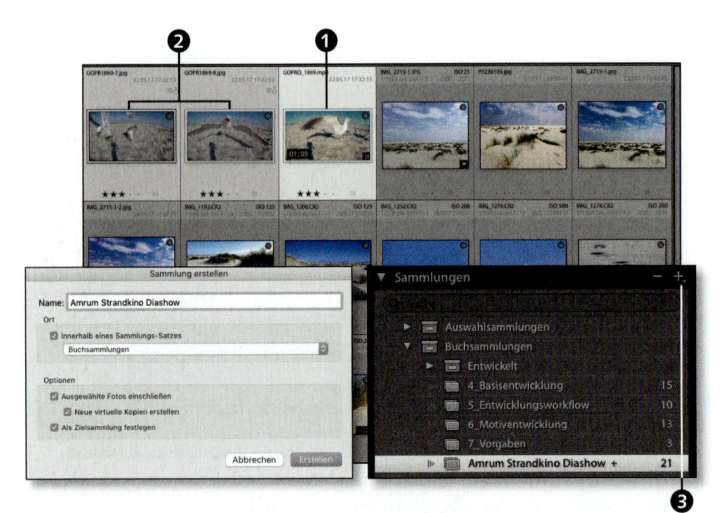

1 Dateien sammeln

Starten Sie in der Bibliothek. Bereiten Sie zunächst eine Sammlung mit allen benötigten Dateien – ob Einzelbilder ❷ oder Videos ❶ – für die Diashow vor.

Klicken Sie auf das Plus-Zeichen ❸ im Sammlungen-Bedienfeld, um eine neue Sammlung zu erstellen, benennen Sie diese, und ziehen Sie die gewünschten Dateien aus der Rasteransicht der Bibliothek in die Sammlung.

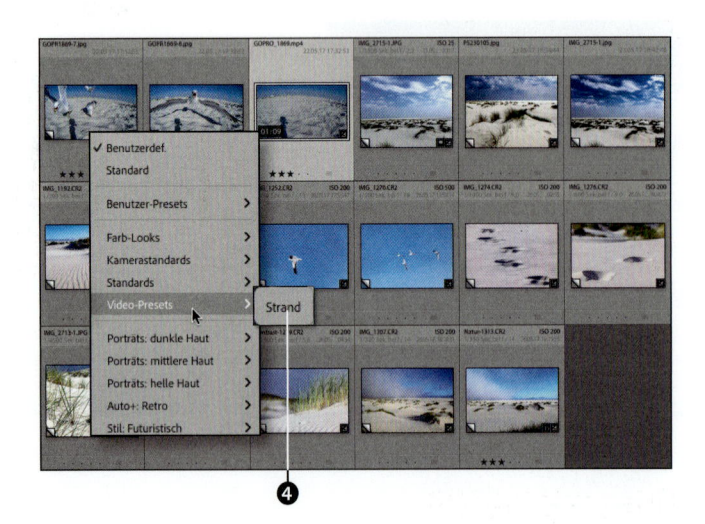

2 Diashow-Inhalte entwickeln

Um den verschiedenen Inhalten für die Diashow ein einheitliches Aussehen zu geben, bereiten Sie sich am besten ein Entwicklungs-Preset vor, denn nur dieses kann auf eine Videodatei – und das auch nur in der Bibliothek – angewendet werden. Natürlich können Sie auch aus bestehenden Lightroom-Presets wählen. Markieren Sie alle Dateien in der Rasteransicht, und wählen Sie das Preset aus der Ad-hoc-Entwicklung ❹.

Lesen Sie dazu auch »Video-Presets erstellen« ab Seite 304.

420 Kapitel 12 | Diashow-Präsentation

3 Video bearbeiten

Ein richtiger Videoschnitt steht Ihnen in Lightroom nicht zur Verfügung. Aber durch Setzen des Anfangs- und Endpunktes können Sie sich Videoschnipsel erstellen, die Sie in der Diashow zusammenfügen können. Dazu müssen Sie das Video bearbeiten.

Öffnen Sie die Videodatei durch einen Doppelklick in der Vollbildansicht, und klicken Sie auf das Zahnrad-Symbol ❺ an der Zeitleiste, um deren erweiterte Ansicht zu öffnen.

4 Video trimmen

Jetzt starten Sie damit, das Video in einzelne Sequenzen zu unterteilen, die sich nachher in der Diashow mit Einzelbildern abwechseln sollen. Ziehen Sie in der Zeitleiste den Zeitleistenmarker ❻ bis zu der Stelle, an der die erste Filmsequenz des Videos enden soll.

Setzen Sie dort das Beschneidungsende oder – um im Fachjargon zu sprechen – den *Outpoint*, indem Sie den Rand ❼ der Zeitleiste dorthin ziehen oder den Punkt mit dem Kürzel ⇧+O auf die Markierung festlegen.

5 Virtuelle Filmkopie erzeugen

Wie schon gesagt, schneiden können Sie das Video an dieser Stelle nicht. Aber Sie können eine virtuelle Kopie erzeugen, für die Sie dann einen anderen Ausschnitt festlegen.

Über die rechte Maustaste oder die Tastenkombination Strg/cmd+T erstellen Sie die virtuelle Kopie am schnellsten.

Lesen Sie mehr zur Bearbeitung von Videos im Workshop »Videoclips organisieren« ab Seite 108.

Kapitel 12 | Diashow-Präsentation **421**

6 Passgenau »schneiden«

Stellen Sie im nächsten Schritt zuerst sicher, dass Ihr neuer Filmausschnitt genau an der Stelle einsetzt, an der der erste aufhört. Ziehen Sie den Zeitleistenmarker an das aktuelle, beschnittene Ende des Clips ❶. Über die Tasten ⇧+I setzen Sie exakt an dieser Stelle den Inpoint ❷. Jetzt können Sie den rechten Rand der Zeitleiste wieder aufziehen und dann mit dem Marker ❸ ein neues Ende für die nächste Sequenz finden. Den Outpoint dafür setzen Sie wieder mit ⇧+O.

7 Mit der Diashow starten

Je nach benötigten Filmsequenzen müssen Sie die letzten Schritte wiederholen und entsprechend viele virtuelle Kopien mit unterschiedlichen Ausschnitten der Videosequenz erzeugen.

Wechseln Sie dann über die Modulleiste oder über Strg/cmd+Alt+5 in das DIASHOW-Modul. Dort können Sie im Filmstreifen die Reihenfolge der Clips und Einzelbilder einfach per Drag & Drop ❹ bestimmen.

8 Vorarbeit abschließen

Bereiten Sie Ihre Diashow auf Basis einer Vorlage vollständig im Layout und mit Überlagerung vor. Definieren Sie in der Werkzeugleiste, welche Bilder präsentiert werden sollen ❺. Vergessen Sie für den Film nicht die Abspieloptionen. Ein Audio sollte dabei sein, und die Übergänge zwischen den Dias sind ebenso wichtig wie ein Start- und ein Endbildschirm ❻.

Lesen Sie mehr zum Feintuning einer Diashow im Workshop »Diashow in Lightroom« ab Seite 414.

9 Audio und Video

Aktivieren Sie den Bereich Musik über den Kippschalter ❼, und laden Sie über das kleine Plus-Symbol ❽ eine Audiodatei. Starten Sie eine Vorschau über den Play-Button ❿ in der Werkzeugleiste. Dabei werden Sie bemerken, dass sich der Sound der Videodatei und der Audiodatei überlagern, oft ist ein »Geräusch-Brei« die Folge. Mit dem Schieberegler Audiobalance ❾ können Sie die Lautstärken beider Tonspuren gegeneinander ausbalancieren.

10 Video präsentieren

Über den eben erwähnten Play-Button oder über die Schaltfläche Vorschau ⓬ können Sie die fertige Diashow im Vorschaufenster abspielen. Vergessen Sie nicht, die Diashow über die entsprechende Schaltfläche ⓫ zu speichern. Zusätzlich zur vorbereiteten Sammlung werden damit auch die Layoutparameter gespeichert. Um die Diashow bildschirmfüllend zu präsentieren, wählen Sie alternativ die Abspielen-Schaltfläche.

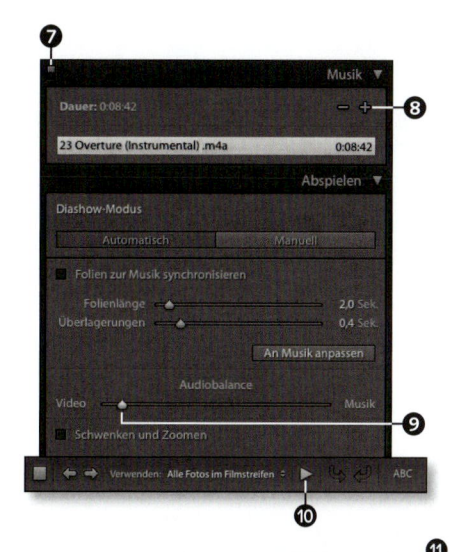

11 Video exportieren

Natürlich können Sie die Diashow auch extern wiedergeben. Klicken Sie dazu auf die Schaltfläche Video exportieren links unten im Diashow-Modul.

Die gängigen Vorgaben für die Ausgabe sind schon definiert und im Popup-Menü ⓭ verfügbar. Zu jeder Vorgabe gibt es einen Hilfetext, der Ihnen erläutert, für welche Ausgabezwecke diese Videogröße geeignet ist.

Nach einem Klick auf Exportieren wird die Diashow als Video mit den Video- und den Audioanteilen exportiert.

Kapitel 12 | Diashow-Präsentation **423**

Fotos drucken

Im digitalen Zeitalter bekommt ein ausgedrucktes Bild immer mehr Reiz. Dem Charme des Haptischen kann sich kaum jemand entziehen. Umso wichtiger ist es, Ausdrucke richtig vorzubereiten und die Bilddaten in bestmöglicher Qualität direkt nach der Entwicklung auszugeben. Das Drucken-Modul bietet neben der direkten Ausgabe von Raw-Daten eine Menge komfortabler Funktionen wie Kontaktabzüge mit Fotoinformationen, Bildpakete auf einem Druckbogen oder individuelle Layouts – das Ganze immer unterstützt durch professionelles Farbmanagement.

EINFÜHRUNG: Richtig ausdrucken
  Das Wichtigste im Drucken-Modul 426

AUF EINEN BLICK: Das Drucken-Modul
  So steuern Sie die Details Ihrer Ausdrucke 428

Fine-Art-Prints drucken
  Die wichtigsten Einstellungen für Fotoausdrucke 432

Kontaktbögen ausdrucken
  Bildübersichten mit Zusatzinformationen ausdrucken 436

Druckseite als JPEG speichern
  Drucklayout als Datei ausgeben 440

Bildpakete drucken
  Verschiedene Bildformate platzsparend ausdrucken 442

Druckauftrag speichern
  Benutzerdefiniertes Bildpaket inklusive Bildauswahl sichern 446

GRUNDLAGENEXKURS: Farbmanagement mit Raw-Daten
  Farbkonsistent von der Kamera bis zum Druck 448

Farbprofile erstellen und einsetzen
  Von der Monitorkalibrierung bis zur profilierten Ausgabe 451

Fotos: Peter Wattendorff und Maike Jarsetz

Einführung

Richtig ausdrucken

Das Wichtigste im Drucken-Modul

Auch beim Ausdrucken zeichnet sich Lightroom gegenüber anderen Programmen durch besondere Effektivität aus. Vorlagen, die schnelle Erstellung von individuellen Drucklayouts und die Speicherung kompletter Druckjobs runden den fotografischen Workflow im DRUCKEN-Modul ab. Ein strukturiertes Vorgehen führt Sie dabei schnell zum gewünschten Druckergebnis.

Wählen Sie Ihre Druckausgabe.

Lightroom unterscheidet drei unterschiedliche Layout-Stile: ein EINZELBILD oder KONTAKTABZUG ❶ wird in erster Linie über die Seitenränder und Abstände gesteuert und hat eine einheitliche Größe für die Bildzellen. Ein BILDPAKET kann über die Zellengröße verschiedene Bildgrößen für ein Motiv kombinieren, und ein BENUTZERDEFINIERTES BILDPAKET mischt sogar Formate und Bildmotive miteinander.

So birgt das DRUCKEN-Modul noch mehr Potenzial, als es auf den ersten Blick scheint. Denn über benutzerdefinierte Bildpakete können Sie Seiten individuell gestalten und auch freie Layouts erstellen, die Sie zum Beispiel in einem Fotobuch wieder integrieren. Der Austausch geht dabei ganz einfach über die Speicherung einer JPEG-Datei – die natürlich danach in den Lightroom-Katalog wieder importiert werden muss. Dazu richten Sie nur einen entsprechenden Druckauftrag ein.

Richten Sie die Seite ein.

Lightroom bietet Ihnen schon unzählige Vorlagen für Drucklayouts ❷, deshalb können Sie beruhigt aus dem Vorlagenbrowser starten. Vor allem können Sie sich, wie in allen anderen Modulen, natürlich über das Plus-Symbol eigene Vorlagen speichern.

In den Vorlagen ist das Seitenformat des Druckers die Formatgrundlage, überprüfen Sie deshalb immer über die Schaltfläche SEITE EINRICHTEN ❻ das gewählte Papierformat Ihres Druckers – bei Bedarf auch die Seitenränder, über die Sie ein randloses Layout vorbereiten –, und passen Sie danach Ihr Drucklayout an.

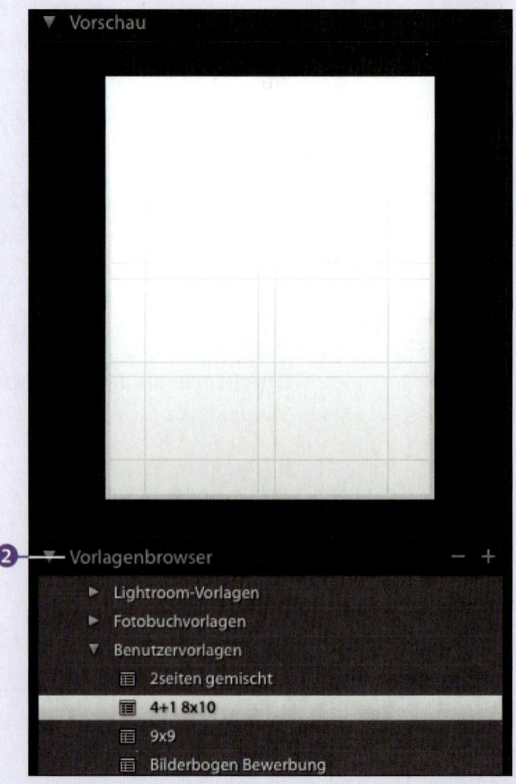

Einführung

Layout und Bildzellen und kleine Kniffe

Das Finetuning für die Bildgröße und Platzierung auf der Seite ist über die Bedienfelder BILDEINSTELLUNGEN, LAYOUT und ZELLEN eigentlich intuitiv anzupassen. Trotzdem ein paar Kniffe vorweg:

- Aktivieren Sie über die AUTO-LAYOUT-Schaltfläche für benutzerdefinierte Bildpakete eine optimale Nutzung der Druckfläche ❺.
- Halten Sie die Strg/cmd-Taste gedrückt, um den Inhalt in Bildpaketen direkt verschieben zu können.
- Für mehrseitige Layouts wählen Sie mit rechter Maustaste die Option ZELLE VERANKERN. So erscheint die Bildzelle auf allen Seiten in den gleichen Abmessungen und an gleicher Position.

Nutzen Sie das Wissen von Lightroom.

Besonders für Kontaktbögen ist die Option nützlich, FOTOINFO ❸ den Bildern hinzuzufügen. Wählen Sie für diese Fotoinformation verschiedene Bausteine von EXIF-Informationen. So können Sie auch Einzelbildern individuelle Bildunterschriften hinzufügen oder Metadateneinträge nutzen ❹. Ein Workshop im Diashow-Kapitel ab Seite 388 zeigt Ihnen, wie es geht.

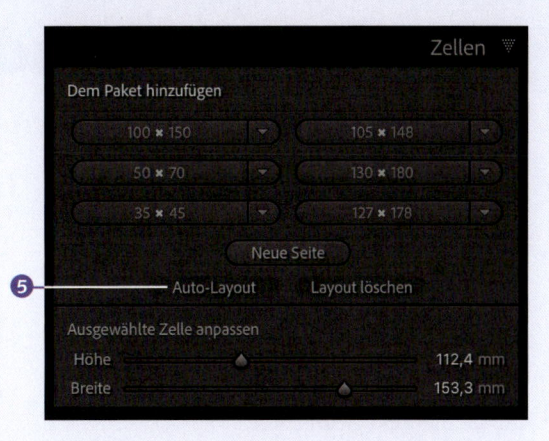

Per Tastaturkürzel drucken	
Allgemein	
Druckauftrag erstellen/speichern	Strg/cmd+S
Speicherzeile ein-/ausblenden	<
Neue Vorlage erstellen	Strg/cmd+N
Neuen Vorlage-Ordner erstellen	Strg/cmd+⇧+N
Navigation	
Blättern	Strg/cmd+→/←
Erste Seite	Strg/cmd+⇧+←
Letzte Seite	Strg/cmd+⇧+→
Hilfslinien	
Lineale ein-/ausblenden	Strg/cmd+R
Alle Hilfslinien ein-/ausblenden	Strg/cmd+⇧+G
Seitenanschnitt ein-/ausblenden	Strg/cmd+⇧+J
Bildzellen ein-/ausblenden	Strg/cmd+⇧+K
Abmessungen ein-/ausblenden	Strg/cmd+⇧+U
Drucken	
Seite einrichten	Strg/cmd+⇧+P
Drucker einrichten	Strg/cmd+⇧+Alt+P
Drucken	Strg/cmd+P
Einmal drucken	Strg/cmd+Alt+P

Kapitel 12 | Fotos drucken

Auf einen Blick

Das Drucken-Modul
So steuern Sie die Details Ihrer Ausdrucke

❶ **Druck speichern:** Um einen Druckjob jederzeit wieder abrufen zu können, sollten Sie ihn speichern. Die Bilder werden zusammen mit allen Druckeinstellungen im Sammlungen-Bedienfeld gespeichert.

❷ **Layouthilfen:** Mit Linealen, Hilfslinien, Rastern und eingeblendeten Zellengrößen können Sie das Layout im Detail aufbauen.

❸ **Layoutvorlagen speichern:** Sie können vordefinierte Layouts – also die aktuellen Einstellungen – als Vorlage speichern. Über den Vorlagenbrowser können Sie gespeicherte Vorlagen wieder aufrufen.

❹ **Vorlagen austauschen:** Vorlagen stehen in jedem Katalog zur Verfügung. Es sei denn, Sie aktivieren in den Voreinstellungen Vorgaben mit Katalog speichern. Über einen Rechtsklick auf eine Vorlage können Sie diese exportieren, um sie in einem anderen Katalog per Rechtsklick in einen Ordner zu importieren.

❺ **Druck und Sammlungen:** Gespeicherte Drucklayouts finden Sie im Sammlungen-

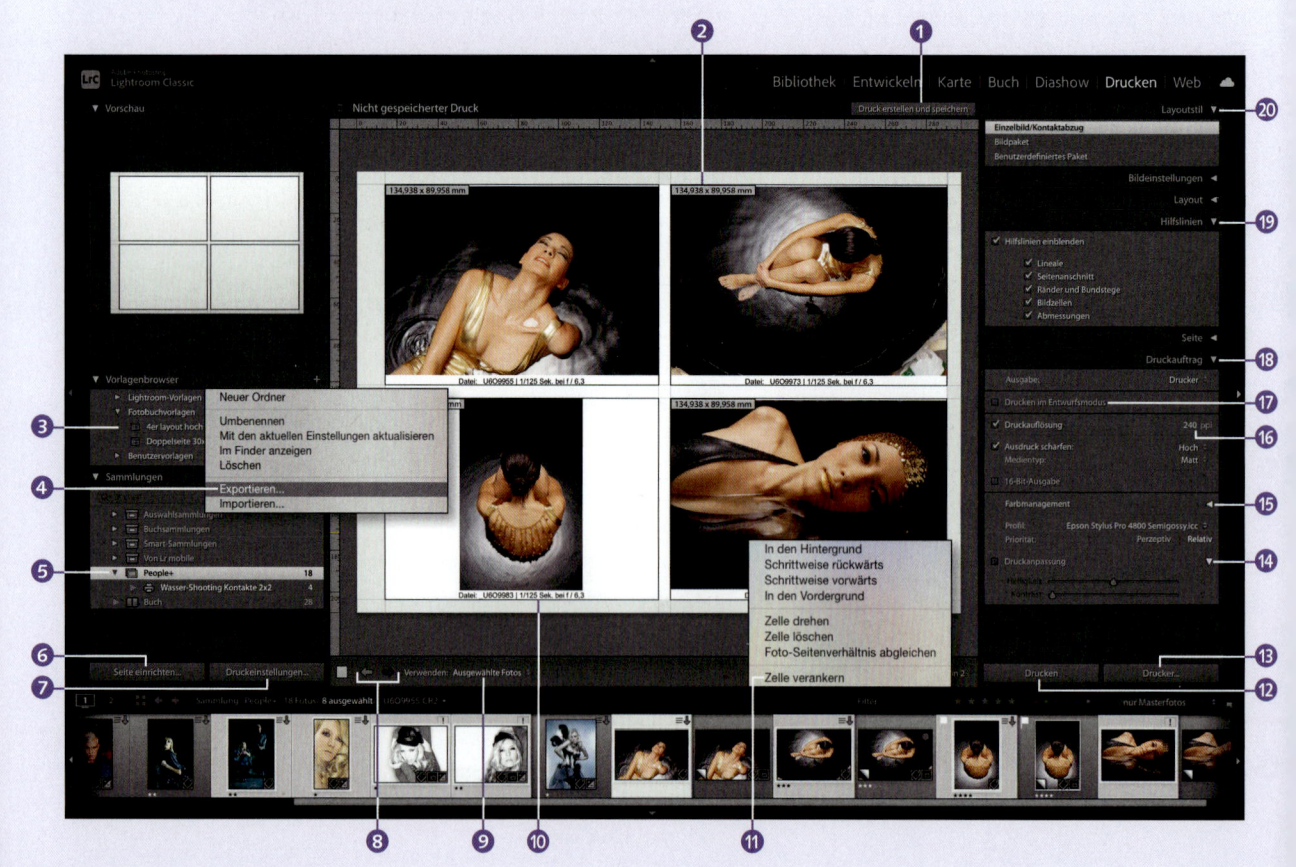

Bedienfeld mit einem kleinen Drucker-Symbol markiert. Hier stehen alle bekannten Befehle aus dem Sammlungen-Bedienfeld zur Verfügung.

❻ Seite einrichten: Über diese Schaltfläche können Sie eigene Formate anlegen und die Seitenränder festlegen.

❼ Druckeinstellungen: Je nach Druckertreiber steuern Sie über diese Schaltfläche diverse Einstellungen für die Druckqualität. Dieses Menü entspricht den Treibereinstellungen wie in jedem anderen Programm und kann auch noch einmal beim finalen Druckauftrag verändert werden.

❽ Navigation: Wechseln Sie über diese Pfeile zwischen den sich ergebenden Druckseiten. Das Quadrat führt Sie zurück zur ersten Seite.

❾ Verwenden: Über dieses Popup-Menü bestimmen Sie, welche Fotos aus dem Filmstreifen für den Druck benutzt werden sollen.

❿ Zellen: Bilder werden für das Drucklayout in sogenannten *Zellen* platziert. Diese können in Größe und Verhalten eingestellt werden. Auch bei Bildrahmen können Stärke und Grauwert konfiguriert werden.

⓫ Zellenoptionen: Je nach gewähltem Layout stehen Ihnen über einen Rechtsklick verschiedene Funktionen zur Verfügung. Zellen von Bildpaketen können so konfiguriert, z. B. auf mehreren Druckseiten in gleicher Größe und Position verankert werden.

⓬ Drucken: Mit dieser Schaltfläche übergehen Sie das Druckdialogfeld und führen einen Ausdruck mit den zuletzt eingestellten Parametern durch.

⓭ Drucker: Hier öffnen Sie den Menüdialog des Druckertreibers und können die Druckereinstellungen nochmals verändern.

⓮ Druckanpassung: Mit den beiden Reglern Helligkeit und Kontrast können Sie Ausdrucke grob anpassen, die nicht zu Ihrer Zufriedenheit ausgefallen sind.

⓯ Farbmanagement: Lightroom wandelt die Bildfarben beim Ausdruck in den Farbraum des Druckers um, wenn Sie aus dem Popup-Menü das ICC-Profil des Druckers auswählen. Die Einstellung vom Drucker verwaltet übergibt die unangepassten Bilddateien an den Druckertreiber.

⓰ Druckqualität: Hier stellen Sie die Auflösung der Druckdaten ein. In den meisten Fällen reichen 300 dpi. Über die Option Ausdruck schärfen wird eine zusätzliche Scharfzeichnung auf Basis des Skalierungsfaktors und des verwendeten Materials durchgeführt.

⓱ Drucken im Entwurfsmodus: Wenn Bilder offline sind, lassen sich die Bilder trotzdem ausdrucken – auf Basis der im Lightroom-Katalog gespeicherten Vorschaudateien.

⓲ Druckauftrag: In diesem Bedienfeld legen Sie die letzten Einstellungen für den Ausdruck fest. Sie bestimmen über die Ausgabe, ob die Bilder direkt zum Drucker geschickt oder als JPEGs gespeichert werden sollen.

⓳ Hilfslinien: In diesem Bedienfeld können Sie verschiedene Layouthilfen einblenden. Die Option für Lineale, Raster und Hilfslinien unterscheiden sich je nach gewähltem Layoutstil.

⓴ Layoutstil: Hier können Sie den Layoutstil wählen. Wenn Sie von einer Vorlage aus starten, ist dieser automatisch ausgewählt.

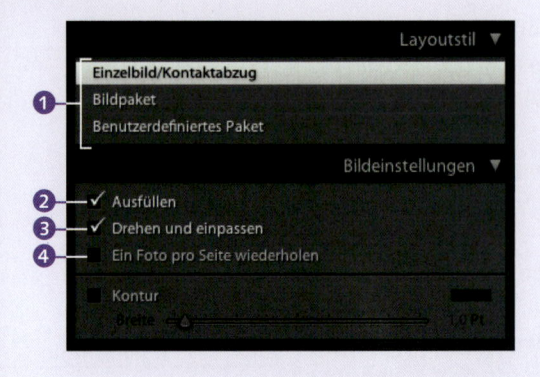

Auf einen Blick

Layoutstil
Bild- und Layouteinstellungen des Drucken-Moduls variieren je nach gewähltem Layoutstil ❶.

Bildeinstellungen
Ausfüllen ❷: Mit dieser Option wird das Bild in den vorgesehenen Rahmen skaliert und gegebenenfalls beschnitten.
Drehen und einpassen ❸: Das Bild wird je nach Ausrichtung im Bildrahmen eingepasst.
Ein Foto pro Seite wiederholen ❹: Platziert ein Bild wiederholt auf einem Kontaktbogen.
Kontur/Fotorand/Kontur innen ❺: Eine Kontur ist in den Graustufen variabel. Ein Fotorand ist immer klassisch weiß.

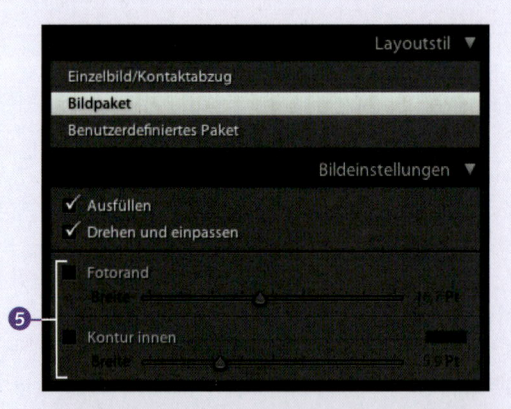

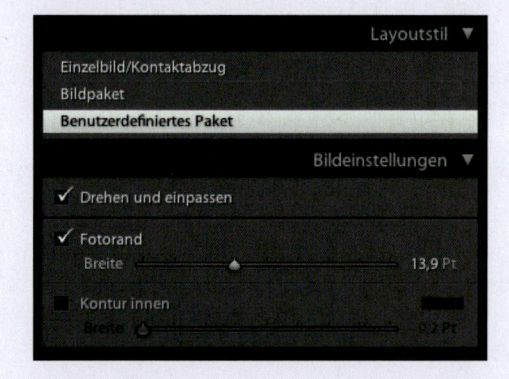

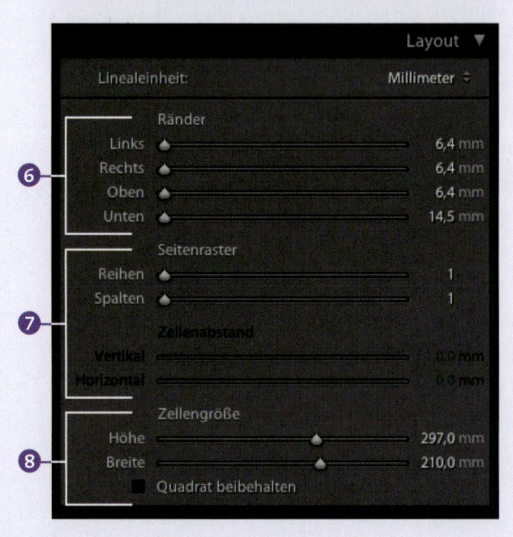

Layout/Zellen
Ränder ❻: Bestimmen Sie hiermit bei Einzelseiten oder Kontaktabzügen den Abstand zum Rand.
Seitenraster/Zellenabstand ❼: Die Anzahl von Reihen und Spalten ergibt die Bildanzahl in den Kontaktbögen. Der Zellenabstand steuert die Abstände zwischen den Bildzellen.
Zellengröße ❽: Alternativ zum Zeilenabstand kann auch die Zellengröße vorgegeben werden. Für gleiche Größen bei Hoch- und Querformat können Sie das Quadrat beibehalten.
Dem Paket hinzufügen ❾: Feste Formate für Bildpakete können Sie hier vordefinieren und per Klick hinzufügen.
Auto-Layout ❿: Ordnet die Zellen möglichst platzsparend an.
Layout löschen ⓫: So entfernen Sie alle Zellen im Layout.
Neue Seite ⓬: Legen Sie per Klick eine neue leere Seite für das Bildpaket an, die Sie mit neuen Bildzellen füllen können.
Ausgewählte Zelle anpassen ⓭: Hier geben Sie die individuelle Größe für eine Bildzelle ein.
Zelle drehen ⓮: Wechselt Zellen in benutzerdefinierten Bildpaketen zwischen Hoch- und Querformat.

▲ Layouteinstellungen beim Layoutstil Einzelbild/Kontaktabzug

Auf einen Blick

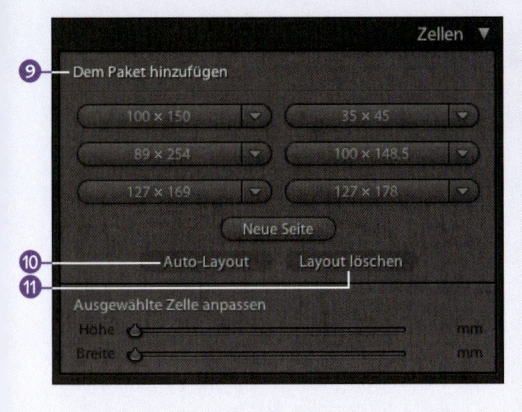

▲ Bedienfeld ZELLEN für BILDPAKET (links) und BENUTZERDEFINIERTES PAKET (rechts)

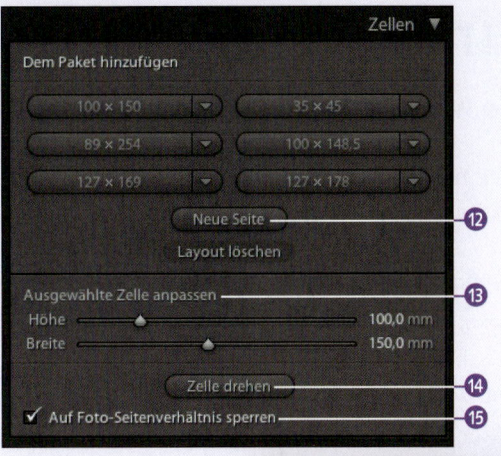

Auf Foto-Seitenverhältnis sperren ⓯: Diese Option passt die Bildzelle an die Bildproportionen an.

Lineale, Raster und Hilslinien

Linealeinheit ⓰: Diese bestimmt die Anzeige der Zellengrößen bei Bildpaketen.

Rasterausrichtung ⓱: Das Layout der Bildpakete kann an benachbarten Zellen oder dem Seitenraster ausgerichtet werden.

Hilfslinien ⓲: Diese Überlagerungen stehen bei allen drei Bildlayouts zur Verfügung.

Seite

Hintergrundfarbe der Seite ⓳: Über das kleine Farbfeld wählen Sie für den Hintergrund beliebige Farben.

Erkennungstafel ⓴: Die Erkennungstafel wird allgemein im Katalog vordefiniert. Durch Reduzierung der Deckkraft können Sie sie auch als Wasserzeichen einsetzen.

Wasserzeichen ㉑: Über den Wasserzeichen-Editor können Sie ein solches im Layout vorbereiten und über das Popup-Menü auswählen. Neben der Art des Wasserzeichens können Sie die Farbe, Deckkraft und genaue Positionierung definieren.

Seitenoptionen ㉒: Auf mehrseitigen Kontaktbögen und Einzelseiten können Sie zusätzliche Seiteninformationen, wie Paginierung, Schnittmarken oder Druckeinstellungen einblenden.

Fotoinfo ㉓: Die Fotoinformationen sind individuell wählbare Metadaten des Bildes. Diese werden unterhalb des Einzelbildes oder Kontaktbogens eingeblendet.

Schnittmarkierungen ㉔: Sie markieren den späteren Beschnitt der Einzelbilder auf dem Bildpaket.

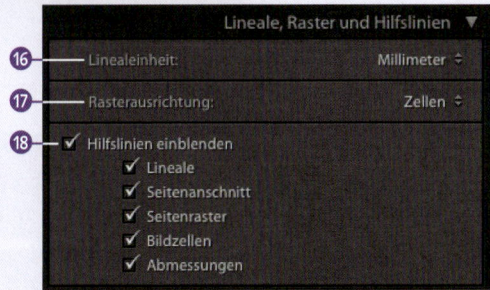

Kapitel 12 | Fotos drucken

Fine-Art-Prints drucken

Die wichtigsten Einstellungen für Fotoausdrucke

Auch beim Drucken-Modul beschleunigt Lightroom Ihren Workflow. Fine-Art-Prints müssen Sie nicht seitenweise ausdrucken. Legen Sie für Ihre Bildauswahl alle Druckeinstellungen – Seitenformat, Bildlayout und Ausgabeeinstellungen – an, und drucken Sie sie dann gemeinsam und passend zueinander aus.

Bearbeitungsschritte

- Druckformat einrichten
- Randloses Layout anlegen
- Druckerprofil einrichten

Fotos: Oana Szekeley

1 Bilder und Layout vorbereiten

Starten Sie mit einer Bildauswahl, zum Beispiel einer Sammlung ❶, deren Bilder Sie ausdrucken wollen.

Aktivieren Sie dann im LAYOUTSTIL ❷ die Option EINZELBILD/KONTAKTABZUG. So wird entweder das erste Bild des Filmstreifens oder das vorher ausgewählte Bild im Vorschaufenster angezeigt.

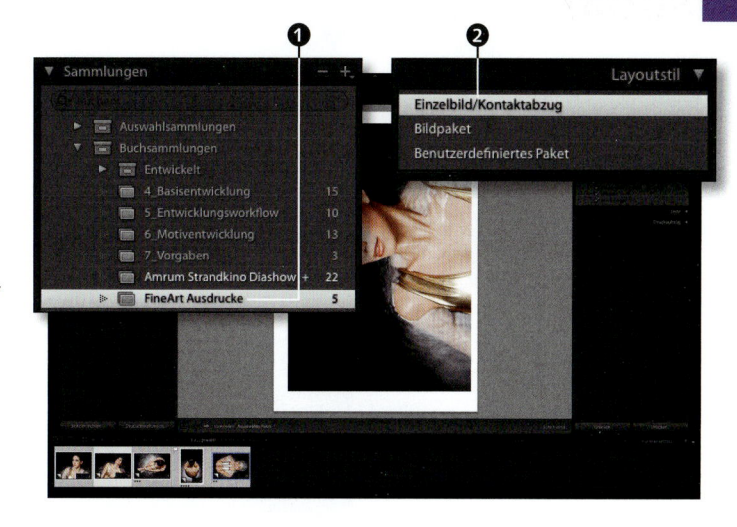

2 Druckseite einrichten

Wählen Sie zuerst das Druckformat aus. Das machen Sie in Lightroom nicht anders als in anderen Programmen. Klicken Sie auf die Schaltfläche SEITE EINRICHTEN ❸, diese führt Sie in die Seiteneinstellungen Ihres Betriebssystems.

Es ist wichtig, die Seitengröße schon am Anfang festzulegen, damit der Druckbereich im Fenster angezeigt wird. Wählen Sie aus dem Popup-Menü ein PAPIERFORMAT ❹ oder EIGENE PAPIERFORMATE.

3 Eigenes Seitenformat anlegen

Um sich ein eigenes Druckformat anzulegen, klicken Sie zunächst auf das Plus-Zeichen ❺ und benennen das Format am besten auch gleich sinnvoll. Danach geben Sie die Abmessungen Ihres Fotopapiers an und legen die Seitenränder fest.

Im vorliegenden Beispiel gehe ich von einem randlosen Druck aus und habe daher den nicht-druckbaren Bereich mit jeweils 0 cm eingestellt.

Natürlich hängt der druckbare Bereich von den Möglichkeiten Ihres Druckers ab.

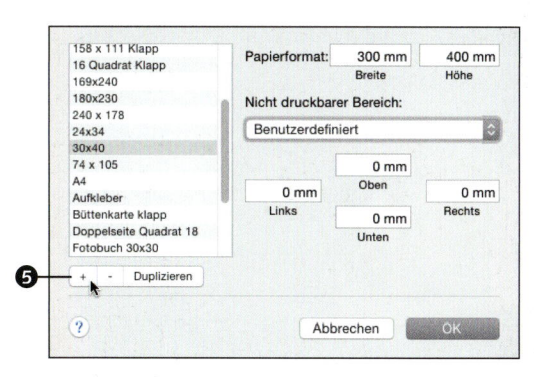

Kapitel 12 | Fotos drucken **433**

4 Rahmen füllen

Sorgen Sie jetzt in den Layouteinstellungen dafür, dass auch hier keine Ränder ❷ mehr definiert sind. Geben Sie bei SEITENRASTER ❸ nur jeweils eine Reihe und Spalte ein.

Selten stimmt das Druckformat mit dem Seitenverhältnis des Fotos überein. Über die Option AUSFÜLLEN ❶ in den BILDEINSTELLUNGEN wird das Foto formatfüllend auf der Seite abgebildet.

5 Fotos auswählen

Vergessen Sie nicht, im Popup-Menü VERWENDEN ❹ anzugeben, welche Bilder Sie für den Ausdruck bestimmen wollen.

Sie können entweder ALLE FOTOS IM FILMSTREIFEN ausdrucken oder nur AUSGEWÄHLTE FOTOS, die Sie vorher per Klick mit gedrückter ⟨Strg⟩/⟨cmd⟩-Taste auswählen. Alternativ markieren Sie die gewünschten Bilder mit einer Flaggen-Markierung und wählen nur die MARKIERTE FOTOS.

Mehr zu Markierungen erfahren Sie im Workshop »Bildauswahl leicht gemacht« ab Seite 102.

6 Druckqualität festlegen

Das Drucklayout für den randlosen Einzelseitendruck ist jetzt festgelegt. Wechseln Sie also zum DRUCKAUFTRAG.

Stellen Sie dort zuerst als Ausgabeziel den DRUCKER ❺ ein, und geben Sie dann die empfohlene DRUCKAUFLÖSUNG für Ihren Drucker an. Meistens reicht eine Auflösung von 300 dpi, das entspricht auch der Auflösung für den professionellen Druck. Hochwertige Drucker arbeiten auch mit höheren Auflösungen.

7 Ausdruck schärfen

Um den Schärfeverlust durch das Papiermaterial auszugleichen, können Sie noch eine Nachschärfung vordefinieren. Stellen Sie hier die Beschaffenheit des Abzugpapiers ❼ und die gewünschte Stärke ❻ der Schärfung ein.

Bitte beachten: Diese Nachschärfung ersetzt nicht die Scharfzeichnung im ENTWICKELN-Modul, sondern gleicht nur den Schärfeverlust beim Drucken aus.

8 Druckerprofil wählen

Beim Ausdruck geht es natürlich darum, die auf dem Monitor angezeigten Farben auch richtig im Druckerfarbraum wiederzugeben.

Ändern Sie dafür im Bereich FARBMANAGEMENT das Profil ❽ auf ein eigens erstelltes Druckerprofil, das mit einem Farbmessgerät anhand eines ausgedruckten Charts erstellt wurde. Die sogenannte (Render)PRIORITÄT erhält mit PERZEPTIV die Relation der Originalfarben und Tonwerte.

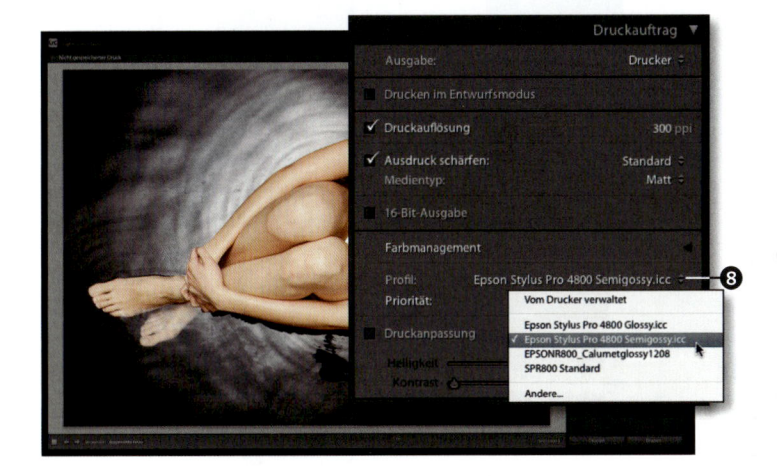

9 Und nun endlich: Drucken

Klicken Sie abschließend auf DRUCKEN ❾, um den Druckjob loszuschicken. Sie kommen nun zu den Einstellungen Ihres Druckertreibers, in denen Sie das Papiermaterial auswählen und vor allem das Farbmanagement des Druckers ausschalten können. Das sollten Sie tun, denn das Farbmanagement haben Sie ja schon über die Wahl des Druckerprofils in Lightroom vorgenommen.

Mehr zum Thema Farbmanagement erfahren Sie im Grundlagenexkurs ab Seite 448.

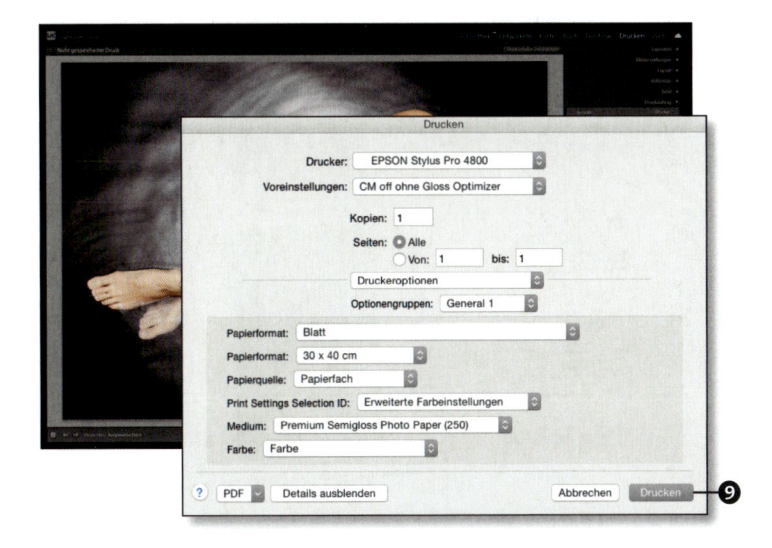

Kapitel 12 | Fotos drucken 435

Kontaktbögen ausdrucken

Bildübersichten mit Zusatzinformationen ausdrucken

Auf Kontaktbögen werden auf schnellem Wege Bildübersichten erstellt und ausgedruckt. Lightroom Classic bietet dafür komfortable Layoutfunktionen und zusätzliche Fotoinformationen, die Bilddetails dokumentieren.

Bearbeitungsschritte
- Seitenraster erstellen
- Abstände bestimmen
- Fotoinformationen hinzufügen

Fotos: Hilla Südhaus, Peter Wattendorff

1 Kontaktabzugsvorlagen

Starten Sie für einen Kontaktbogen am besten im VORLAGENBROWSER mit einer Layoutvorlage, die für einen Kontaktbogen gedacht ist, also zum Beispiel 2×2 ZELLEN ❶.

Im Bereich LAYOUTSTIL auf der rechten Bedienfeldseite ist dadurch automatisch als Basis EINZELBILD/KONTAKTABZUG ❷ ausgewählt.

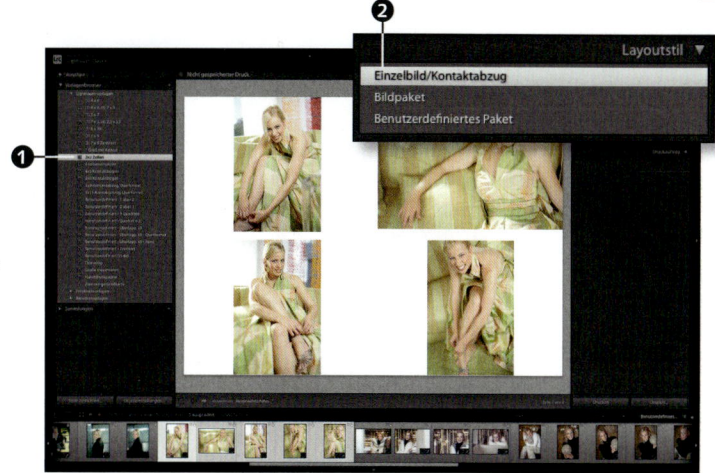

2 Bilder verwenden

Um alle Bilder Ihrer Bildauswahl im Kontaktbogen abzubilden, wählen Sie im Popup-Menü VERWENDEN • ALLE FOTOS IM FILMSTREIFEN ❸. Sie können natürlich auch vorher den Inhalt des Filmstreifens über eine Filterung oder auf die bereits mit einer Flagge markierten Bilder einschränken ❹.

Mehr zum Filtern von Bilddateien erfahren Sie im Workshop »Suche mit dem Bibliotheksfilter« ab Seite 120.

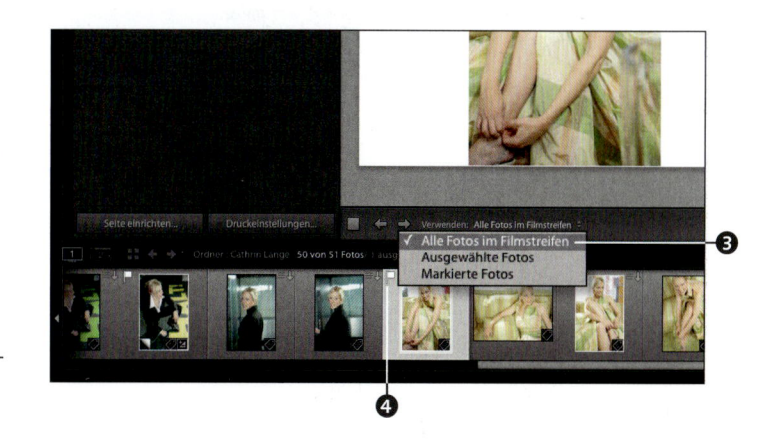

3 Seite einrichten

Passen Sie die Vorlage jetzt an Ihr gewünschtes Druckformat an.

Klicken Sie auf SEITE EINRICHTEN ❺, wählen Sie Ihren Drucker und eines der Papierformate aus dem Popup-Menü. Außerdem können Sie bei AUSRICHTUNG das Hoch- oder Querformat für die Seite festlegen.

Diese Einstellungen sind natürlich abhängig vom Betriebssystem und vom ausgewählten Drucker.

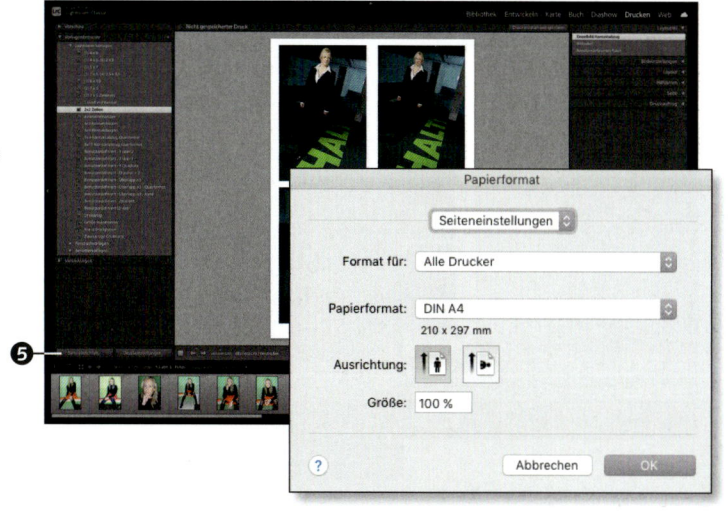

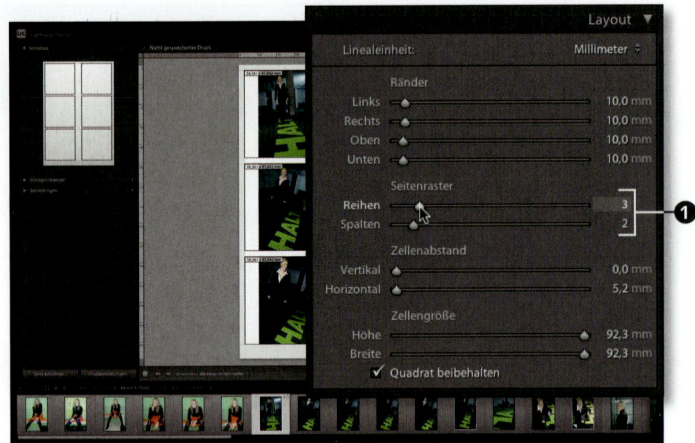

4 Seitenraster und Bildzellen

Öffnen Sie das Layout-Bedienfeld. Darin sind die Seitenränder schon automatisch durch den druckbaren Bereich des Druckers festgelegt.

Legen Sie über die Anzahl der Reihen und Spalten ❶ das Seitenraster und die Anzahl der Bildzellen fest. Der Zellenabstand bestimmt die Größe der Zellen, die Sie alternativ auch über Zellengrösse festlegen können. Die Option Quadrat beibehalten sichert gleiche Größen für Hoch- und Querformat.

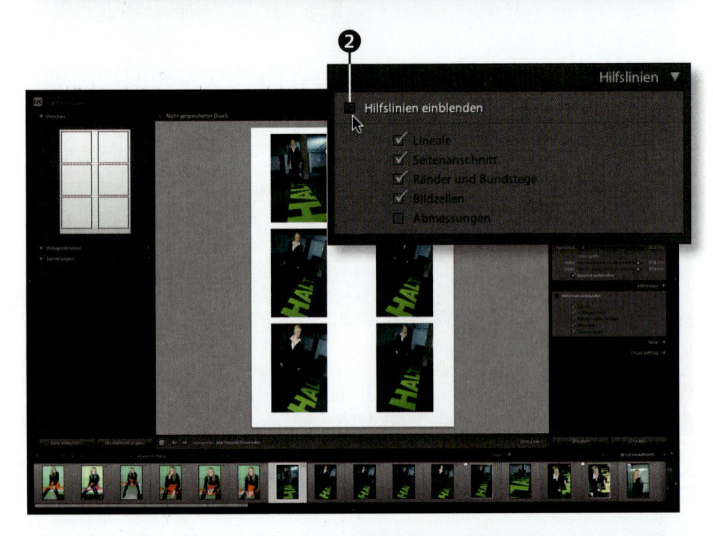

5 Hilfslinien ausblenden

Öffnen Sie das Hilfslinien-Bedienfeld, und deaktivieren Sie die Option Hilfslinien einblenden ❷. Ohne die eingeblendeten Ränder haben Sie einen besseren Eindruck von dem entstehenden Kontaktabzug.

Alternativ können Sie auch nur die Optionen für die Ränder und Bundstege sowie die Bildzellen deaktivieren.

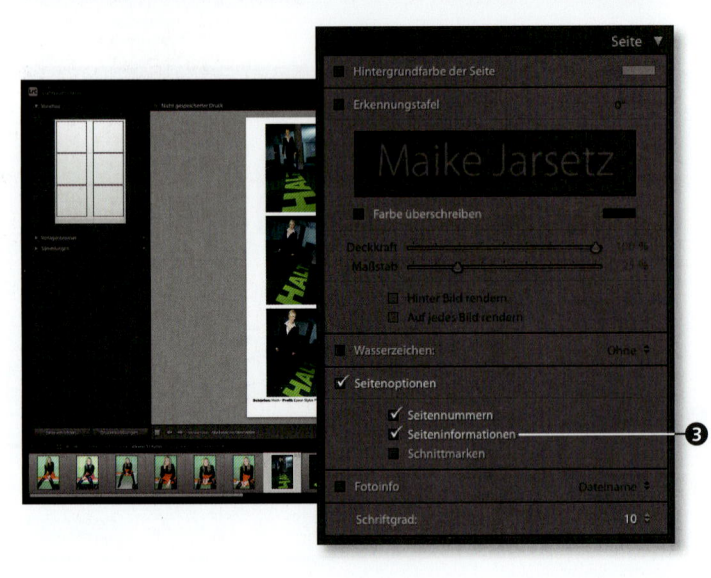

6 Seitenoptionen

Im Bedienfeld Seite haben Sie die Möglichkeit, automatische Seitenoptionen ❸ für die Kontaktabzüge einzublenden.

Dazu gehören Seitennummern, die Seiteninformationen – die Ihre aktuellen Druckereinstellungen auflisten – und Schnittmarken. Letztere sind eigentlich nur beim Einzelbild-Druck oder bei Bildpaketen sinnvoll.

Mehr zum Druck von Bildpaketen lesen Sie auf Seite 442.

7 Fotoinformationen hinzufügen

Wichtiger für Kontaktabzüge ist die Ausgabe mit der FOTOINFO ❹, mit der Sie den Dateinamen oder Belichtungs- oder Ausrüstungsinformationen automatisch unter den Bildern einblenden lassen können.

Wählen Sie aus dem Popup-Menü BEARBEITEN, um in den Textvorlagen-Editor zu wechseln und dort eine eigene Kombination von Metadaten einzublenden.

8 Metadaten kombinieren

Im TEXTVORLAGEN-EDITOR können Sie aus den Popup-Menüs ❻ die gewünschten Metadaten auswählen und dann per Klick auf EINFÜGEN ❺ für die FOTOINFO übernehmen. Sie können auch eigenen Text mit einfügen und so die Textbausteine mit Textzeichen voneinander trennen. Für die FOTOINFO wird dann der Text aus den Metadateninformationen der jeweiligen Bilder ausgelesen. Bestätigen Sie mit FERTIG, wenn Sie alle gewünschten Informationen kombiniert haben.

9 Kontaktbögen drucken

Im Bereich DRUCKAUFTRAG können Sie jetzt noch die Druckqualität festlegen. Für einen Kontaktabzug reicht meistens eine DRUCKAUFLÖSUNG von 150 dpi ❼. Für die Nachschärfung geben Sie den gewünschten MEDIENTYP ❽, also die Papierart, an.

Geben Sie das (Drucker)PROFIL ❾ an, um farbverbindlich zu drucken, und wählen Sie bei (Render)PRIORITÄT die Option PERZEPTIV.

Mehr zu den Einstellungen des Farbmanagements erfahren Sie ab Seite 448.

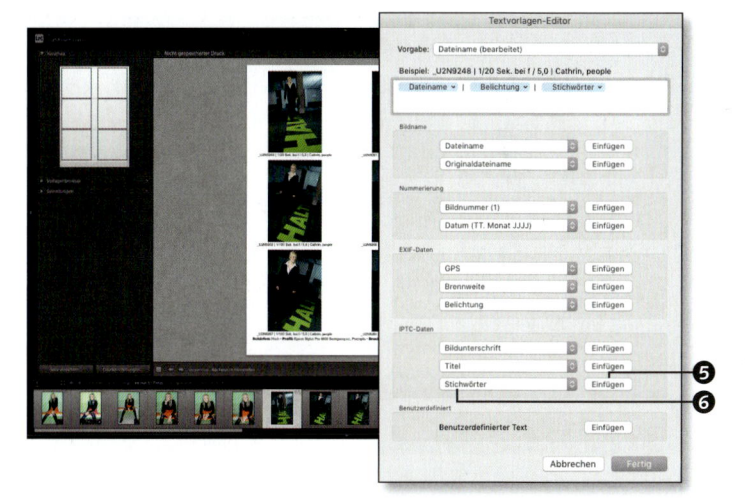

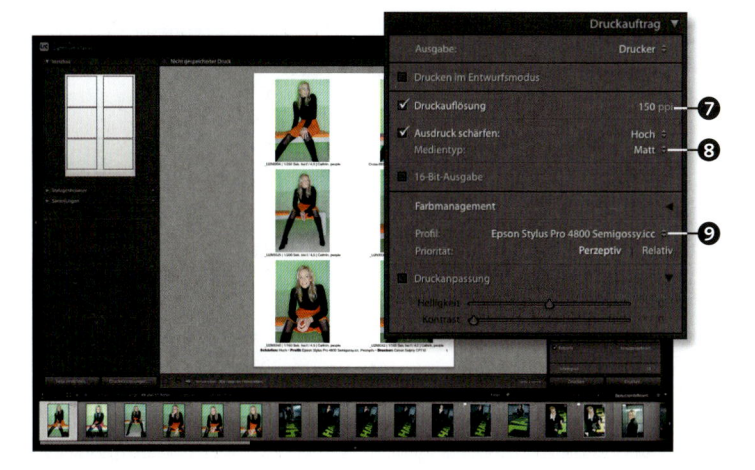

Kapitel 12 | Fotos drucken **439**

Druckseite als JPEG speichern

Drucklayout als Datei ausgeben

Wenn das Drucklayout bei einem Druckdienstleister ausgedruckt werden oder als Grundlage für ein individuelles Fotobuchlayout dienen soll, können Sie das vorbereitete Drucklayout als Datei ausgeben. Speichern Sie dafür Ihre Drucke einfach als JPEG.

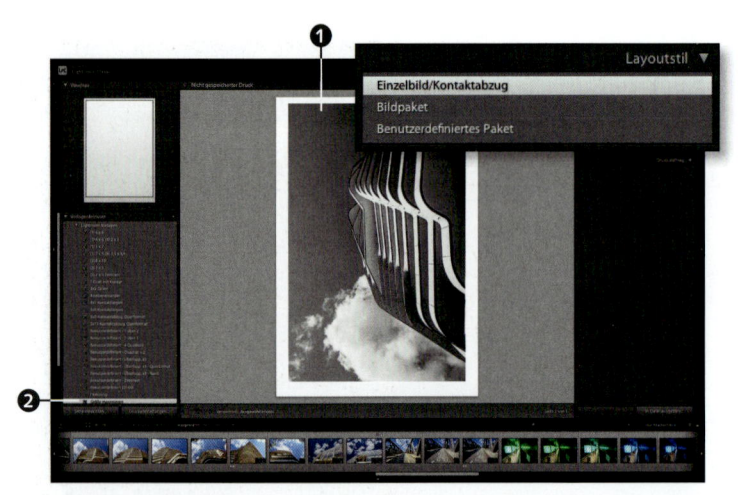

1 Großes Einzelbild

Starten Sie am besten mit einer Vorgabe, um die Fotos formatfüllend als JPEGs ausgeben zu können.

Öffnen Sie den VORLAGENBROWSER, und wählen Sie aus den Lightroom-Vorgaben GRÖSSE MAXIMIEREN ❷. Diese Vorgabe beinhaltet automatisch EINZELBILD/KONTAKTABZUG als LAYOUTSTIL und einen maximalen Bildrahmen. Dieser wird nur durch den nicht-druckbaren Bereich des Papiers beschränkt ❶.

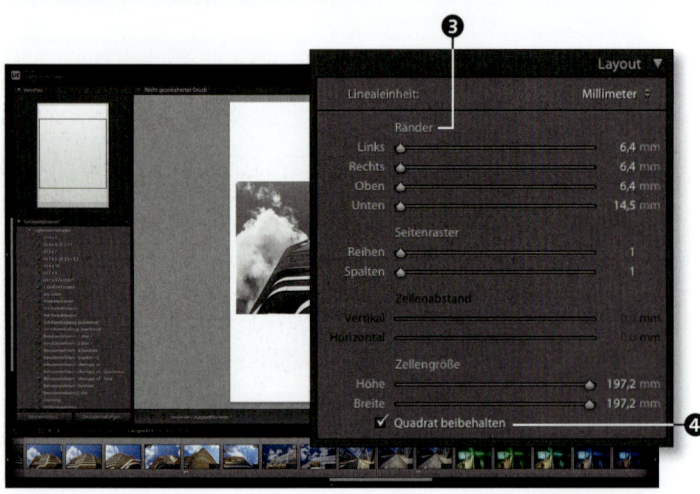

2 Drucklayout einrichten

Nutzen Sie die Layoutoptionen des DRUCKEN-Moduls. Mein Ziel in diesem Beispiel ist ein Fine-Art-Druck, auf dem die Bilder im quadratischen Rahmen platziert sind und mein Copyright unten ergänzt wird.

Im Bedienfeld LAYOUT aktivieren Sie dafür die Option QUADRAT BEIBEHALTEN ❹ und stellen schmale Seitenrändern ❸ ein.

3 Druckseite gestalten

Öffnen Sie nun die BILDEINSTELLUNGEN, und aktivieren Sie die Option AUSFÜLLEN ❺, damit die Bilder auch den quadratisch vorgegebenen Rahmen ausfüllen. Hier können Sie auch zusätzlich eine schmale Kontur ❻ einrichten, die dem Bild einen dezenten Rahmen gibt.

Nutzen Sie das Popup-Menü im Bedienfeld SEITE, um die FOTOINFO ❼ zu bearbeiten.

Im TEXTVORLAGEN-EDITOR können Sie das Copyright und benutzerdefinierten Text eingeben.

4 Als JPEG ausgeben

Stellen Sie als DRUCKAUFTRAG unter AUSGABE die JPEG-DATEI ❽ ein.

Geben Sie die DATEIAUFLÖSUNG an. Eine hochwertige Ausgabe im gewünschten Format sollte eine Auflösung von 300 dpi haben. Stellen Sie auch die JPEG-QUALITÄT so hoch wie möglich ein. Nur wenn Sie große Bilddateien per E-Mail verschicken möchten, sollten Sie die Qualität auf höchstens 85 % verringern.

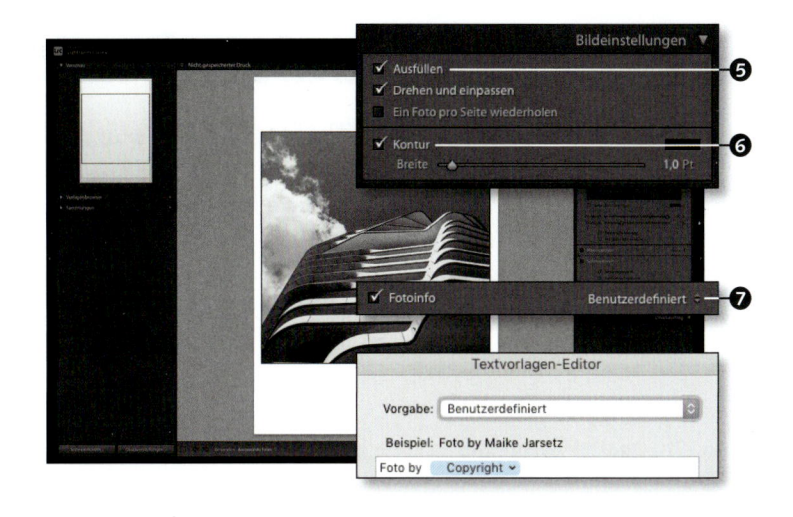

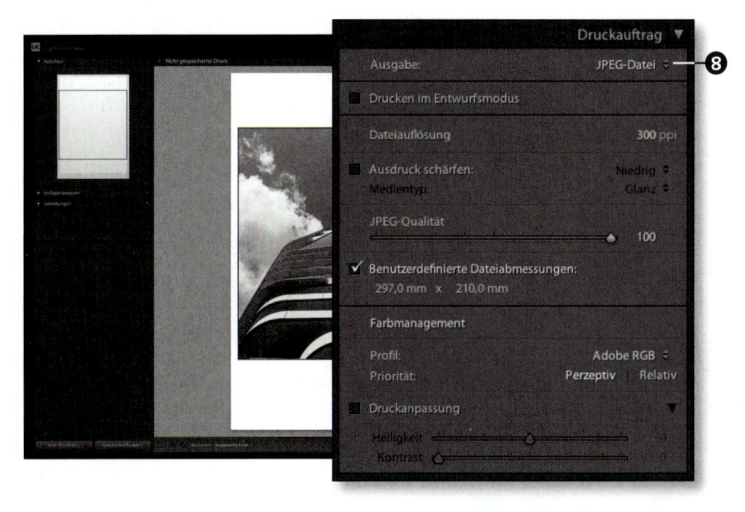

5 Farbraum wählen

Sehr wichtig bei der Ausgabe in ein Dateiformat ist die Wahl des Farbraums über das PROFIL ❾. Lightroom verarbeitet Raw-Daten im vergleichsweise großen Farbraum ProPhoto RGB. Möchten Sie die Bilder weitergeben, sollten Sie sie in einen auch von anderen Programmen und Ausgabegeräten sicher unterstützten Farbraum umwandeln. sRGB bietet sich bei der Weitergabe von Screendateien oder an Massenlabore an. ADOBE RGB ist die bessere Wahl für hochwertige Drucker oder professionelle Labore.

Bildpakete drucken

Verschiedene Bildformate platzsparend ausdrucken

Bei der Ausgabe verschiedener Bildgrößen für ein Motiv liegt es nahe, diese auf einem größeren Druckformat zusammen auszugeben, anstatt pro Foto einen ganzen Druckbogen zu verschwenden. Mit den Bildpaketen können Sie einfach feste Bildgrößen vordefinieren, diese platzsparend anordnen und die Fotos schnell platzieren.

Bearbeitungsschritte

- Druckformat festlegen
- Bildgrößen kombinieren
- Beschnittmarken ausgeben

Fotos: Peter Wattendorff

1 Druckformat einrichten

Richten Sie als Erstes Ihre Druckseite ein: Klicken Sie auf SEITE EINRICHTEN, und wählen Sie erst den Drucker ❷ und dann das PAPIERFORMAT darunter. Je nach Druckertreiber stehen Ihnen unterschiedliche Ausgabeformate zur Verfügung.

Das neue Papierformat wird sofort in der Vorschau angepasst ❶.

2 Bildpaket vorbereiten

Öffnen Sie den LAYOUTSTIL, und klicken Sie auf BILDPAKET ❸ – Sie erhalten eine leere Seite, die Sie gleich mit Bildrahmen füllen werden. Aktivieren Sie auch jetzt schon die Bilder, die später ausgedruckt werden sollen, indem Sie sie im Filmstreifen mit gedrückter Strg/cmd-Taste auswählen.

Wählen Sie aus dem Popup-Menü VERWENDEN die Option AUSGEWÄHLTE FOTOS ❹. So wird für jedes der ausgewählten Bilder später automatisch eine Druckseite erstellt.

3 Bildeinstellungen vorbereiten

Öffnen Sie nun zuerst die BILDEINSTELLUNGEN und das Bedienfeld LINEALE, RASTER UND HILFSLINIEN. Hier aktivieren Sie die Option AUSFÜLLEN ❺, damit die Bildformate immer vollständig ausgefüllt werden. Die Option DREHEN UND EINPASSEN ❻ richtet die Bilder im Rahmen immer so groß wie möglich aus.

Aktivieren Sie dann im Bedienfeld LINEALE, RASTER UND HILFSLINIEN die Option HILFSLINIEN EINBLENDEN ❼ und darunter zuerst den SEITENANSCHNITT ❽, um die Bilder nur im druckbaren Bereich zu platzieren. Das SEITENRASTER erleichtert die Anordnung.

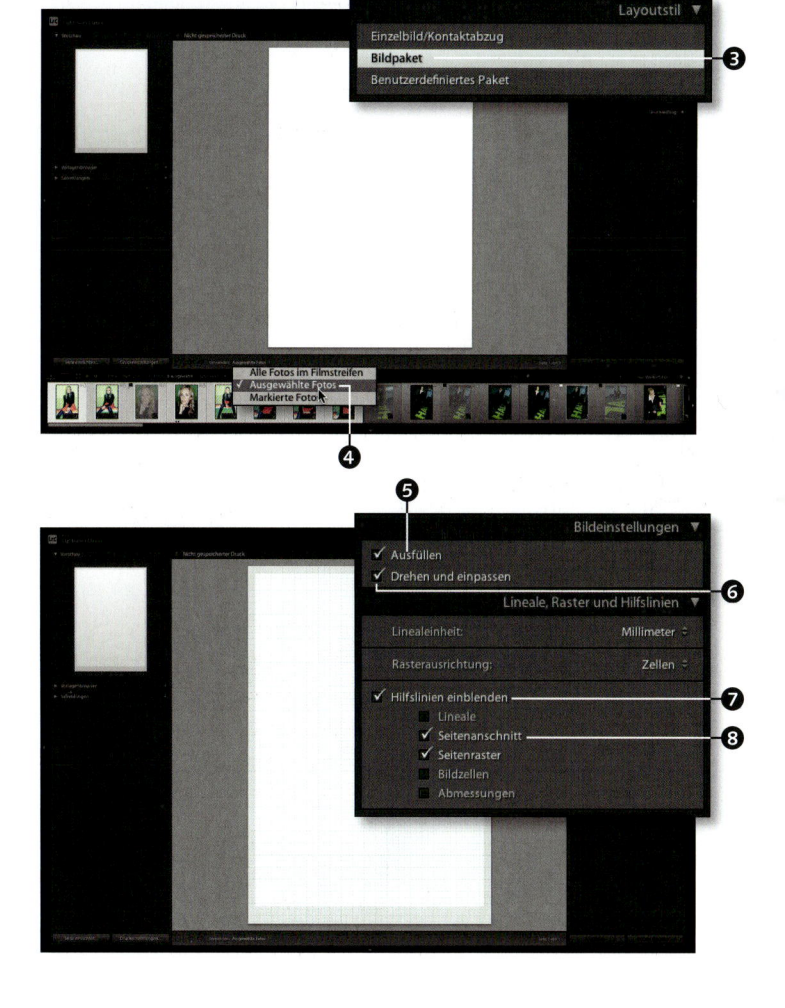

Kapitel 12 | Fotos drucken   **443**

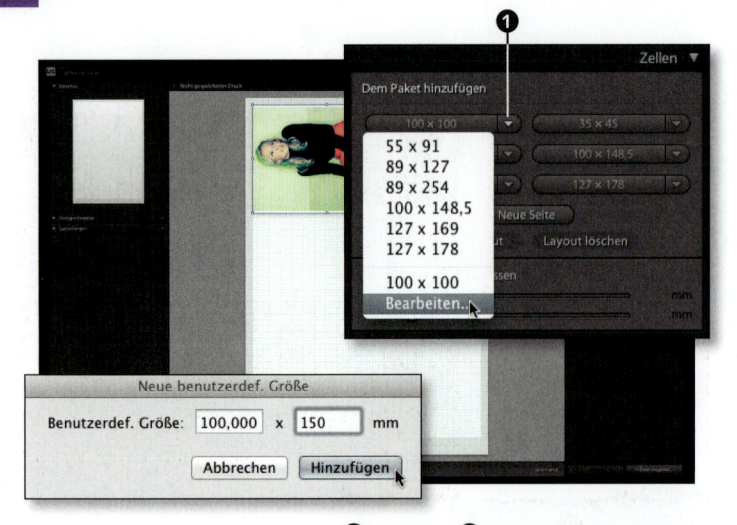

4 Bildformat einrichten

Jetzt kommt es zum Wesentlichen: Im Bedienfeld Zelle können Sie verschiedene Bildrahmen anlegen und auf der Seite anordnen. Klicken Sie auf den Pfeil ❶ neben einer der sechs Formatvorgaben, und wählen Sie aus dem Popup-Menü ein gewünschtes Format, oder legen Sie unter Bearbeiten ein eigenes Format fest. Geben Sie die gewünschte Grösse des Bildes an, und klicken Sie auf Hinzufügen. Sofort wird ein entsprechender Bildrahmen auf der Seite platziert.

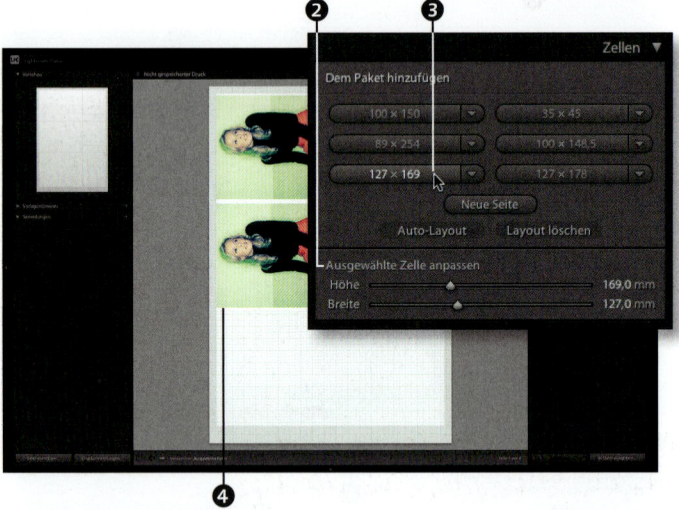

5 Format anpassen

Wenn Sie erst einmal eine Formatvorgabe erstellt haben, können Sie sie durch einen Klick auf die Größenangabe ❸ gleich mehrfach dem Bildpaket hinzufügen.

Natürlich können Sie auch noch danach die Angaben ändern – entweder Sie ziehen einfach an den Anfassern des Bildrahmens ❹ oder geben individuelle Abmessungen ❷ ein.

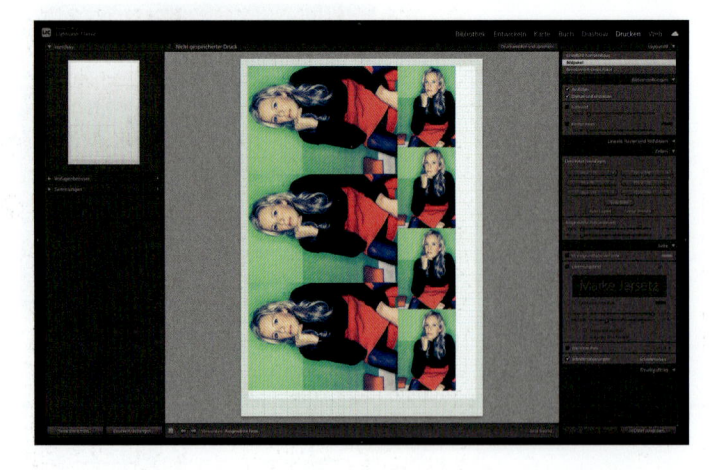

6 Bildrahmen kopieren

Sie können für die weitere Arbeit auch einfach bestehende Bildrahmen kopieren.

Halten Sie dazu die Alt-Taste gedrückt, und ziehen Sie einen Bildrahmen zur Seite, um ihn zu kopieren. Platzieren Sie den neuen Bildrahmen neben die bestehenden.

Beim Platzieren helfen Ihnen die automatische Rasterausrichtung an den Zellen und das eingeblendete Raster. Und wenn sich die Bilder überlappen sollten, erscheint oben rechts auf der Seite ein Warnzeichen.

7 Schnittmarken erstellen

Um die Bilder später vernünftig aus der Druckseite schneiden zu können, können Sie jetzt schon die SCHNITTMARKIERUNGEN ❺ einblenden. Diese finden Sie im SEITE-Bedienfeld. Für die Schnittmarkierungen stehen Ihnen durchgehende LINIEN oder einfache SCHNITTMARKEN ❻ zur Verfügung.

8 Identisches Seitenlayout

Wenn das Layout des Bildpakets so weit festgelegt ist, kontrollieren Sie noch einmal über das Popup-Menü, ob Sie auch nur die ausgewählten Bilder ausgeben, also ob im Popup-Menü VERWENDEN die Option AUSGEWÄHLTE FOTOS ❽ aktiviert ist. Und natürlich, ob die gewünschten Bilder auch ausgewählt sind.

Für jedes der ausgewählten Fotos wurde jetzt ein eigenes Bildpaket angelegt. Sie können mit den Pfeil-Symbolen ❼ durch die einzelnen Druckseiten blättern.

9 Druckseiten ausgeben

Zum Schluss drucken Sie die Seiten auf dem bereits in Schritt 1 ausgewählten DRUCKER aus. Geben Sie die geforderte DRUCKAUFLÖSUNG ❾ ein und bei Bedarf eine automatische Nachschärfung für das verwendete Material ❿. Legen Sie außerdem im Bereich FARBMANAGEMENT Ihr Druckerprofil fest, und wählen Sie als (Render)PRIORITÄT PERZEPTIV.

Auf der nächsten Seite lesen Sie, wie Sie ein benutzerdefiniertes Bildpaket anlegen und speichern.

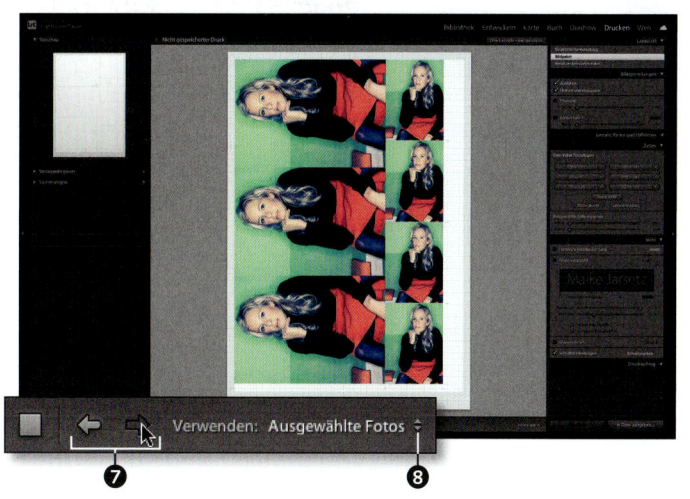

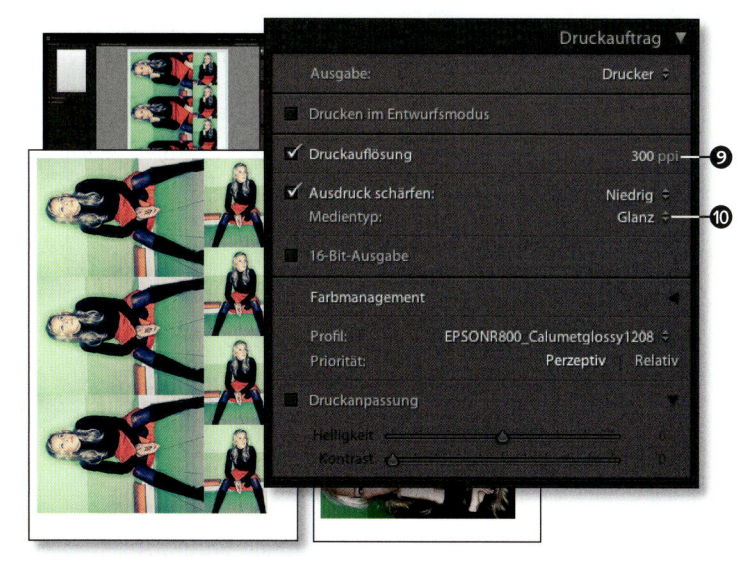

Kapitel 12 | Fotos drucken   **445**

Druckauftrag speichern

Benutzerdefiniertes Bildpaket inklusive Bildauswahl sichern

Es gibt Druckaufträge, wie benutzerdefinierte Bildpakete, die eine individuelle Bildauswahl in einem individuellen Layout kombinieren. Hier lohnt es sich, den Druck zu speichern: Mit einem Klick ist die Bildauswahl mit den Druckeinstellungen gesichert.

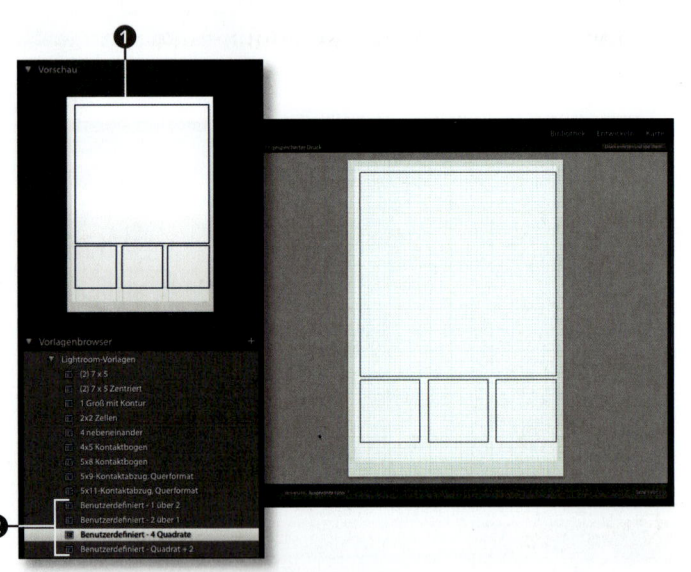

1 Bildpaket vorbereiten

Wählen Sie aus dem VORLAGENBROWSER eine der Vorlagen, die mit BENUTZERDEFINIERT gekennzeichnet sind ❷. In der Vorschau zeigt sich ein Layout ❶, aber Ihre Bilder werden nicht automatisch eingesetzt: Alle Vorlagen speichern die Layouteinstellungen, aber nicht die Bilder – dazu müssen Sie den gesamten Druckauftrag speichern. Verändern Sie dazu zunächst das Layout nach Ihren Wünschen, und setzen Sie dann die gewünschten Bilder in das benutzerdefinierte Bildpaket ein.

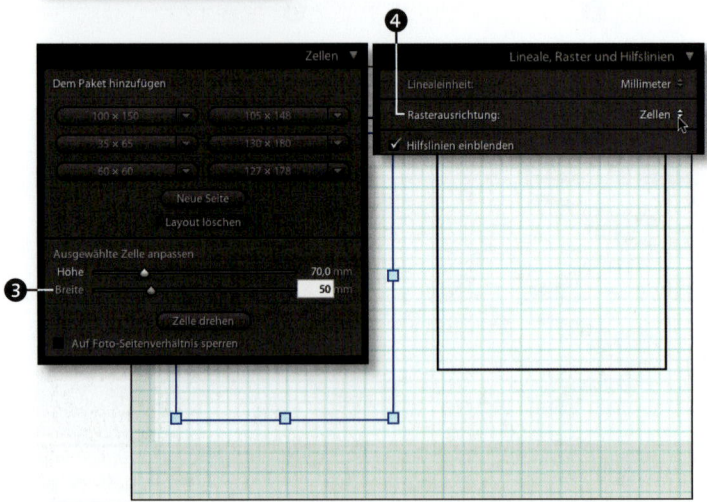

2 Bildzellen anpassen

Auch ohne Bilder können Sie die Größen der Bildzellen manuell oder numerisch anpassen. Wie das geht, haben Sie im vorangegangenen Workshop kennengelernt.

Geben Sie im ZELLEN-Bedienfeld die gewünschte Größe ❸ für die Bildzellen an, und verschieben Sie sie nach Belieben, um ein eigenes Drucklayout zu erstellen.

Im Bedienfeld LINEALE, RASTER UND HILFSLINIEN können Sie die RASTERAUSRICHTUNG an den ZELLEN aktivieren ❹, um die Anordnung zu erleichtern.

3 Foto-Seitenverhältnis

Wenn Sie die Bilder ohne Anschnitt im Layout platzieren wollen, gelingt das über eine ganz einfache Option: Aktivieren Sie im Zellen-Bedienfeld Auf Foto-Seitenverhältnis sperren ❺.

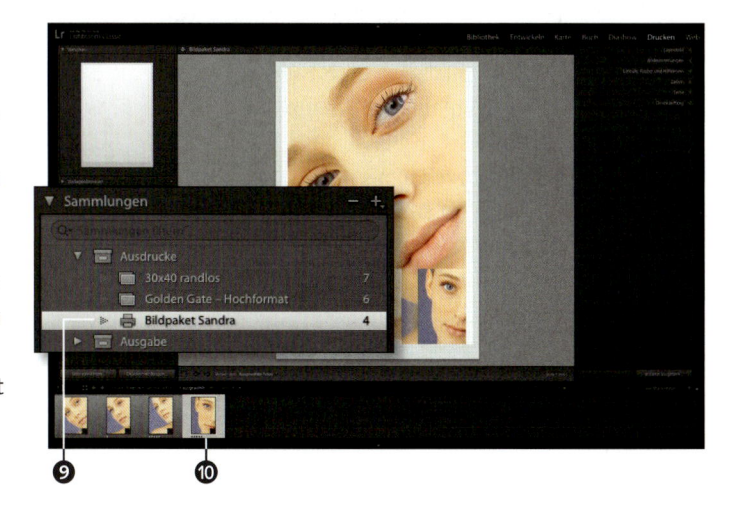

Ziehen Sie dann die Fotos aus dem Filmstreifen in die vorbereiteten Bildzellen. Diese verändern ihr Seitenverhältnis nach den platzierten Bildern und können trotzdem noch angepasst werden.

4 Druck erstellen und speichern

Wenn Ihr benutzerdefiniertes Bildpaket – oder ein anderes Drucklayout – fertig ist, klicken Sie in der oberen Speicherleiste im Vorschaufenster auf Druck erstellen und speichern ❻. So kombinieren Sie die Layouteinstellungen mit den gewählten Fotos.

Im folgenden Menü benennen Sie den Druck, wählen den Sammlungssatz ❼ und aktivieren die Option Nur verwendete Fotos einschliessen ❽, wenn Sie nur die verwendete Bildauswahl in dem Druckjob speichern wollen.

5 Gespeicherter Druckauftrag

Nach der Speicherung wird der Name des Druckjobs in der Speicherleiste angezeigt. Dieser Druck kann jetzt jederzeit im Sammlungen-Bedienfeld wieder aufgerufen werden ❾. Damit haben Sie nicht nur Zugang zum Layout, sondern auch zu den benutzten Bildern ❿. Und vor allem können Sie den Druck noch verfeinern: Alle Änderungen, die Sie von jetzt an im Druckjob vornehmen, werden dynamisch gespeichert. Sie müssen sie also nicht erneut speichern.

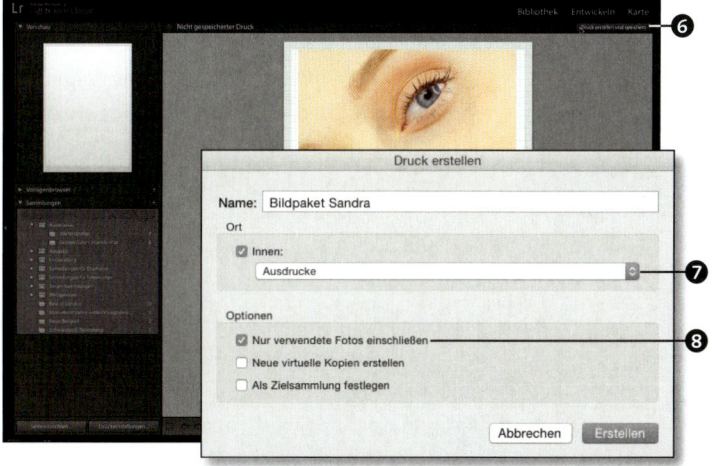

Kapitel 12 | Fotos drucken **447**

Grundlagenexkurs

Farbmanagement mit Raw-Daten

Farbkonsistent von der Kamera bis zum Druck

Wozu Farbmanagement?
Wir fotografieren mit der Kamera Millionen von natürlichen Farben und versuchen letztendlich, diese in Geräten mit nur drei Grundfarben – Rot, Grün und Blau – wiederzugeben. Schon in der Kamera fängt die Filterung nach den drei Grundfarben an. Der Monitor, auf dem wir die Bilder betrachten, erzeugt seine Farben mit Hilfe von roten, grünen und blauen Farbkomponenten. Und auch das finale TIFF- oder JPEG-Bild, das weitergegeben wird, wird in die drei Farbkanäle aufgeteilt, um seine Farben darzustellen.

Dabei liegt es auf der Hand, dass die technischen Geräte Abweichungen haben und dass deren Fähigkeit, Farben beziehungsweise Farbumfänge wiederzugeben, sehr schwanken kann. Jedes Gerät hat also einen begrenzten und vor allem unterschiedlichen Farbumfang. Jede Kamera unterscheidet sich von der anderen in der Farbwiedergabe, jeder Monitor ebenso und auch alle anderen Ausgabegeräte. So kann ein Monitor niemals den Farbumfang eines 16-Bit-Bildes wiedergeben, und sein Farbumfang ist auch meistens kleiner als die Wiedergabemöglichkeit von guten Farbdruckern.

Und genau hier setzt das Farbmanagement an: Es ist ein schlichter Übersetzungsprozess zwischen diesen diversen Geräten und Umgebungen, in denen wir Farben aufnehmen, wiedergeben und reproduzieren, der dafür sorgen soll, dass die ursprünglichen Farben des Bildes in unterschiedlichen Farbräumen konstant wiedergegeben werden, damit wir auf dem Monitor möglichst farbgetreu sehen, was wir fotografiert haben. Und auch, damit Bilder, die wir selbst ausdrucken oder ausdrucken lassen, das wiedergeben, was wir auf dem Monitor beurteilt und bearbeitet haben.

Die Bedeutung von Farbräumen
Um die Farben aus den unterschiedlichen Geräten übersetzen zu können, muss man die Herkunft und das Ziel der Farben kennen. Das verantwortliche FARBMANAGEMENT-Modul muss also wissen, wie die Farben auf dem jeweiligen Gerät dargestellt werden. Hierzu gibt es nun zwei Ansätze:

Erstens: die Erstellung eines Geräteprofils, also die exakte Ausmessung der Farbwiedergabe von Kamera, Monitor oder Drucker und Speicherung dieser Abweichung in einem Geräteprofil. Oder zweitens: die Arbeit mit Standardfarbräumen, wie zum Beispiel sRGB oder Adobe RGB. Damit werden die Farben innerhalb eines kleinsten gemeinsamen Nenners gehalten, auf den sich das Ausgabegerät einstellen kann.

Die wichtigste Regel beim Farbmanagement ist, dass niemals die Information über den Farbraum (das Farbprofil) verloren gehen darf. Denn dann können aus den RGB-Werten die Bildfarben nicht mehr richtig interpretiert werden. In den Beispielbildern auf Seite 449 sehen Sie, wie sich eine Fehlinterpretation von Bilddaten auswirken kann.

Als zweite Regel gilt, den Farbraum möglichst lange möglichst groß zu lassen. So spät wie möglich sollten Sie in einen kleineren Farbraum wie sRGB oder in einen Druckerfarbraum wechseln. Denn die Farben aus dem größeren Farbraum können dann nie wieder rekonstruiert werden.

Grundlagenexkurs

▲ ❶ Originalfarben im Farbraum Adobe RGB gespeichert

▲ ❷ Originalfarben im Farbraum sRGB gespeichert

▲ ❶ Fehlinterpretation im kleineren Farbraum sRGB: flaue Farbwiedergabe

▲ ❷ Fehlinterpretation im größeren ECI-RGB: Farben »bluten« aus

Fotos: Maike Jarsetz

Im fotografischen Workflow mit JPEG- oder TIFF-Daten hat sich das Farbmanagement längst etabliert. Grundvoraussetzung ist natürlich die Kalibrierung des Monitors, bei der ein Monitorprofil erstellt wird, mit dem die Bilddaten auf dem Monitor korrekt angezeigt werden können.

In der Kamera wählen Sie einen Standardfarbraum vor – sRGB oder Adobe RGB –, der als Farbprofil mit den Bildfarben verknüpft ist, so dass diese richtig interpretiert werden können. Der in Photoshop nach wie vor häufig vorkommende Kardinalfehler, dass einem Bild aus Unwissenheit ein falscher Farbraum zugewiesen wird, kann in Lightroom nicht passieren. Ein einmal gewählter Farbraum wird immer als eingebettetes Profil berücksichtigt.

▲ JPEG-Dateien besitzen ein eingebettetes Profil, das allgemein als Farbe angezeigt wird.

Sonderfall Raw-Daten

Da mit Raw-Daten kein Standardbildformat vorliegt, sondern jeder Hersteller die Belichtungsinformationen auf individuelle Art speichert, haben wir hier keine Möglichkeit, Farbprofile standardisiert zu speichern. Außerdem entsteht die Farbe erst bei der Kovertierung in ein Kamera-JPEG oder bei der Entwicklung der Raw-Daten. Dies ist also auch erst der

Kapitel 12 | Fotos drucken **449**

Grundlagenexkurs

Zeitpunkt, an dem der Farbraum festgelegt werden kann und muss.

Je nach Kamera werden die Raw-Daten in einer Farbtiefe von 12 oder 16 Bit gespeichert. Dies entspricht 2^{12} beziehungsweise 2^{16} verschiedenen Tonwertabstufungen gegenüber 2^8 – das ist ein 8-Bit-Farbumfang, den der Monitor oder ein JPEG-Bild speichern kann.

Lightroom arbeitet intern mit dem sehr großen Farbraum ProPhoto RGB. Dieser ermöglicht es, alle übergebenen Farbinformationen in verlustfreier Form weiterzubearbeiten.

Erst bei der Ausgabe aus Lightroom – also beim Export, beim Druck oder bei der Übergabe in Photoshop – findet eine Konvertierung in einen der beiden Standardfarbräume, sRGB oder Adobe RGB, oder in den spezifischen Druckerfarbraum statt.

Sie können in Lightroom in puncto Farbmanagement also gar nicht viel falsch machen. Erst bei der Ausgabe müssen Sie sich überlegen, in welchem Farbraum Sie die Bildfarben übergeben: entweder im Standardfarbraum etwa für einen Web-Bilderservice oder für die Weitergabe an Photoshop. Oder in einem spezifischen Geräteprofil beispielsweise eines eigenen Drucker, für den Sie das Profil mit einem entsprechenden Farbmessgerät erstellt haben.

Aber auch schon bei der Aufnahme können Sie die Farben exakter eingrenzen. Es gibt von verschiedenen Herstellern Farb-Charts, sogenannte *Targets*, die einfach unter Normbedingungen fotografiert werden. Eine Software misst dann die von Ihrer Kamera fotografierten Farben aus und gleicht sie mit den Normfarben ab. Die gemessene Abweichung stellt das gerätespezifische Profil Ihrer Kamera dar.

Dieses Profil kann entweder als kameraeigenes Profil erstellt und in Lightroom als Standard angewendet werden. Oder es wird eine entsprechende Entwicklungseinstellung für Lightroom erstellt; ein Beispiel dazu zeige ich Ihnen auf den nächsten Seiten.

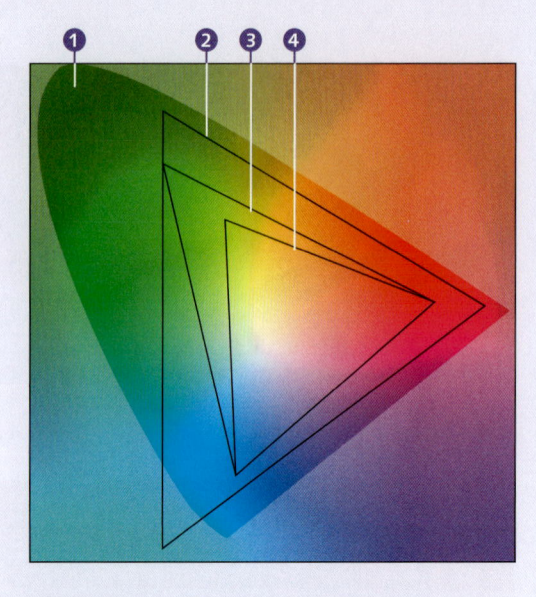

▲ Schematische Darstellung der Farbräume:
❶ Sichtbares Farbspektrum/Lab-Farbraum
❷ ProPhoto RGB
❸ Adobe RGB
❹ sRGB

▲ Das klassische Munsell-Farb-Chart ist auch Bestandteil des XRite ColorCheckers.

▲ Auswahl eines kameraspezifischen DNG-Profils

Farbprofile erstellen und einsetzen

Von der Monitorkalibrierung bis zur profilierten Ausgabe

1 Monitorprofil erstellen
Sie benötigen für die Monitorkalibrierung nur ein professionelles Farbmessgerät mit der entsprechenden Software. Unser Beispiel zeigt einen Datacolor Spyder X Pro. Damit werden die vom Monitor wiedergegebenen Farbwerte ausgemessen, ein Monitorprofil wird automatisch erstellt und im System gespeichert. Lightroom nutzt dieses Profil zur korrekten Darstellung der Bildfarben.

2 Farbreferenz fotografieren
Auch die Abweichungen Ihrer Kamera von der Werksnorm sollten Sie messen und gleich am Anfang in den Workflow integrieren.

Nutzen Sie dazu ein genormtes Farb-Chart, wie ein Munsell-Target oder zum Beispiel den SpyderCheckr, der gleich die eigene Software zur Erstellung von Raw-Entwicklungseinstellungen mitliefert. Fotografieren Sie diesen im gleichmäßigen, mittleren Tageslicht oder im Studio unter Reprobedingungen.

3 Entwicklungs-Preset erstellen
Die SpyderCheckr-Software misst das 16-Bit-Bild aus und vergleicht den Ist- mit dem Soll-Wert ❶, also die im Bild wiedergegebenen Farben mit den Standardwerten. Für die kameraspezifische Abweichung wird eine Korrektur in Form eines Lightroom-Entwicklungs-Presets erstellt ❷. Der Vorteil gegenüber einem DNG-Profil ist die Sichtbarkeit der Korrekturen, die Sie in den HSL-Einstellungen ablesen können.

Kapitel 12 | Fotos drucken **451**

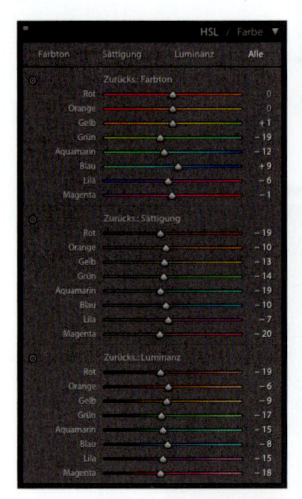

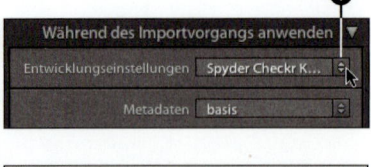

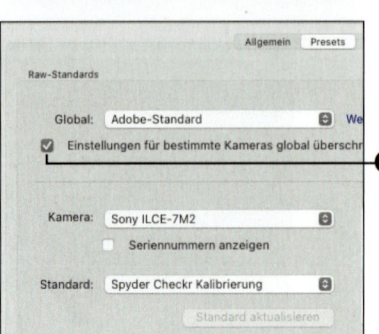

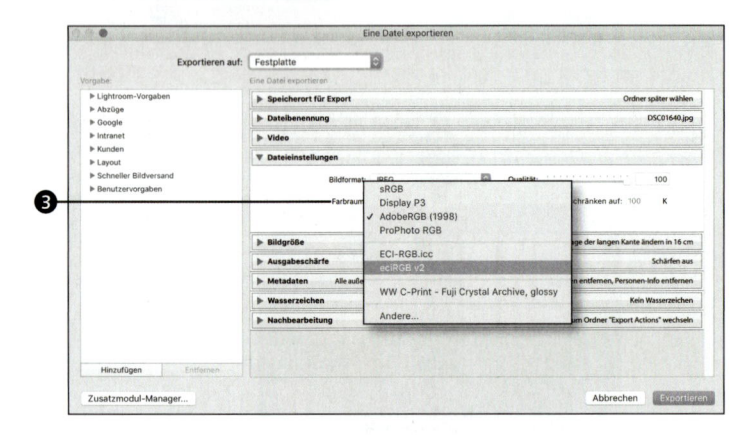

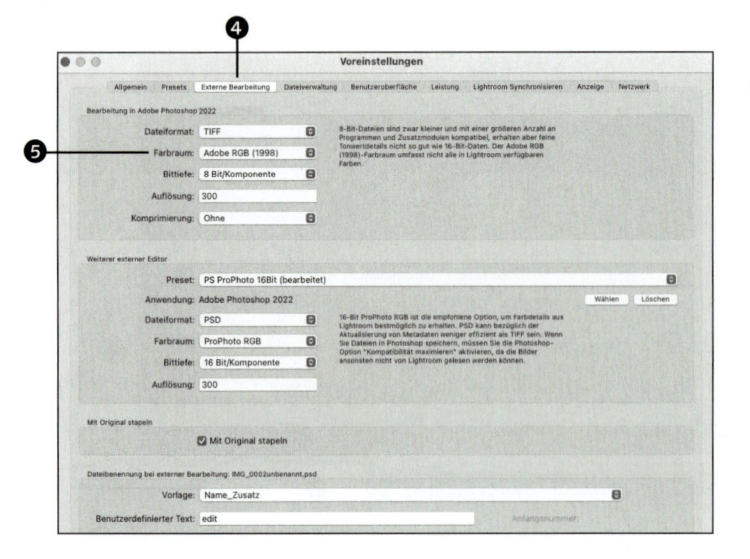

4 Entwicklungsstandard aufbauen

Ein solches Entwicklungs-Preset können Sie – genauso wie ein DNG-Profil – auch schon beim Import auf Ihre Bilder anwenden.

Wählen Sie es entweder als gespeicherte Entwicklungseinstellungen ❶ im Importfenster aus, oder legen Sie das Preset als kamaeraspezifischen Raw-Standard fest: Dazu müssen Sie in den Voreinstellungen von Lightroom unter Presets die Einstellungen für bestimmte Kameras überschreiben ❷ und das entsprechende Preset für die gewählte Kamera als Standard erstellen.

5 Bilder exportieren

Lightroom arbeitet, wie schon erwähnt, im ProPhoto-RGB-Farbraum. Wenn Sie Bilder exportieren, wird meist ein anderer Farbraum erwartet – und ist in der Regel für die weitere Verarbeitung auch besser geeignet.

Ändern Sie deshalb den Farbraum ❸ in den Exporteinstellungen auf:
- Adobe RGB für die Standardausgabe
- sRGB für die Webdarstellung oder die Entwicklung in Großlaboren
- Andere Profile wie ECI-RGB für eine spätere Konvertierung in den Druckfarbraum

6 Bilder extern weiterbearbeiten

Im Menü Foto • Bearbeiten in oder über den Shortcut `Strg`/`cmd`+`E` wird ein Bild automatisch an Photoshop weitergereicht.

Für diesen Vorgang und auch für die Übergabe an andere Programme müssen Sie unbedingt vorher festlegen, in welchem Farbraum das Bild übergeben werden soll.

In den Voreinstellungen für die Externe Bearbeitung ❹ können Sie den entsprechenden Farbraum ❺ angeben.

Mehr zu diesen Vorgaben erfahren Sie in Kapitel 15, »Bilder austauschen und exportieren«, ab Seite 476.

7 Drucker kalibrieren

Wenn Sie Ihre Bilder auf Ihrem eigenen Drucker farbverbindlich ausgeben wollen, kommen Sie um die Druckerkalibrierung nicht herum. Diese ist zwar etwas aufwendiger als die Monitorkalibrierung, aber mit aktuellen Hilfsmitteln kinderleicht.

Auch in diesem Fall sorgt eine eigene Software für den Ausdruck des Charts, der dann wieder mit dem Spyder X oder einem anderen Farbmessgerät ausgemessen und im System als Profil gespeichert wird.

8 Druckerprofil wählen

Im Druckmenü von Lightroom wählen Sie dann das entsprechende Druckerprofil als neuen Zielfarbraum aus. Stellen Sie das Profil von Vom Drucker verwaltet auf das eigens erstellte Druckerprofil ❻ um. Dadurch werden die Bildfarben aus dem Lightroom-Arbeitsfarbraum in den Druckerfarbraum umgewandelt.

Dies ist die Hauptaufgabe des Farbmanagements: die Anpassung der Farbwerte, damit die Wiedergabe in zwei unterschiedlichen Farbräumen konstant bleibt.

9 Renderpriorität wählen

Bei der Umwandlung von größeren in kleinere Farbräume ist es wichtig, wie die Farben, die außerhalb des neuen Farbraums liegen, in diesen transformiert werden. Dafür sorgt die (Render)Priorität: Wählen Sie Perzeptiv ❼, wenn Sie die gesamten Farben praktisch proportional in den neuen Farbraum skalieren wollen. Die Option Relativ bezeichnet eine relativ farbmetrische Umsetzung. Diese verändert die Farben nicht, die im neuen Farbraum enthalten sind, und eignet sich etwa für farbkorrigierte Produktfotos.

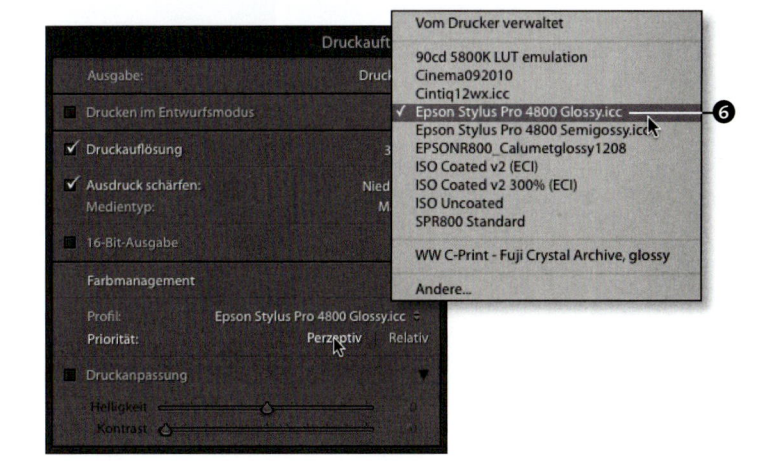

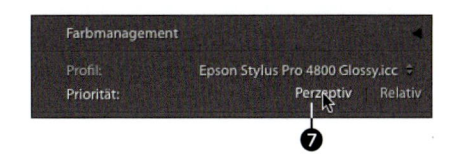

Fotos online präsentieren

Nach der umfangreichen Arbeit an unseren Motiven möchten wir diese gern teilen. Mit Freunden oder mit den Kunden, online oder direkt im gewünschten Format. Neben dem direkten Export ermöglicht der Veröffentlichungsmanager, Bildauswahlen schnell bereitzustellen, und die Lightroom-App präsentiert Lightroom-Sammlungen schnell und unkompliziert als Online-Galerien im Web. Diese und andere Möglichkeiten, Bilder klassisch oder zeitgemäß zu präsentieren, beschreibe ich im folgenden Kapitel.

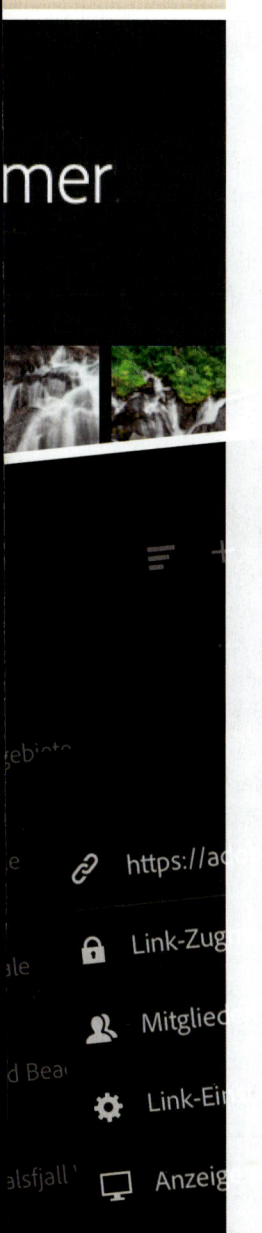

EINFÜHRUNG: Bilder öffentlich machen
Verschiedenste Ansätze für die Online-Präsentation Ihrer Fotos 456

AUF EINEN BLICK: Das Web-Modul
Die Erstellung klassischer Webseiten in Lightroom Classic 458

Der schnelle Weg zur Webgalerie
Bilder in einer Classic-Galerie präsentieren 462

Vorlagen für mobile Webseiten
Mobile Webseitenlayouts mit wenigen Klicks 466

Bilder auf Adobe Stock publizieren
Wie Sie Ihre Bilder über Lightroom Classic verkaufen 468

Eine Sammlung als Webgalerie
Synchronisierte Sammlungen teilen 470

Schnell zum Web-Portfolio
Adobe Portfolio bietet Bildpräsentationen auf einen Klick 472

AUF EINEN BLICK: Der Veröffentlichungsmanager
Die direkte Veröffentlichung auf Festplatte oder auf Adobe Stock 474

Fotos: Maike Jarsetz

Einführung

Bilder öffentlich machen

Verschiedenste Ansätze für die Online-Präsentation Ihrer Fotos

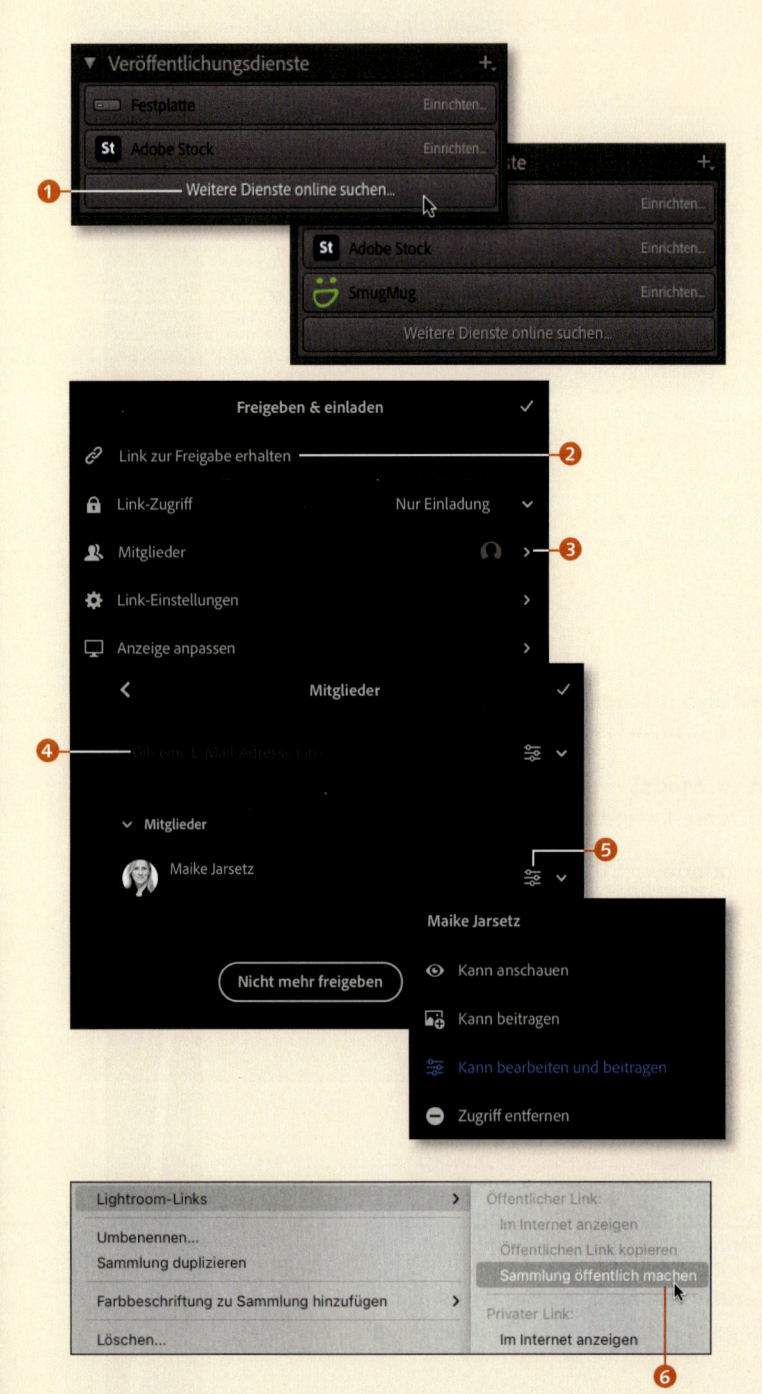

Die Veröffentlichungsdienste

Direkt unter dem Sammlungen-Bedienfeld finden sich in der Lightroom-Classic-Bibliothek die Veröffentlichungsdienste. Neben cleveren Export-Sammlungen für die Festplatte, die wir im nächsten Kapitel behandeln, können hier auch Dienste für die schnelle Veröffentlichung auf Online-Portalen installiert werden.

Über die Schaltfläche Weitere Dienste online suchen ❶ haben Sie Zugriff auf weitere Dienste und Erweiterungen von diversen Herstellern und Plattformen.

Lightroom-Sammlungen teilen

Jeder Abonnent von Lightroom Classic hat auch die mobile Variante von Lightroom zur Verfügung. Das ermöglicht Ihnen ein schnelles Teilen aller mit der Lightroom-App synchronisierten Sammlungen genauso wie der eigens in der App erstellten Alben.

Durch die Speicherung der Bilder in der Cloud bedarf die Online-Präsentation dieser Fotos nur eines Mausklicks. Sie entscheiden dabei, ob Sie einen öffentlichen Link erstellen ❷ oder eine private Einladung versenden ❸. Für jedes eingeladene Mitglied können individuelle Rechte vergeben werden ❺.

Lightroom-Classic-Sammlungen, die mit der App synchronisiert sind, können auch direkt aus Lightroom Classic freigegeben werden ❻.

Über den Webdienst von Lightroom, den Sie unter *lightroom.adobe.com* mit Ihrem Adobe-Account aufrufen können, ist es möglich, die freigegebenen Alben weiter zu verwalten und auch Galerien mit verschiedenem Thema und Aussehen zu erstellen.

456 Kapitel 14 | Fotos online präsentieren

Einführung

Das Web-Modul

Das Teilen von Bildern passiert mittlerweile hauptsächlich über soziale Netzwerke oder die eben erwähnten schnellen Freigaben. Wenn Sie jedoch Ihre eigene Webseite – unabhängig von sozialen Netzwerken und Cloud-Diensten – durch Bildgalerien bereichern wollen, ist das WEB-Modul von Lightroom Classic dafür ebenfalls geeignet. Hier finden Sie neben klassischen Webgalerien weitere mobile Galerieformen 7, die sich flexibel an das Wiedergabegerät anpassen und damit optimal auch für die mobile Präsentation sind.

Im WEB-Modul können Sie das Layout für Ihre Webseite gestalten, während Sie noch an den Entwicklungseinstellungen arbeiten. Starten Sie mit einer Galerie-Vorlage – der Layoutstil wird dann automatisch gewählt. Alle Details finden Sie auf den folgenden Seiten.

Bildinformationen nutzen

Wie auch in den anderen Ausgabemodulen können Sie bei der Erstellung einer Webgalerie bestehende Bildinformationen integrieren. Die Bildunterschriften geben Sie für jedes Bild in den IPTC-Metadaten der Bibliothek ein, andere Informationen wie Belichtungsinformationen sind im Bild schon vorhanden.

Im Workshop »Automatische Diabeschriftung« auf Seite 410 haben Sie erfahren, wie Sie diese Informationen nutzen können. Für eine Webgalerie funktioniert dies genauso 8.

Der direkte Upload

Auf Zwischenspeicherungen von kleineren Bildversionen können Sie verzichten, denn die Ausgabe oder das Hochladen von allen relevanten Website-Daten funktioniert per Klick.

In den EINSTELLUNGEN FÜR DAS HOCHLADEN wählen Sie den FTP-SERVER 9 und geben Ihre Zugangsdaten ein 10. Danach können Sie alle erforderlichen Daten 11 für die Webseite direkt auf den Webserver hochladen oder alternativ auf Ihre Festplatte exportieren.

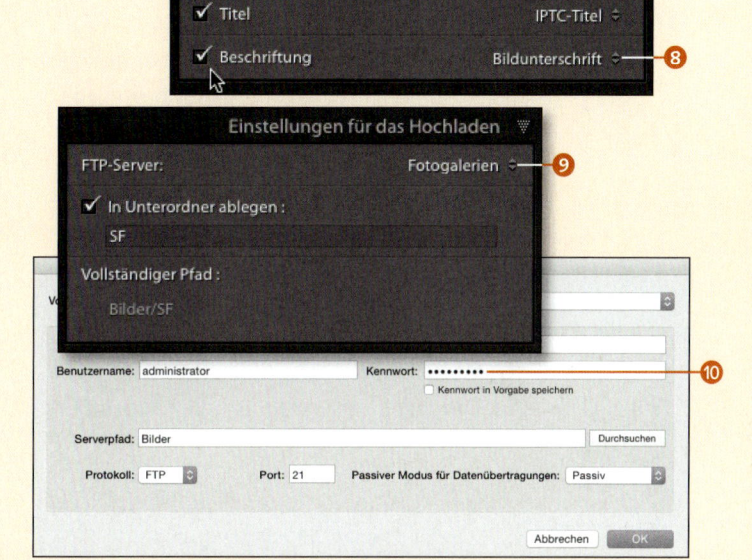

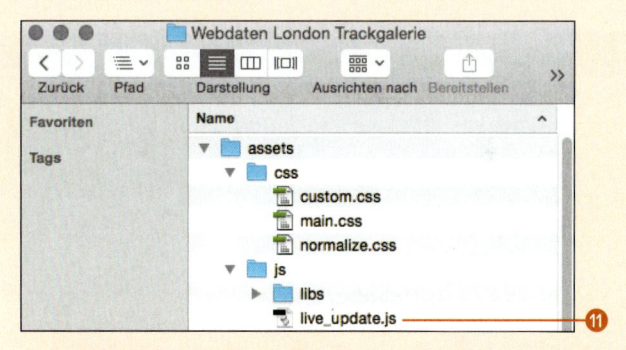

Tastaturkürzel für das Web-Modul	
Allgemein	
Neue Vorlage erstellen	Strg/cmd+N
Neuen Vorlage-Ordner erstellen	Strg/cmd+⇧+N
Diashow erstellen/speichern	Strg/cmd+S
Speicherzeile ein-/ausblenden	<
Ausgabe	
Vorschau in Browser	Strg/cmd+Alt+P
Webgalerie speichern	Strg/cmd+J

Kapitel 14 | Fotos online präsentieren

Auf einen Blick

Das Web-Modul

Die Erstellung klassischer Webseiten in Lightroom Classic

❶ **Layoutvorschau:** Das Vorschaufenster gibt Ihnen einen Eindruck vom Webgalerie-Layout, sobald Sie den Mauszeiger über den Vorlagennamen im Vorlagenbrowser bewegen.

❷ **Vorlagenbrowser:** Auch im Web-Modul können Sie eigens erstellte Webseitenlayouts als Vorlage speichern. Die Lightroom-Vorgaben in diesem Modul sind besonders umfangreich. Sie dienen als gute Grundlage für ein eigenes Layout. Neben klassischen HTML-Galerien stehen Ihnen drei Gruppen von Vorlagen zur Verfügung, die für den Einsatz auf mobilen Geräten entwickelt wurden. Das Layout dafür ist eher einfach, aber dafür auf jedes Display zu adaptieren.

❸ **Sammlungen:** Speichern Sie Ihre Webgalerie über das Plus-Symbol im Sammlungen-Bedienfeld. Sie kombinieren damit die Bildauswahl mit Ihren Layouteinstellungen. Gespeicherte Webgalerien werden – genau wie andere Bildsammlungen – im Sammlungen-Bedienfeld aufgeführt. Alle für Bildsammlungen verfügbaren Befehle sind auch für die Webgalerie vorhanden.

458 Kapitel 14 | Fotos online präsentieren

❹ **Vorschau in Browser:** Im großen Vorschaufenster haben Sie zwar schon die ganze Webgalerie zur Ansicht, eine Vorschau im Browser ist aber vor allem dann nützlich, wenn Sie die Größenverhältnisse einer HTML-Galerie im Browserfenster überprüfen wollen.

❺ **Navigation:** Wechseln Sie über diese Pfeile zwischen den für die Webgalerie ausgewählten Bildern. Ein wirklicher Bildwechsel findet in den Webgalerie-Layouts aber nur direkt in der Galerie statt.

❻ **Fotos verwenden:** Über dieses Popup-Menü bestimmen Sie, welche Fotos aus dem Filmstreifen für die Webgalerie benutzt werden sollen: ausgewählte, mit einer Flagge markierte oder alle Bilder des Filmstreifens.

❼ **Webgalerie-Verlinkung:** Die Webgalerie im Vorschaufenster ist in Navigation und Verlinkung vollständig funktionsfähig. Ein Klick auf die Miniaturen führt Sie auch hier schon zur vergrößerten Einzelansicht.

❽ **Filter:** Der Filmstreifen-Filter ist auch im Web-Modul verfügbar – darüber können Sie die Bilder nach Attributen filtern oder eine vorbereitete Filtervorlage auswählen.

❾ **Exportieren:** Das Exportieren bietet sich dann an, wenn Sie die Dateien nicht selbst per FTP hochladen möchten. Über die Exportieren-Schaltfläche werden sämtliche benötigten Dateien für die Webseite in einen ausgewählten Ordner gespeichert. Dazu gehören die HTML-Index-Seite genauso wie die Bild-Thumbnails in allen erforderlichen Größen sowie weitere Assets wie CSS-Definitionen.

❿ **Hochladen:** Nachdem Sie in den Servereinstellungen den Server und die Zugangsdaten sowie optionale Unterordner angegeben haben, können Sie über diese Schaltfläche ganz einfach den FTP-Upload starten.

⓫ **Bildinformationen:** Die Einzelbildvorschau nutzt Metadaten, die automatisch als Titel und Beschriftung eingesetzt werden.

⓬ **Servereinstellungen:** Sie können Ihre Webgalerie direkt aus Lightroom heraus per FTP auf einen Webserver laden. Geben Sie Adresse und Zugangsdaten Ihres Servers in ein Fenster für die Servereinstellungen ein.

⓭ **Zeilenhöhe und/oder Miniaturbilder:** Das Erscheinungsbild steuert, je nach Layoutstil, die Miniaturbilder durch Raster, Zeilengröße oder Größenvorgaben. Per Klick auf die Miniatur wechseln Sie in jeder Galerie auf die großen Bilder der Einzelbildansicht.

⓮ **Site-Informationen:** Alle eingeblendeten Textinformationen werden im Bedienfeld Site-Informationen eingegeben. Sie werden automatisch während der Eingabe aktualisiert.

⓯ **Weitere Galerien online suchen:** Auf der Adobe-Exchange-Webseite können Sie weitere Galerie-Vorlagen von Drittanbietern finden. Diese werden nach Installation und einem Neustart in diesem Fenster aufgelistet.

⓰ **Layoutstil »Quadratgalerie«, »Rastergalerie« und »Track-Galerie«:** Diese Layoutstile sind optimiert für den gleichzeitigen Einsatz auf mobilen Endgeräten. Das Layoutraster ist daher sehr einfach und kann im Bereich Erscheinungsbild angepasst werden.

⓱ **Layoutstil »Classic-Galerie«:** Dieser Layoutstil ist die Basis für klassische HTML-Webseiten. Am besten starten Sie Ihre Seite mit einer Vorlage ❷ und passen diese individuell an.

Auf einen Blick

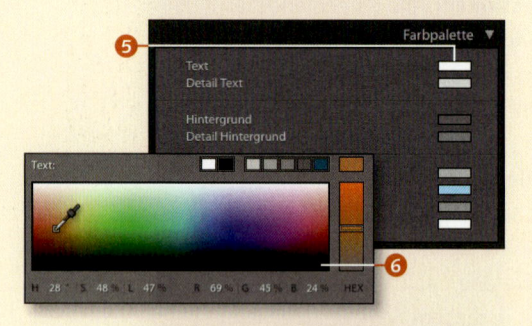

Site-Informationen

In den SITE-INFORMATIONEN geben Sie alle Textinformationen ein, die in den vorgesehenen Textfeldern erscheinen sollen. Der Umfang der Textfelder unterscheidet sich nach Galerie-Vorlage.

❶ **Titel der Website/Galerietitel:** Auch wenn der Titel nicht unmittelbar in jeder Layoutvorlage sichtbar vorgesehen ist, ist die Eingabe wichtig. Denn der Titel der Website erscheint immer in der Titelzeile des Browsers.

❷ **Sammlungsangaben:** Die Angaben für die Sammlung sind einfach nur Textfelder. Sie können den Titel der Sammlung auch als Untertitel nutzen. Die Beschreibung der Sammlung erscheint, wenn Sie in einer Flash-Galerie im Popup-Menü ANSICHT „ÜBER DIESE SAMMLUNG" auswählen.

❸ **Kontaktdaten/Autor/Galerie-URL:** Auch die Kontaktdaten erscheinen nicht in allen Galerielayouts. Nach einem Klick darauf in der Galerie wird der eingetragene Web- oder E-Mail-Link aktiviert.

❹ **Letzte Eingaben:** Ein kleiner Pfeil oberhalb der Eingabefelder öffnet per Klick ein Popup-Menü mit den zuletzt vorgenommenen Eingaben.

Farbpalette

Das Bedienfeld FARBPALETTE enthält die folgenden Einstellungsmöglichkeiten:

❺ **Farbfelder:** Praktisch alle Layout-, Text- und Animationselemente können Sie farblich ändern. Klicken Sie einfach auf das Farbfeld, um die Farbe zu ändern.

❻ **Farbmischer:** Das Farbmischfeld erscheint nach Klick auf ein Farbfeld. Hier können Sie Farben per Klick auswählen. Die Pipette kann auch mit gedrückter Maustaste in das Vorschaubild gezogen werden, um eine bildeigene Farbe auszuwählen.

Erscheinungsbild

Das Bedienfeld ERSCHEINUNGSBILD enthält verschiedenste Layouteinstellungen, die für die jeweiligen Galerien unterschiedlich sind.

❼ **Erscheinungsbild Classic-Galerie:** Hier geben Sie in erster Linie das Raster für die Bildminiaturen und die Größe der Bildseiten sowie andere Gestaltungselemente an.

Die Einstellungen für die folgenden Galerien sind übersichtlich. Allen gemeinsam ist die Option, eine Kopfzeile einzublenden und diese beim Scrollen über die Bilder als schwebend zu definieren.

⑧ **Erscheinungsbild Quadratgalerie:** Bei der Quadratgalerie können Sie zwischen drei Miniaturgrößen wählen und bei umfangreichen Galerien steuern, wann neue Bilder geladen werden sollen.

⑨ **Erscheinungsbild Rastergalerie:** Für die Rastergalerie sind die Einstellungen etwas umfangreicher. Mit einer Randstärke und Schattenfarbe für die Miniaturen gestalten Sie die Vorlage. Außerdem bestimmen Sie über den Stil des Seitenumbruchs, ob Sie umfangreiche Galerien auf mehreren Seiten oder einer scrollbaren einzelnen Seite darstellen wollen – auch hier können Sie eine schwebende Kopfleiste aktivieren.

⑩ **Erscheinungsbild Track-Galerie:** Die Gestaltung der Track-Galerie wird in erster Linie über die Zeilenhöhe der Bildleisten und deren Abstand zueinander bestimmt.

Bildinformationen

⑪ **Beschriftungen:** In vielen Galerielayouts können Sie Titel und Untertitel für die Bildseiten anlegen. Benutzt werden dafür die IPTC-Metadateneinträge der Bilder, die über den Befehl BEARBEITEN auch miteinander kombiniert werden können.

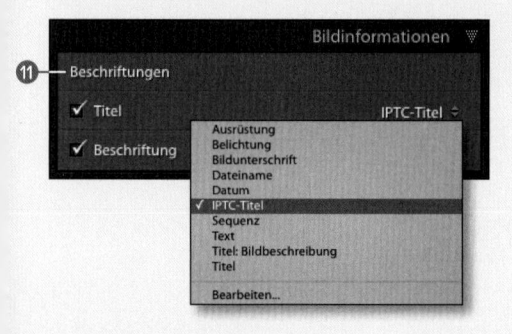

Ausgabeeinstellungen

In den AUSGABEEINSTELLUNGEN steuern Sie, was den Bildern bei der Ausgabe noch »mitgegeben« werden soll:

⑫ **Qualität für große Bilder:** Die QUALITÄT der Bilder bezeichnet die JPEG-Komprimierung für die Einzelbilderdarstellung in der Classic-Galerie. 100 entspricht der Qualitätsstufe 12 aus Photoshop. Eine hohe Bildqualität erzeugt große Dateigrößen und längere Ladezeiten.

⑬ **Metadaten:** Über diese Einstellung können Sie die Metadaten auf den Copyright-Eintrag reduzieren und Belichtung oder Einstellungen verbergen.

⑭ **Wasserzeichen:** Aus dem Popup-Menü wählen Sie vordefinierte Vorlagen aus dem Wasserzeichen-Editor.

⑮ **Schärfen:** Hier findet eine zusätzliche Nachschärfung für den Bildschirm in drei Stärken statt.

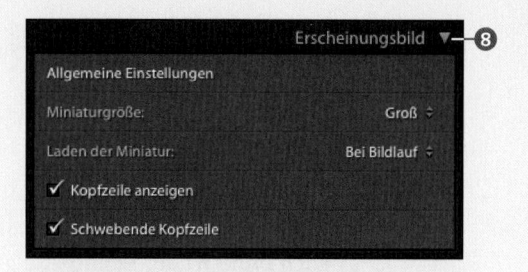

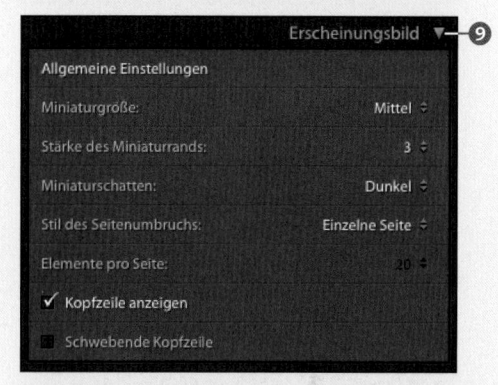

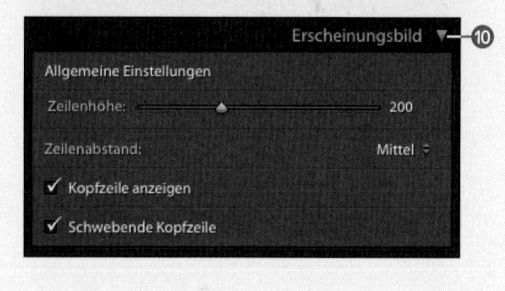

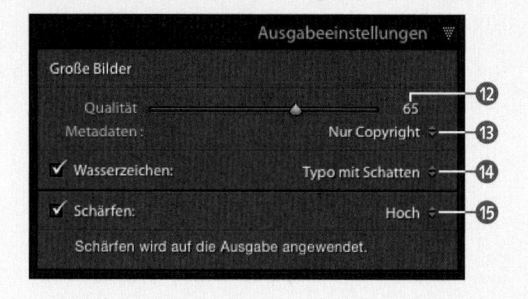

Der schnelle Weg zur Webgalerie

Bilder in einer Classic-Galerie präsentieren

Lightroom bietet diverse HTML-Vorlagen in seinem Vorlagenbrowser. Das Erscheinungsbild der Webgalerie – wie das Layoutraster, die Größe der Vorschaubilder oder die Farben – können Sie auch ohne HTML-Kenntnisse ganz einfach konfigurieren.

Bearbeitungsschritte

- Layoutvorlage nutzen
- Seiteninformationen angeben
- Layoutraster anlegen
- Farben definieren
- Größe der Bildseiten bestimmen

Fotos: Hilla Südhaus und Peter Wattendorff

462 | Kapitel 14 | Fotos online präsentieren

1 Bildauswahl festlegen

Bereiten Sie zunächst Ihre Bildauswahl vor. Standardmäßig werden für eine Bildergalerie alle Bilder des Filmstreifens verwendet.

Sie können eine Filterung durchführen oder schon im Vorhinein die für die Webgalerie vorgesehenen Bilder durch Drücken von P mit einer Flaggen-Markierung ❷ versehen.

Aus dem Popup-Menü wählen Sie dann noch MARKIERTE FOTOS ❶ aus – so wird der Filmstreifen automatisch auf die markierten Bilder beschränkt.

2 HTML-Layout wählen

Öffnen Sie dann den VORLAGENBROWSER, und wählen Sie eine Classic-Galerie aus. Als klassische Webseiten werden in Lightroom Classic nur HTML-Galerien verwendet. Das ist auch an dem kleinen Symbol in der Vorschau erkennbar ❸.

Durch das Auswählen der Vorlage wird automatisch der Layoutstil CLASSIC-GALERIE ausgewählt ❹ und mit den entsprechenden Einstellungen eingeblendet.

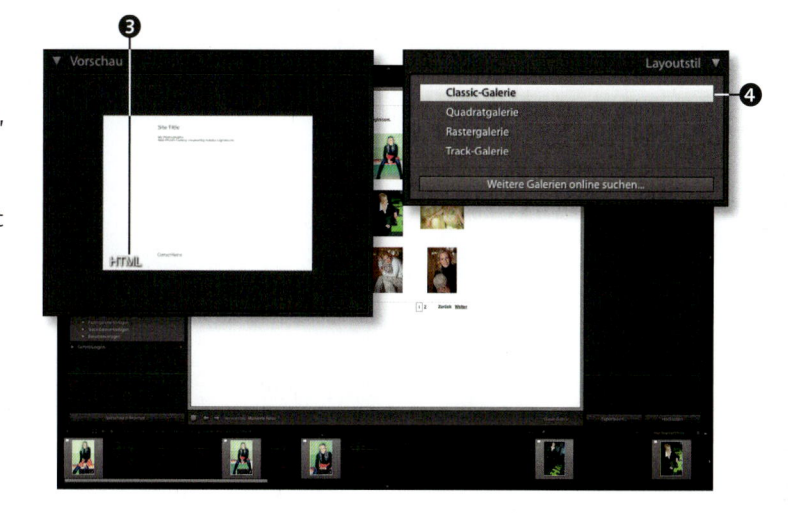

3 Site-Informationen bearbeiten

In jeder Webgalerie sind automatisch Textinformationen integriert. Diese können Sie im Bedienfeld SITE-INFORMATIONEN anpassen.

Überschreiben Sie einfach die Textfelder. Die Inhalte in der Vorschau werden automatisch angepasst. Wenn Sie ein Textfeld nicht benutzen möchten, lassen Sie es einfach leer.

Alle Web-Adressen und URL-Links werden in der Webgalerie aktive Links.

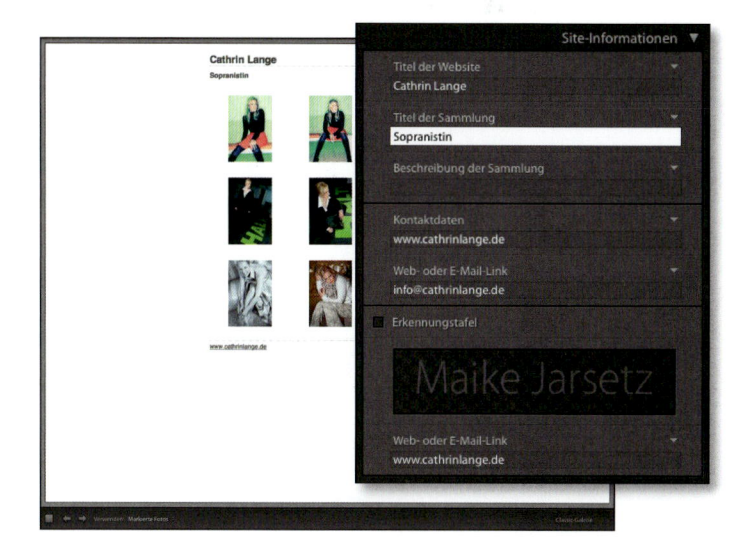

Kapitel 14 | Fotos online präsentieren **463**

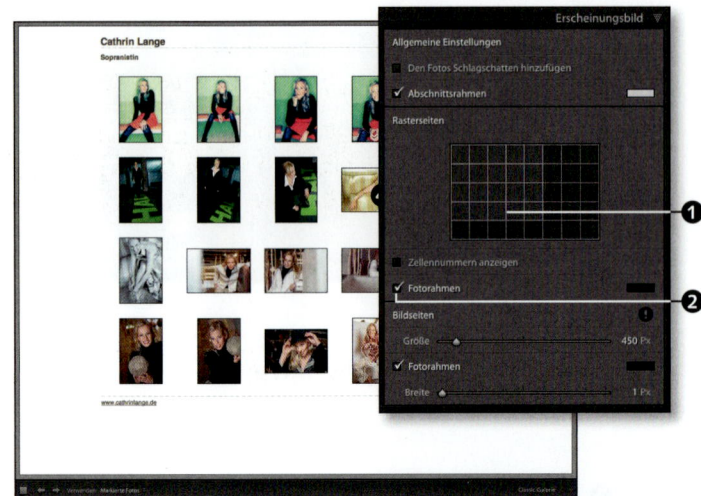

4 Layoutraster anpassen

Wechseln Sie in die Einstellungen für das ERSCHEINUNGSBILD. Hier können Sie das Raster für die Miniaturbilder ändern: Ziehen Sie einfach mit der Maus ein Raster in das Schema, bis die gewünschte Anzahl von Reihen und Zeilen ausgewählt ist, oder klicken Sie auf die unterste, rechte Zelle ❶. Das neue Raster wird sofort im Vorschaufenster angezeigt. Sie können hier auch entscheiden, ob Sie den Miniaturen FOTORAHMEN ❷ hinzufügen wollen.

5 Bildseiten definieren

Jede Lightroom-Galerie beinhaltet die Bildseiten mit jeweils einer großen Ansicht der Bilder. Sie können auch im Vorschaufenster schon auf eine der Miniaturen klicken, um das große Bild zu beurteilen.

Die Größe der dort gezeigten Bilder steuern Sie über den entsprechenden Schieberegler ❸ im ERSCHEINUNGSBILD-Bedienfeld.

Zurück in die Bildübersicht gelangen Sie übrigens durch einen erneuten Klick auf das Bild.

6 Farben festlegen

Sämtliche verwendeten Farben steuern Sie über die FARBPALETTE. In kleinen Farbfeldern werden hier die vordefinierten Farben für die Galerie-Oberfläche genauso wie für den Text und die Steuerelemente angegeben.

Klicken Sie auf eines dieser Felder, um in die Farbpalette zu gelangen. Sie können in der Palette per Klick eine beliebige Farbe auswählen oder auch die erscheinende Pipette mit gedrückter Maustaste auf das Bild ziehen, um eine Bildfarbe aufzunehmen.

464 Kapitel 14 | Fotos online präsentieren

7 Beschriftungen hinzufügen

In den BILDINFORMATIONEN können Sie einen TITEL und eine BILDUNTERSCHRIFT auswählen. Dazu stehen Ihnen, wie auch schon in den anderen Modulen von Lightroom, sämtliche Metadatenfelder zur Verfügung.

Aktivieren Sie die gewünschte Beschriftung, und wählen Sie einfach aus dem Popup-Menü die gewünschte Information ❹.

Mehr zur Verwendung von Bildbeschreibungen finden Sie im Workshop »Automatische Diabeschriftung« auf Seite 410.

8 Copyright berücksichtigen

In den AUSGABEEINSTELLUNGEN steuern Sie, was den Bildern bei der Ausgabe noch »mitgegeben« werden soll.

Zum Beispiel können Sie alle Metadaten des Bildes hier auf die Copyright-Informationen beschränken ❺. Auch ein Wasserzeichen, das GROSSE BILDER überlagern soll, können Sie hier aus den Vorlagen auswählen ❻.

Lesen Sie auch den Grundlagenexkurs »Erkennungstafel und Wasserzeichen« ab Seite 400.

9 Vorschau im Browser

Eine HTML-Galerie arbeitet mit festen Bildgrößen, deshalb sollten Sie vor der Ausgabe die Größenverhältnisse Ihrer Galerie im Browser überprüfen.

Klicken Sie auf die entsprechende Schaltfläche VORSCHAU IN BROWSER ❼, damit im Hintergrund die notwendigen Bilder zwischengespeichert werden und die Galerie in Ihrem Standard-Browser geöffnet wird.

Kapitel 14 | Fotos online präsentieren **465**

Vorlagen für mobile Webseiten

Mobile Webseitenlayouts mit wenigen Klicks

Die Galerielayouts im Web-Modul sind für den Einsatz auf mobilen Geräten optimiert – sie passen sich also dem Betrachtungsmedium dynamisch an. Deshalb arbeiten Sie auch mit wenigen festgelegten Parametern. Hier sehen Sie, was diese Layouts auszeichnet.

Bearbeitungsschritte

- Galerie-Vorlage nutzen
- Dynamische Einstellungen festlegen

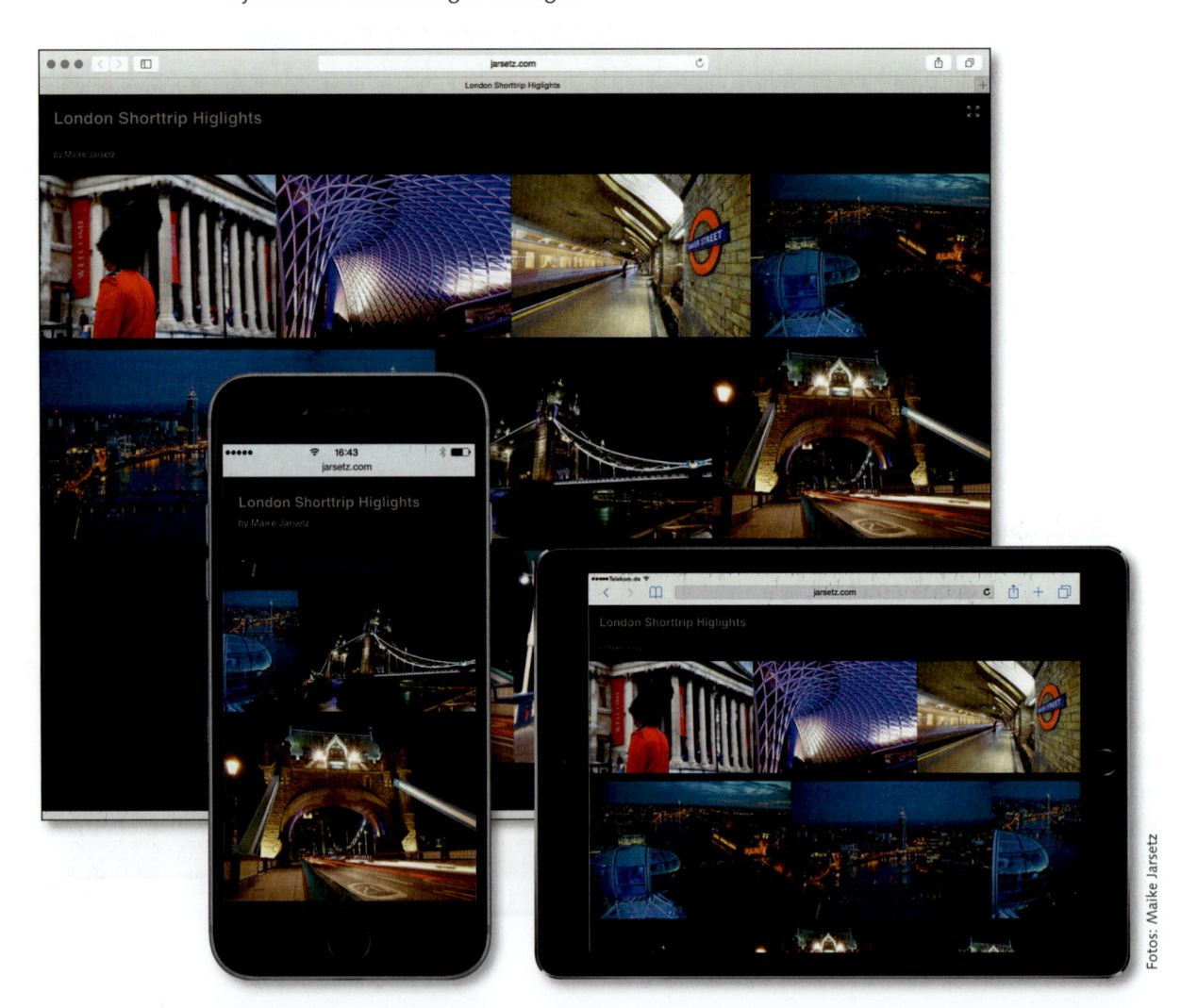

Fotos: Maike Jarsetz

1 Mobile Webgalerien

Der Start einer mobilen Webseite ist ganz einfach: Wählen Sie eine der neuen Galerie-Vorlagen außer den Classic-Galerien – ich habe in diesem Beispiel eine Track-Galerie ❶ gewählt.

Die Steuerungsmöglichkeiten für die Webseiten haben Sie in der Übersicht schon kennengelernt. Die Einstellungen wie SITE-INFORMATIONEN sind für diese Galerien recht übersichtlich.

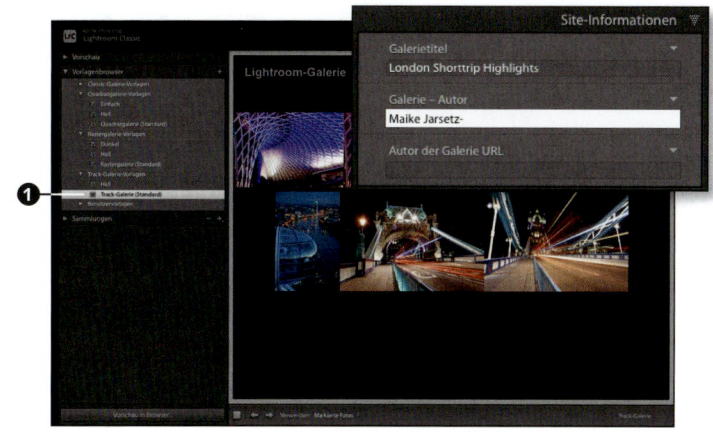

2 Bildgrößen steuern

Die Bildgrößen, die Sie über das ERSCHEINUNGSBILD steuern, müssen bei mobilen Geräten flexibel gesteuert werden können, denn sie müssen ja später auf die unterschiedlichen Displaygrößen angepasst werden.

Bei einer Track-Galerie geben Sie lediglich eine ZEILENHÖHE ❷ für die Miniaturbilder an und bestimmen den vertikalen ZEILENABSTAND. Mit diesen Fixwerten brechen die Bilder in verschiedenen Displaygrößen unterschiedlich um, um die Galerie optimal abzubilden.

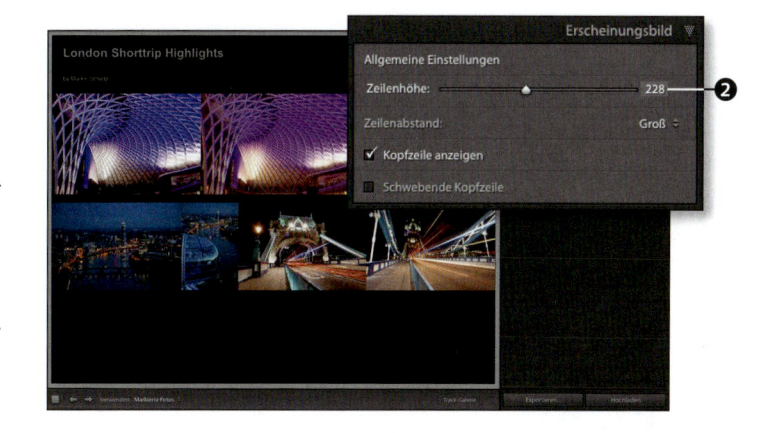

3 Schwebende Titelleiste

Gerade auf Smartphones kommen Sie um das Scrollen von Bildgalerien nicht herum. Damit die Kopfleiste immer sichtbar bleibt, können Sie sie als schwebend definieren; dazu müssen Sie nur eine entsprechende Option ❸ aktivieren.

Die Daten für die mobile Webseite müssen Sie nur einmal hochladen. Die unterschiedlichen Geräte werden erkannt und die Layouteinstellungen Ihrer Galerie dann entsprechend für das Smartphone, Tablet oder die Webseite angepasst.

Bilder auf Adobe Stock publizieren

Wie Sie Ihre Bilder über Lightroom Classic verkaufen

Die Veröffentlichungsdienste umfassen auch die Möglichkeit, Bilder direkt auf Adobes Bilderplattform Adobe Stock anzubieten. Voraussetzung ist eine Anmeldung als Contributor mit der gleichen Adobe-ID. Die wichtigsten Schritte zur Veröffentlichung Ihrer Bilder sehen Sie hier.

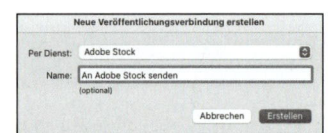

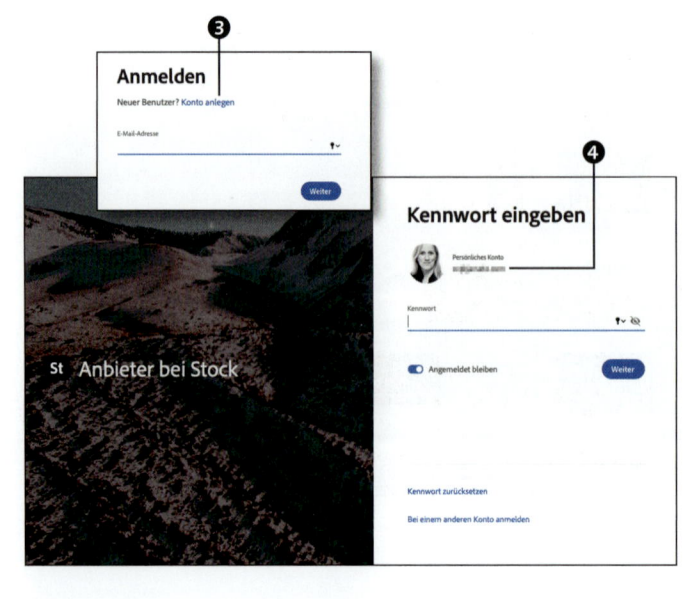

1 Adobe-Stock-Dienst einrichten

Bereiten Sie Bilder, die Sie publizieren wollen, gut vor. Damit Ihre Fotos auf Adobe Stock gefunden werden, sollten sie beispielsweise gut verschlagwortet werden. Das können Sie schon in der Bibliothek erledigen.

Klicken Sie dann in den Veröffentlichungsdiensten auf den Schriftzug EINRICHTEN ❶. Damit öffnen Sie den Veröffentlichungsmanager, in dem Sie für Adobe Stock einen Dienst HINZUFÜGEN ❷ können. Klicken Sie dazu einfach auf die entsprechende Schaltfläche, und benennen Sie den Dienst.

2 Contributor einrichten/anmelden

Um Bilder auf Adobe Stock anzubieten, müssen Sie erst ein Contributor-Konto einrichten. Folgen Sie dafür dem ersten blauen Link ❸ in dem Fenster.

Sofern Sie noch kein Contributor-Konto eingerichtet haben, melden Sie sich mit Ihrer Adobe-ID an ❹ und richten eines ein. Dazu gehört etwas mehr: Wenn Sie Bilder verkaufen wollen, müssen die Adressdaten vollständig sein, eine Passkopie zur Identifizierung eingereicht sein und die E-Mail-Einstellungen sowie Steuerinformationen ausgefüllt werden.

3 Veröffentlichungsdienst nutzen

Klicken Sie im Veröffentlichungsmanager auf SPEICHERN, um eine Sammlung für Ihre Adobe-Stock-Bilder anzulegen.

Diese öffnen Sie, indem Sie auf das kleine Dreieck ❺ im Bedienfeld klicken. Entweder fügen Sie jetzt beliebige Bilder per Drag & Drop der Sammlung hinzu, oder Sie legen sie per Rechtsklick als Zielsammlung fest ❻. Dann reicht es, wenn Sie die gewünschten Bilder mit der Taste B der Sammlung hinzufügen. In der Sammlung veröffentlichen Sie Ihre Bilder dann per Klick auf die Schaltfläche ❼.

4 Bildinformationen ergänzen

Nach dem Hochladen können Sie direkt zu Adobe Stock wechseln ⓬ – dort werden Ihre Bilder angezeigt, und auch bestehende Stichwörter und Metadaten sind bereits eingetragen ❽. Natürlich können Sie auch hier den Titel eintragen ❾ und Stichwörter erweitern.

Sie können auch AUTOMATISCH STICHWÖRTER AKTUALISIEREN ⓫: Auf Adobe Stock kommt die Adobe-Sensei-Technologie zum Einsatz, die Bildinhalte automatisch erkennt und Ihnen diese als Stichwörter vorschlägt ❿.

5 Dateien einreichen

Vor der wirklichen Veröffentlichung müssen die Bilder noch von Adobe-Mitarbeitenden auf die abgebildeten Inhalte hin geprüft werden. Dieses starten Sie, wenn Sie auf die Schaltfläche DATEIEN EINREICHEN ⓮ klicken.

Im folgenden Fenster können Sie gegebenenfalls noch Bilder aus der Auswahl entfernen ⓭ und die Auswahl dann SENDEN ⓯.

Sobald die Bilder auf Adobe Stock angeboten werden, erhalten Sie eine E-Mail – ebenso, wenn Bilder verkauft wurden.

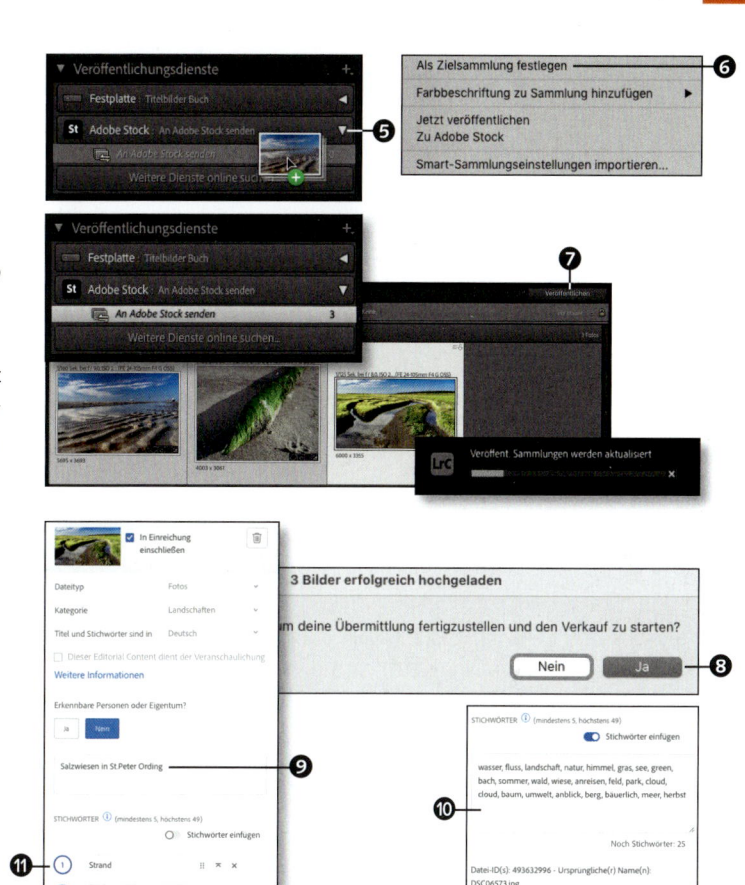

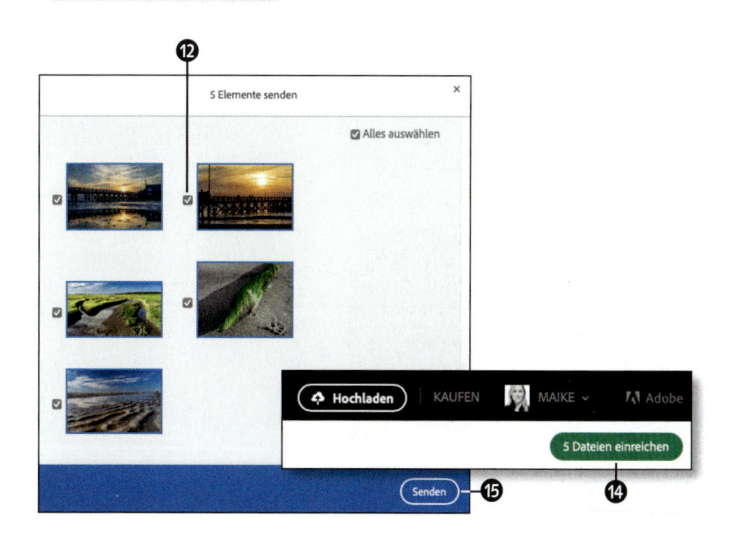

Kapitel 14 | Fotos online präsentieren   469

Eine Sammlung als Webgalerie

Synchronisierte Sammlungen teilen

Um Bilder zu teilen, müssen Sie sie nicht unbedingt aller Welt präsentieren oder in sozialen Netzwerken posten. Eine in Lightroom synchronisierte Sammlung können Sie auch in der Web-Applikation als Album freigeben und den Link dafür anderen zur Verfügung stellen.

1 Von Lightroom Classic ins Web
Eine mit der Lightroom-App synchronisierte Sammlung können Sie auch aus Lightroom Classic per Link für andere freigeben. Wählen Sie einfach per Rechtsklick den Befehl SAMMLUNG ÖFFENTLICH MACHEN ❶.
Ebenfalls über die rechte Maustaste können Sie sich dann den Link IM INTERNET ANZEIGEN lassen ❷ und so auf die Lightroom-Website wechseln. Die Web-Applikation von Lightroom ist in der Oberfläche den mobilen Apps oder der Desktop-App sehr ähnlich.

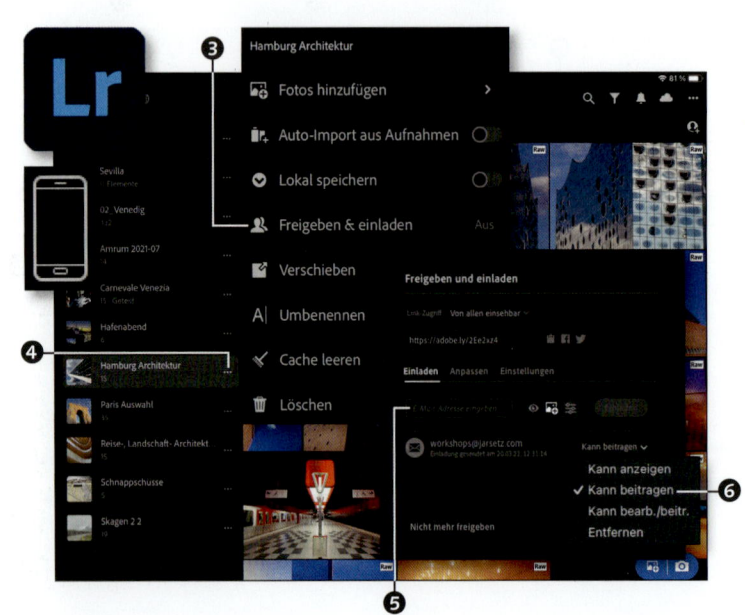

2 Mobile Alben teilen
Sie können mobile Alben per Link freigeben und so anderen verfügbar machen. In den Lightroom-Apps öffnen Sie die Optionen der Alben ❹ über die drei kleinen Punkte. Über FREIGEBEN & EINLADEN ❸ erstellen Sie entweder einen öffentlichen Link, der über eine URL sichtbar ist, oder Sie laden gezielt Mitglieder per E-Mail ein.
Dazu müssen Sie nur die Empfängeradressen eingeben ❺ und deren Berechtigungen festlegen ❻.

3 Die Präsentation im Web

Der Link wird versendet, und der oder die Eingeladenen können ihn direkt aus der E-Mail im Browser öffnen ❽. Dazu ist eine Anmeldung mit einer Adobe-ID erforderlich.

Die Sammlung öffnet sich in der Lightroom-Web-Applikation, in der schon eine einfache Diashow gestartet werden kann ❾. In der linken Navigationsleiste ❼ können Sie zwischen allen Alben auswählen, zu denen Sie eingeladen wurden, oder direkt auf die eigenen Lightroom-Bilder wechseln.

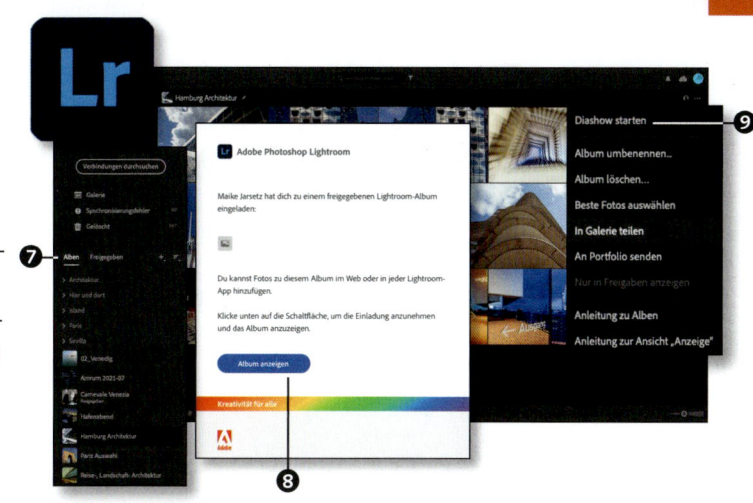

4 In Galerie aufnehmen

Die Galerie ist ein eigener Bereich in der Lightroom-Web-Applikation. Über die Optionen, die Sie in der rechten Ecke des Browserfensters über die drei Punkte öffnen, wählen Sie den Befehl IN GALERIE TEILEN ⓮.

In der Galerieübersicht ⓫ können Sie ebenfalls noch Alben hinzufügen ⓬ oder auch aus der Galerie entfernen ⓭. Sie legen hier außerdem die Details für die Fotoeinstellungen fest und bestimmen so die Darstellung der Fotogalerien ❿.

5 Mit anderen teilen

Sie können mehrere Alben in die Galerie aufnehmen und dort auch weitere Optionen festlegen. Vor allem aber bietet die Galerie deutlich mehr Interaktion mit den eingeladenen Personen. Die Betrachter der Galerien können die Bilder hier als Einzelbild im Detail betrachten, Metadaten des Bildes einsehen ⓱, Favoriten kennzeichnen, die Bilder bewerten und Kommentare abgeben ⓰ – und mit der entsprechenden Berechtigung auch bearbeiten ⓯. All diese zusätzlichen Informationen sind dann auch in Ihren Lightroom-Apps ersichtlich.

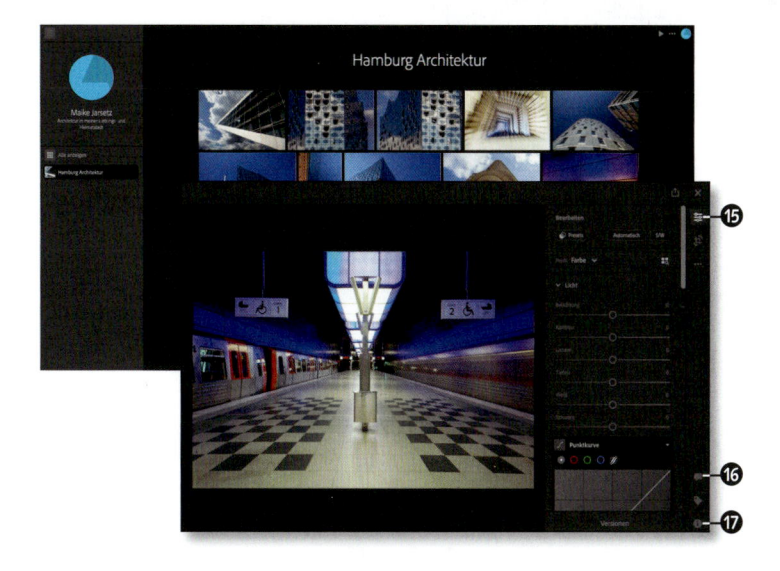

Kapitel 14 | Fotos online präsentieren   471

Schnell zum Web-Portfolio

Adobe Portfolio bietet Bildpräsentationen auf einen Klick

Eine Webgalerie können Sie schnell zur Website machen. Dabei hilft Adobe Portfolio, eine Plattform, mit der Sie mit einigen Mausklicks Ihr eigenes Online-Portfolio präsentieren können. Nach der Freigabe bleiben Ihnen noch weitere Gestaltungsmöglichkeiten.

1 An Portfolio senden

Als Alternative zu einfachen Web-Sammlungen können Sie Ihre Sammlung direkt an Adobe Portfolio übergeben. Wählen Sie den entsprechenden Befehl An Portfolio senden ❷ über die Optionen per Klick auf die bekannten drei Punkte rechts oben im Browserfenster ❶.

Die Verbindung mit Adobe Portfolio findet automatisch statt. Auch hier arbeiten Sie in einer Web-Applikation weiter.

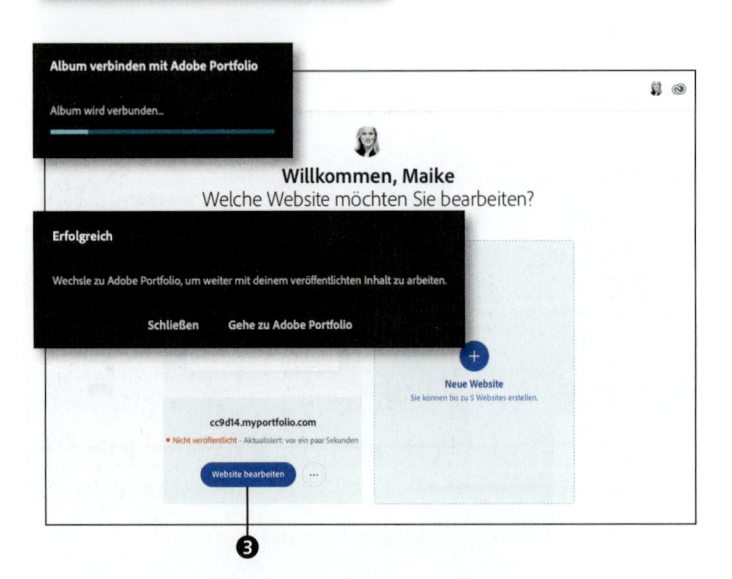

2 In Portfolio arbeiten

In Adobe Portfolio können Sie mehrere Websites erstellen und bearbeiten.
Wir wollen hier nicht mit einer neuen Website starten, sondern aus unserer Sammlung direkt eine Website generieren.

Klicken Sie auf die Schaltfläche Website bearbeiten ❸, um die eben übertragenen Bilder in einem Online-Portfolio zu gestalten.

472 Kapitel 14 | Fotos online präsentieren

3 Website planen

Sie bekommen sofort eine fertige Website angezeigt. Klicken Sie links auf die Icons, um die Website zu bearbeiten. Über das Symbol SEITEN ❶ erhalten Sie einen Überblick über Ihre bisherige Seitenstruktur ❹ und können noch weitere Inhalte hinzufügen.

Im Bereich INTEGRATION ❷ können Sie weitere Inhalte von LIGHTROOM, BEHANCE oder ADOBE STOCK in das Portfolio importieren ❺.

Ein Klick auf das Zahnrad ❸ öffnet die detaillierten Einstellungen für die Website.

4 Portfolio gestalten

Für die Gestaltung und inhaltliche Bearbeitung der Site klicken Sie einfach auf die Elemente ❻. Jedes Bearbeitungssymbol öffnet spezielle Anpassungen.

Über die Seitenleiste haben Sie Zugriff auf alle Webseiten-Elemente und können darüber deren Aussehen ❽ steuern. Sie können auch die Grundgestaltung über unterschiedliche THEMEN ❼ wechseln.

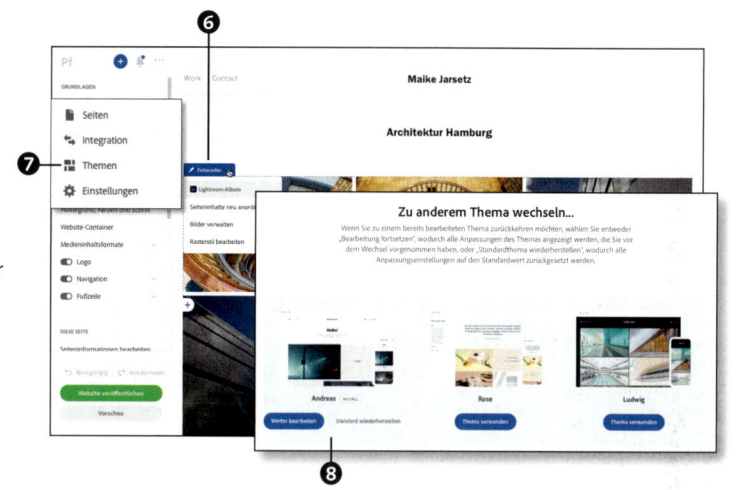

5 Vorschau und Veröffentlichung

Wenn Ihre Gestaltung stimmt, können Sie die Website entsprechend Ihren Einstellungen aus Schritt 4 veröffentlichen ❾.

Vorher können Sie die Website noch über eine Vorschau prüfen. Die mobilen Seiteninhalte passen sich automatisch dem Endgerät an, das Sie aus der unteren Leiste für die Vorschau wählen können ❿.

Auf einen Blick

Der Veröffentlichungsmanager
Die direkte Veröffentlichung auf Festplatte oder auf Adobe Stock

Im nächsten Kapitel sehen Sie, wie Sie den Veröffentlichungsmanager zum überwachten Export nutzen.

Der Veröffentlichungsmanager ermöglicht Ihnen, Ihren aktuellen Arbeitsstatus mit den Exportvorgängen zu verknüpfen. So können Sie über sogenannte *Veröffentlichungsdienste*, die wie Exportschleifen arbeiten, mit bekannten Konzepten wie Sammlungen und Smart-Sammlungen Bilder für die Veröffentlichung sammeln und dann gemeinsam exportieren.

Die Besonderheit des Prinzips der Veröffentlichung ist die Verknüpfung mit dem aktuellen Stand, auf dem die Bilder in Lightroom bearbeitet werden. Aktualisierte Bilder werden im Veröffentlichungsfenster gesammelt und können durch einen erneuten Klick mit den gleichen Exportvorgaben noch einmal ausgegeben werden.

Neben der Veröffentlichung auf der Festplatte steht Ihnen auch das Veröffentlichen und damit ein gleichzeitiges Anbieten Ihrer Bilder im Bildarchiv Adobe Stock zur Verfügung. Weitere Dienste für soziale Netzwerke und bekannte Portfolio-Plattformen können Sie über den Adobe Exchange Server online suchen und hinzufügen.

❶ **Festplattenexport:** Sie können Veröffentlichungsdienste auf der Festplatte mit unterschiedlichen Exportvorgaben einrichten. Lesen Sie dazu den Workshop »Veröffentlichungsdienste nutzen« im nächsten Kapitel.

❷ **Veröffentlichungsdienst:** Eine Verbindung beinhaltet alle Ihre Exportvorgaben. Ziehen Sie die Bilder hierher, die mit diesen Vorgaben veröffentlicht werden sollen.

❸ **Adobe Stock:** Sie haben die Möglichkeit, Ihre Bilder direkt über Lightroom im Bildarchiv Adobe Stock anzubieten.

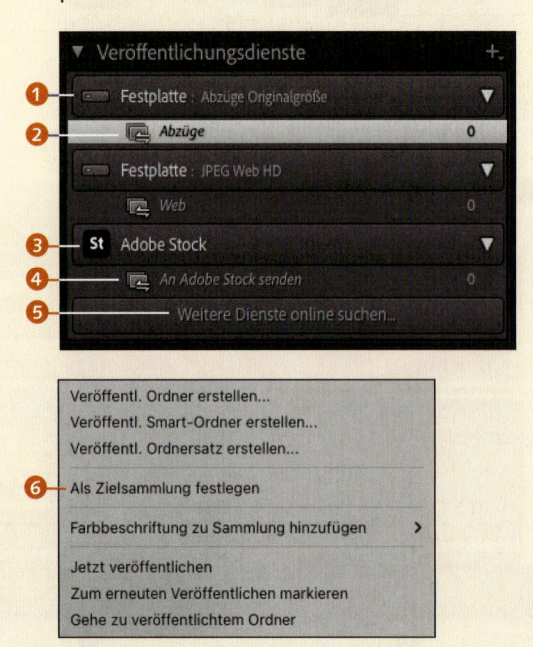

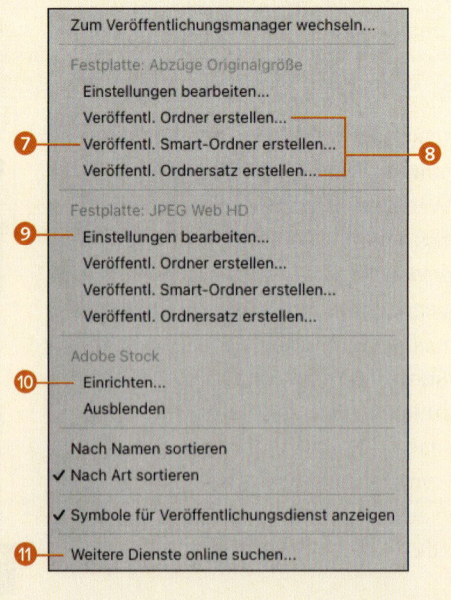

474   Kapitel 14 | Fotos online präsentieren

Auf einen Blick

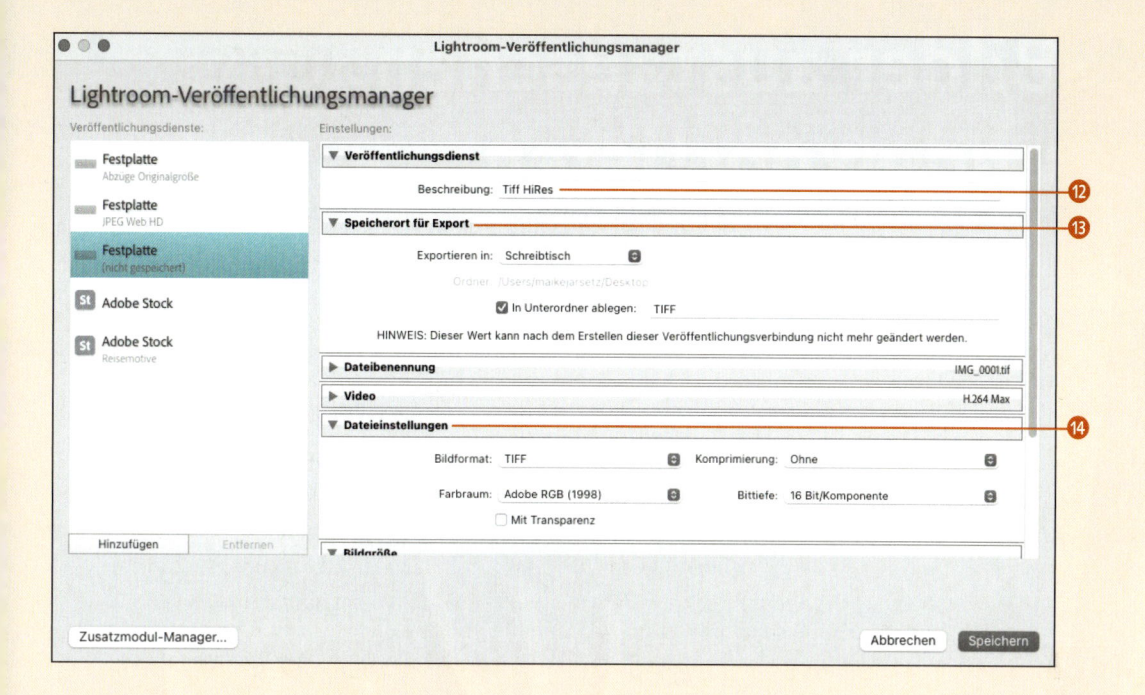

❹ Veröffentlichungsdienst einrichten: Für jeden Dienst können Sie mehrere Einstellungen speichern. Diese erscheinen als separate Sammlungen im Veröffentlichungsmanager.

❺ Weitere Dienste online suchen: Über die Seite *exchange.adobe.com* finden Sie viele PlugIns und weitere Veröffentlichungsdienste.

❻ Als Zielsammlung festlegen: Über die Taste B können Sie Bilder schnell für die Veröffentlichung sammeln.

❼ Veröffentlichungs-Smart-Ordner: In diesem Ordner werden die Bilder für die Veröffentlichung automatisch gesammelt.

❽ Veröffentl. Ordner/Veröffentl. Ordnersatz erstellen: Innerhalb eines Veröffentlichungsdienstes mit gleichen Vorgaben können die Bilder in unterschiedlichen Ordnern gesammelt und zusätzlich in Ordnersätzen organisiert werden.

❾ Einstellungen bearbeiten: Per Doppelklick auf den Dienstenamen oder über das Bedienfeldmenü können Sie alle Exportvorgaben bis auf den Speicherort ändern.

❿ Verbindung einrichten: Über Einrichten starten Sie den Veröffentlichungsmanager und können die Verbindung konfigurieren.

⓫ Veröffentlichungsdienst hinzufügen: Im Veröffentlichungsmanager können Sie Dienste einrichten und weitere hinzufügen.

⓬ Beschreibung: Hier definieren Sie den Namen der entstehenden Sammlung.

⓭ Speicherort für Export: Hier definieren Sie ein festes Exportziel, das später nicht mehr geändert werden kann.

⓮ Dateieinstellungen: Alle anderen Einstellungen, wie Dateiformat, -größe etc., entsprechen den bekannten Vorgaben aus dem Exportdialog.

Bilder austauschen und exportieren

Wenn Sie mit der Lightroom-Entwicklung perfekte Bilder entwickelt haben oder diese eventuell noch ein wenig Finetuning in Photoshop, aufwändige Retuschen oder Freistellungen erfordern, heißt es, die fertigen Bilder in Austauschformate wie JPEG oder TIFF zu exportieren oder die Bilder direkt an Photoshop zu übergeben. Dieses Kapitel zeigt Ihnen die Wege raus aus Lightroom – für Ausgabe, Weiterbearbeitung und Archivierung – und auch den Weg zurück.

EINFÜHRUNG: Exportieren oder austauschen?
Die Möglichkeiten der Weitergabe für entwickelte Bilder 478

AUF EINEN BLICK: Fotos richtig exportieren
Die Exporteinstellungen im Überblick 480

Vorbereitung für den Austausch
Die externe Bearbeitung mit Photoshop und Co. 484

Photoshop und Smart-Objekte
Wie Lightroom und Photoshop am besten zusammenarbeiten 488

Raw-Bilder austauschen
So bleiben Ihre Bilder auch außerhalb von Lightroom aktuell 492

Bildformate richtig vorbereiten
Ausgabeformate über virtuelle Kopien verwalten 494

Export-Presets anlegen
Einstellungen für wiederkehrende Aufgaben 498

Veröffentlichungsdienste nutzen
So bleiben Ihre Exporte immer auf dem aktuellen Stand 500

Fotos schnell versenden
Export von E-Mail-Versionen 504

DNG – das Archivierungsformat
Raw-Bilder mit Entwicklungseinstellungen archivieren 506

Als Katalog exportieren
Bildauswahl zusammen mit der Lightroom-Arbeit speichern 508

GRUNDLAGENEXKURS: Fotos und Metadaten
Die Rolle der XMP-Daten beim Austausch entwickelter Bilder 510

Foto: Maike Jarsetz

Einführung

Exportieren oder austauschen?

Die Möglichkeiten der Weitergabe für entwickelte Bilder

Beeilen Sie sich nicht mit dem Export. Dieser ist erst dann gefragt, wenn alle Möglichkeiten von Lightroom ausgeschöpft sind. Nutzen Sie die Phase innerhalb von Lightroom, in der Sie die volle Qualität der Raw-Daten bearbeiten. Sobald die Bilder exportiert werden, verlassen Sie das Raw-Format: Es wird eine Kopie im RGB-Farbraum und einem Standard-Dateiformat erstellt, und die Verbindung zur Original-Raw-Datei ist gekappt.

Wenn Sie zwischendurch mal eine Bearbeitung in Photoshop benötigen oder Bilder gepostet werden sollen, können Sie den Export getrost umgehen, denn es gibt so viele Möglichkeiten, aus Lightroom heraus zu interagieren. Die meisten lernen Sie in diesem Kapitel kennen, genauso wie natürlich alle wichtigen Exporteinstellungen, die Ihnen ein optimales Exportergebnis ermöglichen.

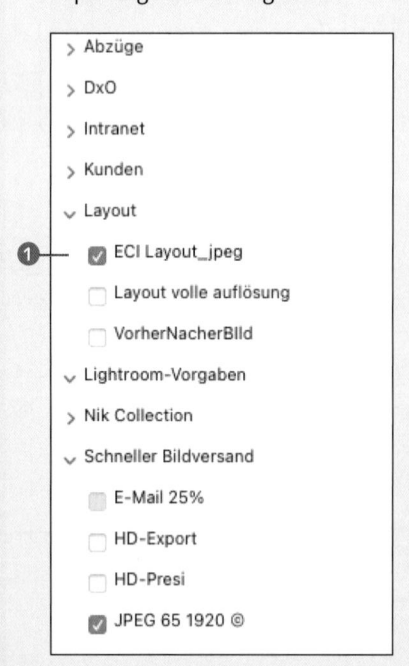

Exportieren Sie Ihre Bildergebnisse.

Das EXPORTIEREN-Fenster ist recht umfangreich, aber dabei recht übersichtlich. Denn es gibt so viele Optionen, Ihre entwickelten Bilddaten auszugeben, da gehören Bildgröße und Dateiformat nur zu den wesentlichen. Am besten ist, Sie speichern sich für Ihre bevorzugten Ausgabeformen Exportvorgaben ❶, denn diese können Sie zukünftig auch direkt – ohne den Umweg über das Exportfenster – anwählen. Den Shortcut dafür finden Sie auf der gegenüberliegenden Seite.

Exportierte Bilder können Sie auch gleich wieder dem Katalog hinzufügen ❷. Was auf den ersten Blick etwas widersinnig erscheint, macht manchmal durchaus Sinn. Zum Beispiel, wenn Sie Bilder mit kleinen Abmessungen exportieren und diese gegebenenfalls noch etwas nachschärfen wollen. Und wenn Sie eine ganze Reihe von Einzelaufnahmen zum Panorama rechnen wollen, kann es Zeit sparen, von den Bildern durch Exportieren kleinere Kopien zu erstellen, diese gleichzeitig in den Lightroom-Katalog zu importieren und dann über den Befehl ZUSAMMENFÜGEN VON FOTOS zum Panorama zu rechnen.

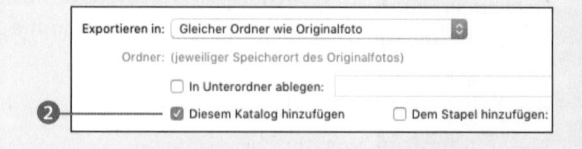

Mit Photoshop interagieren

Die Entwicklungsmöglichkeiten von Lightroom erweitern sich ständig, nach eigenen HDR- und Panoramafunktionen sind inzwischen auch die lokalen Korrekturen über farb- oder helligkeitsgesteuerte Bereichsmasken so exakt zu dosieren, dass es immer weniger Gründe gibt, für eine Korrektur zu Photoshop zu wechseln. Irgendwann aber werden Sie mit der Entwicklungsarbeit an den Punkt kommen, an dem die Möglichkeiten von Lightroom ausgeschöpft sind. Das sind meistens Situationen, in denen es nicht mehr um die Optimierung des Bildes geht, sondern wirklich um manipulative Eingriffe wie Filtereffekte, umfangreiche Retuschen oder Montagen.

Damit Sie dabei die Verknüpfung zur Lightroom-Bildorganisation auf jeden Fall aufrechterhalten, umgehen Sie hier den Exportieren-Pfad und nutzen den direkten Austausch mit Photoshop ❸. Dieser hat den Vorteil, dass die Verknüpfung zum resultierenden Bildergebnis automatisch hergestellt wird. Das gilt nicht nur für Photoshop, sondern auch für andere Programme, die Sie zur weiteren Bearbeitung nutzen wollen. Denn Photoshop ist nicht der einzige externe Editor, den Sie in Lightroom Classic einrichten können. Wenn Sie öfter Filter aus der DxO NIK Collection für den letzten Schliff an Ihren Bildern nutzen, können Sie die Übergabe schon einrichten ❹. Denn bei allem ist wichtig, dass Sie die richtigen Vorbereitungen treffen. Diese treffen Sie in den Voreinstellungen für die externe Bearbeitung. Worauf es dabei ankommt, zeigt Ihnen der Workshop auf Seite 484.

Einen besonderen Stellenwert nimmt die Möglichkeit ein, Bilder als sogenannte Smart-Objekte an Photoshop zu übergeben ❺. Denn hierin können die ursprünglichen Raw-Entwicklungseinstellungen integriert werden – mit dem unschätzbaren Vorteil, dass auch nach einer Bearbeitung in Photoshop die Möglichkeit besteht, die Einstellungen noch im Raw-Konverter von Photoshop zu überarbeiten. Das Smart-Objekt erzwingt außerdem in Photoshop die weitere nicht-destruktive Bearbeitung mit Ebenen, Masken und Smartfiltern. Eine so gespeicherte Photoshop-Datei kann auch nach der Integration und Weiterbearbeitung im Lightroom-Katalog jederzeit wieder als Original – und damit in jedem Detail, auch den ursprünglichen Raw-Einstellungen – bearbeitet werden ❻.

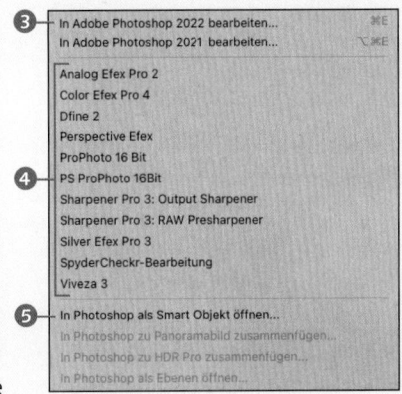

Wichtige Tastaturkürzel für den Workflow	
In Photoshop bearbeiten	Strg / cmd + E
Im 2. externen Editor bearbeiten	Strg / cmd + Alt + E
Im Explorer/Finder anzeigen	Strg / cmd + R
Einstellungen in Datei speichern	Strg / cmd + S
Exportieren	Strg / cmd + ⇧ + E
Wie vorher exportieren	Strg / cmd + ⇧ + Alt + E
Foto per E-Mail senden (nur Mac)	Strg / cmd + ⇧ + M

Fotos richtig exportieren

Die Exporteinstellungen im Überblick

❶ **Exportziel:** Über das obere Popup-Menü geben Sie an, ob die exportierten Bilder auf die Festplatte gespeichert, noch auf CD/DVD gebrannt, per E-Mail versandt oder an andere Programme übergeben werden sollen.

❷ **Ordner wählen:** In diesem Popup-Menü wählen Sie den Speicherort für Ihre exportierten Bilder. Sie können wählen zwischen: SPEZIELLER ORDNER, den Sie dann über die Schaltfläche WÄHLEN zuweisen, und GLEICHER ORDNER WIE ORIGINALFOTO. Mit der Option ORDNER SPÄTER WÄHLEN können Sie den Ordner erst beim Export individuell bestimmen.

❸ **Katalog und Stapel:** Exportierte Bilder können Sie über die entsprechende Option gleich wieder DIESEM KATALOG HINZUFÜGEN. Über die Option IN UNTERORDNER ABLEGEN wird automatisch ein neuer, individuell benannter Ordner im Zielordner angelegt. Die Option DEM STAPEL HINZUFÜGEN ist nur verfügbar, wenn das Bild im gleichen Ordner wie das Original und nicht in einem Unterordner gespeichert ist.

❹ **Bestehende Dateien:** Geben Sie in diesem Menü an, ob bereits vorhandene Dateien überschrieben, umbenannt oder übersprungen werden sollen.

Tipp: Nutzen Sie für häufige Korrekturen an bereits exportierten Dateien den Veröffentlichungsmanager. Einen Workshop dazu finden Sie auf Seite 474.

❺ **Kurzinfos:** In der oberen Zeile wird jeweils eine Zusammenfassung der vorgenommenen Einstellungen eingeblendet.

❻ **Export-Presets:** In der linken PRESET-Spalte können Sie eigene Exportvorgaben sammeln. Stellen Sie dafür erst alle Parameter im Hauptfenster ein, bevor Sie dann auf HINZUFÜGEN klicken, um diese unter einem eigenen Namen als Preset zu speichern. Die

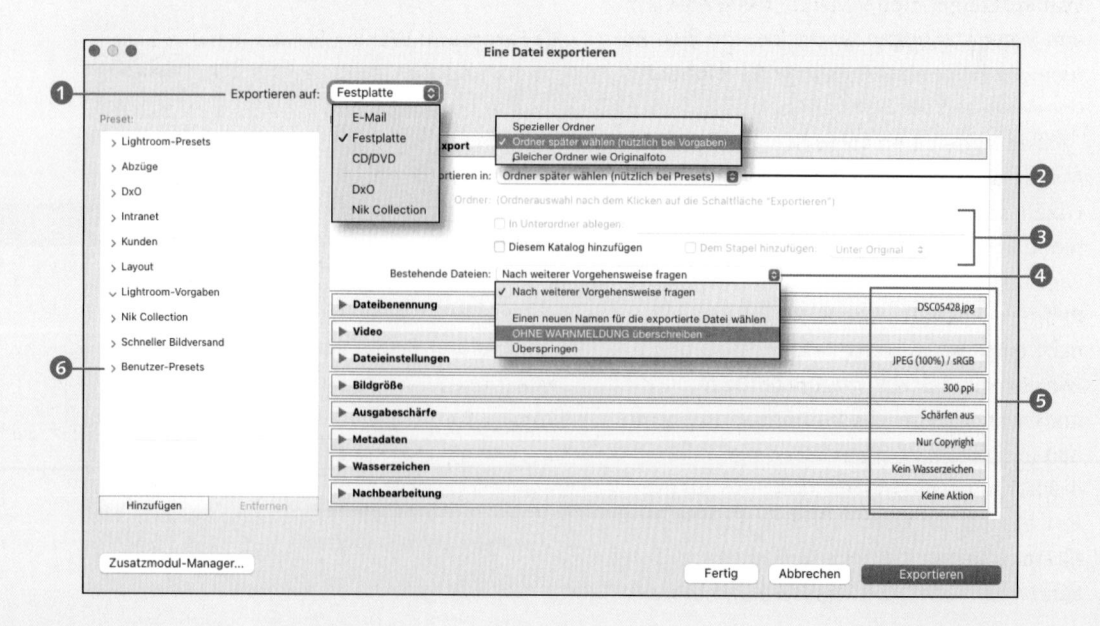

Auf einen Blick

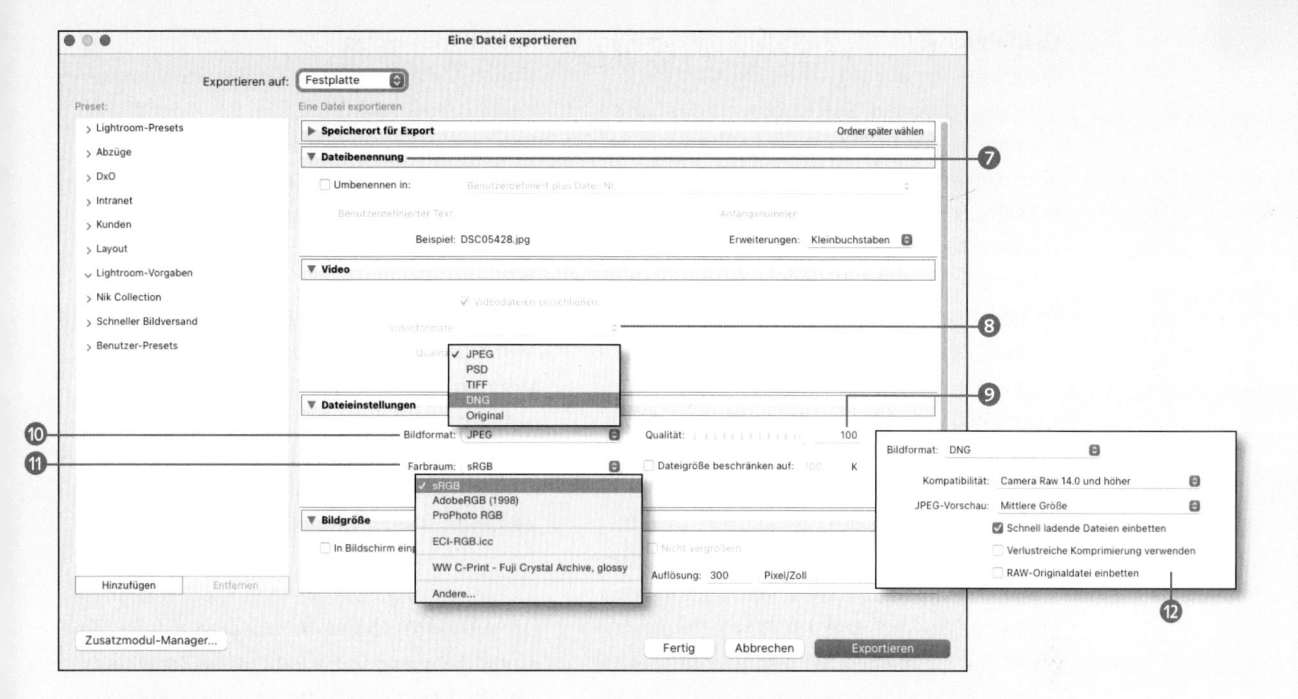

eigenen Presets werden im Ordner Benutzer-Presets gespeichert. Sie können bei der Benennung einen neuen Ordner anlegen.

7 Dateibenennung: Mit der Checkbox Umbenennen in können Sie einen neuen Namen für die zu exportierenden Dateien vergeben. Wählen Sie im Popup-Menü Bearbeiten, um eine eigene Vorgabe zu erstellen, die den Benennungsmustern in Lightroom entspricht.

8 Videodateien einschließen: Für den Export stehen Ihnen als Formatoptionen DPX, H.264 oder das Originalformat mit unterschiedlichen Qualitätsoptionen zur Verfügung.

9 JPEG-Qualität: Alternativ zur Angabe der Komprimierung über die JPEG-Qualität können Sie auch eine maximale Dateigrösse auswählen; die Komprimierung wird dann automatisch bestimmt und in höchstmöglicher Qualität verwendet.

10 Dateiformat: Wählen Sie aus dem Popup-Menü Bildformat das Dateiformat für die zu exportierenden Dateien. Neben den drei Standardbildformaten stehen Ihnen das DNG-Format für die Ausgabe von Raw-Daten und die Option Original zur Verfügung. Importierte TIFF- und PSD-Dateien mit Ebenen behalten beim Export als Original auch die Transparenz.

11 Farbraum: Wählen Sie aus den drei Standardfarbräumen sRGB, Adobe RGB (1998) und ProPhoto RGB für Ihren Export. Einen eigenen Farbraum, wie ECI-RGB oder Profile für Fotopapiere, wählen Sie über Andere aus.

12 DNG-Optionen: Hier stellen Sie die Kompatibilität mit älteren Camera-Raw-Versionen ein. Ab einer Kompatibilität mit Camera Raw 6.6 können Sie eine Verlustfreie Komprimierung anwenden. Mit dieser Option können Sie auch die Bildgröße von DNG-Daten verringern. Zusätzlich können Sie Schnell ladende Dateien einbetten, um die Anzeige in anderen Programmen zu beschleunigen.

Kapitel 15 | Bilder austauschen und exportieren **481**

Auf einen Blick

❶ Bildgröße: Die BILDGRÖSSE bereitet vielen die größte Verwirrung – hier ein Überblick über die Optionen. Die ersten vier Optionen können Sie alle in Pixelanzahl, Zentimetern oder Zoll angeben.

- BREITE & HÖHE geben die Bildmaße in einem festen Seitenverhältnis vor. Die exportierten Bilder werden in die vertikal und horizontal vorgegebenen Werte eingepasst. Diese Vorgabe eignet sich zum Beispiel für Bildschirmpräsentationen.
- ABMESSUNGEN sind unabhängig von der Ausrichtung des Bildes. Hoch- und Querformate werden also in gleicher Größe ausgegeben.
- LANGE oder KURZE KANTE legt die Priorität auf die entsprechende Bildkante, die exakt eingepasst wird. Die andere Kante passt sich an. So können Sie Bilder unterschiedlicher Proportionen auf die gleiche Breite oder Höhe bringen.
- MEGAPIXEL gibt die maximale Dateigröße an.
- PROZENTSATZ skaliert in Prozentangaben.

Eine zusätzliche Angabe der Auflösung ist entscheidend, wenn Sie die Abmessungen in Zentimetern oder Zoll angegeben haben. Geben Sie für eine gute Druckqualität mindestens 300 PIXEL/ZOLL ein. Bei einer Größenangabe in Pixeln oder Megapixeln ist die Auflösung nur relativ – die Bildqualität wird dadurch nicht beeinflusst.

❷ Ausgabeschärfe: Mit einer nachträglichen Schärfung wird der Schärfeverlust durch eine Verringerung der Bildgröße oder durch die Wiedergabe auf Papier ausgeglichen. Sie ersetzt aber nicht die Scharfzeichnung über das ENTWICKELN-Modul. Die Nachschärfung kann noch generell in ihrer Stärke oder auch speziell für ein Ausgabemedium variiert werden.

❸ Metadaten: Hier können Sie den Umfang der weitergegebenen Metadaten auf die Einstellungen NUR COPYRIGHT, NUR COPYRIGHT UND KONTAKTINFORMATIONEN, ALLE AUSSER CAMERA RAW-INFORMATIONEN oder ALLE AUSSER KAMERA- UND CAMERA RAW-INFORMATIONEN reduzieren. Auch bei der Weitergabe ALLER METADATEN können Sie individuell die GPS-Angaben über die POSITIONSINFORMATIONEN ENTFERNEN und in den Stichwörtern PERSONEN-INFOS ENTFERNEN.

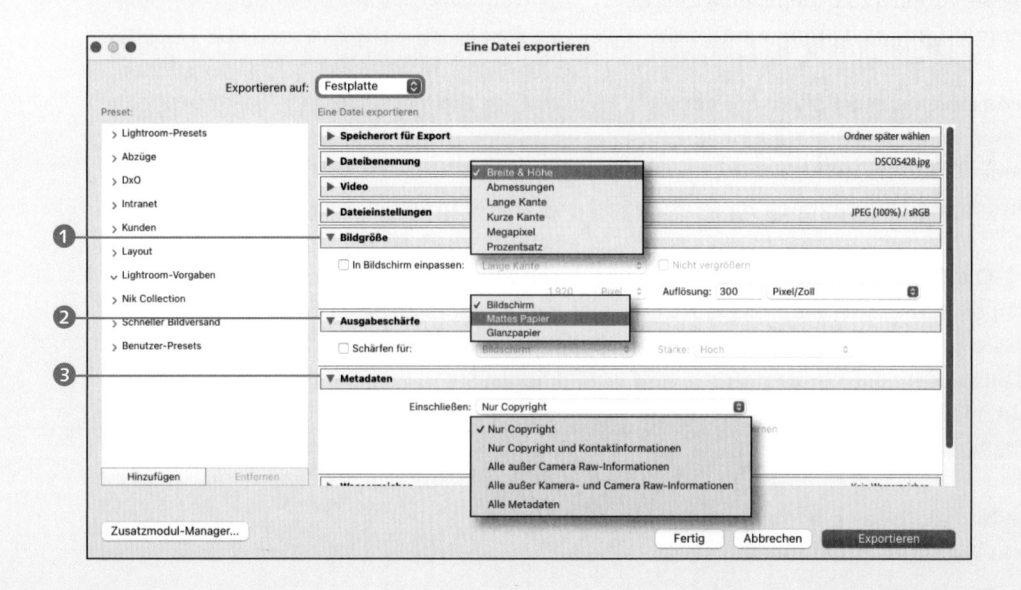

Auf einen Blick

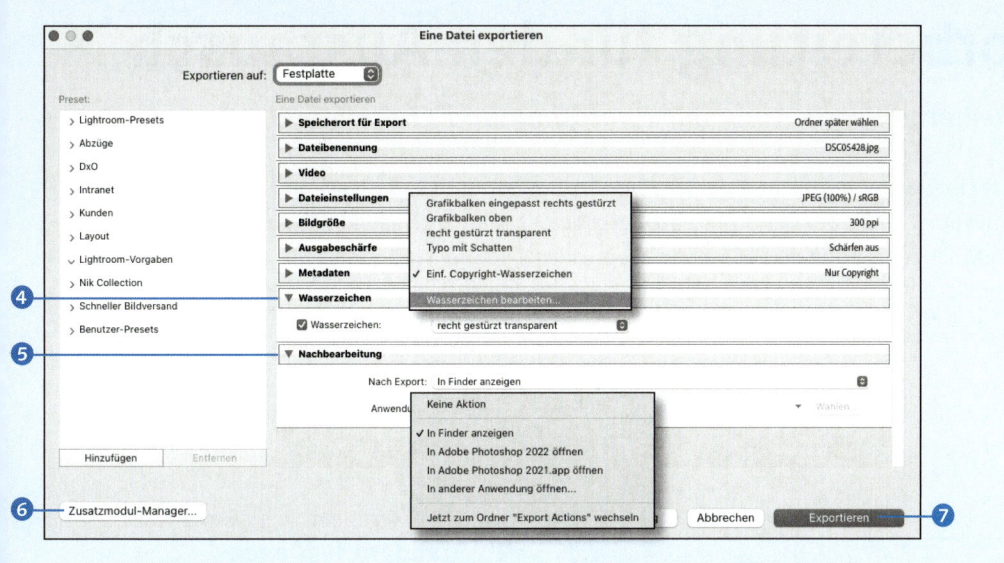

4 Wasserzeichen: Neben dem EINFACHEN COPYRIGHT-WASSERZEICHEN, das links unten in der Ecke in vorgegebener Größe eingeblendet wird, haben Sie noch die Möglichkeit, sich eigene Wasserzeichen-Vorgaben zu erstellen und diese aus dem Popup-Menü auszuwählen.

5 Nachbearbeitung: Ein Bildexport kann auch in einer weiteren Aktion münden, etwa dem Öffnen im Finder/Explorer oder einem Photoshop-Plug-in. Mit IN ANDERER ANWENDUNG ÖFFNEN können Sie ein beliebiges Programm zur Weiterbearbeitung WÄHLEN.

6 Zusatzmodul-Manager: Hier können Sie die Zusatzmodule, wie Import-Plug-ins, aktivieren oder deaktivieren und neue Zusatzmodule für Webgalerien, Exportaktionen oder auch Entwicklungseinstellungen über die Adobe-Add-ons-Webseite 8 laden.

7 Export: Durch Klick auf die EXPORTIEREN-Schaltfläche wird der Export mit Ihren Vorgaben durchgeführt.

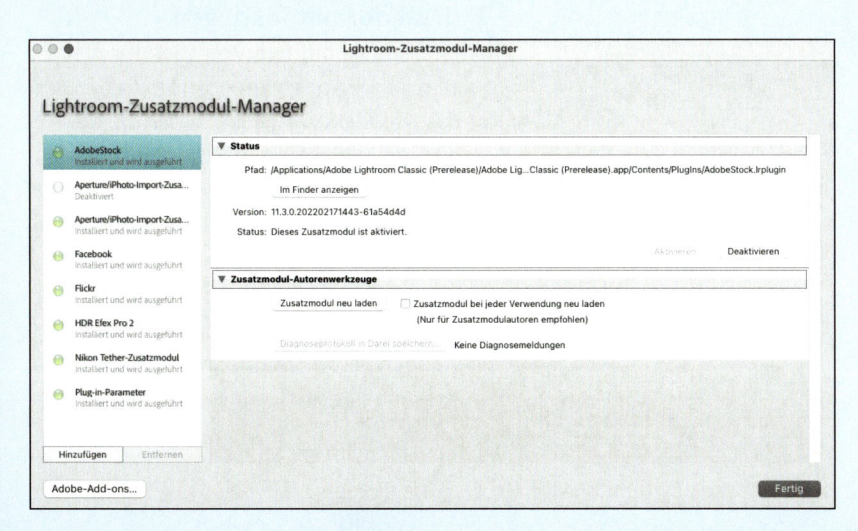

Kapitel 15 | Bilder austauschen und exportieren **483**

Vorbereitung für den Austausch

Die externe Bearbeitung mit Photoshop und Co.

Die Übergabe an Photoshop oder andere externe Editoren kann eleganter erfolgen als über einen Export. Denn bei der direkten Übergabe aus dem Entwickeln-Modul werden die Bilder automatisch in den Katalog aufgenommen. Wichtig dabei sind allerdings die Voreinstellungen für den Farbraum und andere Parameter.

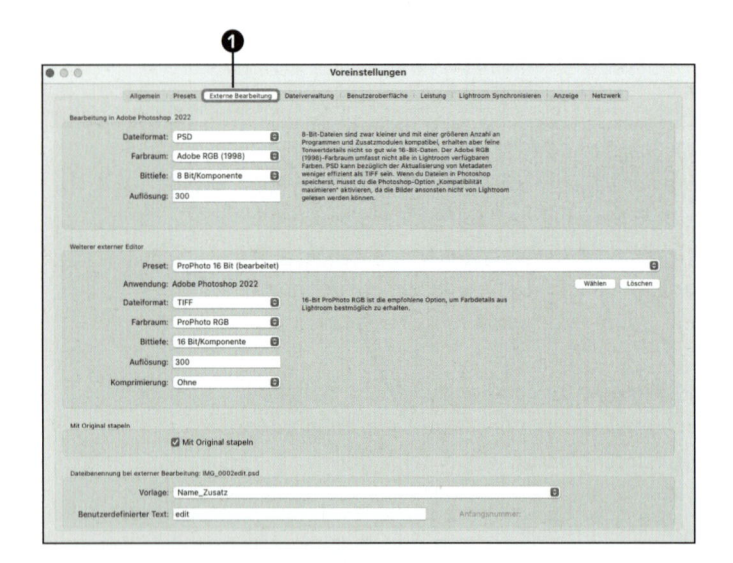

1 Standard festlegen

Öffnen Sie die Lightroom-Voreinstellungen. Diese erreichen Sie über das Menü Lightroom (Mac) beziehungsweise Bearbeiten (Windows).

Klicken Sie dort auf den Reiter Externe Bearbeitung ❶. Hier steuern Sie sowohl die Standardvorgaben für die weitere Bearbeitung in Photoshop als auch die Optionen für weitere Ausgabeziele.

2 Dateiformat festlegen

Starten Sie mit den Vorgaben für die Bearbeitung in Adobe Photoshop. Geben Sie dort das Dateiformat ❷ an, in das die Raw-Daten bei der Übergabe in Photoshop umgewandelt werden sollen. Hier stehen Ihnen nur PSD und TIFF zur Verfügung; TIFF mit der Option zur LZW- und ZIP-Komprimierung.

Achtung: In Lightroom importierte JPEG-Dateien werden weiter als JPEG sowie im bestehenden Farbraum und mit der bestehenden Farbtiefe und Auflösung an Photoshop übergeben.

3 Farbraum wählen

Wählen Sie als Nächstes das Popup-Menü FARBRAUM ❸. Der kleinste Farbraum ist sRGB. Wählen Sie ADOBE RGB (1998), wenn Photoshop auch Adobe RGB als Arbeitsfarbraum nutzt – dann findet kein weiterer Farbraumwechsel statt. Wählen Sie den großen Arbeitsfarbraum PROPHOTO RGB, wenn Sie das Bild in Photoshop noch einmal in einen anderen Farbraum, wie zum Beispiel ECI-RGB, konvertieren wollen.

Lesen Sie auch den Grundlagenexkurs ab Seite 448.

4 Farbtiefe definieren

Mit Raw-Daten nutzen Sie eine größere Farbtiefe als bei JPEG-Daten. Entscheiden Sie an dieser Stelle, ob Sie die Bittiefe von 16 Bit auch in der Photoshop-Datei beibehalten wollen oder gleich auf eine reduzierte Bittiefe von 8 Bit wechseln ❹ – diese ist immer noch Standard für sämtliche Ausgabemöglichkeiten im Druck oder für die Bildschirmanzeige und damit für die allermeisten Zwecke ausreichend.

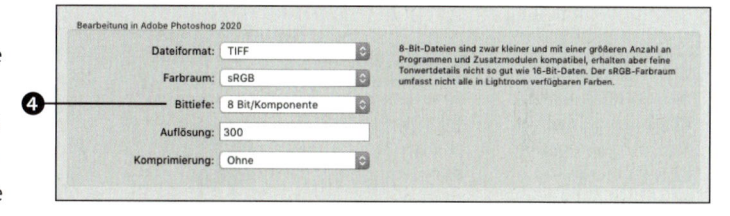

5 Relative Auflösung angeben

Als Letztes geben Sie die AUFLÖSUNG ❺ an. Diese bestimmt aber nicht die Bildqualität, denn die Bilder werden bei der direkten Übergabe immer in voller Pixelanzahl übergeben.

AUFLÖSUNG bezeichnet nur die relative Auflösung von dargestellten Pixeln pro Inch/Zoll. Mit einer voreingestellten AUFLÖSUNG von 300 DPI werden Ihnen in Photoshop gleich die richtigen Abmessungen für die Bildgröße in Druckqualität angezeigt.

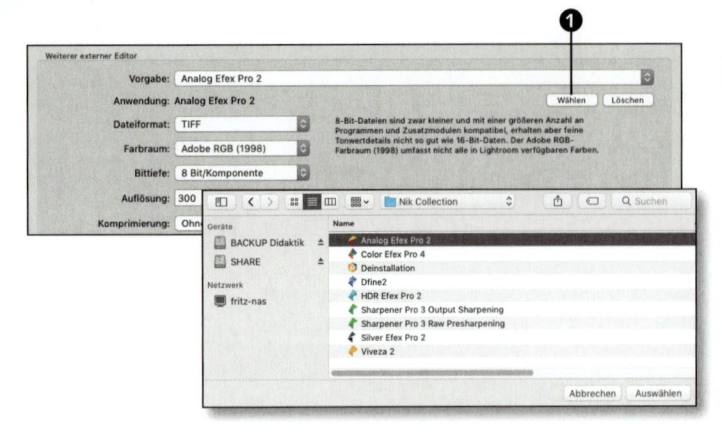

6 Weiteren Editor wählen

Benutzen Sie öfter ein anderes Programm für die Nachbearbeitung nach Lightroom?

In dem Fall legen Sie dieses im Bereich Weiterer externer Editor fest. Klicken Sie auf die Schaltfläche Wählen ❶, und bestimmen Sie das gewünschte Programm. Danach bestimmen Sie die Optionen, wie in den Schritten 2–5 beschrieben, und passen diese für die neue Ausgabe an.

7 Zweite Photoshop-Option

Sie können diesen Bereich auch nutzen, um eine zweite Vorgabe für den Photoshop-Export zu definieren. Ich benutze diese oft, um einen vordefinierten Weg für die Übergabe mit höherer Qualität zu haben.

Klicken Sie wieder auf Wählen, und wählen Sie diesmal Photoshop aus dem Programme-Ordner. Die Meldung, dass Photoshop bereits als Editor ausgewählt ist, bestätigen Sie dann mit Klick auf Trotzdem verwenden ❷.

Diesmal wähle ich ProPhoto RGB als RGB-Farbraum und eine Farbtiefe von 16 Bit.

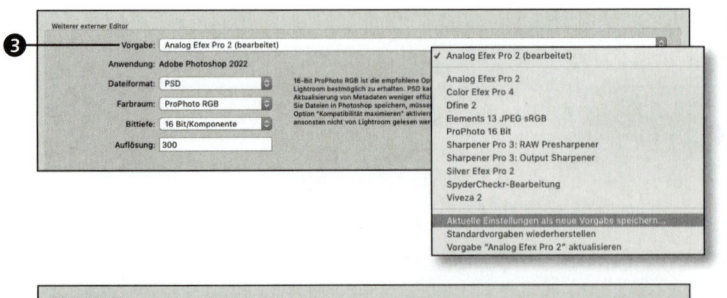

8 Vorgabe speichern

Falls Sie mehr als zwei Optionen für die externe Bearbeitung nutzen wollen, können Sie auch zwischen verschiedenen Vorgaben wechseln.

Diese müssen Sie allerdings vorher speichern. Öffnen Sie dafür das Popup-Menü Vorgabe ❸, und wählen Sie Aktuelle Einstellungen als neue Vorgabe speichern.

Nachdem Sie für die Vorgabe einen Namen vergeben und bestätigt haben, erscheint sie im Popup-Menü ❹.

9 Mit dem Original stapeln

Aktivieren Sie die Checkbox MIT ORIGINAL STAPELN ❺, damit die direkt an die verarbeitenden Programme übergebenen Bilder nicht nur im Originalordner gespeichert und automatisch in den Lightroom-Katalog importiert werden, sondern auch gleich mit dem Ausgangsbild gestapelt werden und so leicht aufzufinden sind.

10 Dateinamen vorgeben

Zum Schluss bereiten Sie den Dateinamen für die Übergabedatei vor.

Wählen Sie aus dem Popup-Menü VORLAGE ❻ die Option BEARBEITEN. Im folgenden Fenster können Sie dann durch Klick auf EINFÜGEN ❾ Textbausteine für die Benennung miteinander kombinieren. Die Textbausteine können Sie auch über die Popup-Menüs ❽ ändern. Außerdem können Sie natürlich auch eigenen Text für die Benennung ❼ eingeben.

Auch diese aktuelle Einstellung können Sie wieder als neue Vorgabe speichern ❿.

11 Schneller Export

Die gespeicherten Vorgaben finden Sie in Lightroom dann sowohl im BIBLIOTHEK- als auch im ENTWICKELN-Modul unter FOTO • BEARBEITEN IN.

Die beiden ersten in den Voreinstellungen fest eingestellten Optionen können Sie auch über Shortcuts auswählen: [Strg]/[cmd]+[E] führt Sie direkt zu Photoshop; [Strg]/[cmd]+[Alt]+[E] startet den zweiten Editor.

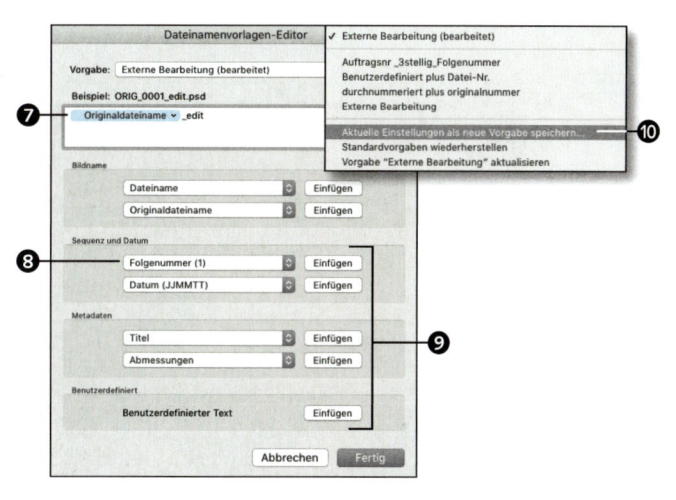

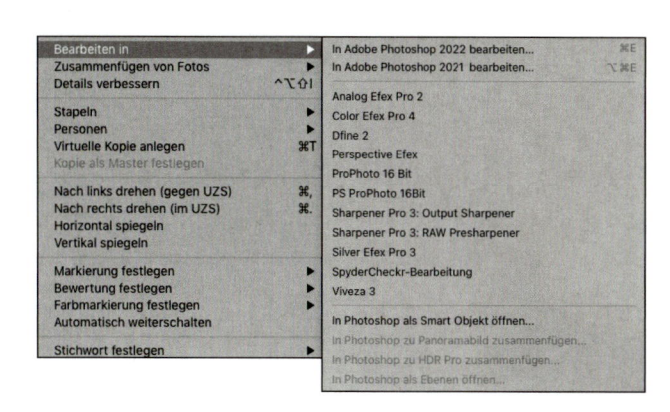

Kapitel 15 | Bilder austauschen und exportieren

Photoshop und Smart-Objekte

Wie Lightroom und Photoshop am besten zusammenarbeiten

Sie wollen einen Hintergrund eines Bildes austauschen? Höchste Zeit für Photoshop. Wenn Sie die Bilder als Smart-Objekt übergeben, lassen Sie sich trotzdem die Möglichkeit offen, später nochmal in die Entwicklung der Raw-Daten einzugreifen. Ein Beispiel sehen Sie hier.

Bearbeitungsschritte
- Smart-Objekt an Photoshop übergeben
- Vordergrund freistellen
- Hintergrund austauschen
- Farbtemperatur überarbeiten

Nachher

Vorher

Foto: Maike Jarsetz

Ausgangsbilder
- Vordergrund- und Hintergrundmotiv

[Datei: Montage-01, Montage-02]

1 Als Smart-Objekt öffnen

Wechseln Sie mit einer in Lightroom fertig entwickelten Raw-Datei zu Photoshop. Wählen Sie über das Menü Foto • Bearbeiten in den Menüpunkt In Photoshop als Smart-Objekt öffnen.

Ein Smart-Objekt kann die aktuellen Einstellungen der Raw-Datei in die entstehende Photoshop-Datei einbinden. So können Sie die Raw-Datei erhalten und später noch Änderungen an den Entwicklungseinstellungen vornehmen.

2 Smart-Objekt in Photoshop

In Photoshop öffnen Sie über das Menü Fenster das Ebenen-Bedienfeld. Darin sehen Sie dann eine Miniatur ❶, die anzeigt, dass die Bildebene als Smart-Objekt vorliegt.

Über diese Miniatur gelangen Sie später auch in den Raw-Konverter, um den Inhalt des Smart-Objekts – also die Raw-Datei mit den Entwicklungseinstellungen – zu bearbeiten.

3 Hintergrundbild auswählen

Wir wollen den Hintergrund dieses Bildes etwas lebendiger machen. Die Suche nach einem neuen Himmel führe ich über die Startseite von Photoshop ❷ innerhalb meiner Lightroom-Cloud-Fotos ❹ durch.
Mit der Adobe-Sensei-Technologie können die mit der Lightroom-App in der Cloud gespeicherten Bilddaten auf Bildinhalte hin durchsucht werden. Ohne eigene Verschlagwortung kann ich so meine Motive durchsuchen und Alle anzeigen ❸.

Das gewünschte Bild wird dann einfach per Klick in Photoshop ❺ geöffnet.

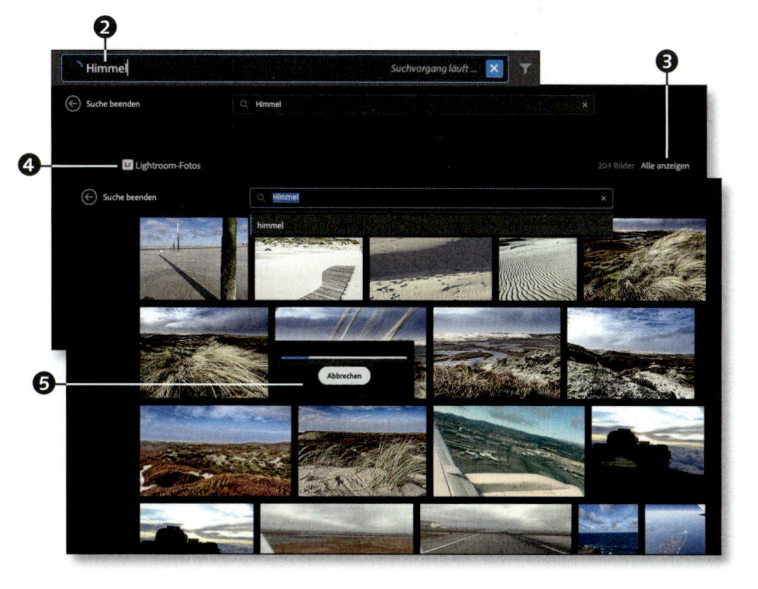

Kapitel 15 | Bilder austauschen und exportieren **489**

4 Bilder in Ebenen anordnen

Sie haben jetzt zwei Bilder in Photoshop geöffnet, die noch in einer Datei zusammengefügt werden müssen. Der einfachste Weg ist folgender: Ziehen Sie das Icon der einen Datei aus dem EBENEN-Bedienfeld ❶ mit gedrückter Maustaste auf die Registerleiste ❷ der zweiten Datei. Diese springt dadurch in den Vordergrund, und das andere Bild kann darauf platziert werden. Im EBENEN-Bedienfeld ziehen Sie gegebenenfalls das Hintergrundbild nach unten ❸.

5 Vordergrund freistellen

Zum Freistellen gibt es in Photoshop unzählige Werkzeuge und Funktionen. Für dieses Beispiel wählen Sie aus dem Menü AUSWAHL den Befehl FARBBEREICH. Klicken Sie dann mit der zur Verfügung stehenden Pipette auf die Hintergrundfarbe ❼, und steuern Sie den Toleranzregler ❹, bis Sie in der Maskenansicht ❺ die Auswahl erkennen. Aktivieren Sie die Option UMKEHREN ❻, um den Vordergrund anstatt des Himmels auszuwählen.

6 Filter bearbeiten

Bestätigen Sie die Farbbereichsauswahl mit OK, und aktivieren Sie die obere Ebene mit dem Vordergrundmotiv. Die noch aktive Auswahl wird jetzt in eine Ebenenmaske umgewandelt. Klicken Sie dazu auf das Maskensymbol ❽ im EBENEN-Bedienfeld.

So entsteht eine Ebenenmaske ❾, die das Vordergrundmotiv freistellt. Die maskierten Bereiche der oberen Ebene machen die dahinterliegende Ebene sichtbar, die jetzt noch in Positionierung und Größe angepasst werden muss.

490   Kapitel 15 | Bilder austauschen und exportieren

7 Größen anpassen

Um den Hintergrund auf die richtige Größe zu skalieren, nutzen Sie am besten den Shortcut cmd/Strg+T für den Befehl FREI TRANSFORMIEREN. An den nun erscheinenden Anfassern ❿ können Sie das Bild auf die passende Größe ziehen.

Mit gedrückter ⇧-Taste skalieren Sie das Bild proportional. Gleichzeitig können Sie das Bild noch auf den gewünschten Ausschnitt verschieben. Die Transformation bestätigen Sie einfach durch ↵.

8 Entwicklungseinstellungen ändern

Bei genauerem Hinsehen wirkt das Vordergrundbild wärmer als der neue Hintergrund.

Mit dem Raw-Konverter von Photoshop können Sie die Farbtemperatur ⓫ in der Raw-Datei Ihres Smart-Objekts noch überarbeiten. Klicken Sie dafür im EBENEN-Bedienfeld einfach doppelt auf die kleine Smart-Objekt-Miniatur ⓬. Im Raw-Konverter können Sie die Entwicklungseinstellungen von Lightroom überarbeiten. Mit Klick auf OK werden diese in die Montage eingerechnet.

9 Photoshop-Datei speichern

Speichern Sie Ihre Photoshop-Datei einfach mit Strg/cmd+S. Die Benennung haben Sie schon in den Lightroom-Vorgaben festgelegt (siehe »Vorbereitung für den Austausch« ab Seite 484). Natürlich können Sie die Datei auch unter einem anderen Namen speichern.

Wechseln Sie dann zu Lightroom: Dort wurde die Datei schon dem Katalog hinzugefügt – in der Referenzansicht ⓭ können Sie sie gut mit der Ursprungsdatei vergleichen.

Raw-Bilder austauschen

So bleiben Ihre Bilder auch außerhalb von Lightroom aktuell

Mit der Voreinstellung »Metadaten automatisch in XMP speichern« kann man dafür sorgen, dass Lightroom-Entwicklungseinstellungen auch außerhalb des Programms sichtbar sind. Allerdings fordert diese Option permanenten Festplattenzugriff – deshalb zeige ich Ihnen hier sinnvolle und praktikable Alternativen.

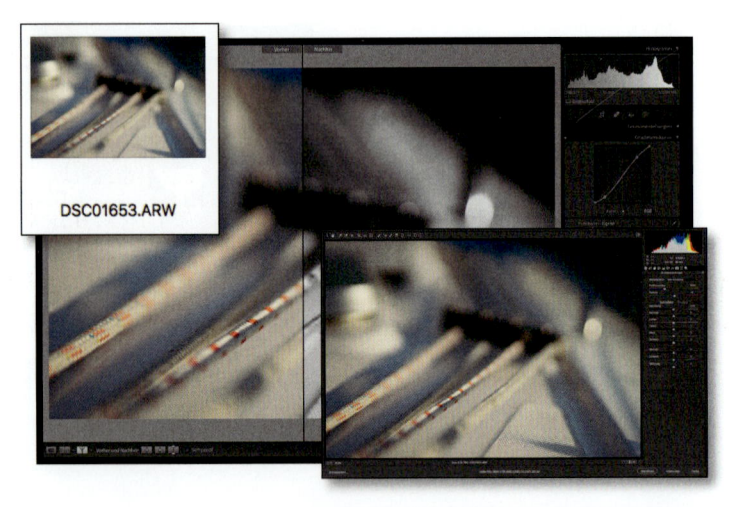

1 Originaldatei bearbeiten

Nehmen Sie an einem beliebigen Bild in Lightroom deutliche Veränderungen vor, und aktivieren Sie die Vergleichsansicht über die Taste Y. Klicken Sie mit der rechten Maustaste auf das Bild im Filmstreifen, und wählen Sie IM FINDER/EXPLORER ANZEIGEN. Dort sieht das Bild noch völlig unentwickelt aus.

Mit einem Doppelklick auf das Bild öffnen Sie den jeweiligen Raw-Konverter auf Ihrem Rechner – von Photoshop oder Elements. Aber auch im Raw-Konverter ist von Ihren vorgenommenen Entwicklungen nichts zu sehen.

2 Ansicht in der Bridge

Kehren Sie noch mal zurück zum Finder/Explorer. Hier sehen Sie, was fehlt: eine XMP-Datei mit den Entwicklungseinstellungen, denn die sind bisher nur in der Lightroom-Datenbank gespeichert.

Auch wenn Sie das Bild in der Bridge beurteilen – indem Sie es einfach auf das Start-Symbol der Bridge ziehen oder es über den Ordnerpfad in der Bridge anwählen –, ist nur eine unentwickelte Ansicht verfügbar.

3 Änderungen in Datei speichern

Um das Bild in entwickelter Form anzuzeigen, müssen Sie die Entwicklungseinstellungen über die XMP-Datei mit der Datei speichern. Wählen Sie in Lightroom im ENTWICKELN-Modul im Menü FOTO oder im BIBLIOTHEK-Modul im Menü METADATEN den Befehl METADATEN IN DATEI SPEICHERN. Es ist der allgemeine Speichern-Befehl [Strg]/[cmd]+[S]. Schon ist die Ansicht in der Bridge oder auch im Organizer von Elements aktuell! Wenn Sie die Raw-Daten jetzt öffnen, werden diese entwickelt im Raw-Konverter geöffnet.

4 Rasteransicht nutzen

Nutzen Sie auch die Möglichkeiten, die Lightroom Ihnen bietet, um den Status der Metadaten im Blick zu behalten.

Wählen Sie in der Bibliothek im Menü ANSICHT die ANSICHT-OPTIONEN und darin die RASTERANSICHT ❶. Als zusätzliches Zellsymbol können Sie dort die Option NICHT GESPEICHERTE METADATEN ❷ aktivieren.

Lesen Sie auch den Grundlagenexkurs »Fotos und Metadaten« ab Seite 510.

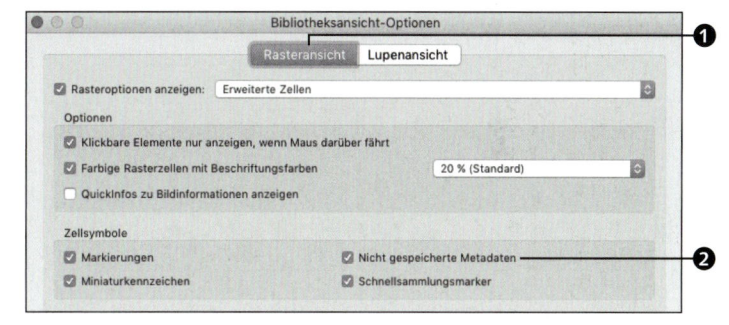

5 Metadaten aktualisieren

In der Rasteransicht wird über ein Symbol ❸ angezeigt, wenn die Metadaten in Lightroom aktueller sind als die auf der Festplatte. Durch einen Klick auf das Symbol wird die XMP-Datei auf der Festplatte aktualisiert.

Falls das Bild parallel außerhalb und innerhalb von Lightroom bearbeitet wird, liegen unterschiedliche Metadaten vor. Dieses wird mit einem Ausrufezeichen ❹ signalisiert. Wenn Sie darauf klicken, können Sie wählen, ob Sie die Einstellungen in Lightroom importieren oder mit den Lightroom-Einstellungen überschreiben wollen.

Kapitel 15 | Bilder austauschen und exportieren

Bildformate richtig vorbereiten

Ausgabeformate über virtuelle Kopien verwalten

Wenn Sie Ihre besten Urlaubsbilder sowohl als AV-Show in HD-Qualität präsentieren als auch Abzüge im klassischen Fotoformat produzieren lassen wollen, können Sie virtuelle Kopien mit verschiedenen Seitenproportionen vorbereiten, die Sie später unterschiedlich exportieren.

1 Bildauswahl vorbereiten

Bereiten Sie am besten Ihre Auswahl über Bewertungen und Markierungen vor, und nutzen Sie dann die Filterleiste, um die Bildauswahl einzublenden. Hier wurden die besten Bilder über das Flaggen-Symbol ❷ beziehungsweise über die Taste P markiert und dann über den Klick auf das Flaggen-Symbol in der FILTERLEISTE ❶ gefiltert.

Mehr zur Auswahl von Bilddateien finden Sie im Workshop »Suche mit dem Bibliotheksfilter« ab Seite 120.

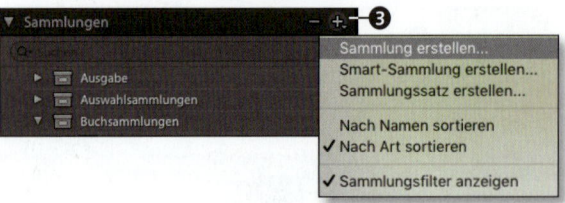

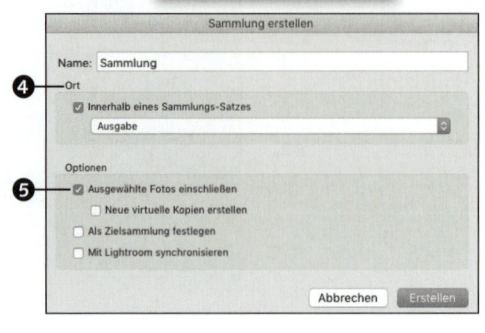

2 Sammlung erstellen

Über Strg/cmd+A markieren Sie alle Bilder der Auswahl. Klicken Sie dann auf das Plus-Zeichen ❸ im SAMMLUNGEN-Bedienfeld, und wählen Sie SAMMLUNG ERSTELLEN.

Legen Sie bei Bedarf über das Popup-Menü im Bereich ORT ❹ einen neuen Sammlungssatz an. Ich nutze für diesen Zweck immer einen Satz AUSGABE und lösche die enthaltenen Sammlungen nach der Produktion. Aktivieren Sie die Option AUSGEWÄHLTE FOTOS EINSCHLIESSEN ❺, und wählen Sie für die Sammlung den gewünschten Namen.

3 Präsentationsformate filtern

Aus dieser Sammlung können Sie jetzt die Querformate für die Diapräsentation filtern. Stellen Sie über die Taste G sicher, dass Sie in der Rasteransicht sind, und klicken Sie im Bibliotheksfilter auf METADATEN 8. Danach klicken Sie in der obersten Zeile der ersten Spalte auf das Popup-Menü und wählen SEITENVERHÄLTNIS 6, um alle Bilder im QUERFORMAT 7 zu filtern.

Hieraus erstellen Sie eine neue Sammlung – diesmal mit der Option NEUE VIRTUELLE KOPIEN ERSTELLEN 9.

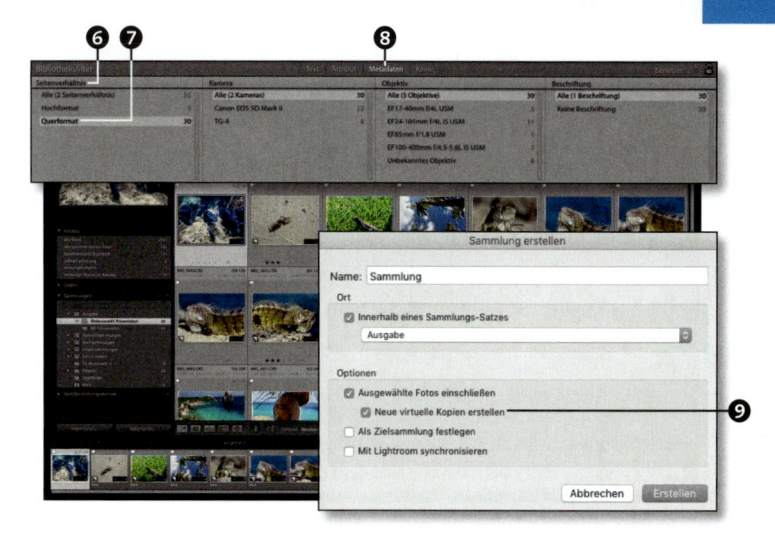

4 Beschnitt synchronisieren

In der neuen Sammlung legen Sie jetzt das richtige Seitenformat für die AV-Show im HD-Format fest, damit Sie später weder an den Seiten noch oben oder unten Ränder erhalten.

Wechseln Sie über die Taste D in das ENTWICKELN-Modul, markieren Sie alle Bilder, und aktivieren Sie zuerst AUTOM SYNCHR.(onisieren) 12. Wählen Sie dort die Freistellungsüberlagerung 10, und klicken Sie auf das Popup-Menü 11 neben dem Schloss, um ein benutzerdefiniertes Format einzugeben.

5 HD-Format wählen

Im folgenden Fenster sind viele Standardseitenverhältnisse schon vorgegeben – auch das 16:9-Seitenverhältnis, das der HD-Auflösung von 1920×1080 Pixeln entspricht.

Wählen Sie dieses aus dem Popup-Menü aus. Dass die Proportionen fixiert sind, zeigt das geschlossene Schloss-Symbol 13 an.

Kapitel 15 | Bilder austauschen und exportieren 495

6 HD-Dias vorbereiten

Durch die automatische Synchronisation ist ein Freistellungsrahmen ❶ über alle Bilder gelegt worden. Diesen können Sie jetzt individuell im Ausschnitt anpassen.

Deaktivieren Sie aber vorher das automatische Synchronisieren ❷, oder wählen Sie die Bilder einzeln aus, bevor Sie den Ausschnitt mit der Maus anpassen.

Bestätigen Sie die Freistellung mit der ⏎-Taste.

7 Sammlung exportieren

Markieren Sie jetzt wieder alle Bilder über Strg/cmd+A, und wechseln Sie in die Bibliothek, um dort auf EXPORTIEREN zu klicken.

Sie können den Export auch direkt aus dem ENTWICKELN-Modul über Strg/cmd+⇧+E starten.

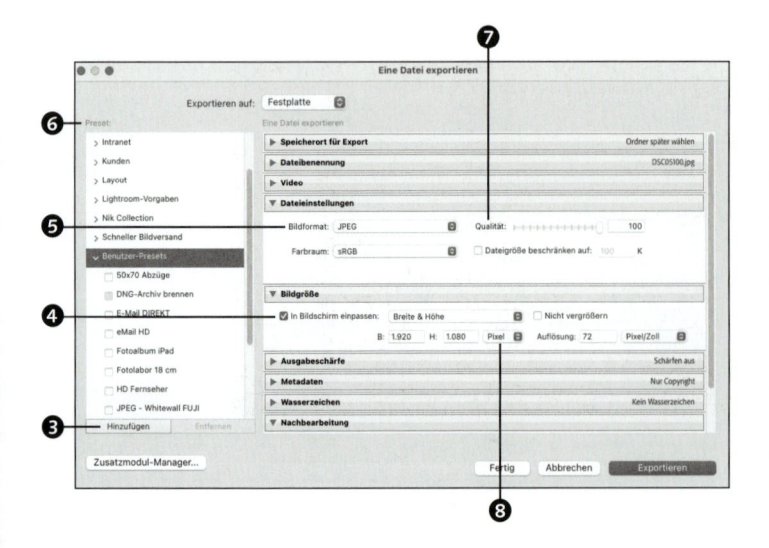

8 Feste Breite und Höhe vorgeben

Im Exportmenü stellen Sie die BILDGRÖSSE auf die HD-Abmessungen ein. Aktivieren Sie IN BILDSCHIRM EINPASSEN ❹, und wählen Sie aus dem Popup-Menü BREITE & HÖHE. Wechseln Sie die Einheiten im Popup-Menü auf PIXEL ❽, und geben Sie als Breite 1920 und als Höhe 1050 Pixel ein. In den DATEIEINSTELLUNGEN wählen Sie JPEG ❺ im FARBRAUM sRGB mit maximaler QUALITÄT ❼.

Speichern Sie dieses Einstellungsset als PRESET ❻, indem Sie auf HINZUFÜGEN ❸ klicken und es entsprechend benennen.

496   Kapitel 15 | Bilder austauschen und exportieren

9 Eigenes Seitenverhältnis

Nachdem Sie den ersten Export durchgeführt haben, markieren Sie in der ersten Sammlung, die auch Hochformate enthält, alle Bilder über ⌃Strg/⌘cmd+A und legen zunächst das Seitenverhältnis für die Abzüge fest. Wählen Sie aus dem Popup-Menü ein SEITENVERHÄLTNIS von 5×7, das dem klassischen Fotoseitenverhältnis – auch für 13×18-Abzüge oder genauer 12,7×17,8 – entspricht und unabhängig von Hoch- und Querformat ist. Passen Sie die Einzelmotive wie in Schritt 6 an.

10 Print-Abmessungen

Wechseln Sie erneut in den Exportdialog. Diesmal wollen wir Hoch- oder Querformat in der gleichen Größe produzieren.

Wechseln Sie dafür die BILDGRÖSSE auf ABMESSUNGEN ❾, und stellen Sie das gewünschte Format ❿ und eine AUFLÖSUNG von 300 DPI ein. Für einen Online-Service sollten Sie auf jeden Fall sRGB als Farbraum wählen, da dies dort der Standard ist. Eine Qualität von 80 reicht im Allgemeinen und reduziert die Dateigröße. Auch eine Nachschärfung für das entsprechende Papier ⓫ ist sinnvoll.

11 Alle Formate im Griff

Klicken Sie dann auf EXPORTIEREN. Durch diese Vorgabe wird unabhängig vom Seitenverhältnis die längste Kante auf die vorgegebene längste Abmessung ausgegeben.

Im Finder, Explorer oder in der Bridge können Sie die Abmessungen überprüfen, das Druckformat bei 300 dpi oder die HD-Qualität in Pixelabmessungen ⓬.

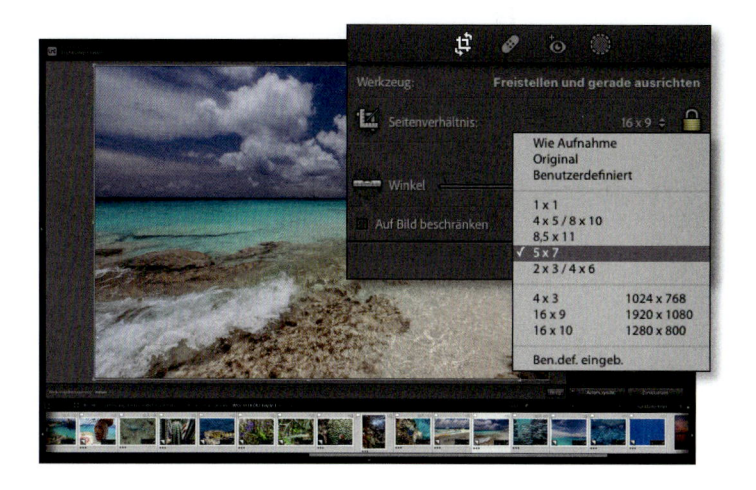

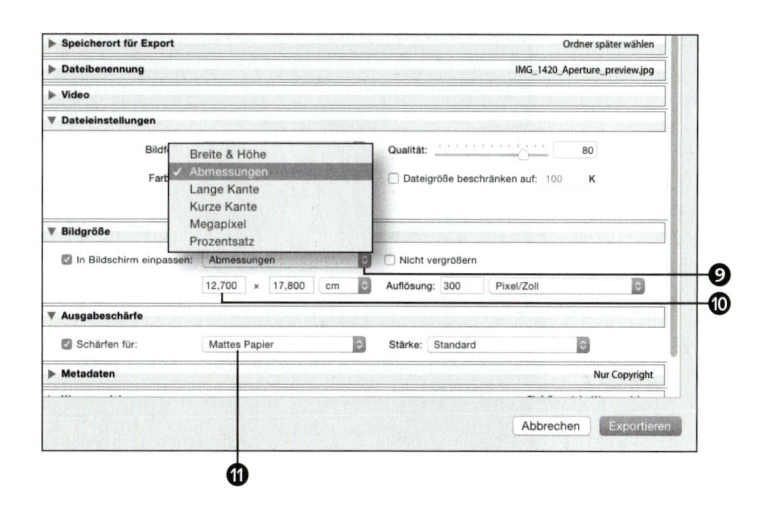

Export-Presets anlegen

Einstellungen für wiederkehrende Aufgaben

Da Sie beim Export die Bildgröße genauso definieren wie den Farbraum, das Dateiformat oder die Bildqualität, bietet es sich an, diese Parameter in einem Preset zu speichern. So sparen Sie sich die erneute Einstellung beim nächsten Export und vermeiden Fehler.

1 Bildersammlung exportieren

Schlagen Sie zwei Fliegen mit einer Klappe: Während Sie Ihr erstes Export-Preset anlegen, können Sie auch schon die erste Bildauswahl für den Bilderservice vornehmen.

Wählen Sie zuerst alle Bilder aus, die exportiert werden sollen. Am besten haben Sie sich natürlich eine Sammlung ❶ mit Ihren Favoritenbildern angelegt. Diese können Sie dann über [Strg]/[cmd]+[A] markieren.

Klicken Sie dann auf EXPORTIEREN ❷.

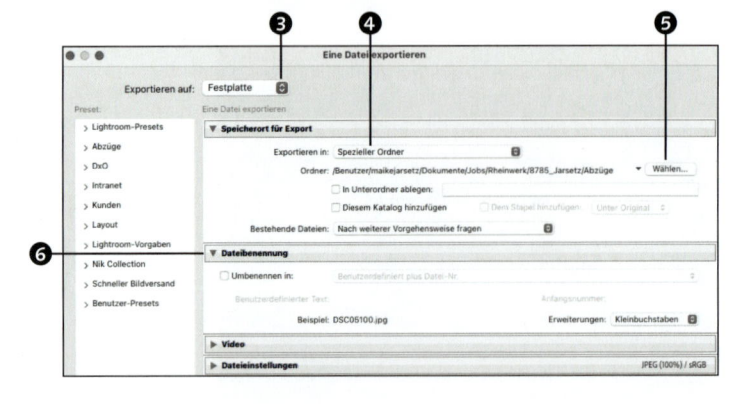

2 Exportordner und Einstellungen

Im Exportfenster legen Sie jetzt Stück für Stück die Rahmenbedingungen für den Export fest. Starten Sie im oberen Popup-Menü, und wählen Sie EXPORTIEREN AUF • FESTPLATTE ❸.

Danach wählen Sie den Speicherort für den Export aus dem Popup-Menü. Wählen Sie SPEZIELLER ORDNER ❹, und legen Sie einen solchen per Klick auf WÄHLEN ❺ fest.

Eine DATEIBENENNUNG ❻ ist für den Bilderservice nicht unbedingt notwendig.

3 Dateieinstellungen und Bildgröße

Jetzt legen Sie die eigentliche Bildqualität Ihrer Exportdaten fest. Für den Online-Versand benötigen Sie JPEG-Dateien ❼, die Sie nicht mit einer schlechteren QUALITÄT als 80 ausgeben sollten ❾. Wählen Sie als FARBRAUM sRGB ❽, da dies der Standardfarbraum bei den Online-Laboren ist.

Als BILDGRÖSSE wählen Sie eine KURZE KANTE ⓫ von 12,7 cm ❿. Damit legen Sie die Mindestgröße der kurzen Seite fest. Die längere Seite wird proportional skaliert. Hoch- oder Querformat werden jeweils angepasst.

4 Brillante Papierabzüge

Eine sinnvolle Option bei Papierabzügen ist eine nachträgliche AUSGABESCHÄRFE. Diese ersetzt nicht die motivgerechte Scharfzeichnung, die Sie in den DETAIL-Steuerungen des ENTWICKELN-Moduls vornehmen, sondern gleicht einen Schärfeverlust aus, der unweigerlich durch die Verkleinerung der Bilder und den Ausdruck auf Papier stattfindet.

Die Scharfzeichnungswerte sind vom Ausgabemedium abhängig. Stellen Sie deshalb die Papiersorte ⓬ im Popup-Menü ein.

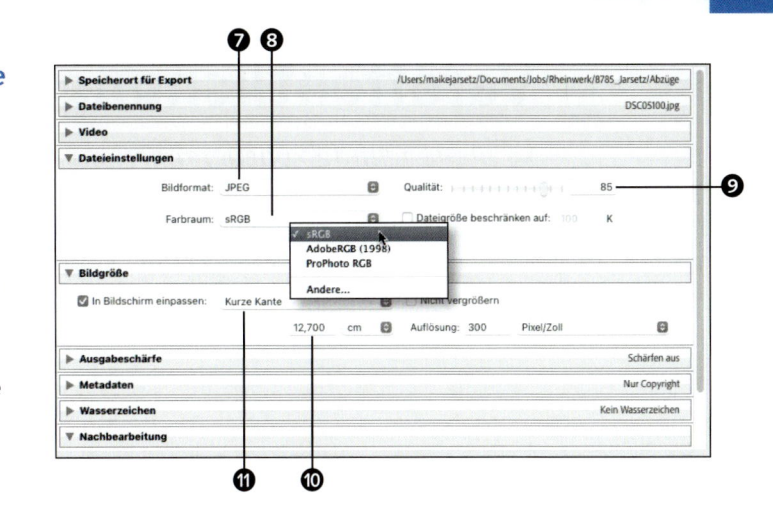

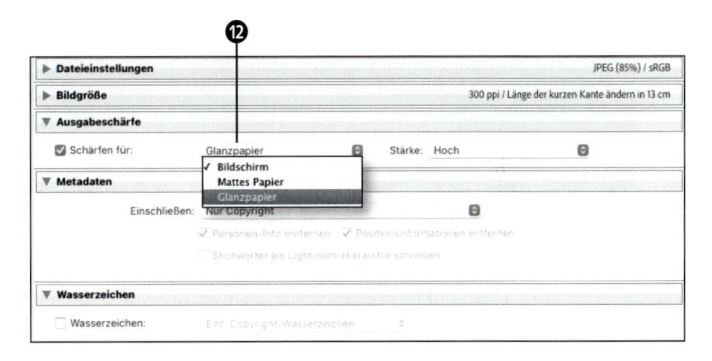

5 Preset für Abzüge erstellen

All diese Einstellungen stellen jetzt Ihr Preset für Papierabzüge im Format 13 × 18 auf Hochglanzpapier dar. Klicken Sie auf HINZUFÜGEN ⓰, um daraus ein Preset zu speichern. Benennen Sie dieses, und speichern Sie es gegebenenfalls in einen ORDNER ⓮. Nach Klicken auf ERSTELLEN ⓯ können Sie das Preset für zukünftige Exporte aus der Liste ⓭ wählen. Die aktuell ausgewählten Bilder geben Sie über den Klick auf EXPORTIEREN aus.

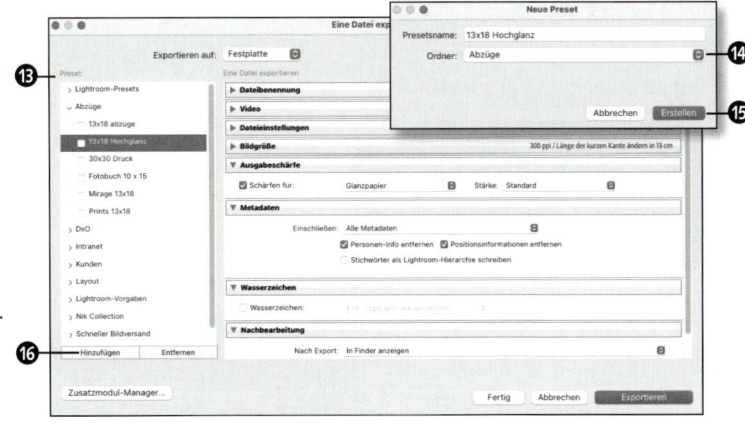

Kapitel 15 | Bilder austauschen und exportieren

Veröffentlichungsdienste nutzen

So bleiben Ihre Exporte immer auf dem aktuellen Stand

Der Exportvorgang ist in Lightroom immer so etwas wie der Schlussstrich und gehört an das Ende der Bearbeitung. Anders verhält sich das mit dem Veröffentlichungsmanager, den Sie schon im letzten Kapitel kennengelernt haben. Dieser behält einmal auf die Festplatte exportierte Bilder im Blick und kann diese deshalb nach einer Überarbeitung schnell aktualisieren.

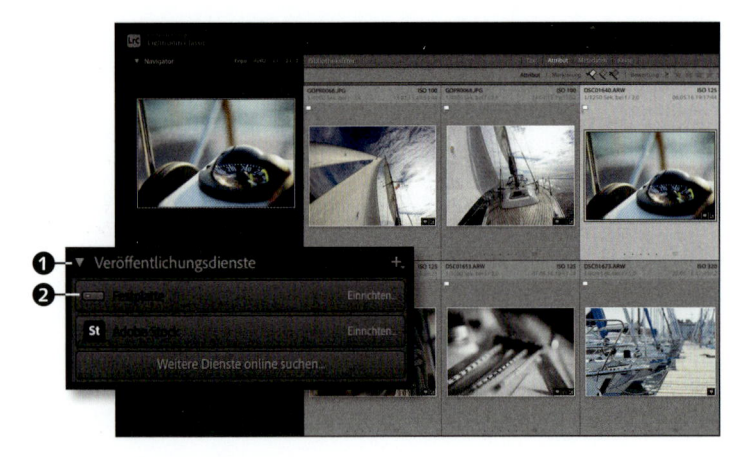

1 Die Verbindungen

Öffnen Sie die VERÖFFENTLICHUNGSDIENSTE durch Klick auf das Dreieck ❶. Dort stehen Ihnen verschiedene Veröffentlichungsdienste zur Verfügung. Die Verbindung zur FESTPLATTE ❷ wird in erster Linie dazu genutzt, um wiederkehrende Exportvorgänge zu verwalten.

Die Veröffentlichungsdienste ermöglichen nicht nur eine, sondern mehrere Vorgaben pro Dienst. Sie können also mit den folgenden Schritten unterschiedliche Exportschleifen vordefinieren.

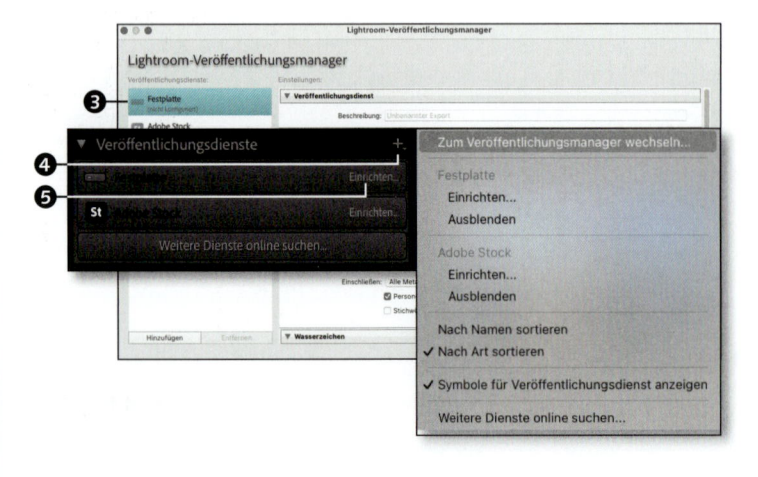

2 Dienst einrichten

Um die Vorgaben für einen Veröffentlichungsdienst für die Festplatte festzulegen, klicken Sie in der Zeile FESTPLATTE auf EINRICHTEN ❺ oder wählen aus dem Menü unter dem Plus-Zeichen ❹ ZUM VERÖFFENTLICHUNGSMANAGER WECHSELN.

Im Veröffentlichungsmanager können Sie gegebenenfalls die Verbindung, die Sie einrichten wollen, nochmals neu wählen ❸.

3 Speicherort festlegen

Über die Schaltfläche Hinzufügen definieren sie einen neuen Veröffentlichungsdienst. Gleichzeitig fixieren Sie einen Speicherort für die Bilder als Veröffentlichungsordner. Den Speicherort können Sie nachträglich nicht mehr ändern.

Benennen Sie zuerst den Veröffentlichungsdienst ❻, wählen Sie aus dem Popup-Menü Spezieller Ordner ❼, und legen Sie diesen über die Wählen-Schaltfläche ❽ fest.

Optional können Sie einen Unterordner anlegen ❿ und Ihre Dateien umbenennen ❾.

4 Bildqualität definieren

Die wichtigsten Einstellungen betreffen natürlich die Bildqualität. In diesem Fall möchte ich die Titelbilder für die Kapiteleinleitungen dieses Buches sammeln und ausgeben. Deshalb habe ich ein TIFF ohne Komprimierung ⓫ gewählt und als Farbraum Adobe RGB eingestellt. Die lange Kante ⓬ der querformatigen Bilder benötigt die Breite einer Doppelseite plus 3 mm Beschnitt. Eine Auflösung von 300 Pixel/Zoll ⓭ wird für die Druckausgabe benötigt. Eine pauschale Scharfzeichnung ist deaktiviert.

5 Metadaten minimieren

Viele Fotografen möchten nicht, dass die Kunden oder andere Außenstehende Einblick in Kameradaten wie Belichtung oder Kameraausrüstung haben. Das lässt sich leicht verhindern:

Wählen Sie aus dem Popup-Menü der Metadaten die Option Nur Copyright oder Nur Copyright und Kontaktinformationen ⓯ – so werden alle anderen Metadaten entfernt.

Klicken Sie auf Speichern, um den Veröffentlichungsdienst zu aktivieren. Dieser ist dann in der Liste Ihrer Verbindungen verfügbar ⓮.

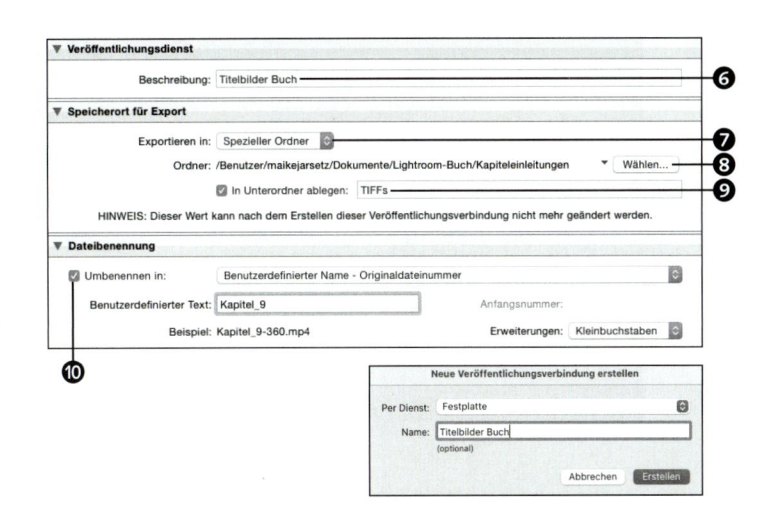

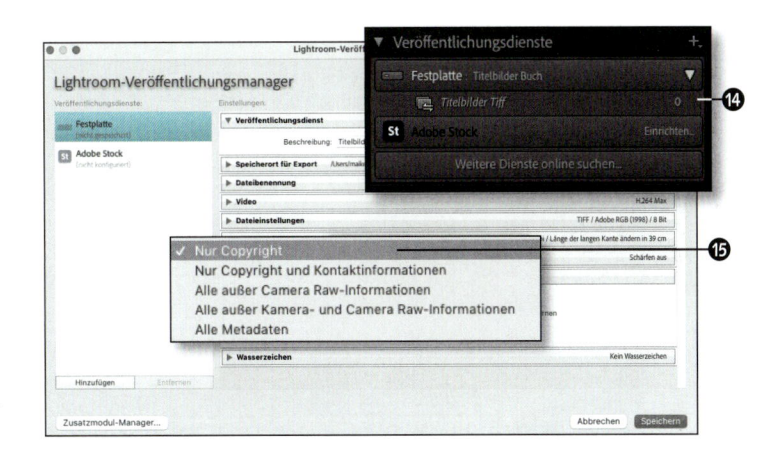

6 Bilder hinzufügen

Der eingerichtete Veröffentlichungsdienst verhält sich jetzt wie eine Sammlung. Sie können beliebig Bilder daraufziehen ❶. Dadurch werden noch keine Bilder ausgegeben oder gar verschoben, sie werden nur für die Veröffentlichung vorgemerkt.

Ebenso können Sie die Veröffentlichungssammlung ALS ZIELSAMMLUNG FESTLEGEN; klicken Sie einfach nur mit der rechten Maustaste darauf, und wählen Sie den Befehl aus dem Menü ❷.

7 In der Warteschleife

Klicken Sie auf den Namen des Veröffentlichungsdienstes ❺, um die Bilder in der »Warteschleife« zu sehen.

Alle Bilder werden unter dem Reiter ZU VERÖFFENTLICHENDE NEUE FOTOS ❹ gesammelt und warten auf ihre Veröffentlichung.

Auch in diesem Fenster gelten die Prinzipien der Bibliothek – Sie können zum Beispiel die Bildersammlung noch mit dem BIBLIOTHEKSFILTER ❸ durchsuchen und sämtliche Ansichten aus der Bibliothek nutzen.

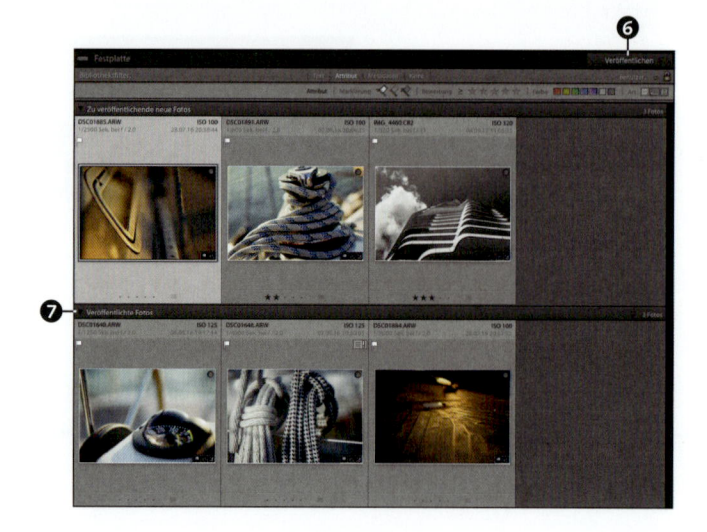

8 Bilder veröffentlichen

Rechts oben im Fenster befindet sich die Schaltfläche VERÖFFENTLICHEN ❻. Dieser Befehl exportiert die Bilder nach und nach mit den definierten Vorgaben in den festgelegten Ordner. Im Fenster erkennen Sie die bereits veröffentlichten Bilder im unteren Bereich ❼.

Alternativ können Sie auch mit der rechten Maustaste auf den Veröffentlichungsdienst in der Liste klicken und den Befehl JETZT VERÖFFENTLICHEN wählen.

9 Mit den Bildern verknüpft

Das Besondere am Veröffentlichen-Vorgang ist, dass der Bezug zu den Motiven in Lightroom nicht verloren geht. Die Bilder sind nach wie vor im Veröffentlichungsdienst gespeichert.

Wechseln Sie in das ENTWICKELN-Modul, und nehmen Sie noch Änderungen an einem Motiv vor. Ich habe hier für ein Beispielbild noch eine Schwarzweißumsetzung durchgeführt.

10 Im Veröffentlichungsordner

Wechseln Sie über die Taste G zurück in die Bibliothek, und klicken Sie noch einmal auf den Veröffentlichungsdienst.

Sie erkennen, dass das editierte Foto in einem eigenen Fenster mit Namen ERNEUT ZU VERÖFFENTLICHENDE GEÄNDERTE FOTOS ❽ gesammelt wurde.

Der Veröffentlichungsmanager kontrolliert also selbsttätig, wenn Bilder geändert werden und neu veröffentlicht werden sollen.

11 Neu veröffentlichen?

Die Bilder können jetzt ohne weiteren Aufwand neu veröffentlicht werden. Klicken Sie dafür einfach noch einmal auf die VERÖFFENTLICHEN-Schaltfläche ❾.

Durch die bestehenden Exporteinstellungen müssen Sie keine weiteren Schritte durchführen, um das aktualisierte Foto mit den gleichen Vorgaben erneut zu veröffentlichen.

Falls keine neue Veröffentlichung durchgeführt werden soll, klicken Sie mit der rechten Maustaste auf das Motiv, und wählen Sie ALS AUF DEM AKTUELLEN STAND MARKIEREN ❿.

Kapitel 15 | Bilder austauschen und exportieren **503**

Fotos schnell versenden

Export von E-Mail-Versionen

Sicher möchten Sie Bilder auch oft nur exportieren, um sie per E-Mail zu verschicken. Sie haben die Möglichkeit, direkt aus Lightroom Classic einen E-Mail-Versand vorzunehmen – eine Exportvorgabe und ein eigener E-Mail-Versand sind dafür schon angelegt. Aber Sie können auch andere Exportvorgaben für Ihre Zwecke umstricken.

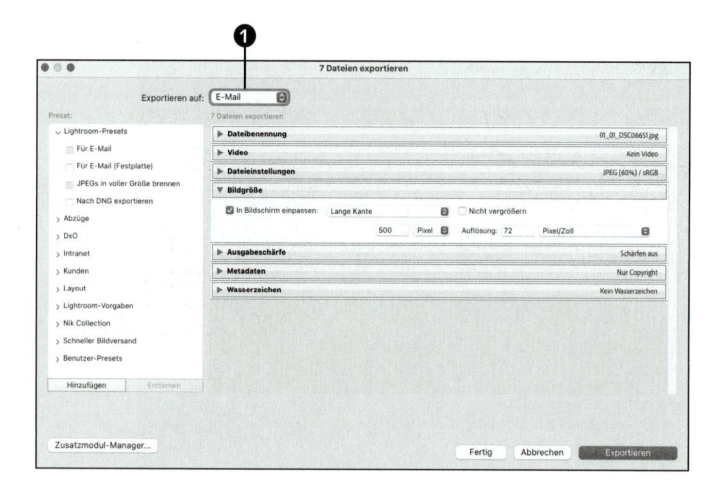

1 Export-Vorgabe nutzen

Wählen Sie im Exportieren-Fenster die Vorgabe Für E-Mail ❶. Anders als bei der Vorgabe Für E-Mail (Festplatte) werden dabei keine Kopien auf der Festplatte abgelegt. Durch die direkte Übergabe sind manche Ausgabe-Optionen, wie der Speicherort oder die Nachbearbeitung, ausgeblendet.

Diese Vorgabe reduziert die Bildgrösse auf 500 Pixel Kantenlänge. Natürlich können Sie diese Größe noch anpassen.

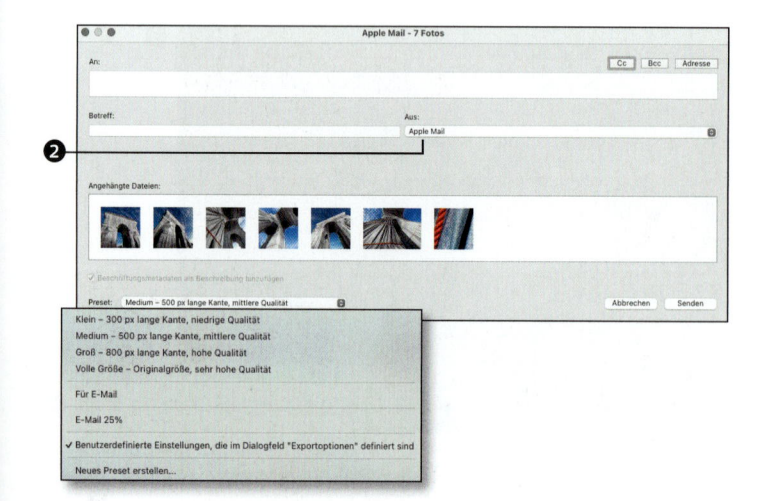

2 Direkte E-Mail-Übergabe

Nach Klick auf Exportieren erkennt Lightroom das Standard-E-Mail-Programm ❷. Dieses Fenster öffnen Sie alternativ direkt im Datei-Menü über den Befehl Fotos per E-Mail senden (Strg / cmd + ⇧ + M).

Auch hier können Sie die Bildgröße bei Bedarf noch ändern und ein anderes Preset aus dem Popup-Menü wählen oder ein Neues Preset erstellen.

3 Bilder vom Rechner versenden

Um gespeicherte Adressbücher Ihres E-Mail-Programms zu verwenden, klicken Sie ohne weitere Eingaben auf SENDEN. Das E-Mail-Programm öffnet eine Nachricht mit den Bildern als Anhang in der vorgegebenen Größe.

Sie können von hier auf Ihre Adressdaten zugreifen und die E-Mail versenden.

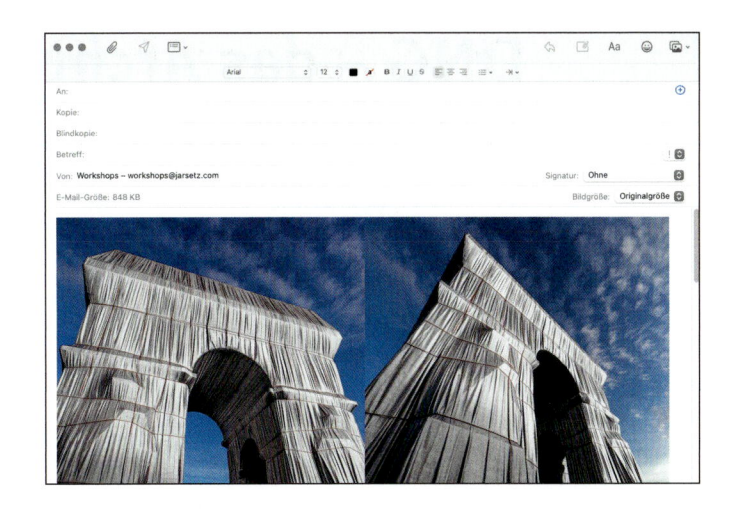

4 Mobiler E-Mail-Versand

Sie müssen nicht am Rechner sitzen, um Bilder per E-Mail zu versenden. Auch mobil können Sie Ihre Bildergebnisse teilen. Voraussetzung ist die Speicherung der Auswahlbilder in einer Sammlung und Synchronisierung ❺ mit Ihrer mobilen Lightroom-App.

Diese starten Sie über das Wolkensymbol ❹ in der rechten oberen Ecke Ihrer Lightroom-Classic-Oberfläche. Sammlungen, die Sie auch mobil nutzen wollen, können Sie per Klick vor den Sammlungsnamen ❸ synchronisieren.

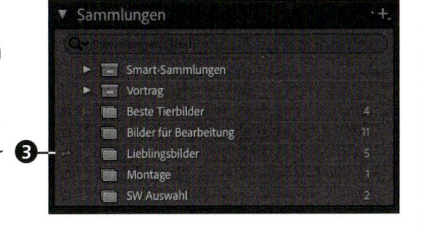

5 Mobil teilen

In der Lightroom-App auf dem Smartphone oder Tablet können Sie ausgewählte Motive direkt über verschiedene Kanäle teilen. Tippen Sie dazu auf das bekannte Teilen-Symbol ❻, und wählen Sie TEILEN MIT … ❼ Danach haben Sie direkt die Auswahl aller gängigen Verbindungen und Apps.

Ein Tippen auf das E-Mail-Icon ❽ öffnet Ihre Mail-App und fügt die gewählten Motive in die Mail ein. Beim Absenden haben Sie noch die Wahl zwischen verschiedenen Bildgrößen ❾ für den Versand.

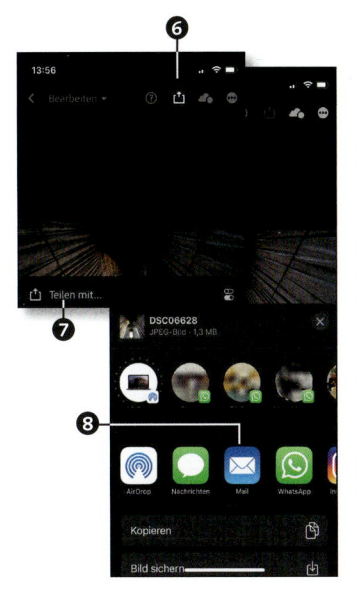

Kapitel 15 | Bilder austauschen und exportieren

DNG – das Archivierungsformat

Raw-Bilder mit Entwicklungseinstellungen archivieren

Die beste Option für die Archivierung von Raw-Daten ist die Speicherung als DNG. Denn in der DNG-Datei werden die Original-Raw-Daten inklusive Ihrer Lightroom-Entwicklungseinstellungen gespeichert. Eine spätere Bearbeitung der exportierten DNGs ist so immer möglich.

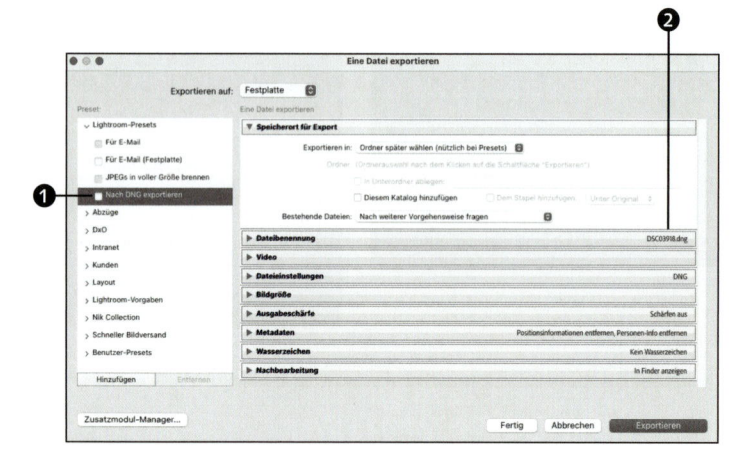

1 Individueller DNG-Export
Wählen Sie die Bilder in der Bibliothek aus, die Sie exportieren wollen, und wechseln Sie über ⌃Strg/⌘cmd+E in das Exportfenster. Dort starten Sie gleich mit dem Preset NACH DNG EXPORTIEREN ❶.

Die eingestellten Parameter dieser Vorgabe können Sie auch bei geschlossenen Reitern in der Oberzeile erkennen ❷. Standardmäßig wird der Speicherort bei Vorgaben erst später beim Exportvorgang gewählt.

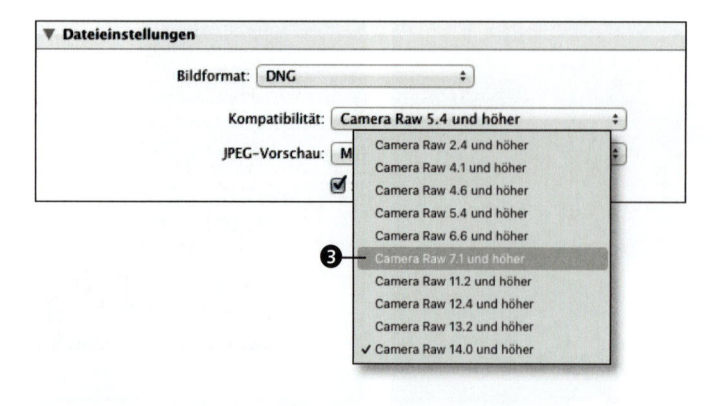

2 Abwärtskompatible DNGs
Öffnen Sie die DATEIEINSTELLUNGEN, und wechseln Sie die KOMPATIBILITÄT auf CAMERA RAW 7.1 UND HÖHER ❸. So sind die DNGs mit vielen Programmen und auch mit älteren Camera-Raw-Versionen bis Photoshop CS6 kompatibel.

Eine ältere Camera-Raw-Version kann aber im Zweifelsfall nicht alle vorgenommenen Bearbeitungen speichern. Für eine längerfristige Archivierung und den Austausch mit aktuellen Programmen wählen Sie die höchste Kompatibilitätsstufe.

3 Komprimierte DNGs speichern

Nutzen Sie eine aktuelle Kompatibilität, um alle Bearbeitungen im DNG zu sichern.

Ab Camera Raw 6.6 können Sie eine VERLUSTREICHE KOMPRIMIERUNG VERWENDEN ❹. Diese verkleinert die Dateigröße auf bis zu ein Achtel, da Sie mit dieser Option zusätzlich die BILDGRÖSSE ❺ verändern und DNGs mit kleineren Bildabmessungen ausgeben können.

Natürlich ist das nur für Fotos sinnvoll, die nicht zu Ihrer besten Bildauswahl gehören.

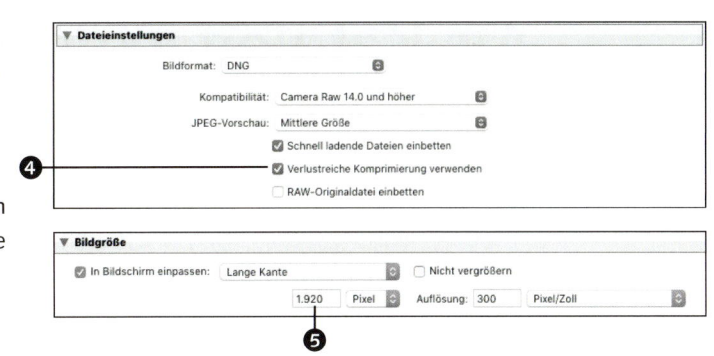

4 Schnell ladende Dateien

Mit einer weiteren Option können Sie sogenannte SCHNELL LADENDE DATEIEN EINBETTEN ❻. Diese Option ist standardmäßig ausgewählt und sorgt für einen schnellen Bildaufbau in anderen Programmen – ist allerdings auch nicht mit allen Programmen kompatibel.

Klicken Sie auf EXPORTIEREN, um die DNGs auszugeben. Danach werden Sie noch aufgefordert, den Speicherort für Ihr DNG-Archiv zu wählen.

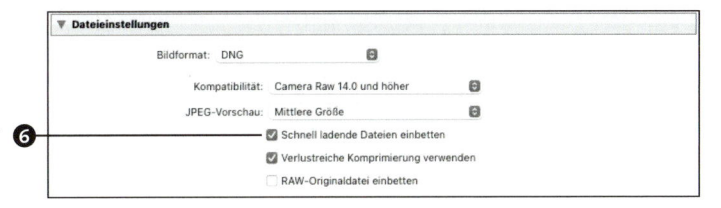

5 Direkter DNG-Export

Wenn Sie die ursprünglichen DNG-Export-Einstellungen nicht ändern wollen oder müssen, können Sie das DNG auch über das DATEI-MENÜ MIT PRESET EXPORTIEREN.

Sie wählen dann nur noch den Speicherort aus – und die DNGs werden mit dem Standard-Preset exportiert.

Ebenso können Sie hier auf eigene, modifizierte Presets zugreifen oder über den Befehl WIE VORHER EXPORTIEREN ❼ die letzten Einstellungen wiederholen.

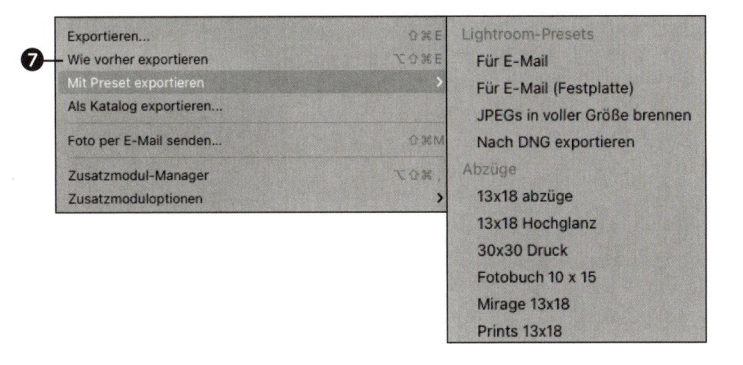

Als Katalog exportieren

Bildauswahl zusammen mit der Lightroom-Arbeit speichern

Die Archivierungsfrage treibt viele um. Soll ich vom gesamten Lightroom-Katalog ein Backup erstellen oder lieber die fertig bearbeiteten Bilder in Archivordner exportieren? Dafür gibt es eine optimale Lösung: Sie können Sammlungen und Bildauswahlen als Katalog exportieren und so die Bilddaten mit der Lightroom-Arbeit verknüpfen.

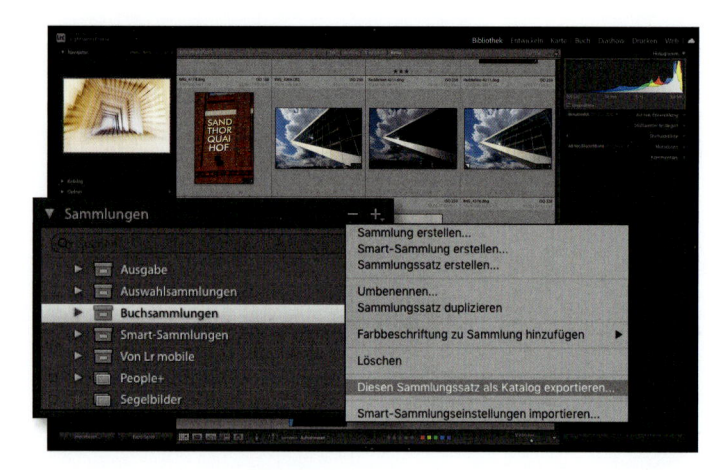

1 Sammlung exportieren

Aktivieren Sie eine Sammlung oder einen übergeordneten Sammlungssatz im SAMMLUNGEN-Bedienfeld, die Sie als »verkleinerten« Lightroom-Katalog inklusive Originaldaten und Katalogdatei mit allen vorgenommenen Einstellungen und Preview-Dateien exportieren wollen.

Klicken Sie dann mit der rechten Maustaste auf den Sammlungsnamen oder den übergeordneten Sammlungssatz, und wählen Sie aus dem Kontextmenü DIESE SAMMLUNG/DIESEN SAMMLUNGSSATZ ALS KATALOG EXPORTIEREN.

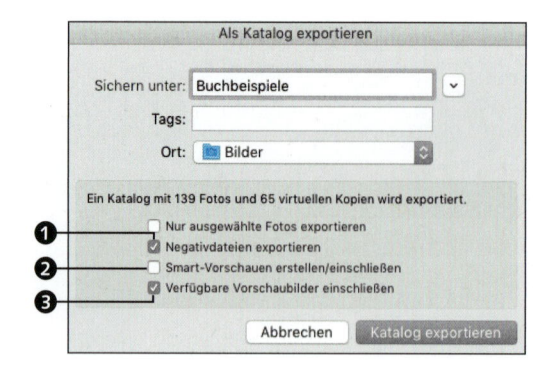

2 Negative und Vorschauen

Jetzt bestimmen Sie den neuen Katalognamen und den Speicherort. Dort wird automatisch ein Ordner angelegt, der die Katalogdatei, Previews und Bilddateien enthält.

Aktivieren Sie die Option NEGATIVDATEIEN EXPORTIEREN ❶, um die Originaldaten in den Katalogordner zu kopieren. Über die Option VERFÜGBARE VORSCHAUBILDER EINSCHLIESSEN ❸ beschleunigen Sie die Vorschau beim Öffnen der Bilder. Die Smart-Vorschauen ❷ benötigen Sie nur, wenn Sie den Katalog noch unabhängig von den Bildern bearbeiten wollen.

3 Katalog exportieren

Sie können Ordner und Sammlungen auch auf anderem Wege als Katalog exportieren. Halten Sie in der Bibliothek einfach die Alt-Taste gedrückt – so wird die EXPORTIEREN-Schaltfläche zu KATALOG EXPORTIEREN ❹.

Damit können Sie den gesamten Katalog, übergeordnete Ordner oder auch eine Bildauswahl ❺ als neuen Katalog zusammenfassen.

4 Auf Bildauswahl beschränken

Auch hier öffnet sich das gleiche Arbeitsfenster, in dem Sie den Namen und den Speicherort des neuen Katalogs festlegen.

Allerdings steht Ihnen noch eine weitere Option zur Verfügung: Sie können auch NUR AUSGEWÄHLTE FOTOS EXPORTIEREN ❻.

Anstelle der gesamten Sammlung erstellen Sie einen kleinen, aber feinen Katalog mit den ausgewählten Bildern.

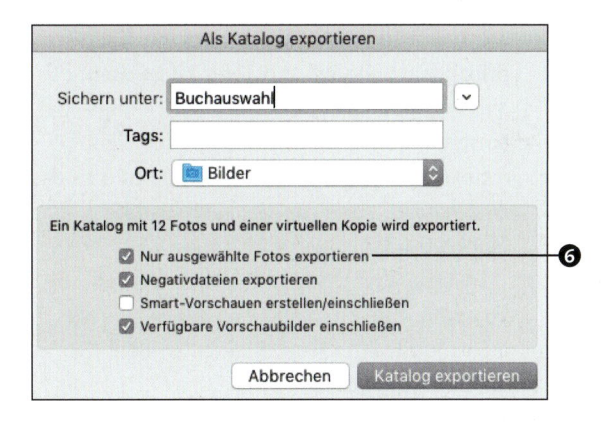

5 Kataloge und Originale

Auf der Festplatte entsteht durch diesen Exportvorgang ein Ordner, in dem fein säuberlich alles liegt, was Sie von einem Lightroom-Katalog kennen: die Katalogdatei ❼, die Vorschau-Daten ❽ und die Original-Bilddateien ❾, die in der ursprünglichen Pfadstruktur gespeichert sind.

All diese Dateien können jetzt gemeinsam auf eine andere Festplatte kopiert und dort per Doppelklick auf die Katalogdatei wieder geöffnet werden.

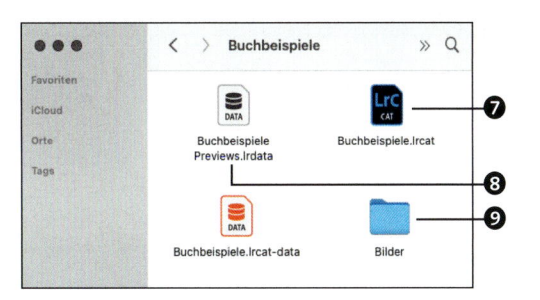

Kapitel 15 | Bilder austauschen und exportieren

Grundlagenexkurs

Fotos und Metadaten
Die Rolle der XMP-Daten beim Austausch entwickelter Bilder

Raw-Bilder extern bearbeiten
Wahrscheinlich ist Ihnen das auch schon mal passiert: Nach ausgiebiger Arbeit in Lightroom öffnen Sie ein vermeintlich bearbeitetes Originalbild einfach per Doppelklick von der Festplatte, aber leider ist nichts von Ihrer Entwicklungsarbeit mehr zu sehen.

Wenn Sie die Grundlagenexkurse über nicht-destruktives Arbeiten und das Katalogprinzip auf Seite 44 und Seite 78 gelesen haben, wissen Sie, dass die Entwicklungseinstellungen in der Datenbank des Lightroom-Katalogs gespeichert werden und so das Originalbild – und das gilt auch für JPEGs – komplett unangetastet bleibt.

Falls Sie aber doch in die Verlegenheit kommen, Ihre Originaldaten außerhalb von Lightroom weiterbearbeiten zu wollen, hier ein paar Tipps dazu.

Bilder außerhalb von Lightroom
Obwohl Ihre Bilder in Lightroom entwickelt sind, zeigen diese sich außerhalb von Lightroom noch »unentwickelt«, denn durch die Entwicklung in Lightroom wird weder eine Datei »überspeichert« noch eine externe XMP-Datei mit Entwicklungseinstellungen für die Raw-Datei angelegt. Außerhalb von Lightroom liegen nur die Originaldaten vor. Sie müssen dafür sorgen, dass auch dort Zugriff auf die Entwicklungseinstellungen besteht.

Immer auf dem aktuellen Stand
Vorweg: Sie müssen in den Standardvoreinstellungen von Lightroom nichts ändern. Markieren Sie einfach das Bild oder die Bilder, und speichern Sie sie über den bekannten Shortcut [Strg]/[cmd]+[S]. Damit werden die aktuellen Metadaten in die Datei beziehungsweise in die XMP-Datei geschrieben. So werden die Ansichten außerhalb von Lightroom aktualisiert.

▲ Die Vorher- und Nachher-Ansicht in Lightroom am Beispiel eines entwickelten Bildes

▲ Der Finder oder Explorer kann trotz Vorhandensein der XMP-Einstellungen die Ansicht nicht aktualisieren.

Grundlagenexkurs

◀ Die Original-Raw-Datei in der Bridge ohne XMP-Einstellungen

▶ Nachdem die Entwicklungseinstellungen der Raw-Datei in einer XMP-Datei gespeichert wurden, sind die Änderungen auch in der Bridge sichtbar.

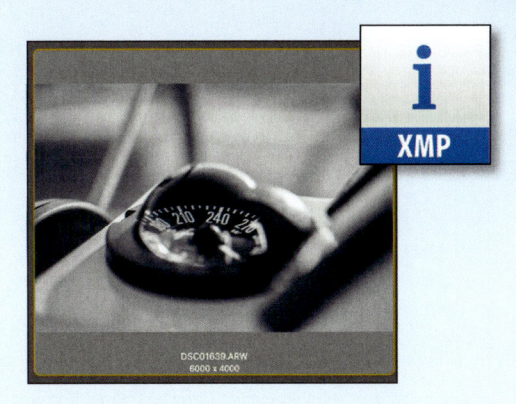

Sie können Lightroom auch zwingen, die XMP-Daten automatisch zu speichern. Öffnen Sie dazu über das LIGHTROOM-Menü (Mac) beziehungsweise das BEARBEITEN-Menü (PC) die KATALOGEINSTELLUNGEN und dort den Reiter METADATEN ❶. Die Option ÄNDERUNGEN AUTOMATISCH IN XMP SPEICHERN ❷ sichert die XMP-Datei automatisch – und zwar bei jeder Änderung der Datei in Lightroom. Deshalb sollten Sie sich auch genau überlegen, ob dies für Sie sinnvoll ist, denn bei der Entwicklungsarbeit einer ganzen Bildserie kann Ihr Rechner schnell einmal ins Schwitzen kommen.

Alles unter Kontrolle

Was im Moment noch etwas kompliziert anmutet, ist in Lightroom leicht zu überblicken. Aktivieren Sie in den Ansichtsoptionen für die Rasteransicht das Zellsymbol NICHT GESPEICHERTE METADATEN ❸ – so sehen Sie Ihrem Bild auf den ersten Blick an, ob es in und außerhalb von Lightroom auf dem aktuellsten Stand ist: Ein Pfeil nach unten ❻ zeigt, dass die Metadaten in Lightroom aktueller sind, ein Pfeil nach oben ❹ weist auf eine Bearbeitung außerhalb von Lightroom hin, ein Ausrufezeichen ❺ signalisiert, dass sowohl intern als auch extern eine Bearbeitung vorgenommen wurde. Jeder sogenannte *Metadatenkonflikt* kann durch einen Klick auf das jeweilige Symbol gelöst werden. Eine entsprechende Meldung erscheint.

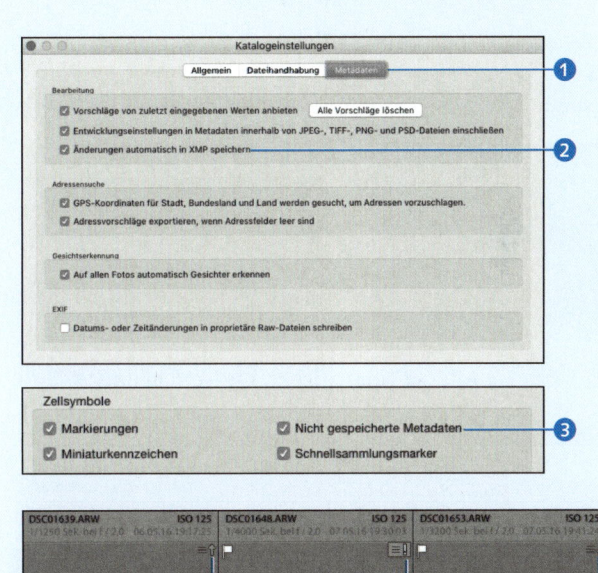

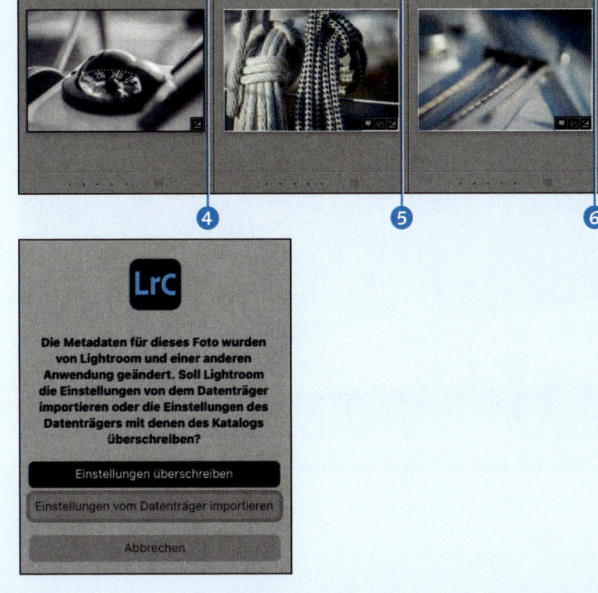

Kapitel 15 | Bilder austauschen und exportieren

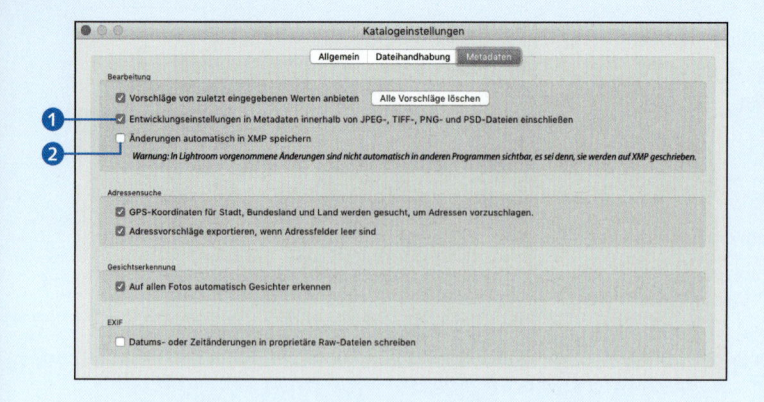

Grundlagenexkurs

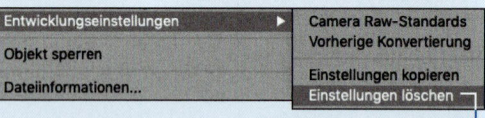

Sonderfall JPEG

JPEG-Dateien benötigen eigentlich keine externe XMP-Datei für die Entwicklungseinstellungen, denn diese können innerhalb der Datei gespeichert werden.

Damit Lightroom dies auch tun kann, muss die Option ENTWICKLUNGSEINSTELLUNGEN IN METADATEN innerhalb von JPEG-, TIFF-, PNG- UND PSD-DATEIEN EINSCHLIESSEN in den Katalogeinstellungen unter METADATEN aktiviert sein ❶.

Nur dann werden die Entwicklungseinstellungen – entweder durch die automatische Speichern-Option ❷ oder durch den manuellen Speichern-Befehl – auch für diese Formate gespeichert.

Nach Speicherung der Entwicklungseinstellungen von JPEGs sind die Änderungen zwar in der Bridge oder dem Elements Organizer sichtbar, aber im Finder oder Explorer sehen die Dateien noch unbearbeitet aus. Die Entwicklungseinstellungen sind zwar in den Metadaten der Datei vorhanden, müssen aber für eine finale Änderung noch auf das Bild angewendet werden.

Das sehen Sie auch in der Bridge: Dort wird durch ein kleines Symbol ❸ angezeigt, dass Entwicklungseinstellungen in dieser Datei vorliegen. Diese Einstellungen könnten Sie übrigens auch jetzt noch über die rechte Maustaste löschen ❹. Es ist also eine Art Sicherheitspuffer vor dem ultimativen Ändern der Originaldatei eingebaut.

Um die Entwicklungseinstellungen auf die JPEG-Datei anzuwenden, müssen Sie sie nur doppelklicken. Dann wird die Datei – und zwar aufgrund der gespeicherten XMP-Daten – im Raw-Konverter geöffnet. Von dort aus können Sie das Bild mit den Entwicklungseinstellungen in Photoshop öffnen und sichern oder auch im Raw-Konverter eine Kopie speichern. Erst dann liegt eine ultimativ geänderte JPEG-Datei vor ❺.

▼ In der Bridge sind im Normalfall keine Änderungen in der JPEG-Vorschau sichtbar.

▼ Nach dem Speichern zeigt die Bridge die Änderung der Vorschau in den JPEG-Dateien an.

Grundlagenexkurs

Lightroom macht es Ihnen also recht schwer, die Originaldaten zu ändern – und das ist in Zeiten der nicht-destruktiven Bildkorrektur auch gut so.

Am einfachsten bleibt der Export
Sie sehen also, es ist möglich, die Originaldaten über mehrere Wege mit den Entwicklungseinstellungen zu aktualisieren. Im Normalfall ist das aber gar nicht nötig, wenn Ihr gesamter Workflow in Lightroom stattfindet. In Lightroom arbeiten Sie jederzeit mit der aktuellen Version Ihres Bildes.

Aktualisierte Originaldateien benötigen Sie dann nur im Einzelfall bei der Archivierung oder beim Austausch von Bilddateien. Für die letzten beiden Aufgaben sind der Exportdialog oder der Veröffentlichungsmanager zuständig, die beide mit ihren vielen Möglichkeiten ausführlich in diesem Kapitel besprochen werden.

Die Archivierung erledigen Sie am besten über einen Export des gesamten Katalogs inklusive der Bilddateien, die bei diesem Vorgang *Negativdateien* genannt werden. Wie das geht, ist ab Seite 76 beschrieben.

Übrigens: Raw-Daten können Sie als DNG-Datei exportieren und damit sowohl die Raw-Daten erhalten als auch die notwendigen XMP-Daten innerhalb der Datei speichern.

▲ Die Vorschau von JPEG-Dateien im Finder bzw. Explorer wird erst aktualisiert, nachdem das Bild im Raw-Konverter geöffnet und mit den neuen Entwicklungseinstellungen gespeichert wurde.

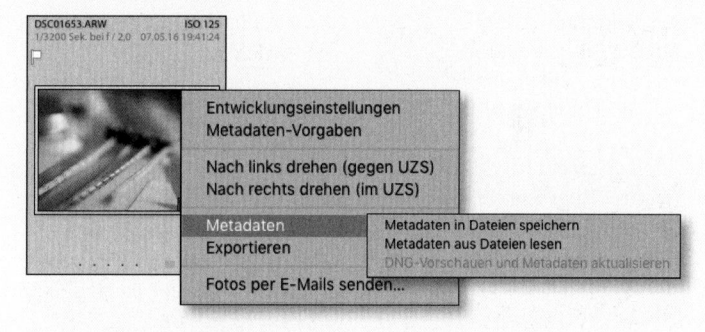

▲ Die Speicherung der Entwicklungseinstellungen können Sie auch über die rechte Maustaste vornehmen.

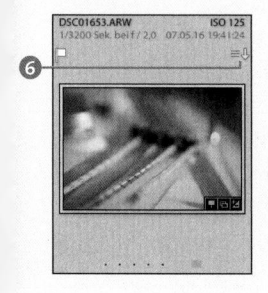

◀ Über eine Einstellung in den Rasteransichtsoptionen zeigt ein Symbol ❻ in der Rasteransicht, wenn die Metadaten der Datei aktueller sind als die auf der Festplatte. Ein einfacher Klick sorgt für die zusätzliche externe Speicherung.

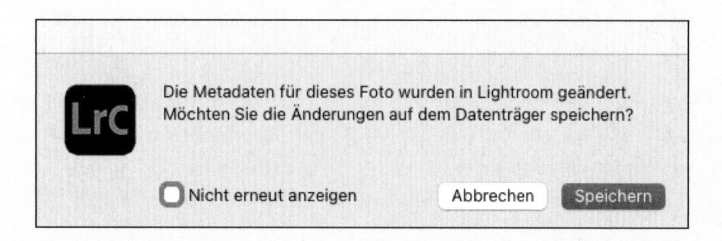

Index

Ansicht 32
1:1-Vorschau löschen 53
8 Bit 268
16 Bit 268, 450
16-Bit-HDR 240
100%-Ansicht 171

A

Abfallkante 263
Abmessungen 497
Abspieloptionen 397
Abzüge, Vorgabe 499
Ad-hoc-Beschreibung 91
Ad-hoc-Entwicklung 33, 89, 138, 187, 305, 323
Adobe Camera Raw 18
Adobe-Cloud-Speicher 349
Adobe-Creative-Cloud-Abo 336
Adobe Foto-Abo 20
Adobe-ID 330, 336, 346
Adobe Portfolio 472
Adobe RGB 448, 450, 485
Adobe Sensei 135, 339, 340
Adobe Stock 468, 474
   Contributor einrichten 468
   Dateien einreichen 469
Adobe-Stock-Dienst einrichten 468
Aktivitätscenter 28, 324, 330
Aktuelle Einstellungen als Vorgabe speichern 317
Alben 85, 337, 348
   anlegen 475
   Auto-Import 349
Alle markieren 30
Alle Stapel aus-/einblenden 99
Als DNG exportieren 269
Als DNG importieren 269
Als DNG kopieren 49
Als Katalog exportieren 75, 76, 332
Als Zielsammlung festlegen 502
Änderungen automatisch in XMP speichern 511
Android 336
Ansicht 32, 85
   Lupenansicht 85
   Personenansicht 85
   Rasteransicht 85
   Übersicht 85
   Vergleichsansicht 85
Ansichtsgröße wechseln
Ansichtsmodi 89
Ansichtsoptionen 106
AppStore 346
Archivierung 477, 508
Attribute 85, 89, 90, 105, 323
   sortieren 105
Audio und Video 395
Auflösung 485
Aufnahmeeinstellungen 349
Aufnahme-Ordner 362
Aufnahmeserie 186
   gleichzeitig entwickeln 186
   gruppieren 98
   synchronisieren 186
Augen herausarbeiten 267
Aus anderem Katalog importieren 76, 81, 333
Ausgabeeinstellungen 461, 465
Ausgabeprofil 175
Ausgabeschärfe 482, 499
Ausgewählten Bilder hinzufügen 351
Ausrufezeichen 96
Ausschnitt 167
Austauschformate 40
Austausch mit Photoshop 479
Auswahl aufheben 30
Auswahlen kombinieren 260
Auswahltechniken 244
Autokorrektur 135, 340
Auto-Layout 371, 373, 378
Auto-Layout-Preset 389
Automatischer Copyright-Eintrag 347
Automatisch nach Aufnahmezeit stapeln 99
Automatisch synchronisieren 34, 93, 140, 183, 346
Autorisierung 475
Auto-Sync 495

B

Backup 41, 78, 508
Basisentwicklung 132, 190
Bearbeitung in Adobe Photoshop 484
Bedienelemente 28
Bedienfeld-Einblendung 29
Bedienfelder 28
Bedienfelder-Ansichten 28
Beispielkatalog 42
Belichtung 145, 186, 208
   korrigieren 144
   unterschiedliche 138
Belichtungskorrektur 144, 146, 208
   relativ 140
Belichtungsreihen 238
   angleichen 320, 331
Benannte Personen 116
Benutzerdefiniertes Bildpaket 426
Benutzeroberfläche 40
Benutzerseiten 371
Bereichsreparatur 212, 215
Beschnittene Lichter 161
Besuchte Quellen 29
Bewertung 32, 104, 353
   filtern 354
Bewertungssterne 399
Bibliothek 61, 83, 84, 88, 363
   Katalog 84
Bibliothek-Modul 88
Bibliotheksfilter 86, 89, 120, 323
   Filter aktivieren 123
   Filter sperren 122
   Schnappschuss-Status filtern 122
Bild
   als Fotofilter nutzen 226, 234, 238
   austauschen 476
   auswählen 30
   beurteilen 102
   bewerten 102, 104
   bewerten und markieren 339
   der Sammlung hinzufügen 125
   exportieren 476
   importieren 56, 58
   markieren 102, 353

speichern 362
taggen 326
umbenennen 96
vergleichen 102
veröffentlichen 476, 502
verschlagworten 339
zusammenführen 292
Bildanalyse 25
Bildarchiv 58
Bildausschnitt bestimmen 166
Bildauswahl 102
   filtern 32, 124
Bildbearbeitung 338, 340
Bildbeschreibung 354
Bildeinstellungen 430
Bildentwicklung, nicht destruktiv 44
Bilderkennung 355
   Adobe Sensei 135
Bildersuche 352
Bildfarben 224
   verbessern 141
Bildformat 494
Bildgerade 169
Bildgröße 482, 499
Bildimport 61
   Tipps 26
Bildinformationen 339, 353, 354, 461
   einblenden 106
Bildinhalte 337
   filtern 355
Bildinhalte filtern 355
Bildkontrast 134
Bildordner auswählen 60
Bildorganisation 54, 84, 312, 332, 338
Bildpaket 426, 442, 446
Bildqualität 501
Bildrahmen 380
Bildserien 178
Bildsortierung 124
Bildstil 272, 294
Bildvarianten 194
Bildverwaltung 22
Bittiefe 485
Blaukanal 292
Blaukurve 232
Blaustich 285
Blitzaugen 154
Blitzkorrektur 154
Bluetooth 336
Blurb 372, 390

Blurb-Fotobuch 390
Bridge 492
Brillant 35
Buch
   als Sammlung speichern 370
   ausgeben 371
   Auto-Layout 373
   Auto-Layout-Preset 389
   automatisch füllen 368
   Blurb 372
   Bucheinstellungen 372
   erstellen und speichern 368
   Fotozellen frei gestalten 381
   Hilfslinien 373
   Hintergrund 375
   Layoutvorlagen 369
   PDF-Export 370
   PDF und JPEG 372
   Schriftart 374
   Seite 373
   Tastaturkürzel 369
   Text 374
   Textstil-Preset 385
   Voreinstellungen 368
   Zelle 369, 374
Bucheinstellungen 371, 372, 376
Buch-Modul 368, 370
Businesslook 284

C

Chromatische Aberration 218
Classic-Galerie 462
Cloud 336, 456, 489
Cloud-Informationen 339
Cloudspeicher 20
Cloud-Speicherplatz 336
Cloud-Speicherplatz freigeben 365
Cloud-Speicherung 347
Color Grading 302
Color-Grading 206, 227, 286, 297
   Abgleich 289
   Überblenden 289, 297
Color-LookUp 282
Color-Lookup-Tabelle 272
Copyright 48, 317, 354
Copyright-Status 65
   Urheberrechtlich geschützt 65
Copyright-Vermerk 64
Creative Cloud Desktop-App 346
Crossentwicklung 290

D

Dateibenennung 101
Dateieinstellungen 37, 496
Dateiformat 481, 484
Dateihandhabung 53
Dateiinformationen 90
Dateinamenvorlagen-Editor 70
Dateiumbenennung 51, 66
Dateiverwaltung 49, 319
Datenbank 22, 24
Datumsformat 31
Datumssortierung 31
Desktop-App 363
Detailkontrast 141, 147, 156
Details 137, 171, 210, 343
   Glättung-Regler 152
   scharfzeichnen 301
Details-Bedienfeld 171
Detailsteuerungen 208
Dia
   als JPEG ausgeben 418
   an andere AV-Programme übergeben 418
   auswählen 397
Dialänge 397
Dia-Navigation 397
Diashow 392
   abspielen 397, 417
   als PDF exportieren 412, 413
   als PDF-Präsentation 412
   als PDF-Präsentation ausgeben 412
   Audio 414, 416
   Audiobalance 397
   Audio-Optionen 416
   ausgeben 396
   Auswahl 409
   Bildauswahl 408
   eigene 404
   Endbildschirm 415
   Erkennungstafel hinzufügen 399
   Hintergrund 398, 406
   JPEG-Ausgabe 418
   Layout 398
   Metadaten 406
   Musik 416
   Musik hinzufügen 397
   Optionen 398
   Schwenken und Zoomen 417
   Seitenverhältnis-Vorschau 394, 398
   speichern 394, 407
   Startbildschirm 415

Start- und Endbildschirm 415
Text 405
Textvorlage 411
Titel 399
Titel und Bildunterschrift 410
Übergänge 414
Überlagerungen 399
Verwenden 409
Videomaterial integrieren 420
Vorgaben 404
Zoomen, um Rahmen zu füllen 398
Diashow-Layout aufbauen 404
Diashow-Modul 396
Diashow-Vorlagen 404
Digitale Negative 268
DNG 50, 268, 506
DNG-Export 506
DNG-Format 348
DNG-Optionen 481
DNG-Schärfung 173
Drehen und Spiegeln 344
Dreidimensionale Projektion 91
Druck
  erstellen und speichern 447
  speichern 428
Druckauftrag 429, 439
  speichern 446
Druckausgabe 426, 501
Druckdialog 428
Drucken 424
  Auf Foto-Seitenverhältnis sperren 447
  Bildeinstellungen 427, 430, 443
  Bildpaket 443
  Bildzellen 438
  Einzelbild/Kontaktabzug 433
  Fotoinformationen hinzufügen 439
  Hilfslinien 431, 438
  im Entwurfsmodus 429
  Layoutstil 440
  Layout/Zellen 430
  Linealeinheit 431
  randloses Layout 426
  Rasterausrichtung 431
  schärfen 435
  Seite 431
  Seite einrichten 426
  Seitenoptionen 438
  Seitenraster 438
Drucken-Modul 425, 428
Druckereinstellungen 429
Druckerprofil 435, 453

Druckformat 432, 443
Druckjob speichern 428, 446
Drucklayout 426, 440
Druckqualität 429, 434
Druckseite
  als Datei speichern 440
  als JPEG speichern 440
Dunst entfernen 164, 208, 343
Duplikate ignorieren 51
Dynamik 35, 141, 157, 224
  verringern 285

E

Ebenen 490
ECI-RGB 449, 485
Effekte 137, 211
  Dunst entfernen 165
Eingebettete und Filialdateien 49, 60
Eingebettete Vorschauen 60
Einstellungen
  für das Hochladen 457
  kopieren 357, 360
  synchronisieren 189, 197
  zurücksetzen 244, 357, 359
Einstellungen für Farb-überlagerung 246
Einzelbildentwicklung 35
E-Mail-Versand aus Lightroom 504
Entwickeln 184
Entwickeln-Modul 136
Entwicklung 134
  absolute 178
  Automatische Entwicklung 191
  Belichtungen angleichen 186
  Einstellungen kopieren 184
  relative 178
  synchronisieren 34, 189
  Vorherige 185
  während des Imports 68
Entwicklung-Bedienfeld 208, 339
Entwicklungseinstellungen 44, 63, 68, 69, 90, 184, 190, 337, 510
  kopieren 136
  übertragen 184
Entwicklungsphasen vergleichen 182, 199
Entwicklungs-Preset 272
Entwicklungsstatus 183
Entwicklungsstrategien 180
Entwicklungsvorgaben 51, 68, 294, 304, 321
  Teilkompatible Entwicklungsvorga-

ben anzeigen 39
Entwicklungsworkflow 176
Erkennungstafel 38, 324, 399, 400, 415, 431
Erscheinungsbild
  Classic-Galerie 460
  Quadratgalerie 461
  Rastergalerie 461
  Track-Galerie 461
Exif 91
Exif-Daten 90
Export 36, 478
  Spezieller Ordner 498
  Vorgabe speichern 486
Exportieren 89, 323
Exportvorgabe 37, 480, 498
Exportziel 480
Externe Bearbeitung 40, 484
Externe Editor 479
Eyecatcher 258

F

Falscher Kamerastandpunkt 222
Farbbehandlung 208
Farbbereich 247, 259
  Verbessern 259
Farbbeschriftungen 105
Farbe 209, 342
  intensivieren 224
  selektiv steuern 229
Farbfehler korrigieren 218
Farbkanal 230, 268
Farbkorrektur 230
  Gradationskurve 230
Farbkorrektur (Kanäle) 230
Farblängsfehler 211, 218
Farbmanagement 429, 448
Farbmanagement-Modul 448
Farbmischer 460
Farbpalette 460
Farbquerfehler 218
Farbraum 441, 448, 485, 497
Farbrauschen 150, 152
Farbsäume 218
Farbstich 148
Farbtemperatur 140, 148, 163
Farbtiefe 268, 450, 485
Farbverfälschung 290
Farbverschiebung 290
Favoriten 29
Fehlenden Ordner suchen 96
Fehlfarbenlook 286

Festplattenexport 474
Filialdateien 90
Filmstreifen 29, 341
Filmstreifengröße 89
Filter 29, 352, 459
Filterkriterien 128
Filterleiste 32
Fine-Art-Prints drucken 432
Flaggenmarkierung 32, 353
Flash-Erscheinungsbild 373, 374, 375
Flaue Bilder korrigieren 164
Foto
   als DNG kopieren 50
   auswählen 350
   hinzufügen 50, 350
   in Alben organisieren 347, 351
   in DNG konvertieren 269
   kopieren 50
   sortieren 89, 101, 323
   synchronisieren 89, 137
   verbessern 206
   verschieben 50
   verwenden 459
   von der Karte kopieren 30
   von Kamera importieren 54
   zu Lightroom hinzufügen 350
Fotobuch 368
   Ausgabe 390
   Auto-Layout 373, 389
   Auto-Layout-Preset 389
   Auto-Layout-Vorgabe 379
   Benutzerseite 388
   Beschriftungen 382
   Bildausschnitt 381
   Bilder platzieren 377
   Bilder skalieren 381
   Bucheinstellungen 376
   Einband 372
   erstellen 366
   erste Schritte 376
   Fotobeschriftungen 383
   Fototext 374
   Fototext an Foto ausrichten 374
   Foto- und Seitentexte 382
   Fotozellen 373
   Fotozellen frei gestalten 381
   Fülltext 373
   Hintergrundfoto 387
   JPEG 391
   Layouts kopieren und einfügen 389
   Metadatenbeschriftung 383
   PDF 390
   produzieren 390
   Seitenhintergrund 386
   Seiten hinzufügen 377
   Seitennummern 373
   Seitentext 374
   Seitenzahlen 385
   Sicherer Textbereich 373
   speichern 371
   Text an Foto ausrichten 383
   Textrahmen 384
   Textstil-Preset 385
   Textstilvorgabe 374, 385
   Typografie 384
Fotoinfo 431
Fotolayout 388
Fotoportale 474
Fotorand 374
Fotorandfarbe 374
Fotoreise 312
Fotoseitenverhältnis 497
Fotos per E-Mail senden 504
Fotos und Videos importieren 58
Fotozellen frei gestalten 381
Fragezeichen 96
Freistellen 212, 247
   Seitenverhältnis 167
Freistellungsrahmen-Werkzeug 212
Freistellungsüberlagerung 167, 169
Freistellungswerkzeug 166
FTP-Server 457
Für Smartfilter konvertieren 80, 81, 91

G

Galerie. → Webgalerie
Galerie-Seite 473
Gehe zu Ordner
   in Bibliothek 48, 180
Geocoding, umgekehrtes 324
Gerade ausrichten 212
Gerade-ausrichten-Werkzeug 168
   Auto 169
Geräteprofil 448
Gesamtbelichtung
   abgleichen 320
   angleichen 139
Gesichter, manuell zuordnen 118
Gesichtsbereich-Zeichner 118
Gesichtserkennung 114, 118
   Benannte Personen 116
   Einzelpersonenansicht 117
   Gesichtsbereiche 118
   Unbenannte Personen 115
Gesten 341
Glanzlichter 154
Glättung-Regler 152
Globalkontrast 156, 164
Goldener Schnitt 166
Google Maps 326
Google-Maps-Suche 326
GPS-Daten 325
   synchronisieren 324, 325
GPS-Empfänger 327
GPS-Informationen 312
GPS-Koordinaten 90, 323, 324
GPS-Tags
   erstellen 322
   nutzen 322
Gradationskurve 137, 156, 208, 230, 291, 342
Grafikprozessor 41
Graustufen 299
Grundeinstellungen 33, 35, 137, 144
Grundentwicklung 190
Grundtöne
Grünkanal 292

H

Haustieraugen 155
   Glanzlicht hinzufügen 155
Hautfarben 279
Haut retuschieren 264
Hautstruktur glätten 266
Hauttöne 279
Hauttöne anpassen 267
HD-Dias vorbereiten 496
HD-Format 495
HDR-Bild 238
   zusammenfügen 238
HDR-Korrekturen 280
HDR-Look 280
High-Key-Bilder 175
Hilfslinien 371, 373, 398
   verknüpfen 398
Hilfslinienüberlagerung 73
Himmel auswählen 247, 255, 261
Himmel dramatisieren 254
Hintergrund 375
Hintergrundbild 398
Hintergrundfarbe 398, 431

Hinzufügen 60
Histogramm 137, 145, 146, 174
    Farbkanäle 174
    Korrekturen 175
    Lichterbeschnitt 135, 174, 175
    Tiefenbeschnitt 174
Histogramm-Warnungen 155, 161
Hochladen 459
Horizont ausrichten 168
HSL-Einstellungen 279
HSL / Farbe / S/W 137
HSL-Steuerungen 209, 226, 227, 342
HTML-Erscheinungsbild 373
HTML-Galerie 465
    erstellen 462
HTML-Layout 463

I

Import 48
    Alle markieren 55
    als DNG kopieren 50
    als Kopie 26
    Auswahl aufh.(eben) 55
    Eigener Katalog 60
    hinzufügen 26, 50
    In Unterordner 66
    kopieren 50
    Metadaten 56
    mit Entwicklung 68
    mit Stichwörtern 31
    Mögliche Duplikate nicht importieren 56
    Nach Datum 66
    Schritte 48
    Sortierung 49
    Speicherort 55
    Stichwörter 56
    Unterordner einbeziehen 58
    verschieben 50
    vom Rechner 58
    Während des Importvorgangs anwenden 56
    Ziel 51, 55
Importdialog 30, 54
Importfenster 50, 54, 58
    erweitertes 59
    Kompaktmodus 59
Importfotos auswählen 51, 59
Importieren 30, 51, 54, 89, 323
Importierte Bilder, Speicherort 48

Importordner anlegen 318
Importquelle 50, 54
Importvolumen 51
Import von der Speicherkarte 48
Importvorgabe 51, 67
Importvorgang 31
Importziel 51, 54, 319
    vordefinieren 318, 350, 362
In-App-Fotografie 348
In-App-Kamera 336, 348
In Bildschirm einpassen 496
In diesen Ordner importieren 318
In diesen Ordner verschieben
Informationszeile 29
Inhaltsbasierte Füllung 237
iOS 336
IPTC 91
IPTC-Daten 90
IPTC-Erweiterung 92
IPTC-Informationen 64

J

Job auf Location 311
JPEG 268, 449, 512
    ausgeben 441
    separat bearbeiten 39
JPEG-Dateien 49

K

Kalibrieren 453
Kamera-Adapter 336
Kameraimport 54
Kamerakalibrierung 137, 212
    Profil 143
Kamerakarte importieren 54
Kameraprofil 142, 451
Kamera-Standard definieren 192
Kamerasteuerung 71
Kanäle 230
Kanten füllen 237
Karte-Modul 312, 324
Kartenlegende 323
Kartenstil 322
Katalog 22, 52, 78
    archivieren 81
    bestehende importieren 74
    Dateihandhabung 53
    erstellen 52
    exportieren 80, 332, 508
    importieren 81

    mehrere 80
    Metadaten 53
    neu anlegen 52
    verknüpfen 74, 332
    vorbereiten 130
    zusammenführen 74, 76
Katalogdatei 48, 78, 79, 90, 316
    neue speichern 79
Katalogeinstellungen 53, 78, 324
Kataloginhalte 74
Katalogmigration 313
Katalogübersicht 88, 322
Katalogvorgabe organisieren 316
Kelvin 149
Klarheit 35, 157, 161, 165, 208, 343
Klarheit-Regler 147, 161
Kompakte Zellen 107
Kompaktmodus 51
Kontaktbogen 427, 436
    Seitenraster 434
Kontaktdaten 460
Konto synchronisieren 346
Kontrast 208
Kontrastkorrektur 156
    Dunst entfernen 164
Kopie 30
Kopierquelle 216
Kopierstempel 215
Körnungs-Effekte 343
Korrekturpinsel
Korrekturreihenfolge 134, 144
Kurzinfos 480

L

Lab 450
Landschaft 276
Landschaftskorrekturen 277
Landschaftsprofil 276
Layout 398
Layoutgruppen 371
Layouthilfen 428
Layout-Optionen 397
Layoutstil 429
    »Airtight Viewer« 459
    »Flash-Galerie« 459
    »HTML-Galerie« 371, 459
Layoutüberlagerung 70, 72
Layoutvorgaben 371
Layoutvorlage speichern 428
Layoutvorschau 458
Leistung 40

Licht 342
Lichter 160
  steuern 147, 162
Lichter-Regler 147
Lichter-Schatten-Abgleich 303
Lichter und Schatten 141
  prüfen 161
Lichterwarnung, Schwarz-
  und Weiß-Beschnitt
Lichtkontrast 160
Lightroom 21
Lightroom-App 21, 336, 338
  Album lokal speichern 363
  Autokorrekturen 340
  Bearbeitungsworkflow 358
  Bewertung 352
  Bibliothek 338
  Bilder lokal speichern 365
  Bilder organisieren 352
  Bilder teilen 339
  Cloud-Speicherplatz freigeben 365
  Details 343
  Effekte 343
  einrichten 346
  Einstellungen übertragen 360
  Farbe 342
  Filterung 352
  Fotos in Alben organisieren 351
  Fotos von Kamera importieren 350
  Freistellen 340, 344
  Geometrie 343
  Gesten 341
  GPS- und Metadaten 355
  Import 338
  In-App-Fotografie 348
  Licht 342
  Maskieren 341, 345
  Metadaten 352
  Mobile Bildbearbeitung 340
  Mobiler Import 350
  Optik 343
  Original speichern 363
  Personen 338
  Presets 340, 344, 356
  Profil 340, 342
  Retuschewerkzeuge 340
  Sortierung 352
  Standardentwicklung 358
  Stapel entwickeln 360
  Stichwörter 353
  Suche 352

Suchen und filtern 339
Übergabe an Lightroom Classic 364
vergleichen 359
Versionen 361
Vorheriges Foto 341
zurücksetzen 359
Lightroom Classic 21
Lightroom-Familie 20
Lightroom mobile 21, 313
Lightroom unterwegs 312
Lineale 429
Linearer Verlauf 247, 251
Lokale Korrektur
  Hinzufügen 253
Lokale Korrekturen 242, 244
  hinzufügen 246
  Korrekturbetrag 245
  Schnittmenge 246
  subtrahieren 246
Lokal speichern 337
Look 270, 272, 294
Low-Key-Bilder 175
Luminanzbereich 247, 262
  Bereichsanzeige 262
Luminanzkontrast 153
Luminanz-Map anzeigen 247
Luminanzrauschen 150, 153
Lupenansicht 32, 51, 85, 102, 106
  konfigurieren 107
Lupeninformationen 107

M

Makel entfernen 265
Markierte Bilder filtern 354
Markierung 32, 104, 353
  Als abgelehnt markieren 104
  Als ausgewählt markieren 104
Maske
  Korrekturbetrag 245
  umkehren 244
Masken-Bedienfeld 244, 246
  Einstellungen für Farb-
    überlagerung 246
  Hinzufügen 257
  Sichtbarkeit von Stiften
    und Werkzeugen 246
  Überlagerung automatisch ein-
    und ausschalten 246
  Überlagerungs-Optionen 262
Maskenüberlagerung 253
Maskieren 172

Maskieren-Werkzeug 253, 259
Masterfoto 197
Metadaten 44, 64, 83, 89, 90, 91,
  105, 120, 319, 323, 349, 351, 353,
  354, 363, 439, 461
  anpassen 91
  Anzeige- und Bearbeitungs-
    modus 89
  Ausgefüllte markieren 65
  automatisch in XMP speichern 492
  filtern 95
  hinzufügen 92
  in Datei speichern 493
  innerhalb JPEG-, TIFF-, PNG- und
    PSD-Dateien einschließen 512
  Presets bearbeiten 93
  synchronisieren 93, 325
  Vorgabe 56
Metadaten-Bedienfeld 91, 325
Metadaten-Einstellungen 53
Metadatenfelder anpassen 89
Metadatenfilter 86, 121, 355
Metadatenkonflikt 511
  Nicht gespeicherte Metadaten 493
Metadaten-Palette 91
Metadaten Standardpanel
  anpassen 89
Metadatenvorgaben 51
Metadatenvorlage 64
  bearbeiten 317
  mit der Sprühdose übertragen 94
Miniaturbilder 370, 459
Miniaturgröße 51, 89
Mit Original stapeln 487
Mitteltöne bearbeiten 208
Mobile Bildbearbeitung 356, 358
Mobile Bildorganisation 332
Mobiler Import 350
Mobile Sammlung 331
Mobile Webgalerien 467
Mobile Webseitenlayouts 466
Mobile Webseiten-Vorlagen 466
Mögliche Duplikate
  nicht importieren 56
Monitorfarbumfang 203
Monitorprofil erstellen 451
Monitor wählen 397
Motivauswahl 252
Motiv auswählen 247, 252, 253, 261
Motiverkennung 252
Motivfarben 226
  herausarbeiten 35

Motivgerechte Entwicklung 204
Motivkontrast 158
Motivreihen stapeln 320
Munsell-Farb-Chart 450
Musik auswählen 416

N

Nach Attributen sortieren 105
Nach Aufnahmezeit stapeln 99
Nach EXIF-Daten filtern 94
Nachher zu Vorher kopieren 182
Nach Metadaten filtern 95
Nach Stichwörtern filtern 355
Navigationspfeile 29
Navigator 28, 103, 274, 322, 340
Negativdateien exportieren 76, 508
Neue Fotos automatisch
 hinzufügen 347
Nicht-destruktiv 44
Nicht-destruktive
 Bildbearbeitung 24, 510
Nicht gespeicherte
 Metadaten 493, 511

O

Objekte rotieren 397
Objektivkorrekturen 34, 36, 137,
 188, 210, 220
Objektivverzeichnung 220, 222
Öffentliche Alben 473
Online-Präsentation 456
Optik 343
Ordner 84, 88
 als Katalog exportieren 332
 Farbbeschriftung hinzufügen 88
 filtern 88
 Übergeordneten Ordner anzeigen 97
 umbenennen 97, 319
 Unterordner hinzufügen 97
Ordner-Bedienfeld 57
Ordner filtern 84
Ordnerorganisation 84, 96
Ordnerstruktur 61, 318
Original 362
 exportieren
 speichern 336, 363
Originaldateien, fehlende 63
Originale in der Cloud 362
Ortsangaben 312, 323

Overlay automatisch ein-/
 ausschalten 255, 263

P

Panorama 234
 ausrichten 237
 freistellen 236, 237
 Kanten füllen 237
 perspektivisch 236
 zylindrisch 236
Papierabzüge 499
Papier und Druckfarbe
 simulieren 202
Parametrische Gradations-
 kurve 158, 208
PDF-Präsentation 412, 413
Performance 41
Personenansicht 85, 114, 115
Personenstichwörter 86, 114
Perspektivkorrekturen
Perzeptiv 202
Pfad ab Laufwerk 57, 97
Photoshop 479, 484
 Auswahl 490
 Ebenen 490
 Ebenenmaske 490
 Farbbereich 490
 Freistellen 490
 Maskenansicht 490
 Raw-Konverter 491
 Transformieren 491
Photoshop-Datei speichern 491
Photoshop-Export 486
Photoshop und Smart-Objekte 488
Pinsel 247
 Dichte 247
 Fluss 247
 Hinzufügen 253
 Weiche Kante 247
Platzhalter 63
Platzierungsmarker 371
Plus-Zeichen 28
Portfolio 412
Porträt 284
Porträtretusche 264
Position 312, 322
 anzeigen 329
 erstellen 328
 speichern 326
 suchen 326
 verändern 328

Präsentationsmodus 29
Präsenz 208
Premium-Presets 294
Preset 191, 272, 294, 308
 aktualisieren 274
 anpassen 294
 austauschen 308
 erstellen 274
 exportieren 274
 in der Bibliothek anwenden 275
 mit Katalog speichern 309
 neue Vorgabe 279
 Ordner 281
 speichern 277, 294
 Während des Importvorgangs
 anwenden 275
Presets 68
 exportieren 275
Presets verwalten 309
Previews 78
Prinzip 18, 22
Profil 143, 208
 Adobe Farbe 143
 Favoriten 143
 Kamera-Anpassung 143
 Kamera Standard 143
 Standard-JPEG 143
Profilbrowser 143, 208, 272
Profil-Browser 282
Profilkorrekturen 34
ProPhoto RGB 450, 485
Proportionen 495
Protokoll 45, 136, 181, 196, 198
 löschen 181
Protokollstatus 180
 auswählen 181
Prozessversion 137, 145
PSD 268
Puderpinsel 266
Punktkurve 159, 208
Punktwerkzeug 159

Q

Quadratgalerie 461
QuickInfos 107

R

Radialfilter 247
Radialverlauf 247, 249
Radius 172

Rasteransicht 29, 32, 51, 59, 85, 89, 102, 106
   Erweiterte Zellen 107
   Kompakte Zellen 107
   konfigurieren 107
   Nicht gespeicherte Metadaten 493
   segmentieren 352
Rasteransicht segmentieren 352
Rauschreduzierung 150, 210, 343
Raw 268, 448
Raw-Bilder austauschen 492
Raw-Details 206
Raw-Konverter 18, 513
Raw-Profil 142
   Adobe Farbe 143
   Kamera-Anpassung 143
   Standard-JPEG 143
Raw-Standard 190
   für Kamera 192
   individueller 190, 192
Raw-Standard festlegen 39
Referenzansicht 183, 197, 198, 491
   In Referenzansicht öffnen 183
   Referenzfoto festlegen 183
   Referenzfoto sperren 183
Referenzbild 295
   festlegen 183
   sperren 183
Regler automatisch zurücksetzen 245
Reisebibliothek 312
Reisekatalog 311, 312
Relativ 202
Relative Korrekturen 187
Renderpriorität 202, 453
Reparatur 216
Reparaturpinsel 215, 344
Reportage 312
Retusche 264
Retuschewerkzeuge 340
Retuschieren 217
Rote-Augen-Korrektur 212
Rote-Augen-Werkzeug 155
Rotkanal 293
Rotkurve 232
Rottöne 233
Ruhemodus verhindern 347

S

Sammlung 25, 84, 88, 124, 195, 322
   als Katalog exportieren 332
   Als Zielsammlung festlegen 125

Ausgewählte Fotos einschließen 195
aus Ordner erstellen 124
erstellen 124
exportieren 81, 498, 508
Farbbeschriftung hinzufügen 125
freigeben 331
Mit Lightroom synchronisieren 125
Neue virtuelle Kopien erstellen 195
Smart-Sammlung 128
speichern 33
Sammlungssatz als Katalog exportieren 508
Sättigung 225
Sättigungskorrektur 141
Schärfen 171, 210
Scharfzeichnung 170, 343
   Betrag 171
   Details 172
   JPEGs, TIFFs oder PSD 173
   Kleinere Formate 173
   Maskieren 172
   Radius 172
Schatten 160, 399
   aufhellen 163
   blau 286
   unterbelichtet 138
   verblassen 287
Schattenkontrast 160
Schiefer Horizont 168
Schlagschatten 398
Schnappschuss 45, 136, 181, 198
   auswählen 181
   erstellen 181
   im Vergleich 181
   Mit den aktuellen Einstellungen aktualisieren 198
Schnappschusseinstellungen nach Vorher Kopieren 199
Schnappschuss-Status filtern 122
Schnelle Korrekturen 134
Schnellsammlung 84
Schnittmarken 445
Schnittmarkierungen 431
Schriftart 374
Schwarzdetails 162
Schwarz-Regler 145, 162
Schwarzweiß 298
   Farbsegmente 300
Schwarzweißmischung 299
Schwarzweißumsetzung 209, 279
Schwarzweißumwandlung 209
Schwarzwert 145

Seite 373, 431
   einrichten 429, 433, 437
   hinzufügen 371
Seitenformate 167
Seitenlayout (Fotobuch) 377, 378, 380
   benutzerdefiniert 388
Seitennummern 371
Seitenoptionen 371, 431
Seitenproportionen 494
Seitenverhältnis 166, 497
Sensei 25, 489
Sensei-Technologie 337
Sensorflecken 214
Server 63
Servereinstellungen 370, 459
Sicherheitskopie 51
Site-Informationen 459, 460, 463
Smart-Objekt 479, 489
   in Photoshop 488
Smartphone 327
Smartphone-Kamera 348
Smart-Previews 78
Smart-Sammlung 128, 130
Smart-Sammlungseinstellungen 130
   exportieren 81, 130
   importieren 131
Smart-Vorschau 25, 44, 49, 62, 67, 114, 137, 337, 347, 362
   erstellen 51, 62
Softproof 137, 175, 182, 200
   Zielfarbraum 201
Solomodus 29
Sortieroption Dateityp 108
Sortierreihenfolge 51, 352
Sortierung 31, 101, 352
   Nach Datum 319
Soundtrack hinzufügen 397
Speicherkarte 30, 54
Speicherkarte importieren 30
Speicherordner 363
Speicherort 31, 55, 501
   Vorgabe 66
Speicherpfad 459
Speicherung in der Cloud
Spitzlichter 141
Sprühdose 89, 112
sRGB 448, 449, 450
Standardeinstellungen 39
Standardkatalog 26
Standardprofil 190
Standardvorgabe Landschaft 276

Standardvorgabe Porträt 278
Standardvorschaugröße 49, 53
Stapel 98
   gruppieren 98
   Motivgruppen 100
   Titelbild 100
   umbenennen 100
Start 30
Start- und Endbildschirm 399, 414
Staub 214
Sternebewertung 32, 104
Stichwortbibliothek 314
Stichwortdatei 314
Stichwörter 31, 51, 56, 86, 110, 314, 353
   exportieren 130, 314
   festlegen 89, 323
   filtern 113
   Hierarchie 314
   hinzufügen 111, 115, 119
   importieren 131
   katalogübergreifend 130
   Nicht verwendete Stichwörter löschen 130
   Personen filtern 113
   Personenstichwörter 86
   Untergeordnet 113
Stichwörter-Icon 29
Stichworthierarchie 315
   austauschen 81
Stichwortliste 89, 113, 314
Stichwortsatz 111, 112, 315
   anlegen 110
   erstellen 315
Stichwortvorschläge 111, 119
Struktur 156, 208
Stürzende Linien 220
Super Auflösung 206
Synchron entwickeln 186
Synchronisieren 34, 89, 140, 183, 185, 365
   Automatisch synchronisieren 140
Synchronisierte Quellen 88
Synchronisierungs-Status 339

T

Tabulator 314
Tageslichtfarbe verstärken 228
Taggen 326
Tastaturkürzel 135, 369
Teilsynchronisation 197

Teiltonung 137, 302
Tether-Aufnahme 70
   Tether-Aufnahme starten 70
Text 374
Textbausteine hinzufügen 397
Textinformationen filtern 123
Textstil-Preset 385
Textüberlagerungen 399
Textvorlagen-Editor 439
Themenordner 319, 357, 360, 365
Tiefen 141
   aufhellen 146
Tiefenbereich 247
Tiefen-Regler 146
Tiefen und Lichter 144
Tiefen- und Lichterwarnung 161
Tieraugen 154
TIFF 268, 449
Titel 399
Titelleiste 467
Tonung 149, 302
Tonwertanpassungen 227
Tonwertbereich 146
Tonwerte 144, 160, 174
Tonwertkontrolle 140
Tonwertkorrektur 144, 145, 157, 188, 208
Track-Galerie 461
Tracklog 323
txt-Datei 314
Typografie 382

U

Überblendung 397
Übergeordneten Ordner anzeigen 57, 61, 97
Überlagerungen 399
Übersicht 85, 103
Unbenannte Personen 115
Unterbelichtung 144
Unterordner 31, 51
   einbeziehen 51
   erstellen 96
   hinzufügen 97
   importieren 60
Upload 457
Upright 220
Upright-Automatik 221

V

Varianten vergleichen 198
Verbessern 206
Verbindung einrichten 468, 475
Vergleichsansicht 36, 85, 89, 103, 136, 147, 151, 182, 198, 201, 299, 300
   Vorher-Ansicht verändern 199
Vergleich-Symbol 45
Verlaufsfilter
Veröffentlichungsdienst 88, 456, 474, 500
   hinzufügen 475
Veröffentlichungsmanager 474, 500
Veröffentlichungsordner 475
Veröffentlichungs-Smart-Ordner 475
Verschlagwortung 86, 110, 489
Version 21
Video 92
   betrachten 108
   Einzelbild 306
   exportieren 423
   Import 108
   in die Diashow integrieren 420
   Posterbild festlegen 109
   präsentieren 423
   Start- und Endpunkt festlegen 109
   trimmen 108, 109, 421
   Vorschaubild 109
   Vorschaubild festlegen 108
   Zeitleiste 108
Videodateien 108, 420
   einschließen 481
Videovorgaben 304
Vignette 343
   hinzufügen 292
Vignettierung 211
Virtuelle Filmkopie 421
Virtuelle Kopie 29, 44, 45, 124, 180, 194, 494
   anlegen 195
   erstellen 126, 495
   filtern 180
   Masterfoto 197
   Original anzeigen 196
   Originale finden 180
Vollautomatische Perspektive 221
Vollbild 102
Vollbildansicht 29, 89
Vollbildmodus 29
Vollbildpräsentation 412

Vorauswahl, Bild entfernen 103
Voreinstellung 38, 336, 346
Vorgabe 136, 344
   erstellen und hinzufügen 340
   Vorgaben zurücksetzen 39
Vorgabenmanagement 39
Vorgabenordner 274, 308
Vorherige 183
Vorherige Einstellungen 357, 358, 359
Vorheriger Import 57, 61
Vorher/Nachher-Vergleich 341
Vorher und Nachher
   kopieren 182
   vertauschen 183
Vorlagen anlegen 396
Vorlagenbrowser 371, 458
Vorschau 78
   eingebettet 29
   erstellen 60
   im Browser 459, 465
Vorschau-Ansichten 370
Vorschaubilder 49, 66, 336, 508
Vorschau-Cache 41
Vorschaufenster 28, 32, 50, 59
Vorschauoptionen 51
Vorschauqualität 53

W

Während des Importvorgangs anwenden 56, 64
Warme Farben verstärken 229
Wasserwaage 169
Wasserzeichen 399, 400, 431, 461, 469, 483
Webgalerie 462
   ausgeben 456
   speichern 458
Webgalerie-Navigation 371, 459
Web-Modul 457, 458
   Ausgabeeinstellungen 461
   Bildinformationen 461
   Erscheinungsbild 460
   Farbpalette 460
   Site-Informationen 460
Webseiten 458
Web-Service 336
Website 472
Weiche Kante 250
Weißabgleich 140, 148, 208, 342
Weißabgleich-Pipette 149
   Maßstab 149
Weißabgleichswerkzeug 149
Weiß-Grenzwert 162
Weißpunkt 146
Weiß-Regler 146
Weiß retten 163
Weiterer externer Editor 486
Werkzeuge 137
Werkzeugleiste 29, 89
   konfigurieren 104, 323
WLAN 336
Workflow 18

X

XMP 90, 337, 492
XMP-Datei 492
XMP-Daten 90, 492, 510

Z

Zeitleiste 108
Zellen 374, 429, 430
   Fotorandfarbe 374
   verankern 429
Zellenoptionen 371
Ziel 31
Zielfarbraum 201
Zielfarbumfang prüfen 202, 203
Zielfoto 89
Zielkorrekturwerkzeug 342
Zielkorrektur-Werkzeug 228
Zielpfad 51
Zielsammlung 124
   festlegen 125, 475
Zur Sammlung hinzufügen 319
Zurücksetzen 45
Zusatzmodul-Manager 483
Zuschneiden 344
Zuschneiden und Drehen 340
Zweifingerskalierung 339
Zweiten Monitor nutzen 29

Wir hoffen, dass Sie Freude an diesem Buch haben und sich Ihre Erwartungen erfüllen. Ihre Anregungen und Kommentare sind uns jederzeit willkommen. Bitte bewerten Sie doch das Buch auf unserer Website unter www.rheinwerk-verlag.de/feedback.

An diesem Buch haben viele mitgewirkt, insbesondere:

Lektorat Ariane Podacker, Katharina Sutter
Korrektorat Petra Bromand, Düsseldorf
Herstellung Denis Schaal
Einbandgestaltung Mai Loan Nguyen
Coverbilder unsplash: Timo Wagner, Anthony Intraversato, Gabriel Izgi; U4-Fotos: shutterstock: 632424707 © Roman Samborskyi; shutterstock: 617283236 © SharonPhoto; shutterstock: 561314953 © LedyX
Satz Maike Jarsetz, Denis Schaal
Druck Firmengruppe Appl, Wemding

Dieses Buch wurde gesetzt aus der Linotype Syntax Next (9 pt/13 pt) in Adobe InDesign. Gedruckt wurde es auf matt gestrichenem Bilderdruckpapier (115 g/m²).
Hergestellt in Deutschland.

Das vorliegende Werk ist in all seinen Teilen urheberrechtlich geschützt. Alle Rechte vorbehalten, insbesondere das Recht der Übersetzung, des Vortrags, der Reproduktion, der Vervielfältigung auf fotomechanischen oder anderen Wegen und der Speicherung in elektronischen Medien.

Ungeachtet der Sorgfalt, die auf die Erstellung von Text, Abbildungen und Programmen verwendet wurde, können weder Verlag noch Autor*innen, Herausgeber*innen oder Übersetzer*innen für mögliche Fehler und deren Folgen eine juristische Verantwortung oder irgendeine Haftung übernehmen.

Die in diesem Werk wiedergegebenen Gebrauchsnamen, Handelsnamen, Warenbezeichnungen usw. können auch ohne besondere Kennzeichnung Marken sein und als solche den gesetzlichen Bestimmungen unterliegen.

Bibliografische Information der Deutschen Nationalbibliothek:
Die Deutsche Nationalbibliothek verzeichnet diese Publikation in der Deutschen Nationalbibliografie; detaillierte bibliografische Daten sind im Internet über http://dnb.dnb.de abrufbar.

ISBN 978-3-8362-8785-2

7. Auflage 2022
© Rheinwerk Verlag, Bonn 2022

Informationen zu unserem Verlag und Kontaktmöglichkeiten finden Sie auf unserer Verlagswebsite www.rheinwerk-verlag.de. Dort können Sie sich auch umfassend über unser aktuelles Programm informieren und unsere Bücher und E-Books bestellen.